中央民族大学史学经典系列

明代女真史

◎赵令志　李小雪　著

人民出版社

中央民族大学史学经典系列
丛书编委会

编委会成员

（以姓氏笔画为序）

达力扎布　　刘翠兰　　苍　铭　　李鸿宾

陈　鹏　　　尚衍斌　　赵令志　　徐永志

章毅君　　　彭　勇　　蒙　曼　　雷虹霁

执行主编

彭　勇

中央民族大学史学经典系列丛书
出版说明

本丛书由中央民族大学历史文化学院策划出版。作为"双一流"(世界一流大学和一流学科)建设高校,中央民族大学的历史学科是学校办学历史最悠久、底蕴最深厚、学术声誉度最好的学科之一。历史文化学院(原历史系)始建于 1956 年,首任系主任是著名的蒙古史和元史专家翁独健先生,一批国内知名、世界一流的历史学家、民族学家、社会学家,如吴文藻、潘光旦、林耀华、费孝通、傅乐焕、张锡彤、王锺翰和贾敬颜等先生在此任教。学院于 1981年获得专门史(民族史)的硕士点,1986 年获得专门史(民族史)的博士点,2010 年获得历史学一级博士授权单位。目前中国史是中央民族大学五个一级学科博士学位授权点和博士后流动站之一,历史学本科专业为"国家文科基础学科人才培养和科学研究基地"(1996 年),本科人才培养模式的研究成果获得北京市优秀高等教育成果一等奖(2013 年)。六十年来,历史文化学院逐渐形成了传统史学底蕴深厚、民族史科研教学优势突出的鲜明特点。

自 21 世纪初,历史文化学院依托国家"211"和"985"工程重点建设项目,分别策划出版了"民族历史文化研究书系"和"中国边疆民族地区历史与地理研究丛书"等,经过十多年的建设和沉淀,出版的数十种论著已经在学术界产生了积极的反响。近年来,随着教育部学科评估的持续进行,以及国家"双一流"高校建设的加速推进,学术评价体系(指标)发生了重大的变化。如何积极推进"双一流"学科的内涵式发展,巩固中央民族大学历史学研究的学术根基,提升学科发展水平,构建具有中国特色的学术话语体系,成为摆在我们面前的重要议题。2018 年初,经过慎重的思考,学院决定与人民出版社合作出版这套"史学经典系列丛书"。

所谓"经典",是指在不同学科领域内具有的原创性、奠基性的重要作品,一是经过时间的检验,证明它是领域内的优秀代表之作,二是相信它能经得起时间的检验,必将成为领域内的典范。在中央民族大学历史学科六十余年的光辉历程当中,诞生了一大批优秀论著,既是那个时代的标志成果,也成为后世学习的典范,在海内外学术界产生了很大的影响。本次丛书的出版整理,我们既梳理了前辈学者的代表作,也统计了在职教师曾获过省部级以上科研奖励的专著或已经完稿的论著,但限于版权或内容等原因,最终列入丛书第一批出版的共有 6 种。其中,王锺翰先生的《治史清源:王锺翰先生学术论著自选集》是他本人生前选定的"民族史研究"、"清史研究"的得意之作,这 21 篇是当之无愧的史学经典;达力扎布教授的《明代漠南蒙古历史研究》曾入选 2000 年全国高等学校优秀博士学位论文,更是海内外学术界公推的传世精品;蒙曼教授的《唐代前期北衙禁军制度研究》和彭勇教授的《明代班军制度研究——以京操班军为中心》两部专著,分别获得北京市第九届和第十届哲学社会科学优秀成果奖。这四种书出版的时间均在 10 年以上,早已售罄,难觅踪迹,也有修订再版的必要。尚衍斌教授的《喀什史话》和李鸿宾教授的《疆域·权力·人群——隋唐史诸题专论》是两部新作,作为历史文化学院的两位二级教授,他们潜心问学,堪称学界楷模。

新时代,新担当。习近平总书记指出,历史研究是一切社会科学的基础,承担着"究天人之际,通古今之变"的使命。在"双一流"建设大背景下,作为培养各民族,尤其是少数民族人才的最高学府,中央民族大学的历史文化学院既要守好传统主流史学的阵地,又必须突出民族史、边疆史研究的特色优势,愿本丛书的出版,为维护我国多民族国家的团结统一和繁荣稳定,服务国家发展战略,弘扬中华传统文化,推进史学研究与创新,发挥我们应有的作用。

中央民族大学历史文化学院

2019 年 1 月

目　　录

绪　言

我国东北地域辽阔,地形复杂,历史悠久。在此处繁衍、发展的民族很多,归纳起来主要有四大系,即肃慎系、东胡系、夫余系和汉族系,这四大族系的形成和发展与东北特定的地理环境有直接关系。东北地区以高山及平原为主要地貌特征,东有长白山,北有小兴安岭,南北走向的大兴安岭纵贯西北,山脉西麓缓坡而下,与一望无际的蒙古高原毗连;中部,发源于东、西两边山脉的河流向内汇聚,形成发达的河湖水网;嫩江、松花江和辽河构成了广阔平坦的冲积带,即东北平原。此种地势有利于发展渔猎、畜牧、农耕等多种经济形态,适合众多民族生息繁衍,逐渐形成了与渔猎、畜牧、农耕三种经济文化类型相适应的三种经济文化类型民族并存互动之格局。

总体来看,起源于东北地区的三种经济文化类型的民族,在地理分布上存在一定界限,亦具有独特的文化特征,且在向西、往南的迁移过程中,得以各自发展壮大,在不同历史时期活跃于中国的历史舞台。许多民族建立了强大的地方政权,甚至入主中原,为中国历史和中华民族的形成发展作出了巨大贡献。

肃慎系活动在白山黑水高山密林中的河谷地带,以渔猎经济为主,在漫长的发展过程中,由于内部发展的不平衡和外来的影响,不断分化而形成许多新的民族,但在语言上有相似之处,即其语言多属于阿尔泰语系的满—通古斯语族。其历史悠久,族系清晰,形成了肃慎、挹娄、勿吉、靺鞨、女真、满洲及鄂温克、鄂伦春、赫哲等族,其中部分南移者如靺鞨、女真、满洲等,分别建立了渤海、金、清等政权或王朝,或统治中国东北,或统治整个中国,对今天中国疆域的形成和民族发展贡献巨大。

东胡系主要分布在东北地区的西北森林草原地区,该系民族西迁或南下后,形成乌桓、鲜卑、契丹、蒙古等游牧民族,并建立了北魏、辽、蒙古、元等政权或王朝。由于这一族系分衍出的各民族主要活动地区都在蒙古草原,成为蒙古高原上的主体民族,因而学界不在东北地区民族历史中叙述该族系。

中部平原是夫余系和汉族系的分布地,比较适合发展农业。夫余系大致活动在平原地区的北部,这个族系虽在南北朝时期就开始跨出我国历史的范围,但其早期的活动在东北历史上仍占据重要地位。而平原地区的南部即辽河中下游平原及其以西地区,则主要是汉族的分布地。自汉代起,中原王朝就在东北地区设置地方军政机构,分别遣官派驻统治,亦有大量汉人迁移至松辽平原繁衍生息。

东北诸民族不仅在中国民族史上占有特殊的地位,而且对中国历史产生过重要影响。肃慎系之女真人建立的金朝、满族创立的清朝;东胡系鲜卑人创立的北魏、契丹人建立的辽朝、蒙古人建立的元朝,其统治范围均远远超出东北地区,对中国历史的影响尤为深远。事实上,历史上进入中原并建立中央王朝的少数民族,几乎都源自东北。而部分高句丽人迁离辽东后,也对朝鲜半岛的开发和朝鲜民族的形成,起到了至关重要的作用。基于东北地区四大族系对中国历史进程的影响及其历史贡献,可以说,东北地区也是中华民族形成和发展的摇篮之一。

在以上四大族系中,东胡系、夫余系及汉族系迁移范围较大,唯有肃慎系一直生存于白山黑水之间,且在各个历史时期延续并发展了本族系之历史文化。分析历史资料可知,该系民族之发展过程,就是其反复南迁的过程,勿吉南迁灭夫余、唐代靺鞨南下建渤海国、辽代女真人南下建立金朝,均为典型。检诸史料可以发现,渤海国、金朝所记载的靺鞨人、女真人,在亡国之后基本融合到其他民族之中,后来在白山黑水之间兴起的女真人,与上述靺鞨人、女真人已经没有血缘关系,因而不能称其为明代女真人的祖先,但在族系中又有同属关系,因而将其称为女真先民更为切合。而元代居于东北地区的女真人,分隶于元代所设路府之下,直至明代,其居住区域变化不大,与明代女真人具有血缘承传关系,乃明代女真人之祖先,且与明代女真人一样,庶可称作满族之先世。

明代之女真人被明朝招抚并设置羁縻卫所管辖后,亦有部分南迁者。南迁之后,建州女真及部分海西女真的生活区域位于明朝、朝鲜、蒙古之间,三方政治、经济、军事实力均强于女真,凭借各自实力,分别向女真地区扩张,女真人为自保不得不游离于三方之间,故三方在明代均对女真社会发展及生产生活影响巨大。当然,三方之中,对女真影响更大者为明朝。自明初招抚女真人,对前来归附者授予敕书、印信,在女真地区设置羁縻卫所后,女真地区逐渐纳入明朝统治之下,担任卫所官员的女真头领,便成明朝之职官。其虽无俸饷之制,然允其定期朝贡、贸易,对女真各部的发展实属至关重要,此亦成为明朝掌控女真社会之重要手段。朝鲜虽为明朝属国,但因其属汉文化圈,非系夷狄,故较女真更亲近明朝。朝鲜利用相同的文化因素,各方面咸字小于明朝,从而赢得明朝皇帝信赖,成功将女真人排挤出朝鲜半岛北部,将元以前之铁岭山边界,推至鸭绿江。且其配合明朝,在经济、军事方面打压女真,导致建州等部女真人,为求生存,亦向朝鲜送质子,谋求官职,祈请贸易,但仍被朝鲜多次征伐,故朝鲜王朝一时成为明代女真社会发展之障碍,此乃明后期女真人仇视朝鲜之根本原因。位于女真西部的蒙古,在兀良哈三卫臣服明朝时,东北蒙古各部多以游牧东渐。正统年间,瓦剌东进后,统括蒙古草原,势力延及女真地区,其后脱脱不花东进,打乱了明朝对女真人实行的羁縻卫所统治,女真头领或投降蒙古,或被杀戮。其后,虽然明朝设法恢复了对女真地区的统治,但蒙古各部首领东进,抢掠辽东汉人及女真人的活动,不时发生。故有明一代,女真人受制于三方并游离于三方之间,导致女真各部族之间利益纷争、战乱频繁、弱肉强食,亦造就了明代女真人自立谋生、吃苦耐劳、英勇善战的性格,为明代女真人兴起并在改称"满洲"后入主中原奠定了基础。

16世纪末,随着明朝在女真地区统治衰微,海西、建州女真各部争雄,彼此倾轧,部族统治已经取代了明朝设置的羁縻卫所。在此背景下,努尔哈齐把握时机,趁势起兵,统一建州、海西女真各部,创制牛录固山制度,建立爱新国政权。在击败明朝讨伐军后,趁势南下,占据辽沈地区,并将爱新国的统治中心迁至辽东重镇辽阳城,后又迁都沈阳,使统治重心西移,既可笼络蒙古各部,亦有利于进攻明朝辽西之地。在辽沈地区推行"计丁授田",甄别汉人等政策,最终将辽东汉人纳入八旗统治之下,使得辽东汉人逐渐融入满族共同体之中。天命十一年(1626)八月,皇太极在八王共治的公推中,继承爱新国汗位。继位之初,即面对八旗内部争权、社会治安动荡、民族矛盾尖锐、经济凋零崩溃、外部势力围攻之局面。皇太极面对社会各种问题,分别采取逐步集权,改善民族关系、发展社会生产、出征朝鲜及蒙古、应对明朝反击等措施,数年之后,社会政治、经济、军事局面得到好转,各方面均有长足发展。后其开始更定八旗及中央官制、组建八旗汉军和八旗蒙古、构建满族共同体、最终完成改元称帝的伟业。

明代女真人虽被编入羁縻卫所，各卫所头领被授予官职，但因其生活区域被划定，并因明朝的统治政策所限，生活于明代边墙之外的女真人接受汉文化的机会不多，受汉文化影响不大，保留渔猎经济文化类型的女真文化特色较多，尤其在服饰、饮食、起居、婚姻、丧葬及语言文字、宗教信仰等方面具有鲜明的民族特点。创制并改进的满文是一套非常完备的文字系统，既可记述本族语言创制，又可翻译汉文、蒙古文、藏文及俄文、英文等文献，对满族的形成与发展具有重要作用。在清代被称为"清文""清书"，乃清朝之官方文字，对清朝统一的民族国家的形成和发展亦贡献巨大。现留有大量档案及其他文献，成为研究清朝历史文化之重要资料。另外，直至清代，满洲人口不多，但受居住分散的女真渔猎文化之影响，女真—满洲姓氏较多，达 678 个，且均为入关前既有之姓氏。清代虽有满洲"著姓"之说，却基本以军功或政治贡献划分，不能体现女真—满洲各姓氏之全貌。重新对女真—满洲姓氏进行统计和研究，亦为本书续貂之处。

我为本科和研究生讲授"满族史"课程近 30 年，一直研究满文文献、满族史及清代民族史等，2013 年，我与史可非博士翻译完河内良弘先生之《明代女真史研究》后，便决定撰写一部《明代女真史》。在参考、吸收河内先生及其他学者研究成果的基础上，总结自己多年研究、讲授满族史之明代女真部分的成果，于体例、内容方面有所创新。撰写过程中，我将多年讲授、研究满族史之心得，融入此书之设计体例、撰写方法、斟酌文字等方面中，故此书体例及内容与以往之简史、通史稍有区别。另外，关于努尔哈齐所建国号，以往多用"后金"或"金"，而当时无论国号，还是汗印，均为 aisin gurun，所以直接写作"爱新国"方符合历史事实，国内外学界近来也基本沿用此称，故本书均写作"爱新国"。此举非标新立异，古代"大契丹国""大蒙古国"等用法能够得到公认，我想符合历史事实的"爱新国"叫法，亦应被学界认可。

作为一部断代民族史，对该民族当时的各方面内容，理应面面俱到。我自己撰写前五章，业已筋疲力尽。恰好我的博士弟子李小雪正作女真—满洲姓氏研究，将成果请我把关，我觉得按该书体例稍加修改，可入此书，便嘱其更定后作为第七章，另请其再撰第六章《女真之语言及文化》。经过数年努力，此书终于 2018 年 6 月杀青。日前通过人民出版社的出版立项,终于得以问世。然入关前之各类女真历史资料丰富,国内外研究成果较多,加之我们的水平有限,此书难免有不周之处,祈望方家指教。

赵令志

2023 年 6 月 26 日

第一章　女真之族源

20世纪以来,我国东北地区发现了许多旧石器、中石器、新石器以至青铜时代的文化遗址,远者二三十万年,近者也在千年以上,可以窥知该地区自远古以来的人类生存状况。东北的自然环境,在古代的气候条件下适合人类生存,因而白山黑水之间,成为东胡系统、肃慎—靺鞨—女真系统、秽貊—夫余—高句丽系统民族或政权的发祥地,他们以游牧、渔猎、农耕等为生,创造了独具特色的文化。

自汉代以降,中央政府于东北地区建制遣官,大量汉人迁移东北,主要居住在辽西、辽中等地,汉人也成为东北族系之一。因而东北地区是由此四大族系开发的。

女真乃满洲先祖之族称,天聪十年(1635)皇太极诏告将族称女真改为满洲(manju)。满洲自明末以来以满洲人为主融合其他族群所形成的民族共同体,即为今日之满族。商周时期的肃慎人,秦汉时期的挹娄人,南北朝时期的勿吉人,隋唐时期的靺鞨人,辽、金、元、明时期的女真人被认为是女真的先民,且该族系传承,在史书中记载详细,似无需多言。然民族属于历史范畴,是不断发展变化的。肃慎—靺鞨—女真系统也经历了复杂的变化过程。由于该系民族受自然环境和气候条件的影响,各个时期其内部生产力发展水平不同,所受外来影响亦强弱有别。

分析历史资料可知,该系民族的发展过程,就是其南迁的过程,勿吉南迁灭夫余、唐代靺鞨南下建渤海国、辽代女真人南下建立金朝,均为典型。检诸史料可以发现,渤海国、金朝所记载的靺鞨人、女真人,在亡国之后基本融合到其他民族之中,后来在白山黑水之间兴起的女真人,与上述靺鞨人、女真人没有血缘关系,因而不能称其为明代女真的祖先,但在族系中又有同属关系,因而将其称为女真先民更为切合。

　　总之,肃慎的历代后裔与明代女真既有关联,又不能等同,不应该把肃慎——挹娄——勿吉——靺鞨——女真的发展过程等同于明代女真之发展过程,同时更不能把肃慎以下迄至明代女真的世代相承关系割裂开来,否则不能正确反映明代女真的悠久历史渊源。因而研究明代女真族源,仍需以肃慎——挹娄——勿吉——靺鞨及金元时期的女真为脉络。

第一节　明代女真的先民

　　近代以来,中国民族史研究深受民族国家理论影响,对每个民族追溯其族源时,将古代民族亦赋予近代民族的含义,以现在的民族概念理解古代民族,这是一个严重影响学术发展的误区。中国历史上出现的民族称谓,其实多为地域或政权的名称,而非民族名称。地域或政权的名称,其属民不会是单一民族,必有其他民族之人融入其中,当然其中有主次之分。而将其作为民族称谓,则突出了民族的单一性,与历史发展不符。史籍中“挹娄国”“勿吉国”等记载,乃其为地域或政权称呼之明证,即以后之满洲,初出现时亦为满洲部(manju gurun),仍为地域或政权名称。以地域或政权名称的角度来考证满洲族源,会发现历史名称的变化,实乃地域或政权的变化,而新出现的名称,在中原史籍中主要指某一时期某一地域的名称,但并未彻底取代该地域以往的称呼,即如挹娄、勿吉、靺鞨出现后,肃慎之称仍见诸史籍,且在该族系中一直沿用。另外,族系的发展过程即各政权南迁的过程。南迁建立政权后,政治、经济、文化得到进一步发展,但该政权消亡后,南迁之人基本融入新政权或其他族系之中,如勿吉、渤海、金朝之南迁女真皆如此。而留在白山黑水间未南迁之人,因气候和经济发展因素的影响,在达到一定发展规模后,仍南迁建国,最后还是走上前人的道路。因而,勿吉人与渤海人、渤海人与金代女真人、金代女真人与元明女真人,除仍生存于故地的少数外,没有族属血缘承传关系,故不应该将其作为元明以后女真人的祖先。因二者在文化上有承传关系,将其称为“先民”更为贴切。

一、肃慎人

　　肃慎或称息慎、稷慎,是最早见于古代文献记载的居住于东北地区的古老居民之泛称。先秦文献如《尚书》《逸周书》《竹书纪年》《国语》《左传》《山海经》等,两汉文献如《史记》《汉书》《说苑》《淮南子》等都有著录。其中《竹书纪年》载:"帝舜有虞氏二十五年,息慎氏来朝,贡弓矢。"《史记·五帝本纪》记载舜帝时期,与其有联系之北方居民为"山戎、发、息慎"。这些记载将肃慎与中原的关系追溯到舜帝时代,具有传说色彩,但亦可说明肃慎人很早就与中原有往来,被中原人了解且认可的名物为弓矢。

至周朝,据《国语》卷2《鲁语下》载:

> 仲尼在陈,有隼集于陈侯之庭而死,楛矢贯之。石砮,其长尺有咫。陈惠公使人以隼如仲尼之馆问之。仲尼曰:"隼之来也远矣! 此肃慎氏之矢也。昔武王克商,通道于九夷百蛮,使各以其方贿来贡,使无忘职业。于是肃慎氏贡楛矢石砮,其长尺有咫。先王欲昭其令德之致远也,以示后人,使永监焉,故铭其栝曰'肃慎氏之贡矢',以分大姬,配虞胡公而分封诸陈。古者分同姓以珍玉,展亲也,分异姓以远方之职贡,使无忘服也,故分陈以肃慎氏之贡。君若使有司求诸故府,其可得也。"使求,得之金椟,如之。①

《史记·孔子世家》内亦略载其事,此乃武王时肃慎贡献楛矢石砮,周朝按例将所贡楛矢石砮作为地方职贡分诸异姓诸侯之详细记载。成王东征取胜后,肃慎来贺,成王使荣伯作"贿肃慎之命"②。至西周末年,周人列举其疆土时,称"肃慎、燕、亳,吾北土也"③,即周王将肃慎与燕、亳一样视为其管辖的北方领土。亦说明远在春秋以前,肃慎已臣服中原王朝,并与中原王朝在政治、经济、文化等方面有密切联系,此从肃慎遗址中出土的中原货币及鼎、鬲器物方面均可证明。

关于肃慎人的经济、文化,文献鲜有记载,从其向中原王朝进献的方物为楛矢石砮和名为"麈"的野兽来看,肃慎人当时以渔猎经济为主。自20世纪中叶以来,在东北地区发现大量肃慎遗址,其中黑龙江的莺歌岭遗址和小南山遗址,吉林的西团山、长蛇山等遗址可以反映肃慎人的经济、文化及生活状况。

---

① 《国语集解(修订本)》卷5,中华书局2002年点校本,第204页。
② 《尚书正义》卷18,阮元校刻《十三经注疏》第1册,台北艺文印书馆2007年版,第272页。
③ 《春秋左传正义》卷45,阮元校刻《十三经注疏》第6册,台北艺文印书馆2007年版,第778页。

　　莺歌岭遗址出土有大量石斧、石凿、石锛、石刀、石磨棒、石镞、骨枪头、鱼钩等生产工具,居所为半地穴式的方形或长方形房屋,器皿以手制夹砂黑灰陶、红褐色陶器为主,有瓮、罐、甑、釜、盘、杯等,还出土有具有驯化特征的小陶猪等。小南山遗址出土的多为打制石器,基本是矛、镞等狩猎工具,陶器种类少,仅发现罐、钵两种,且均为夹砂粗红陶等。两遗址出土的器物可以反映早期肃慎人以渔猎为主的生产、生活特征。

　　吉林西团山、长蛇山等遗址发现的人骨经鉴定属于满—通古斯族人种,乃肃慎人生活遗存,但时间晚于上述莺歌岭遗址和小南山遗址。从出土器物来看,此地肃慎人的生产、生活水平,远高于莺歌岭的肃慎人。出土的器物以石器、陶器为主,另有青铜器和玉器,其中石器为磨制,以石斧、石镞、石矛、石凿、石锛、石刀、石镰、石锄、石网坠、石磨盘等为主,基本为渔猎和农耕生产工具。陶器数量、种类较多,以垒筑法手制的褐色素面砂质陶为主,器皿以壶、罐、钵、鬲、鼎、甑、碗、杯、豆及网坠等为主,一些陶器上加有横耳、把手等。青铜器为刀、矛、斧等兵器及环、扣等装饰品,似为中原移入之物。出土碧玉管、玉坠等亦如此。此外,西团山遗址还出土了已经碳化的作物籽粒和家畜遗骨,结合农耕用石器,可以证明此地之肃慎人已经进入农业社会,并蓄养猪等家畜。房屋均为半地穴式建筑,出现男女分工,男子主要从事农耕和狩猎,妇女则从事家务和纺织。设有公共墓地。从居住房址大小不一、陪葬物品数量、质量差距较大等方面来看,可以断定此地之肃慎人已出现贫富分化。

　　肃慎之称,南北朝时仍偶用之。清敕修《满洲源流考》认为即是金朝之朱里真,"北音读肃为须,须朱同韵,里真二字合呼之音近慎,盖即肃慎之转音……国初旧称所属曰珠申,亦即肃慎转音"[①]。认为此称汉语转音颇多,实在该族系中一直沿用。另有挹娄、勿吉等乃肃慎之一部之说,当属不谬。

二、挹娄人

　　战国以后至秦汉时期,肃慎被称作挹娄,间或亦仍称肃慎。yero 一词,按该族系语义乃"洞穴"之意,可推断为他称,或为肃慎之一部。东汉魏晋时期,中原人对挹娄人的情况了解较多。据《后汉书》卷85《东夷列传》记载:

　　　　挹娄,古肃慎之国也。在夫余东北千余里,东滨大海,南与北沃沮接,

---

① 《满洲源流考》卷1《部族一》,辽宁民族出版社1988年点校本,第5页。

不知其北所极。土地多山险,人形似夫余,而言语各异。有五谷、麻布,出赤玉、好貂。无君长,其邑落各有大人。处于山林之间,土地气寒,常为穴居,以深为贵,大家至接九梯。好养豕,食其肉,衣其皮。冬以豕膏涂身,厚数分,以御风寒。夏则裸袒,以尺布蔽其前后。其人臭秽不洁,作厕于中,环之而居。自汉兴已后,臣属夫余。种众虽少,而多勇力,处山险,又善射,发能入人目。弓长四尺,力如弩。矢用楛,长一尺八寸,青石为镞,镞皆施毒,中人即死。便乘船,好寇盗,邻国畏患,而卒不能服。东夷夫余饮食类皆用俎豆,惟挹娄独无。法俗最无纲纪者也。①

此记载可以反映出挹娄的历史承传、地理位置、自然环境、社会状况、经济形态和风土人情等情况。由此可以推知,挹娄人的活动区域与肃慎人相同,居住在今长白山之北,东至日本海,西至松花江中下游,北至黑龙江以北的广阔地区。其在汉代曾臣属夫余,因而没有至中原朝贡之记录。当时挹娄仍处于原始社会,还没有形成国家,尚无君主,未有纲纪,各邑落有大人即氏族酋长或部落酋长。生产以渔猎为主,其人娴熟弓射狩猎之技。有五谷、麻布,农业颇具规模。

目前发现的两汉时期挹娄人遗址较多,其中以黑龙江省宁安市的东康遗址和友谊县凤林古城遗址最为典型。东康遗址出土的陶器,以夹砂红陶和泥质红陶为主,另有部分泥质黑陶。器形以碗、盆、杯、瓮、罐、豆及网坠等为主,其中唇部厚重的敞口深腹瓮、口沿带乳丁状小钮的碗、深筒型罐、高颈小口鼓腹罐,为其他遗址罕见,具有挹娄特色。石器系磨制,主要有斧、刀、锛、凿、矛、镞、镰、铲等,其中通体磨光的板斧、梯形石锛、新月形穿孔石刀、石铲、石镰、三棱形、柳叶形、圆锥形石镞最具特色。骨器有锥、镞、钉、凿、簪、纺轮等,被应用于生产生活中。房屋为半地穴式,在房屋遗址的陶瓮内发现粟、黍两种农作物颗粒,似为其主要作物。家畜遗骨仍以猪骨为多,体现其"好养豕"的家畜饲养特点。

凤林古城遗址为两汉时期挹娄人的城市遗存,总体呈不规则形,外围周长6000余米,总面积约120万平方米,全城以中部方城为中心,共分为9个城区,似"九曲连环城",城墙分高矮两层,城墙有角楼、马面,城外深浅两道壕

---

① 《后汉书》卷85《东夷列传》,中华书局1965年点校本,第10册,第2812页。

沟。与凤林古城南侧隔河相望的,是早已被发现的宝清县炮台山七星祭坛,当属该城祭祀之所。城中部发现一座面积达 666 平方米的大房址,该房址南北长,东西短,开门向东。房内地面平坦,表面坚硬,为 2 厘米厚的黄砂土烧烤而成,下为近 10 厘米的黄砂黄土混合层,再下为生土。地面上有排列整齐的大型柱洞,横 5 纵 4。此外还有散在柱洞 23 个,主要集中在西北角隅与南墙西端之内。如此大型之房址,被认为是初级宫殿。从该城的布局来看,当时之居民约有数万,在组织上也初具国家的雏形,故被考古界视为挹娄人之王城。城南规模庞大的七星祭坛,可以体现中国古代社会"北主政,南主祭"的建城特色。

出土器物以陶器占多数,还有石、骨、铜、铁及玛瑙等器物。陶器以夹砂黑褐陶、夹砂灰褐陶为主,基本为生活容器,器类有罐、钵、豆、碗、瓶、盆、杯、盅等,纹饰较少,有弦纹、戳印、乳钉、乳突及条带彩绘。器形特征明显,特别是陶罐,与在东北其他地区出土的"靺鞨罐"形制相同,表明其中具有承传关系。

挹娄人建造如此规模的城市,说明该地挹娄人之渔猎经济已非其主要经济形态,取而代之的应为农耕经济,否则仅凭渔猎经济,难以形成人口规模达数万人之城市。另外,供应城市所需,须有一条商路供给食盐等必需品,从凤林古城出土文物来看,该地除农业、渔猎业之外,还有制陶业、纺织业、蓄养业等。而其他挹娄人遗址中出土的铁器、青铜器等,被认为系出中原,该地未发现冶炼遗址,尚不具备冶铁之技术条件,但从侧面也证实挹娄人与中原地区的经济往来和文化交流情况。

总之,考古成果可以补充记载之不足,纠正文献记载之偏颇。从凤林古城考古发现来看,挹娄人已经超越"无君长"的社会,而"法俗最无纲纪"不能维系城市之发展。因而,《后汉书》对挹娄的记载,有许多传闻和作者臆断的成分。

三国以后,挹娄人摆脱与夫余的从属关系,屡次来贡楛矢石砮及"挹娄貂"等物,直接臣服于中原王朝。概此时夫余势力已衰,贡道又通,挹娄人得以恢复与中原交往。而中原仍以肃慎视之,故肃慎之名,又出现在魏晋南北朝之史籍上。三国两晋时期之挹娄人社会生活状况,《三国志》之记载基本与《后汉书》相同,而《晋书》卷97《四夷传》之记载,更为详尽:

在不咸山北,去夫余可六十日行。东滨大海,西接寇漫汗国,北极弱水。其土界广袤数千里,居深山穷谷,其路险阻,车马不通。夏则巢居,冬则穴处。父子世为君长。无文墨,以言语为约。有马不乘,但以为财产而已。无牛羊,多畜猪,食其肉,衣其皮,绩毛以为布。有树名雒常,若中国有圣帝代立,则其木生皮可衣。无井灶,作瓦鬲,受四五升以食。坐则箕踞,以足挟肉而啖之,得冻肉,坐其上令暖。土无盐铁,烧木作灰,灌取汁而食之。俗皆编发,以布作襜,径尺余,以蔽前后。将嫁娶,男以毛羽插女头,女和则持归,然后致礼娉之。妇贞而女淫,贵壮而贱老,死者其日即葬之于野,交木作小椁,杀猪积其上,以为死者之粮。性凶悍,以无忧哀相尚。父母死,男子不哭泣,哭者谓之不壮。相盗窃,无多少皆杀之,故虽野处而不相犯。有石砮,皮骨之甲,檀弓三尺五寸,楛矢长尺有咫。其国东北有山出石,其利入铁,将取之,必先祈神。①

上述记载虽仍有著者臆断成分,如有马不乘、养猪衣皮、猪毛织布、坐暖冻肉、妇贞女淫、贵壮贱老、树皮可衣等,系承袭原有传说或得自时闻,似不符合人类现实生活规律,且同时代记载北方游牧民族的史料,亦基本都有相似记载,可以断定为史家推断,但其在政治、经济、文化、习俗等方面的记载,较为详细,可以窥见当时挹娄人的社会生活状况。其已有世袭君长,种植五谷,织麻为布,丧葬婚俗皆有礼仪,石砮皮甲、檀弓楛矢仍为其方物特产,职贡中原。

三、勿吉人

北魏时肃慎系中的勿吉之称,逐渐代替了肃慎、挹娄。该族系 weji 一词,意为"密林""丛林",故应泛指某部,而非族称。《后汉书》记挹娄"南与北沃沮接",其"沃沮"即勿吉也,乃当时即有此部。直至清末,仍有"窝集""乌稽"等词,概指丛林中之女真后裔,皆可证此乃部落之名。因该部强大,取代挹娄与中原交往,故该称遂取代挹娄,频繁出现于史册。

勿吉人于北魏太和十七年(493)灭掉夫余国后,一部分南迁至松花江中游夫余国故地。从初期的数十部,后逐渐发展为粟末、白山、伯咄、安车骨、拂涅、号室、黑水等七大部,分布范围东到大海,西至嫩江,南抵吉林,北达黑龙江以北的广大地区,成为当时东北地区一支颇为强大的政治势力。勿吉与中原的联系,远胜于之前的肃慎、挹娄。《魏书》记载其至中原朝贡情况:

---

① 《晋书》卷97《四夷传》,中华书局1974年点校点,第8册,第2534—2535页。

去延兴中,遣使乙力支朝献。太和初,又贡马五百匹。……九年,复遣使侯尼支朝献。明年复入贡。……太和十二年,勿吉复遣使贡楛矢方物于京师。十七年,又遣使婆非等五百余人朝献。景明四年,复遣使俟力归等朝贡。自此迄于正光,贡使相寻。尔后,中国纷扰,颇或不至。兴和二年六月,遣使石久云等贡方物,至于武定不绝。①

对次数、人数记载详细。复据《册府元龟》等史料记载考证,勿吉自延兴五年至武平六年(475—575)之百年间,曾遣使至内地三十余次。

勿吉人的社会经济生活与肃慎人、挹娄人一脉相承,并且与同时期生活于其他地区的肃慎人也大体一致。《魏书》卷100《勿吉传》记载:

勿吉国,在高句丽北,旧肃慎国也。邑落各自有长,不相总一。其人劲悍,于东夷最强。言语独异。……国有大水,阔三里余,名速末水。其地下湿,筑城穴居,屋型似塚,开口于上,以梯出入。其国无牛,有车马,佃则偶耕,车则步推。有粟及麦穄,菜则有葵。水气咸凝,盐生树上,亦有盐池。多猪无羊。嚼米醖酒,饮能至醉。妇人则布裙,男子猪犬皮裘。初婚之夕,男就女家执女乳而罢,便以为定,仍为夫妇。俗以人溺洗手面。头插虎豹尾。善射猎,弓长三尺,箭长尺二寸,以石为镞。其父母春夏死,立埋之,塚上作屋,不令雨湿;若秋冬,以其尸捕貂,貂食其肉,多得之。常七八月造毒药传箭镞,射禽兽,中者便死,煮药毒气亦能杀人。②

《北史》之记载与《魏书》相似,据此可知当时勿吉的农业尚处于偶耕阶段,种植粟麦及蔬菜等,能"嚼米醖酒,饮能至醉",说明农业生产品已有了余裕。渔猎仍为其重要生计,与挹娄人一样,亦使毒镞狩猎。但其中对其首领、居住、葬俗、婚俗等的记载,或得自传闻,需加考证。若其仅"邑落各自有长,不相总一",何以灭掉立国700余年的夫余。既为渔猎之民,可获取细毛皮,岂会以不适合穿着之猪皮、狗皮为衣,况且狗乃渔猎之民重要生产伙伴,游牧、渔猎之民皆有忌食狗肉、穿戴狗皮之禁忌,因而此类记载乃出自作者之臆断。

考古工作者在黑龙江省发现的同仁遗址,据测定为勿吉人生活遗存,其中除大量陶器和细石器外,还出土了大量铁制工具,可以推测其已全面进入铁器

① 《魏书》卷100《勿吉传》,中华书局1974年点校本,第6册,第2220—2221页。
② 《魏书》卷100《勿吉传》,第6册,第2219—2220页。

时代,并且,铁器器形与同时期中原出土器物类似,也表明勿吉人与中原交往密切。另外,勿吉灭夫余国后,大量勿吉人南下,进入到夫余国腹地,融合夫余旧部,在经济、文化等方面得到长足发展。

四、靺鞨人

北齐时期,勿吉人又称靺鞨人。《北史》载:"勿吉国在高句丽北,一曰靺鞨。"隋唐时"鞨""羯"两字通用,结果便是"靺鞨"与"靺羯"通用,靺羯与勿吉同音,"靺鞨"同于"靺羯",则与"勿吉"成音转关系。唐鸿胪卿崔忻《井阑题记》刻石:"敕持节宣劳靺羯使鸿胪卿崔忻井两口,永为记验。"便是一例。

靺鞨的社会经济和风土习俗,与勿吉基本相同,有关记载见《旧唐书》卷199《靺鞨传》,其中有:

> 靺鞨,盖肃慎之地,后魏谓之勿吉,在京师东北六千余里。东至于海,西接突厥,南界高丽,北邻室韦。其国凡数十部,各有酋帅,或附于高丽,或臣于突厥。而黑水靺鞨最处北方,尤称劲健,每恃其勇,恒为邻境之患。俗皆编发,性凶悍,无忧戚,贵壮而贱老。无屋宇,并依山水掘地为穴,架木于上,以土覆之,状如中国之塚墓,相聚而居。夏则出随水草,冬则入处穴中。父子相承,世为君长。俗无文字。兵器有角弓及楛矢。其畜宜猪,富人至数百口,食其肉而衣其皮。死者穿地埋之,以身衬土,无棺敛之具,杀所乘马于尸前设祭。[①]

同勿吉一样,各部靺鞨首领世袭,其人编发凶悍、贵壮贱老、穴居养猪、食肉衣皮、楛矢弓角等已均如之,抑或因袭旧作。

在北齐、隋、唐初之际,靺鞨已形成较大的七个部,并有了"渠帅"(军事首领),而靺鞨七部与《北史》所载勿吉之七部名称相同,具体为:

> 其一号粟末部,与高丽相接,胜兵数千,多骁武,每寇高丽中。其二曰伯咄部,在粟末之北,胜兵七千。其三曰安车骨部,在伯咄东北。其四曰拂涅部,在伯咄东。其五曰号室部,在拂涅东。其六曰黑水部,在安车骨西北。其七曰白水部,在粟末东南。胜兵并不过三千,而黑水部尤为劲健。[②]

① 《旧唐书》卷199下《靺鞨传》,中华书局1975年点校本,第16册,第5358页。
② 《隋书》卷81《靺鞨传》,中华书局1973年点校本,第6册,第1821页。

名称、分布与勿吉之记载相同,庶可以此窥见彼此具有承传关系,或同地域称呼之不同写法,侧面成为勿吉、靺鞨(鞣羯)为同音异写之证据。

考证七部之区域,粟末部位于靺鞨各部最南,与高句丽为邻,大体分布在以今吉林市为中心的松花江中游地区;伯咄部在粟末部北部,大体分布于拉林河流域;安车骨部在伯咄东北,基本分布于以牡丹江市为中心的牡丹江流域;拂涅部在伯咄东,当在今兴凯湖一带;号室部在拂涅东,或位于今俄罗斯之东部沿海地区;黑水部在安车骨西北,位于靺鞨诸部北部,应在黑龙江中下游的广大地区;白水部在粟末东南,以高句丽为邻并臣属高句丽,应在图们江流域。隋朝时期,屡见各部遣使朝贡之记载。迨至唐初,仅"有黑水靺鞨、粟末靺鞨,其五部无闻"①,乃七部并为两大部。

由于唐初战争的影响,靺鞨其他各部也先后发生较大变化。"白山本臣高丽,王师取平壤,其众多入唐,汩咄、安居骨等皆奔散,寝微无闻焉,遗人迸入渤海。唯黑水完强,分十六落,以南北称,盖其居最北方者也。"②黑水靺鞨就以黑水为界分为南北两部,下有十六部。唐朝设黑水都督府直接管辖黑水靺鞨,任命最大部落酋长为都督。黑水都督府都督实际上具有两重身份,一方面是唐朝的地方官员,另一方面又是黑水部的部落联盟的首领。同样,各州刺史,既是唐朝地方官员,又是黑水各部酋长。可见黑水部落联盟由于黑水靺鞨历史的发展,成立部落联盟的条件已经成熟,通过唐朝建制管辖该地为契机便建立起来了。

关于黑水靺鞨人的生活情况,《新唐书》卷219记载较详,为:

> 人劲健,善步战,常能患它部。俗编发,缀野豕牙,插雉尾为冠饰,自别于诸部。性忍悍,善射猎,无忧戚,贵壮贱老。居无室庐,负山水坎地,梁木其上,覆以土,如丘冢然。夏出随水草,冬入处。以溺盥面,于夷狄最浊秽。死者埋之,无棺椁,杀所乘马以祭。其酋曰大莫拂瞞咄,世相承为长。无书契。其矢石镞,长二寸,盖楛砮遗法。畜多豕,无牛羊。有车马,田耦以耕,车则步推。有粟麦。土多貂鼠、白兔、白鹰。有盐泉,气蒸薄,盐凝树颠。③

---

① 《金史》卷1《世纪》,中华书局1975年点校本,第1册,第1页。
② 《新唐书》卷219《黑水靺鞨传》,中华书局1975年点校本,第20册,第6178页。
③ 《新唐书》卷219《黑水靺鞨传》,第20册,第6178页。

　　可见黑水靺鞨因处于北部,接触中原或高句丽文化较少,而保持传统渔猎文化较多。但黑水靺鞨仍继承肃慎以来的朝贡传统,与唐朝关系密切。开元十年(722),黑水靺鞨首领倪属利稽到长安朝贡,被唐玄宗奉为勃利州(即伯力,今俄罗斯哈巴罗夫斯克)刺史。十三年(725),唐朝在黑水靺鞨地区设黑水军,旋又设黑水府,以黑水靺鞨部族首领为都督、刺史,并派长史监督之。赐府都督国姓,以云麾将军领黑水经略使,隶属幽州都督。唐建黑水州都督府之后,朝唐贡使不绝。在渤海国强盛时,黑水靺鞨人为其属役,但渤海国衰弱后,黑水靺鞨势力向南渗透,复与中原王朝建立联系。契丹灭渤海后,辽朝统治者向南迁徙渤海居民,黑水靺鞨势力随之进一步南下。此后,黑水靺鞨被置于辽朝管辖之下,契丹人称黑水靺鞨为“女真(直)”,女真之称逐渐取代靺鞨,黑水靺鞨乃女真主要来源。

　　在隋唐时期,靺鞨人中另一强势部落为粟末靺鞨。关于粟末靺鞨,《新唐书》卷219记载:“其著者曰粟末部,居最南,抵太白山,亦曰徒太山,与高丽接。依粟末水以居,水源于山西,北注它漏河。”①太白山即长白山,粟末水即今之松花江西流一段,它漏河即今之洮儿河入嫩江后东入松花江之嫩江一段。据此可知,粟末部约在今吉林敦化以西至吉林市北乌拉一带之松花江流域居住,亦因居粟末水而得名,是靺鞨诸部中较强势者。隋炀帝时,粟末部渠帅突地稽因不堪高句丽的压迫,率千余户南迁居于营州(今辽宁朝阳)。隋朝授给光禄大夫、辽西太守。这部分靺鞨人因为与边人往来,渐染内地风俗,请求改服衣冠,得到隋朝的同意并赏赐锦绮等,以示表扬。入唐后,突地稽遣使朝贡,唐高祖以其部设置燕州,任命突地稽为总管。唐太宗因战功封其为蓍国公,又徙其部落于幽州昌平。后又拜右卫大将军,封燕国公,赐姓李。突地稽死后,其子李谨行在高宗时任营州都督,他的部众家僮达数千人之多,因战功累官镇军大将军、行右卫大将军,封燕国公,卒后赠幽州都督。隋唐之际,南迁营州的粟末靺鞨只是一小部分,大部粟末靺鞨仍居住于原地。唐朝攻高丽之后,靺鞨各部形势发生变化,又有部分粟末靺鞨人迁至营州,与隋朝时迁移至此的粟末靺鞨人并居。武则天万岁通天元年(696),营州一带的契丹人、靺鞨人、高句丽人不堪忍受地方官员压迫,在契丹首领李尽忠率领下发生叛乱,靺鞨人首领

---

① 《新唐书》卷219《黑水靺鞨传》,第20册,第6177页。

乞乞仲象、乞四比羽率部参加,一时披靡檀、冀、营、幽诸州。武则天为分化反唐队伍,拉拢靺鞨人,封乞乞仲象为震国公、乞四比羽为许国公,赦免伊等反唐之罪。两人不为所诱,乘营州被攻占及靺鞨故地空虚之机,率所属靺鞨人、高句丽人离开营州东走,被唐军追杀,乞四比羽被杀,乞乞仲象病故。乞乞仲象之子祚荣率部击败追兵后,继续东还,回到松花江上游、长白山北麓一带,于今吉林敦化附近筑城立国,以其父曾得封震国公而号为震(一作振)国,祚荣自立为震国王。震国居民以靺鞨人为主体,并收拢原居住于此的各部靺鞨人,另有高句丽人等,成为"南与新罗相接,越熹靺鞨东北至黑水靺鞨,地方二千里,编户十余万,胜兵数万人。风俗与高丽及契丹同,颇有文字及书记"①的地方政权。唐睿宗先天二年(713)"遣郎将崔䜣往册拜祚荣为左骁卫员外大将军、渤海郡王,仍以其所统为忽汗州,加授忽汗州都督"②,自此去靺鞨号,专称"渤海",属民则被称为"渤海人"。

　　渤海立国220余年,政治和军事制度均仿唐制。渤海王之承袭,均须由唐朝册封。渤海国与唐朝联系密切,特别是祚荣受封之后,渤海贡使几乎每年到长安朝贡,并经常派学生入唐朝之太学学习,亦与高丽、日本等国遣使往来,故其文化发达,汉文利用程度较高,佛教兴盛,被誉为"海东盛国"。中唐以后,渤海国经过不断向外发展,将原来拂涅、号室等部辖地亦纳入麾下,境内设五京十五府六十二州,管辖所及,南到朝鲜半岛北部,东抵大海,北至松花江下游,西南以今辽宁开原至丹东市之斜线为其边境。契丹天赞四年(925)耶律阿保机亲率契丹及其麾下的回鹘、党项、新罗等军攻打渤海国,翌年,攻克渤海上京城(今黑龙江宁安东京城镇),渤海国王请降,渤海国亡。其后,耶律阿保机委派太子耶律倍掌控渤海故地,改渤海为东丹国,治所仍在渤海上京。旋耶律德光继位,为防止渤海人反抗并防范耶律倍发展势力,将东丹国治所从渤海上京迁移至辽阳附近,东丹国很快名存实亡。耶律阿保机、耶律德光大量迁徙原渤海居民到西拉木伦河、老哈河及辽西一带,总计九万四千余户。还有一部分渤海居民自行前往朝鲜半岛投奔高丽。未被迁移的渤海人,在黑水靺鞨乘机南下后,融入黑水靺鞨人中。契丹将黑水靺鞨改为女真后,这些融入黑水靺

① 《旧唐书》卷199《渤海靺鞨传》,第16册,第5360页。
② 《旧唐书》卷199《渤海靺鞨传》,第16册,第5360页。

鞨中的渤海人,亦随之成为辽朝属下的女真人。

五、辽代之女真人

女真,又译作女直、女贞、女质、诸申、珠申、朱先、朱里真、朱理真、珠尔真、朱里扯特、主儿扯惕、拙儿擦歹等。"女真"一词的词源,一般认为是肃慎的音转或异译,《文献通考》记载:"女真,盖古肃慎氏,五代时始称女真。"系契丹人对靺鞨人之称谓。此称谓非国名或区域名,乃该族系人之自称,如《三朝北盟会编》所记:"女真,肃慎国也。本名朱里真,番语(即契丹语)讹为女真。或以为黑水靺鞨之种,而渤海之别族……至辽主道宗朝,避兴宗之讳,改曰女直。"可知女真在辽代汉文被写作女直,乃因辽人避讳辽兴宗"宗真"之讳。契丹灭渤海之后,黑水靺鞨南迁,填补了渤海故地政治、经济和人口的空虚,并与当地残留的渤海遗民中的靺鞨人杂居在一起,女真部落迅速兴旺起来。在南至辽南,东至图们江流域、长白山以东至日本海、鸭绿江流域、松花江上游,北至松花江中下游、黑龙江中下游,东北至海及库页岛的广袤地区内,分布着女真各个部落。可以说,辽代是女真人的繁盛时期。

辽朝对女真人的统治方式以降附的先后而有所不同。早期被俘迁入上京地区的女真人被编入契丹人部落。自辽太祖至辽圣宗,以女真人为主的契丹部落有品达鲁虢部、奥衍女直部、乙典女直部、术哲达鲁虢部等。在漫长的历史进程中,他们逐渐融入契丹,成为契丹人的组成成分之一。另外在契丹人灭渤海国后,部分女真人南移至朝鲜半岛北部,生活范围与高丽接壤,高丽将生活于平安道一带的女真人称为"西女真",咸吉道一带的女真人称为"东女真",这两个地区均为女真人聚居地,此格局一直延续至明代中期。

辽代对东北地区女真人称呼较多,有因文化者、有因地域者、有因建置者,大体如下:

其一,熟女真。又称曷苏馆女真。曷苏馆,契丹语为藩篱之意,乃对入籍契丹并被指定生活区域之女真之称。熟女真系自生女真南迁至辽阳以南的部分。契丹统治者为防止女真为患,"乃诱其强宗大姓数千户,移置辽阳之南,以分其势,使不得相通。迁入辽阳著籍者名曰合苏款(原注:改作哈斯罕)"①,即所谓熟女真是也。其为区域性泛指,故熟女真不仅限于南迁的女

---

① 徐梦莘:《三朝北盟会编》卷3,上海古籍出版社2019年影印本,第16页。

真人。

其二,生女真。大抵分布于松花江之北,今吉林省扶余市之东,至乌苏里江。生女真出自黑水靺鞨,据《金史》:"五代时,契丹尽取渤海地,而黑水靺鞨附属于契丹。其在南者籍契丹,号熟女直;其在北者不在契丹籍,号生女直。生女直地有混同江、长白山,混同江亦号黑龙江,所谓'白山、黑水'也。"①生女真系黑水靺鞨,包括一直生活于白山黑水一带的黑水靺鞨人,亦有自黑龙江中下游南迁后,与当地渤海遗民中的靺鞨人联合起来的许多部落。其具体发展情况为:"居粟沫之北、宁江之东北者,地方千余里,户口十余万,散居山谷间,依旧界外野处自推雄豪为长,小者千户,大者数千户。"②系处于各部族分别为政的状态,但居民屋宇、耕凿、言语、衣装与熟女真基本相同,可知生、熟女真文化差异不大,抑或在后期发展中,因生女真居住边陲,熟女真临近内地,渔猎、农耕文化差异便逐渐加大。

其三,回跋部女真。回跋或称回霸,因居回跋河流域而得名。回跋在明清之际写作辉发,回跋河即今之辉发河。这一部分女真与生女真所不同之处是回跋"系辽籍",而生女真不系辽籍,是介于生、熟女真之间者。其"自咸州(今开原)东北分界入峪,至粟沫江(今松花江)中间所居者,以隶属咸州兵马司,与其国往来无禁,谓之回霸。回霸者,非熟女真,亦非生女真也"③。辽朝于回跋设回跋部大王府。

其四,五国部女真。五国之名,《辽史》载:"五国部剖阿里国、盆奴国、奥里米国、越里笃国、越里吉国。"五国部女真大体分布在松花江下游,今依兰以下至松花江入黑龙江一带,当系黑水靺鞨未迁徙的五个较强部落。五国部具体位置,近人颇多考证,认为盆奴在今汤原县固木纳古城;剖阿里在今俄罗斯哈巴罗夫斯克(伯力);奥里米即鄂里米在今绥滨县绥滨镇;越里笃在今桦川县北松花江岸宛里和屯;越里吉在今依兰县依兰镇。金代五国部继续存在,越里吉(今依兰)被称为五国头城,意即五国城的第一个城,为胡里改路治所。

其五,长白山女真。分布在长白山及其以东至日本海之间的地区。属黑

---

① 《金史》卷1《世纪》,第1册,第1—2页。
② 《三朝北盟会编》卷3,第16页。
③ 马端临:《文献通考》卷327,中华书局2011年点校本,第9004页。《三朝北盟会编》卷3所记与之稍异。

水部南迁者,分为三十部落,可见长白山女真也是黑水靺鞨之人。辽对三十部女真采取羁縻政策,于其地设长白山女直国大王府。

其六,蒲卢毛朵部女真。分布在图们江流域。辽兴宗耶律宗真时归附于辽,辽于其地设蒲卢毛朵部大王府。

其七,鸭绿江女真。分布在鸭绿江流域中下游一带,亦为黑水靺鞨之南迁者。辽圣宗征服鸭绿江女真之后,设鸭绿江女直大王府。

其八,东海女真。仅据《三朝北盟会编》记载为:"有极边远而近东海者,则谓之东海女真……居处绵远,不相统属,各长雄其地,则至契丹东北隅。"[1]东海当系今日本海,东海女真分布在今锡霍特山脉之东至日本海之间的地区。

其九,兀惹。又称乌惹、乌舍、屋惹、温热。《金史》称兀的改、乌底改,《元史》称吾者,明代史籍称为吾者、兀狄哈,清称窝集。兀惹居地在今松花江下游等黑龙江流域。

此外,《辽史》中还有奥衍女真部、乙典女真部等称呼。契丹人将女真人分为若干部,采取不同的统治政策,旨在达到"分而治之"的目的。辽代自嫩江流域以东,南经农安、辽河中下游以至渤海,在此线之东,北至黑龙江中下游,东至日本海、库页岛,南至辽东半岛、黄海之滨的广大地区,分布着女真各部。辽代女真各部以生女真最为强盛,其"地方千里,户口十余万"。各部落不断混战,其中完颜部逐渐强大,形成了一个大部落联盟,统一了生女真各部,并控制了蒲卢毛朵部女真、长白山女真、东海女真,五国部女真亦为其势力所及,形成了一支可与辽对抗的强大势力。五国部女真约 10 万人,亦为女真强部。辽对五国部的管辖,圣宗统和初年(10 世纪末期)设节度使,后来采取羁縻政策,仍命各部酋长治理各部,但必须向辽纳贡。奥里米、越里吉向辽开始进贡的翌年,辽命五国部居其本土,以镇东北境,隶属于黄龙府都部署司。但辽索取贡物苛重,契丹开泰七年(1018)命东北越里笃、剖阿里、奥里米、蒲奴里、铁骊(应为越里吉,《辽史》越里吉、铁骊二者常混同)等五部,"岁贡貂皮六万五千,马三百"[2],负担沉重,因此辽与五国部的矛盾日益加剧。

辽代女真中实力最强者乃居住在松花江流域及其以东广大地区的生女

---

① 《三朝北盟会编》卷3,第16—17页。

② 《辽史》卷16《圣宗本纪》,中华书局1974年点校本,第1册,第183页。

真。辽初,生女真各部分散活动,彼此不相统摄,随着东丹内迁而逐渐南移,并先后与辽建立了宗藩关系。他们属于辽朝的羁縻部落,户口不入辽籍,由本部首领统辖,部落首领称勃堇(或写作勃极烈)。各部定期向辽贡纳马匹、东珠和海东青等土物。军事属辽东北路统军司,遇有征伐,需按辽廷旨意,派兵从征。辽中期,逐渐形成了蒲察、乌古论、徒单和完颜等几个部落联盟,联盟首领称都勃堇。

大约于辽圣宗(982—1031 年在位)初年,生女真完颜部在按出浒水(阿什河)之侧定居,社会发展步伐加快。部落首领石鲁"稍以条教为治,部落寝强"[1]。他绥抚和征服了青岭(吉林省平岭及南楼山一带)、白山、苏滨(大绥芬河)和耶懒(今俄罗斯滨海边疆区塔乌黑河)等地的女真部落,组建了以完颜氏为核心的生女真完颜部落联盟[2]。石鲁受辽惕隐官号,成为辽朝的属部。其子乌古乃继承父志,将白山、统门(图们)、耶懒、土骨论和五国部纳入了联盟,被辽任命为生女真部族节度使,取得了对生女真部落的统辖权,被称为"都太师"。咸雍十年(1074),乌古遁子劾里钵袭节度使,弟颇刺淑为国相,他们战胜了联盟内外的反对势力,进一步扩大和巩固了联盟。此后,颇刺淑和其弟盈哥相继为节度使,完颜部联盟势力向东北发展至陶温水(今黑龙江省汤旺河)、徒笼古水(今黑龙江省罗北都鲁河)一带,向东南征服了统门、浑蠢水(今吉林省珲春河)、耶悔、星显水(今吉林省延吉市布尔哈通河)四路和岭东女真诸部,取消了他们组建联盟的权力,为统一女真各部和建立政权奠定了基础。

关于居住于北部生女真、东海女真人等之社会生产生活及语言文化、风俗礼仪等方面的发展情况,《三朝北盟会编》卷 3 记载:

冬极寒,多衣皮,皆以厚毛为衣,非入屋不彻,稍薄则坠指裂肤……其人耐寒忍饥,不惮辛苦,食生物,勇悍甚善骑。上下崖壁如飞,济江河不用舟楫,浮马而渡。精射猎,每见巧兽之踪,能蹑而推之,得其潜伏之所。以桦皮为角,吹作呦呦之声,呼麋鹿射之。其俗依山谷而居,联木为栅,屋高数尺,无瓦,覆以木板或桦皮,或以草绸缪之。墙垣篱壁,率皆以木。门皆

① 《金史》卷 1《世纪》,第 1 册,第 4 页。
② 完颜氏部落联盟是女真诸部落集团之一,它与另几个部落集团一样,已经不是作为社会发展阶段意义上的部落联盟,而是辽朝政权的役属诸部。

东向。环屋为土床,炽火其下,而寝食起居其上,谓之炕,以取其暖。奉佛尤谨。以牛负物,或鞍而乘之。遇雨多张牛革以为御。① 饮宴宾客尽携亲友而来,及相近之家,不召皆至。客坐而主人立而侍之,至食罢,众客方请主人就坐,酒行无算。其衣布好白,富者以珠玉为饰,衣黑裘、细布、貂鼠、青鼠、狐貉之衣。其饮食则以糜酿酒,以豆为酱,以米为饭,葱韭之属,和而食之,芼以蕨薇。食器无瓢陶、无匕箸,皆以木为盆。春夏之间,止用鲜粥,下粥肉味无多品,止用鱼獐生食,间用烧肉。冬亦冷饮,却以木楪盛饭,以木盌盛羹,下饭肉味与下粥一等,饮酒无算。炙股烹脯,以余肉和羹擣烂而进,率以为常。

关于女真人当时的礼仪、语言、风俗等,该书记为:

> 其礼则拱手退身为诺,跪右膝蹲左膝着地,拱手摇肘,动止三为拜。其言语则谓好为赛堪,或为赛音;谓不好为朗色;谓酒为博罗达喇苏;谓棍子敲杀曰穆克珊布彻赫幹布噜,又曰穆克珊坦塔哈,又曰幹布哈;夫谓妻为萨尔罕,妻谓夫为额伊根。其节序元日则拜日相庆,重午则射柳祭天。其婚嫁富者则以牛马为币,贫者归后方具礼偕来女家,以告其父母。其携妻归宁,谓之拜门,因执子婿之礼。其乐则有鼓笛,其歌有鹧鸪二曲。其疾病则无医药,尚巫祝……其道路则无旅店,行者悉住于民家,主人初则拒之,拒之不去,方具饮食而纳之。苟拒而去之,则余家无复纳者。其市易则惟以物易,无钱,无蚕桑,无工匠,屋舍、车帐,往往自能为之。②

上述诸多内容,与以往该族系内之情况相似,但亦有发展,而此类生产生活、民族习俗等,多被后世继承,直至明代女真人、清代满洲人仍有遗存。

女真人生活地区,“土多林木,田宜麻谷,以耕凿为业,不事桑蚕。土产名马、生金、大珠、人参及蜜蜡、细布、松实、白附子。禽有鹰、鹘、海东青。兽多牛羊、麋鹿、野狗、白彘、青鼠、貂鼠。花果有白芍药、西瓜。海多大鱼、螃蟹”③,土特产甚为丰富,多为辽朝皇帝和贵族喜爱之物。辽朝于宁江州等地设置榷

---

① 上海古籍出版社点校本第 17 页下,在此处有“无仪法,君臣同川而浴,肩相攀于道,民虽杀鸡亦召其君同食。父死则妻其母,兄死则妻其嫂,叔伯死则侄亦如之,故无论贵贱,人有数妻”之句。四库馆臣曾对女真习俗等记载进行删节,此类史料,当核对众本,厘清祖本所记,不可迷信四库本。

② 《三朝北盟会编》卷 3,第 16—18 页。

③ 《三朝北盟会编》卷 3,第 17 页。

场,名义上与女真人贸易,实际上利用统治特权,巧取豪夺,压低价格强取女真人的土特产品,且对女真人加以拘辱,谓之"打女真"。而对东珠(又称北珠)和海东青等特产,强令贡纳,几近勒索。

生女真地区盛产东珠,个大色美,为珠中极品,深得契丹皇室、贵族青睐,勒令女真人贡献。该珠多产于海汉中,女真人为完纳所贡,冬季坚冰厚已盈尺,仍需"凿冰没水而捕之,人以为病焉"[1]。北珠之贡给女真人带来沉重负担。而契丹人对海东青的勒索,则是女真人的灾难。海东青为优质猎鹰,深为游牧的契丹人所喜爱,因而强令女真人捕获进贡,女真人从东海向辽朝进贡海东青的路线,被称为"鹰路",辽朝下令沿途女真人必须确保"鹰路"畅通无阻,否则加以重罚。关于贡鹰情况,《契丹国志》卷 10 有记:

> 女真东北与五国部为邻。五国之东邻大海,出名鹰。自海东来者,谓之海东青。小而俊健,能擒鹅鹜,爪白者尤以为异。辽人酷爱之,岁岁求之女真。女真至五国,战斗而后得,女真不胜其扰。[2]

海东青为猛禽,不易捕获,为进贡海东青,女真人竭尽全力,拼命完纳。但赴女真地区征收贡赋的官员,在女真地区无恶不作,乃为女真人之祸害。前往女真地区的官员身带辽朝皇帝颁发的银牌,因而被称作"银牌天使",这些银牌天使至女真,"每夕必欲荐枕者。其国旧输中、下户作止宿处,以未出适女侍之。后求海东青使者络绎,持大国使命,惟择美好妇人,不问其有夫及阀阅高者"[3]。且"天使所至,百般需索于部落,稍不奉命,召其长加杖,甚者诛之。诸部怨叛"[4]。契丹贵族的横征暴敛和对女真人的肆意侮辱等压迫政策,激起了女真人各个阶层的愤恨和反抗,最终在完颜阿骨打率领下灭亡了辽朝。

六、金代之女真人

10 世纪前后,生女真各部内已出现了私有财产和贫富分化,邑落不相统属,部族长世袭。11 世纪初,生女真各部先后定居下来,其中完颜部原居于黑龙江流域,系黑水靺鞨之一支,势力发展较快。10 世纪初,函普为完颜部酋长,其子乌鲁继父业,不但继承财产,而且确立了首领世袭制。传至第四世绥

---

[1] 《三朝北盟会编》卷 3,第 20 页。
[2] 《契丹国志》卷 10《天祚皇帝上》,中华书局 2014 年点校本,第 114—115 页。
[3] 《契丹国志》卷 26《女真国》,第 275—276 页。
[4] 《契丹国志》卷 10《天祚皇帝上》,第 115 页。

可时,定居于按出虎水流域(今黑龙江阿城市东阿什河一带),筑室以居,有栋宇之制,并种植五谷为业,结束了迁徙不常,随水草以居的生活。五世石鲁"稍以条教为治,部落寝强",开创繁荣发展基业。

绥可、石鲁之时,虽已使用铁,仍然不足用。至六世乌古乃时,于咸雍八年(1072)被辽道宗授为生女真部族节度使,开始雄踞生女真诸部,且设国相等官员管理部落内部事务,生女真诸部情愿归附者日增,且均随之得到较大发展,如《金史》所载:"邻国有以甲胄来鬻者,倾资厚贾以与贸易,亦令昆弟族人皆售之。得铁既多,因之以修弓矢,备器械,兵势稍振,前后愿附者众。"①由于铁工具的广泛使用,使女真各部的社会经济发生了巨大变化。农业生产力有了显著提高,手工业得到了发展,各部落间的交换也频繁起来。与此同时,私有财产积聚增多,贫富分化日益加剧,使用奴隶的数量也大大增加,从而使各部落间的复仇战争转化为掠夺财富和奴隶的战争。女真各部落在频繁战争中,逐渐形成几个较大的部落联盟。

随着女真各部奴隶制的形成,各部落间的战争也必然带有统一战争的性质,具有统一女真各部落条件的是完颜部。完颜部联合了按出虎水附近之蒲察、裴满、术虎、不术鲁、拏懒、乌萨札等部组成一个较大的部落联盟。按出虎水即今东阿什河,满语谓之阿勒楚喀河,金人称此地为"金源",以为金室始兴之地也。按出虎河口松花江一带又盛产东珠,东珠为契丹及南宋贵族、官僚所喜爱,可卖与契丹贵族,并可通过契丹人转卖至南宋,因此完颜部能够积蓄一定的财力、物力,日益强盛。据《金史》记载,早在五世石鲁时,即"耀武至于青岭(今张广才岭)、白山(今长白山)","入于苏滨(今绥芬河)、耶懒(今雅兰河)之地"。六世乌古乃,因助辽镇压五国部的反抗有功,得受辽封,为生女真节度使。其时,"自白山、耶悔、统门、耶懒、土骨论之属,以至五国之长,皆听命"②。其子劾里钵时,平定了张广才岭东(今敦化)地方的温都部首领乌春的叛乱,征服了斡勒部(今黑龙江省宾县一带),又进攻今呼兰河流域的纥石烈部。八世颇剌淑时,松花江北的泥庞部,汤旺河一带也归完颜部所支配。九世盈歌时,致力于图们江和绥芬河流域的经略,更南下准备统一咸兴地方女真

---

① 《金史》卷1《世纪》,第1册,第5—6页。
② 《金史》卷1《世纪》,第1册,第4页。

诸部落,未果而亡。十世乌雅束时,将长白山迤东,鸭绿江迤南女真诸部,均归附于完颜部。至此,完颜部经过几世经营扩张,终于在 12 世纪初统一了生女真各部。

生女真各部统一的经过,也正是生女真奴隶制形成的过程。完颜部奴隶主贵族拥有大量奴隶和财物,逐渐建立官属,制定纲纪,到 11 世纪末初步建立奴隶制政权。

完颜部首领承袭生女真部族节度使,契丹人称节度使为"太师",女真人呼之为"都太师",乃辽朝世袭官员,故对辽表面上恭顺服从,暗中利用辽的力量达到统一生女真各部的目的。到了 12 世纪初金太祖完颜阿骨打时,辽封建贵族日益腐朽,为了满足生活上的享受,对女真的掠夺更加残酷。女真不仅每年要贡纳东珠、貂革、名马、良犬、海东青等,加之前述"银牌天使"等恶行,使女真浸忿契丹,纷纷潜附阿骨打。阿骨打嗣立后,改变对辽的态度,废弃辽所封太师称号,自称"都勃极烈"。同时,"力农积谷,练兵牧马"①,命各部属"备衝要,建城堡,修戎器"②,秣马厉兵,积极准备反辽斗争。

辽天庆四年(1114)九月,阿骨打起兵反辽,率众誓师于涞流河(今拉林河口石碑崴子),西向进攻宁江州(今吉林省扶余市),首战告捷,十月克其城。十一月阿骨打与辽军战于宁江州附近的出河店,取得胜利,又于斡邻添再一次战败辽军,辽军溃不成军。阿骨打连克宾、祥、咸三州,此处不系辽籍之女真人咸归附阿骨打。辽天庆五年(1115)阿骨打称帝,改名为完颜旻,国号大金,建元收国,定都会宁(今哈尔滨市阿城区南)。

辽天庆五年正月,金败辽军于达卢古城。八月攻陷辽东北重镇黄龙府(今吉林省农安县)。翌年下沈州,陷东京(今辽宁辽阳)。东京等 54 州之曷苏馆女真以及今凤城一带之不系辽籍的女真人均归附于金。金太祖完颜旻统一了生、熟女真以及其他不系辽籍的各部女真人。

金太祖统一生、熟女真后,主动联合北宋灭辽,遂订立宋金灭辽的"海上之盟"。天辅六年(1122)正月,金军陷中京大定府(今内蒙古宁城);四月,克西京大同府;十月,入南京析津府(今北京)。天会三年(1125),辽天祚帝为金

---

① 《三朝北盟会编》卷3,第20页。
② 《金史》卷2《太祖纪》,第1册,第23页。

所俘,不久死去,辽终亡于金。

金灭辽后,旋即发动对北宋的战争。天会五年(1127),金军攻陷北宋都城汴京(今河南开封),俘徽、钦二帝和宗室、后妃等送往北方,囚徽、钦二帝于五国头城(今黑龙江省依兰),并大掠金银、珍宝、币帛、图书、典册、礼器以及百工艺人等送往金"内地"(上京会宁府附近一带)。至此,北宋灭亡。靖康二年(1127)五月,宋高宗赵构在南京应天府(今河南省商丘)即位,年号建炎,史称南宋。此后,金宋屡有争战,直到皇统元年(1141)金宋议和,签订合议:宋向金称臣;每年纳贡银25万两、纳绢25万匹;两国以淮河为界,西至大散关。至此,确立了宋金南北长期对峙的局面。贞元元年(1153),海陵王完颜亮迁都燕京,大量女真人随之迁至华北地区,并逐渐被汉化,金亡后许多女真人被融合于居住地。同时,金朝将大批汉人迁徙到东北地区。在金朝统一政权的管理下,中原与东北的界限被打破,东北与内地各方面的交流几无阻碍,因而,金朝也是仍居住于东北地区的女真人的重要发展时期。

由于统治了汉人和汉地,金朝自太宗以来,统治制度也逐渐发生变化。熙宗天眷元年(1138),废除勃极烈制,除西北边镇保留诸部秃里、详稳等承自辽朝的北面官外,对女真官职,一律按汉官制换授,于是有了三师、三公和三省之设,勃极烈对国事的决定权由三省所取代,以宗室重臣为三师、三公领三省事。

统军机构初承辽制设都统,置军帅司、都统司,兼治军民。天会三年(1125)设元帅府伐宋,置元帅和左右副元帅、左右监军、左右都监,为治理汉地和主持对宋战争的军政机构。皇帝的侍卫军,初为合扎谋克、合扎猛安。

海陵王时(1149—1161),进一步加强了皇权。贞元二年(1154),罢领三省事,置尚书令,位居丞相上。正隆元年(1156),颁行新官制,"罢中书门下省,止置尚书省。自省而下官司之别,曰院、曰台、曰府、曰司、曰寺、曰监、曰局、曰署、曰所,各统其属以修其职。职有定位,员有常数,纪纲明,庶务举,是以终金之世守而不敢变焉"①。又改都元帅府为枢密院,总管军政。

在地方治理上,金袭辽制,设五京,置十四总管府,分全国为十九路,下辖若干府、州、县。诸京设留守司,置留守;路设总管府,置都总管;府设尹;州有节度、防御、刺史;县设令。女真诸猛安品级相当于防御使,谋克职同县令而品

---

① 《金史》卷55《百官一》,第4册,第1216页。

级略高。

女真社会具有的集军事、行政及生产生活于一体的基层组织形式，被称作猛安谋克，猛安乃千户之意，谋克本意为族长，为猛安所辖，为猛安十分之一，故被视为百户，其实当时猛安谋克所辖并非仅拘于千户、百户之数，亦有六十五户、百三十户设一谋克者。完颜阿骨打起兵后，对猛安谋克进行了改进，"命以三百户为谋克，谋克十为猛安。继而诸部来降，率用猛安、谋克之名以授其首领而部伍其人"①。如此，猛安谋克就成为金代的基层社会组织，同时也是金朝的军事建制。"金之初年，诸部之民无它徭役，壮者皆兵。平居则听以佃渔射猎习为劳事，有警则下令部内，及遣使诣诸孛堇征兵，凡步骑之仗糗皆取备焉。其部长曰孛堇，行兵则称曰猛安、谋克，从其多寡以为号，猛安者千夫长也，谋克者百夫长也。"②后来诸部首领平时也被称为猛安、谋克。猛安谋克已是亦兵亦农的社会基层单位，而不只是单纯以血缘为纽带组成的氏族组织。其首领猛安、谋克也已是金朝国家基层地方官吏、军队基层军官，按金制，猛安为从四品、谋克为从五品。编入猛安谋克户者大部分是平民，一部分拥有不同数量的奴婢，但当时奴隶数量要比平民数量少得多。猛安、谋克与平民只是官民关系。金初统一辽南，灭契丹并进占汉人地区后，金太祖曾将汉人、渤海人及契丹人纳入猛安谋克，编制了汉人、渤海人、契丹人的猛安谋克。由于汉人的反抗，才废除了辽东汉人及渤海人的猛安谋克。后又将大量女真人猛安谋克南迁于河北一带，建立屯田军，与汉人杂处。贞元元年（1153）迁都燕京（今北京）后，又一次大批迁女真猛安谋克于河北、山东。至此，自燕京之南、淮河之北、陇右之东，分布许多猛安谋克，被称为屯田军。金世宗之后，屯田军"所居止处，皆不在州县，筑寨处村落间，千户百户虽设官府，亦在其内"③，均单独居处，不与汉人杂居。猛安谋克的千夫长、百夫长与本地管辖汉人之州县官不相统属。猛安谋克户平时种地，战时出征，并与附近州县官府配合，共同镇压当地人民的反抗。

金朝封建政权制度的确立，也加速了移居中原的女真人封建化的进程。金设屯田军，括汉民田为官田，对猛安谋克"计其户口，给官田，使自播种，以

① 《金史》卷44《兵制志》，第3册，第992页。
② 《金史》卷44《兵制志》，第3册，第992页。
③ 《三朝北盟会编》卷244，第1754页。

充口食"①。屯田军户除服兵役外,还担负牛具税,亦称牛头税:每耒牛 1 头为 1 具,限民 25 口,受田 4 顷 4 亩,岁输粟大约不过 1 石,官民占田无过 40 具。这样,5 口之家可得田约 100 亩,400 余亩仅纳税 1 石,税率不到百分之一,比起汉人纳税要轻得多。但是,屯田军户贫富日益分化,到世宗时,一些富户和奴隶主贵族大都卖掉了奴婢,把土地租给汉族佃户耕种,或改变奴婢身份为隶农、农奴,使之耕种土地。一般猛安谋克户也不亲稼穑,尽令汉人佃种,取租而已。这些女真人与汉人地主在阶级属性上已没有什么区别了。到 12 世纪末,华北地区的女真族大部已封建化,这也成为这些女真人融入中原汉人的基础。金世宗为阻止女真人汉化,屡屡告诫本族人要保持"国语(女真语)、骑射",并颁布限制本族人学习汉语、改用汉姓的禁令,但无济于事。到金朝后期,进入中原的女真人的民族特点已经消失殆尽,至元朝均成为"汉人"的一部分。而生活于东北地区的女真人,除辽南熟女真及"内地"局部地区以农业为生计者外,其他大部女真人仍以渔猎、农耕为业,保留着传统生计和文化。

为适应女真社会发展需要,天辅三年(1119),完颜阿骨打命完颜希尹参考汉字和契丹字,创制出女真文字。金熙宗时又创新字,称为女真小字,将完颜希尹所创制者称谓女真大字。文字的创制使用,对女真政治、经济、文化发展起到促进作用。建立王朝并创制文字,标志女真社会迈入新的发展阶段,但由于女真大字、小字皆不适合拼写黏着语,因而难以普及民间,并随着女真人汉化,逐渐被汉文取代。

12 世纪末到 13 世纪初,蒙古兴起,金泰和六年(1206),成吉思汗建立蒙古政权,金大安三年(1211)开始攻金。金崇庆元年(1212)蒙古兵攻至中都(今北京)附近,更分兵攻略河北、河东、山东三路。崇庆二年(1213)春,金宣宗与蒙古媾和,献出大量帛金、马匹、童男女之后,蒙古军北撤。金朝统治者深感中都所受威胁太大,迁都汴京(今河南开封)以避其锋,并将河北之猛安谋克户百余万人撤至河南,准备放弃黄河以北地区。同年,蒙古军复至,攻占中都。此后,山西、河北、山东的大部分地区为蒙古所占,金朝只剩下河南、山东、陕西部分地区的东西狭长地带。天兴三年(1234)金亡,随迁中都之女真贵族及南迁之百万猛安谋克部分流落于当地。

———————————

① 《三朝北盟会编》卷 244,第 1754 页。

第二节 明代女真的先世

元代有关女真人的记载可分为两部分,一部分记载金朝时内迁女真人入仕元朝及其在科举、行政、军事、文化等方面的成就,但这些生活于中原的女真人,已经失去本族特色,最后基本融入汉人之中,从血缘上与明代女真人无缘,或可属其先民,应不属其祖先。另一部分记载是关于居住于东北各地女真人的,包括元朝对各地女真人的统治政策及其政治、经济、文化等发展状况,乃研究元代东北地区女真人之重要依据。《元史》中记载的女真人,除女直外,还有水达达、吾者野人、乞烈迷、骨嵬等称号。这是对居住东北不同地区女真人的别称,大体是指东北地区的女真人,而非指留居中原者。元代居于东北地区的女真人,分隶于元代所设路府之下,直至明代,其居住区域变化不大,与明代女真人具有血缘承传关系,乃明代女真人之祖先。

一、元朝建制管辖女真人

元朝建立后,在东北地区设置辽阳等处行中书省为最高统治机构。其下设立辽阳路(今辽阳以南、沈阳以东及朝鲜义州、朔州、慈江道等地)、广宁路(今辽宁北宁、彰武一带)、东宁路(朝鲜平安道大部分)、沈阳路、开元路(吉林农安以东、松花江上游、延边自治州、乌苏里江上游、东至海、包括嫩江流域、黑龙江中游以及外兴安岭等地)、水达达路(松花江中下游、黑龙江中下游、乌苏里江流域东至海及库页岛)、合兰府(朝鲜咸境道以北以西原金曷懒路)、大宁路(今内蒙古宁城、河北省平泉以东,长城以北,辽宁锦州至山海关以西,内蒙古敖汉旗、奈曼旗以南)等府路。辽阳行中书省设丞相1员、平章2员、左右丞各1员、参知政事2员。各路设总管府,置达鲁花赤、总管、同知、治中、判官等官员。辽阳行省又分东西两大部分:辽河以东各路府归辽东宣慰使管辖,辽河以西的广宁路、大宁路等归山北道管辖。此外,于各要衢之地,设立属兵部的元帅府、万户府、千户所等。

元世祖时,曾设置恤品路于双城子(俄罗斯乌苏里斯克),管辖绥芬河、乌苏里江下游一带地方,后合并于开元路。又设婆娑路(今辽宁丹东市北九连城)统治辽东女真人,后合并于辽阳路。又设盖州路(今辽宁盖州市)统治女真人即辽之曷苏馆女真人,后来合并于辽阳路。合兰府即沿金所设之合懒路。

水达达路系自开元路析出而设置的。

水达达路是统辖唐黑水靺鞨的女真故地的重要建制。《元史》记载水达达路情况：

> 土地旷阔，人民散居。元初设军民万户府五，抚镇北边。一曰桃温（今黑龙江省汤原县固木纳古城），距上都四千里。一曰胡里改（今黑龙江省依兰县喇嘛庙），距上都四千二百里、大都三千八百里。一曰斡朵怜（今黑龙江省依兰县牡丹江对岸马大屯）。一曰脱斡怜（今黑龙江省桦川县东北宛里古城）。一曰孛苦江（今黑龙江省富锦县西南古城）。各有司存，分领混同江（松花江）南北之地。其居民皆水达达、女真之人，各仍旧俗，无市井城郭，逐水草为居，以射猎为业。故设官牧民，随俗而治。①

他们大多数人还处于氏族社会的末期阶段。元朝还在黑龙江口奴儿干设立东征招讨司（东征元帅府），在哈儿芬（今黑龙江下游右侧阿纽伊河口）设立吾者野人、乞烈迷等处诸军万户府，统治吾者人、吉烈迷人、骨嵬人等。在东征元帅府不仅驻有蒙古军，还有汉人组成的"蛮军"。吾者人、吉烈迷人、骨嵬人等以渔猎为生，他们猎获的貂鼠、水獭、海豹等兽皮还要贡纳于元朝。合并于水达达路之恤品路建制撤销后，又于其东西林河设失林千户所，雅兰河设雅兰千户所，管辖绥芬河流域、乌苏里江流域下游地区。

元朝还在松花江西、嫩江流域东进行屯田，建肇州城（今黑龙江肇东附近），设蒲峪路屯田万户府和肇州万户府，有女真户、蒙古户、蛮军以及迁来的乞儿乞思族在此屯田垦植。各族人民都对松嫩平原的开发做出了一定的贡献。这一地区大体上是金代的蒲与路，元时归开元路统辖。此外，其北之黑龙江中游及外兴安岭之北山吾者也归开元路统辖。

辽南的渤海人，在元代已与女真人和汉人融合，元代文献再无渤海人的记载。但是，辽南及辽东东部的女真人为数仍很多。元初设盖州路统辖女真人，盖州即辽代所设曷苏馆女直国大王府所在地，盖州路后来合并于辽阳路。元朝初年又在辽东东南部设婆娑路，后改府，管辖今岫岩、凤城、丹东、九连城及其迤北一带女真人。后将鸭绿江东岸之义州、静州、麟州、威远镇也划归婆娑府管辖，此四地居民多为东女真人。辽南、辽东的女真人也逐渐与当地汉族融

---

① 《元史》卷59《地理志二》，中华书局1976年点校本，第5册，第1400页。

合,不过,直到明初在辽阳南还设有女真千户所,有专属女真千户,说明此时辽南女真人与汉人还没有完全融为一体。此外,属于辽阳路管辖之鸭绿江东岸地区(今朝鲜慈江道大部)居住着所谓东女真人。

二、元代女真人之社会生活

开元、水达达二路居住女真人、水达达人、吾者或吾者野人、北山吾者(外兴安岭)及吉烈迷人、骨嵬(库页岛)人;合兰府大部为东女真人;辽阳路居住汉人、渤海人及熟女真人。其中水达达人系金之乌底改人迁至松花江中下游及黑龙江中游沿岸,与当地土著女真人杂居而被称为水达达人,明朝人称他们为江夷。吾者又称斡者、斡拙,即金之乌底改,居住在乌苏里江入黑龙江处及下游。吉烈迷居其东,即黑龙江入海口一带。黑龙江口及库页岛还居有骨嵬人。这些女真人均隶属于辽阳行省下。

元代辽阳行省范围内的女真人大致有以下几个较为主要聚居区域:一是原东夏国故地,即今图们江流域、绥芬河流域、牡丹江中上游以及鸭绿江中上游这一片广大地区;二是原金朝上京地区及上京向东北直抵金胡里改路治所(今依兰附近)一带;三是今松花江下游、乌苏里江及黑龙江中下游地区,即元水达达路辖区。终元一代,这一地区的人口状况未见有较大变化。《元史》所谓"女直"即东北女真族聚居区域。同时,从金之上京向东北直抵金朝胡里改路治所附近(今依兰附近)一带,向东南抵牡丹江上源之间的广大地区,也应属于"女直"地区。从《元史》记载中可以推断女直的地理位置,大约北至吉林、黑龙江两省交界处,南到辽东半岛,东达鸭绿江,西有辽河两岸,西南未越过山海关。如《元史》卷 5 载:"禁登州、和州等处并女直人入高丽界剽掠";卷12 载:"立海西辽东提刑按察司,按治女直、水达达部";卷 16 载:"命彻里铁木儿所部女直、高丽、契丹、汉军输地税外,并免他徭";卷 25 载:"发高丽、女直、汉军千五百人,于滨州、辽河、庆云、赵州屯田"。又如:卷 100《兵志》载:"世祖至元二十九年十月,以蛮军三百户、女直一百九十户,于咸平府屯种……仁宗大德二年……止存女直一百九十户,依旧立屯""以乃颜不鲁古赤及打鱼水达达、女直等户,于肇州旁近地开耕"等记载,可以考证部分女真人的分布情况。

《元史》对女真的记载虽属零星,但依据其对女真各部的分析,可粗略推断元代女真人的社会面貌及其社会发展阶段。居住在辽阳路、开元路南部等地被称为女直者,通过《元史》所载命女直"输地税"和至元二十九年"辽阳、沈州、广宁、开元等路雹害稼,免田租七万七千九百八十八石"①来分析,他们不仅从事农业生产,而且农业生产在他们的生产生活中占主要位置。又根据有"弛女直、水达达地弓矢之禁"和"赈辽阳、武平饥民,仍弛捕猎之禁"的记事,可知狩猎业是他们的辅助性产业。"罢女直出产金银禁"②,则揭示了他们的矿业开采早已存在。"开元路民饥,并弛正月五日屠杀之禁"③,证明他们也饲养家畜。考虑到金王朝入主中原后,女真社会由奴隶制迅速向封建制转化,在金王朝统一管理下,不仅长城内外的界限被打破,而且不少汉人又被迁居东北地区的南部,那么这部分女真人无疑已生活在封建制度之下了。

水达达,是元人对从事渔猎生产的女真人的称呼,是指松花江下游、乌苏里江、黑龙江中下游沿江而住的居民,即水达达路辖区。水达达路下设五个军民万户府,分别为桃温、胡里改、斡朵怜、脱斡怜、孛苦江。这些府名大多取自江河名称。桃温即桃温河,即今汤旺河,府治在今汤旺河右岸的固木讷城;胡里改即胡里改江,即今牡丹江,治所在今依兰县城北门外松花江南岸的五国城,即胡里改城;斡朵怜,府治在今依兰县牡丹江右岸的马大屯附近;脱斡怜,《黑龙江志稿》卷2认为即洮儿河;孛苦江,《黑龙江志稿》卷2、卷29考订孛苦即卜魁,乃今嫩江。后两个万户府治所无考。此亦说明,水达达女真分布很广,它以依兰县为中心,东到日本海,西至洮儿河,北过黑龙江,南有牡丹江中下游地区。因而东北地区女真人的大多数是指《元史》中的女直与水达达,他们占据东北女真人口大多数。其中少数女真人处在生产力水平极其低下的阶段,如吾者野人、乞烈迷和骨嵬等。

吾者野人和乞烈迷属合兰府水达达等路,故后人也称其为水达达。吾者野人所在,据《元史》卷44载:"立吾者野人乞列迷等处诸军万户府于哈儿分之地。"④哈儿分在黑龙江下游阿纽伊河注入黑龙江处。据此推测,吾者女真居住在黑龙江下游的深山密林里。

分布于辽阳行省北部居住于山林之通古斯语族居民,被统称为吾者、兀者

① 《元史》卷17《世祖本纪十四》,第2册,第363—364页。
② 《元史》卷12《世祖本纪九》,第2册,第295、364页,第1册,第259页。
③ 《元史》卷9《世祖本纪六》,第2册,第295页。
④ 《元史》卷44《顺帝本纪七》,第3册,第926页。

或斡拙,至清代多写为乌稽、窝集等,当即源于兀者。吾者部人之得名,乃因其出没于大山老林之故。《金史》卷24《地理志》上有记:"金之壤地封疆,东极吉里迷兀的改诸野人之境"①;《完颜晏传》内有:"天会初,乌底改叛……乃命督鳫从诸军往讨之。至混同江,谕将士曰:'今叛众依山谷,地势险阻,林木深密,吾骑卒不得成列,未可以岁月破也。'……声言俟大军毕集而发。乃潜以舟师浮江而下,直捣其营,遂大破之"②。从以上记载可以知道,金乌底改诸部的分布,约略是在黑龙江下游直抵奴儿干的沿江地区及大片深山密林之中。③所谓乌底改人,当即包括元代的水达达和兀者等通古斯语族诸部在内。④元顺帝时期,由于政府向极东北诸部勒索海东青无度,激起了水达达和兀者的反抗。这次起义时断时续,前后历经十年方告失败。至正十五年(1355),元朝复立吾者野人、乞烈迷等处诸军万户府于哈尔分之地⑤,当即镇压此次起义后的善后措施之一。哈儿分在黑龙江下游,元明两代皆置驿于此。明代亦一度因袭元朝旧制,在此设置过吾者野人、乞烈迷、女直军民万户府。而居住于嫩江中游的部分吾者人,或许和肇州的水达达人一样,都是在元初平定乃颜之乱后从东面迁来的。在大山中的吾者部落,多以射猎作为主要生活来源;少数沿江滨水者亦以捕捞为业。与水达达相比,吾者的社会经济发展水平可能更低一些。

乞烈迷为元代居住边远地区从事捕鱼的女真人,社会状况与吾者野人近似,史籍中多与吾者野人一同记载,均以渔猎为生。元初"因言辽阳女真之东斡拙、吉烈灭二族之人,数入寇内地,宜遣亲臣,设驿以通之"⑥。元朝对吾者、乞烈迷实行了有效的统治,史载:

> 斡拙、吉烈灭僻居海岛,不知礼义,而镇守之者抚御四方,因以致寇,

① 《金史》卷24《地理志上》,第2册,第549页。
② 《金史》卷73《完颜晏传》,第5册,第1672—1673页。
③ 按明《奴儿干永宁寺碑》谓本朝设都司于其地,实系继承"辽金时……故业",足证金朝壤地之极东北,已到达东北亚这一段临海地区。
④ 据《华夷译语·女真译语》"人物门",女真语野人作"兀的厄·捏儿麻"。乌底改一名当与兀的厄同源,很可能是金代女真人对黑龙江下游地区通古斯语诸部的统称。元代的兀的哥人,其名称来自乌底改,所指似即吾者的一部分。书目文献出版社1988年版,第167页。
⑤ 据《经世大典序录·招捕》,大德年间,元政府即置辖吾者、乞烈迷之万户府于其居地。
⑥ (元)黄溍:《黄溍全集》卷25《别里哥帖穆儿神道碑》,天津古籍出版社2008年版,第668—669页。

乃檄诸万户,列壁近地,据其要卫。使谕之曰,朝廷为汝等远人,不沾教化,自作弗靖,故遣使来,切责有司,而存恤汝等,令安其生业。苟能改过迁善者,则为圣世之良民,否则尽诛无赦。由是胁从者皆降,遁于岛中者,则遣招之,第戮其渠魁,余无所问。①

吾者、乞烈迷之女真人一时得以安分。

库页岛上的通古斯语族居民,被称为骨嵬女真。在元代女真分布区域内,越往北,由于自然条件的差异和对外交往的限制,社会发展对外缓慢。骨嵬女真的社会发展水平与吾者野人或乞烈迷相近,或处在更落后的状态。

至元元年(1264),黑龙江下游的乞烈迷人报告:"其国东有骨嵬、亦里于两部,岁来侵疆。"②世祖命征东招讨使塔匣剌征之,因海流风势难渡而罢。至元十年(1273),征东招抚使塔匣剌具呈:"前以海势风浪难渡,征伐不到吉烈迷、骨嵬等地。去年征行至弩儿哥地,问得兀的哥人厌薛,称欲征骨嵬,必聚兵候冬月赛哥小海渡口结冰,冰上方可前去,先征得吉烈迷,方到骨嵬界云。"③奏请进征,未准。至大德二年(1298)"六月五日,官军败贼于吸剌豁疃。七月八日,骨嵬贼玉不廉古伙过海,入拂里河,官军败之。九年六月,吉烈迷人甲古报,骨嵬贼劫南木合等,官军追之不及,过拙墨河劫掠"④,可知至大德年间,骨嵬人尚未被纳入元朝治下,经常越海劫掠,招讨司官军仍追之不及。及至"至大元年,吉烈迷百户乞失乞乃言,骨嵬玉善奴欲降,遣大河沙者至讷里干。又吉烈迷人多伸奴、亦吉奴来言,玉善奴、瓦英等乞降,持刀甲与头目皮先吉,且言每年贡异皮,以夏间答剌不鱼出时回还云"⑤,从中可知,虽然元朝多次征伐无果,但最终骨嵬仍被迫纷纷乞降,元朝终将骨嵬女真人纳入元朝统治之中。

综合以上情况可以看出,元代女真社会发展是不平衡的,其中南部女真人地区以农业生产为主,社会经济相对发达,而北部水达达、吾者野人、乞烈迷和骨嵬等女真人则由于分布的地理位置不同,其生产力水平发展相对滞后。

三、女真人与元朝的关系

自蒙古汗国时起,东北地区的女真人或被征伐,或被迫请降,逐渐被纳入

① (元)黄溍:《黄溍全集》卷25《别里哥帖穆儿神道碑》,第668—669页。
② 《元史》卷5《世祖本纪二》,第1册,第100页。
③ (元)苏天爵:《元文类》卷41《经世大典叙录·招捕》,第723页。
④ (元)苏天爵:《元文类》卷41《经世大典叙录·招捕》,第723页。
⑤ (元)苏天爵:《元文类》卷41《经世大典叙录·招捕》,第723页。

元朝统治之下。元朝将治下的各北方民族,如汉人、渤海人、契丹人、奚人、女真人等都归入四种人之第三种"汉人"之中,如元人陶宗仪《南村辍耕录》所记:"汉人八种:契丹、高丽、女直、竹因歹、术里阔歹、竹温、竹赤歹、渤海。"①其中女真既包括东北南部从事农耕的女真人,亦包括北部以渔猎为生者。

各部女真人与元朝在政治、经济、军事等方面均有密切关系,具体表现在三个方面:

第一,元代东北地区的女真人,居住地区不同,其生产生活环境亦有较大差异,所以元朝统治者针对居住在不同地区的女真人实行"因俗而治"的政策。为严密控制曾凭"骑射之长"摧毁过辽、北宋王朝的女真人,元统治者在女真地区"设官牧民",建立起各种统治机构进行管辖。最先设立的是开元、南京二万户府。据载:"乙未岁,立开元、南京二万户府,治黄龙府。至元四年,更辽东路总管府。"②乙未年为1235年。这说明,蒙古汗国早在未取得全国政权前,即于金亡后的次年,已在女真地区设立行政组织管理女真人。至元二十三年(1286)又将辽东路总管府改为开元路,隶辽东道宣慰司,③统管沈阳路以北的所有女真人。开元路以南的女真人分别归沈阳等路管理。

元朝在东北女真人聚居区设立开元、南京二万户府后,为了对水达达"随俗而治",皇庆元年(1312)又将开元路东部和东北部的女真人从开元路划出,设合兰府水达达路,④直属辽阳行省。合兰府水达达路下设有五个军民万户府,"抚镇北边",由蒙古人任达鲁花赤进行统治、监视。此外,根据《元史》记载,元朝还在黑龙江奴儿干地方设有东征元帅府⑤,治所在今黑龙江下游的特林地方;在黑龙江下游"立吾者野人乞烈迷等处诸军万户府"⑥,府治在阿纽伊河与黑龙江汇合的哈儿分地方;在乌苏里江流域设"水达达路阿速古儿千户所"⑦,阿速古儿系水名,即今乌苏里江。至元初,又增设了开元、恤品、曷懒等路宣抚司。后来,女真人以及乌苏里江、黑龙江中下游的其他族众,统由辽阳

---

① (元)陶宗仪:《南村辍耕录》卷1《氏族》,中华书局1959年版,第14页。
② 《元史》卷59《地理志二》,第5册,第1400页。
③ 《元史》卷59《地理志二》,第5册,第1400页。
④ 《元史》卷59《地理志二》,第5册,第1400页。
⑤ 《元史》卷8《世祖本纪五》,第1册,第162页;卷9《世祖本纪六》,第1册,第183页。
⑥ 《元史》卷44《顺帝本纪七》,第3册,第926页。
⑦ 《元史》卷33《文宗本纪二》,第3册,第735页。

行省辖下的开元路、水达达路管辖。元世祖中期,元朝又在东北增设海西辽东道提刑按察司、巡防捕盗所等,"按治女直、水达达部"①,以进一步加强对女真等族人民的统治。

在管理女真人的万户府之下,又设若干千户所具体分管一地,如开元千户所、灰亦儿千户所、阿速古儿千户所、鲸海千户所、牙兰千户所、失怜千户所、古州千户所、木答哈千户所等。女真人在各机构统治之下,按元朝旨意应差纳粮,签军从征。

第二,元朝通过设立的路、府、所机构在女真地区征收赋税,签军应役,屯田开垦,赈济救灾,发布禁令,设立驿站,对女真人实行了全面有效的统治。在辅助各级职官对女真人实行有效统治,促进女真地区经济、文化发展方面,驿站发挥了主要作用,各驿站成为联络各地并促进该地发展的支撑点,有的演变成女真人生活的聚集地。其中开元路的主要驿站:庆云站(辽宁康平东南齐家屯古城)、大安站(辽宁开原老城)、夹道站(辽宁昌图四合屯古城)、韩州站(吉林梨树北之偏脸城)、信州站(吉林怀德秦家屯古城)、大水泊站(无考)、十八里站(无考)、忽列出站(无考)、迭甫站(吉林九台附近)、石敦站(吉林永吉北锦州砬子古城)、散迭站(吉林永吉东天岗附近)、阿也忽站(吉林蛟河西北老爷岭站)、禅春站(吉林蛟河东三道河子附近)、斡木火站(吉林敦化北额穆城)、阿剌站(吉林敦化额穆南)、桑吉站(吉林敦化县城附近)、石迪闻站(吉林敦化东北官地镇)、甫丹站(黑龙江宁安南湖头古城)、祥州站(黑龙江宁安东京城)、土罗火站(黑龙江宁安东南扁脸子)、希闲站(黑龙江宁安东乌拉草甸子)、开元站(黑龙江宁安大城古城)、阿失吉站(无考)、舍站(俄罗斯乌苏里斯克(双城子));牡丹站(吉林安图县附近)、南京站(吉林延吉东城子山古城)、蛮出温站(朝鲜会宁云头城)、蓬苦站(无考)、毛良苦站(朝鲜镜城)、木吉站(无考)、迭甫站(朝鲜咸镜北道吉州)、阿剌失可站(无考)、端州站(朝鲜端州)、青州站(朝鲜北青)、洪宽站(朝鲜洪原)、合剌符站(朝鲜咸兴南五里古城);滨州站(吉林农安东北靠山屯东红石垒)、第四铺站(黑龙江双城东南双城子古城)、西祥州站(吉林农安东北苏家店)、斡母站(无考)、赵州站(黑龙江肇东八里城)、塔鲁站(无考)、胡里迷站(无考)、离帖合站(无考)、迪石

---

① 《元史》卷12《世祖本纪九》,第1册,第255页。

吉站(无考)。水达达路主要驿站:海姑站(黑龙江阿城海沟镇)、鹿古吉站(黑龙江宾县西蜇克图镇)、甫丹迷站(黑龙江宾县西北乌河口古城)、孛牙迷站(黑龙江木兰白杨木河沿)、撚站(黑龙江木兰县浓河镇附近)、合散站(黑龙江通河县附近)、吾纳忽站(黑龙江通河县祥顺山附近)、赵斤站(黑龙江下游左岸俄罗斯沙文斯克)、佛朵火站(黑龙江下游右岸付达哈河口)、卑里真站(黑龙江下游右岸)、可烈儿站(黑龙江下游左岸阿克哈河口)、末吉站(黑龙江下游右岸莽吉答城);牙落站(黑龙江齐齐哈尔达哈里驿)、碾站(黑龙江富裕娘年驿)、苦怜站(黑龙江讷河市拉哈驿)、奴迷站(黑龙江讷河市)、造邻站(黑龙江嫩江市南衣拉克驿)、和伦站(黑龙江嫩江市东活鲁尔驿)、海里温站(黑龙江嫩江市东北喀尔它里驿)、果鲁母站(黑龙江嫩江市东北木古母里驿)、阿余站(黑龙江嫩江市爱辉西南厄育勒驿)等,另有通往黑龙江出海口的众多驿站。上述驿站,对元朝统治女真人意义重大。至元朝末年或被废弃,但上述线路,在明代仍是女真人与内地交往的主要交通线,一些驿站,亦成为明初所设羁縻卫所之治所。

元朝对女真人的剥削、压迫相当沉重。从事农耕的女真人和整个北方被统治的"汉人"一样,要负担很重的地税、科差等赋税,除交纳粮食、布匹等实物税外,也要交丝银、俸钞等。对水达达地区,元统治者也"皆赋税之,比于内地"①。根据《元史》记载,女真各部缴纳的实物税各有侧重,女真主要是粮食②,水达达是各种野兽皮③,吾者野人和乞烈迷则主要是名鹰海东青④。

关于签军应役,女真人民的徭役、兵役负担也极为繁重。《元史》中记载,中统四年(1263)为补充兵员,在"女直、水达达及乞烈宾地合签镇守军,命亦里不花签三千人,付塔匣来领之"⑤,至元三年(1266)"选女直军二千为侍卫军"⑥,至元四年(1267)又"签女直、水达达军三千人"⑦,至元八年(1271)再

① 《元史》卷58《地理志一》,第5册,第1346页。
② 《元史》卷17《世祖本纪十四》,第2册,第370页。
③ 《元史》卷6《世祖本纪三》,第1册,第121、181页。
④ 《元史》卷41《顺帝本纪四》,第3册,第875页;卷59《地理志二》,第5册,第1400页。
⑤ 《元史》卷98《兵志一》,第8册,第2512页。
⑥ 《元史》卷6《世祖本纪三》,第1册,第109页。
⑦ 《元史》卷6《世祖本纪三》,第1册,第117页。

"签女直、水达达军"①。这几次签军从时间上来看是蒙古汗国为了发动对南宋的战争所做的准备。此外,元朝在对日本的战争中,几次调"女直军"出征②,命女真人制造征讨日本的大船③,而且还规定"女直、水达达军不出征者,令隶民籍输赋"④,女真人屡屡被征调出征,亦可侧面反映出元朝对女真人的有效治理和女真人能征善战的特点。

有关屯田开垦,《元史》中除前述"女直一百九十户,于咸平府屯种","为田四百顷"⑤,"打鱼水达达女直等户,于肇州旁近地开耕"⑥,一部分女直军在滨州等地屯田外⑦,在女真地区还设有一个"水达达屯田总管府"。例如,元世祖平定乃颜叛乱后,下令将"水达达、女直民户由反地驱出者,押回本地,分置万夫、千夫、百夫内屯田"⑧。水达达从事屯垦的女真人,一是"为军"的,二是因反叛失败逃跑被抓回的"民户"。

当然,元朝不仅对女真人进行索取,作为统治者,亦同时对女真人施以赈济救灾等措施。《元史》中记载,凡遇有大的水、旱、风雪、冰雹和疫病灾害,朝廷会向受灾的女真人发放赈济,帮助女真人渡过难关。物资包括粮食、布帛和钱钞,如至元二十二年,"发粟赈水达达四十九站……赈女直饥民一千户"⑨;至元二十三年"辽东开元路饥,赈粮三月"⑩;至元二十七年"辽阳诸路连岁荒……发米二万石赈之"⑪;"大德元年,以饥赈辽阳、水达达等户粮五千石"⑫等。从中可以大致看到每次所赈米粟的数量。至元二十七年(1290)"开元路宁远等县饥,民、站户逃徙,发钞二千锭赈之"⑬,可知元朝政府有时也用钱钞代实物予以赈济。《食货志》中又载,至元二十年"以帛千匹、锭三百锭,赈水

① 《元史》卷6《世祖本纪四》,第1册,第137页。
② 《元史》卷8《世祖本纪五》,第155页;卷11《世祖纪八》,第1册,第226页。
③ 《元史》卷13《世祖本纪十》,第2册,第277页。
④ 《元史》卷10《世祖本纪七》,第1册,第215页。
⑤ 《元史》卷100《兵志三》,第9册,第2565页。
⑥ 《元史》卷100《兵志三》,第9册,第2566页。
⑦ 《元史》卷25《仁本宗纪二》,第2册,第574页。
⑧ 《元史》卷17《世祖本纪十四》,第2册,第366页。
⑨ 《元史》卷12《世祖本纪九》,第1册,第259页。
⑩ 《元史》卷14《世祖本纪十一》,第2册,第294页。
⑪ 《元史》卷16《世祖本纪十三》,第2册,第349页。
⑫ 《元史》卷96《食货志上》,第8册,第2475页。
⑬ 《元史》卷16《世祖本纪十三》,第2册,第334页。

达达地贫民"①,并规定了赈济的对象,即如《世祖本纪》中所载:"给水达达鳏寡孤独者。"②

元朝在女真地区发布诸多禁令,主要有"屠杀之禁""酒禁""弓矢(捕猎)之禁""出产金银禁"③等。捕猎和采冶金银本是正常的社会生产,特别是用弓矢狩猎是一部分女真人赖以解决衣食之需的正常生产活动,元统治者明令禁止,严重影响女真人生产生活,此禁令无疑是为了防备女真人再度兴起或发生叛乱,影响其对女真地区的统治。这也引起了女真人的反抗,元朝又迫于饥荒解除了此条禁令,"屠杀之禁"和"酒禁",记载中多有"兵事未息"之语,当是为了集中一切物力供应战争需要,"酒禁"或有稳定女真地区社会秩序的考虑。

元朝为了加强对边远地区女真人的管理和联系,还在水达达路设立了具有地区特色的狗站。《文宗本纪》载:"辽阳行省水达达路……末鲁孙一十五狗驿,狗多饿死,赈粮两月,狗死者,给钞补市之。"④《兵志》之"站赤"条载:"狗站一十五处,元设站户三百,狗三千只,后除绝亡倒死外,实在站户二百八十九,狗二百一十八只。"⑤可知在15处狗站,初额设驿狗3000,每站达200只,足敷使役。虽然在冰天雪地达半年以上的北部女真人地区,设狗驿无疑更能发挥驿站的作用,但因养狗成本较高,给女真驿户带来沉重负担,到后期狗站难以维系。

第三,从女真人自身来说,对元朝的统治既有服从也有反抗。从《元史·世祖本纪》中每遇自然灾害便有减免赋税的记事分析,女真人遵照元朝规定缴纳赋税,尽臣民义务。有的女真人"自请造船运粮,赴鬼国赡军"⑥,在一定程度上可帮助我们了解他们对应尽义务的态度。据《元史·选举志》载,至元六年(1269)"以随路见任并各投下创差达鲁花赤内,多女直、契丹、汉人,除回

---

① 《元史》卷96《食货志上》,第8册,第2475页。

② 《元史》卷12《世祖本纪九》,第1册,第258页。

③ 《元史》卷9《世祖本纪六》,第1册,第181页;卷10《世祖本纪十》,第1册,第198页;卷12《世祖本纪九》,第1册,第259页;卷14《世祖本纪十一》,第2册,第295页。

④ 《元史》卷34《文宗本纪三》,第3册,第767页。

⑤ 《元史》卷101《兵志四》,第9册,第2592页。

⑥ 《元史》卷12《世祖本纪九》,第1册,第247页。

回、畏吾儿、乃蛮、唐兀同蒙古例许叙用,其余拟合革罢,曾历仕者,于管民官内叙用"①;又据卷 13 载,至元二十一年(1284)"定拟军官格例"规定,对"不通汉语"的女真人允许"充万户府达鲁花赤"②,因此,不仅有许多女真人在元军中服役,而且元初还有不少女真人充任军官。由此则知,一部分女真人上层曾得以加入元朝的军政组织。

另一方面,沉重苛繁的赋役加剧了东北地区的女真人与元朝统治者之间的矛盾,女真人一有时机便掀起反抗活动。如乃颜反叛时,"女直、水达达官民与乃颜连结"③,至元二十九年(1292)有"水达达女直民户由反地驱出者,押回本地"④;至正六年(1346)"辽阳为捕海东青烦扰,吾者野人及水达达皆叛"⑤;至正八年(1348)有"辽东锁火奴反,诈称大金子孙"⑥。这些女真人的起义活动虽然相继被镇压下去,但表明元朝在东北女真地区的统治根基已开始动摇。特别如"女真、水达达官民与乃颜连结"起义,以至五万户府中北边两万户府孛苦江、脱斡怜可能被毁,并且未复建制,只余三个万户府,所以朝鲜文献《龙飞御天歌》也只记为移兰豆漫(即三万户),且明初洪武年间经略东北时,亦设三万卫于今依兰(后撤至开原),这也是三姓(今依兰,ilan,满语"三"意)名称之起源。

综上所述,元朝政府对女真人实施了全面有效的管理,女真人在此时期亦得以安定和发展。然而,从其统治性质来看,元朝对女真人采取的统治措施的基本出发点是维护其对女真人的统治,实行羁縻政策,防止女真人再度兴起。

---

① 《元史》卷 82《选举志二》,第 7 册,第 2053 页。
② 《元史》卷 13《世祖本纪十》,第 2 册,第 268 页。
③ 《元史》卷 133《塔出列传》,第 11 册,第 3224 页。
④ 《元史》卷 17《世祖本纪十四》,第 2 册,第 366 页。
⑤ 《元史》卷 41《顺帝本纪四》,第 3 册,第 874 页。
⑥ 《元史》卷 41《顺帝本纪四》,第 3 册,第 881 页。

第二章 明代女真与周边的关系

　　明代女真人南迁之后，建州、海西女真之生活区域，位于明朝、朝鲜、蒙古之间，三者之政治、经济、军事实力较强，凭借各自之实力，分别向女真地区扩张，女真人为自保不得不游离于三者之间，故三者在明代均对女真社会发展及生产生活影响巨大。当然，三者之中，对女真影响较大者为明朝。自明初招抚女真人，对前来归附者授予敕书、印信，在女真地区设置羁縻卫所后，女真地区逐渐纳入明朝统治之下，担任卫所官员的女真头领，亦成明朝职官。其虽无俸饷之制，然允其定期朝贡、贸易，对女真各部发展至关重要，成为明朝掌控女真社会之重要手段。朝鲜虽为明朝属国，但因其属汉文化圈，非系夷狄，故较女真更亲近明朝。朝鲜利用相同的文化因素，各方面咸字小于明朝，从而赢得明朝皇帝信赖，成功将女真人排挤出朝鲜半岛，将元以前之铁岭山边界，推至鸭绿江。且其配合明朝，在经济、军事方面打压女真，导致建州等部女真人，为求生存，亦向朝鲜送质子，谋求官职，祈请贸易，但仍被朝鲜多次征伐。位于女真西部的蒙古，在兀良哈三卫臣服明朝时，东北蒙古各部多以游牧东渐。正统年间，瓦剌东进后，统括蒙古草原，势力延及女真地区，其后脱脱不花东进，打乱了明朝羁縻卫所统治，女真头领或投降蒙古，或被杀戮。其后虽然明朝设法恢复了对女真地区的统治，但蒙古各部首领东进，抢掠辽东汉人及女真人的事情不时发生。有明一代，女真人受制于三者之间，为利益之争内部纷争、战乱频繁，但亦造就了明代女真人自立谋生、吃苦耐劳、英勇善战之性格。

第一节　女真与明朝的关系

　　自明初在女真地区建立羁縻卫所后，女真与明朝既建立隶属关系，担任卫所官员的女真头领为明朝职官，卫所下辖的女真人则为明朝百姓，因而，明代女真与朝廷的关系属于统治者与被统治者的关系,此乃研究女真与明朝关系之基础和前提。明朝利用女真对其经济方面的依赖,对女真实行了有效统治,直至明中后期,羁縻卫所制度都在女真地区发挥了重要作用,而在卫所制度下的朝贡、贸易则成为维系两者关系的重要纽带。明朝以朝贡、贸易等手段,扶弱抑强,控制女真各部发展,以免尾大不掉,在难以控制之时,则兴兵讨伐,弱其实力。此恩威并施之策,对分解女真各部,控制女真社会发展起到巨大作用。

一、明初对女真的招抚和治理

元代的东北地区,处在以辽阳为治所的"辽阳等处行中书省"管辖之下,其下包括辽阳路、广宁府路、大宁路、东宁路、沈阳路、开元路、合兰府水达达路等七路。元朝政府在各路下设"万户府""军民万户府""总管府"等机构,而这些机构在组成与人员上均随时代发生变化并不固定。根据《元史》卷91《百官志七》记载,在"诸路万户府"中曾设置达鲁花赤、万户、副万户、经历、知事等职官,在制度、运行上的变化等问题,尚待考证。

元朝虽然是首个统治中国全土的王朝,但蒙古人只占总人口的1%左右,为了对占压倒性多数的其他民族加以统治而进行了严格的社会身份划分。东北、华北地区的女真人、契丹人作为汉人被列入第三等,以此与第一等的蒙古人、第二等的色目人等统治阶层相区分。女真人作为"汉人",成为元朝治下的平民阶层,在万户府、总管府之统治下承担着繁重的赋役任务。

元朝末年,南迁至辽阳一带的吾者女真等反叛,延续十余年终被平定,然其与南方农民起义呼应,牵制部分元朝军队留滞东北,对元朝予以沉重打击。

1368年正月,朱元璋在南京称帝建国,定国号大明,年号洪武。当时在辽东地区具有强大实力的元朝武将,有辽阳行省的丞相也先不花、辽阳的洪保保、复州的哈剌不花、平顶山的高家奴、盖州得利嬴城的刘益、金山的纳哈出等。在也先不花随元顺帝北归之后,辽阳行省的丞相之位即由纳哈出继承,并升任太尉,成为与应昌的元顺帝遥相呼应,可以牵制明朝的势力。

洪武三年(1370)四月二十八日,元顺帝在应昌病逝,太子爱猷识理达腊继位,称必力克图汗,改元宣光。同年兵出野狐岭的明朝左副将军李文忠在五月十五日率军攻陷应昌,爱猷识理达腊拥数十骑逃往庆州,后走和林。元朝势力此后虽由北元传承统绪,但元明于中原争锋大势,至此基本尘埃落定。

洪武五年（1372），明朝出动十五万大军分三路往征和林、应昌、甘肃，同时还派靖海侯吴祯从海路前往辽东，以协助马云、叶旺等人经营辽东。洪武六年（1373）六月设辽阳下辖府县；同年闰十一月在辽阳城北设定辽右卫；洪武八年（1375）四月设金州卫；同年十月，将在外各处都卫改称都指挥使司，定辽都卫则改称辽东都指挥使司；九年，定辽后卫改称盖州卫；十四年（1381）九月，设复州卫指挥指挥使司。如此，明朝在辽东逐年增设卫所，当时已达二十五卫。如将永乐七年（1409）所设安乐、自在两州包括在内，计有二十五卫二州受辽东都指挥使司管辖。另在洪武十年（1377），辽东都指挥使司下属州县全被撤废，改由卫所管辖，辽东地方自此变为一个不治民政，只行军政的特别地区。

洪武七年（1374）九月，高丽王朝在反元亲明的恭愍王被弒之后，朝堂上的多数亲明派被排除，反而使高丽与北元的关系更为亲密。随后在洪武十年（高丽辛禑三年，1377）三月，北元翰林承旨孛剌的来到高丽，带来封辛禑为高丽国王之册命，高丽随即停用洪武年号，而使用北元的宣光年号，并派李子松出使北元答谢册封。

但在洪武八年八月，北元中书右丞相河南王扩廓帖木儿去世。洪武十一年（1378）四月，北元昭宗爱猷识理达腊亦去世，脱古思帖木儿随后即位，北元在辽东的势力从此更加衰退。五月，北元枢密副使史家奴等人自辽东前来归附明朝，随后，马云在洪武十二年出征大宁，大将军徐达在洪武十四年从西拉木伦河流域出兵藁儿河流域，动摇了辽东地方的北元势力。同年四月，以北元将校刘敬祖等332人来降为开端，北元遗民相继前来投降，北元与高丽的交往也在洪武十三年（高丽辛禑六年，1380）双方最后一次往来后断绝。辽东的北元势力就这样日渐衰落，该地区的北元将校在洪武十五年（1382）之后，出现连年降明的记载：十七年（1384）六月，兀者野人王忽颜哥来归；十八年（1385）九月，曾任北元奚关总管府官员的女真人高那日等人归降辽东都司。因此类来归人员的增加，洪武十九年（1386）秋七月，明朝在辽阳设东宁卫，用以统领之前分隶于东宁、南京、海洋、草河、女直五个千户所下的女真降民。

洪武十八年（1385）五月，明朝命令都督张德向辽东运粮752200余石，以备明军北上征伐北元在东北的残余势力。十九年（1386）十二月，明朝又派北元降将高家奴从高丽高价购马3000匹备战。二十年（1387）正月，明征虏大将军冯胜率领 20 万明军北上远征;三月,明军出松亭关(今喜峰口北);五月,冯胜留军 5 万驻大宁(今黑城),自领军前往金山;六月,接受一渡河(今伊通河)畔的北元高八思帖木儿、洪伯颜帖木儿等人投降,明军随后便翻越金山,因驻扎在纳哈出的东北部,致使其斗志全消,最终致使纳哈出降于冯胜,至此,明朝基本扫清北元在东北的主要势力。

尽管北元势力就这样被逐出东北地区,但明朝为了将这一地区的女真、鞑靼、高丽等势力置于自身统治之下并实行有效治理,而于此地设立三万卫与铁岭卫。三万卫治所定在开原,而铁岭卫最初治所欲设在朝鲜半岛北部,受到朝鲜抵抗,明朝为设立铁岭卫,先向江界(今满浦)对岸的黄城(今洞沟)附近派兵,用以治理周边地区,但因对该地之经营难以维持,洪武二十一年(1388)三月,明朝将铁岭卫迁往奉集县(今沈阳南奉集堡),又在洪武二十六年(1393)四月迁往沈阳、开元交界处的古嚚州,此处即现在之铁岭。

洪武二十一年三月,为打击活动于漠北的北元势力,明太祖任命蓝玉为征虏大将军率大军北征。蓝玉大军出大宁,过庆州,讨伐捕鱼儿海的北元军队,到达克鲁伦河畔。北元的脱古思帖木儿与太子天保奴等人虽然逃走,却在图拉河畔被也速迭儿所杀。北元在辽东的影响力经此变故,形同消失。为此,明朝于洪武二十二年(1389)四月在巴林设全宁卫;五月在洮南附近设泰宁卫、在齐齐哈尔一带设福余卫、在洮儿河上游设朵颜卫,七月在达里泊畔设应昌卫。尽管全宁、应昌两卫不久废置,但兀良哈的泰宁、福余、朵颜三卫却一直存在,与明朝的交往也长期持续。

洪武二十三年(1390)春,燕王朱棣率领明军远征漠北,到达迤都。二十四年(1391)春,傅友德等人的军队从洮儿河流域进入松花江北部地区。二十五年(1392),周兴的军队到达鄂嫩、克鲁伦河地区,准备横扫北元势力。洪武二十八年(1395),燕王麾下以都指挥使周兴为总兵官的明军于六月到达开元,在得知吾者女直的西阳哈在黑松林后,便分路进兵,指挥庄德率领水军顺脑温江直下忽剌温江的戮庐口。步军兵分三路,宋晟一路到达阿阳哈寨,刘真的军队到达松花江北岸的蒙古山寨,景诚的军队从忽剌温江东北前往铜佛寨、者迷河、黑松林等处。但西阳哈已在二月渡松花江逃走,刘真的军队经斡朵里到达甫答迷旧城后返回。西阳哈统率的吾者野人原居松花江下游地区,他们是在纳哈出投降后,南迁至这片没有统治者的土地上来的。

经过洪武年间的征讨和招抚，东北地区特别是南部的女真人基本归附明朝，但北元在东北北部地区的影响力仍较强，明军的征伐也在继续，仍有许多女真人尚未归附，已经归附的女真人亦在观望时局，并非死心踏地。靖难之变后，永乐帝于洪武三十五年（建文四年，1402）八月任命刘贞为左都督，凌云为辽东都司都指挥金事镇守辽东，并以孟善节制都司所属军卫，稳固了明朝对辽东的统治。明朝还速遣招抚使赴女真各地，诏谕敦促女真人前来归附。回应此次诏谕的女真人，有永乐元年（1403）五月，女真野人买里的、平住等 29 人率先入朝；九月，有女真野人归乔等 22 人入朝；十一月，女真人头目阿哈出入朝。明朝对归附者设立建州卫军民指挥使司，任命阿哈出为该卫第一代都指挥使，同时亦设立建州卫经历司，设经历一员统之。

对于松花江流域之女真人，明朝在永乐元年十二月以忽剌温女真西阳哈入朝为契机，设立兀者卫，以任命西阳哈、锁失哈等人为指挥使、指挥同知等官为始，于永乐二、三年（1404、1405），又相继增设兀者左、右、后卫，以及兀者托温千户所、兀者稳勉赤千户所等卫所。永乐四年（1406）九月设立肥河卫，六年（1408）正月设立呕罕河卫。

此外，在永乐七年（1409）四月，黑龙江下游奴儿干地方之居民入朝以后，同年闰四月，明朝在黑龙江下游的特林地方设立奴儿干都指挥使司，并设置经历司。随着奴儿干都司的设立，来自这一地区的入朝者有所增加，至永乐九、十年（1411、1412），内官亦失哈率领官军 1000 余人，分乘 25 艘大船来到奴儿干，完成奴儿干都司的设立任务。为使赴黑龙江下游的使节往来方便，元代已在通道上设立驿站。随着奴儿干都司的建立，为了便于官员往来，永乐十年，明朝在元代驿站所在地重新设站，又于永乐十一年（1413）春派大船与汲水小船各 230 艘顺松花江而下，在当年秋季修建永宁寺。继于永乐十二年（1414）闰九月，令辽东都司向奴儿干都司增派 300 名士兵。根据吉林城东南 15 公里处松花江北岸阿什哈达摩崖的碑文记载，永乐十八年（1420），都指挥使刘清还在吉林船厂造船，负责经营松花江下游地区。明成祖死后，宣宗继其遗志，继续经营奴儿干，于宣德三、五、七年（1428、1430、1432）先后将内官亦失哈、都指挥康旺等人派往奴儿干。虽然此时可谓明朝经营奴儿干的全盛期，但自宣德九年（1434）二月，亦失哈返回后，再无遣员到奴儿干都司之记载。

通过以上这些积极的招抚举措，永乐、宣德年间有不少女真人来朝。明朝对来朝女真人首领授予指挥、千户、百户、镇抚等官职,在任命时赐给敕书与印信,令其设卫或所。明朝与女真各卫之间的君臣关系就这样建立起来。明朝在洪武年间只设有朵颜、泰宁、福余等五卫,永乐二年设七卫,此后稳步增加,永乐三年至十五年间共设 170 卫,至万历年间已达 384 卫。此乃万历十五年《大明会典》所记东北卷 125 兵部八条记:"都司一,奴儿干都司。卫三百八十四。"[①]。为有别于明朝军制中隶属于左、右、中、前、后即所谓的五军都督府中的卫所,这些女真卫所被称为"羁縻卫所"。作为"羁縻卫所"的女真各卫,被列入《明史》卷 90《兵志》之"卫所条"中。其中女真既是"外夷",又被编入明朝军制,在制度上受到与五军都督府相同的对待,但君臣关系体现在女真对明朝之朝贡义务。女真不按期朝贡,即会受到责罚。而"厚往薄来"的朝贡关系,也成为女真贵族获取经济利益的重要途径。

二、女真之卫所

明洪武初年,朱元璋开始推行卫所之制,卫所既是行政组织,又是军事组织,其"大率以五千六百人为一卫,一千一百二十人为一所,一百一十二人为百户所"[②],即实行 5 所为 1 卫,10 百户所为 1 千户所之规制。随着明朝疆域的扩大,亦将此制度从内地郡县,推广至边疆,但因边疆人口稀少,幅员辽阔,故在边疆设置卫所,并不拘泥人口定额,且因卫所性质不同,渐有实土卫所、羁縻卫所之别。

(一)卫所设置

洪武后期,朱元璋曾有经营东北的考虑,遣使四出,以招抚黑龙江下游女真等部落来投。未久,又令侯史家奴和刘显率军出辽河,于松花江下游斡朵里和图们江南之铁岭山,拟建三万卫和铁岭卫,因粮饷难继等因未果。永乐初年,随着北元分裂,明朝北方军事压力减轻,明成祖再度积极遣使招谕,长白山地区、松花江流域女真重要首领皆来臣服。

永乐元年(1403)十一月,女真头目阿哈出等来朝,明朝于其地设建州卫军民指挥使司,以阿哈出为指挥使,余为千户、百户、所镇抚等。十二月,忽剌温等处女真头目西阳哈来朝贡马,设置兀者卫,以西阳哈为指挥使、锁失哈为

---

① (万历)《大明会典》卷 125《兵部八》,《明会典》,中华书局 1989 年版,第 645 页。
② 陈建撰,沈国元订补:《皇明从信录》卷 4,《四库禁毁丛刊》史部第 1 册,北京出版社 2000 年版,第 60 页。

指挥同知、吉里纳等六人为指挥佥事，余为卫镇抚、千户所和百户所镇抚等。阿哈出和西阳哈分别是长白山地区和松花江流域具有影响力的部落首领，二人率先归附，使得明朝在女真地区顺利建立起羁縻统治秩序。

建州卫设于今黑龙江省东宁县大城子古城，即故元开元路所治开元城。指挥使阿哈出乃元末合兰府水达达路下五军民万户府之胡里改万户首领，于松花江下游和牡丹江一带最为著名，明初南徙至图们江一带。阿哈出归附后，明朝借助他的影响力很快深入至东开元毛怜等处地面，又招徕猛哥帖木儿和把儿逊。猛哥帖木儿与阿哈出身份相同，是故元水达达路下的斡朵里万户首领，也于元末明初从松花江迁至图们江以南地区。明廷初授猛哥帖木儿建州卫都指挥使。设毛怜卫，以把儿逊为毛怜卫指挥佥事。因阿哈出和猛哥帖木儿等人的作用，图们江南北长白山地区首领相继朝贡，明廷因势授职设卫。

兀者卫因忽剌温等处女真而置。忽剌温狭义上指松花江中游之呼兰河流域，然从元朝看，兀者卫指挥使西阳哈的影响远远超出呼兰河流域。元朝末年，西阳哈曾被授予银牌，以其管领吾者野人，故其声威所及可从松花江中游到下游依兰地方，并以呼兰河流域为统治中心。松花江流域处于辽东和兀良哈蒙古东侧，再东接黑龙江中下游，与野人女真邻接，故而西阳哈的影响也波及黑龙江流域野人女真地方。西阳哈归降，松花江和呼兰河流域女真首领首先跟进，明朝即在松花江下游建卫。永乐二年（1404），先后设立兀者左、右、后卫和撒力、屯河、塔山、嘉河诸卫。兀者诸卫与兀者卫相去不远，撒力为通河县之岔林河，屯河为汤旺河，塔山据证在呼兰河一带，嘉河为宾县东之枷板河，皆为松花江支流，设卫之地均在西阳哈势力范围内。

随着松花江流域和长白山地区女真的归附，该地以东、以北的女真、蒙古诸酋长亦悉境来附。明朝依设建州卫和兀者卫之制，"选其酋长及族目授以指挥、千百户、镇抚等职，俾仍旧俗，各统其属，以时朝贡"①，确立了因俗而治的羁縻卫所统治秩序。到永乐七年（1409），明朝在辽东边外设立了 174 个卫，卫所分布远及黑龙江入海口并滨海地区，北抵外兴安岭以南，西至黑龙江上源之鄂嫩河一带。

永乐七年，明朝在黑龙江下游奴儿干地方设奴儿干都司，为管辖广大女真

---

① 严从简：《殊域周咨录》卷 24《女直》，余恩黎点校，中华书局 1993 年点校本，第 734 页。

地方最高的流官机构,与辽东都司分掌辽东边内边外事务。奴儿干都司的建立,强化与广大羁縻卫所的政治联系,促进了女真与中原地区的密切交往。奴儿干都司存在时间不长。宣德八年(1433),为休养生息,恢复国力,明朝停止了奴儿干都司定期出巡和派驻官兵制度,边外女真卫所事复归辽东都司管辖。尽管奴儿干都司废止,但在黑龙江下游的卫所,却基本得以存续。

继永乐元年设立兀者、建州二卫之后,明朝先后在松花江、嫩江、鄂嫩河、黑龙江、精奇里江、格林河、亨滚河、乌第河以及乌苏里江等地,先后设立卫所。至永乐七年,黑龙江流域已设卫多达 174 个。至万历朝,女真卫、所数量多达384 卫、千户所 24、地面 7、站 7、寨 1。

可考诸卫,分布在乌苏里江流域及其以东滨海地区者有亦速里河、伏里其、喜乐温、木阳河、双城、使坊河、亦麻河、斡兰河、失里兀亦、失里绵、麦兰、恨河、莫温河、亦鲁河、兀也、忽儿秃河、速平江、剌山、勒伏、牙鲁、薛列河等卫。

在黑龙江口以东至库页岛有兀的河、督罕河、野木河、塔亭、哥吉河、波罗河、兀列河、囊哈儿等卫。

在亨滚河地区有弗朵河、哈儿蛮、者屯、满泾、依木河、亦文山等卫。

在黑龙江下游右岸奇集湖附近,分别有扎岭、钦真、克默而河等卫。

在格林河地区分别有葛林、忽石门、友帖、阿资、福山等卫。

沿黑龙江以东至敦敦河附近一带,设有马失、哈儿芬、镇真河、盖千、者帖列山、撒儿忽、卜鲁兀、扎童等卫。

伯力附近设有古鲁、喜申、亦儿古里等卫。

图们江流域设有童宽山、古鲁浑山、卜忽秃河、毛怜、建州左等卫。

在黑龙江与松花江、乌苏里江交汇处,设有扎肥河、兀剌、可木河、乞勒尼、考郎兀等卫。

在松花江流域,设有弗提、玄城、脱伦、五屯河、弗思木、屯河、呕罕河、撒力、卜颜、斡朵伦、木忽剌河、兀剌忽、木兴河、安河、忽儿海、忽鲁爱、法因河、甫儿河、阿速河、和屯、肥河、纳怜河、兀者、兀也吾、亦马剌、木兰河、阿者迷河、纳剌吉河、成讨温、益实、益实左、撒父河、亦东河、秃都河、亦里察河、甫门河、实山、马英山、亦罕山、弗郎罕、可河、禾屯吉、合兰城、虎儿文、爱和、亦马忽山、吉河、塔山、塔山左、塔鲁木、渚东河、察剌秃山等卫。

自弗河至毕瞻河与黑龙江交汇处,黑龙江南北两岸设立弗可、可令河、哈刺察、木鲁罕山、蜀河等卫。

自漠河至精奇里江与黑龙江交汇处的黑龙江南北两岸,设有木河、卜鲁丹河、塔哈、出万山、额克、古里河、阿剌山、脱木河、土鲁亭山等卫。

在嫩江流域设有阿伦、阿真同真、木里吉、纳木河、阮里河、塔儿河、木塔里山、朵颜、密陈、卜剌罕、苏温河等卫。

在斡难河及呼伦贝尔地区设有斡难河、乞塔河、哈剌孩、只儿蛮、坚河、古贲河等卫。①

此外,《辽东志》内所录卫所名称,具体地点尚未考证清楚。即便上述诸卫所辖之民,是否有其他族属之人亦需考订。关于明代卫所设置情况,详见附表1《明代女真卫所简表》。

(二)卫所职官

明朝在招抚女真人、设立女真卫所的同时,对该卫内的女真首领等授予官职。关于女真人获授官职情况,《明史》记载:"洪武永乐间,边外归附者官其长为都督、都指挥、指挥、千户、百户、镇抚等官,赐以敕书印记。"②按明代官制,都督有都督(正一品)、都督同知(从一品)、都督佥事(正二品);都指挥使有都指挥使(正二品)、都指挥同知(从二品)、都指挥佥事(正三品);指挥使有指挥使(正三品)、指挥同知(从三品)、指挥佥事(正四品)之分;千户亦分正副,分别为正五品和从五品;百户正六品;镇抚从六品。且每一卫所内,除以一名最高级别者掌印统领本卫所外,同时设多名下属官员。各卫最高职官级别,决定该卫之等级。

明朝于女真卫所设官,初不过指挥使,后渐有授都指挥、都督。永乐元年(1403),女真头目阿哈出等来朝,设建州卫军民指挥使司,以阿哈出为指挥使,随来者分授为千户、百户、镇抚等;同年,女真头目西阳哈、锁失哈来朝,设兀者卫,以西阳哈为指挥使,锁失哈为指挥同知,吉里纳等六人为指挥佥事,其余为千户、百户、镇抚等。即为最高仅至指挥使之证。时过不久,所授卫官职务渐高。永乐七年(1409),设奴儿干都指挥使司,以康旺、王肇舟为都指挥同知、都指挥佥事,概其职乃与"都指挥使司"衙门级别一致,亦成女真羁縻卫授

---

① 《〈中国历史地图集〉释文汇编·东北卷》,中央民族学院出版社1988年版。
② 《明史》卷90《兵志·羁縻卫所》,中华书局1974年点校本,第8册,第2222页。

都指挥之滥觞。翌年，建州卫指挥使阿哈出之子释家奴，以从征阿鲁台有功，赐名李显忠，授都指挥金事，乃以军功擢升之例。而永乐十年（1412），兀者卫指挥使锁失哈率部来朝，永乐帝嘉悦之，命升锁失哈为"都指挥同知"，其余诸卫均按此例执行，故永乐年间，卫官进升至都指挥一级，稍出定制。

自宣德元年（1426），建州左卫猛哥帖木儿和毛怜卫猛哥不花，被晋升为都督金事开始，女真卫官始有都督一级。此后，猛哥帖木儿升为右都督，再后其子董山升为左都督，但于正统以前，女真都督级高官，皆出建州卫、建州左卫、建州右卫和毛怜卫担任。正统以后突破此局限，不仅毛怜卫、建州卫、建州左卫、建州右卫相继出现右都督撒满答失里、都督李满住、右都督董山、右都督纳郎哈等高级卫官，海西之呕罕河卫、肥河卫、兀者卫、弗提卫亦相继出现都督金事乃胯，右都督你哈答，左都督别里格，右都督剌令哈、加哈察，右都督剌塔，左都督察安察，右都督察阿奴、帖思古、答吉禄等，即海西女真诸卫中，都督级官员更多。自明中叶以后，明朝在女真各卫中，普遍任命都督、都指挥等高级官员，女真各卫之级别随之上升。

明中叶对女真诸卫的职官升授，以升袭年限为准，天顺四年（1460）规定袭18年者，准升一级。而成化十五年（1479）后，规定除特殊情况外，皆以25年为率，但在执行过程中，多注重特殊情况，凡招徕边民、死于边事、送还被虏、斩杀来犯、无冒救书者，均酌情升级，乃以对明朝之忠诚，勤勉边事为考绩也。另，女真地区卫所官员，并无俸饷，故升授女真官员，并未给其带来经济压力，反而可笼络女真上层，尽心向化，忠诚效力。而于女真贵族而言，职位提升虽无关俸饷，却可得到更加丰厚的赏赐，提升在本地的社会地位，对扬本部威势、把持贡道、独占贸易之利等方面均有重要影响。

明中后期，明朝对女真地区的授官发生巨大变化，提高卫所官员级别现象较为普遍，并且许多升任都督、都指挥级别的官员的谱系，与原来初任官员之谱系无关。自正德末年开始，与建州三卫首领家系关系不明确或自称三卫都督之人，入朝明朝，而在来朝时被升任都督者较多，其中建州卫在嘉靖初年至隆庆末年的50余年里，曾出现阿都赤、察哈、兀乞纳、卜剌答、张成、也隆哥、撒哈答、纳速、木力哈、纳木章10位都督。其中，察哈、兀乞纳、卜剌答三人出现在嘉靖九年（1530），也隆哥、撒哈答、纳速三人出现在嘉靖十七、十八年（1538、1539）间。而建州左卫在这50余年间，曾出现方巾、章成、撒哈、松巾、幹黑纳、古鲁哥、伏答失、柳尚、胜革力、王忽、安台失、来留住等12位都督。其中,五人出现在隆庆年间。建州右卫在这50余年间,曾出现牙令哈、阿剌哈、察哈答、真哥4位都督,其中牙令哈与阿剌哈未经卫所首领保奏,皆系以招抚夷人有功而得到升赏之人。

而在其他女真卫所中,都督的数量也在增加。到成化末年,有在任都督的女真卫所,除了建州三卫、毛怜卫以外,还有海西女真的兀者卫、呕罕河卫、肥河卫、益实左卫、弗提卫、成讨温卫、考郎兀卫、亦迷河卫等。不过,原本没有在任都督的卫所,在弘治以后也有出现都督的。兹将这些升高级别的卫所列示于下:

《明实录》所见弘治以后新增之海西女真卫所都督

卫名	都督名	就任时间
野儿定河卫	都督佥事　加忽赤	弘治七年十二月辛巳
塔鲁木卫	都督佥事　祝孔格	正德十四年五月己亥
塔山前卫	都督佥事　速黑忒	正德十五年十二月庚戌
兀思哈里卫	都督佥事　忽塔木	正德十六年七月乙丑
撒剌儿卫	都督佥事　都鲁花	嘉靖二年二月辛巳、三月戊申
法因河卫	都督　土剌	嘉靖七年三月甲戌
者帖列山卫	都督佥事　速纳忽	嘉靖十六年正月戊申
默儿河卫	都督　弗当哈	嘉靖十八年五月甲戌
朵林山卫	都督佥事　额真哥	嘉靖十九年三月己未
可令河卫	都督佥事　卜剌答	嘉靖二十一年五月辛卯
奴儿干卫	都督　猛司	嘉靖二十一年正月己巳
双城卫	都督　撒苦答、秃塞格、幹升革	嘉靖二十二年五月己未
吉滩卫	都督佥事　阿都赤	嘉靖二十四年正月辛亥
卜颜卫	都督佥事　孛罗	嘉靖四十二年二月庚申

以上所列之人,并无因家系显赫而升任都督者,可知较之以前,都督的升任原则发生了变化。都督之中,连最低级的都督佥事都是正二品的高官,该职自明朝建立以来,仅授予建州三卫与毛怜卫的首领,对海西女真则只授予兀者卫、肥河卫、呕罕河卫等大卫的首领。但到了明末,在此前不被注意的小卫中,也出现了都督。只能说明当时授官混乱,甚至在一些较小的卫中,当时也出现

了如建州三卫那样"一卫多督"的异常状况。

明中后期都督增多是从明朝在弘治六年（1493）五月议准兵部关于更改女真人授官规程后开始的。其议始于大通事王英在提到都督授官规程时之奏言，即"比来各官不能约束，以致边方多警。今后各卫掌印都督，若历任无过，所部未尝犯边者，仍许袭原职，否则只令袭指挥使，别选众信服者升任都督。"如按王英所言，以各卫是否犯边为考绩，掌印都督，打破世袭之制。兵部对此议奏：

> 此后海西、建州三卫女直，成化以后陈乞升者，指挥以下仍旧承袭，其都指挥以上至都督有故者，必审其部下无人犯边，子孙能继志者许其承袭，否则革去求升之职。自左右都督以下至都指挥佥事，各递减一级。但曾求升一次者，更不许陈乞。间有能严辑部落，还我卤掠，擒捕犯边夷人，并归我汉人之逋逃者，具奏升赏。①

所奏获得准许。即明朝根据兵部复奏，对升任都督、都指挥者之条件作出具体规定：其一，部下是否有犯边者；其二，子孙有堪可继承者，否则罢免，并对请求提升之职递减一级，此与王英所言并无差别，乃更为详细可操作之规章。同时，明朝又提出对能够有效治理部族、送还被掳人员与物品、逮捕犯边夷人、送还逃亡汉人等有功于明朝之人进行升赏，这也为那些对明朝建立功绩的低级官员升职、掌印，甚至就任都指挥、都督级别官员创造了条件。此授职、升职条件之变化，对明中后期女真地区的政治、经济影响巨大。

（三）卫所印信

历代设置职官必须给予印信、官凭，受职者以印信、官凭为据，主持某地行政、军务，统辖属民。明代对卫所官员皆予以官凭、印信，即所谓"诰、印"。诰乃"敕书"，初为官凭，但明中期以后，敕书性质有变。印为卫所之印，掌印者为卫所最高官员，故接受诰、印之女真头目，皆属明朝命官。

明朝洪武、永乐年间招抚女真时，凡前来朝归附者，皆赏赐财物，主要为衣物和钞币等，钞币有多寡、衣物分贵贱，但对所命卫所官员，除衣物、钞币外，另赐诰印和官服。如永乐元年（1403）建州女真头目阿哈出等来朝时"设建州卫军民指挥使司，阿哈出为指挥使，余为千百户、所镇抚，赐诰、印、冠、带、袭衣及

① 《明孝宗实录》卷75，弘治六年五月乙亥条。

钞币有差"①,旋"忽剌温等处女真野人头目西阳哈、锁失哈等来朝贡马百三十匹,置吾者卫,以西阳哈为指挥使、锁失哈为指挥同知、吉里纳等六人为指挥佥事,余为卫镇抚、千户、百户、所镇抚,赐诰、印、冠、带、袭衣及钞币有差"②,即按卫所所设不同官职,分别赐诰、印、冠、带,并各自赏给袭衣、钞币,此后,凡设卫所,对所设命官皆"赐诰、印、冠、带、袭衣及钞币有差",援为定制。

女真人的传统,凡传军政大事,多以互传箭、刻木、貂皮为信,盟誓为约,鲜用钤印文书,故卫所印信之用途,主要用于朝贡、奏事和卫所对明朝官员和朝鲜之文移。女真各部头目朝贡,必须持本卫所钤印文书,按规定时限、人数入贡,无钤印文书者,不得入边,更难进京。至于官员奏事,明代必须钤印具题,此乃定制,女真首领无疑亦必须遵守。另外,各卫所对辽东官员或对朝鲜的文移往来,需用卫所印信,如正统十一年(1446)斡朵里都万户所老加茂请求朝鲜,"依忽剌温酋长例,用所赐印信,移文会宁府上"③;景泰二年(1451),建州水灾,禾谷不实,都督李满住派属下金纳鲁等六人往朝鲜,持"满住印信文引而来"④,请求援助口粮。此例直至明代晚期努尔哈齐起兵后,凡有重大事情,需要同朝鲜交涉,仍用明颁建州卫印。如明万历二十七年(1599)努尔哈齐致书朝鲜平安道官员称"此胡(指努尔哈齐)仰顺天朝,受职为龙虎将军,本姓佟,其印信则乃是建州左卫之印"⑤,知其已起兵反明,却仍用明颁建州左卫之印,足见卫所印信之功用。

印信在女真卫所内部虽功用不大,但掌印者仍为各卫最高长官,亦为最有威信和权力的酋长。尽管明朝在各卫所设置多名官员,但官职有序,以大治小,卫所印信掌管及继承纷争不多。有明一代,女真卫所印信之争,主要有三次。一为永乐年间,忽剌温卫都指挥恼纳与其侄塔失叔侄争印,相持不下,讼于朝廷,永乐帝令叔侄分别掌管忽鲁哈卫和弗提卫,属民各随所属,不予重分,即以分卫之法息止。另一次为正统年间毛怜卫印信之争。毛怜卫都督猛哥不花忠于明朝,官至都督同知,其子撒满答失里随父同事朝廷,于宣德间先后荣

① 《明太宗实录》卷25,永乐元年十一月辛丑条。
② 《明太宗实录》卷26,永乐元年十二月辛巳条。
③ 《朝鲜李朝世宗实录》卷113,世宗二十八年七月戊子条。
④ 《朝鲜李朝文宗实录》卷9,文宗元年八月甲戌条。
⑤ 《朝鲜李朝宣祖实录》卷127,宣祖三十三年七月戊午条。

升为都督佥事,旋升都督同知,正统六年(1441)授职为右都督。猛哥不花于宣德初年死后,撒满答失里掌毛怜卫,至正统二年还兼管其他卫事,但毛怜卫印被指挥阿里占藏,不给撒满答失里。撒满答失里将此事上奏朝廷,要求"给与印信,以便朝贡、奏事,阿里印信不许行用"①。明朝礼、兵二部决定,印信仍归阿里,原因是阿里住在毛怜卫,属人众多,而撒满答失里当时住在建州卫,距毛怜卫甚远,且无部下属人。阿里虽然官职低下,仅为指挥使,但因其部下人众,且居住本卫,便于统辖该卫,故断以阿里掌管毛怜卫印信。撒满答失里朝贡、奏事时,令李满住给其印信文书,即其既居建州卫,可用建州卫印信。至正统七年(1442)指挥使阿里逝去,毛怜卫印信遗失,明廷重新颁给撒满答失里印信,并掌管毛怜卫事。

第三次,也是女真卫所争夺卫印影响较大者,当属董山、凡察争建州左卫之印一事。宣德八年(1433),建州左卫都督猛哥帖木儿及其子权豆,被杨木答兀、木冬哥等勾结兀狄哈七姓野人杀死,幼子董山被掠,弟凡察逃往京师。凡察至京后,报告事变情况。明朝以凡察曾在保卫明使臣战争中立有战功,将其由都指挥佥事提升为都督佥事,以建州左卫之印在纷乱中被兀狄哈人抢去,而铸给新印,令其掌管建州左卫事。是时董山等被掠未归,建州左卫之人,心稍附之。时过不久,毛怜卫指挥哈儿秃等将董山等赎回,凡察虽仍为该部酋长,然而人心已渐倾向董山。正统三年(1438),董山已经年满二十,体貌伟岸,斡朵里人心咸归董山而轻凡察,董山与凡察对建州左卫领导权之争揭开了序幕,争夺的主要对象为部众和印信,同时亦争夺赴明朝贡权及明朝之信赖。在争夺部众过程中,争夺之所以激烈,是因明朝之意向对民心归向影响较大。正统二年(1437),董山曾经入朝,报告有关事宜,明廷只令其袭为本卫指挥使,并未使其继承其父猛哥帖木儿之职,仍令凡察掌印,欲俟凡察死后,将该部及印信交还董山。

董山被赎回时,将建州左卫旧印带回,一时出现一卫二印之局面。凡察恐失去印信,急向朝廷奏请留用新印。见此,明朝拟派遣官员进缴旧印,而凡察又以"旧印传至父祖,欲俱留之",有留旧印为念,以新印行卫权之意。对此,

---

① 《明英宗实录》卷43,正统三年六月戊辰条。

明朝予以否决,以"朝廷自祖宗建立天下,诸司无一卫二印之理"①,令凡察遣人进缴新印,使其仍掌旧印,而董山封职仍旧,着其协心管事,与凡察同署卫事。如此处理,在建州左卫属民内,很快形成两派,亲凡察者,认为凡察应独掌卫事,不应让董山同时署理。而亲董山者,以凡察非为猛哥帖木儿亲弟,董山乃斡朵里正宗,上奏朝廷,要求归政于董山。且亲董山者远胜凡察者。朝廷欲安抚董山,于正统六年正月升指挥使董山为都督佥事,与凡察同级。并着边将调查部众意向,结果发现,该部落意向颇在董山,故有令董山掌卫之意。而边将认为亲凡察者亦不可小视,朝廷最终于正统七年(1442)二月,仿照永乐年间处理恼纳、塔失叔侄争印之例,分建州左卫为二,新设建州右卫,升都督佥事董山为都督同知,掌左卫事,用建州左卫旧印。升都督佥事凡察为都督同知,掌右卫事,铸给建州右卫之印。建州左卫长达六年之久的印信,以重分方式终告结束。

从女真卫所争夺掌印之权的事件可以窥得,卫所印信虽在本部内使用不多,但其系该卫所最高权利之象征,在朝贡、奏事及与明朝、朝鲜的交往中作用重大,亦可为掌印者带来较大政治、经济利益。另外,明朝对女真卫所除给卫所之印外,另给"经历司印",作为该卫所日常公务用印。

（四）卫所敕书

明代女真地区所见敕书可分两种,即作为官凭的诰命敕书、颁给女真各部官员的谕令敕书,其中诰命敕书可以作为进入边内朝贡、贸易的通关敕书。两种敕书性质不同,诰命敕书为授官、袭官凭证,一般为到京朝贡或至京申请袭替时授予;谕令敕书为颁行女真地区的谕令,一般系遣官前往颁给。诰命敕书作为女真人入边贸易的主要通行凭证,于明后期作用更为突出。

1. 诰命敕书

明朝政府对前来归附朝贡者命官时必赐"诰",即"诰命",乃授官之文书。按明代官制,一至五品为诰命,六品以下为敕命,因女真官员品级较高,故多为诰命敕书,在明代文献里,又有"官职敕书""授职敕书""受官名敕""授官玺书"等称呼,乃明代职官之官凭,颁给朝廷委任之各类官员,包括土司、土官及蒙古、女真羁縻卫所各级官员等,敕书内容主要包括所授官职及其职权范围

---

① 《明英宗实录》卷73,正统五年十一月乙丑条。

等。明朝对这类敕书有一套颁行、更替、勘合、迁除、处分等规制。目前发现明代此类最早的授官诰命,乃永乐年间给毛怜卫梁尔布汗的"诰命敕书",其文为:

> 奉天承运皇帝诰曰:朕思帝者,治国安邦,统驭天下,整备大军,抚慰国民,无分遐迩,皆设大臣,加以管理。尔梁尔布汗,虽住边地,犹禀大义而来归,乃知天时,晓事理者也。以尔心邃远,故有别于众。朕知尔之忠义,焉不欣然赏赉,故曾授尔为毛怜卫指挥使司之指挥佥事之职。今特加尔为怀远将军,进本卫,世代袭指挥同知。尔宜当慎守大义,敬谨勤修,管束尔所辖兵民,固守边地,使之安定,行猎养牲,繁衍万物,持之以恒,则上天眷顾,尔之后代子孙必享福贵。勿轻朕言之义。切切。①

据此诰命可见,其中内容主要分为治国之道、嘉悦臣服、所授官职、勉励奉仕四部分,一如明初其他文书,较为繁琐。至宣德间,此类授官、袭官之诰命,被通称为敕书,并附有命官姓名、年龄、官职及相貌特征等。

诰命敕书作为授官凭证,其用途颇广,凡入边贸易、入朝进贡、奏事,必出示敕或敕书,经过边官验放,方准入朝。明初,对女真入贡者,不限人数,来者听从其便。至明朝中期,始限制朝贡人数。办法是,凡有入贡者,必须携带敕书、印信,到关验放,从而规范了女真人的朝贡制度。海西、建州女真,分别由开原、抚顺进入,到达辽东都司所在地辽阳,入馆接受审验,然后准许入贡京师。凡是验放可朝贡京师者,皆需验看敕书,即所谓验贡以敕为准,故敕书如同身份证明。对准许入京朝贡者,督抚衙门另立一簿,开列护送通事职名、女真官名,咨送兵部存档,以备查核。

卫所官员承袭时,无论官职是否有变化,需将原敕书缴回,承袭者由吏部新颁诰命敕书,作为新授官凭,如正统十二年(1447)所定,凡女真人各卫夷人袭替,须"译审辨堪明白,兵部具揭帖,赴内阁查对原敕底簿,无异,就与袭替"②,可知封敕底簿藏于内阁,兵部、吏部皆与其事,而诰命敕书及阁藏底簿乃主要凭据。明前期奉敕、用敕颇为有序,然正统十四年(1449),瓦喇蒙古南侵,脱脱不花借机征伐海西,导致辽东秩序骤变,数年弗靖。因失去诰命敕书,

---

① 《内阁藏本满文老档》太祖朝第七函,《汉文译文》第 19 册,辽宁民族出版社 2009 年版,第 204—205 页。

② (万历)《大明会典》卷 121《兵部四·土夷袭替》,《明会典》,第 626 页。

当时社会状况为：

> 海西、野人女直之有名者，率死于也先之乱，朝廷所赐玺书，尽为也先所取。其子孙以无授官玺书可征，不复承袭。虽岁遣使入贡，第名曰舍人。以是在道不得乘传置，锡宴不得预上席，赏赉视昔又薄，皆忿怨思乱。①

即失去诰命敕书，导致女真卫所官员袭替无凭，女真卫所许多官员死亡，为安顿女真人，明朝需重新任命官员，恢复秩序。而女真人在每岁遣使入贡时，因无敕书为凭，仅可以无职位之舍人待遇，道无乘骑、宴不上席、赏未如昔，朝贡秩序亦因之混乱，明廷一时难以解决，便先限制入贡人数。女真人为征得入贡机会，一时出现谋夺敕书、冒敕入贡、洗改原敕、盗卖敕书、乞官谋敕、阻贡夺赏等弊情，并愈加严重，甚至多次出现反叛事件。

明中叶虽对女真入贡人数，作出明确规定，并以诰命敕书作为控制各部入贡的依据，但因正统年间敕书混乱，导致入贡人数远超定额，如成化三年（1467），建州三卫多冒毛怜卫敕书入贡，待毛怜卫人入贡至关时，守关者以数足，不许其进入，致使毛怜卫人生怨。成化五年（1469），海西女真自正月至十二月，进贡人数多达 1832 名，且称未到者尚多。追究原因，乃边官检验不严，多为冒敕入贡所致。嘉靖初年，辽东守边大臣陈奏："夷人敕书，多不系本名，或伊祖父，或借买他人，或损坏洗改，每费审驿。宜令边官审本敕，亲子孙实名填注，到京奏换。"②拟重新还给敕书，以整饬此类冒用他人敕书的现象。嘉靖朝准奏更换了许多诰命敕书，但当时建州右卫指挥同知、阿剌河卫都指挥佥事三赤哈等，仍多有诈冒敕书入贡之事。

在正统年间混乱之时，有的女真人得到了他人之诰命敕书，为能己用，采取洗改敕书之法，以求蒙混过关；亦有将本卫诰命敕书职名洗改，冀以增加入边人数，按高级官职得到赏赐之例。被明朝发现者如正德十二年（1517），"建州左等卫指挥张家奴等来朝贡马时，诸夷洗改原敕职名，以觊厚赏。事觉，仍赏如例"③，可知正德年间此事尚未引起重视，仍看重来朝者，而忽视洗改敕书之弊害。至

---

① 马文升：《抚安东夷记》，见《清入关前史料选辑》第一辑，中国人民大学出版社 1984 年版，第 3 页。
② 《明世宗实录》卷 12，嘉靖三年三月乙卯条。
③ 《明武宗实录》卷 150，正德十二年六月癸亥条。

嘉靖十年(1531),女真首领褚羊哈等听抚入贡得例外加赏,"于是海西夷竞相慕效,争以贡入,数溢其旧,几至一倍。甚有洗改敕书,易置别卫,概以听抚为名,混进徼赏者"①,部议洗改之害,要求对女真人所持诰命敕书进行甄别,凡所持敕书,真正别无抢冒洗改情弊者,予以更换,对仍持洗改诰命敕书者治罪。然此措施亦未绝洗改之事,直至嘉靖三十一年(1552),仍发现"海西哈里山卫指挥使汪止灰,南阿剌卫指挥佥事台出帖列、指挥佥事兀纳哈,毛怜卫指挥使史家奴、指挥使尖勒羊,建州左卫指挥使鬼里,建州右卫指挥同知倪元赤各洗改敕书,以都指挥例得赏"②,而对守边验看敕书者罚俸治罪,未见如何处置上述女真官员之记载。

明朝中叶以后,官吏贪贿腐败,罔顾国家法纪,出现利用各部女真人求敕情切,盗卖旧敕之现象。成化二十二年(1486)樊忠等盗卖女真缴回旧敕一案,颇为典型,《实录》载之为:

> 兵部武选司吏樊忠、韩锡,大兴县民匠吴鉴、吴兴,皆以罪伏诛。先是鉴、兴出入会同馆,与夷人相贸易。有建州卫夷人,谋买旧敕,鉴言于忠,辄于本司盗出废敕十六道,同鉴至会同馆售之。锡亦盗敕二十一道,藏于家,托鉴、兴转售俱获利。缉事官校发其事,下锦衣卫鞠实……以忠等交通夷人,盗卖敕书,大不畏法,命即诛之。③

此案犯人为兵部武选司吏员和商人,因建州女真人谋买旧敕,商人便勾通兵部武选司吏樊忠、韩锡,盗取存放于该司之女真缴回的废敕,樊忠盗出废敕16道,韩锡盗出废敕21道,交商人吴鉴、吴兴专门卖给女真人。虽案发被诛,但此案即有37道缴回诰命敕书被盗卖,可以窥得女真人对敕书之需求,及下层吏员伙同商人冒死盗卖废敕肯定价格不菲之状况。而时人魏焕所言,"夫验贡以敕为准也,今之敕,皆私相货市"④,则表明上述盗卖敕书,绝非个案,女真人为入贡得赏和入边贸易,买卖诰命敕书,并非罕见现象。兵部武选司官员出此盗案,可知女真敕书之颁发、更替事务,系由兵部负责。从中亦可窥见女

① 《明世宗实录》卷123,嘉靖十年三月庚寅条。
② 《明世宗实录》卷398,嘉靖三十一年九月庚子条。
③ 《明宪宗实录》卷257,成化二十二年二月庚子条。
④ 魏焕:《巡边总论》卷1《辽东经略》,见《明经世文编》卷248,中华书局1962年版,第2612页。

真人对敕书之渴求以及敕书之经济价值。

女真地区诰命敕书多有遗失,朝贡贸易乱象丛生,女真来朝者人数不断增加,给明朝带来巨大压力。明朝为了维护朝贡制度,解决入边人数冒滥,保障女真人朝贡和贸易利益,于嘉靖中叶着手规范其入边规则,确定女真各部之朝贡定额,开始实施确定每年入边人次之政策,而入边朝贡或贸易的凭证仍为敕书。据王在晋《三朝辽事实录》所载,初额定每年海西诸卫可作为入边的敕书999道、建州三卫499道,后略有增加,为海西1000道、建州500道。如此,便将女真每年朝贡贸易人数控制在1500名以内,基本与明朝在女真地区发放的敕书和任命的官员数相符,其旨在控制人数,防止冒滥。按每年固定名额入贡之政策,海西女真人自开原、建州女真人自抚顺入边,进而进京朝贡或与开原广顺关、镇北关和抚顺贸易。这种按海西、建州分配入边名额的制度,改变了以往按卫所朝贡、贸易的体系,使得女真地区的羁縻卫所职能发生改变,敕书之所属亦随之发生变化。临近开原、抚顺的卫所,凭借地理优势把握入边贸易路线,凭借抢夺、购买之敕书,即可入边贸易。哈达、叶赫等部借此把持贡道,控制开原南关、北关贸易,势力得到迅速发展。此政策之实行,很快掀起所谓敕书之争。谁掌有敕书,谁就掌握了贸易权,该部亦可愈加强盛。一时间争夺敕书,成为女真各部矛盾的焦点,亦因之加剧了女真各部的兼并。多数边远卫所,为了能够通关朝贡和贸易,不得不依附于势力强大的部族,因而,明末的敕书之争,实际是女真各部族兼并统一的过程。

海西女真敕书之争,较早以控制贡道之塔山前卫、塔鲁木卫为烈。嘉靖中叶以后,海西女真999道敕书,已被塔鲁木卫祝孔革掌控700道,而与该卫势力相当的塔山前卫誓与之争。塔山前卫左都督速黑忒死后,其子王忠南迁哈达部,势力渐盛,与祝孔革并列称雄,最终祝孔革为王忠所杀,海西诸卫之999道敕书皆为王忠所据。王忠因此不但一时称雄海西,亦约束建州。王忠侄王台继之,"能得众,兵益强,居开原东北,建州王杲、王兀堂、鹅头、忙子胜、李奴才,毛怜卫李碗刀及祝孔革子(孙)逞加奴、仰加奴诸酋,尽服从台"①,虽分300道敕书予塔鲁木卫都督台出,但塔山前卫仍掌控大多数敕书,贸易等方面

①　彭孙贻:《山中闻见录》卷10,见《清入关前史料选辑》第三辑,中国人民大学出版社1991年版,第143页。

亦处优势地位。

万历初年,王台年老势衰,而叶赫部势力渐强。万历十年(1582)七月,王台死,叶赫部清佳砮、杨佳砮兄弟乘机向南关哈达部索取北关故敕700道,开始与王台长子虎尔罕仇杀,战火日炽,清佳砮、杨佳砮掠寨焚庄,哈达部力不可支之时,明神宗令右都御使周泳、抚臣李松争悉心计划,便宜处理,制止兵衅。周、李二人及总兵李成梁,以加给敕书为名,诱杀了清佳砮和杨佳砮。争敕书之战暂得平息,但清佳砮、杨佳砮之子卜寨、纳林布禄,日夜图报父仇,继续夺敕,侵掠虎尔罕子歹商所部。万历十六年(1588)蓟辽总督张国彦、辽东巡抚顾养谦折中调和,请将海西999道敕书,南北平分,北关少其一。自此,入开原南关敕书500道、北关敕书499道,通南关之敕书被称作南关敕书,通北关之敕书被称作北关敕书,并且南关敕书逐渐由哈达部掌控,北关敕书由叶赫部掌控。王台死后,诸子争业,可入南关500道敕书又被三分,其中王台子康古六181道、孟格布禄182道、虎尔罕之子歹商137道。万历十九年(1591),叶赫人诱杀歹商,掠其部落牲畜,收其所有137道敕书,致使开原北关之敕书达636道,而南关之敕书为363道。时过不久,康古六死,其敕书并归孟格布禄,故哈达部363道敕书尽归于孟格布禄。至万历二十七年(1599),建州兼并哈达部,其363道敕书亦皆为努尔哈齐所有。这363道敕书,即为《满文老档》内mukūn tatan be ejehe dangse所载敕书之来源。该档记载的内容乃努尔哈齐对属人分配此363道敕书的档案。

建州共有敕书500道,曾受海西王忠、王台所制,但建州之敕书基本由王杲、王兀堂、鹅头、忙乎胜、李碗万等有实力的头目掌握。嘉隆年间,王杲日强,逐渐把持了建州的500道敕书。王杲被杀后,各家敕书零散。因努尔哈齐祖、父被杀,李成梁"仍与敕书三十道,马三十匹,复给都督敕书"[1],以抚恤之。所给都督敕书,无疑系任命其为都督佥事之诰命敕书,而另外30道敕书,当为之前被夺走的属于建州的敕书。努尔哈齐统一建州后,建州之500道敕书,皆为其属。加之万历二十七年(1599)努尔哈齐兼并哈达部所得363道敕书,建州一时掌控敕书共863道。这些敕书,成为建州女真的重要财富,凭此可以掌控贸易权,入边与明朝贸易。敕书虽然易主,但其作为入边凭证进行朝贡和贸易

---

[1] 《满洲实录》卷1,癸未年二月条。

的功能没有改变。建州之 500 道敕书,分由努尔哈齐和舒尔哈齐掌控,故《满文老档》所记万历三十八年(1610)所分敕书,不包含建州原有的 500 道。

明代任命的女真卫所官员,并无俸禄之制,而是以朝贡赏赐和允许贸易等方式笼络之。入边朝贡、贸易,皆以诰命敕书为凭。至明后期,赴京朝贡者减少,多在辽东按敕领取赏银、绸缎等,因而,敕书成为女真社会之财产,女真各部持抢夺、购买来的敕书冒名请赏之事,屡禁不绝,愈演愈烈。努尔哈齐兼并哈达部得到 363 道敕书后,先仍以孟格布禄之名义使用,万历二十八年(1600),努尔哈齐杀孟格布禄,予妻其子乌尔古岱,在明朝干预下仍令其主哈达之事,故续以乌尔古岱的名义利用这些敕书朝贡和贸易。万历三十一年(1603),叶赫之"那酋与白羊骨又纠庄南抢杀吾酋,吾酋穷,因投奴寨。自后吾酋不还,而南关之敕书、屯塞、地土、人畜,遂尽为奴酋有矣"①,此 363 道敕书,名义上亦不再为乌尔古岱所有。此战之后,明朝因之停贡,史料中不见万历三十一年至三十五年(1603—1607)建州朝贡之记载。至万历三十六年(1608),李成梁等因"弃地啗虏"事件被参劾,辽东官员变化较大,局势随之发生改变,海西、建州女真乘机修贡,努尔哈齐兄弟分别到北京朝贡的同时,遣人到开原南关朝贡贸易,努尔哈齐以此 363 道敕书"混南关敕顶赏"②,部议绝其代贡之谋。此为以建州名义利用此 363 道敕书到南关封贡之记载。此后努尔哈齐与明朝商谈朝贡事宜,提出愿去车价,减贡夷,退还地界等条件,得到辽东巡抚李炳的认可。万历三十八年,辽东官员在"本夷俛服,车价已听裁革,夷众十减其八"的条件下,题请恢复建州之朝贡,建议"仍许贡以示羁縻"③,部议具题获准。努尔哈齐等不但恢复了与明朝的朝贡关系,且得以补贡补赏,更重要的是明朝侧面默许了其持南关敕书到南关贸易的资格。至此,努尔哈齐等方可名正言顺地利用这部分敕书,且按女真人的分配方式,将此 363 道在南关贸易的敕书分配给前往开原贸易的穆昆、塔坦,并将分配情况记入档册。

万历三十八年修贡后,虽战事不断,但朝贡、贸易仍得以进行,敕书之利用、袭替并未中断。至万历四十七年(1619)正月,努尔哈齐在与明朝使臣商

①　《明神宗实录》卷 528,万历四十三年正月乙亥条。
②　茅瑞征:《东夷考略》之《女直》,见《清入关前史料选辑》第一辑,第 52 页。
③　《明神宗实录》卷 484,万历三十九年六月丁酉条。

谈从叶赫罢兵条件时,其中有"至我旧赏抚顺敕书五百道,开原敕书一千道,尚仍令给我兵士"①,乃将其所掌握女真地区所有敕书,分给下属作为贸易凭证。无疑这1500道敕书,是要分给兵士作为入边贸易凭证,而非官凭。同年,叶赫部灭亡,努尔哈齐统一女真各部,也控制了女真地区全部诰命敕书,但当时已与明朝开战,并且爱新国势力早已进入抚顺、开原,敕书之作为通关、朝贡凭证的作用尽失。崇德四年(1639)六月,皇太极对所得明朝敕书进行处理,"先是,满洲接近之哈达、叶赫、乌喇、辉发、蒙古诸国,俱受明国敕书。至是,上以诸国归附,教令一统。明国敕书,不可存留。令大学士希福、范文程、刚林,学士罗硕、胡球、额色黑等悉收之,焚于笃恭殿前"②。至此,此类明代敕书在东北绝迹。

2. 谕令敕书

谕令敕书为明朝对女真地区首领或卫所官员颁布的谕旨,基本为遣官送至所行之处,内容基本为招抚、嘉奖、申饬或令其出兵、调节纠纷等事。此类敕书,有的颁行某部或某一卫所,有的颁行几部或几个卫所,亦有通行女真各部者。

通行女真各部者,较早的如永乐皇帝敕谕兀良哈和女真人之敕书,其文为:

> 朕命统承大位,天下一家,薄海内外,俱效职贡。近边将言尔诸酋长,咸有归向之诚,朕用嘉之,特令百户裴牙失里赉敕谕尔,其各居边境,永安生业,商贾贸易,一从所便。欲来朝者,与使臣偕至。③

此敕书内容,乃告于兀良哈及女真各部,永乐帝承嗣大统,对边地远人,仍继旧制,可行贸易,可来朝贡,不得生乱,各安生计。此敕书对东北地区影响较大,对招抚女真,继续在女真地区设卫授官具有较大作用。此类遍谕女真地区的敕书,一般系有大事者方才颁布,即如瓦剌势力进入东北时,英宗颁敕女真各部大小头目,"今此虏又欲谋尔野人女直,尔宜戒饬所属头目、人民,但有虏寇来蛊诱者,即便擒拿,送镇守官具奏处治。侵犯者即并力剿

---

① 《内阁藏本满文老档》太祖朝第二函,《汉文译文》第19册,第25页。
② 《清太宗实录》卷47,崇德四年六月辛亥条。
③ 《明太宗实录》卷14,洪武三十五年十一月壬寅条。

杀,无失建立功名,忠报朝廷之意"①,通告瓦剌进犯,女真需防范来侵,准备剿杀,报效朝廷。

颁给某部者,如宣德初年海西女真人寇边掠夺,

遂遣敕谕之曰:尔等野人女直,受我皇祖、太宗皇帝大恩,积有年矣。朕即位以来,上体皇祖之心,加意抚绥,屡敕边将,毋肆侵扰,俾尔等安生乐业。有来朝者,皆量授官职,赐赍遭还,朝廷之恩厚矣。今闻尚有不知感激思报,屡寇边境者,此愚之甚也。盖其所得甚少,不知召祸甚大,非全身保家之计。今边将屡请发兵剿捕,朕虑大军一出,玉石难分,良善之人,必有受害者。兹特遣人赍敕谕尔,宜互相劝戒,约束部属,各安尔土,朝贡往来,相通买卖,优游足给,岂不乐哉。若仍蹈前过,恣意为非,大军之来,悔将无及。②

若此内容之敕书,在《明实录》内屡见记载,凡有寇边、叛乱或卫所间彼此攻伐掠夺之事,明朝基本都以此类敕书警告,令其约束部下,押解人犯,归还所掠,安分守己等。

在女真卫所与朝鲜出现掠夺财物、人口等纠纷时,则分别敕谕朝鲜国王和相关卫所女真官员,令伊等平息纠纷、化解仇雠。如宣德八年(1433),朝鲜与临近女真卫发生掠夺人口、财物事件,明朝顺便差遣女真人崔真,携带给朝鲜国王的敕书,前往朝鲜颁敕,同时"赍来敕书五道,猛哥帖木儿一道、毛怜卫一道、因吞野人一道、婆猪江一道、忽剌温木答兀一道",并亲自前往各卫,将敕书送给"忽剌温地面野人木答兀、毛怜卫都督佥事撒满答失里、建州卫都督猛哥帖木儿、指挥使凡察、建州卫都督指挥佥事李满住等,令各将所抢去人口、马牛头匹,尽行给还"朝鲜,朝鲜"亦须以所得建州等卫敕谕诰命并人口、头畜等物还之"③,知明朝解决女真与朝鲜纠纷,亦用此谕令敕书。

对女真头目之褒奖、鼓励,仍用颁发敕书,如正统十三年(1448),对黑龙江东海女真头目土忽儿、孔加兀、察亦巴、谷土、巴撒儿、得令哈等颁敕,"尔等不听也先怵诱,愿出力报效,足见忠顺朝廷之意,朕甚嘉之。特令满秃赍敕谕

①　《明英宗实录》卷156,正统十二年七月庚戌条。
②　《明宣宗实录》卷58,宣德四年九月丙午条。
③　《朝鲜李朝世宗实录》,卷61,世宗十五年闰八月辛酉条、庚申条。

尔等,自今也先遣人怵诱尔,即擒送辽东总兵等官处治,俱重加官赏"①。如此因忠心报效朝廷,得到敕书嘉奖之记载,于《明实录》内屡见。

此类谕令敕书,是颁给女真地区的谕旨,可谓明朝在女真地区行使政令,控制女真地区政治、军事、经济方面的文件。女真人为朝贡和贸易,争夺、洗改、假冒的敕书,并不包含此类敕书。

(五)官员待遇

明朝对所授女真羁縻卫所官员并无俸饷,其待遇仅为朝贡获赏和允许持敕书入边贸易。即便如此,朝贡和贸易之权对女真各部的发展依然影响较大,此待遇对女真各部头领仍具有较大诱惑力。而所授官职,等级有秩,亦体现该卫所官员在本地和明朝的身份待遇,具体体现于赏赐、筵宴等方面。

明朝对全体来朝者按其身份发给"抚赏""正赏"之物。初次前来朝贡,在设卫授官时,"赐诰、印、冠、带、袭衣及钞币有差",对官皆给,而随从舍人仅有袭衣、钞币。嗣后,凡来朝贡者按官职赏赐,据《大明会典》记:

> 东北夷女直进贡到京,都督每人赏彩缎四表里,折钞绢二疋。都指挥每人彩缎二表里、绢四疋,折钞绢一疋。各织金纻丝衣一套,以上靴袜各一双。千百户、镇抚、舍人、头目,每人折衣彩缎一表里、绢四疋,折钞绢一疋。奏事来者,每人纻丝衣二件、彩缎一表里,折钞绢一疋,靴袜各一双……(嘉靖)四十三年题准:女直正赏彩缎绢疋,俱准折给银两。

可知女真朝贡者所得为彩缎、钞绢、丝衣、靴袜,乃女真地区稀缺之物,此为正赏,所谓"外夷赏赐,朝廷已有定制"②,此正赏或称例赏,不能更改。正赏之外,对所献贡品,实行"厚往薄来"之回赐,同上《大明会典》载:

> 回赐:进过马,每匹彩缎二表里,折钞绢一疋。貂鼠皮,每四个生绢一疋。零者,没个布一疋。嘉靖六年提准,马价彩缎一疋,折给银三两。十三年议准,俱与折算给。③

无论来朝者身份,对贡马匹、貂皮者,均回赏彩缎、钞绢,对前来朝贡,未有贡品之跟随人等,亦回赏布一匹。这类回赏,除有招徕远人、嘉赏顺夷之意外,

---

① 《明英宗实录》卷173,正统十三年十二月乙丑条。
② 《明英宗实录》卷137,正统十一年正月癸巳条。
③ (万历)《大明会典》卷111,《礼部六十九·给赐二·外夷上》,《明会典》第594页。

亦有贸易性质。

除正赏和回赐外,有时还有加赏,一般系赏与初次来朝或有功者,如宣德二年(1427)三月对毛怜卫都督同知猛哥不花加赏金织纻丝衣一袭;成化元年(1465)正月,呕罕河卫都督宁哈答派都指挥锁奴和指挥塔麻秃通报鞑靼字来纠合兀良哈三卫侵边,皇帝嘉悦,命于常例外,加赏彩缎一表里,以慰其劳。《明实录》内多见此类加赏、加赐记载,如成化二年(1466),建州左卫都督董山、建州卫都督古纳哈等 12 人,"俱自陈出力防边",请求赏赐,明廷给予加赐彩缎等物。嘉靖九年(1530)二月女真都督士刺、额真哥等,以安抚海西有劳,降旨予以加赏"纻丝二表里,折钞绢二匹"。二十二年(1543),朵颜卫人引导北方蒙古,欲侵辽边,哈达部都督王忠预行传报,官军及时集结迎战,大获全胜。明廷加赏王忠银 30 两、彩缎 2 袭。故此类赏赐乃叙功之赏,非属常例。

以上正赏、回赏、加赏等,成为女真头目之待遇之一。至于贸易之待遇,于贸易内容里另述。

三、女真地区之驿站

明朝在招抚和设置卫所、安置女真人的同时,为了加强对该地区的有效统治,在元朝站赤的基础上,广设驿站,形成了以开原为中心的四通八达的通信、交通网络。据明《辽东志》卷九《外志》所载,当时女真地区的驿站线路,主要有以下六条:

(一)开原东陆路至朝鲜后门驿路

此乃通往朝鲜东北的重要交通线,共有 10 站:坊州城站(今吉林省辉发河上游山城镇)、纳丹府城(今吉林省桦甸县西南那丹佛勒古城)、费儿忽(今吉林省松花江上游富勒呼河流域,今名富水河)、弗出(今吉林省珲春县)、南京(今吉林省延吉市东山城子古城)、奚官(吉林省珲春县西南图们江畔)、随州县(今朝鲜咸镜北道钟城)、海洋(今朝鲜咸镜北道吉州)、秃鲁(今朝鲜端川郡西 13 里旧城)、散三(今朝鲜北青郡)。此条驿道大体是由开原出发,沿清河出英额边门,转向东北沿辉发河,往今桦甸县西南那丹佛勒古城,自此离开辉发河向东,由富水河至珲春,由此入今朝鲜境,以联络南迁之毛怜卫、建州左卫等女真人。

（二）纳丹府东北陆路驿路

此线为通往今黑龙江省东宁县南、珲春县北、明朝毛怜卫以及绥芬河流域、雅兰河流域至沿海诸卫的重要交通线，共设 7 站：那不剌站（今吉林省蛟河县老爷岭）、善出（今吉林省蛟河县东三道河子附近）、阿迷那合（今吉林省敦化县额穆镇南）、潭州（今吉林省敦化县城）、古州（今黑龙江省宁安县东京城）、旧开原（今黑龙江省东宁县东大城子古城）、毛怜（今黑龙江省东宁县南、珲春县北）。该驿道大体由开原出发，到纳丹佛勒站，沿辉发河向北，经今吉林市，东过敦化县，向东北过宁安县南，到绥芬河流域的东宁。

（三）开原西陆路驿路

此为通往今辽宁省阜新县东北、金代懿州的重要交通线，共有 4 站：庆云（今辽宁省康平县东南 35 里齐家屯古城）、熊山（今辽宁省康平县四家子村附近）、洪州（今辽宁省彰武县东北后新秋镇南土城子）、懿州（今辽宁省阜新县东北 80 里塔营子村古城）。此条驿道由开原向西，经庆云堡，出新安关过河，又经康平县到彰武县东北直至阜新。

（四）开原北陆路驿路

此为通往明肇州南及明设撒叉河卫一带的重要交通线，共计 9 站：贾道（今辽宁省昌图县北路镇四合屯古城）、汉州（今地无考）、归仁（今辽宁省昌图县北四面城）、韩州（今吉林省梨树县梨树镇北 10 里偏脸城）、信州（今吉林省怀德县秦家屯古城）、翰木（今地无考）、龙安（今吉林省农安县城）、海西宾州（今吉林省农安县东北松花江畔红石垒村）、弗颜（今黑龙江省肇源县西南）。此条驿道大体由开原向北，经今昌图县八面城及怀德、农安，到肇源县西南之明代肇州站南一带。

（五）海西西陆站驿路

此为继开原北陆驿路，继续通往今内蒙古满洲里、明海拉尔千户所及翰难河卫、坚河卫一带女真、蒙古地区的重要交通线，共设 10 站：肇州（今黑龙江省肇源县茂兴站南吐什吐古城）、龙头山（今地无考）、哈剌场（今地无考）、洮儿河（今吉林省西北洮儿河流域某地）、台州（今内蒙古扎赉特旗塔子城）、尚山（今地无考）、寒寒寨（今内蒙古免渡河附近之地，与明代海喇儿千户所相邻）、扎里麻（今内蒙古海拉尔市东扎罗木得）、哈塔山（今地无考）、兀良河（今满洲里市附近）。此条驿道由肇源县茂兴站向西，过松花江口到洮儿河下游,复向北到雅鲁河流域,沿该河向西北到满洲里一带。

(六)海西东水陆城站驿路

此为明朝初通往黑龙江下游最重要的交通线,共有 10 城、45 站,合计 55 城站,基本继承元代的站赤而设。具体城站为:底失卜站(今黑龙江省双城县西花园屯大半拉子古城)、阿木河站(今黑龙江省双城子古城)、海胡站(今哈尔滨市阿城区海沟镇)、尚京城(今哈尔滨市阿城区白城)、札鲁奴城(地点待考)、鲁路吉站(今黑龙江省宾县西蓳克图附近)、伏答迷城站(今黑龙江省宾县西北乌尔河口西岸古城)、海留站(今黑龙江宾县东北 40 里海狸红河口)、扎不剌站(今黑龙江省宾县东北柳板河之柳板站)、伯颜迷站(今黑龙江省木兰县以东五站屯)、能站(今黑龙江省木兰县东浓河口浓河镇)、哈三城哈思罕站(今黑龙江省通河县附近)、兀剌忽站(今黑龙江省通河县东大乌那浑河口富乡屯)、克脱亨站(今黑龙江省通河县东大古洞河口大古洞村)、斡朵里站(今黑龙江省依兰县西马大屯)、一半山站(今黑龙江省汤原县西南舒乐河镇附近)、托温城、满赤奚站(今黑龙江省汤原县郊外固木纳城)、阿陵站(今黑龙江省佳木斯市西傲其屯附近)、柱邦站(今黑龙江佳木斯市东推峰屯)、弗思木城、古佛陵站(今黑龙江省桦川县东北宛里城)、奥里米站(今黑龙江省绥滨县西 9 公里江边之奥里米古城)、弗踢奚城、弗能都鲁兀站(今黑龙江省富锦县)、考郎古城、可木站(今黑龙江省同江县额图城与科木)、乞列迷城、乞勒伊站(今黑龙江省抚远县西喜鲁林古城)、莽吉塔城(今黑龙江省抚远县东黑瞎子岛上木克得赫屯)。莽吉塔城以后各站,又名水狗站,以其"夏月乘船,小可乘载。冬月乘爬犁,乘二三人行冰上,以狗驾拽,疾如马"①之故,亦承元朝狗站之制也。水狗站主要为:药乞站(莽吉塔城附近)、奴合温站(今俄罗斯哈巴罗夫斯克(伯力)附近)、乞里吉站(今俄罗斯境内库尔河口南岸原这乞林屯)、哈剌丁站(今俄罗斯库尔河下游黑龙江左岸活隆屯)、伐兴站(今地待考)、古筏替站(今俄罗斯哈巴罗夫斯克(伯力)以东黑龙江右岸古发潭屯)、野马儿站(今俄罗斯哈罗罗夫斯克(伯力)东北伊斯克里附近)、哈儿分站(今俄罗斯黑龙江右岸阿纽伊河口北岸)、莫鲁孙站(今俄罗斯黑龙江右岸库契河口附近)、撒鲁温站(今俄罗斯黑龙江右岸萨尔布湖畔,原萨拉库屯)、伏答林站(今俄罗

---

① 《辽东志》卷 9《外志》,见《辽海丛书》第一册,辽沈书社 1984 年影印版,第 471 页。

斯黑龙江下游左岸帕达利湖畔帕达勒)、马勒享古站(今俄罗斯共青城附近梅勒奇屯)、忽林站(今俄罗斯格林河口之忽林屯)、虎把希站(今俄罗斯格林河口以下某地)、五速站(今俄罗斯黑龙江左岸五如吉屯)、卜勒克站(今俄罗斯黑龙江库穆苏之下别勒尔屯)、哈剌马古站(今俄罗斯黑龙江奇吉湖对岸哈兰屯)、播儿宾站(今俄罗斯沙文斯克之上某地)、沼阴站(今俄罗斯沙文斯克)、弗朵河站(今俄罗斯黑龙江左岸付答哈河口)、别儿真站(今俄罗斯黑龙江下游某地)、黑勒里站(今俄罗斯黑龙江下游特林南赫勒里河口)、满泾站(今俄罗斯黑龙江口北岸原莽阿臣屯)。此条驿路最长,其由开原经黑龙江省双城县,然后沿松花江、黑龙江到达的终点站是黑龙江入海口附近,明奴儿干都司治所以西,隔江相望的满泾站。此一路既有陆路,亦有水路,冰封之时,乘狗爬犁,乃贯穿女真卫所最多之驿道。

此六条以开原城为中心的驿路,成为女真地区与明朝联系的重要通道,在明前期是女真人至明朝朝贡、贸易的主要路线,亦使开原一时成为控制女真地区的交通枢纽。但在脱脱不花征伐女真后,驿路多被破坏,明朝在女真地区恢复统治后,重新设置了部分驿站,逐渐恢复以驿路联络女真卫所、掌控女真地区贸易经济的功能。

四、女真之朝贡

洪武及永乐初年,招抚女真之策收效明显,许多女真头领前来归附。永乐初年,对前来归附之女真置卫授官,授官对象不仅限于来朝首领,其随同来者,亦授予不同官职,并各给予赏赐有差。此亦成为招徕女真前来归附,最终达到控制女真地区之策略。

置卫授官后,女真便有朝贡义务。定期朝贡乃宗藩关系之体现,否则被视为叛逆行为。中国历代王朝,皆注重周边政权向中央王朝的朝贡问题,明朝在与北元争夺正统、维护中华的意识下,更加注重朝贡关系,但其以加官厚赏、厚往薄来之策,吸引女真人朝贡,亦给明朝政府带来较大负担,因而在明前期、中前期、中后期的女真朝贡政策有所不同,具有形成、发展、演变的过程。

明代女真前来朝贡,需持敕书或印信公文,从指定的贡道入边。入边时,由主管官员审验敕书、印信和进贡物品,然后放行。朝贡者到达都司所在地辽阳,居于夷人馆,再受审验无误,随后由伴送官员送往北京,沿途由驿站接待、转送。至京后由会同馆接待,光禄寺筵宴,届时进献贡品。女真贡品主要有马匹和皮张等,故明朝文献中多将女真人朝贡记作"来朝贡马",而女真各部因所处地理环境不同,其土贡亦有差别,据《辽东志》记载,建州、兀者等卫所的贡物为马、猞猁、貂鼠皮、金钱豹皮等;乞列迷之贡物有海东青、大鹰、皂雕、白兔、黑狐、貂鼠、黑兔等;北山野人之贡物则为海豹皮、海骡皮、海獾皮、受角、鱿须、好刺等。明朝为嘉奖朝贡者,除筵宴外,例有正赏、回赏或加赏等赏赐,所赏之物,远高于贡品所值。并且,对前来朝贡者,"沿途关支廪给口粮,回还亦如之"①,还配有专门的伴送人员。其在边镇、京城馆内,日给廪饩,衣食无忧,待遇优厚,因而朝贡官员、舍人等皆以能够前往朝贡为幸事。

（一）女真朝贡政策之形成

永乐初年,明朝开始对女真地区正式设置卫所,颁给印信敕书、任命卫所官员后,制定了女真卫所官员之职责、义务,其中定期朝贡乃其义务之一。永乐年间,对初次来朝贡者,通常直接设立卫所,并依据其在该部的地位、威望授予官职。而职位的授予不仅只包括该女真首领,也包括随同前来的下属人员,从指挥到千百户、所镇抚,职位虽有高低,但雨露均沾。对再次来朝者,多予以升授官职,如兀者卫之锁失哈,永乐元年(1403)年末初次来朝时,被授予指挥同知之职,永乐三年(1405)又来时即升为指挥使,到了永乐十一年(1413)锁失哈三次来朝,升为都指挥同知。这与后来明朝所规定的效边二十五年才可升一级的制度相比,在数年内即可得以升迁,且10年得以连升两级,二者相差悬殊。这不仅与锁失哈本人效忠明朝、听从调遣,并积极招抚其他女真部落有关,更与当时宽松的政治环境分不开。类似对女真头领升职的记载还有多次,多散见于永乐后期的实录中。相比升职,设卫所之后的授职更为宽松,仅需由该卫所女真首领荐举,本人来朝表明忠心,即可量给官职。这种无亲缘承袭关系,仅靠功劳,甚至口头推荐得职之法,也仅限于永乐年间。

不仅如此,女真各部来朝,无论是否进献贡物,明朝均给予其一定的物质奖励,即正赏。在永乐年间,女真人400余次来朝的记载中,只有2次未注明是否有赏赐,其余均赏赐财物。如有贡马者,还会酬其马值,或者优赍或厚赍。无论是来降归附,还是设卫授官、奏报边情、定期朝贡,只有赏赐多寡之别,绝无不赏、无赏之事。其赏赐不仅包括财物,还有精神和职权之赏,除授职、升职

---

① 　(万历)《大明会典》卷115《膳羞二·下程》,《明会典》,第606页。

外,明成祖还曾以从征有功赐女真首领姓名,如"升建州卫指挥使释家奴为都指挥佥事,赐姓名李显忠;千户咎卜为指挥佥事,赐姓名张志义;赐百户阿剌失姓名李从善、可捏姓名郭以诚,俱为正千户"①,即属得以升职、又赐姓名之例。

在女真朝贡往返路上,明朝政府也尽力给予照管。在尚未迁都北京前,女真朝贡常由海路而来。海路虽然便捷,然常遇风浪,为使女真各部能安全到达南京,明成祖曾下令其由陆路来朝,如永乐六年(1408),因预测当年海多暴风,于是明成祖就敕令辽东镇守等官员,"自今鞑靼女直野人朝贡者,皆令遵陆路来"②。在返回女真诸部路上,因"亦有境内之人,窥其所赉,而剿夺之"。于是,谕令今后女真朝贡回还时,"悉遣人护送"③,并照看其贸易。

永乐年间,尚以招抚、安置女真人为主,故女真人朝贡亦处于萌芽时期,因而存在朝贡人次不固定、随意升授官员、赏赐规制不严等问题,但其为女真朝贡之滥觞,对后世女真朝贡政策形成、发展奠定基础。随着永乐末年对女真招抚基本完成,其后继者适时调整改变了女真朝贡政策。

洪熙帝即位后,继续施行其父在东北地区的既行政策,除鼓励女真各部朝贡外,还改变了永乐年间对女真各部首领来朝即滥升、滥授官职之风气,明确了无功不授官之原则,这种做法无疑对日后女真各部来朝的事由转变起了较大的作用,推动了女真各部来朝目的由设卫授官向以朝贡效忠方向转化。翌年,宣德帝继续此政,并进一步推进对奴儿干都司的经营和管理,在女真朝贡政策方面,亦有更张。

在对待女真朝贡者方面,优待有加。宣德皇帝继位伊始,即告谕礼部,对远夷来朝者,"凡宴赐皆宜丰厚,毋见简于礼"④。赏赐物品种类亦更加丰富,仅布料就记为罗、绫、绢、绸、布、绵布、布匹等若干类,衣物则细化到冠、带及各种成色规格的表里袭衣,还有靴、袜及鞍等。此外,相比永乐中后期非初次来朝的女真首领通常仅赐"钞币",洪宣时期,凡对来朝的女真首领,无论初来复至,通常均能授予"钞、彩币、表里袭衣"等。丰厚的赏赐,成为吸引女真各部来朝的一个重要原因之一。

---

① 《明太祖实录》卷107,永乐八年八月乙卯条。
② 《明太祖实录》卷77,永乐六年春三月己巳条。
③ 《明太祖实录》卷63,永乐五年正月乙亥条。
④ 《明宣宗实录》卷12,洪熙元年十二月甲午条。

这一时期,开始控制升授官职之事,女真头目无功劳且与原卫所官员无承袭关系,仅凭卫所官员举荐来朝求授官职的现象基本绝迹。受此影响,尽管宣德年间朝贡政策依然宽松,但是对女真官员的授职、升职严格了许多。对逾期不来朝贡者,敕谕告诫,恩威并施,谕令辽东官员确保贡道畅通,如宣德五年(1430),告诫辽东总兵官都督巫凯等,"野人女直朝觐往复,道路皆出辽东,尔等宜善加抚恤,毋令失所。亦须禁约下人,勿有所扰,庶不阻其归顺之心"①,强调使贡道畅通的重要性,令地方官员善待朝贡者,并需约束下属,不得有纷扰之事。

洪宣年间虽对朝贡者升授官职有所限制,但实际使官职升授更为有序,而实行的厚待、厚赏朝贡者,确保朝贡者平安等措施,使女真更为心悦诚服,女真各部纷纷前来朝贡,朝贡者络绎不绝。此 11 年间,实录记载女真卫所来朝次数将近 400 次,平均每年 36 次,这个数字几乎是永乐年间的 2 倍。不仅是朝贡的次数增加,整体上朝贡的趋势亦更为稳定,出现所谓"四夷宾服"之盛世景象。宣德之前接待女真朝贡可谓女真朝贡政策之形成时期。

对于永乐年间遗留的女真各部来朝人数、次数及时间上的问题,洪宣时期并没有限缩,反而进一步扩大。女真人来朝的时间和人数依旧没有明确的规定,女真各部朝贡人员仍旧根据气候条件及自身习惯等因素,携带家眷及其部落人员前来朝贡。甚至还出现了某些卫所朝贡过于频繁的情况,主要体现在建州和海西女真的一些大的卫所,常常一年两贡、三贡甚至四贡,且前来朝贡的女真部落,每次朝贡在京城逗留的时间不等,但总体时间较长。如此便加大了明朝的人力、财力、物力等方面的投入,加重了明朝政府在此方面的负担,即便如此,仍难以满足女真地区经济需求,出现女真头领入贡朝鲜,从朝鲜获取经济利益,甚至多次发生卫所官员寇边掠夺的事件,导致明中叶开始调整女真朝贡政策,对女真人前来朝贡采取限缩措施。

(二)女真朝贡政策之变化

明英宗即位伊始,即采取"凡事皆从简省"之策,体现在女真朝贡方面,同样采用紧缩之策,开始从人数、频次、停留时间等方面先后加以规定和限制,并且对朝贡凭证、沿途供给、朝贡物品及赏赐规格等方面亦加以规范,同时,在对

---

① 《明宣宗实录》卷 63,宣德五年二月壬辰条。

劳民伤财的招抚远人问题上表现冷淡。在改变朝贡政策方面,主要体现为:

首先,对女真等各部前来朝贡的人数加以限制。奉"凡是皆从简省"之谕,礼部尚书胡濙等即议定具奏:"比奉敕旨,节一切冗费,以安养军民。今四夷使臣,动以百数,沿途疲于供给。宜敕诸路总兵官并都、布、按三司,继今审其来者,量遣正、副使,从人一二十人赴京,余悉留彼处,如例给待,庶免往复供送之费。从之。"①此奏议获准后,便开始推行,虽有减少人数以至外夷生乱之疑问,但正统皇帝鉴于女真朝贡之乱象,"乃敕辽东等处总兵等官,今后外夷以事来朝者,止许二三人或四五人,非有印信公文,毋辄令入境"②。

其次,对女真朝贡次数加以限制。正统四年(1439)八月,英宗敕令辽东总兵官都督佥事曹义等,鉴于"辽东境外女直野人诸卫,多指进贡为名,往往赴京营私,且当农务之时,劳扰军民供送"等现状,将女真来朝者分成三类,其一,"如系边报,不拘时月,听其来朝";其二,"进贡、袭职等事,许一年一朝或三年一朝,不必频数";其三,"其有市易生理,听于辽东开原交易,不必来京"③。对各类朝贡者做出分类限制,明确地规定了不同事由女真来朝的次数,对违规前来者,即令退回本部。因"当农务之时,劳扰军民供送",影响农业生产并给沿途军民带来生活负担,故正统六年(1441)谕令镇守辽东总兵官等,"令今后皆候农隙之时进贡,毋容多带家人"④,将前来朝贡时间定于农闲之时。

再次,加强对朝贡者的管理,特别强调印信、公文等入关凭证之必要性,谕令"今后凡朝贡人使,系卫所属而无印信文字者,照例止之"⑤。对勘验合格,准许入关的女真朝贡人员亦加强管理。女真朝贡人员在来京之前居住在辽东馆驿内,然而由于馆驿狭小,多寄宿军余之家,被其骚扰,故议定盖屋以居朝贡之女真。朝贡人员入京之后,例由光禄寺赐宴,赐宴时出现遗失碗碟等器皿之事,故整饬主管筵宴人等,勤于奉仕,并监视女真人等,防其偷盗。对在京期间,不遵法度,抢掠民货者,依法治罪。且规定朝贡人员在京期间不许随便离

---

① 《明英宗实录》卷3,宣德十年三月丁酉条。
② 《明英宗实录》卷35,正统二年十月癸未条。
③ 《明英宗实录》卷58,正统四年八月乙未条。
④ 《明英宗实录》卷35,正统六年二月戊寅条。
⑤ 《明英宗实录》卷97,正统七年十月甲辰条。

开会同馆,"今后来朝贡者赏赐后,方令于街市买卖五日,永为定制"①。

最后,更定贡品。女真朝贡基本以马匹、貂皮为主要贡品,但明前期珍珠作为女真朝贡的一项重要物品,迄于正统年间被严格限制直至禁止。正统元年,据行在礼部尚书胡濙等具奏,由于进贡珍珠,获赏颇丰,"辽东野人女直进贡珍珠至京,每人赏彩段一表里、绢五疋,珍珠每二颗赏绢一疋,此朝廷柔远人之盛意也。近者往往将蚌壳磨成,并黄暗黑色细碎不堪珍珠,络绎进送赴京,惟务希求赏赐,宜移文辽东总兵镇守并都司官,今后从公办验,毋得一概进送来京"②,表明至正统初年,明朝要求加强对女真进贡珍珠之乱象进行管理和辨验。正统二年(1437)四月,毛怜卫都督同知李撒满答失里等来朝,贡珍珠五百颗,英宗谕令行在礼部,"先王盛时,四夷之献,惟服食器用,珠子图用何益。曩已谕缘边总兵官,凡诸夷来贡献者,不用珍玩",明确提出不再接受珍珠作为贡物之意。而对此所贡五百颗珍珠,"本欲却之,第念远人输诚,姑酬其直"③。同年十二月,行在礼部复奏,以"初有旨谕外夷勿贡珍珠,今建州左卫、毛怜卫复贡珍珠,宜还之"④,知已发布不再将珍珠作为贡品之谕令,限制持珍珠进京,珍珠逐渐不再作为女真贡品。

由于压缩女真卫所之朝贡规模,女真人因经济利益受损而不满,武力犯边、扰边事件事件不断增多,内部纷争日益突出。在瓦剌东进和脱脱不花东伐之时,许多卫所首领投靠蒙古势力,与明朝离心离德,应该说与明朝对女真人政策的变化有一定关系。

土木堡之变后,重新恢复女真地区的统治秩序,成为明朝迫切需要解决的问题。景泰帝即位后,立即对女真各部进行招抚,一方面,对于战乱中仍恪守臣节前来朝贡的女真首领加以升赏,多以升职、赏赐为主。另一方面则派出官员深入饱受战乱之苦的女真各部进行招抚。经过一系列对女真各部的招抚,一些大的女真部落逐渐回归明朝治下,而被瓦剌掠去的女真各部人员,在景泰年间也基本回归。英宗复辟后,仍对女真地区实施招抚之策,甚至遣员前往黑龙江下游各卫,招抚奴儿干、乞烈迷等处女真人,冀以恢复朝贡贸易关系。对

① 《明英宗实录》卷172,正统十三年十一月庚戌条。
② 《明英宗实录》卷25,正统元年十二月癸未条。
③ 《明英宗实录》卷29,正统二年四月壬午条。
④ 《明英宗实录》卷37,正统二年十二月丁巳条。

待来朝的女真各部,也较为和缓客气,以前被拒绝的事宜,在天顺年间亦得允准,如"建州等卫野人头目乞于沿途买牛,带回耕种。上从其请"①,乃放宽女真朝贡者贸易范围,与此前只准于京城和开原、抚顺买卖,显然系对女真人施以恩惠。景泰年间,因朝廷施以招抚之策,在印信、敕书多有遗失的情况下,女真各部头领前来朝贡,要求重新颁给印信、敕书,因而使得前来朝贡之次数、人数明显增多,前来朝贡的女真人络绎不绝,动以千计,给明朝带来了沉重负担。另外,因无印信、敕书,朝廷难免出现升职无据、赏赐不公等情弊,引起女真地区部分头目不满,仍不断出现寇边、抢掠等事件。

明宪宗继位后,针对女真来朝频繁,以致明朝供费浩繁的情况,恩威并施,持续推行了一系列旨在控制、限制女真朝贡的改革措施。其中主要包含以下几点内容:

第一,加强了对女真朝贡人数的限制。天顺八年(1464)十月,根据女真来朝的情况,再次限定女真各卫的朝贡人数,规定"建州、毛怜等卫,卫许百人。海西、兀者等卫,卫许三五人"②。这一规定在五年后又进一步确定为:"建州、毛怜等四卫,每卫岁不过百人。海西、兀者等卫,每卫岁不过四五十人。"③对此,女真各部不断要求增加朝贡人数,明朝在验放入关时,执行不严,放宽人数,以致"成化六年以前,各卫入贡者岁不过八九百人,至八年以后,增至千二百余矣",至成化十年(1474)三月,礼部请求"照先年议定之数,验放入贡"④,此后控制人数,愈加严格。

第二,对女真朝贡人员的身份严加审核。天顺八年(1464)限制女真朝贡人数时,即有"不得重复冒名,审验然后入关"的规定,后来又多次强调,要验明身份后,方可放行。成化五年(1469)十二月,仍发现海西等处女真人来朝贡马时,存在"中间有无职事之人,诈作指挥等官名色,并自进马诈作带进,妄报入关,多图赏赐"⑤现象,故命辽东边将严加审验。成化七年(1471),再次强调"必赍本卫印信、文书方许上京,如有诡姓名者,定行追夺赏赐,别行处

① 《明英宗实录》卷300,天顺三年二月庚午条。
② 《明宪宗实录》卷10,天顺八年十月乙巳条。
③ 《明宪宗实录》卷74,成化五年十二月己巳条。
④ 《明宪宗实录》卷126,成化十年三月甲辰条。
⑤ 《明宪宗实录》卷74,成化五年十二月己未条。

置"①,而所谓别行处置,初次犯者即收回敕书,以示处罚,并戒谕不得再犯,如成化十二年(1476)海西兀者卫致仕都指挥同知阿冬哈,执授予亦麻剌卫指挥佥事尼希木之诰命敕书,冒名朝贡,却又以自己的名字、职位求赏。被发现后,"上以阿冬哈冒名入朝,当正以法,但系夷类,姑宥之。令收其敕,仍命通事谕之,后有犯不赦"②,可知冒名朝贡,乃正法之罪,但皇帝多法外施恩,仅收其诰命敕书,谕之不得再犯。

第三,对女真往来朝贡之交通、买卖等事宜进行规范。天顺八年(1464)四月,向辽东镇守总兵等发布敕令,"遇有建州等卫女直到边,须令从抚顺关口进入,仍于抚顺城往来交易"③,规范了女真各卫的入关、交易的地点,并在翌年,于抚顺千户所"城南置一马驿,拨馆夫十名,以备接待"建州等卫女真朝贡、贸易之人④。成化五年(1469),恢复对女真及兀良哈三卫入贡回还路上购买耕牛、农具一事加以限制。成化十年(1474),通告京城之大小商户,"毋得与夷人贸易违禁器物"⑤,为了进一步防止女真人私买违禁器物出关,明朝添设差行人一员,名为伴送朝贡者,实乃行监视之责,俟返至开原、抚顺等关口,守关官员等严格搜验回还女真人是否携带了违禁器物,若发现携带,即追究随从通译、差行人之咎。

第四,加强了对女真朝贡人员官职升授及赏赐的管理。一方面,对于加赏或破格升职、授职的要求,明朝并不会完全满足女真首领的请求,而是斟酌给赏。成化元年(1465),建州左卫都督董山、肥河卫都督孛里格入贡,"如例给赏外,复乞银器、玉带、蟒龙、衣帽",对此成化皇帝仅"命人与大红膝襕衣并大帽"⑥。对董山等人复乞升职,"俱自陈出力防边,乞请升职,且保马你哈为都指挥"之请,亦遭到拒绝,"上俱不允,加赐彩段等物"⑦。另一方面,对于女真人职位的袭替,明廷要求必须赴京办验,且授职、升职必须达到一定的年限,非特例不许升授。

---

① 《明宪宗实录》卷96,成化七年闰九月庚戌条
② 《明宪宗实录》卷160,成化十二年十二月丙戌条。
③ 《明宪宗实录》卷4,天顺八年四月乙未条。
④ 《明宪宗实录》卷17,成化元年五月乙卯条。
⑤ 《明宪宗实录》卷125,成化十年二月辛未条。
⑥ 《明宪宗实录》卷14,成化元年二月庚子条。
⑦ 《明宪宗实录》卷14,成化元年二月癸卯条。

第五,加强对女真来朝所贡物品的辨验。一方面,对珍禽、奇兽等非常例物品的贡献,采取拒绝或限制的措施,如成化元年(1465),弗提卫都督察阿奴上奏,欲进海冬青。成化皇帝以"即位未久,未萌之欲,正所当防。此等野禽,能令荡心于畋猎,岂宜受献。有司其即却之"①。成化五年(1469),诏令天下"勿贡花、木、鸟、兽",并令辽东通事都督武忠等晓谕女真人,"除马及貂皮常贡外,其海青、兔鹘,今后不许来进"②。另一方面,加强了对女真之朝贡物品的辨验。在女真各部来朝至边时,明朝边臣必须察验其贡物,其中"貂皮纯黑、马肥大者,始令入贡,否则拒之"③。并要求查验官员,不得过于苛求,需体现朝廷怀柔远人、厚往薄来之意。

综合成化年间的朝贡政策,实乃对正统初年所制政策之增订,是在恢复对女真地区统治后,在印信、敕书混乱时期对真朝贡问题进行的规范管理。对于明朝的上述措施,无疑对女真人加强了约束,引起女真人不满,导致女真寇边、掠夺事件增多,明朝出兵镇压,设法大肆屠杀女真人之记载,在在皆是,其中建州左卫都督董山、建州卫都督李满住等较有影响的人物,均因之而死。

(三)女真朝贡政策之整顿

弘治年间,对于女真朝贡,多援前朝旧例,其政策在整体上基本属于成化后期的延续。在职位的授予、朝贡人员的名数等刚性条例上沿袭旧例,执行也颇为严格。同时针对女真招抚及朝贡中出现的问题,如伴送人员、来京规范、番文审议等制定了更为细致的规则,对于具体问题的处理也较为谨慎。

在朝贡职级、人数等涉及明朝切身利益的原则性问题有了硬性规定的前提下,明朝对于朝贡程序上加以规范,以营造更为适合女真各部朝贡和更加便于明朝政府管理的氛围。如弘治三年(1490)英国公张懋提出修葺会同馆,培养四夷馆翻译人员的建议,而后即重新订立四夷馆翻译考选之法,其中,女直馆增选了监生四名、子弟十八名。后又翻修四夷馆公廨,强化了女真朝贡的翻译服务机构及人员配置。

弘治十三年(1500),发生了考郎兀卫都指挥早哈与成讨温卫都指挥娄得于席间争坐,早哈手刃娄得之事件。此事一出,影响极为恶劣。明朝大臣针对

① 《明宪宗实录》卷14,成化元年二月壬午条。
② 《明宪宗实录》卷74,成化五年十二月己未条。
③ 《明宪宗实录》卷35,成化二年十月甲寅条。

此事及早前出现的诸多问题,订立了一则涵盖了整个朝贡过程中的禁约事宜,其中内容如下:

一、今后进贡夷人到边,镇巡等官收其兵器,不许藏带。仍选差通事伴送,务要谨慎约束,不许拨置各夷生事及索取有司财物。到京之后,伴送人员与同通事俱要用心钤束,其礼部原委主事遵依原拟职掌事宜,逐一举行。大通事每五日一次到馆戒谕夷人,各令守分。所有礼部等衙门各年事例,会议斟酌,逐一开陈。

一、兵部委官点闸夫牌,戒谕伴送,仍巡察一应奸弊。工部委官点视器用、房屋,毋容损失。

一、今后但遇夷人筵宴,光禄寺堂上官提调,务在礼洁齐整。其朔望见辞,酒饭行该日侍班监察御史巡视,但有菲薄,听其举奏。

一、今后夷人进贡到京,军民人等敢有在街聚观嬉戏,抛掷瓦砾,打伤夷人者,枷号示众。

一、礼部主事令专一在馆提督,凡遇夷人到馆,务俾舍止得宜,出入有节。钤束下人,无致侵盗。贸迁日期,估计时价,无令奸诈之徒,巧取夷人财物。

一、今后有违例将军器货与夷人者,问拟斩罪。在京、在外军民人等,与朝贡夷人私通往来,投托买卖,及拨置害人,因而透漏事情者,俱发边卫充军,军职调边卫。通事、伴送人等有犯,系军职者如例,系文职者除名。

一、夷人朝贡到京,例许贸易五日,有司拘集铺行,令将带不系违禁货物,两平交易。若原来伴送及馆夫、通事人等引领各夷潜入人家,私相交易者,没入价值私货。夷人未给赏者,量为递减。通行守边官员,不许将曾经违犯夷人起送。若夫牌铺行人等违例私相买卖,枷号示众。

一、在京及沿途官吏一应人等,敢有将引夷人收买违禁之物,及引诱宿娼,就于各该地方枷号示众。其夷人回还,礼、兵二部各委官盘点行李,验无夹带违禁之物,方许起程。①

以上八项条规,涵盖了女真等朝贡者从来朝至边、赴京、在京、离京,直到朝贡回还至边整个朝贡过程中的各项事宜。大到货物买卖、伴送钤束、藏带兵

---

① 《明孝宗实录》卷159,弘治十三年二月己亥条。

器,小到私行往来、引诱宿娼,均有详细的规定和严厉的惩治措施。从这些规定中不难看到前朝统治的旧事、旧例,亦有弘治年间出现的新情况、新问题,可谓集弘治朝及此前女真朝贡程序管理之大成。其中约束的内容,不仅针对朝贡者,还针对负责接待朝贡的各级官员、人夫及京城商户和百姓,且对后者的约束远胜于前者,意在确保朝贡过程不出纰漏,顺利进行。各项条规之推行,一方面可见明朝对于"四夷"朝贡之重视,另一方面也体现明朝中后期在朝贡问题上存在着诸多需要整改的问题。

弘治十八年(1505)五月,十五岁的皇太子朱厚照即位,是为正德皇帝。正德年间,对女真朝贡问题的处理上,与成化、弘治两朝大相径庭,尤其是在女真朝贡的硬性制度管理上,多有通融与放任。首先,在朝贡人数上疏于限控。正德八年(1513),派出兵部侍郎石玠至开原抚谕诸夷,先后放入女真2500人,其中都督加哈义及老鼠、乃留、祝孔格等人,即率部二千人入关,远远超出了之前规定的单一卫所女真首领可带入关的人数。其次,对于朝贡凭证的检查管理松懈。出现印信互用、洗改敕书、冒名来贡等问题,而明朝却处置不当,未予严惩,如正德四年(1509),发现海西察刺秃山卫女真指挥使的力吉借用渚冬河卫印信一事,礼部奏请,"借者、与者俱属违法,宜拘各夷究治,及裁其赏赐,以示惩戒"。但谕令却"姑宥之,给赏如例无减"①。正德八年(1513)查出"时女直鞑靼入贡奏进番文,有为中国书者,审为被掠边民冒名来朝,遂为同类代书",礼部认为应治伴送官员之罪,诈冒情弊亦当究问。而处理结果却是"但念远夷并伴送、通事等,俱从宽宥。令镇巡官善为宣谕,今后朝贡者姓名务验实名,毋仍诈冒"②,对于诈冒之人并无责罚。又如正德十二年(1517),"辽东建州左等卫指挥张家奴等来朝贡马,时诸夷洗改原敕职名,以觊厚赏",被发现后,并未责罚,而"仍赏如例"③。再如正德十四年(1519)海西渚冬河卫都指挥金事松吉答等冒父祖故名来贡一事,未予责罚,而使其具奏袭替,均为正德年间对冒用印信、洗改敕书等现象之宽容。再次,在重用女真朝贡之人及收取贡献异物等问题上一反常规,如正德八年(1513)"命海西塔鲁木卫

① 《明武宗实录》卷57,正德四年十一月乙酉条。
② 《明武宗实录》卷100,正德八年五月壬午条。
③ 《明武宗实录》卷150,正德十二年六月癸亥条。

入贡番夷三人充御马监勇士"①,十四年(1519)又"以毛怜卫降虏陇秃里为御马监勇士"②,则为启用女真人之例。而正德十五年(1520),塔山前卫都督金事速黑忒进贡小熊一只,鸿胪奏请"异物,非年例",而正德帝却"特纳之"③,体现其在接收贡品方面的随意,亦可反映正德朝对女真朝贡管理的松弛。

嘉靖帝继位后,对女真朝贡问题颇为重视,并着手解决武宗朝产生的诸多女真朝贡问题,主要是在入贡人数、入贡凭证和官职袭替等问题方面加以规范,明确限制前朝之冒滥弊端。

嘉靖帝即位之初,女真首领亦把哈进献小豹一只,结果"上以非常贡,却不受",而且因此处罚辽东主管官员,"仍以辽东都指挥宁宝等违例滥放,夺俸一月。命礼部通行各镇巡官知之"④,惩戒各级官员沿革遵守朝贡定制。数日后,女直通事王臣进呈条陈,并针对女真洗改敕书、升袭无例、宴赏无常、个别女真首领虚报功名或犯边等情况,提出了五点建议。此提议得到嘉靖帝首肯,成为嘉靖初年解决女真朝贡问题的依据,在控制朝贡人数、惩罚洗改敕书、杜绝诈冒入贡、约束往返伴当、规范升职袭替等方面,均推行了一些有效措施。

嘉靖十二年(1533)三月,明廷针对女真朝贡中存在的问题制定了更加细化的规定,从入贡所持敕书的更换、补发、认定,到女真官员因年期、功赏的升袭,均有了非常严谨和明确的规定。具体内容为:

> 兵部议上女直海西、建州、毛怜等卫夷人升袭事例:
>
> 一、女直夷人自都指挥有功讨升都督职事者,巡抚官译审正身及查勘功次无抢冒等弊,例应升授,然后具由连人咨报,否则就彼省谕阻回。毋滥送以滋糜费。
>
> 一、来贡夷人除正敕外,赍有年远旧敕来者,该边巡抚官译审真正,明白开写何等旧敕,例应换给,从实具由,连人咨报,以凭查议。其有挪移、抢夺、不明情弊,径自阻回。
>
> 一、夷人奏称授职,二十五年之上例应升级者,巡抚官备查年数是否,

①《明武宗实录》卷101,正德八年六月戊午条。
②《明武宗实录》卷174,正德十四年五月辛丑条。
③《明武宗实录》卷194,正德十五年十二月庚戌条。
④《明世宗实录》卷12,嘉靖元年三月辛亥条。

及有无犯边情弊,果系应升,具由连人咨报。有碍者径自阻回。

一、各夷奏称原授职敕书或被抢及水火无存者,审系招抚之数,方行巡抚查勘咨结,议请定夺。不系招抚之年,不许一概奏扰。

一、夷人并缴敕书者,审果同卫同族,尊幼绝嗣,并敕书真正别无抢冒、洗改情弊,即行该边巡抚勘报,履行辨验,结查明白,不拘所缴敕书多寡,俱于原授职事上量升一级。其或审有前弊,希图升职者,止与原授职事。其并缴敕书,译令责回,交还本夷收领。

一、都督系重职,其子孙袭替,仍照旧例查勘奏请。

一、夷人入关朝贡,必盘验明白,方许放进。其敕书内有洗改、诈伪字样,即省谕阻回。守关人员朦胧验放者,治罪如律。

一、夷人奏有总敕,欲行分给袭替者,俱行巡抚查勘,具由咨报,以凭奏请分给。

一、海西、建州、毛怜等卫朝贡夷人,查有情犯内地者,宜于宴赏之后,礼、兵二部宣谕恩威,使之省戒。如无罪可指,不必每次申谕,自致轻亵。①

此条例颁行后,成为此后处理女真朝贡问题之蓝本,对朝贡勘验资质、凭证及人数、次数、待遇等均实行规范管理,并且此后对朝贡者之赏赐,基本为折给银两,加大了女真人的贸易需求。同时此条例控制了女真的贸易,抑制了女真社会的发展需求,引发了女真社会不同形式的反抗,寇边事件此起彼伏,各卫均出现时贡时犯,反复无常者。

为争往朝贡,控制贡道,女真内部争斗纷繁。在嘉靖初年对女真朝贡实行限制措施后,在争取朝贡机会的问题上女真内部可谓势不两立,尤其是海西速黑忒独占贡道,还被明朝令其节制祝孔格犯边之后,两者矛盾更为激化。后来祝孔格找到机会杀死了速黑忒,并夺其部众。速黑忒之子王忠逃至哈达。就在王忠试图东山再起之时,由于冒名入贡,被海西朵林等卫都督金事额真哥所参,结果被严惩不许入贡。直到王忠悔过,向明朝侦报房情后,才得以恢复入贡资格。王忠未忘杀父之仇,将祝孔格打败并杀死,夺得祝孔格的敕书和部众,又重新确立了该部落对贡道的控制权。如此这般部

① 《明世宗实录》卷148,嘉靖十二年三月壬子条。

落间因朝贡引起的明争暗斗，不仅见于大部落，在其他的小部落之间也屡见不鲜。

针对女真人内部纷争激烈，反叛寇边事件不断发生，甚至出现攻城略地、杀害命官等情况，明朝委派官员探察原因，以备进剿。负责此任之给事中林廷㙮经过调查，发现女真反叛诱因。据其奏报："建州卫夷故多忠顺，迩因入贡时，近夷恃强先至，尽数入关，那礄等地远稍迟，关将每以额满阻去。间有入者，所得赐予，归途复为近夷所掠，是以怏怏，甘心叛逆耳。"①就当时朝贡情况而言，此实为造成女真地区朝贡混乱，进而引起部分女真头领不满并铤而走险的主要原因，因而林廷㙮建言，对女真前来朝贡者，"宜稽其卫所原额，令以次分番入贡，前后出边，则虏使络绎，在廷亦庶几古人盾子之意"②。自此核定各部朝贡额数，确定每年凭敕书入贡人数，每道敕书可使一人入关，有效地控制了朝贡人数，使得此后每年朝贡人数均控制在 1500 名左右。但旋以掌控敕书，即可掌握入贡及贸易，成为女真各部首领之翘楚，故争夺敕书成为女真地区之主要纷争缘由。明朝亦通过敕书，达到奖赏、处罚女真首领的目的，成为明朝控制女真各部，扶弱抑强的重要手段。

此外，嘉靖年间，因蒙古俺答汗势力东进，征讨兀良哈三卫及部分女真卫所，影响了女真地区的正常朝贡。特别是所谓"北虏"十余次大规模进攻开原城，因战事阻隔朝贡之路，毁坏入关之所，使得女真地区受到巨大影响，亦可谓嘉靖朝女真朝贡之不利因素之一。

实行定额发放朝贡敕书，各部计人次入关朝贡、贸易政策后，女真各部争夺敕书，掌控朝贡贸易权之争日益激烈，占有敕书多寡，成为势力是否强大的标志。争夺敕书的过程，逐渐促进了女真各部的势力整合，直至明朝对女真内部的纷争难以把控，卫所制度亦因之发生骤变。而对明朝控制女真朝贡贸易而言，却易于操作管理，在女真朝贡的人数和时间上，"定海西每贡一千人，建州五百人。岁以十月初验放入关，十二月终止。如次年正月以后到边者，边臣奏请得旨，方准验放"③，由此规定，使明朝后期前来朝贡之女真人，可谓按部就班、如期而来，看似进入平稳时期，但实际上对女真地区的管辖能力却日渐

① 《明世宗实录》卷 273，嘉靖二十二年四月癸未条。
② 《明世宗实录》卷 273，嘉靖二十二年四月庚子条。
③ （万历）《大明会典》卷 107，《朝贡三·东北夷》，《明会典》，第 579 页。

消失。明朝末年,将女真按朝贡情况分作海西女真、建州女真、野人女真,"野人女真去中国远甚,朝贡不常。海西、建州,岁一遣人朝贡"①,在政府方面,已经允许边远的野人女真"朝贡不常"。万历四十六年(1618)四月,努尔哈齐以"七大恨"告天,开始了对明朝的全面战争,也宣告了实行了200余年的女真朝贡制度的走向终结。

明朝将女真人纳入朝贡体系,所制定的朝贡政策在东北女真地区实施200余年。其朝贡政策因时代变化和各个时期的政治、军事、经济方面的影响,具有形成、发展、演变的过程,不同时期的政策变化,对女真地区的经济、文化产生了巨大影响,促进了女真地区与内地的经济、文化交流,对女真社会的发展具有重要作用。

五、女真与明朝的贸易

明代女真社会经济以渔猎为主,农业发展水平较为滞后,各部发展状况参差不齐,对外经济依赖比较强,能否将马匹和渔猎产品作为主要商品对外交换,成为女真各部得以存续或发展的前提,因而明朝和朝鲜均以掌控对女真人的贸易的方式,拉拢和控制女真各部。

女真人在明代的贸易,主要有朝贡贸易和互市贸易两种形式。

朝贡贸易包括进京朝贡时,朝廷为怀柔女真各部头领,以厚往薄来之策,予以例赏、回赏、加赏等,其中回赏系对所供马匹、貂皮、珍珠等贡品进行的定价交易,可以体现其贸易性质。明代对马匹、貂皮的回赏为:"马每匹彩缎二表里、折钞绢一疋。貂鼠皮每四个生绢一疋"②,"珍珠每二颗赏绢一疋"③,对女真人而言,所得甚厚,故争相前来朝贡,而明朝亦以此达到羁縻女真地区之目的。另外,至京之女真人,还允许在京进行贸易,正统年间规定,女真贡使在京授赏后,准许买卖五日。嘉靖初年复定,对前来贡使,许于会同馆开市三日,届时除违禁物品外,其缎、绢、布匹听于街市,与官员军民人等两平买卖。女真朝贡之人可以在此交换所需商品,亦可将自带商品于此时买出。另外,在天顺年间,应女真贡使所请,允许回程沿途买卖。因此策给沿途造成混乱,影响回送贡使,不久废止。

---

① (万历)《大明会典》卷107,《朝贡三·东北夷》,《明会典》,第579页。
② (万历)《大明会典》卷111,《礼部六十九·给赐二》,《明会典》,第594页。
③ 《明英宗实录》卷25,正统元年十二月癸未条。

互市贸易是明朝女真人在开原、抚顺等处进行的定期贸易,乃女真与明朝贸易之大宗。明朝开关互市之目的,如宣德帝所言,"朝廷非无马牛,而与之为市,盖以其服用之物皆赖中国,若绝之,彼必有怨心。皇祖许其互市,亦是怀远之仁"①,即其怀柔远人、羁縻卫所头目之政治目的,远远超过经济目的。因而,互市贸易亦成为控制女真各部扶弱抑强的手段,在女真首领有犯边、掠夺等反叛行为时,即不允许该部入边互市,直至其悔过请罪,才恢复其互市贸易资格。基于互市的政治性突出,导致女真人的互市贸易与时局密切相关,受政治局势影响,互市时松时紧,时开时停。在明朝方面的互市不能满足女真人的需求时,女真便向朝鲜或蒙古地区寻找贸易机会。

(一)明朝对互市之管理

永乐初年,明朝在广宁、开原等地开设互市,以便鞑靼、女真等前来交易马匹。开原马市互市地点,永乐年间设在开原城东40里屈换屯(威远堡东),成化年间改设在南城门外以西,接待海西女真人互市,被称为南关。广宁马市,初设在钺山山麓,后改至团山堡(又称为马市堡,在广宁城北30里),接待海西女真人、蒙古人互市。另有一处在开原城南40里处,接待建州女真互市,后于成化年间在开原西古城堡南开设达达马市,嘉靖三年(1524)改至开原西庆云堡北,接待蒙古、海西、黑龙江女真互市。建州女真迁居苏子河流域后,天顺八年(1464)在抚顺城东30里开设马市,专门接待建州女真互市。隆万之交,因女真人迁徙居地变化较大,将开原城南马市改置到广顺关(今开原县东貂皮屯),又称南关,与海西哈达部居地相近,以此笼络哈达部。复移庆云堡马市到开原东北之镇北关(今昌图县莲花乡),与北边叶赫部相邻。明后期根据建州女真之请求,万历四年(1576)于宽甸之永奠堡北开设互市,准许于宽甸等处的女真人于此交换米、猪、盐等。同年又在清河城(本溪县东北清河城)及叆阳(凤城市东阳)分别设立马市,东部建州女真人可于此互市。

明朝严格规定互市时间,开原每月初一至初五开市一次,宁远每月初一至初五、十六日至二十日开市两次。各关口均专设"马市官"等,执行辽东都司设于开原的"提督马市公署"之命,负责管理、监督马市,且随时遣官兵防范。女真人不得身带弓箭器械入关,只许携马匹及土产赴所规定之关门,经边官查

① 《明宣宗实录》卷84,宣德六年十一月乙亥条。

验印信、敕书,明确系何卫之人、身居何官,方准入境。海西女真人等必须由广顺关、镇北关进入,市毕即令出境。明朝也对通事及交易人做出规定:毋得侮弄入市之女真人等,亏少其马价或偷盗其货物,亦不准教唆入市之人。有敢擅放女真人、蒙古人入城,或纵容无货之人入市,及有货者坐窥市利,或私自透漏边情者,一经发觉,皆发往两广烟瘴地方充军,遇恩不赦。成化十七年(1481)规定通事三年一换,以免日久生弊。

女真人在互市上的交易需向政府纳税,即互市税,时称抽银。《明代辽东档案选编》内存有广顺、镇北、新安等关的抽银册,其中万历十二年(1584)入市广顺关的都督孟格布禄等贸易的抽银情况为:

> 水靴四双,抽银八分。锅九口,抽银二钱七分。羊四十一只,抽银八(档残)。牛二十七只,抽银六两七钱五分。铧子一百二十二件,抽银六钱一(档残)……马二匹,抽银一两四钱。貂皮二十张,抽银五钱。蜡六十三斤,抽银六钱。蜜一千一百六十五斤,抽银一两一钱六分五厘。狍皮六十一张,抽银三钱(档残)。蘑菇一千一百四十七斤半,抽银七钱六分五厘。狐皮六十张,抽银(档残)。鹿皮九张,抽银一钱八分。羊皮一百一百一十九张,抽银二钱三分八厘。大袄一件,抽银一分。木耳一百一十斤,抽银一钱一分……马十一匹,抽银七两七钱。参二百八十二斤,抽银二两(档残)。貂皮五十张,抽银一两二钱五分。狍皮二张,抽银一分。鹿皮一(档残)。珠子三颗,抽银一两五钱。狐皮三张,抽银三分。[1]

尽管交易方式有市货、易换之别,但均需抽银,抽银多少,基本按货物价值计算,价高者抽银率高,价低者抽银亦少。综合其他关口互市抽银比率,各类商品纳税银两基本相同。明代对女真互市,定有税率之制,大率"骟马一匹银六钱,儿马一匹银五钱,骒马一匹银四钱,牛一只银二钱,缎一疋银一钱,锅一口银一钱,羊一只银一分,貂皮一张银二分,豹皮一张银一钱,熊、虎皮每张银三分,鹿皮一张银一分,狐狸、睡貉皮每张一分,狍皮二张银一分。黄蜡十块抽一,人参十围抽一,榛、松二十斤抽一斤"[2],但从明末档案来看,黄蜡、人参等亦基本按银折算,不取实物,均折合抽银。

① 万历十二年三月《广顺镇北新安等关易换货物抽分银两表册》,见《满族历史档案资料选辑》,中国科学院民族研究所、辽宁少数民族社会历史调查组 1963 年编印本,第 20—21 页。

② 《辽东志》卷 3《兵食·抽分货物》,《辽海丛书》第一册,第 402 页。

明朝以所抽税金作为抚赏往返朝贡和前来互市女真人的费用。据《辽东志》记载,明朝对女真人抚赏规格为:

> 一、海西朝京,都督每名牛一只,大果桌一张。都指挥每名羊一只,大果桌一张。

> 一、供给海西买卖都督每名羊一只,每日桌面三张、酒三壶。都指挥每名羊一只,每日桌面一张、酒一壶。

> 一、部落每四名猪肉一斤、酒一壶。①

前来朝贡、贸易的女真人,按职位、地位均有赏抚。各关口之此处开支,出自所收抽银,前引广顺、镇北、新安关抽银档案内,复记有每次赏抚朝贡、贸易女真人的开支,多系购买用于赏抚之用的牛、羊、果、酒、猪肉、桌面及缎、布、袄、锅、纸、盐等费用。对比档案所载此项收支,略有盈余。以边关互市税收,赏抚前来朝贡和贸易的女真人,可谓便宜之策。赏抚之策,对怀柔拉拢女真人,促进贸易有序进行,起到较大作用。然至后期,马市之弊日剧,女真人以次充好,强求厚值,交易递减,私市渐兴,冲击马市,抽银不敷赏抚,加之边将借赏抚之名,克扣肥己,有名无实,从而引起女真人对赏抚的不满,甚至出现以抚赏不善为借口,侵扰边境之类的事件。

(二)辽东马市

明朝设于开原、抚顺等处的互市,因以购买女真马匹为主,故被称为马市。实则从女真输入之商品,除马匹外,尚有牛、羊及貂、豹、虎、熊、鹿、狐、狍、水獭等皮张和人参、黄蜡、木耳、榛子、松子等女真地区土特产品。女真人则从马市购置缎、绢、布、衣服、农具、铁锅、食盐、谷物等生活所需。马市贸易以以物易物为主,明后期多为折合银两交换。马市有官市、私市之别,所谓官市,即女真入关至市,先由官员挑选马匹、土产,按价为国家购买。私市为官市选剩马匹、土产等,允许女真人于市上自由与官民买卖。一般私市贸易额要大于官市,故女真人对私市依赖较大。无论官市、私市,皆需抽银纳税。

辽东马市之设始于永乐之初,时因明代整饬马政,关内马户饲养,难以保障所需,故设开原、广宁马市,从女真、蒙古人处购买马匹。永乐三年(1405)兵部议定马价为:“上上等每马绢八匹、布十二匹。上等每马绢四匹、布六匹。

---

① 《辽东志》卷3《兵食·马市》,《辽海丛书》第一册,第402页。

中等每马绢三匹、布五匹。下等每马绢二匹、布四匹。驹绢一匹、布三匹。"①旋改为:"上上马一匹,米十五石,绢三疋。下者米八石、绢一疋。"②永乐十五年(1417)以撙节粮储,递增布绢而更定为:"上上马每匹米五石,绢、布各五疋。上马米四石,绢、布各四疋。中马米三石,绢、布各三疋。下马米二石,绢、布各二疋。驹米一石、布二疋。"③此价基本为此后明朝定制,明后期折银,马匹均价约十两。因明朝需要马匹较多,为方便建州女真贸易,又增设抚顺等处马市,市马数量日益增多,从蒙古、女真地区购买量,如嘉靖中叶杨继盛所奏,"每年市马约数十万匹"④,所需银数百万两,可谓支出浩繁,其中"辽左年例马价十一万七千八百七十五两"⑤,约购马万匹,仅马价一项,明后期女真人等每年约易得 12 万两白银。

女真人输出的另一种重要商品为人参,东北为人参重要产地,女真人历来注重人参之利。据相关档案记载,镇北关、广顺关于万历十一年七至九月、翌年一月至三月,此 6 个月交易人参 3619 斤,照当时最低价每斤 9 两银计算,此 6 个月女真人在镇北、广顺关即获取人参价银达 3.25 余万两。

明中叶以后,明朝官员等兴起以服用貂皮为荣之时尚,开始增加对貂皮等皮张的需求,马市贸易中貂皮贸易额逐渐增多。在开原马市,女真人"每年贩来貂皮约一万余张"⑥,而档案记载开原之镇北关、广顺关于万历十一年七至九月、翌年一月至三月,此 6 个月貂皮交易量达 47243 张,远远超过每年万张之数,可知貂皮成为女真获利较大的商品之一。上等紫貂,非出自辽东,而是出自黑龙江中下游地带,为贩卖上好貂皮,出现许多由各部首领控制的女真商人,把持貂皮运输通道,建立转运集散地,以把持貂皮贸易,增强经济实力。明后期乌拉、哈达、叶赫等部之强盛,均与把持貂皮贸易有关。而北部在地理位置上远离明朝、不在贸易通道要冲、商业交易不便地区的部族,为谋得贸易之利,逐渐在辽东附近建立固定的居所,并发展为市镇,其中离开东京城地区、牡

---

① 《明太宗实录》卷 40,永乐三年三月甲寅条。
② 《明太宗实录》卷 193,永乐十五年十月丁未条。
③ 《明太宗实录》卷 194,永乐十五年十一月乙卯条。
④ 杨继盛:《杨忠愍集》卷 1,影印文渊阁四库全书第 1278 册,台湾商务印书馆 1986 年版,第 618 页。
⑤ 陈仁锡:《筹边论》叶 20 下,见《无梦园初集》,明崇祯六年张一鸣刻本。
⑥ 刘若愚:《酌中志》卷 16,北京古籍出版社 1994 年版,第 131 页。

丹江流域、占据辉发河流域的尼麻车辉发部即为一例。从事貂皮、人参贸易，未必非得是拥有巨额资产的部族首领，部族的下层成员也可因此获得一定的利润，因而出现了一些通过长年经营而积累财富、变为可与昔日部族首领势力比肩的人物，导致女真社会经济秩序发生变化。明末女真诸部首领之世系与明代史书比对，存在诸多不见史传者，乃与出现新兴豪强把持马市貂皮等贸易，逐渐成为新的部族头领有关。

女真人持马匹、人参、貂皮等前往开原、抚顺等地贸易，人数多寡不一，多者有时达上千人，少者仅几十人，概由敕书限制所致。人数不一，所持商品数量亦不同，如万历十二年(1584)三月，叶赫部清佳砮等995名到镇北关，持来马24匹、人参695斤、貂皮82张、木耳80斤、榛子1斗、麂皮5张、鹿皮二张半、蘑菇750斤、狐皮18张、珠子6颗、松子8斗、水獭皮2张、狼皮4张，换取袄子7件、缎10匹、羊皮袄245件、水靴37双、铧子47件、牛82头、羊17只、锅21口、驴1头等。[1] 从中可见，女真人以马匹、皮张等特产，换取生产、生活所需的牛只、犁铧及衣服、铁锅等，因女真人当时尚不能冶铁，所以对犁铧、铁锅之购买量较大，如同次入市镇北关的卜寨女真人，购得"铧子一千一百三十四件"[2]，一次即购买如此多之犁铧，可以窥知该地女真人农耕规模之大。

开设辽东马市是明朝怀柔羁縻女真人的重要手段，互市虽有经济互补之成分，但对明朝及汉人而言，并非缺之不可，其所需马匹可以从其他关権、互市中获取，因而在女真有寇边叛离之事发生时，明朝即以关闭马市、停止贸易来惩治女真人，在女真人请罪悔过后，才复开关市。但辽东马市对女真人却非常重要，由于其渔猎经济的单一性和农耕生产尚不发达，对外交换是其最主要的经济补充形式。通过马市贸易，可以换取农具、牛只、铁锅、粮食、食盐等生产生活必需品，并通过贸易积累财富，增强各部的经济实力，因而在明朝关闭马市之时，女真人不得不设法与朝鲜人、蒙古人进行贸易，充分反映出女真社会无贸易即难以为生的社会状况。可以说，女真之所以臣服明朝，在于谋求朝贡、互市之利，直至明末，女真人仍不断请求增加交易地点，明朝最终准王兀堂

---

[1]　参见万历十二年三月《广顺镇北新安等关易换货物抽分银两表册》，见《满族历史档案资料选辑》，第34页。

[2]　万历十二年三月《广顺镇北新安等关易换货物抽分银两表册》，见《满族历史档案资料选辑》，第34页。

等所请,万历初年于宽甸、永甸、清河、叆阳增设关口,但新增者非马市,其"谓东夷惟易米、布、猪、盐,无马匹他违禁物,与开原、广宁、抚顺异"①,可知此类集市非朝贡通关和马匹贸易的官市,而是允许女真交易生活用品的私市。在明朝展筑六堡以后,女真人与汉人在关市以外的交易被阻绝,因而这类边关集市贸易,对女真而言较为重要。开设宽甸等私市,建州女真人受益最多,虽然开设后时停时复,不久既因战事而废止,但其对建州社会经济发展贡献依然很大。努尔哈齐起兵后,在统一女真各部的过程中,仍非常注重与明朝的各类贸易,故《满洲实录》有"抚顺、清河、宽奠、叆阳四处,开口互市交易,以通商贾,因此满洲民殷国富"②之语,足证贸易对女真人之作用。

六、明朝征伐女真

明初招抚女真,设置羁縻卫所,授职女真头目,将女真地区纳入其统治之下。女真卫所官员,有定期朝贡、统领该地属民、维护本地安定等责。然女真人归附后,由于朝贡、贸易难遂其愿,加之女真社会长期混乱,抢掠之风盛行,故很快即发生寇边掠夺事件。明朝前期对此往往颁敕谴责规劝,未见即刻发兵征讨之记载,如宣德四年(1429):

> 辽东总兵官都督巫凯奏海西野人女直数有寇边者,请发兵讨之。上曰:夷狄寇边,固当诛。然谕之不从,而后诛之,彼将无悔。遂遣敕谕之曰:尔等野人女直,受我皇祖、太宗皇帝大恩,积有年矣。朕即位以来,上体皇祖之心,加意抚绥,屡敕边将,毋肆侵扰,俾尔等安生乐业。有来朝者,皆量授官职,赐赉遣还。朝廷之恩厚矣。今闻尚有不知感激思报,屡寇边境者,此愚之甚也。盖其所得甚少,不知召祸甚大,非全身保家之计。今边将屡请发兵剿捕,朕虑大军一出,玉石难分,良善之人必有受害者。兹特遣人赍敕谕尔,宜互相劝戒,约束部属,备安尔土,朝贡往来,相通买卖,优游足给,岂不乐哉。若仍蹈前过,恣意为非,大军之来,悔将无及。③

犯边抢掠之人,得到敕谕后,大多表示悔过前非,故仍如期朝贡贸易,明廷亦认为慑于朝廷威望,女真各部头目依赖朝贡、贸易,断不敢继续犯边,故无需

---

① 彭孙贻:《山中闻见录》卷11,《清入关前史料选辑》第三辑,中国人民大学出版社1991年版,第156页。

② 《满洲实录》卷2,戊子年四月条。

③ 《明宣宗实录》卷58,宣德四年九月丙午条。

劳师远征、靡费帑项,仅敕谕劝诫即可。如此处理女真犯边反叛事件,成为宣德年间的主要方式,即便宣德九年建州左卫都督猛哥帖木儿被杀,都督佥事凡察奏请发兵问罪,宣德帝仍认为不必勤兵,只遣使赍敕往谕而已。

正统年间,因瓦剌东进,兀良哈三卫叛离明朝,脱脱不花出兵女真地区,导致女真卫所官员或被杀害,或归降蒙古,故景泰、天顺年间,复以招抚女真,恢复卫所秩序为念,即便有女真寇边叛离之事,仍以怀柔之策驭之,并未大规模发兵剿杀。

成化初年,对女真卫所招抚事宜基本就绪,但女真仍屡犯边境,朝贡逾期,内部纷乱。明宪宗亦以武力整饬女真社会秩序为念,故开始大规模出兵进剿,开大规模武力征讨女真之先例,且为达到迅速消灭女真反叛势力之目的,一并谕令朝鲜出兵助剿。历次征伐均给女真带来沉重灾难。

(一)成化三年征伐建州

成化三年(1467)五月,明朝经过廷议,决定征讨建州女真,以根绝"虏寇"之源。谕令左都御史李秉提督军务,武靖伯赵辅挂靖虏将军印、出任总兵官,委任二人组建远征军并指挥军事行动。同年八月,明朝向毛怜卫、海西卫发布敕谕,告知征讨建州三卫之事的大意。谕令朝鲜出兵协助进剿建州女真。九月,为免除后顾之忧,在锦州、义州地方布置700援军以后,由总兵官赵辅统率的5万明军兵分五路开赴建州三卫。

至于明朝出兵建州的理由,可从发给毛怜、海西女真人的敕谕中窥得:

> 祖宗以来,设立建州三卫,俾其近边居住,管领部属,为我藩屏,授之爵秩,锡以冠带。及其朝贡,屡加宴赏。朝廷推恩于彼,亦已厚矣。乃者都督董山等忘恩悖义,辄率丑类,侵犯我边,杀掠人财,不可胜计。朕体天地之量,不即加诛,遣使招谕,令还所虏人口,赴京谢罪,与其自新。彼来朝贡,待之加厚。岂期各虏阳为顺从,阴怀不轨,与其党类,意图内外应援,侵扰边方,为恶愈甚。似此谲诈反复,神人共怒,天地不容。朕不得已,遣将率师,往征其罪。①

敕谕历数建州三卫寇边为乱,有悖朝廷圣恩,特别是董山屡犯边境,罪不可赦,故发兵进剿。实际上,当时董山并不在建州,而是在朝贡回途中被拘押

---

① 《明宪宗实录》卷45,成化三年八月庚子条。

于广宁。所言寇边为乱，当指成化元年（1465）二月，"虏酋孛来谋结建州三卫夷人入寇，总兵官武安侯郑宏等率师御之，至长岭山与战，败之，斩首五级，俘获贼数十人及其牛马军器"①之事，此事伤亡人数方面看，无疑非都督李满住、董山、凡察所为，显系部下勾结蒙古人的抢劫行为，明朝借此出兵建州三卫，真实意图或见建州势力坐大，防止尾大不掉，甚至威胁明朝对女真的统治。

关于明军、朝鲜军队进剿建州女真及对建州三卫的打击情况，主要为：

李秉、赵辅率中路军26000人，于九月二十四日从抚顺关出发，渡苏子河到达古城（二道河子旧老城）。十月四至五日进攻董山麾下的建州左卫本营，俘虏27人、斩杀56人。

右监丞韦朗等人率领左哨军闯过戴咬纳寨，九月二十九日进攻朗家寨，连战十余阵，俘虏6人、斩杀125人。

副总兵王瑛、游击王铨等人率领左掖队13000人，从浑河口出境，转战嘹哈寨、五岭等地二十余阵，俘虏18人、斩杀64人。

右掖右哨军途经鸦鹘关、喜昌口（今祁家堡）、凤凰城、黑松林、摩天岭，于九月二十九日进攻建州卫本营，转战宋产八、李欻赤、马木冬、李古纳哈等村落，斩杀97人、俘虏13人，焚毁房屋千余座。十月七日在摩天岭松林子一带斩杀37人、俘虏2人。右哨军13000人应由总兵官韩斌率领。

副总兵裴显率兵13000人于九月二十二日赴碱场，九月二十九日进攻建州右卫的佟火你赤、王马伐苦如等村寨。十月一日，闯过张亦升哈、黑松林山等地，俘虏31人、斩首159人，焚烧房屋之后返回。

朝鲜军队10000人渡过鸭绿江，九月进攻建州卫兀弥府和沿途村落，杀死都督李满住等286人，俘虏30余人，尽焚房屋，夺得牛马等财物而返。

董山于五月末从北京启程返回，在六月到达广宁客馆时被拘禁，与童纳郎哈及百余名部下被拘禁一个月以后，七月二十七日令在广宁城与部下一起听取敕谕。敕谕的内容是宣判董山等人死刑或流放两广、福建地区之事。在宣读敕谕过程中，女真人发生暴动，与明军搏斗，26名女真人被杀。被俘之女真人后被流放至两广、福建等地。董山被押送北京，于成化三年（1467）十一月被明朝处死。建州右卫都督童纳郎哈在成化四年（1468）六月被判处死刑，旋

---

① 《明宪宗实录》卷14，成化元年二月丁酉条。

被关进锦衣卫牢狱,于成化六年(1470)八月之前被处死或死于狱中。建州卫都督李古纳哈亦被监禁广宁,虽被赦免后回到家乡,但也仅活数月而终。

作为此次征伐之余叙,成化四年,"建州卫充尚之弟充也等二百余人,朝见于大明。大明以前日作耗,并杀之"①,此亦应属此次征伐被杀建州女真人之列。

明军在此次一系列军事行动中,有文献记载俘虏女真人180余名、杀害千余名,其中建州卫都督李满住、建州左卫都督董山及一些女真头领均死于非命,特别是焚毁房屋,抢掠牛马、粮食等财产之行为,予建州三卫以重创,可谓建州女真人之浩劫。但明朝却以此达到了削弱建州女真势力,震慑海西等各部女真的功效。

(二)成化十五年之战

成化三年之役后,建州女真处于混乱状态,许多人逃至山中,隆冬之时,因无食物、房屋,在饥寒交迫中死去者较多。另在此役中,建州三卫之印信、敕书被夺或遗失,使得建州三卫群龙无首,直至成化五年(1469),"建州左卫都指挥佟那和扎等奏,乞命都督董山子脱罗、李古纳哈侄完者秃,各袭其父、伯之职事……授脱罗都指挥同知,完者秃都指挥佥事,令统束本卫人民,依前朝贡"②,明朝各给印信、敕书,重建建州卫、建州左卫,且两卫掌印首领,仍属董山、李古纳哈之子侄,未落旁系。两卫于成化六年正月遣300人赴北京朝贡,正式开启恢复交往之路。建州右卫因纳郎哈死后无嗣,凡察第二子卜花秃于成化六年八月赴北京朝贡时,被任命为建州右卫都指挥同知,颁发印信,建州右卫得以重建。

三卫重建后,基本恢复与明朝的宗藩关系,三卫首领只能忍气吞声,保护属民,恢复实力,唯有李满住第四子甫儿加大立志为父报仇,率领一部分女真人袭击朝鲜。但成化十年(1474)后,兵部右侍郎马文升、太监汪直等主政辽东,对女真人实政苛刻,引起女真不满,甚至于十三年(1477)出现海西、建州女真人侵寇辽东,袭击清河、叆阳事件,辽东巡抚陈钺一面建议再次征讨建州,消灭甫儿加大等反抗势力,一面与总兵官都督同知欧信带兵,"袭击建州三卫

---

① 《朝鲜李朝睿宗实录》卷1,睿宗零年九月丙戌条。
② 《明宪宗实录》卷55,成化五年七月乙酉条。

夷房,攻破房寨五十三所,焚毁房屋二百余间,斩首二百级,获马一百二匹并盔甲军器甚众"①而还,受到嘉奖。陈钺等反复奏请出兵建州,并勾结太监汪直促成出兵建州之事,最终,明朝于成化十五年(1479)十月,任命太监汪直监督军务、抚宁侯朱永为总兵官,挂靖房将军印,仍敕谕朝鲜出兵作战,再次大规模出兵征讨建州女真。

明军于辽阳集结,于闰十月二十五日祭纛出师。据朝鲜使臣高清所见,明朝"军兵共计一十五万,分五道入攻。可屠者屠之,彼若逃匿,则当穷搜远探,尽灭乃已"②,足见此次出兵,大有对建州女真犁庭扫穴之势。另按朝鲜使臣金永濡据所见奏报,"天兵征野人,去十一月十五日还军辽东"③,可知出兵仅20天,明军便撤回辽东。此次出兵的战况,据朱永等奏报为:"建州贼巢,在万山中。山林高峻,道路险狭。臣等分为五路出抚顺关,半月抵其境。贼据险迎敌,官军四面夹攻,且发轻骑焚其巢穴,贼大败。擒斩六百九十五级,俘获四百八十六人,破四百五十余寨,获牛马千余,盔甲军器无算。"④出抚顺关半月始到建州境内,却仅20天即会师辽东,无疑在时间方面有不实之处,按时间推算,明军是否进入到建州女真腹地尚有疑问。其实,建州女真人在成化三年之役后,尚未恢复元气,得知明军再次征伐,早已闻风而逃。据朝鲜使臣韩致礼自北京返回后报告:"臣闻诸路人、唐人被房于野人者,闻天兵至,争来迎。官军辄杀之以邀功赏,故献首如此之多。"⑤在成化十九年(1483),追查汪直、陈钺之时,拟有"钺捏报辽东有警,直请同抚宁侯朱永出兵至辽,不见房,因杀无辜,掘死人骸髅,以报捷师还"⑥之罪,由此可知,此次出兵,建州女真损失不大,被杀者多为被女真掠去之汉人等。但焚烧所过地区之房屋,或屠杀、俘房未来得及逃跑的女真,使建州女真雪上加霜,受到了又一次沉重打击。参与此次战役的10000名朝鲜军队,同样没有遇到女真人抵抗,亦杀戮、俘房一些女真人、汉人平民,焚烧所见房屋而还,并以此向明朝邀功请赏。明朝将俘房之人,或杀或发往两广、福建。

①　《明宪宗实录》卷175,成化十五年二月庚申条。
②　《朝鲜李朝成宗实录》卷110,成宗十年闰十月甲子条。
③　《朝鲜李朝成宗实录》卷112,成宗十年十二月甲寅条。
④　《明宪宗实录》卷197,成化十五年十一月丁未条。
⑤　《朝鲜李朝成宗实录》卷113,成宗十一年正月乙酉条。
⑥　《明宪宗实录》卷243,成化十九年八月壬申条。

明朝军队撤回后,建州女真开始报复明朝,主要是袭击清河、瑷阳二堡,杀死男女 500 余人,并抢掠大量家畜而去。明朝内部也出现对此次战争进行反省之舆论,遣通事前往女真地区宣谕。成化十七年(1481)八月,建州卫都督完者秃为回应遣使之事,派部下甫忽答等 18 人赴明请罪,明朝允许完者秃定期朝贡,双方开始恢复交往。翌年,兵部尚书陈钺致仕并被追责后,建州三卫得以前往朝贡,请求恢复原职,建州三卫才开始进入一段稳定发展期。

(三)剿杀王杲

明代中后期以降,建州女真首领之权威衰落,其谱系与事迹渐失于史籍,而替代他们升任卫都督者,已经为女真部族中原本身份微贱的下层成员,他们因常年从事商业活动积蓄了财富,有了堪与曾经的首领家族比肩的势力,在明末女真诸集团的内部新兴豪强开始对政治秩序进行重组。其原因如前所述,此与明朝改变都督等官员的升任规定及修改敕书通贡有关,从中亦可窥见商业活动在明末对女真社会产生的巨大影响。王杲、王兀堂即为明后期出现于建州女真中的势力强大到可影响建州女真社会发展的人物。两股势力均曾依附明朝,后与明朝边将产生矛盾,袭击抢掠边关,把控阻碍贡道,最终被明军消灭。

建州女真在嘉靖至万历初年出现一位耀眼的人物——王杲,曾活跃一时。如瞿九思在《万历武功录》中所记:“余考建州置卫,盖自永乐时旧矣,然未尝曾有倔强如杲者”“杲为人聪慧,有才辩。熟解番汉语言字义,尤精通日者术。舞智而剽悍,建州诸夷悉听杲调度”①。可知他是一位自永乐以来在建州女真中颇有影响的人物,以强硬姿态震撼着辽东的豪强。

有关王杲的出身,无法详知。茅瑞徵《东夷考略》“建州”条记:“王杲,建州右卫都指挥使也。”另在《山中闻见录》卷 1 亦载“右卫指挥使王杲”之句,可知王杲应为建州女真人。上述时人史籍中记载王杲职衔为建州右卫都指挥使、建州右卫指挥使等,但《明实录》等官方史籍内并无对他被授予此类官职之证据。抑或当时之诰命敕书,并不需要所持者与记名之人一致,王杲有可能系买来或通过其他方式得到敕书,而得到指挥使、都指挥使之官称的。

王杲的居城是古勒寨,位于抚顺与新宾交界。古勒寨是王杲与阿台父子

---

① 瞿九思:《万历武功录》卷 11《王杲列传》,中华书局 1962 年影印本,第 1043、1038—1039 页。

两代人的居城,王杲在此建立居所的时间不明。可能是在通过人参、貂皮贸易
壮大实力的过程中,出于贸易所需而在抚顺附近寻找的立足点,并将此处确定
为控制贡道之据点,以独擅贸易之利。随着王杲势力变化,此地还成为建州女
真的军事要地。王杲在古勒寨被李成梁击败后,建州女真人大疼克、三章等人
得知王杲战败后大喜,列于山前,"跪起欢呼",称:"我寨以杲故久劳苦,不敢
近边。今杲寨尽破,灭亡所遗,岂非天赐哉。"①据此可窥得王杲的势力,把持
要道,独占与明朝的贸易,危及建州其他势力,因而招致部分建州女真人对其
不满。

王杲生于嘉靖八年(1529),死于万历三年(1575)秋。较早记载王杲事迹
的《东夷考略》一书,由"女直""海西""建州"三篇组成,"建州"一篇中记载了
王杲的事迹,即始自其于嘉靖三十六年(1557)十月侵入抚顺,杀死备御彭文
洙,每年掠夺惠州、惠安、一堵墙等。此后,其与蒙古土蛮联合,于嘉靖四十一
年(1562)进攻抚顺、凤凰城、汤站堡,副总兵黑春率兵迎击王杲与土蛮的联
军,明军先曾取胜,后反中埋伏,官兵多战死。②此战结束后,王杲等磔黑春之
尸。此后近十年,不见王杲记载,而此间蒙古屡犯辽东,辽东连年战乱不靖,其
或于自保中积蓄实力。直至隆庆六年(1572),王杲的部下、建州女真哈哈纳
等30人叛离王杲,来到明朝边关投降,寻求明朝的保护。其投降原因或是不
堪王杲之压。王杲因此大怒,随后直奔开原,要求送还哈哈纳等,但被开原守
将拒绝。在请王台援助攻击明朝之要求被拒绝后,王杲秘派千余骑侵入汛河
以南至清河一带。由于此事被王杲部下绰乞等告发,明游击曹簠、把总鲁钝即
率精兵,在路上埋伏,王杲部众从板场谷来,明兵突然袭击,斩首5级,致王杲
等逃遁。

此时,贾汝翼出任抚顺备御使。其违背前例,对女真实施严厉的镇压之
策,将来贸易之女真人立于阶下,当众鞭笞十数名不从其意之女真人。此外,
严查女真马匹,只买肥壮者而拒纳其他,使女真人对其切齿忿恨。王杲以此率
领诸酋出塞,与诸酋约定要求更换贾汝翼,并让诸酋入塞杀掠。王杲与明朝使
者谈判,以罢免贾汝翼为条件,答应送还掳走之230余名明朝人。最终巡抚辽

---

① 瞿九思:《万历武功录》卷11《王杲列传》,第1041页。
② 《明世宗实录》卷509,嘉靖四十一年五月庚寅、壬子条。

东都御使张学彦上奏弹劾贾汝翼,使其遭到罢免,王杲由此声威大振,也引起明朝的防范。

万历二年(1574)七月,隶属于王杲麾下来力红等四人,投归抚顺关。来力红要求备御使裴承祖送还逃亡人员,但遭拒绝,便命令麾下30余骑进入核桃山台,逮捕明朝"夜不收"5名。王杲当时正带着贡马500匹、方物30包赴明朝贡,在传舍休息。裴承祖见状,以为其不会舍弃辎重前去救援,便亲率300余骑前往来力红之山寨,结果却反被包围。王杲闻变急忙赶来,与来力红等人一起向裴承祖叩头谢罪,极尽礼数,王杲此举或不想与明为敌,以保证与明朝的贸易机会。但裴承祖不信王杲等人之言,斩杀周围女真人并展开混战,双方互有死伤。把总刘承奕闻变,出塞40里直捣来力红寨,被来力红捕获,后连同裴承祖和百户刘仲文一起,被剖腹剜心。此事后由都御史张学彦等人具奏,明朝决定中止王杲贡市、命令哈达部王台逮捕王杲,任命辽东总兵官李成梁为讨伐王杲之主将,于万历二年十月一日出兵攻袭王杲自守的古勒寨。李成梁带领明军,以火炮、火枪、火箭等火器强攻古勒寨,寨内女真人奋勇抵抗,但最终城寨被明军占领,王杲麾下多人战死,王杲本人逃走。

从古勒寨出逃的王杲寄身于阿哈纳寨中,后被明朝副总兵曹簠追赶而逃,其虽准备依附泰宁卫族长速把亥与土蛮,以图再起,但因无法直接前往该地而先逃亡哈达部王台处。王台之哈达城也被称为王杲城的原因,抑或与王杲曾寄身于此有关。开原兵备使贺溱向王台宣谕,责令其移交王杲。万历三年(1575)七月四日,王杲及其家室27人被王台逮捕,送交开原边将。王杲先被移送广宁,后监押至北京,万历三年八月,被磔杀于藁街。

王杲战败后,其长子阿台隐匿于王台长子虎尔罕处。他不断积蓄力量,欲乘机再起以报父仇。万历十年(1582)哈达部内乱,叶赫部清佳砮、杨佳砮兄弟乘王台年老,与其子虎尔罕仇杀。阿台遂投到清佳砮兄弟处,联合东部蒙古各部,屡次侵掠孤山、铁岭,以图大举攻明。九月二十二日,李成梁率兵出塞,大破阿台军于曹子谷,斩首俘获1039余人。次年正月,阿台又纠集残部千余骑,分别从静远堡、榆林堡进入,直奔沈阳城南浑河。李成梁率军驰往虎皮驿增援,阿台兵撤退,率千余骑兵,纵掠抚顺边浑河口,返回古勒寨。李成梁于翌年二月初二统率大军从抚顺出塞百余里,直捣古勒寨。阿台凭寨峻抵抗,李成梁仍用火攻,经二昼夜攻破古勒寨,阿台死于战火中。明朝彻底消灭王杲、阿台之势力。

（四）消灭王兀堂

当王杲活跃于古勒地方时，在桓仁活跃着一位名叫王兀堂的豪强。从《万历武功录》所记"今兀堂不欲争"①及《东夷考略》"建州"条所载"与杲同时，则有王兀堂。去矮阳二百五十里，为王兀堂部。矮阳，故市地。兀堂亦奉约唯谨"②等语来看，王兀堂是一位谨慎之人，如果没有发生宽甸事件，他应可以作为一位地方首领平安度过一生。桓仁地方非貂皮的主要产地，如要获取优质毛皮，也有必要联络哈达部王台。"都督王兀堂，亦王台所部也"③，可知其虽为建州女真都督，亦是王台之部下。

王兀堂的叛乱与总兵李成梁修筑宽甸等六堡之事密切相关。万历元年（1573），明兵部侍郎汪道昆请求巡察辽东各地，总兵李成梁关注宽甸地方，此地东邻兀堂、北傍王杲，为诸夷必争之地，乘兀堂不欲相争之机，欲占领了这处原本为女真人所有的狩猎之地，增设所谓的宽甸等六堡，筑造边墙，将女真人逐出边外。宽甸六堡为宽甸、长甸、永甸、大甸、新甸以及张其哈剌甸。

原本辽东地方自东南的连山关至鸭绿江沿岸之地，自明初至景泰、天顺年间，人迹罕至，明朝、朝鲜使者均由护送军队来往，途中宿营荒野，心酸苦劳之多，在明朝、朝鲜使者的著述中历历可见。但在成化年间以后，明朝势力逐渐扩张至此。从成化三年（1467）上半年开始，碱场堡、鸦鹘山屯、佛僧洞这些地名频频出现于《明实录》中，可反映出明朝对这些地区的重视。成化三年出兵征伐建州三卫，李满住、董山等人死难，建州女真人多数北逃，使得明朝实际上掌控了此地。在成化四至五年（1468—1469），明朝初步建起以开原为起点，延至抚顺关、东州堡、马根丹、清河堡，经碱场堡到达矮阳堡，总长350里的东部边墙。另外在成化十六年（1480）九月，发生了建州女真一支军队袭击朝鲜军护送使者归途的事件，故成化十七年（1481）六月，明朝修筑凤凰城、镇东堡、镇夷堡。至嘉靖年间，因建州女真的一部分人在嘉靖二十一、二十二年（1542、1543）侵入凤凰城、汤站堡，明朝于嘉靖二十三年（1544），将抚顺以南鸭绿江以北十二堡中的东州、马根单二堡，划归辽阳副总兵管辖，将其余的凤

---

① 《万历武功录》卷11，《王兀堂列传》，第1028页。
② 茅瑞徵：《东夷考略·建州》，《清入关前史料选辑》第一辑，第63页。
③ 《万历武功录》卷11，《王兀堂列传》，第1028页。

凰城、泗马吉、新安、汤站、镇东、镇夷、草河、清河、碱场等堡划给瑷阳守备兼管。嘉靖二十五年(1546)七月,明朝在以上堡之间,又增设散羊谷、一堵墙、孤山、险山、江沿台(九连城北)等五堡,从开原至鸭绿江畔的明朝边墙至此全部建成。四十一年(1562)四月,土蛮大举进攻辽东,同年五月又发生了王杲部众从东州堡侵入凤凰城之事件,为防备此类入侵,明朝于嘉靖四十三年(1564)九月,命令巡抚辽东都御史王之诰在险山(今石头城附近)设参将一员,在辽阳副总兵管辖的37堡内,将险山、瑷阳一道13所划归新设之参将。李成梁曾升任险山参将,后于隆庆二年三月升任副总兵、四年十月升任总兵官。万历元年兵部侍郎汪道昆巡边时,身为总兵官之李成梁奏请修筑宽甸等六堡。

　　宽甸六堡一带,一直都是女真人的采参地与渔猎场,明朝占据此地后,将女真人逐出边外,引起女真人不满。宽甸堡动工时,辽东巡抚张学彦曾亲往巡视,王兀堂等数十人跪陈今既修堡,塞我来道,我众不得入内围猎之言,申诉生活之路既被剥夺,希望明朝在十岔口、宽甸堡开市,交易盐米布匹,愿送子为质等要求,虽然这些要求均属女真人理所当然之主张,但张学彦因担心会阻碍工程并未同意,其在万历四年(1576)堡垒竣工后,才奏请开设宽甸、永甸之互市,并得到允许。互市之开一度缓解了因修筑六堡而引起的民族矛盾。但因明朝防守兵力有限,且在贸易中欺压女真人,万历七年(1579)七月,明朝参将徐国辅之弟徐国成与苍头军刘佐在宽甸交易中,以掠夺性的价格收购人参,将女真人几乎打死,即是其中一例,致使宽甸等互市很快便陷于混乱之中,偷盗公行,强取豪夺,致民族矛盾进一步激化。当时,王兀堂之部众已达7000余人,其令部下往明朝边将处转告,若我入塞,则开朝贡路、给与大赏,否则将进攻宽甸、瑷阳城堡。李成梁认为王兀堂所言意在威胁,故于万历八年(1580)三月二日出兵,旋与王兀堂部众交战,结果王兀堂军败走,李成梁之军追击至鸭儿匮,于此发生激战,明军共斩勒勒把都等人754级,得女真人160名、汉人6名、马361匹。明军伤员190人。王兀堂惨败。旋于"是岁(万历八年)十月,兀堂复以千骑,从林刚谷入。副总兵姚大节,追奔至葛禄寨,获六十七级。尔后兀堂等并遁伏,建州部益弱"①,此后王兀堂之事迹不传。明朝借此消灭

---

① 《明神宗实录》卷106,万历八年十一月丙子条;卷110,万历九年三月乙酉条。

了可能给其造成威胁的王兀堂势力,使得建州女真沉寂十余年,直至努尔哈齐起兵,建州女真人复活跃于边外。

(五)攻伐叶赫

哈达部王忠、王台为部长时,实力雄厚,欺压周边,可稍与之抗衡之叶赫部塔鲁木卫都督佥事祝孔格,被王忠杀害,并夺其敕书,据其山寨,叶赫部多年不得不从属哈达部之下。俟王台死后,王台诸子纷争,祝孔格之孙清佳砮、杨佳砮乘机夺回部分山寨,势力日益强大,开始筹划进攻哈达部复仇。万历十一年(1583)七月,清佳砮、杨佳砮派人联合蒙古及周围女真人,掠略哈达部,大获全胜。明朝为确保哈达部及明边的安全,辽东分巡使任天祚受命,令裨将宿振武、霍九皋招抚清佳砮、杨佳砮,言其悔过自新,方可贡赏如故,被清佳砮、杨佳砮回绝。同年十二月,明朝御史洪声远获悉清佳砮、杨佳砮秘密纠集邻近蒙古、女真人等,欲掠开原、铁岭、辽沈地区,以及蒙古诸部欲攻辽西之消息后,即命总兵李成梁率兵驻扎在离开原40里的中固城,等待时机出击。同时巡抚李松下令三军皆解甲易服,潜入开原城,部署在险要地方以防不测。清佳砮、杨佳砮率2000余骑到镇北关,向明官请求重赏。明朝官员责其带兵请赏,双方开战,明军奋力斩杀清佳砮、杨佳砮、清佳砮子兀孙孛罗、杨佳砮子哈尔和哈麻等311人。李松担心留驻在镇北关外的清佳砮、杨佳砮属下数千骑兵发觉此事,决定先发制人,出兵追杀。此时在中固城待命的李成梁听到炮声,也率精兵北进,追击镇北关外的清佳砮、杨佳砮的残兵,追至叶赫新寨,与清佳砮兄弟之兵合战,斩杀1258人,得马1073匹、武器衣甲无数。明军乘势北进,李成梁大军到达清佳砮兄弟寨堡时,其残留部属,纷纷出寨请降,愿意从此受哈达部孟格布禄节制。明朝决定不再设叶赫部长,将清佳砮、杨佳砮所部交与哈达部节制。雄据开原以北的叶赫部,自此沉寂数年。

清佳砮、杨佳砮死于开原城下,余部归哈达部孟格布禄统辖。清佳砮子卜寨、杨佳砮子纳林布禄率领族人,表面恭顺,暗中积蓄力量,离间王台诸子,欲伺机报杀父之仇。万历十五年(1587)四月,纳林布禄从蒙古恍忽太处借兵5000余骑,包围哈达部之歹商,进攻南关所辖把太寨,且得到哈达部酋长孟格布禄的协助夹击,使得歹商大败。明将王汝征、那继善、吴嗣勋率兵2000人,在寇河鏖战,阻击卜寨、纳林布禄等人南下。明军还夺孟格布禄部众800余人交给歹商。明朝亦因之革去孟格布禄官爵,将哈达部归歹商一人管辖。而歹商为人任性而多疑,不能善待属人,左右多有离心,周边树敌无数,明朝深感海西形势危急。万历十五年九月,兵部答复辽镇督抚官张国彦,认为:

> 王台既殁,遗孤仅存,大势未振,二奴孽子欲乘隙以并吞,而康古陆等复纠谋以内应,是海西诚有累卵之忧,而歹(商)不免覆巢之恐。歹(商)不立,则无海西。无海西则二孽南连北结,而开原危。开原危则全辽之祸不可胜。道今议剿纳林卜禄、布寨者,为二孽既平,则王台之息可保,海西之势可安。海西安则开原安,全辽亦安,不惟熟夷震垒于挺伐之威,凡彼环观窃听之群夷,亦且不至纠合潜滋,如所谓腹背布敌,左右狼顾也①。

制定出使孟格布禄与歹商兄弟和好,弹压卜斋、纳林布禄之策。在招抚卜斋、纳林布禄未能奏效的情况下,于万历十六年(1588)明朝决定北征,张国彦和李成梁着手备战。因当时辽东、辽西饥馑,粮价腾贵,故备战时日稍长。终于三月初六日,以总兵官李成梁为统帅,率大军由辽阳出发,向北进兵。十四日晨,从威远堡小关门出境,行30余里,到叶赫部所属落罗寨。李成梁派使者招降落罗寨,禁止军队入内,秋毫无犯。落罗寨人则随李成梁军到北关劝二首领投降。明军宣布如落罗寨一样,降者不杀,且不入寨。卜斋与纳林布禄两寨相距数里,当时卜斋已弃寨逃入纳林布禄寨中,伊等据险不降,并指挥骑兵直冲明兵,杀死3人。李成梁即命官兵反击,直捣其城下,二首领率兵退入寨中,紧闭寨门。该城分为四层:外大城外有木栅一层;外大城以石筑;石城内为木城,城内外大壕三道;城中间有一山突起,周围险峻,垒建石城,石城之上又为木城,木城中有八角明楼。总之该城易守难攻,明兵攻城时,城上投矢石如雨,明军死伤很多。经过两天激战,明军毁其木栅,攻下二层城(石城、木城)。在攻木城内的山城时,大石滚木俱下,明军多有死于其下者,城不可破。李成梁遂收兵,改用装有铅弹之大炮攻城。在大炮的轰击下,城墙毁坏,女真人死伤很多,卜斋、纳林布禄不得已出城下马,匍匐乞降,李成梁允之。是役叶赫死者554人,俘获被掠者8人、马98匹、盔275顶、甲281副、臂手8003副。明军阵亡53人,伤535人,损马113匹。

叶赫部卜斋、纳林布禄战败后,被迫与歹商和好,分敕纳贡,叶赫部对明朝

---

① 《明神宗实录》卷190,万历十五年九月癸丑条。

恭顺有加,很快取得明朝信任,成为明朝掣肘建州女真的重要力量。

第二节　女真与朝鲜的关系

目前,有些研究认为明代女真与明朝、朝鲜的关系属于国际关系,此说不确。朝鲜建国后,很快即与明朝确立了宗藩关系,逐渐成为明朝最忠实的属国。女真各部于洪武、永乐年间,基本归附明朝,其首领多被授予各卫所职官,三者乃宗主、藩属、隶属关系。在明朝方面来看,朝鲜、女真皆其所部,均系定时朝觐纳贡之民,但因"华夷之辨""华夷之防"思想之影响,明朝对尊儒、同文之属国朝鲜之关爱,远胜于被视为"化外之夷"的女真,甚至经常出现限制女真贸易,约朝鲜共同出兵镇压女真之事。从朝鲜方面来看,其以同文、同俗,自愿字小于明朝,对明朝极为恭顺,以得到明朝之庇护,并设法驱逐朝鲜半岛北部之女真人,决意将国土扩展至鸭绿江沿岸,乃朝鲜立国初期之目标。在李朝世宗时期,已将建州左卫之女真人基本排挤出故地,根绝了铁岭山以北、鸭绿江迤南之女真人的威胁,并将边境从铁岭山一线扩展至鸭绿江沿岸,且得到明朝认可,可谓受益最大者。而女真人因无力与明朝、朝鲜抗衡,既受到文化方面的歧视,又受明朝和朝鲜的贸易牵制,不得不以外夷身份苟活于两者之间。他们虽世代为明朝职官,但为了能与朝鲜贸易,防止朝鲜武力侵犯,不得不亦到朝鲜朝贡,暗中遣质受职,直至明朝明令朝鲜不许对女真人授职,此局势方得以遏制。因此,三者关系比较复杂,而实质却皆源于"华夷"思想、"宗藩"体制所制约。女真人因语言、风俗、文化不同,被视为夷狄,而明朝和朝鲜则为文化、风俗相同的"大中华"和"小中华",自明初以来,女真人一直受到明朝和朝鲜的敌视,在两者之夹缝中生存,因此,研究明代女真人的历史,不能忽略其与朝鲜的关系。

一、朝鲜北扩疆土

高丽恭愍王于元朝至正十一年(1274)即王位,仍奉元朝正朔。但恭愍王以前,高丽王朝既对元朝多有不满,当其察觉元朝势力衰退以后,于至正十六年(高丽恭愍王五年,1279)五月命令东北兵马使柳仁雨等人夺取双城总管府(今永兴)。双城位于咸镜南道南部,虽然原属高丽领土,但从元宪宗八年(高丽高宗四十五年,1258)以后,一直是元朝领土。高丽在夺回双城总管府的同时,还将和(永兴)、登(安边)、定(定平)、长(长平)、预(定平南)、高(高原)、文(文川)、宜(德源)等州以及宣德(咸兴南)、元兴(定平南)、宁仁(永兴东)、耀德(永兴西)、静边(永兴东)等镇一并夺取,到达今天定平以南之咸兴。这一地区曾是高丽领土的东北边界,高丽对夺回这些地方早有预谋。

至正十七年(高丽恭愍王六年,1280)八月,高丽在成功占领上述地区后,致书元朝辽阳行省,通告应将伊板岭(今摩天岭)定为两国边界。伊板岭乃咸镜南道北界的摩天岭,高丽趁元朝衰亡之际,已经开始逐步向北推进,欲将此处作为其北扩领土后的边界。至正二十四年(高丽恭愍王十三年,1287)正月,元朝军队渡过鸭绿江征伐高丽败北,使元末高丽北扩之疆土即成事实。

洪武元年(1368)十一月,明太祖派符宝郎偰俣斯赴高丽颁发玺书、通告其取代元朝即位之事,敦促高丽王归属明朝。[1] 高丽恭愍王随即奉诏向明朝谢恩并请封爵。翌年八月,明朝向高丽国王颁赐诰命、金印、大统历,确立了明朝与高丽的宗藩关系,高丽王朝成为明朝藩属。其后,随明朝征伐东北战事发展,东北地区女真人陆续归附明朝,朱元璋谕令高丽国王,双方仍以元朝时之边界为界。《明太祖实录》卷187,洪武二十年(1387)十二月壬申条载:

> 命户部咨高丽王,以铁岭比东西之地,旧属开元。其土著军民女直、鞑靼、高丽人等,辽东统之。铁岭之南旧属高丽,人民悉听本国管属。疆境既正,各安其守,不得复有所侵越。

铁岭为朝鲜咸镜道与江原道分界,是元朝全盛时期在东北势力的最南端,其北部为元代所属女真人、鞑靼人、高丽人居住之地。元朝势力衰弱后,高丽王朝势力逐渐北进,据有铁岭以北部分地区。到高丽王朝末年,朝鲜北部边界已到达咸兴南道北部,高丽王朝已将伊板岭作为与元朝的边界。接到明朝谕旨,高丽朝堂震惊,一面遣使申诉应以既成事实之公崄镇为界,一面集聚军队,准备为此与明一战。公崄镇是一个难以查到的地名,按其后明朝招抚10处女真人及朝鲜的对应情况看,该镇应指今摩天岭一带。明朝不知此地名,认为朝鲜"今复以铁岭为辞,是欲生衅矣。远邦小夷,固宜不与之较,但其诈伪之情,

---

① 《高丽史》卷41《恭愍王世家》,十八年四月壬辰条。

不可不察。礼部宜以朕所言,咨其国王,俾各安分,毋生衅端"①。虽然战事未开,但此事影响明朝与高丽王朝的关系。此后高丽政局变化,至洪武二十五年(1392)七月十七日,李成桂接受高丽恭让王禅位登基次日,即遣使赴明,报告即位之事并请求认可,兼将百官之议所得"朝鲜""和宁"两个备选国号具奏并得到明朝确认,翌年二月,朱元璋选定"朝鲜"为其国号。但此后朝鲜与明朝的关系,因朱元璋表现消极,进展并不顺利。洪武二十六年(1393)六月,辽东贡路被封闭,朝鲜国王诰命、印玺的受领问题终明太祖一朝亦未见解决。但是,朝鲜经略铁岭以北地区之意向没有改变,并以设官、筑城和招抚女真人的方法逐步实施。李成桂治下的朝鲜,已开始稳步实施将东北地区纳入本国统治的计划。洪武三十年(李朝太祖六年,1397)十二月,朝鲜任命奉化伯郑道传为东北面都宣抚巡察使派往东北。翌年二月,朝鲜改编北部州郡县,称安边以北、青州(北青)以南地区为永兴道,称端州(端川)以北、孔州(今庆兴)以南地区为吉州道,皆由东北面都巡问察理使节制。此外又设置吉州道察理使、端州知事、镜城郡知事、庆源府使、甲州知事等职官,又决定在各州府郡县以及各站路设置官吏及所属人员。并令郑道传改建庆源(孔州、今庆兴)之古土城城基,修筑石城②。如此动作,可见朝鲜在立国之初就已奠定了将本国治权深入图们江两岸的基础。

1401年,朝鲜太宗即位,即遣奏请使赴明,奏请诰命。同年奏请使获准入明并赐诰命,是朝鲜首次得到诰命与金印。但明朝此时发生了靖难之变,政权由明惠帝朱允炆移至明成祖朱棣,明朝通告李朝诰命与金印须由明成祖赐给李朝太宗。明成祖颁赐的诰命、金印,由与归国的朝鲜使节同行的明使黄俨等人于永乐元年(1403)四月送至朝鲜,而明惠帝之前赐给朝鲜的诰命与金印均被收回,至此,多年未决的朝鲜国王册封问题得到最终解决,明朝与朝鲜的关系也在此后面貌一新。

朱棣即位后,在对外政策上,摒弃明太祖之消极政策,积极推进对周边部族的招抚策略,向各地派遣使节、送交敕书,招抚诸部族令其前来朝贡,其中包括散居于东北亚地区的诸部族。永乐元年(1403)六月,明朝对居住于朝鲜半

---

① 《明太祖实录》卷190,洪武二十一年四月壬戌条。
② 《朝鲜李朝太祖实录》卷12,六年十二月庚子条;卷13,七年二月庚辰条、癸巳条。

岛东北部的女真诸部族也发出敕谕,令其朝贡。而朝鲜此时认为这些女真部族已属自己,所以受到此份敕谕的强烈冲击,便下令于与明朝存在争议的镜城、甲州等地筑城,趁女真地方处于无政府状态之时,将建国以来的北进步伐又向前推进了一步。

与此同时,永乐皇帝为了防止女真人与北元合作,正在广泛招抚女真人。永乐帝于永乐二年(1404)四月,遣辽东东宁卫千户王脩(字可仁)赴朝鲜,诏谕溪关(今珲春县城附近)、参散(北青)、秃鲁兀(端川)、洪肯(洪原)、哈兰(咸兴府)、大伸(泰神、吉州郡)、都夫失里(时利、利原郡)、海童、阿沙(利原)、斡合(镜城)、阿都歌等11处女真人。此次招抚的范围包括了图们江以南的今朝鲜咸镜道大部分地区。这一地区曾是元朝领土而非高丽领土,明朝站在继承元朝遗产的立场上,招抚这一地区的女真人应属当然。但这里又是李朝自建立以来锐意推进势力之地,如果明朝对这一地区的招抚取得进展,就会使李朝自太祖李成桂以来经营东北的成果化为泡影。因而李朝迅速派出计禀使金瞻前往明朝,呈交奏本,指出在明太祖时,朝鲜既提请"乞将公嶮镇以北还属辽东,公嶮镇以南至铁岭还属本国",已得到默认,而此次明朝却又派王脩招谕11处之人。这些地方的女真人来朝鲜居住年代已久,只因受到纳哈出侵掠而衰落,其遗种存者无几,并且与朝鲜人通婚并承担赋役,希望明朝承认这些地方之女真人处于朝鲜管辖之下。永乐帝在发给朝鲜的敕书中,同意朝鲜对参散等10处人员的归属要求,停止再招抚所谓"十处女真"之人。朝鲜主张的"公嶮岭",所指应是指摩天岭一带,明朝对此地地理没有了解,只按照朝鲜提供的地理认知做判断。对朝鲜本可反驳而却未反驳的原因,大概可归结如下:原因之一,可能是当时明朝要求朝鲜提供的一万头耕牛,正被送往辽东,为了避免刺激朝鲜才承认其主张。如果是这样,则明朝是将女真人故土作为换取耕牛的代价转让给朝鲜的。原因之二,是明朝没有这一地区的地理知识,只是认为没有汉人居住的边远之地也是"王土",其归属并不存在问题,况且,朝鲜本身系明的藩属,对刚即位的明朝永乐皇帝极为恭顺,因而同意朝鲜所请,顺理成章。如此明朝将金元以来女真人世代相传的一部分土地,划归朝鲜。

上述所谓10处,是女真人的故土却不曾是朝鲜的领土,这一点朝鲜亦清楚,即如嘉靖二年(李朝中宗十八年,1523)特进官韩亨允称:"咸镜道本非我地,而于前朝避役之民,皆归其地矣。至我世宗朝始设六镇,而野人愿托以生焉。"①其后嘉靖十四年(李朝中宗三十年,1535)特进官尹熙平也指出:"今者虽退设六镇,咸镜道本非我国地也。"②如其所言,直至李朝初年,咸镜道还不是朝鲜的领土。因此,李朝太宗见到该敕书,立即派中军都揔制林整赴明,答谢明朝同意"十处人员"归属朝鲜一事③,并赐给担当同明朝交涉此事的金瞻耕田十五结。

虽然明朝默认了10处女真所居之地属于朝鲜,以公崄镇为界,但此远未达到李朝要北扩到鸭绿江为界的目的。居住于公崄镇以北的女真人,因对朝鲜有经济依赖,且经常掳掠朝鲜,朝鲜以此多次出兵女真地区,并于公崄镇以北建设城镇,所建之城以既有之城稳城、钟城等命名,或欲迷惑明朝而为之。如此,在公崄镇以北地区,出现朝鲜于要隘设置城镇拟进一步管辖公崄镇以北的女真人,和女真人附属明朝、由明朝任命女真官员管理的双重治理局面。最终,猛哥帖木儿被杀后,建州左卫终难在鸭绿江以南生存,在董山、凡察带领下,迁移到辽东地区,至此,朝鲜完全控制了鸭绿江以南地区。留在当地之女真人随之均隶属于朝鲜,后来逐渐融合于当地民族之中。而生活于图们江两岸的女真人,仍保留着与明朝、朝鲜两方的封贡关系,并为保护自己的领地,一直与朝鲜所派官员及其军队斗争。

二、女真人入贡朝鲜

明初时期的女真人,对外的经济依赖较重,为了自保并生存,遇到明朝招抚官员,便归附明朝,并前往明朝受职,成为明朝在女真地区设置的卫所官员,也有先被高丽王朝招抚,前往高丽受职者,但后又接受明朝招抚。还有已经被明朝招抚,已任明朝官员者,为了达到经济目的仍前往朝鲜朝贡,接受朝鲜册封,成为明朝、朝鲜的双料职官。但朝鲜乃明朝之藩属国,并自认为与明朝同属中华文化,故其事明最勤,深得明朝信赖,不敢得罪明朝,因而对女真头目之朝贡,只能隐秘进行,其目的主要是拉拢女真人,防止其抢掠、骚扰边境地区,进而达到同化女真人,将女真人的居住地纳入朝鲜统治范围的目的。

---

① 《朝鲜李朝中宗实录》卷49,中宗十八年十一月庚午条。
② 《朝鲜李朝中宗实录》卷80,中宗三十年十月丁酉条。
③ 《朝鲜李朝太宗实录》卷8,太宗四年十月丙戌条。

（一）建州女真人之入贡

元末明初之际，东北亚处于混乱状态。较多元朝任命的女真官员仍效忠元朝，明朝征伐、招抚女真人的步伐亦不断增大，高丽被李氏朝鲜取代。在此政治混乱之时，许多女真人乘机南迁，为了生存，不得不依附于某个强大政权。即使在被明朝招抚授官后，许多女真卫所官员仍到朝鲜朝贡、送子为质，同时接受朝鲜官职。直至明朝谕令朝鲜，不许再对女真人授官，女真人这种既朝贡明朝又朝贡朝鲜的局面才逐渐减少。亦因女真人曾入朝朝鲜，并与其有频繁的政治、经济往来，所以在当时的《朝鲜王朝实录》里留下了大量女真史料。

趁明朝向漠北派军，兵力全部征讨蒙古，对朝鲜东北部地区之经营已难以为继，不得不将势力后撤之机，高丽权臣李成桂既开始推进对东北地方之经营策略。洪武二十三年（高丽恭让王二年，1390），其于吉州设置万户府，翌年七月，令人携带榜文招谕东部女真诸部。其结果使周围三百余名女真人归附高丽，胡里改部胡里改亦在当年八月来朝。同年九月，李成桂派前祥原郡知事李龙华宣慰斡朵里、胡里改部。洪武二十四年二月，胡里改、斡朵里两部来朝，在会馆发生"争长"事件，高丽依据"先服者为长"之惯例，以斡朵里部为长。同年三月，李成桂在私第举行飨宴，招待斡朵里、胡里改部之人，并对女真首领等授予万户、千户、百户之职。同月，李必被派往东北地方，令其携带榜文，招谕速频、蒙骨、实邻、押兰、改阳、安顿等地的女真人。

李成桂成为朝鲜国王之后，加大将图们江沿岸的地区据为自己领土之力度。派其子李芳远前往孔州（今朝鲜庆兴），为其追封的穆祖及配偶李氏修建德、安二陵，拉拢并扶植此地的女真势力。同时女真方面有胡里改、斡朵里部人陆续来朝之记载，其中较多的为斡朵里部。如洪武二十八年（李朝太祖四年，1395）："吾都里上万户童猛哥帖木儿等五人，来献土物。"①其后于洪武二十九年十月"所乙麻月者等人来朝"、洪武三十年（1397）正月"童猛哥帖木儿、童所吾、马月者等人来朝"、洪武三十一年正月"于何里等四人来朝""宣略将军童多老被任命为吾都里上千户"等记载。朝鲜对女真人亦实行"厚往薄来"的笼络政策，故女真人在"来国"时会获得丰厚的回赐，这对女真人而言是一

① 《朝鲜李朝太祖实录》卷8，太祖四年闰九月己巳条。

种有利的贸易活动,可以说女真人是为了仪礼与贸易才"来国"的。但此类事情在朝鲜看来,却是女真人慕德来朝的一种表现,乃其招抚女真人之硕果,女真人归附朝鲜,女真人生活的地区无疑亦将成为朝鲜之国土,因此招抚女真人可谓其北扩领土战略之重要环节。

李朝初年,对前来归附的女真人均授予上护军、护军、司直、副司直、司正等官职,赏赐衣服绵布等,还按照要求发给盐酱、粮食等加以笼络,也有留下女真人头目子弟作为侍卫的现象。李朝时代最早的女真人侍卫,系出自斡朵里部酋长童猛哥帖木儿一族。《朝鲜李朝太宗实录》也记载着童猛哥帖木儿在永乐二年(李朝太宗四年,1404)三月戊申前来,在当月壬戌返回时,将弟弟、养子、妻弟作为侍卫留在朝鲜一事。童猛哥帖木儿率领的斡朵里部,在明初因受海西女真的压迫而南迁,移住朝鲜会宁附近,归顺了当时还未登基的李朝太祖。其首次入朝是在洪武三十年(太祖六年,1397)正月丁丑日,在随后的建文元年(李朝定宗元年,1399)正月庚申日的入朝是第二次,将子弟留任侍卫是在四年三月第三次入朝时,这也是女真人成为朝鲜侍卫的开始。有关其后女真人成为侍卫的其他史料,在《朝鲜李朝太宗实录》中,另可见其他几处记载,如永乐八年(李朝太宗十年,1410)七月丙戌,骨看兀狄哈酋长豆称介留子弟三人出任侍卫。十三年(1415)十一月己亥,有骨看兀狄哈百户遣容介表示愿为侍卫。类似实例在太宗朝虽然少见,但进入世宗朝,尤其在永乐二十一年(1423)之后则频繁出现。任用女真人为侍卫,是出自朝鲜国王的谋略,到李朝世宗时期,此谋略得以进一步实施,在朝鲜的女真侍卫,已颇为普遍。如永乐二十一年(李朝世宗五年,1423)十一月"传旨:向化斡朵里兀良哈内,堪为内禁内侍卫,武才卓异者三四人,兵曹判书赵末生与都镇抚曹备衡同选以闻。"①可见女真侍卫与朝鲜侍卫一样,可以备选内禁卫、羽林卫等内侍侍卫。此例一开,自次年开始,表示愿为侍卫而来的女真人有所增加。根据《朝鲜李朝世宗实录》永乐二十二年至宣德十年(李朝世宗六年至十七年,1424—1435)为止的有关史料,绘制于下表。

---

① 《朝鲜王朝世宗实录》卷22,世宗五年十一月甲申条。

序号	年份	月	日	记载内容
1	永乐二十二年（世宗六年）	正月	壬寅	赐自愿留京侍卫兀狄哈时吾通哈衣一袭、笠靴
2		二月	己酉	命赐自愿侍卫斡朵里千户崔于夫哈衣服、鞍马、家舍、奴婢、粮料，令娶妻
3		二月	丙辰	赐自愿侍卫兀狄哈甫乙项哈衣服、鞍马
4		三月	丁丑朔	赐自愿侍卫兀狄哈古乙道哈、巨之应哈等衣服
5		三月	辛丑	赐自愿侍卫斡朵里崔于夫哈白木绵围领
6		四月	丙辰	命赐自愿侍卫刘时所应哈、金西澄河、刘吾通哈、崔于夫哈、李甫乙项哈、巨之应哈、古乙道哈各苎布二匹
7		四月	丁巳	命赐自愿侍卫斡朵里李都乙赤衣服、笠靴
8		八月	辛酉	命给自愿侍卫女真金刘时应可家舍、奴婢
9		九月	丁丑	命给自愿侍卫向化女真李于乙于取、睦加乙献等家舍
10	洪熙元年（世宗七年）	三月	甲午	赐自愿侍卫兀狄哈豆乙公阿衣服
11		八月	丁亥	命自愿侍卫女真金巨伊代给衣服
12		十二月	辛卯	命给今来自愿侍卫斡朵里千户阿允哈、仇音甫下、兀狄哈千户末应之哈等衣服
13	宣德元年（世宗八年）	正月	辛酉	命给自愿侍卫斡朵里千户弓真、右延主等衣服
14	宣德三年（世宗十年）	二月	丁卯	礼曹启：斡朵里也罗吾也等今欲居京侍卫
15	宣德四年（世宗十一年）	正月	丁巳	礼曹启：兀良哈金何山愿留侍卫
16	宣德五年（世宗十二年）	三月	庚申	礼曹启：斡朵里崔老好乙取愿留侍卫
17	宣德八年（世宗十五年）	正月	丁丑	斡朵里上千户童者音波自愿侍卫
18	宣德九年（世宗十六年）	正月	戊戌	礼曹启：于狄哈柳者从自愿侍卫
19		三月	癸卯	礼曹启：自愿侍卫兀良哈童海衣服……等事，依童者音波例施行
20		六月	丙午朔	斡朵里童松古老，副司直童者音波侄也，愿留侍卫

续表

序号	年份	月	日	记载内容
21	宣德十年（世宗十七年）	三月	丙申	李满住管下马右其,率母及儿女共四人来投,欲留京侍卫
22		四月	壬子	礼曹启:兀良哈金思知愿留侍卫
23		五月	癸未	斡朵里千户金巨波及豆称哈等情愿侍卫

本表引自[日]河内良弘:《明代女真史研究》,赵令志、史可非译,辽宁民族出版社 2015 年版,第 173—175 页,其中有增改。

女真人于李朝世宗时期踊跃前往朝鲜任侍卫,表明朝鲜招抚女真人政策取得了良好效果,凡归附朝鲜的女真人,或由地方授给土地,女真人如朝鲜人一般缴纳税赋①,或被留在京师授给官职,成为侍卫,或被委任侍卫之职,仍回本族驻地,至于正统四年(李朝世宗二十一年,1439)正月:"以童仓为嘉善雄武侍卫司上护军,以童所老加茂加威勇将军虎贲侍卫司护军"②,当属于后者。

朝鲜任用大量女真人为侍卫,对侍卫要给其房屋、奴婢、粮食、衣物,令其娶朝鲜女子,待遇优厚,乃其防患北部纷争于未然之羁縻政策。朝鲜对留在王京等处担任侍卫的女真人,既有怀柔之心,又有人质之意。但从女真人的视角来看,到朝鲜任侍卫,主要是为了借此从朝鲜获取经济利益。这一点,朝鲜方面也心知肚明,深知女真人"自愿侍卫上来兀狄哈、斡朵里、兀良哈女真等,或年老,或无才,或无父母族亲,或彼此流亡,零丁失所,生理艰难者,托以侍卫上来请"③。在咸镜道居住的女真人经过长期的纷争,氏族势力衰落,经济难以维系,出现大量流浪或逃亡者,纷纷投往朝鲜中部居住,或努力欲成为侍卫。

① 关于归附女真人在朝鲜有承担税赋的义务,《朝鲜李朝世宗实录》卷78,十九年八月甲子条记:"传旨咸吉道监司、都节制使曰:李芝兰、殷阿里、金高时帖木儿等,自投化以来,管下居民,各仰其主,不供国家赋役。其后国家分割,以为编户,徭役租税无异本国之民。然亦未久,上项人民,未供赋役之时,役使之民,不为不足。矧今野人诸种招安之时,宜护恤此辈,量减租税徭役,以开投化之路。"《朝鲜李朝世宗实录》卷82,二十年七月己丑条记:"议于政府六曹曰……端川以北之人,皆是女真遗种。向化已久。国家差役,无所不为,与本国旧民无异。"《朝鲜李朝世宗实录》卷95,二十四年正月戊子条记:"参赞皇甫仁,判书金宗瑞谓吾沙哈等曰……闻凡察等见北青居,生向化等供役之事,畏我国。终为百姓而逃,去其然乎,必听人之诳说也。"足见朝鲜向归化女真人征调租税徭役,阻碍了女真人的归化之路。

② 《朝鲜李朝世宗实录》卷84,世宗二十一年正月丙午条。按:《李朝实录》均将"董山"写作"童仓"。

③ 《朝鲜李朝世宗实录》卷31,世宗八年二月丁卯条。

如正统十年(世宗二十七年,1445)七月世宗曾言:"今之从仕京中者,率皆无赖之徒,无所依托,仰望衣食者也。其酋长则固无一人来仕。"同年十一月世宗传旨:"其女真兀良哈、兀狄哈之种类,有宿卫近侍者颇多。今女真之种,稍有武才而侍卫者如马边者之类,不过数人。其兀良哈、兀狄哈之种类,皆残劣之人,而无可侍卫者。"①均可从侧面反映出,这些自愿成为侍卫的女真人,大部分出身于女真社会的下层。

在朝鲜做侍卫者亦不全是为了经济利益或以此渡过经济难关,其中有一些侍卫为女真各部首领子弟。女真人素有送交人质、向对方表示归顺和友好之习俗,猛哥帖木儿、李满住等向朝鲜送人质做侍卫,即有对朝鲜表示友好、欲继续发展良好关系的性质。朝鲜方面也看到了以女真各部首领及其子弟作为侍卫,对控制女真地区具有较好的羁縻作用,故在世宗时期,有曹臣建议:"童仓、凡察及居首用事人等子弟,刷送京中,依他向化子弟例,除授官职,仍令娶妻,安心侍卫,使之迭相往来觐亲,则彼自有永久按堵之心。而管下及诸种野人,亦无携贰浮动之心矣,此最羁縻之上策。"李朝世宗采纳该建议,谕令边将告知女真首领:"汝等当以子弟入送京中,从仕侍卫,时时往来相见父母族亲,永享生生之乐,实为汝等之幸也,则我国尤见汝等之诚矣。"而且告诉边将,"如不从命,则强使为之亦可",并使边将商议"居首用事之人,须令使子弟为质者几人"②,可见朝鲜在实施此项政策方面逐渐采取强硬态度。在女真人沿用送人质旧俗、朝鲜采取强硬态势的双重作用下,女真各部首领纷纷遣子弟到王京做侍卫,并规定在女真各部中影响较大的"童于虚里子所老加茂、吾沙介子、加时波子一人,亡乃子副司直伊童时可,也吾他长子,阿何里弟毛多吾赤,李贵也弟也吾乃,愁音佛伊子一人,高早化子副司直吾同古,童于虚取子松古老,风其取崔宝老妹所出子沙乙下等,宜善谕连续上送。如或不从,勒令上送"③,即朝鲜已将招抚的女真各部首领送子弟为人质、充当侍卫之事制度化。

(二)海西女真人之入贡

海西女真于明初被称为忽剌温兀狄哈女真,忽剌温乃扈伦之汉文不同写法。正统元年(李朝世宗十八年,1436)十二月,出自斡朵里部的千户毛多赤

---

① 《朝鲜李朝世宗实录》卷109,世宗二十七年七月癸巳条;卷110,十一月庚寅条。
② 《朝鲜李朝世宗实录》卷89,世宗二十二年四月丙申条。
③ 《朝鲜李朝世宗实录》卷92,世宗二十三年正月丙辰条。

向李朝建议,让李朝政府下发细麻布与红苎布各二匹、有纹席子一张,让他不以朝鲜使者而是北方边将传话人的身份,将物品送给忽剌温兀狄哈的乃伊巨,对方必会派人答复,这样就能了解对方的地理情况及是否有联系朝鲜之意图。世宗认为"以夷狄间夷狄,听从其言,亦无害矣"①,故经众臣商议,决定在发给乃伊巨三兄弟每人细麻、苎布各二匹、席子各一张之外,再加给细麻布、红苎布各一匹、席子一张,由毛多赤携带前往。派毛多赤前往忽剌温地方这一举措,确实为两个民族日趋复杂的关系带来新的转机。忽剌温女真呕罕河卫首领乃要昆等人,于正统二年(李朝世宗十九年,1437)八月遣使朝鲜,明显是对毛多赤一行反应之结果。毛多赤之后也因出使忽剌温之功,而受到世宗嘉奖。关于忽剌温最初派往朝鲜使节的情况,《朝鲜李朝世宗实录》卷78世宗十九年八月丁亥条记:

> 忽剌温兀狄哈呕罕卫指挥乃要昆及肥河卫指挥伐儿哥等,各遣人奉书投化。呕罕卫书曰,大明皇帝封忽剌温一方兀狄哈乃要昆,设立呕罕卫,世袭都督,住坐本土,管辖百姓。今欲于朝鲜国殿下受命效顺,往来交通。差送指挥于将介等六人,自今受命效顺,永不寇边。我等地面所贵金银及马匹鞍子等物赐给,仍授高爵遣还,则乃要昆等益改前心。殿下所贵之物,我等亦连续进献,永永归顺。肥河卫兀狄哈伐儿哥书亦同。

文中呕罕卫(《明实录》内称呕罕河卫)与肥河卫,皆为明朝所设女真卫,乃要昆为呕罕河卫世袭都督佥事,伐儿哥为肥河卫都指挥佥事,为明朝在女真地区所设级别较高官员。伊等在朝鲜之招抚下,遣使进书李朝世宗,言称如能赐予自己所期望的金银与鞍马等物品与高爵,将连年进贡朝鲜所贵之物,永久归顺。这批使者受到朝鲜隆重接待,并向世宗透露"且欲归顺者非独兀剌温,北方深处种类,亦皆将有归顺之心矣"②,引起世宗重视。呕罕河卫、肥河卫人的首次入贡朝鲜,也成为忽剌温人入贡朝鲜之滥觞。

自呕罕河卫、肥河卫人入贡朝鲜后,忽剌温兀狄哈酋长毛多吾哈在同年九月亲自入朝,之后又有都督罗邑大派莫只等五人、松其罗派苦荣哥等六人、家音间派厚时等人相继而至,使入贡朝鲜之事呈现急速发展之势。《朝鲜李朝

---

① 《朝鲜李朝世宗实录》卷75,世宗十八年十二月癸未条。
② 《朝鲜李朝世宗实录》卷78,世宗十九年九月戊戌条。

世宗实录》卷78,世宗十九年九月甲辰条载:

> 传旨兵曹:今有献议者云,忽剌温族属,自古未闻执壤朝聘往来者也,即今都督乃要昆、伐儿哥等遣使归顺。指挥毛多吾哈闻之,即自来朝。曾未一月,忽剌温之归顺者络绎不绝。将一方杂种,无大无小,竞来朝聘,其势未有纪极也。自古未通北方部落,向化自来,实为盛事。然未知部落强弱大小,道里远近险夷,一样待之,糜费财谷,以填无穷之欲,是亦不可不虑也。大抵作事谋始,慎始虑终。今来忽剌温使人,所馆监护官、通事,因闲访问忽剌温境内,四方相距里数,道路远近迂直,某职某人居某地,所率族属部党几户几人,某为酋长,某为次酋长,酋长之数,部落强弱。则虽有不以实告者,参互前后各人所言,从多而籍之,虽或不中,亦不大相远。而接待彼人,庶乎得宜。非独忽剌温,北方杂种,亦依上项并皆细知明白,置簿待之,实为便益。

由此可知,在乃要昆遣使之后未及一月,忽剌温来朝者即已"络绎不绝",而朝鲜在接待忽剌温人上,毫无相关的知识储备,朝鲜世宗指示派监护官、通事访问忽剌温人所居馆舍,详细调查忽剌温地方的距离远近、道路险阻、某人住在何地、统率族人户数与人口、酋长为谁、次酋长为谁、酋长人数与部落强弱等情况,不限于搜集忽剌温女真人信息,乃欲进一步管辖该地女真人也。

但双边关系之实际发展,与朝鲜之所欲背道而驰,因路途遥远,贸易不便,得不偿失,故忽剌温入贡朝鲜可谓昙花一现,在李朝世宗二十五年(正统八年,1443)以后,朝鲜李朝实录中已经罕见各卫首领遣使入贡的记载,因而忽剌温女真人入贡系自正统二年至八年(李朝世宗十九年至二十五年,1437—1443),历七年而终止。

三、朝鲜对入贡女真人之待遇

朝鲜于明初开始招抚女真人,主要目的乃出于北扩领土和防止女真人入境掳掠等,因而对生活于鸭绿江以南的女真人的招抚,着力更大。而女真人入贡朝鲜,基本出于经济目的,为能够与朝鲜贸易并获取朝鲜赏赐,在一段时期双方关系发展顺利,在朝鲜厚往薄来的诱惑下,女真人纷纷入贡朝鲜,其中尤以建州女真为甚。而朝鲜方面为了笼络女真人前来,对入贡之女真人也予以了优厚待遇。

(一)设馆接待

李朝太祖、太宗时期既有部分女真人前往朝鲜朝贡、受封,但数量较少。

自世宗朝以后，前往朝鲜王京的女真人逐渐增多。在这一时期，女真人准备上京时，要前往五镇征得节制使的同意。五镇节制使从希望上京者中选送有实力者前往，对其余人赠予物品令其返乡。不过在正统九年（李朝世宗二十六年，1444），会宁、钟城等地的节制使，不但让大量"族属残微"者甚至幼童上京，还让首领带领七八人或十余人为随从，加重了李朝的负担。其后李朝政府决定只有咸吉道监司与节制使才能选送、批准女真人来京。另外李朝在正统十年（世宗二十七年，1445）十一月规定了女真各部上京者的次数与人数，其中兀良哈为 10 次、骨看兀狄哈与吾都里为 7 次，每次酋长为正官一人、随员四名，其他为正官一人、随员二名，不许同一人每年来京，设定频次，待三年期满轮番选送。对忽剌温兀狄哈以一年五次为限，对林阿车、于未车、大小居节、南讷、高说、高漆等地的于知介以一年二次为限，正官与随员数同上。李朝还决定由都节制使对前来的首领的使者，或带来首领文引之人赠给丰厚的土物，再令其返回。此外还决定，由于女真诸部同时来京，将对驿路产生弊害，应尽量权衡待农闲期选送女真人上京。李朝如此对女真人制定如上之上京规定、限定每年来京的次数与人数，可以说是仿照明朝与"外夷"之间的朝贡政策。

而李朝迎接女真人上京，最初是在各个驿站为每人备马一匹。因费用增高、驿路疲敝，在正统八年（李朝世宗二十五年，1443）三月有人建议改用牛车替代。李朝在沿途的驿站中设有馆舍，供往来女真人歇宿，而严禁留宿民家。

到达京城的女真人，会被安置于被称为"野人馆"的馆舍。所谓"野人"含有原始人之意，是一个极具歧视性的蔑称，入住野人馆的女真人基本处在一种半监禁的状态中。李朝世宗十六年（宣德九年，1434）十月，李朝同意女真人来京者可以在平壤附近游览，但必须有监护官监视，会友也必须上报并征得官署的同意方可。野人馆在正统三年（李朝世宗二十年，1438）二月以后改称"北平馆"、馆舍官吏称监护官，属五品衙署。

来到北平馆的女真人，如在元旦前往王宫勤政殿觐见，则与朝鲜百官一同朝贺，并进献土物，会在后宫获得赐宴。在朝鲜世宗八年以前，女真使节在朝会日行礼时，列位被排在日本使节之前，招致日之使者不满，之后改为日本、女真使节分列东、西两班入觐。

女真人前往朝鲜王京的路线，分为咸境道、平安道两条路线。虽然这两条路线都由李朝指定，但通常只开咸镜道一条通道，平安道通道只在特殊情况下才开通,规定经此路上京者,皆为酋长子弟或身有功劳者,如天顺二年(李朝世祖四年,1458)特准许李满住、董山与满住亲男,凡察子甫下土、嫡孙罗郎哈通行此道,而一般女真人绝不允许行此路,究其原因,一乃平安道人民贫困,会导致驿路疲敝;二则与女真交往乃明朝之特权,此路为明朝使臣往来必经之路,防止明朝使臣发现女真人入贡朝鲜之事。

(二)授官予禄

早在洪武二十五年(李朝太祖元年,1392)九月兀良哈来朝时,就制定了对来朝者授官于西四品之下、对随从六品之下之规定,但此非正式授官,而是安置朝觐排位和给予待遇的规定。李朝对女真人的授官,始于次年五月,对兀良哈人宫富大授予上万户一职。之后,又有吾都里人所吾在洪武二十七年(太祖三年,1394)十二月获授万户一职,但在翌年正月吾郎改人万户蒙尚、千户甫里与是年九月斡朵里上万户童猛哥帖木儿等来朝者相关记载中,却未见给伊等授予上万户、万户、千户等职官的记载,抑或是伊等在之前来朝时,已被授予官职。此外,李朝在洪武三十一年(太祖七年,1398)正月还曾经任命宣略将军童多老为吾都里上千户。从上述太祖时代来朝者不多、获授官职也是不见于后世的上万户、上千户这些官名来看,或许为当时乃朝鲜国家草创期,官职制度尚处于不完善状态的一种反映,而上万户、万户、千户等官职,无疑继承并采纳了中原册封之官称。

太宗时期,虽然对女真人授官的记载不多,但李朝应已不断向女真人授职,并且从太宗四年三月李朝授予猛哥帖木儿上护军(正三品)、授予崔也吾乃等人为大护军、护军、司直、副司直等官职来看,太宗时代已开始对女真人授予朝鲜的官职,并给予官凭。但这些官称仅在朝鲜使用,而女真人自己仍沿用元代的万户、千户等称谓,或用明朝对其所封官职。

尽管世宗以后来朝女真人增多,但直至世宗中期,除任用极少数女真人为侍卫之外,仍鲜见叙用其他职位,仅见如洪熙元年(世宗七年,1425)二月曾定斡朵里指挥马佐和于西四品之位一事。另外宣德六年(世宗十三年,1431)正月,同意礼曹启奏,定女真人任都指挥者为从三品、任指挥者为正四品、任千户或百户者为正五品随班肃拜一事,属于确定宫中朝拜序列。宣德九年(世宗十六年,1434)四月甲寅时,曾有是否向浑江来投女真人授予副司直之议,据此可知,当时授职也只限于向化之女真人。

直至正统三年(世宗二十年,1438)三月,咸吉道监司等官员奏请,建议在对已有明朝官职的女真人再授朝鲜官职时,指挥以上者应按国初之例,以散官叙用,在不妨碍各地自称都万户、万户、副万户的情况下进行授职。这是出于当时正好有忽刺温兀狄哈人来朝,而预想建州左卫的董山也会来朝,为了应对这一新的情况才如此决定。此后按此规定,于次年正月对来朝的董山授予嘉善雄武侍卫司上护军、童所老加茂被授予威勇将军虎贲侍卫司护军,正统六年(世宗二十三年,1441)六月对尼麻车兀狄哈人土豆、于豆被授予护军之职,同年十月时浪孛儿罕被授予都万户等,据以上各例可见,李朝已开始向非归化、只是来朝的女真人授职,这样一来,受封官职的女真人数与年俱增。

李朝世祖时期,因世祖醉心儒家德治思想,以臣服"夷狄"为统治理想,因而积极招抚女真人,使来朝入贡者不断增加。来朝者大部分都被授予官职,成为授予女真人官职最多的时期。但世祖以后,开始减少向女真人授官。

朝鲜对女真人授官依据的标准是与该人在明朝所授官职相当,一般在明朝受封都督佥事(正二品)者,李朝授予资宪大夫(正二品)或中枢府知事(正二品);明朝之都指挥(正三品),李朝封为都万户(正三品);明朝之指挥使、指挥同知、指挥佥事(正四品)等,李朝授予副万户(正四品)之职,其中个别亦有授予指挥为上护军(正三品)、护军(正四品)之职的情况;明朝千户(正五品)被授予司直(正五品)、副万户等职。

都万户与万户、副万户分别被朝鲜定为相当于正三品、从三品、正四品的官职,其下官职被定为相当于正五品或更低的官职。据此可以推测,李朝是按这个基准,对一些没有明朝官职的女真人,据其所述村落的情况而授官的。而获得官职者的升职或了袭父职等情况,与明朝体例相同。因而,朝鲜大体以明朝官制为标准向女真人授官,女真人在朝鲜待遇的高低,由其官位而定,在边境各镇的座次亦由其官位而定①。

李朝世祖大量笼络女真人前来朝贡,授予官职之事被明朝得知,于天顺三

---

① 李朝边境各镇接待女真人的座次,在《经国大典》卷3,礼典,京外官会坐条记:"野人接待时,观察使、节度使北,堂上虞侯、守令西前行,并交椅。堂上野人(金知中枢府事已上)西后行,绳床。非堂上虞侯、都事、评事、守令,东楹外南行,绳床。四品以上野人(护军以上)西楹外南后行,绳床。五品以下野人(司直以下)南行,平排坐(随地之宜);堂上守令北,交椅。堂上野人西,绳床。判官东楹外南行,绳床。四品以上野人西楹外南后行,绳床(非边将在处则西)。"

年(世祖五年,1459)二月遣使往谕李朝世祖,在《朝鲜李朝世祖实录》卷16,世祖五年四月己未条内收录该敕谕为:

> 近者边将奏报,闻有建州三卫都督古纳哈、童仓等私诣王国,俱得赏赐而回。此虽传闻之言,必有形迹可疑。且国王为朝廷东藩,而王之先代以来,世笃忠贞,恪秉礼义,未尝私与外人交通。何至于王乃有此事。今特遣人赍敕谕王,王宜自省。如无此事则已,果有此事,王速改之。如彼自来,亦当拒绝,谕以各安本分,各守境土,毋或自作不靖,以贻后悔。在王尤当秉礼守法,远绝嫌疑,继承前烈,以全令名。王宜慎之。

使者宣旨后,指责李朝,古纳哈、董山二人已被明朝授予都督之职,朝鲜国王授其朝鲜官职一事不妥。朝鲜要在奏本内,对来朝鲜之女真人姓名、前来时间、所授官职、赐与物件、归国日期等事明白奏闻。此外还听说朝鲜国授古纳哈、董山正宪大夫官职。若果有如此授职者,应记入奏本内说明。劝告朝鲜对以上问题做出明确答复。朝鲜方面迅速派出奏闻使携本前往明朝,私通明臣,转圜此事。所携奏本除具明上述各项外,申明:"小邦世蒙列圣厚恩,思欲报效,夙夜祗惧,又安敢私与外人交通,以负朝廷。缘臣祖父时往来有素,因仍至今。今承敕谕,倍增惶悚,措躬无地。在后彼虽恳求欲来,臣当谕以敕旨,拒而不纳,仰副明降。"①朝鲜使臣带回的明朝敕谕中,明朝指责李朝自以为是,不思己过,指出女真人"彼既受朝廷官职,王又加之,是与朝廷抗衡矣。王以为除官给赏,依本国故事。此事有无,朕不得知,纵使有之,亦为非义。王因仍不改,是不能盖前人之愆也。王欲和邻保境,理故宜然,而除官给赏,事实未当,王之明达,岂不自知"②,令李朝杜绝对授官给赏之事。朝鲜此后对此更谨慎行事,并一时杜绝建州女真遣使到汉城之事。

明朝向朝鲜派出使臣问责之同时,亦派出官员前往建州等卫,向李满住等人发布敕书,警告勿私交朝鲜,并严命今后不得接受朝鲜的邀请。而斥责古纳哈、董山等人叛明归朝,并质问得自朝鲜之物。李满住承认与朝鲜往来的事实、申明自祖上投顺朝鲜,已往来受职至今,今后也难以中断往来,还有从朝鲜所得的缎子并非明朝所产。官员要求四名建州卫首领一同与其返回明朝。因

---

① 《朝鲜李朝世祖实录》卷16,世祖五年四月丁卯条。
② 《朝鲜李朝世祖实录》卷17,世祖五年七月戊戌条。

李满住称病拒绝同往,由建州卫都督同知古纳哈、建州左卫右都督董山、建州右卫都督同知纳郎哈,还有李满住的代表阿古乙,各率子弟8人前往明朝。他们与朝鲜往来一事,仅被兵部尚书马昂稍加斥责就得到了原谅,但伊等希望升职一事未能获准,只有建州右卫未从朝鲜获得赏赐的纳郎哈,因对明朝忠诚获得嘉奖,升任右都督。明朝未准其升职,亦应看作是对他们私往朝鲜朝贡受职的处罚,但从中亦可窥见,他们出于对朝鲜的经济依赖,仍欲同朝鲜发展良好的交往关系。因而,明朝此次整顿此事,并未断绝女真人赴朝鲜朝贡,朝鲜仍对前来者赏赐授官,无非彼此做得更隐秘,且次数、规模逐渐减少而已。

被授予官职的女真人,无疑要有官凭和官印,此乃汉文化圈统治者之惯例。明朝在设立女真卫所时,会向卫所的首领颁发任命的官凭,即敕书,以及授予管辖卫所的印信,即卫印。朝鲜在向女真人授官时,也颁发相当于明朝敕书的所谓"官教"。原先朝鲜在官教上只加盖本国印章,即所谓"行宝"。自弘治六年(成宗二十四年,1493)七月,李朝在发给女真人的官教上,开始加盖大宝,即明朝颁赐的印章"施命之宝"。

"官教"乃朝鲜的任命书,也是女真人携带物品进入朝鲜并获得礼遇的证明,要想获得重赏,就要持有高级别的官教,因此曾出现借用他人高级官教入境的情况。此外,在边境城邑的女真人中,也有借用亲族之官教上京领取俸禄者,如稳城府城下的女真人中,就曾出现对70余人的官教中仅34人为正当,其余皆"不实"的情况,朝鲜方面虽然采取没收持假官教的措施,但女真人进入朝鲜,基本以得利为目的,故该措施收效甚微。

至于朝鲜向女真人颁给的官印,现在虽然难以找到实物,但从史料记载中,可以窥得其为女真人授官后,颁给官印的情况,如正统八年(世宗二十五年,1443)正月,礼曹判书金宗瑞奏询发给斡朵里都万户童所老加茂印信的大小,并得该印信可稍小于咸吉道都节制使之印的指示之记载,另于当年九月咸吉道都观察使的启奏中见:"所老加茂,授以高爵,赐以印章,娶我国女。"①均可证实李朝对其曾颁发印章之事。但实际上,印章使用的机会不多,或仅限于赴朝鲜或对朝鲜的文移往来中,即使童所老加茂,在部下上京时所出具的文书上,加盖的也是明朝的印章,其还在移文会宁府时称,希望灵活使用印章。据

---

① 《朝鲜李朝世宗实录》卷101,世宗二十五年九月壬子朔条。

此可见,朝鲜的官印使用范围及机会有限。

李朝初期并无对女真人发放俸禄之事,虽然在《朝鲜李朝世宗实录》正统三年(世宗二十年,1438)五月丙申条中可见李朝发给巨儿帖哈俸禄的记载,但这是由于巨儿帖哈当时被羁押于李朝,可被视为一个特例。至正统十一年(世宗二十八年,1446)七月斡朵里都万户童所老加茂向朝鲜要求发放俸禄时,李朝礼曹等人所称:"遥受禄俸,且无前例。随岁丰歉,量给米粮。从之。"①从该记载中明确可知,朝鲜无给女真人发放俸禄之先例,童所老加茂要求并得到米粮,可谓首位获得俸禄者。

但李朝在世祖朝以后,开始对女真人发放俸禄,后世认为"世祖务欲招怀,至有初授堂上官者,又给禄以悦其意"②,可知世祖将发放俸禄作为招徕女真人的手段之一。但随着来朝贡授职者增多,发放俸禄成为李朝负担,且女真人得俸禄后,需要买米换银带走,导致女真人之间私相买卖,影响对在汉城的女真人管束,故于世祖十二年正月传旨:"二品以上野人颁禄,前上来者例给禄。今来兀狄哈知中枢院事金于豆等,都万户非舍,皆是二品野人。然都万户,本事外任,例不给禄。请都万户受职者,勿给禄。"③开始限制发放俸禄级别。

朝鲜对二品官员发放俸禄的标准,除中米每季各三石、糙米每季各十石、田米春秋各一石、黄豆冬九石以外,还有小麦、绸、正布、楮币等,但对女真人逐渐折合木棉发放。至嘉靖五年(中宗二十一年,1526),兵曹大臣议奏:"禄俸前则以米题给,而今以木绵准市价给之。不满于前日之米直,以此有怨愤之心。"④即因米价与木棉价格波动,引起受禄之女真人不满,并因之出现女真人不愿到京的情况。朝鲜一时出现停发女真人俸禄之议,但有的大臣认为:"自祖宗朝以来,或五六十年,或三四十年,或一二十年,如此而上京受禄已久。若一朝而论夺之,则非徒稳城也,六镇亦为动摇矣。仍旧为之可也云。"⑤建议被中宗采纳,朝鲜对前来朝贡者授予二品以上之官员,一直发放俸禄。而明朝对所授女真卫所官员,并无发放俸禄之制。

① 《朝鲜李朝世宗实录》卷113,世宗二十八年七月戊子条。
② 《朝鲜李朝成宗实录》卷38,成宗五年正月庚戌条。
③ 《朝鲜李朝世祖实录》卷38,世祖十二年正月癸丑条。
④ 《朝鲜李朝中宗实录》卷57,中宗二十一年十一月壬辰条。
⑤ 《朝鲜李朝中宗实录》卷58,中宗二十二年正月己丑条。

总而言之,朝鲜仿照明朝之羁縻政策,对女真人进行招抚、授官、赏赐等,一时起到稳定边境的作用,并与部分女真也建立起"宗藩"关系,目的是将女真人纳入朝鲜统治之下,进而实现领土北扩之目标。而对女真人而言,归附明朝、出任明朝的卫所官员同时到朝鲜朝贡,获取经济利益,与朝鲜建立稳定的贸易关系,在明朝、朝鲜两个强大政权之夹缝中生存,乃其所愿。但是,朝鲜方面对女真人的愿望了如指掌,故全力把控与女真的贸易,因而,女真人朝贡授职,只是得到暂时一些小利而已,朝鲜北部诸镇的女真贸易,因被朝鲜作为掌控手段加以禁止,双方交易并未呈现出繁荣景象。

(三) 筵宴馈赏

朝鲜筵宴馈赏前来朝贡的女真人,亦属于笼络女真人、鼓励女真人前来朝贡的策略之一,李朝自太祖、太宗年间以来,就有向来朝女真人赐宴之例。因李朝太祖、太宗时代来朝者不多,故实录中仅有数条记载。但至世宗时期,筵宴记载较多,且开始有大量馈赏女真人之记载。

李朝如明朝一般,对前来朝贡的女真人实行"回馈""回赐"政策,乃对所进贡土产之回礼。明朝对女真人的回赐标准为:"回赐:进过马,每匹彩缎二表里,折钞绢一疋。貂鼠皮,每四个生绢一疋。零者,每个布一疋。嘉靖六年题准,马价彩缎一疋,折给银三两。十三年议准,俱与折算给。"①而李朝的回赐标准为:"野人进马者,其回赐,大马上等,绵布四十五匹,中等四十匹,下等三十五匹。中马上等三十匹,中等二十五匹,下等二十匹。小马上等十五匹,中等十匹,下等六匹,以为恒式。"②回赐多少,按照马匹等级而定,可知女真人之土产,当以马为主。

在回赐之外,李朝还对来朝之女真人有"例赐""加赐""别赐"等赏赐名目,一如明朝之例赏、加赏、特赏。赏赐物品除马匹外,主要以衣、冠、笠、靴、金带、银带、角带、绵布、苎布、绸布、酒、肉、米、酱、襦衣、冬衣、纸、纱帽、青绵布、苎麻布、绿染筹、黑木绵、青绸、席子、柳青绸、环刀、彩缎衣、弓矢等为主,基本为女真地区稀缺之物。

例赐为对前来朝贡者之例行赏赐,一般按来者级别予以不同例赐。例赐,

---

① (万历)《大明会典》卷111,《礼部六九·给赐二·外夷上》,《明会典》,第594页。
② 《朝鲜李朝世宗实录》卷31,世宗八年正月壬寅条。

作为对前来归附者的奖赏,在李朝初年招抚女真人时既已实行,如洪武二十八年(李朝太祖四年,1395)正月,"孔州以北吾郎改万户蒙尚,千户甫里等,遣人来献土物,赐木绵、绸纻有差",同月"吾郎哈万户波所,千户照乙怪、李都介等来献土物,各赐衣服"①,永乐二年(太宗四年,1404)对来朝之女真,"赐兀良哈万户波乙所及百户衣布,万户袄衣、笠靴各一,绵布、黑麻布、白苎布各一匹。百户三人,各黑麻布一匹、白苎布一匹。通事,黑麻布一匹"②,赏赐对象既有万户、百户及其使者,也有通事。但例赐规格当时尚未确定,世宗时期,随着女真人前来朝贡者人数增加,因赏赐不均而产生分歧方议定。《朝鲜李朝世宗实录》卷111,世宗二十八年正月戊寅条记:

> 议政府据礼曹呈启:野人赐给衣服杂物,本无式例。临时磨勘,非徒烦弊,或有增减,因此生怨。今后,分诸种野人族属强弱职秩高下,详定赐给物件之数,以为恒式。下议政府与礼曹同议。于是,以都万户、都指挥以上为一等,上护军、大护军、护军、万户、副万户以上为二等,司直、副司直、司正、副司正以至无职者为三等,定衣带笠靴绵布赐给之式。从之。

可知朝鲜对女真人的例赐在世宗时期才确定,按朝鲜所封官职级别分为三等实施。各级例赐物品不尽相同,如景泰六年(李朝世祖元年,1455)对前来朝贡之女真人"以爵秩高下、部落强弱,分为三等。赐一等,浪孛儿罕等五人,各鞍马、刀子、有环细条、药囊。二等,李多弄介等六人,各马一匹、角弓、有环细条、刀子、药囊。三等,柳乃也等五十人,各青红绵布各三匹、刀子、有环细条、药囊"③。而在世祖三年例赐"野人一等一人,鞍具马一匹、条环一、腰刀子、药囊。二等八人,马各一匹、青木绵一匹、红木绵二匹、角弓一张、条环一、腰刀子、药囊。三等二十一人,无马,余物上同。四等八十二人,各青红木绵各二匹、刀子各一"④,将三等变为四等,但此处第四等应为没有官职之女真随从。

朝鲜对来朝女真人在回赐、例赐以外,也会给予被称为"加赐""别赐""特赐"的赠礼。所谓"加赐"之例,如世宗四年,"兀良哈甫古金等还。常赐外,加

---

① 《朝鲜李朝太祖实录》卷7,四年正月辛丑条、甲寅条。
② 《朝鲜李朝太宗实录》卷7,太宗四年四月癸酉条。
③ 《朝鲜李朝世宗实录》卷2,世祖元年十二月乙卯条。
④ 《朝鲜李朝世宗实录》卷6,世祖三年正月辛巳条。

赐绵布及纸。以其首先归顺也"①；世祖二年"野人李豆里阿具等辞。命馈于宾厅。赐各青红棉布各二匹、鞍笼一事。加赐阿具纱帽玉贯子，又赐螺盏二事"②。别赐之例如世宗二十六年"赐吾郎介都万户浪孛儿罕衣服及笠靴。别赐绵布三匹、柳青绸二匹、红绸五匹、白苎布三匹、黑麻布三匹"③，世祖五年"野人金马申哈等辞。别赐马申哈鞍具马一匹、红丝带、刀子、彩囊"④等，此类记载较多，能在回赐、例赐之外，获取加赐、别赐者，或对朝鲜卓有劳绩，或诚心归顺，多次往来者，加赐、别赐之物品种类、数量，并未作特别规定，而是与受赏者的门第、地位及李朝对其认可等因素相关。

四、女真人与朝鲜的贸易

明代的女真人以采集、渔猎或农耕为生，对外之经济依赖比较突出。女真人部族之间及与外族的贸易状况，决定该部族是否能够发展、强盛，因而各部族长均有发展对外友好关系，建立稳定贸易渠道之责，这应该是女真各部接受明朝和朝鲜招抚，争相到明朝、朝鲜朝贡、受官之原因所在。女真人与朝鲜之贸易，主要分为朝贡贸易、贡纳贸易和集镇贸易三种形式。交易的商品，女真方面以貂皮等皮张为主，朝鲜方面则以马匹、耕牛、农具、布匹等为主。朝贡贸易都由被朝鲜授职之部族长等进行，贡纳贸易指生活在鸭绿江以南的女真人与朝鲜以贡纳貂皮为主的交易，而集镇贸易则由各族指派族人前往满浦镇等地集市进行的贸易，这些被指派的女真人，到明中后期，逐渐形成了把控女真地区贸易的强大的商人群体。

（一）朝贡贸易

在朝鲜招抚女真人、以厚往薄来的赏赐政策的诱惑下，许多女真部族首领纷纷到朝鲜朝贡、受职，即使在天顺年间，此事被明朝发现，谕令朝鲜不得向女真人授官，女真人不许到朝鲜朝贡后，仍未能遏止女真人前往朝鲜朝贡的势头，其根本原因，并非女真人欲投靠已为明朝属国的朝鲜，而是为从中获取利益。

女真人带到朝鲜的贡品，朝鲜实仅以"来献土物"等语记之，而很少记述

---

① 《朝鲜李朝世宗实录》卷18，世宗四年十一月丙子条。
② 《朝鲜李朝世祖实录》卷3，世祖二年二月壬戌条。
③ 《朝鲜李朝世宗实录》卷103，世宗二十六年正月丁丑条。
④ 《朝鲜李朝世祖实录》卷18，世祖五年十一月甲申条。

具体物品,从朝鲜回赐对应物品记载看,女真人之"土物",基本为皮张、马匹等,而朝鲜方面对前来朝贡之人之回赐、例赐、加赐、别赐物品则种类丰富,包括衣帽、绸缎、布匹、刀剑、弓矢、马鞍、丝带等女真地区稀缺之物,且所得回赐、例赐、加赐、别赐物品价值,远远高于其所携贡品,在深得实惠的前提下,女真各部首领方不辞劳苦,前往汉城,实乃变相之贸易。一旦朝鲜方面赏赐不如意,抑或所得不足以偿所失,女真人便不会再次前来。忽剌温兀狄哈人与朝鲜仅保持了 7 年的朝贡关系,其拒绝来往之根本原因,乃因路途遥远,此类朝贡贸易难如所愿所致。

(二)贡纳贸易

贡纳贸易是指居住于朝鲜半岛铁岭山以北的女真人与朝鲜人之间进行的贸易。其在建州左卫没有迁出朝鲜半岛之前既已存在,贸易的形式和种类多种多样。但自朝鲜将领土北扩至鸭绿江、图们江以后,仍生活该地的女真人实际被纳入李朝统治之下。另外,李朝对迁居此地生活的朝鲜人,亦课以貂皮之税。从事农耕的朝鲜人没有捕貂经验,难以自己捕获,只能通过从女真人手中交换貂皮方可完纳,故北部朝鲜人与女真人之间的私下貂皮贸易颇为盛行。伴随着朝鲜人对貂皮消费的增长,貂皮成为当地女真人的主要贸易商品,其贸易形式多与贡纳有关。

貂皮在李朝成宗初年以前的消费还未普及到在全社会流行的程度,消费群体限于一至三品的堂官和六品以上的宗亲。李朝用于宫廷内与进献明朝的貂皮,主要是通过女真人朝贡所献土产和向朝鲜北方居民课征来获取,原则上均是通过贡纳、进呈的方式运往王京汉城的。自世宗以后,主要负担贡纳貂鼠皮者为咸吉道及平安道的农民。迁居于两道的朝鲜农民,习惯于定居的农耕生活,不具备漂泊的渔猎生活经验,猎貂之事势必难以企及,因此人们不得已赶赴产地,以高价向女真人购买貂皮上缴。当时规定贡纳貂皮的定额为甲山为貂皮 150 张,三水为貂皮 110 张、银鼠皮 249 张。虽未记载五镇额数,大致也应与上述两地之数相当。农民为完成上述貂鼠皮缴纳的定额,不得不变卖牛、马、鸡、农具等,私下与女真人交易,如《朝鲜李朝成宗实录》所记:"今闻貂皮,本不产于五镇,而录于贡案。五镇之民,不得已将牛马农器,潜市野人。"[①]

---

① 《朝鲜李朝成宗实录》卷 225,成宗二十年二月丙辰条。

随着需求的扩大,咸镜道亦纳入课貂之列,咸镜道贡纳貂皮的区域,不仅是北道、南道也被分定在内,南道居民每年远赴北道购买贡物完纳。如此,使得貂皮价格飞涨,当时一张貂皮已升至一头牛的价格,给当地农民带来沉重负担。

李朝成宗初年鉴于课貂弊害,以内库积攒着许多貂鼠皮为由,指示削减咸镜、平安两道的皮张进贡,额减一半。虽然消减,但仍未杜绝贡纳貂皮和貂皮贸易,因而女真人仍可从朝鲜农民手中贸易牛、马、铁器等。铁器大量流入女真社会,引起朝鲜有识之士的注意,认为"往时野人屈木为镫,削鹿角为镞。今闻镫镞皆用铁,是无他,国家责贡貂皮于五镇,守令托以进上,诛求于民。而貂皮产于野人之地,故或以农器或以农牛换之,实是资敌"①,呼吁废除课貂之贡。但朝鲜从成化十年(成宗五年,1474),貂皮流行于社会,成为令人瞩目的社会现象,士大夫之家,日事侈丽,争相夸美,甚者大小筵宴,非漆画器不用,妇女之服饰,无貂裘则羞于参加。并逐渐打破仅三品以上官员、六品以上宗室才准许使用貂皮之限制,凡带银者,率以为饰,混淆难禁,致令貂皮价高,成为边地官员、商人谋利之主要商品,出现许多与女真人贸易貂皮的黑市,女真人因之得益更多,朝鲜北部农民的耕牛、农器、釜鬲,悉数为其所有,李朝禁令并无效果。

燕山君时期,其尚衣院曾派员前往咸镜、平安两道,采购二万张貂皮。两道之民的耕牛被悉数交易,有的农民不得不驾马耕种。虽然只见一年购买二万张貂皮之记载,但可以窥见每年的购买量亦应较大,因而燕山君时代的皮货贸易,北道居民所持牛马已被周围的女真人悉数输纳,导致了女真人强盛和朝鲜人的疲敝。

李朝中宗时期出现的对貂皮的需求、边将的榨取、人民的疲敝等现象完全与前代相同,貂皮之交易量也一如前代。虽然此时将弓角箭镞列为禁止交换之物,但因执有貂皮的女真人需要,朝鲜人为了得到貂皮,仍以牛马铁器贸易,边镇官员为了从中渔利,均听之任之。中宗曾下令对边将予以"摘发痛治",但实际并无明显实效。就这样,中宗时代朝鲜与女真的貂皮贸易,一方面在边将守令的榨取与居民做出巨大牺牲的同时,又受朝鲜国内巨大需求的推动而未曾停滞,并一直持续于后代。貂皮就是这样从成宗初年开始流行,经过约半

———————————

① 《朝鲜李朝成宗实录》卷52,成宗六年二月辛巳条。

个世纪的时间到了明宗时代,其使用者的社会阶层与地域范围仍在继续扩大且无衰退迹象,貂皮贸易经久不衰,获益者除女真人外,得利更多者为掌控当地贸易的贪腐官员,伊等追求私利,以贸易貂皮与马匹发迹,借此搜刮民脂民膏或发放仓粟,或收取民盐,名为实价,实乃逐口倍征。而女真人基本用貂皮来换耕牛,故边将等便夺走当地居民的耕牛用于交易,导致许多田地荒芜。

（三）集镇贸易

集镇贸易是指生活于鸭绿江、图们江北部的女真人,前往边界集镇进行贸易,明朝在开原、抚顺等地专门设置了与女真人贸易的场所,但因其不能满足女真人的贸易需求,另外或因女真人不服管束、明朝以闭市惩罚之时,女真人便依赖与朝鲜的贸易作为补充。集镇贸易数量较大,是女真与朝鲜贸易的主流,此类贸易可以反映双方贸易发展状况。

1. 开阜满浦镇

平安道方面与女真人的交往,自李朝建立以来被一直禁止。自李满住率领的建州卫女真人于永乐二十二年(1424)春四月,从辉发河上游的北山城子附近移住婆猪江流域以来,其部族成员不断前往满浦镇对岸的皇城坪(辑安),向朝鲜边吏请求粮米、盐、酱。李朝政府受女真人越境问题的困扰,严禁一切与女真人的交往和买卖,李满住对此不服,在宣德五年(1430)四月奏请宣德帝,欲借明朝之威,开启与朝鲜交易的大门。但被明朝否决,此事于《明宣宗实录》宣德五年夏四月己卯条记为:

> 建州卫都指挥使李满住等奏,欲于朝鲜市易而朝鲜不纳。上遣敕谕之曰:朝鲜国王,素守礼法。其事朝廷,小心敬慎。不与外交,于理为宜。尔等既受朝廷爵命,亦当禁绝外交,毋纵下人侵越临境。若欲市易,听于辽东境上,不尔禁也。

从中可窥见明朝严禁两者私下交涉之态度。但在实际操作中,李朝为了招抚女真人,制定了建州女真的首领及其子弟等赴汉城朝贡、授职时,可从满浦镇入境,再经平安道前往汉城的规定,这些人经由满浦镇时,偶有交易之事。但普通女真人不允许进入满浦镇,即使在女真人从辽东难以购买到食盐等日用品时,朝鲜仍不对其开放集镇,导致出现女真人潜行入朝鲜示好、强烈要求朝鲜开放集镇之事发生,如成化十八年(李朝成宗十三年,1482),建州卫首领完者秃经平安道入境,请求朝鲜开设互市一事,正反映出当地部族民众对贸易的渴求。成宗在不允许互市的同时,仅同意女真以马贸易盐酱布物的交易,实际已成双方集镇贸易之滥觞。

满浦镇的贸易到了燕山君时代步入了一个划时代的阶段。究其原因,仍然与貂皮贸易有关。燕山君时代原本就是貂皮需求量从宫廷到社会下层激增的一个时代,而作为这一时代潮流的反映,满浦镇也在弘治十三年(李朝燕山君十年,1500)因边将擅自决断而开设关市,朝鲜人为了与女真人交易貂皮,而驱赶牛马、携带铁制品络绎不绝地聚集于此贸易。其状况为"平安道满浦镇馆待三卫野人,自甲子年,边将擅开关市,国人持牛马铁器,络绎辏集","野人持貂,吾民不惜农牛而易之,又以铁物者,此无他,我国之所尚,在貂故也。中外贵贱,争尚丰侈,貂日益贵。而吾民之牛铁,尽归于彼"。① 故自边将把满浦镇开设为贸易之所,又出现次年收购二万领貂皮一事,其贸易范围拓展到咸镜、平安两道,使得以往已不安定的贸易通道,又进入到一种稳固持久期,并确定了该通道的永久地位。到了中宗时代,平安道的貂皮贸易受朝鲜社会的奢侈之风的支撑得以继续发展,持续貂皮贸易方面与咸吉道一样,导致当地居民牛、马、铁等严重不足,朝鲜民众疲敝程度进一步加深,故正德五年(李朝中宗五年,1510),在庙堂上出现对满浦镇交易"一切禁断"之议论。但因对貂皮之需求,来自朝鲜官方的管制并不严格,边将以"侍奉国宪"为名继续于满浦镇进行与女真人的贸易。正德九年(李朝中宗九年,1514)平安道节度使崔汉洪开始对来到满浦镇归顺的女真人制作了名簿,置于官署中,还向来此的女真人颁发记录其所属卫名、姓名、年月日等内容的牌子,禁止未持此牌之人出入满浦镇,表明满浦镇的交易,一直在持续并被规范化。至于女真人在满浦镇贸易的情况,从建州女真人对朝鲜官员所言"我等全赖朝鲜而生活,且时或出归满浦,则待我等甚厚"②可窥一斑,其中或有谄媚之意,毕竟满浦镇的贸易在规模上难以与开原或抚顺的马市相比,但对依靠贸易获取生活资料的建州女真人,特别是对下层民众而言,满浦镇的贸易具有非凡的意义。

2. 女真人交换的商品

女真人在貂皮贸易的过程中,主动从朝鲜引入的商品种类并不多,主要以

---

① 《朝鲜李朝中宗实录》卷21,中宗九年十月壬寅条。
② 《朝鲜李朝中宗实录》卷58,中宗二十二年三月甲辰条。

耕牛、马匹、农具为主,随着辽东马价高涨,朝鲜限制易马,女真人购得的商品主要以耕牛和农具为主,而其输出的商品一直以貂皮等皮张为主,朝鲜官员所启"貂鼠皮不产于五镇,故以牛马农器易诸野人……野人非牛马、农器,则不与之易"①之语,可窥知双方贸易品种。

自女真人南迁以来,建州、海西女真人的农业得到较大发展,但农业生产所必需的耕牛和铁制工具却严重不足,需要从明朝或朝鲜贸易而来。明朝前期,女真人所需的耕牛与农具,基本从辽东马市上购买,一时耕牛、农具成为女真人在辽东马市上热购商品,此事引起明朝派驻辽东的官员关注。正统四年(1439)闰二月,海西、野人女真人在从京师的归途中,在明朝边境多用所赐彩币与驽马交换耕牛与铜铁器,耕牛的输出让处于明朝边境居民产生不安,铜铁器又是女真人的生产、生活用品,故明朝廷同意了辽东都指挥佥事毕恭的奏请,禁止与女真人进行耕牛和铜铁器交易。《明英宗实录》卷53,正统四年夏四月己丑条记:

> (毕)恭又奏:鞑子、海西、野人女直归自京师,道过边境,辄以所得彩币或驽马,市耕牛及铜铁器皿。臣以耕牛边人所恃以为生,而铜铁器,外夷所资以为用,乞禁勿与市。上可其奏,谕总兵巡抚等官禁之,敢有犯者,治罪不宥。

上述之禁令发布后,耕牛贸易在辽东马市亦随之被禁,女真人在特别需要耕牛时,必须奏请明朝,获得许可后方准购买,但数量有限。女真人在辽东已经难以合法获得耕牛,导致黑市交易猖獗,却仍难以满足女真人对耕牛的需求,因而女真人将贸易耕牛的对象,转向了朝鲜。

女真人在满浦镇贸易市场逐渐形成后,究竟从朝鲜得到多少耕牛已难以统计,但朝鲜北部居民为了完纳貂皮之贡,不得不以耕牛换取貂皮,致使朝鲜北部耕牛数量减少的记载却有很多,如《朝鲜李朝成宗实录》卷225,弘治二年(成宗二十年,1489)二月庚戌条所记:

> 永安道五镇,贡貂鼠皮,贸于野人,以充其赋。所易之物,非农器釜鬲则必耕牛也。由是我之耕牛、农器、釜鬲,悉为彼有。虽国家禁之,莫得御也。

即通过与女真人的交易,北边五镇的许多耕牛、农具、釜鬲当时已开始从农村

---

① 《朝鲜李朝成宗实录》卷228,成宗二十年五月丁亥条。

流失。这一态势在燕山君时代以后更加明显,如燕山君十一年时,曾派遣尚衣院两名官员从咸镜、平安两道购买二万张貂鼠皮,为此耗尽两道之耕牛,以致出现农民以马耕种的现象发生。从"一皮之直,至一大牛""贸易皮物,不可胜计,民持一牛,换一貂皮"①的记载可知,当时一张貂皮价值一头大牛,朝鲜王宫购买二万张貂皮,大概需要有相同数量的耕牛等输出到女真社会,这类交易无疑对女真社会发展极为有利,为女真农业发展和财富积累起到促进作用。朝鲜方面虽然意识到这种贸易所带来的危害,但因其不能阻绝貂皮消费,故而难以杜绝以耕牛换貂皮的贸易,使这种贸易一直持续到明末。

明代女真地区已有锻造技术,但仅限于对铁器之锻造加工,而铁器原料仍需从外部获取。其获取铁器的途径,主要是同明朝和朝鲜贸易。明朝初年,允许入贡之女真人沿途购买耕牛及铁器、铜器,至明中叶开始禁止,但私相交易者不绝。成化年间,为防止女真人购买禁品,为前来朝贡之女真人往返设置陪同官员,乃为监视其私市禁物,引起女真人不满,抱怨"禁制我市买,使男无铧铲,女无针剪"②,导致女真各地反抗,结对入边掠夺。明朝于弘治年间不得已允许女真人入边购买犁铧、锅釜,但因限制数量,不能满足女真人对铁器之需求,故仍需从朝鲜交换铁器。

与朝鲜以貂皮等交换铁器,亦为女真人获取铁器原料的重要途径之一。朝鲜用于交换女真貂皮的铁制品种类很多,诸凡兵器、农具、釜鬲等,均在交换之列,如正德十二年(李朝中宗十二年,1517)朝鲜官员所见:"野人以铁物为贵,故边将率以铁物,贸买貂鼠皮。至于农锄箭镞,无所不用,故彼人箭镞,今皆以铁为之,诚非细故。"③可知当时凡属铁制品,都已成为女真人不问种类即做交易的对象。因官府强征,朝鲜北部居民为了能够交纳貂皮等,不得不与女真人贸易,"所易之物,非农器釜鬲,则必耕牛也。由是我之耕牛农器釜鬲,悉为彼有"④,耕牛、农具、釜鬲皆为女真人所有,无疑为夸张之语,但从中可侧面发现彼此贸易量之大。铁器和耕牛的大量输入,使得女真地区的农业得到迅速发展,伴随貂皮贸易自然发展起来的女真农业,已经到了让朝鲜有识之士瞠

① 《朝鲜李朝中宗实录》卷1,中宗元年十月庚戌条;卷5,三年二月辛卯条。
② 《明宪宗实录》卷172,成化十三年十一月己丑条。
③ 《朝鲜李朝中宗实录》卷27,中宗十二年三月癸未条。
④ 《朝鲜李朝成宗实录》卷225,成宗二十年二月庚戌条。

目的程度,许多李朝官员启请:"野人惟知射猎,本不事耕稼。闻近年以来,颇业耕农,其农器皆出于我国,此必居城底者卖之也,请严禁。"①但终未能禁止。迄至努尔哈齐时期,建州女真人仍有"欲将熊皮、鹿皮,卖于满浦,买牛耕田"②之记载,足见满浦镇贸易一直持续,该地成为女真人与朝鲜人贸易之固定场所。

此外,如前节所述,在长期与明朝和朝鲜贸易过程中,出现了许多女真商人群体,这些人把持商路,逐渐成为女真社会中经济实力雄厚的地方豪强,对明后期女真社会发展起到了决定作用。

五、女真人与朝鲜的战争

明朝和朝鲜分别招抚女真人,并为之授官,有限制地允许女真人在辽东、满浦贸易,但并没有因此杜绝女真同明朝与朝鲜的武装冲突。女真与朝发生了 10 余次战争。战争诱因,有因女真人赴朝鲜掠夺引起的、有朝鲜为了驱逐女真人引起的,亦有朝鲜配合明朝征伐女真人的战争,战争结果,多为女真人败北或逃遁,朝鲜方面也牺牲巨大,但从其得以北扩领土方面看,朝鲜对女真人的战争颇有收获。

(一)闾延之役

闾延原为咸吉道甲山郡管辖的一处小村落,永乐十四年(李朝太宗十六年,1416),小薰头以西地区被划入平安道,成为闾延郡,因户口较少,仅设千户两名统辖,防御薄弱。永乐十六年(李朝世宗元年,1418)八月遭到女真吾郎哈等 40 余人的侵袭,被掠走男妇 10 人。永乐二十年(1422)十月,30 余名"野人"至闾延焚烧禾谷。同年十二月,400 余骑"野人"侵入该地,被知闾延郡事李安吉率 200 余骑力战击退,可知此处因防御薄弱,距离女真人较近,女真人前来抢掠事件屡有发生。

宣德七年(李朝世宗十四年,1432)冬,朝鲜北部边境闾延发生"野人"400余骑侵掠人畜的事件。朝鲜守军被夺走不少人马,随即虽然有人 26 名、马 30 匹、牛 50 头被夺回,但朝鲜军队在战斗中被掳 75 人,战亡 48 人,此事被朝鲜成为"闾延之役"。关于具体抢掠者在朝鲜李朝实录里仅记作为"野人",可能

---

① 《朝鲜李朝成宗实录》卷 269,成宗二十三年九月乙未条。
② [朝鲜]申忠一:《建州纪程图记》,见潘喆、孙方明、李鸿彬编:《清入关前史料选辑》第二辑,中国人民大学出版社 1989 年版,第 441 页。

是朝鲜守军因混乱而未能正确判断来犯者的身份,此为后来朝鲜出兵建州李满住埋下祸根。

此次抢掠朝鲜的女真人为忽剌温兀狄哈,在他们掳掠人畜后刚要踏上归途时,正巧被奉明朝皇帝之命捕捉土豹的李满住、明朝使节张童儿以及童猛哥帖木儿等人追赶至守定山,夺回朝鲜男女 64 人,并将此事通报朝鲜,导致此事与建州卫人产生关联。世宗命令知申事安崇善、左代言金宗瑞商议李满住等人所报。为查明事实真相,派洪师锡赶赴闾延。另外,遣上护军金乙玄为奏闻使前往北京,将此事上奏明朝,在奏本中,暗指建州卫人为该事件之施害者。

宣德八年(李朝世宗十五年,1433)正月,李满住将截获的朝鲜被掠者送至江界,并通报夺回到送还之经过。李满住送还朝鲜被掳人员之举,虽然完全出自善意,但接到报告的世宗却怀疑闾延之变系李满住所为,不等前往闾延调查的洪师锡回报,即欲向建州卫兴问罪之师。此时,正在随明朝使节张童儿前往北京途中、曾一起截获闾延被掠者的童猛哥帖木儿,亦将夺回 64 名朝鲜被掠男女的报告送到朝鲜,世宗亦因此怀疑童猛哥帖木儿也是李满住的同谋,下令咸吉道都节制使进行调查。同时命令平安道都节制使崔润德率军袭击建州李满住、林哈剌、沈吒纳奴的部落,先行制定作战计划。崔润德等提议,预定于四五月春季枯水期行动,并随即辞别王京北归,准备出兵建州女真事宜。

朝鲜在袭击建州之前,为了侦察建州女真各地的情况,遣派少尹朴好问、护军朴原茂前往李满住、林哈剌、沈吒纳奴的住地,调查部族人员、山川险阻、道路状况。伊等还与李满住等人会面,称朝鲜对李满住夺回被忽剌温掠走的朝鲜人一事表示高兴,此行只因牛马尚未送还而前来转告,请从速归还等。有效地蒙蔽了李满住等,因而建州女真人根本没有料到朝鲜出兵之事。

明朝在接到朝鲜进献使金乙玄的奏书后,宣德皇帝随即为此向朝鲜国王下发敕书作出回复,于宣德八年颁发敕书告知朝鲜国王,抢掠朝鲜的是忽剌温头目木答兀、南不花、阿鲁兀等人,伊等在途经建州左卫时,遇到李满住等,李满住夺回 64 名被掳朝鲜人。明朝已敕令李满住等人将被掳者送回朝鲜,并敕令忽剌温头目木答兀,如有掳掠人口牲畜须送还,今后要戒除侵犯等行为。敕书内告诉朝鲜国王,木答兀等人"如或不悛,王宜相机处置,勿受小人所侮"①之语,但世宗并未遵旨,仍决定派平安道马步军一万、黄海道马军五千,以李澄玉为统帅,于四月十五日出兵。

朝鲜出兵建州的同时,于宣德八年四月,令上护军金乙玄再次携带奏本前往北京,奏报其出兵之事。奏本中称:

> "今来婆猪江住野人等稔恶不悛,纠合同类野人四百余骑,于各人面上墨画刺形,例作忽剌温野人貌样,突入边郡江界、闾延等处,杀害军民男妇,劫掠人口牛马财产。孤人之子,寡人之妻,受其酷害尤甚。不但轻蔑本国,乃敢为欺罔朝廷,诈称忽剌温地面野人等抢去人口头匹,夺下拘留在卫。"②

指称闾延之事,乃建州女真与忽剌温兀狄哈等同谋所为,现事出仓促,难以应变,故令边将领军队前去,从宜设策,相机处置,为其出兵建州寻找借口。而世宗此次出兵的真正目的,乃欲消弱建州卫李满住的力量,进而孤立建州左卫猛哥帖木儿等,完成其北扩疆土之目标。

(二)朝鲜征建州卫

宣德八年(李朝世宗十五年,1433)正月十九日,从朝鲜王京出发的平安道都节制使崔润德,于三月十七日受命兼领进攻婆猪江建州卫的平安道马步军1万、黄海道马军5000出兵,在江界府分兵。随后,由中军节制使李顺蒙率兵2555人向李满住部落进兵,左军节制使崔海山率兵2070人向车余部进兵,右军节制使李恪率兵1770人向马迁等处进兵,助战节制使李澄石率兵3010人向兀剌等处进兵,金孝诚率兵1888人向林哈剌父母寨里进兵,洪师锡率兵1110人向八里水等处进兵,崔润德本人率兵2599人向林哈剌部落进兵。各路军马于四月十九日前袭击了建州卫各部,杀害无辜男女老幼,抓捕男女儿童,并夺走了明朝赐予建州卫之敕书、诰命。朝鲜军队受到来自女真人的抵抗较少,李满住本人受伤9处逃入山中,妻子也遭杀害。死难之女真人合计255人,被俘248人,另有马76匹、牛110头被夺走。这部分牛马财物后被分给闾延遭受掠夺之民,而被俘的一部分女真人壮丁,之后也在朝鲜国内被杀害。

此事对建州卫打击沉重,建州女真对此一直记忆犹新。60多年后,李满

---

① 《朝鲜李朝世宗实录》卷59,世宗十五年三月乙亥条。
② 《朝鲜李朝世宗实录》卷60,世宗十五年四月乙酉条。

住之孙完者秃对朝鲜使者云：

> 往年火剌温兀狄介李毛独好寇边，抢虏女人六十四口而还。吾祖李满住要夺三十四口，造于大国。大国嘉其功，特遣使臣赐宴需劳之。未几大国举兵来围祖父之家。祖父自料身无所犯，不避，身被九创，然后登山仅避。祖母则死于锋刃。祖父由是含怒，痛入于骨，既而翻然改曰，必朝鲜讨罪火剌温，而误及于吾，即解怨自艾。①

乃为此次被征伐之较详细记载。

朝鲜军队班师回国后，世宗在庆会楼设宴，与群臣庆祝胜利，并告祭宗庙。同时，派户曹参议权复前往北京奏报出兵一事。奏文在反复阐述朝鲜对女真的主张后，另外记述了宣德八年（1433）四月，朝鲜下令平安道都节制使崔润德，率军在哨探"贼人"踪迹时，"本贼"抵抗之后力穷逃窜，而将俘虏辽东的男女22人送还辽东等事。奏本隐瞒其出兵人数、目的，仅以哨探女真人时，彼此发生冲突为辞，引起明朝群臣不满，辽东总兵官巫凯奏请宣德帝诘问朝鲜国王擅自攻伐建州卫一事，但宣德帝却认为"远夷争竞，是非未明，岂可偏听而遽行遣"②，并向朝鲜和建州、毛怜二卫敕谕："天之于物，必使各遂其生；帝王于人，亦欲使各得其分。今尔等皆受朝命，而乖争侵犯，为之不已，岂是享福之道。朕为天下主，所宜矜恤，敕至宜解怨释仇，改过迁善，各还所掠，并守封疆，安其素分，庶上天降康福禄悠久。"③其中，对朝鲜越过鸭绿江侵掠建州一事，并无指责之词，足见宣德帝偏祖朝鲜，歧视女真，建州卫李满住虽为明朝职官，但因属夷人，亦不在明朝保护之列。朝鲜因之窥得其中奥妙，此后便有恃无恐，时常出兵入侵女真地区。

李朝世宗在接到宣德帝敕谕之前，就转告李满住，如其诚心归降，即可送还俘虏。李满住见难以与朝鲜抗衡，故遣人致书，表示愿将本人子弟送往朝鲜担任侍卫，以示输诚，并于当年末将指挥王答兀、刘撒秃里等24人派往朝鲜，献上土仪。又于宣德九年（李朝世宗十六年，1434）正月元旦，派李三波老等11人前往朝贺新年，并要求朝鲜赈济粮食，得米20石。双方和解，得以暂时平安。

---

① 《朝鲜李朝实录》之《燕山君日记》卷19，燕山君二年十一月朔甲辰条。
② 《明宣宗实录》卷103，宣德八年六月癸未条。
③ 《明宣宗实录》卷103，宣德八年六月癸未条。

在朝鲜与建州卫修复关系期间,北部的忽剌温女真人仍不断至朝鲜北部抢掠,来者规模大小不一,或几十骑、上百骑。多者千余骑,最多者如世宗十七年正月,有2700余骑女真人包围闾延城。朝鲜方面不清楚来犯者之身份,均认为是建州卫人约其他部族一起对朝鲜之报复,实际是李满住所为,因而要诛杀李满住,朝鲜露出欲再次入侵建州卫之端倪。为征得明朝同意,朝鲜遣使具奏北部屡屡被女真人掳掠,乃李满住所为,李朝善待李满住,而其却勾结忽剌温报复朝鲜,故朝鲜欲征伐建州之意。明朝对朝鲜"勅曰:所奏建州卫都指挥使李满住等稔恶不悛,屡诱忽剌温野人,前来本国边境劫杀等事具悉。盖此寇禽兽之性,非可以德化者,须震之以威。敕至,王可严敕兵备。如其再犯,即剿灭之。庶几还民获安"①,可以说李朝得到了再次出兵建州卫的尚方宝剑。

正统元年(李朝世宗十八年,1436)六月,李朝任命李蕆为平安道都节制使,开始筹划再次出兵之事。李蕆先行遣人至建州侦探情形,并从前来朝贡的女真人处打探李满住的居住地,得知李满住居住在距婆猪江骑马一日路程的吾弥府洞(今桓仁北古城一带)。李蕆在充分准备后,于翌年六月将远征路线与战术规划等上启世宗。世宗基本同意其计划,要求不必严格设定出兵时间,而是临机酌情进军退兵,如无合适时间,可以暂缓于秋季举兵,亦可在来年春季出兵。如李满住已移往凤州则不必穷追,但即使李满住已移住辽东近地,如果不是临近城垣之地,也可进行征讨。并下令此次"若获贼人,除妇女、幼儿外,不必生全。古人以多杀为戒,此专为无辜之民陷入涂炭者言也。婆猪之贼,则人人各为强贼,谋欲侵掠我境,罪盈恶积,岂可容于天地间乎。且贼中虽唐人,皆事贼人而不知逃还者,此中国之罪民也,何必拳拳分辨乎。除明白可用唐人外,并依贼人例施行"②,即此次征伐建州与上次不同,除妇女、幼儿外,遇人即可杀之。

正统二年(李朝世宗十九年,1437)九月七日,由平安道都节制使李蕆所率之朝鲜军队6700余人,兵分三路进军建州卫。上护军李桦率兵1800人出理山渡鸭绿江,开往兀剌山以南的红拖里方向;大护军郑德成率兵1200人奔往兀剌山以南的阿间方向;李蕆本人则与闾延节制使洪师锡、江界节制使李震

---

① 《朝鲜李朝世宗实录》卷71,世宗十八年二月癸丑条。
② 《朝鲜李朝世宗实录》卷78,世宗十九年七月丙午条。

一同率兵 4700 人自江界过江,往瓮村、吾自岾、吾弥府等地。其中李葳率领的朝鲜军队于九月十一日围攻古音闲、十二日经过兀剌山城和阿间、十三日黎明进入吾弥府,焚烧 24 座空房与菽粟等后返回。虽然多数女真人已经逃走,但仍有未及逃命的 60 人遇难。尽管有 50 余名女真人袭击了回师途中的朝鲜军队,但对朝鲜军而言,仍属全胜而返,达到了捣毁李满住驻地的目的。

李满住和多数部众在此次征伐中幸免于难,乃因其对朝鲜及忽剌温的袭击早有防备。在朝鲜着手准备出兵婆猪江时,李满住已向明朝奏请迁移辽阳草河一事。无从获知朝鲜军队动向的李满住,迁移的目的只是为了防备忽剌温兀狄哈的入侵。李满住在向明朝的上奏中亦称:"原奉恩命,在婆猪江住坐。近被忽剌温野人侵害,欲移居辽阳草河。"①可知忽剌温兀狄哈不但抢掠朝鲜,亦沿途抢掠女真人等。李满住之奏请被降谕辽东官员商议之时,即复遭此劫难。另外在此前的正统二年五月李满住率 50 名卫兵随明朝皇帝敕谕来到阿木河。虽然李满住到权豆家是为祭奠童猛哥帖木儿,而世宗却将其前来视为天赐良机,暗令咸吉道节制使将其擒杀,但李满住事先侦知朝鲜军动向,得以急速返回,使得李满住对朝鲜亦有防备,亦成为此次减少人员损失的因素。建州卫此次遭劫虽然损失不大,但李满住之吾弥府被焚毁,难以再在婆猪江附近居住,李满住率领建州卫不得不举部西迁。

(三)朝鲜征毛怜卫

在景泰、天顺之交,即李朝世祖初年,居住朝鲜东北部之毛怜卫等部的女真对朝鲜时叛时附,其首领浪孛儿罕于李朝太宗十六年(永乐十四年,1416)入朝李朝,正统六年(李朝世宗二十三年,1441)被授予都万户之职。同时其又为明朝册封的指挥同知,且于正统十一年(1446)被明朝升任毛怜卫都指挥使,天顺二年(1458),复升任毛怜卫都督佥事。因浪孛儿罕对朝鲜边将虐待、盘剥女真人不满,并有部众抢掠朝鲜军民,朝鲜便设计将浪孛儿罕及其子侄等诱到会宁城拘捕,最终诛杀浪孛儿罕家族十余人,其目的在于以此威慑居住在图们江附近的女真人。

朝鲜杀害毛怜卫首领及其家族成员,引起明朝重视,遣使诘问朝鲜国王以升赏为名诱杀浪孛儿罕及其家族成员的缘由,朝鲜无疑要遣使携本到北京解

---

① 《明英宗实录》卷 19,正统元年闰六月壬午条。

释,声言浪孛儿罕等潜谋叛逆,结构边患逐条罪状,但此次明朝却未偏袒朝鲜,先后对李朝发两道敕书,其一告诫李朝不可处置明朝职官,指出"浪孛儿罕为都督佥事,是朝廷所授之职。虽称谋构边患,然亦未见行迹而遽然杀之,是王自启衅端"①。另一道敕书指责朝鲜国王不可越界行使职权,令其释放仍在拘之人,要考虑此事之后果。《朝鲜李朝世祖实录》卷20,世祖六年六月甲子条记载另一道敕书之内容,其中有:

> 王之依法置罪,止可行于王国,不可行于邻境。今以王国之法,罪邻境之人,欲其不生边衅可得乎。若浪孛儿罕父子通谋扇乱,既已监候,宜奏闻朝廷,暴白其罪,令三卫头目晓然知之,然后付彼领去,遂与相绝,彼亦自知其非。虽欲扰边,无辞动人,庶获安靖。今王辄将伊父子九人杀死,其族类闻之,得不怨然以复仇为事乎。无怪其子阿比车之不靖也,是王依法置罪之计失矣。但将来之患,王可自图。

在明朝给朝鲜的敕书中,鲜有如此措辞者。如此之措辞,引起李朝世祖对明朝的不满,决定不顾及明朝的意见,准备出兵征伐居住于图们江地区的女真人。

促使世祖决定出兵的另一原因,是自朝鲜杀死浪孛儿罕等人后,引起毛怜卫部众随之而来持续的复仇行动,使天顺四年(世祖六年)春的朝鲜东北地区陷入极度混乱。三月二十二日,任命左议政申叔舟为咸吉道都体察使,专管咸吉道内军务、都节制使以下官员均受其指挥,前往咸吉道筹划征伐毛怜卫等女真人事宜。申叔舟至咸吉道后,立即巡视诸镇,整备兵马、军器,以四月十四日为期,命令步骑4059人到古行营(今行营)集合,还命令康纯率领吉州、镜城、富宁1069名军兵前往茂山堡(今古茂山)待命。在制定四月十五日自己与咸吉道都节制使杨汀等人分道搜索讨伐的计划后,申叔舟于四月十一日回到会宁。但恰在此时,因河水暴涨,需要舟渡军队,而且战马用草也为春耕烧荒时烧掉,故当时已不适合出兵,只能另待时机。

在等待出兵时机中,明朝使臣马鉴到朝鲜边境的女真地区,谕令女真人与朝鲜和解,但朝鲜以所宣与朝鲜无关为由,不允其入境进城,并设法拖延时日。至八月,申叔舟下令各处军队于二十七日分道并进,袭击女真部落。此次朝鲜

---

① 《朝鲜李朝世祖实录》卷20,世祖六年四月辛未条。

出骑兵、步兵 8000 余人,分四路并进,具体为:

一路由吉州牧使吴益昌率领,共步骑 800,在八月二十三日从镜城的吾村出发,准备进攻朴加非剌、上东良,但不久撤回。

一路由康纯率领,共步骑 900 人,在八月二十七日从富宁出发,翻越车踰岭,进入虚水剌(今城川水),进攻中东良,与郭连城一军会师。

一路由杨汀率领,在八月二十七日从会宁出发前往甫儿下。杨汀随后将部队一分为三,逐路进击。由吏曹参判郭连城率领的一支军队共步骑 600 人,溯江而上进攻下东良,在与康纯的军队会师后返回云头城。会宁镇节制使林得桢、安边府使禹贡率领的一支军队共步骑 1300 人,渡江进攻何多里、斜地、无儿界、庐包等地,后到达河儿安、河主。杨汀本人率领稳城镇节制使金处智麾下 600 步骑中的一部分,渡江并从何多里经南罗贵,在掩护林得桢的同时到达和尚里。他命令下属从另外一路向西,与林得桢夹攻河儿安、河主,再沿伐引水而下。在此期间,杨汀率军进攻毛里安后与林得桢会师。

申叔舟自己统率另一路,共步骑 4000 人,于八月二十七日从钟城出发。此路大军渡江后,从愁州翻越山岭,于此再分兵四路进军:其一,由金知中枢院事康孝文率百骑攻河伊乱。其二,由汉城府尹金师禹与北青府使赵邦霖,率千骑西进攻入常家下。其三,由江原道观察使金继孙随庆源节制使金贵孙,率千骑进攻甫里下。其四,申叔舟领率 2000 骑,溯阿赤郎贵大川而上,急行 200 里到达阿赤郎贵上里与女真人交战。

朝鲜军队在八月二十七日至三十日的四天内,共烧毁女真人房屋 900 余座,掠走其财产,杀死女真人 430 余名,其中有许多为妇女儿童,抢走牛马千余。此次征伐,朝鲜军队损失较小,可谓大获全胜,世祖下令对将士嘉奖、赐宴。

九月,申叔舟下令杨汀再征女真地方。但杨汀越过古剌贵(今吉林省胡郎犬岭附近),进军 15 里,因被茂密树林所阻并未发现女真人,无功而返。申叔舟将此情况驰报,世祖得到报告后回谕申叔舟,令他将京中的一部分军兵留守,率领其余军兵回京。虽然许多女真人当时已躲入深山避难,但朝鲜方面仍风闻女真将入侵,因此世祖在六年十月向咸吉道都节制使朴炯下发诏书,令他选千名精兵,不断突袭女真地方,要歼灭凶恶,冀以变女真地方为无人之地。由此可知,朝鲜此次征伐后,在毛怜卫等女真地区,留守军队,诛杀女真人并将该地纳入其统治之下,达到了此次出兵驱逐女真人并北扩疆土之目的。

（四）成化三年助明征伐建州

成化三年(1467)五月,明朝廷议决定征讨建州女真,以根绝"虏寇"之源,命令左都御史李秉提督军务,武靖伯赵辅挂靖虏将军印、出任总兵官,委任二人组建远征军与并指挥军事行动。并且把当年六月将前往北京朝贡之董山等建州女真头目监禁于广宁,为其征讨建州女真扫除障碍。八月,明朝向毛怜卫、海西卫发布敕谕,大概告知要征讨建州三卫之事。九月,为免除后顾之忧,在锦州、义州地方布置7000后备军后,由总兵官赵辅统率的5万明军兵分五路开赴建州三卫。

关于明朝出兵征伐建州女真的理由,从前引《明宪宗实录》卷45,成化三年八月庚子条明朝向毛怜、海西女直发布的敕谕中可知,乃因董山等建州女真多次犯边,杀人掠财。到京谢罪时,仍心怀不轨,不思悔改,欲内外应援,复行扰边。实际是在杀董山前,欲先消灭建州三卫的势力。

从建州女真西部进攻的明军,在一系列军事行动中,俘虏女真人98人、杀638人。五万余人组成的明朝军队,在建州女真村落杀掠,给建州三卫造成沉重打击。

成化三年八月明军准备大举进攻建州女真时,明朝将官给朝鲜发去《征剿夷寇及解送人口咨文》。咨文要义为:赵辅、李秉将率领明军以九月上旬为期,诸道并进讨"贼",要求朝鲜抓捕逃入其境内的落败残余之"贼",并称朝鲜与建州旧有仇嫌,复仇之义不宜迟缓,劝说朝鲜应考虑乘此时机大举进兵,与明军一同剿灭建州女真人。旋于九月十四日,明朝敕谕朝鲜出兵建州女真之敕谕送达朝鲜,谕旨中列举了征讨建州三卫的方略,要求朝鲜国王从建州东部出兵,与明军彼此呼应,讨灭建州。李朝世祖决定出兵10000,征伐建州。

集结到鸭绿江边的朝鲜军队,于二十六日兵分两路进攻婆猪江。其中由大将康纯率领的右路军急袭建州卫村落,斩杀李满住、李古纳哈和李豆里之子甫罗充等24人,俘虏李满住、李古纳哈之妻及24名妇女、射杀175人,俘虏汉人男女6名,抢掠兵器、牛马,烧毁房屋之后撤退,在等待辽东军队前来的数日后,因没有明军消息,于十月二日回师。另外,由大将鱼有沼率领的左路军从高沙里进攻兀弥府,在斩杀21人、射杀50余人、烧毁房屋97座、抢掠牛马资财之后返回。左路军也未遇到明军,但左右两路大军均达到了此次出兵之目的,李朝世祖此后大肆加赏此次出征之将士。

李朝于十月二十一日,派行副护军高台弼赴明,奏报出征建州胜利、献上斩获之馘。奏本记载了朝鲜军队在成化三年(1467)九月二十五日渡过鸭绿江后分路进兵,二十九日进攻建州东北婆猪江李满住等人所居各寨,三十日进攻兀弥府各寨,争杀李满住及其子古纳哈、打肥剌等,有286人被斩杀,李满住、古纳哈之妻等23名男妇被俘,共烧毁房屋195座,另获辽东东宁卫男子1名、女子6名。十月四日回师,已将俘获、家畜家产分别送还辽东都司等情。成化皇帝敕谕朝鲜国王,称赞朝鲜一系列的军事行动可见其世笃忠贞,赐予彩缎、白金、锦绮等物品。李朝为防止女真人报复,呼吁毛怜卫人返回故土,但许多女真人对李朝产生恐惧,逃亡深山。朝鲜与建州诸卫的联系,自此中断了十几年。

此役后,董山于北京被杀,建州三卫官员亦未能幸免。明朝与朝鲜通过消灭建州三卫领导层的方式,向女真人展示国家的威严与权势,目的在于根除女真人暴动之隐患,但此意图并未实现。虽然明朝政府不久之后就重新任命建州三卫的首领,期待被摧毁的村落上重建新的组织、恢复平稳的秩序,但明朝的这种期待也遭到抵制。因亲属、妻小、兄弟被杀而满怀怨恨的人们遍布于村落之中,加上明朝没有撤销对女真朝贡的限制,无法朝贡的女真人徘徊在辽东沿边地区,形势与之前并无改变。他们不服从首领的管理,且不断发生武装暴动和侵扰边地等事件。

(五)成化十五年之役

成化三年之役后,建州女真人虽遭受沉重打击,但仍保有一定实力。虽然明朝重新任命了三卫之首领,并实施怀柔政策,但建州女真人对明朝和朝鲜的报复行动此起彼伏,即使明朝修筑东部边墙,增加驻兵防守,亦不能阻绝建州女真人之袭击。故成化十五年(1479)年十月,明朝任命太监汪直监督军务,抚宁侯朱永为总兵官,挂靖虏将军印,再次征伐建州女真。朱永率十五万大军,分五路进攻建州,言称大获全胜。根据奏报,此次明军侵入建州,擒斩695人,俘获486人,破450余寨,得牛马千余,盔甲军器无算。但朝鲜圣节使韩致礼从北京回国后的复命中却称:"臣闻诸路人、唐人被虏于野人者,闻天兵至,争来迎。官军辄杀之以邀功赏,故献馘如此之多矣。"①另有御史弹劾抚宁侯

---

① 《朝鲜李朝成宗实录》卷113,成宗十一年正月乙酉条。

朱永此次出兵辽东,不见敌军,而杀无辜,掘尸骸以报捷之文。据此可知,出征的明军与女真人之间并未发生战斗,他们是否到达女真人的本营,亦存在疑问,但明朝仍在成化十五年十二月,对朱永、汪直、陈钺、韦朗及其他出征官兵,进行了论功行赏。

在此之前的成化十五年闰十月,虽然明朝派辽东指挥高清赴朝鲜,向朝鲜国王发布命令朝鲜出兵的敕谕。李朝王臣商议后,任命右赞成鱼有沼为三道体察使、西征大将,率平安道兵 7000 人、黄海道兵 2000 人、永安道兵 1000 人,计兵 10000 人,于同年闰十月十二日从京城出征。但鱼有沼到达满浦镇以后,以河水尚未封冻为由而未渡江,逗留十日后率全军返回。此举无疑违背明朝之敕命,朝鲜即使在形式上也必须出动军队,呼应明军。李朝政府为此任命左议政尹弼商为都元帅、平安道节度使金峤为副元帅,率军出征建州地方。此次朝鲜军在斩首 50 级、割耳 2 只,俘虏汉女 7 人、女真人 15 人,烧毁所见房屋后撤回。与明军一样,朝鲜军不过只是扑向那些普通女真民众,未能找到有战斗能力的女真士兵。

翌年,朝鲜派吏曹参判鱼世谦赴明报捷。同年二月,明朝派太监郑同、姜玉来到朝鲜嘉奖其"发兵来助",赐给朝鲜国王、尹弼商、金峤等人银、纻丝等物。此次出兵对建州女真人的打击并不大。

（六）朝鲜出兵东京城

弘治四年(李朝成宗二十二年,1491)正月十二日夜,兀狄哈包围永安北道造山堡,射杀朝鲜军兵 3 人,击伤万户及军兵 26 人,掳走男女 7 人及牛马等,庆兴府使罗嗣宗等 10 余人战死,此事被朝鲜称为造山堡事件。但朝鲜没有弄清前来袭击之人,或云为尼麻车,或云七姓兀狄哈、九姓兀狄哈。后据逃回的俘虏报告,这些女真人是由 50 余名骑马人组成的队伍,在造山堡掳走朝鲜人后,带到都骨兀狄哈的村落卖给富裕人家。据此朝鲜推定来寇者为都骨兀狄哈人,或者是都骨兀狄哈人与尼麻车兀狄哈合谋而为,但最终确定到尼麻车兀狄哈女真人身上。成宗于弘治四年四月决定出兵征讨尼麻车兀狄哈,任命永安道观察使许琮为北征都元帅、司宪府大司宪李季仝与永安北道节制使成俊为副元帅,率 20000 大军前往尼麻车兀狄哈聚居地征讨。

因不熟悉尼麻车兀狄哈聚居地的地理情况,朝鲜先行派出侦查人员前往,得知具体地点和行程后,朝鲜军队于十月十五日渡过图们江,经过 9 天行军,于当月二十三日到达东京城附近。朝鲜劳师远征,尼麻车兀狄哈人闻风逃匿,朝鲜军队除在东京城附近烧毁大量房屋外,北征副元帅李季全仅向成宗献上9颗女真人首级及弓矢、衣服等,动用 20000 军队远征,可谓得不偿失,但成宗却向北征都元帅许琮下令嘉奖,认为:"贼望风逃窜,罔敌我师。只斩九级,未成大捷,然张皇师旅,耀武扬威,焚躏室庐,荡然无遗。又于邀截之时,虏多箭伤。卿乃全师而还,予甚嘉悦。"①乃李朝出兵欲震慑兀狄哈人,以免其前来掠扰。

此次出征将官言称全师而还,实际上乃隐瞒了朝鲜军队的损失。后有官员纷纷指责此次出征之事,或言"北征时,人马物故甚多,而元帅启以全师,其欺罔不已甚乎。军还,陈馁死者不可胜数,且诸道启本称未还者亦多"②,请求成宗追究元帅许琮之责。还有人上书言称"顷者北征,虽深入贼冗,徒焚荡空庐而已,只偶获数级而已,谓之有功可赏乎。其初入征之时,信斥候之言,不审措置,轻赍深入。比及师还,粮饷已绝,未至国境,僵仆相续。其渡江死亡,实难枚算,良可寒心"③。从朝鲜官员对此次出征之评价,亦可窥朝鲜军队损失情况。而朝鲜军队之损失,主要是因为粮草不济,导致士兵被饿死和渡江而死。虽然兀狄哈人员损失较小,但其住所多被焚毁,加深了兀狄哈人对朝鲜之警戒和仇恨,尼麻车兀狄哈人仍不断到朝鲜边境的女真村落掠夺财产、牲畜等。

另外值得注意的是,尼麻车兀狄哈的村落位于今黑龙江省镜泊湖附近,处在明朝的领土范围内。而此次朝鲜军出兵东京城,全然未在意明朝的态度,属朝鲜国内擅自向明朝领土出兵。朝鲜未征得明朝同意,即可擅自出兵的原因:其一,其乃明朝属国,有与明朝一样消弱女真人实力之想法;其二,即使明朝指责,其亦可以造山堡事件为借口,乃消灭前来抢掠之人;其三,明朝的领土意识,不似当下,将属国与所属女真地区,同等看待,故如以往一样,不会因其擅自出兵女真地区而责罚朝鲜。朝鲜深谙此道,故有恃无恐。

(七)武力驱逐迁居间延、茂昌之女真人

李朝中宗时代,女真人村落已扩展至鸭绿江中上游流域,也是同一地域女

---

① 《朝鲜李朝成宗实录》卷 259,成宗二十二年十一月壬午条。
② 《朝鲜李朝成宗实录》卷 263,成宗二十三年三月戊寅条。
③ 《朝鲜李朝成宗实录》卷 265,成宗二十三年五月己卯条。

真人狩猎活动活跃的时期。而这个时代移住鸭绿江上游的女真人来源多样，首先是温河卫人，多为骨看兀狄哈人，此外，还有来自咸镜道的女真人。女真人入居闾延、茂昌地方一事的主要原因，首先是明中期以后东北亚毛皮贸易繁荣的结果，人们远行至内陆猎获毛皮动物；其次是毛皮贸易繁荣的结果，毛皮贸易使女真人获利较大，生活因之变得富裕，并致使人口增加；再次是闾延、茂昌地方因多年空置，这些空闲的土地多出产貂类及其他野生动物等。

而女真人迁入闾延、茂昌等地，一直是李朝政府关心的重大问题，许多官员认为每年有 200 余户女真人入居闾延、茂昌，咸镜北道的移居者也相继而来，将成西北大患，纷纷建议下令驱逐，令女真人返回故地。迁来的女真人对李朝的命令置之不理，有的被赶走后，很快又迁移回来，所以有官员建议出兵武力驱逐，但中宗认为不可轻易用兵，因而延至嘉靖二年（李朝中宗十八年，1523）才决定遣员探察后以武力驱逐。当年九月，任命节度使李之芳、虞候许光弼担当驱逐闾延、茂昌女真人之任，择日以平安北道军队从池宁怪至闾延、咸镜南道军队向茂昌进行驱逐。

平安道兵使李之芳所率平安道军队 5000 余人，于嘉靖三年（李朝中宗十九年，1524）正月六日冒着严寒从满浦镇出发，向闾延等女真人居住地进发。因此次出征的目的意在驱逐屠杀、抓捕女真人，所以以女真人为目的，并烧毁所有女真人的房屋，因而受到女真人的顽强抵抗。经过半个月的战斗，虽然杀了部分女真人，军队所到之处，焚毁所有房屋，但因时值隆冬，粮草缺乏，又不断遭受女真人袭击，朝鲜军队损失严重，甚至有"天又寒冽，士马饥冻，死者殆半"[1]之记载，并且没有达到驱逐女真人的目的，此次出兵以失败告终。

此外，同时出兵茂昌的咸镜南道的巡边使曹闰孙，率军 1800 人从三水郡（咸镜南道三水郡江镇面新加乙波镇）出发攻击茂昌等地的女真人，因该地迁来之女真人较少，没有遇到强大抵抗，亦沿途焚毁女真人房屋，一时达到了驱逐目标。

嗣后，李朝并未因此结束武力驱逐女真人之举，替代李之芳任咸镜道兵使的曹闰孙，仍持续武力驱逐之事，但此后的武力驱逐活动，基本以小规模出兵为主。翌年八月，令平安道虞候李长吉、左突击将平允文、右突击将李增寿等

---

① 《朝鲜李朝中宗实录》卷50，中宗十九年四月甲子条。

人率军 400 人,招展旗帜、动放火炮、鼓角齐鸣地进入闾延坪,踩踏尚未收割之禾谷、烧毁积存谷物、与 50 余名女真人交战,斩首 3 人,朝鲜军仅有 1 人受箭伤,旋全体返回,是规模较大的突击行动。但此类袭击,未能驱逐女真人,反而加重了双方的对立,女真人袭击朝鲜北部地区的活动更加猖獗,甚至出现杀死满浦金使沈思逊之事,对朝鲜打击沉重。

嘉靖三年七月,平安道地区发生严重瘟疫,至次年七月,平安道内的死者总数已多达 22349 人,并且蔓延到咸镜道。当时朝鲜人认为这场疫病乃为闾延之役之"冤气所惑",因而出现反对战争之情绪。此后至中宗末年,平安道北边再未发生大规模战争。中宗屡屡传旨敦促边将自戒,勿要生事。因此,迁居到鸭绿江上游的女真人此后逐年增加。至嘉靖二十三年(李朝中宗三十九年,1544)四月,特进官禹孟善报告:"自三水至闾延、茂昌之间,野人来居者至于四五千。自朔州至满浦近处,来居野人亦不下三四千人。古者溪洞之间,胡人或六七家屯聚,今则滋蔓至于如此。"①李朝因财力所限,于该地驻兵较少,只能坐视女真人不断迁移至此。

(八)西水罗事件

西水罗事件之起因,是嘉靖三十一年(李朝明宗七年,1552)七月庆兴府(今庆兴郡庆兴面古邑洞)遭受水灾,因朝鲜可耕地不足,府使金秀文与咸镜道兵使金舜皋商议,在豆满江外的伊应巨岛(古邑洞对岸)设镇,为占据这里的耕地而驱逐伊应巨岛上的女真人所引发的报复事件。伊应巨岛一直是女真人的住地,被从自己土地上逐出的女真人突袭庆兴的西水罗(咸镜北道庆兴郡芦西面西水罗洞)杀掠朝鲜人口、牲畜 40 余。关于此事,当时没有参与袭击西水罗的骨看兀狄哈人亦认为:"朝鲜既以豆满江为界,今者无端设镇于胡地,不知何故乎。"②可见对认为双方应以图们江为边界的女真人而言,朝鲜这种行为已超出其理解范围,令其难以接受。

嘉靖三十二年(李朝明宗八年,1553)十二月,朝鲜同意北道兵使李思曾的状启,商议制定袭击返回草串一带的 17 户女真人的计划。该处属是女真的领地,朝鲜军队出兵此地,纯属是对女真人的报复和侵占土地的报复行为。李

① 《朝鲜李朝中宗实录》卷 102,中宗三十九年四月甲申条。
② 《朝鲜李朝明宗实录》卷 13,明宗七年十月壬戌条。

朝朝议决定出兵,咸镜北道兵使李思曾按此决定,于明宗九年正月三日率军渡过豆满江、四日袭击了草串的骨看兀狄哈。女真人逃入海岸的洞窟。朝鲜军在洞口处堆草放火,被烟火驱出的59名女真人遭到斩杀与俘虏。朝鲜军队仅有3人战死。

翌年五月二十二日,骨看兀狄哈人约500步骑为复仇袭击造山堡。他们用云梯登城,与朝鲜守军展开混战,这支女真军队在造山堡久攻不破的情况下却退。自此直至明宗末年,再未留下朝鲜与女真人冲突的记载,但在万历十年(宣祖十六年二月,1582),庆源府女真人尼汤介率众包围庆源、阿山堡、训戎镇,攻陷了安边堡,显示出明宗、宣祖两朝围绕图们江周边地域的争斗一直持续。另在当年五月,发生了20000余骑女真军队包围钟城与潼关的事件,此乃女真人势力增强至可以与朝鲜边防军对决的程度,标志着女真人迎来了历史的活跃时代。他们开始以一种新的对外态势,欲与明朝、朝鲜展开对决。

第三节 女真与蒙古的关系

明代女真人的生活区域比邻蒙古,因原来隶属元朝,故在元顺帝北还后,仍与蒙古保持密切关系。明初洪武、永乐年间招抚女真人,实乃与蒙古争夺对女真人的统治权。在女真人归附明朝、明朝在该地区建立卫所、委女真各部头领为卫所官员后,因女真人与明朝关系屡生变故,所以女真人与蒙古阿鲁台、脱脱不花、瓦剌也先及南迁的兀良哈三卫、内喀尔喀、东土默特、科尔沁联系密切,出现如蒙古人女真化后成为叶赫等部族首领的情况,明代女真与蒙古的交往,对女真社会的政治、经济及文化的发展影响巨大。

一、阿鲁台东进

北元初期,辽阳行省北部仍在蒙古控制之下,治下之海西女真各部,仍在其势力范围之内,而建州女真却乘机南迁至鸭绿江流域。洪武十年(1377),高丽王朝重新奉北元正朔后,明朝加紧对女真地区的经营,冀招抚女真人以截断北元与高丽的联系,迫使北元在东北的统治势力北撤,北元与高丽之间的交通线也随之不断北移,从最初的鸭绿江中下游移到了上游。洪武十六年(1383),故元海西右丞阿鲁灰投降明朝,明朝军队旋即控制女真大部分地区,完全切断了北元与高丽之间的联络。洪武二十年(1387),明朝逼降纳哈出,东北全境几乎均隶明朝。且在二十一年(1388)捕鱼儿海之役后,北元政治中心暂时西移,一时中断了与女真地区的政治、经济联系,但遗留于海西女真地区的蒙古人,仍与女真人杂居共处。

永乐年间的蒙古地区,西部瓦剌与东部鞑靼一直持续对抗。永乐初年,本雅失里成为鞑靼可汗,鞑靼势力占优后,瓦剌请求明朝征讨鞑靼。明成祖在永乐八年(1410)率大军远征至鄂嫩河、克鲁伦河一带。势力衰退的鞑靼由阿鲁台率领向明朝贡,阿鲁台受封和宁王。永乐十二年(1414),明成祖又同意阿鲁台的请求远征瓦剌,受到打击的瓦剌也向明朝贡,请求明朝帮助己方进攻鞑靼。明成祖于永乐二十年(1422)亲征鞑靼和宁王阿鲁台。阿鲁台于次年在与瓦剌交战中落败,二十二年(1424)在与明军的战斗中受创,宣德六年(1431)再败于瓦剌。屡遭败绩,势力渐衰的鞑靼部逃至兀良哈三卫地方,导致鞑靼部与兀良哈三卫、海西女真形成一种新的对立关系,其中军事冲突导致的迁移较多,如宣德七年(1432)"福余等三卫鞑军,往掠阿鲁台,为阿鲁台所败,尽收其家口、辎重、牛马、田稼。三卫之人奔往海西,或在辽东境外,招之不来"①,鞑靼以遭到兀良哈三卫的掠夺为契机,反击三卫并使其逃到海西地方,阿鲁台的部众也在同年十一月进攻兀良哈。鞑靼部逐渐东进,威胁到女真,有实力之卫所奏请明朝欲与之开战,其中"兀者、肥河等卫奏:和宁王阿鲁台部众,数经其地,恐其侵扰,欲以兵拒之。上曰,虏逐水草求活耳,拒之非是"②。虽然未得明朝允许,但亦可窥见被阿鲁台侵扰的兀者卫、肥河卫有联合防御蒙古东进之意向。但军事实力较差的卫所,无力与阿鲁台抗衡,只能向明朝奏请迁移,如宣德八年(1433)三月"嘉河卫指挥乃剌秃等差指挥卜颜秃来奏:和宁王阿鲁台部属,徙于忽剌温之地,迫近本境,恐其为患。今以所部人民,移居近边,乞赐优容"。明朝准其所请,允许其迁入近边地带,告诫"尔等既近边居住,亦宜安分,勿纵所部扰害边人",并安抚其"已敕和宁王,令各守地方,无相侵扰""戒约部属,毋作过愆,以扰邻境"。③ 表明明朝曾有允许弱小卫所向内迁移,以躲避阿鲁台势力之举。而所谓敕谕阿鲁台之事,实乃安抚女真人之

① 《明宣宗实录》卷95,宣德七年九月己未条。
② 《明宣宗实录》卷99,宣德八年二月辛亥条。
③ 《明宣宗实录》卷100,宣德八年三月戊寅条。

意,鞑靼部并未因得到明朝一纸敕谕而停止东进。宣德九年(1434),阿鲁台在五原东被瓦剌军队所杀,其势力随即凋落,但蒙古并未因阿鲁台之死终止东进进程。

阿鲁台部众游牧于忽剌温地方。生存环境受到极大威胁的忽剌温人,携带家人与有限的财产流亡,许多人不得不以抢掠为生,其主要以抢掠女真人其他部族为主,甚至出现到朝鲜间延等地抢掠之事。总之,阿鲁台的东进,导致许多女真部族迁移,一时打破了女真人居住格局,给女真地区带来极大混乱。

二、脱脱不花遣使海西、朝鲜

元帝北还之后,蒙古曾以元裔为核心,由一些与元朝具有密切亲缘关系者聚集、形成了所谓的鞑靼(Tatar)与瓦剌(Oirat)两个强盛部落。瓦剌由四部组成,也称"杜尔班(四部)瓦剌"。瓦剌部在四部总领鬼力赤死后,以顺宁王马哈木、贤义王太平、安乐王把秃孛罗为最强,又以顺宁王马哈木为首。脱欢为马哈木嫡子,在其父死后继任族长,相继消灭贤义、安乐二王,统一漠西蒙古,瓦剌部由此更为强盛。于此相反,自明初以来,在蒙古草原东部强盛起来的鞑靼部,于永乐年间已由阿鲁台统率并向明朝朝贡,得以封王。但鞑靼因此后明成祖三次亲征而势衰,被瓦剌追击而逃亡辽东与阴山。

致力统一蒙古的脱欢,随后准备即汗位。但蒙古当时仍保留着非成吉思汗嫡系子孙不得继承汗位的传统,故宣德八年(1433),脱欢不得已拥立成吉思汗嫡裔脱脱不花即汗位。翌年阿鲁台死后,脱脱不花在东部蒙古地区统领阿鲁台所余遗民。正统四年(1439)脱欢逝,其子也先遂为太师统领瓦剌。脱脱不花很快即不满仅做名义上的大汗,开始在东部蒙古发展自身势力。他对兀良哈三卫之人授官用以怀柔,并向海西女真和朝鲜遣使,要求他们向北元朝贡。正统五年(1440),脱脱不花遣兀良哈朵颜卫高照吐,招抚海西女真和朝鲜。高照吐将颁给海西女真的敕书,交给海西六位头目,成功招抚海西女真后,因不熟悉前往朝鲜之路途而返回。翌年末,脱脱不花另遣朵颜卫笃吐兀及海西女真人波伊叱间等16人携敕书前往朝鲜招谕,两使者之身份,前者被脱脱不花封为王,后者被封为万户。一行到达朝鲜边境后,朝鲜方面由古因八答接待。古因八答所译蒙古文敕书内容,乃"成吉思汗统驭八方,祖薛禅皇帝即位时分,天下莫不顺命。内中高丽交好倍于他国,亲若兄弟。世衰造乱,弃城依北,已累年矣。今我承祖宗之运,即位今已十年,若不使人通交,是忘祖宗之信意也。今后若送海青与贺表,则朕重赏厚待"①。朝鲜未接受此敕书,亦未让使者前往王京,在没有给予任何回书的情况下,将鞑靼使者遣回。李朝世宗得到确报后,迅速遣使奏告明朝,得到明英宗之嘉奖。

脱脱不花遣使招抚朝鲜虽未成功,但其此前顺利招抚了部分海西等女真人,并且打通了前往朝鲜之通道,表明除海西外,女真其他部亦允许鞑靼使者通过,体现出当时东北女真各部与蒙古关系密切。从正统七年(1442)出现的海西女真人与兀良哈三卫一同侵扰明辽东边境等事件看,部分海西女真当时已完全投靠蒙古。

三、土木堡之变与女真人

明朝对海西等女真部族投靠脱脱不花,及随之而引起的纷争和混乱极为忧虑,纷纷向泰宁、福余、兀者、肥河、呕罕河等卫发布敕谕,告知其宜各自严守法度,彼此睦邻。其后向海西女真的刺塔、别勒格、宁哈答以及建州女真的李满住、凡察、董山发布敕谕,告知瓦剌侵入兀良哈与拙赤之死讯,要求如有瓦剌诱引者前来,要捕送于镇守官具奏处置,如受到瓦剌侵犯则协力围剿,建功扬名,对朝廷勿忘报恩之心。并对黑龙江诸部族拒绝也先引诱并向报告明朝之部族首领发布敕谕嘉奖。在应对脱脱不花方面,明朝将其称作"瓦剌脱脱不花王",否定其蒙古大汗地位,并且指责脱脱不花"尔瓦剌遣头目把秃不花等同兀良哈达子赍文书到各卫,其书言前元成吉思及薛禅可汗授彼父祖职事,要令彼想念旧恩"②等招谕女真人之做法,是以元朝的名义招诱已经归附明朝的女真部落,致使双方关系更为紧张并导致大规模冲突。

正统十四年(1449)七月,瓦剌军分四路攻明。也先率领一路侵入大同、攻陷猫儿庄,明右参将吴浩战死;脱脱不化率领一路向辽东;阿剌知院率领一路向宣府;还有一路进攻甘州。其中攻入辽东的脱脱不花一路,于七月二十日逼近广宁城。而此时提督辽东军务的都察院右佥都御史王翱、广宁总兵官左都督曹义并未察觉脱脱不花将率军进攻,当时正前往校军场给士兵散发银两,接到报告后急速回城,闭门坚守。仅1000名士兵、8000匹战马的脱脱不花大军,随后将广宁城重重包围,在之后持续三日的攻防战中,城池未被攻陷,脱脱

① 《朝鲜李朝世宗实录》卷96,世宗二十四年五月戊辰条。
② 《明英宗实录》卷174,正统十四年正月己丑条。

不花军退驻十里。广宁城虽未被攻克,但明朝方面仍损失惨重。据兵部转奏,此次"达贼三万余人入境,攻破驿堡屯庄八十处,虏去官员军旗男妇一万三千二百八十余口,马六千余匹,牛羊二万余只,盔甲二千余副"①。王翱、曹义等人虽保住性命,却被诘问战败之责,罚俸半年。脱脱不花对辽东地区的攻势虽然不小,但因对明朝腹地没有构成威胁,因而未被重视。其实忽略此次战役的主要原因,是正统十四年七月十一日,当明英宗得知也先侵入大同以后,于七月十七日御驾亲征。明军八月二日前往大同,在八月十五日的作战中明英宗被瓦剌军所俘,即所谓土木堡之变。皇帝被俘,使议论中心均集中于也先太师所率一路,而忽略了其他三路战绩。

土木堡之变后,女真各部投靠蒙古者日众,海西、建州女真也乘势屡次抢掠明辽东地区。脱脱不花复派兵征服了海西之未附部落,杀死一些部落头领。据当时在女真地区的明朝使臣高能奏报:

> 脱脱领人马,自松花江起直抵脑温江,将兀者等卫一带头目寨子,都传箭与他,著他投顺。中间投顺了的,著车辆装去,不肯投顺的杀了,亦有走了的,寨子俱放火烧讫。有考郎卫都指挥加哈成讨温卫指挥娄得的女儿,都与了脱脱儿子做媳妇。脱脱到白马儿大泊子去处,将都督剌塔、伯勒哥、指挥三角兀及野人头目,约有三四百人,尽数都杀了。脱脱身上得了浮肿病证,又害脚气,乘马不得,只坐车回还,留下五千人马在木里火落等处喂马,要去收捕建州等卫都督李满住、董山等。②

所言被脱脱不花捕杀的剌塔、伯勒哥,便是一直抗拒蒙古的兀者卫都督剌塔和肥河卫都督别里格,三角兀为双城卫都指挥,而成讨卫指挥娄得则是剌塔的亲弟。考郎卫即考郎兀卫,乃位于今松花江、黑龙江汇流处较大的大卫。脱脱不花此次东进,征服了嫩江、松花江的广大地区,"收了野人女直等处大小人口约有四五万,内精壮约有二万"③,使脱脱不花声威益盛。而松嫩地区直至明初尚是女真人居住的地方,从此有部分蒙古人迁入,部分地区成为蒙古人的游牧地。

在正统、景泰之际,兀良哈三卫与女真各卫,多服从于脱脱不花,女真地区

---

① 《明英宗实录》卷183,正统十四年九月乙酉条。
② 《于谦集》卷8,魏得良点校,浙江古籍出版社2016年版,第362页。
③ 《于谦集》卷8,第362—363页。

复进入动荡时期,明朝于女真地区的统治被动摇,前引"海西野人女直之有名者,率死于也先之乱。朝廷所赐玺书,尽为也先所取。其子孙以无授官玺书可征,不复承袭,虽岁遣使入贡,第名舍人,以是在道不得乘传,赐宴不得预上席,赏赉视昔又薄,皆忿怨思乱"之记载,可知经此变故,明朝赐予女真人之印信、敕书尽失。蒙古夺其印信、敕书,非但于政治上控制女真人,在经济方面亦欲于女真同明朝贸易中分享市贡之利。

为经济之利和摆脱也先控制,成功东进的脱脱不花准备不与也先商议,即同明朝议和。为离间脱脱不花与也先,明朝迎接脱脱不花的使者兀灵哈并与之缔结和议。这一计策的成功,使受到脱脱不花与明朝和议牵制的也先,不得不在次年即景泰元年(1450)无条件送还明英宗。脱脱不花之后于景泰三年(1452)也因此事被也先所杀。其后,随着也先被杀,瓦剌复进入内乱时期,女真与蒙古的关系随之逐渐疏远,纷纷恢复与明朝的隶属关系。

应该注意的是,以往研究中多认为此时女真人系归附瓦剌,此说不够准确。脱脱不花继承阿鲁台旧部势力继续东进,乃蒙古势力对女真地区的经略。但在明朝的史料中,以脱脱不花为瓦剌所立,故多泛称北元政权为瓦剌,如《明英宗实录》内谕兀良哈及女真等首领所云"近尔等进瓦剌与尔等文书""以泰宁三卫并忽鲁爱等七十四卫俱受瓦剌也先诳诱"等语所记,成为瓦剌直接招抚女真之论据,但其实乃北元脱脱不花招抚女真之记载,绝非瓦剌太师也先所为,因而,阿鲁台、脱脱不花的东进,虽然借势瓦剌,但其属于北元势力之东扩。换而言之,在女真人看来,他们在此期间投靠的是北元政权,而非瓦剌。

第三章　明代女真之部族

明代女真人在嘉靖中叶前，被分为建州、海西两部分，其后，为了规范女真朝贡体系，将居住偏远，朝贡不常的女真人，单独分作野人女真，女真从两部变为三部。建州、海西女真自明初便不断南迁，迁移方式主要为举族南迁或零散个人迁居至安乐、自在二州。建州女真南迁中，完成了建州三卫的最后整合以及胡里改、斡朵里部的融合。海西女真南迁后，终以扈伦四部最为强盛。建州三卫和扈伦四部也成为爱新国形成之基础。

第一节　女真人的南迁

明朝初年，为寻找更理想的生存环境，大部分女真人开始南迁，其中有部族性的，亦有受明朝招徕、零散迁往明朝边墙内居住的女真人。在设置卫所后，卫所的迁移，一般要奏请朝廷准允，方可迁移。而零散迁移到边内生活的女真人，明朝设置安乐、自在二州进行安置，同时亦将一部分迁来之女真人等安置到辽东 25 卫 1 司，亦有应女真朝贡者所请，将其留于南京、北京任职者。明中期后，还将部分反叛的女真人安置到两广、福建等地。明朝因其具体情况，会对这些人进行分别安置。对在卫所有职务之官员迁移至边内者，保留其原职，给予相当级别之俸饷养赡，并可定期朝贡获赏，明朝称之为寄籍达官。对身份较高，但在卫所时并未授予官职者，在内地授予一定官职，按品级支俸禄恩养，或给予"头目"身份食禄。而一般随官员等迁移来的平民，称之为"寄籍民"，作为"达军"，可随达官应差、出征等。许多零散迁移到辽东的女真人，因与边外女真联系较多，文化习俗保留亦多，在女真统一过程中融入满洲，而南迁至北京、南京、两广、福建等地的女真人，渐染汉习，至明末多丢失女真习俗，融入当地汉人之中。

一、女真卫所南迁

明代女真人南迁,可分为两大部分,其一是部分女真卫所的南迁,属于整部落、集团性质的迁移。另一种是部分女真头领零散地离开原居住地,迁往南、北二京或安乐、自在二州等地,作为寄籍边内的女真达官。自明初以来,全国兴起的移民热潮,亦影响到边疆。东北、西北的各族部落首领,纷纷南迁,形成以非军户的寄籍官员群体,明人称之谓"达官"。达官并非鞑靼之简称,亦非专指少数民族官员,而是泛指永乐以降,自愿南迁、寄籍卫所,具有优养待遇的非汉人武官群体,其中包含大量女真人。

女真自愿内迁从永乐元年(1403)始,至宣德时期为一高潮。据此两朝实录记载,女真移民多达77次,涉及羁縻卫所52个。永乐、宣德时期零散的女真移民,与洪武年间以降附为主的移民特征不同,由于女真内迁都是利用朝贡机会实现的,能参与朝贡的大多都是首领或其子女、亲信,而非一般平民百姓。如永乐六年(1408),喜乐温河、钦真河等卫野人女真千户喜省哥等来朝时,"自陈愿居京师"①,得到允许并赐给住宅及生活所需物品,即为较早的女真南迁居住之记载。旋考虑女真人因气候条件不适合于南京等处居住问题,明太祖降谕:"朕即位以来,东北诸胡来朝者多愿留居京师。以南方炎热,特命于开原置快活、自在两城居之。"②自此,南迁之女真达官多居住于开原附近快活、自在二城,后更名安乐、自在二州。

在大量女真卫所官员零散南迁的同时,明朝在黑龙江、松花江、长白山等地所设卫所,于永乐至宣德年间逐渐举族南迁,迁移原因多与明朝之招徕政策和女真人寻找更舒适的生存环境相关。明初在未设卫所之前,招抚女真的范围记载较为笼统,当时女真人居住的范围大致在东起珲春,经过牡丹江,由依兰折而东北,沿汤原、桦川、富锦,直到松花江与黑龙江合流附近的同江一带;中部则以吉林市为中心,西南达于辽宁省的东北部,直到鸭绿江边甚至包括辽阳市附近在内的广阔地区。永乐元年开始设立卫所,各卫所之聚居地较为清晰,其中建州女真及其所属毛怜卫等分布于长白山、松花江流域的东起珲春、西至吉林市,北到兴凯湖以南的地区;以兀者卫为主体的海西女真,居住于西

---

① 《明太宗实录》卷77,永乐六年三月己未条。
② 《明太宗实录》卷78,永乐六年四月乙酉条。

起呼兰河,东抵汤旺河,中间包括松江平原在内。此外靠近兀者诸卫居住在松花江与牡丹江流域一带的有屯河、安河、斡朵伦、脱伦、呕罕河、双城、撒剌儿、亦马剌、卜颜、嘉河、肥河、亦东河、亦迷河、阿者迷、兀也吾、乞勒尼、兀兰、亦儿古里、札木哈、脱木河、福山等卫。而分布于黑龙江中下游及乌苏里江流域的野人女真(或称东海女真)的卫所,主要为奴儿干、伏里其、乞勒尼、敷答河千户所以及喜申、兀剌、囊加儿、古鲁、满泾、可木、弗思木、督罕河、玄城、五屯河、哈儿分、兀剌忽、葛林、忽石门、札肥河、忽儿海(后改为弗提)、吉滩、考郎兀、忽鲁爱、札真、阿速江、亦速里江、速平江、撒儿忽、木鲁罕、朵儿必河、答罕山、牙鲁等卫。上述卫所大多出现南迁或聚居地变化等情况。

从女真移民涉及的卫所分布来看,有两点值得注意,一是南迁的卫所集中于松花江中下游与黑龙江下游一线。尽管明代的卫所分区将松花江流域与黑龙江下游各为一区,但松花江中下游与黑龙江中下游横贯东北,也是东西往来的重要水路交通线。元朝在历史形成的道路基础上,沿江完善了驿站制度,西起船厂(今吉林省吉林市)东抵征东元帅府奴儿干城的末吉站(黑龙江下游右岸阿姆贡河口莽吉答城),沿途设置驿站,实行有效管理。永乐初年,招抚女真时利用元朝沿江建置的驿站等设立卫所数十,亦于奴儿干(今俄罗斯特林地方)设都司,管辖辽东边外之羁縻卫所。奴儿干都司每隔两年的官兵轮换,以及赏赐抚慰附近诸种野人等例行公事,都依赖这条水路。松花江到奴儿干都司一线的羁縻卫所,也因此有护道义务,重要卫所甚至兼具迎送官军之责。由于水路交通方便,故在松花江沿岸设置卫所较多,在明朝之招徕下,许多卫所为了改变生存环境,出现南迁现象。这部分南迁卫所属于海西女真,主要有塔山卫、塔山前卫、肥河卫、呕罕河卫、塔鲁木卫等。迨后,这些南迁的女真人通过重组和发展,于明中叶形成了海西扈伦四部。二是生存于长白山脉沿线的卫所,由于处于山谷或丘陵地带,南迁更适合渔猎和农业耕作,可以找到适合发展的生存空间,故建州卫、建州左卫等多沿着长白山南麓南下,直至到达辽东和朝鲜半岛北部。

建州女真从依兰举族南迁,始于元末明初,直接原因为北元势力对女真地区之骚扰,胡里改部在万户阿哈出、斡朵里部在万户猛哥帖木儿带领下,沿牡丹江逆流南迁。阿哈出所部,先据绥芬河流域,据有开原路,治所在凤州(即旧开元城,今黑龙江省东宁县大城子古城,又作奉州、房州等),族属之人居住范围南至延吉、图们。建州卫设立后,此处曾多年为建州卫治所二十余年。至阿哈出之孙李满住掌卫时,建州人随永乐皇帝北征,当时奏请:"我等之居境连达达地面,数来侵伐,愿移住婆猪江。皇帝许之徙居婆猪江。"①得准翌年(永乐二十二年,1424)二月,凤州再遭达达军入侵,李满住率管下1000余户南迁,于四月十七日到达婆猪江,号称因"去癸卯年(永乐二十一年,1423),蒙圣旨许于婆猪江多回坪等处居住,今因此到接"②。李满住带属下400余户居住于距鸭绿江一日路程之瓮村(今桓仁县五女山,即兀剌山南麓)。此为建州卫第二次大规模迁移。李满住迁移到瓮村后,因疑其多次侵掠朝鲜边境闾延等地,宣德八年(1433)四月,朝鲜发兵15000人攻打建州,李满住虽得以保命,但损失严重,加之兀剌山南麓一带耕田不足,李满住被迫从兀剌山南麓迁至吾弥府洞,后奏请希望移居辽阳草河,未获准允,故于正统三年(1438),移居灶突山东南居住,终至浑河、苏子河流域。

猛哥帖木儿所率斡朵里部南下,初至绥芬河与阿哈出相会,再东行至沿海,据珲春之地,并越过公崄镇,迁入朝鲜半岛斡木河谷地,据有会宁、高岭、庆源、镜城等地,生活于珲春河下游及图们江沿岸。洪武年间,猛哥帖木儿被朝鲜委以镜城等处万户之职。永乐八年(1410),因与朝鲜发生军事冲突,猛哥帖木儿率部过图们江,离开朝鲜半岛,欲返回开原路,迁徙至阿哈出所在的凤州。永乐十年(1412),明朝设立建州左卫,以猛哥帖木儿为都指挥使,斡朵里部复返回镜城一带。宣德八年(1433),猛哥帖木儿被杀后,朝鲜于斡朵里旧址置镇,凡察、董山均离开斡木河,迁往东良北,此处距会宁数百里,部众多欲移居婆猪江。正统五年(1440),辽东总兵官曹义奉命,将凡察、董山安插于三土河(辉发河支流三屯河)、婆猪江以西之冬吉河(佟家江支流董鄂河)之间,与建州卫李满住同住,建州女真人才基本完成南迁过程。七年(1442),分设建州左、右卫,解决卫印之争后,建州三卫女真人的生活区域基本固定于浑河、苏子河流域。

明朝较为关注女真卫所南迁问题,据永乐、宣德两朝实录统计,当时内迁女真卫所情况如下表:

---

① 《朝鲜李朝世宗实录》卷61,世宗十五年闰八月壬戌条。
② 《朝鲜李朝世宗实录》卷24,世宗六年四月辛未条。

永乐至宣德年间内迁女真所涉羁縻卫所分布表

年代　＼　卫所	内迁羁縻卫所				
	松花江地区	黑龙江下游	黑龙江中上游	长白山地区	位置不明者
永乐六年	兀者右卫 考郎兀卫			喜乐温河卫	钦真河卫 打捕河卫 兀兰亦儿卫
永乐七年	扎肥河卫 木束河卫 忽儿海（弗提）卫	敷答河			
永乐八年	兀者卫			甫儿河卫	兀里奚山卫
永乐九年	木剌河卫 木鲁罕卫	友帖卫 卜鲁兀卫	乞塔河卫	建州卫 禾屯吉卫	
永乐十年	肥河卫 考郎兀卫	忽石门卫 督罕河卫	阿剌山卫	建州卫	
永乐十一年	弗提卫			建州卫	
永乐十二年	纳怜河卫				
永乐十三年			古里河卫		
永乐二十二年	忽剌温地区	哈尔蜜卫		建州卫	
洪熙元年	弗提卫	奴儿干千户所			
宣德元年	亦马山卫 兀者卫	葛林河卫 朵儿必河卫		建州左卫 察剌秃山卫 建州卫 毛怜卫	
宣德二年	弗提卫 可木河卫 屯河卫	朵儿必河卫 喜申卫		建州卫 秃都河卫	
宣德三年			古里河卫 阿剌山卫	双城卫	
宣德四年	弗提卫			建州等卫 察剌秃山卫	
宣德五年				吉河卫 秃都河卫	爱河卫
宣德六年	阿者迷卫 弗提卫 兀者前卫			毛怜卫 实山卫	把河卫

卫所\年代	内迁羁縻卫所				
	松花江地区	黑龙江下游	黑龙江中上游	长白山地区	位置不明者
宣德七年	玄城卫 札肥河卫				
宣德八年	吉列迷卫	奴儿干千户所 喜申卫		建州左卫 建州卫	
宣德九年				可令河卫	失里木卫
迁移次数	27	13	5	28	8
卫所数量	18	10	3	12	8

本表引自奇文瑛:《明代卫所归附人研究——以辽东和京畿卫所达官为中心》,中央民族大学出版社2011年版,第61—63页。其中格式略有改动。

表内所涉及的卫所,有的是记载卫所南迁的,有的是记载卫所头领零散南迁的,其中所涉及的卫所,有的记载一次,有的记载数次,如建州卫的南迁记载即有8次,时间跨度达20余年,亦可说明明朝对该卫南迁较为重视,故频见于官修实录;二可窥知,卫所南迁,涉及举族百姓迁移,故非朝夕可就,需要在迁徙中寻找适合的生存区域,并在渔猎和游动耕作过程中缓慢迁移。其他卫所之内迁,无论是否见诸记载,这类举族迁移的过程,概亦如此。

从上表四个区域每年女真移民的情况来看,松花江流域卫所迁移最多,其次是长白山地区的卫所,两地有记载的移民涉及30个卫,见于记载50余次,再次是黑龙江下游,也有10个卫所内迁,而黑龙江中上游最少。前三个区域中,松花江和黑龙江地区的共同的特点是,涉及迁移的卫所主要分布在河流两岸,但长白山地区则以沿长白山脉南迁至辽东边墙的卫所为主。

正统、景泰年间可谓女真人南迁又一高潮期,此次南迁高潮是受蒙古东进影响。随着瓦剌东进,特别是脱脱不花率部深入部分海西女真地区后,对海西、建州女真影响巨大,大难不死的女真卫所首领和已故首领的子孙等纷纷携家内迁,称"愿居辽东边卫自效"①。明朝也以恢复旧职或准予子孙袭职,待遇比照前期,妥善安置在辽东,努力恢复原来的卫所统治秩序,但对女真地区的

---

① 《明英宗实录》卷209,景泰二年十月辛未条。

卫所制度打击巨大,无论是在居住区域,还是卫所首领的的更换方面均发生较大变化。而卫所南迁后,对以后海西、建州女真各部的发展亦有重要影响。

二、明朝对零散南迁者之安置

自洪武初年对女真实施招抚之策后,就有部分女真人陆续前来投靠明朝,洪武年间,专设东宁卫安置这些离开部族前来归附的女真人。永乐年间,欲南迁居住者日众,故专设安乐、自在二州对其进行安置,同时亦将部分南迁者安置于京师、辽东25卫,甚至福建、两广地区。对这些零散来归之女真头领,作为达官,给予俸饷,并令其如期朝贡。

在明朝招徕、安抚女真政策的感召下,因迫于蒙古的威胁和生活所需,许多女真人在洪武初年携家人南下投靠明朝,明朝将这些女真人安置于辽东。洪武十三年(1380),设五个千户所辖之,"五千户所曰东宁、女直、南京、海洋、草河,各领所部夷人"[1],即此五所为专管来投女真、蒙古人等之千户所。洪武十九年(1386),经辽东左都督耿忠奏请,将该卫治所徙至辽阳城北,且"并五所为左、右、前、后四千户所,仍置中及中左二千户所"[2],仍专管来投之女真、蒙古人。设置东宁卫后,前来投靠之女真人等日益增多,使该卫成为辽东管理女真人等之大卫。

永乐初年,开始在女真地区设置羁縻卫所,任命卫所各级官员。卫所官员在南下朝贡时,不欲回本部,而要在京城等内地居住,得到准允,明朝赏赐住宅及日常生活用品进行安置,意在吸引女真人前来。永乐六年(1408)四月,诏谕"东北诸胡来朝者,多愿留居京师。以南方炎热,特命于开原置快活、自在两城居之"[3]。五月,出于应对移民日益增多的形势和完善管理的考虑,下令将自在城和快活城规范为安乐州、自在州,两州均设在开原城内,每州各设知州和吏目一员,后因事务繁多,又添设同知、判官各一员,所设知州、同知、判官、吏目成为专领新附夷人之职官,"专令抚安三万、辽海二卫归降鞑官人等"[4]。对南迁至开原附近的女真人的安置从临时的自在城、快活城到安乐州、自在州的发展,正适应积极招抚的政治需要,规范了安置机构,以提高接纳

① 《辽东志》卷1《地理志》。
② 《辽东志》卷1《地理志》。
③ 《明太宗实录》卷78,永乐六年四月乙酉条。
④ 《明英宗实录》卷102,正统八年三月甲戌条。

和管理能力。

安乐州、自在州虽为管理女真移民而设,但其规制与他州并无二致。按《明史·职官志》的规定:州一般设知州一人,同知、判官无定员,吏目一人。安乐州、自在州于初设时每州置知州一员、吏目一员,后添设同知、判官各一员,亦与当时明朝所定每州额设官吏四员名之设官制度相符。此外,官吏出身也符合《职官志》的规定。明朝官员出身有三途,即科举、监生和举荐。明初因北方丧乱之时,人鲜知学,选官虽间行科举,但难以满足所需,故多以监生与荐举人才参用。《辽东志·官师志》所载两州官吏名录中可见,无论官员还是吏目,均为监生出身,而且无一名土著或女真人氏,此亦符合明代选官和回避制度。两州官吏设置及其出身皆表明,安乐州和自在州并非实行特殊规制。但因两州所管百姓特殊,也有不同于一般州制之处,如两州皆无辖区,所属女真移民皆聚居于开原城内,所谓两州实乃两个城中移民聚集处。其职能也有不同,出于政治上对内迁女真优养之考虑,在管理上,"以夷俗抚住"①,且"俾部落自相统属","各生安聚"②,保留了女真人原有的部属关系。在生活方面,"量授以官,任其耕猎"③,且无差役之忧。因而,两州所管并无教化、巡捕、视农、督粮、捕盗等类复杂事务,故未久裁去同知和判官,唯留知州、吏目各一人。另外,隶属两州之"新附夷人",有的属于某羁縻卫所之职官,故其与所属卫所亦有关联,故管理这些女真移民除安乐州、自在州外,还有卫所参与其中,若其在开原等处有不法行为,亦追究其所属卫所之责,甚至影响该卫所照常入贡或贸易。

正统八年(1443),辽东总兵官都督佥事曹义奏请:

> 永乐间开原城设立安乐、自在二州,每州额除官吏四员名,专令抚安三万、辽海二卫归降达官人等。其东宁卫归降达官人等,原无衙门官员管属,乞并自在州达官人等于安乐州管属,其自在州官吏徙于辽东都司在城,设立衙门,抚安东宁卫并附近海州、沈阳中等卫归降达官人等,庶为两便。章下吏部,移文左副都御史李浚覆审,乞如义言。从之。④

---

① 田汝成:《辽纪》,见《辽海丛书》第四册,第 2569 页。
② 《明太宗实录》卷 78,永乐六年四月乙酉条。
③ 严从简:《殊域周咨录》卷 24《女直》,第 734 页。
④ 《明英宗实录》卷 102,正统八年三月甲戌条。

知当时经曹义陈奏,吏部、都察院审核,皇帝批准对安乐、自在州进行了较大调整,将开原城居住之自在州所管达官人等,全部归并于安乐州管理,而将自在州迁至辽东都司所在的辽阳城,于该城内建立衙署,统辖自洪武年间陆续迁至东宁卫及其附近海州卫、沈阳中卫等处的女真人。嗣后,安乐、自在二州分别管理开原、辽阳附近女真达官人等,而原来寄籍于东宁等卫的女真达官人数,自此反而较辽东其他各卫略少。而安乐州所辖女真人户"一千二百六十",自在州"一千五百三十九",①按每户五口计算,两州所辖人口在嘉靖年间约13000口左右,加上每户属人,人数相当可观。另外,上述户数内,有一部分蒙古人,但具体户数无从稽考。

零散南迁的女真人,除被安置于安乐、自在州外,还被分散安置于辽东都司下辖之 25 卫中,具体安置情况,在《明实录》内记载颇多,分散于辽东各卫的这部分女真人,因籍隶本部卫所,故其在辽东卫所,乃系"寄籍"之人。《辽东志》所载嘉靖年间 25 卫及辽东都司经历司之寄籍人数达"七千一百二名"②,具体分布如下表:

嘉靖年间辽东各卫等寄籍民人数汇总表

卫名	寄籍民数(名)	卫名	寄籍民数(名)
定辽左卫	126	定辽右卫	180
定辽中卫	337	定辽前卫	330
东宁卫	122	定辽后卫	388
都司经历司	481	广宁卫	43
广宁左卫	174	广宁右卫	66
广宁中卫	50	广宁右屯卫	37
义州卫	747	广宁后屯卫	285
广宁中屯卫	580	广宁左屯卫	490
宁远卫	288	广宁前屯卫	275
三万卫	28	辽海卫	31
铁岭卫	56	沈阳中卫	78

① 《辽东志》卷3《兵食志》,《辽海丛书》第一册,第388、387页。
② 《辽东志》卷3《兵食志》,《辽海丛书》第一册,第387页。按:合计各卫所寄籍民数,实为7102名,并非7109名。详见该书第387—389页。

卫名	寄籍民数（名）	卫名	寄籍民数（名）
海州卫	513	盖州卫	519
复州卫	382	金州卫	496
人数合计		7102	

表中"寄籍民数"与各卫所属马队军、步队军、屯田军、煎盐军、炒铁军分别开列，不属于卫所军户，且以"民"区分，知其在应征守边、应徭纳赋方面，亦与军户有别。各卫所记人数，按明代规制，乃成年男丁数，故以每丁有五口之家计算，分布于25卫及都司经历司下的女真、蒙古等寄籍人口当有30000余人。无论是隶属于安乐、自在二州，还是寄籍于25卫等处的女真人，因与本部族有联系及其在明边墙内的特殊身份，导致伊等未被融合，直至明末都保持女真认同，在努尔哈齐统一女真过程中，他们以生活在辽东的女真人的身份，融入到满洲之中。

自永乐年间女真人到南京朝贡开始，就有许多女真头领借朝贡之际，奏请自愿留居京师，明朝从其所请，将部分女真人留居南京。迁都北京后，则有大批女真达官要求留居北京。这些女真达官，有的被分配到南京、北京的锦衣卫内，一为招徕女真归附，二可体现朝廷怀柔抚远，特别是允许许多女真头目之家眷留在京城，则有质子性质，如宣德帝处理掌毛怜卫事都督同知猛哥不花留居京师家眷待遇时所言："留其家属于京者，以系其心。而无以赡之，能得其心乎。其如京官例给之。"①因而，对留居京师的女真人给与优厚待遇，以达到招徕女真人并"慰彼初心，感其族类"②之目的。

另有一些女真人被安置到了福建、两广等地，时间基本是在成化之后。这部分女真人有的是在战争后被发配者，如成化三年（1467）、十五年（1479）两次征伐建州后，将部分俘虏迁至福建、两广。亦有零散南迁之女真人，被安置到两广、福建，如"发郎秃等七十四人编成两广福建"③。究其原因，系明中叶以后，朝廷对女真南迁政策发生变化。到明中叶，女真各部侵边叛明事件增

---

① 《明宣宗实录》卷27，宣德二年四月己巳条。
② 《明宪宗实录》卷220，正统十七年十月甲子条。
③ 《明宪宗实录》卷199，成化十六年正月庚戌条。

多,在处理诸如建州女真叛离事件的同时,明朝官员认为各部女真南移日众,均安置辽东,则积聚既多,难保无虞,宜分散安置,以离其党,认为"分送两广,所以离其党与,此诚抚驭之良法,防微之深意"①,可知当时明朝对女真南迁,以从意在招徕,变为防备。因而,即便同族亲眷,亦执行分别安置的方法,如成化二十一年(1485),安置建州卫宋款赤八之子来投之事,即可窥知其政策之变化,据载:

> 初建州夷宋款赤八来降,授广宁千户。至是,其子舍打古珍率其家人与其姻家佟失勒得等一十九人来降,欲依宋款赤八。辽东镇守等官亦为之请兵部言,各夷以父子、兄弟、叔侄之亲,牵引归附,俯顺其意,固得以夷制夷之道,但狼子野心,非我族类,积聚既多,安保无虞。且旧例多发广东安置。得旨:宋款赤八子、媳、孙女并佟失勒得留广宁,余分置广东等处。②

仅将宋款赤八之子、媳、孙女和亲家佟失勒留在广宁团聚,将其余人安置到广东,乃防止女真人在辽东聚居过多,难以驾驭,养乱召危,或生事端。这种将"新来"与"旧降"分而治之的做法,一直沿用至明末。对于生存边外的女真人而言,南迁后被安置到炎热的南方,实与流刑无疑,故许多被安置到福建、两广者,纷纷请求返回,而得以返回者却罕见史册。与安置于辽东的女真人不同的是,被安置于北京、南京、福建、两广之女真人,许多非属寄籍,而多坐入当地军籍,因生活环境所限,很快便融合于当地民族之中。

从明代各朝实录记载来看,迁移到边墙内生活的女真头领的官职,有指挥使、指挥同知、指挥金事、千户、副千户、百户、镇抚等,其中有的职官系在卫所所得,其南迁后得以保留原职甚至升授,亦有原无官职,但因其地位较高,影响较大,迁至边内后量授给官者。另有笼统记作头目、舍人者,多为各卫所之中下级职官或平民。明朝前期,对初来归附之女真人等实行厚赏,给予土田、居宅、彩币、牛、羊、米、薪及生活日用物品进行安置,对有职位之达官,按明朝职官俸饷之制给予养瞻,其中指挥使至镇抚等官,"岁给俸如其官"③,即按明朝武官品级给予俸禄,对尚无官职而身份、地位较高者量授官职后,依职食俸,这

---

①　《明宪宗实录》卷220,正统十七年十月甲子条。
②　《明宪宗实录》卷271,成化二十一年十月丁酉条。
③　马文升《抚安东夷记》,《清入关前史料选辑》第一辑,第2页。

些内迁的女真官员，成为所谓的"带俸达官"。而对武官无职者，则"月给米二石、岁给大布四匹、棉花一斤八两"①，并派给卫兵一名，以行护卫。伊等若欲回本卫探亲，告知镇守，来去自便，且朝贡袭职，如在本卫，可得朝贡之赏。明前期为吸引女真人等来归，给予优厚的待遇，妥善安置，使前来归附者，生活稳定，因而女真官民人等，纷纷南迁，方有安乐、自在二州及辽东卫所内众多之女真人。达官之袭替，一如在卫所者，由子孙袭替，若达官之职系本卫之职，则袭替卫职，如成化年间，"命锦衣卫带俸达官都指挥使赛弗剌子阿力迭必失袭父原职本卫指挥使，仍带俸"②。若系南迁后升赏之职，则袭替寄籍后所得之职。

迁居辽东的女真人虽可不赋不役，但因女真人善于骑射，故有平日操练、战事随征之义务，此与在卫所无别，卫所之女真人亦有随调出征的义务。《明实录》内有许多操练和出征之记载，如永乐十三年（1415），敕谕辽东总兵官及辽东都司，"选女直官军及舍人、余丁，不限名数，以明年春赴北京操练"③，以备出征。永乐十九年（1421）御驾亲征，敕谕辽东总兵官及辽东都指挥等，"于所属卫分并鞑靼、女直、高丽寄住安乐、自在州官军内，选精锐五千，以七月率至北京"④随征。《全辽志》关于安乐、自在两州军额条下记载："安乐州马操二百六十一，自在州马操三百九十六"，其下附注有："按二州操数，是以见在而言。若稽其昔，数亦倍之。但原系归服之人，故不与定额者。"⑤同纪虽此数字为嘉靖年间额数，但其足以说明，安乐、自在两州有马操名额，伊等虽无差役之名，但有出征、防御、差遣之实。而分散于25卫及辽东都司经历司者，则同军户一样，有被调遣出征之责。

另外，生活于北京、南京等处的带俸达官，亦有从征之责。成化帝继位后，降旨"命两广杀贼阵亡达官南京锦衣卫带俸指挥佥事猛哥帖木儿子狗儿袭升指挥同知、正千户困帖木儿子可可帖木儿袪升指挥使，仍带俸"⑥，并"赐从征两广京营官军银人二两，达官、达军人三两"⑦，可知猛哥帖木儿之子带俸达官

---

① （明）田汝成：《辽纪》，载《辽海丛书》第四册，第2569页。

② 《明宪宗实录》卷63，成化五年二月己亥条。

③ 《明太宗实录》卷171，永乐十三年十二月辛卯条。

④ 《明太宗实录》卷238，永乐十九年六月庚申条。

⑤ （明）李辅：《全辽志》卷2《兵政》，《辽海丛书》第一册，辽沈书社1985年版，第570页。

⑥ 《明宪宗实录》卷11，天顺八年十一月乙亥条。

⑦ 《明宪宗实录》卷14，成化元年二月丙戌条。

狗儿、正千户困帖木儿子带俸达官可可帖木儿出征两广阵亡,抚恤以分别升职,由其子孙袭替,旋由赏赐出征两广官兵,对参战之达官、达军优惠加赏等事,庶可窥得在内地蒙古、女真达官从征之史实。

景泰年间之后,因瓦剌东进、脱脱不花攻辽东以及明朝政局变化影响,女真大量南迁,直接导致对南迁女真人的待遇发生变化,主要体现在以下几个方面:

其一,俸禄减半。景泰三年(1452)八月,被瓦剌军队击溃幸免于难的原建州卫指挥同知木答兀孙海三加、葛林卫指挥佥事沙笼哥、肥河卫指挥佥事兀章哈等南投明朝,伊等之待遇为"俱于辽东盖州卫支半俸"①。同年九月,"命阿资河卫指挥佥事都儿秃子卜里吉纳袭职,并吉河卫指挥佥事都里克等,俱于辽东海州卫支半俸"②。类似之例子,都出现于景泰年间。明朝对受蒙古人冲击而前来归附女真首领,皆以"半俸"安置,与永乐"岁给俸如其官"相比待遇明显下降。

其二,授职减少。景泰年间女真移民中,除袭职情况外,升授者基本仅为头目。头目并不属于官员,永乐时期多升授一般女真人为头目,也是为惠及百姓,给予月米二石的生活之资。而景泰对女真移民大多授以头目,不过是安置生活之计的措施,已无优渥待遇可言。

其三,朝贡减免。永乐、宣德时期,安乐州、自在州达官有每年朝贡的待遇。之所以称待遇,是因朝贡时女真虽要进贡土特产,但朝廷各种赏赐之价值却可得数十或上百倍的利益。至正统六年(1441)时,仍有"辽东东宁卫及安乐、自在二州寄住达官人等,累年进贡,不限时月,多带家人,贪图赏赐"③之局面,朝廷亦以经济实惠换取其政治上的臣服。对女真羁縻卫所官员南迁后仍保留朝贡资格,也是明朝优养南迁女真人之政策之一。但到景泰初年,实录中有关自在州达官朝贡的记载几乎不见。这表明进入景泰年间,朝贡待遇基本被减免。

景泰之后,对安置南迁女真人出现的种种变化,看似与边疆形势恶化、辽东防御压力增大有直接关系,但其背后,实际上是明朝辽东战略发生改变。永

---

① 《明英宗实录》卷219,景泰三年八月戊子条。
② 《明英宗实录》卷220,景泰三年九月丙申条。
③ 《明英宗实录》卷76,正统六年二月戊辰条。

乐帝确立的女真政策,乃欲怀柔女真,使之诚心归附,以为东北屏藩之战略,故对女真人等内外抚辑,待遇优渥。正统年间瓦剌东进,蒙古铁骑踏破女真地区,永乐帝精心构建的羁縻卫所格局遭到严重破坏,明朝也因此一蹶不振。遂自景泰之后,治国者逐渐放弃抚辑女真之策略,转以消极防备为主。明朝放弃积极经营女真地区的战略,促使女真谋与蒙古联合,以及女真内部相互征伐,导致辽东边外动荡不安。辽东肘腋京师,而三面临敌,危害已不仅是辽东一隅,甚而逐渐波及明朝。而对南迁女真人之策的变化,实际与对羁縻卫所的女真人政策变化同步。对女真人政策变化,导致对女真人统治政策从招抚转向镇压,其对明中后期女真社会的发展具有重要影响。

第二节　建州女真

建州女真由元代胡里改部和斡朵里部之后裔组成,其活动范围为兴凯湖以南,辉发河以东一带。明代建州女真的历史可分为三个阶段,第一阶段是明初胡里改部阿哈出、斡朵里部猛哥帖木儿南迁,明朝设立建州卫、建州左卫,一直到李满住、董山被杀之前,乃建州女真的发展时期。第二阶段由达罕等人世袭建州女真首领,到16世纪中期努尔哈齐崛起前,乃建州女真之衰落及恢复时期。第三阶段从努尔哈齐起兵直至统一女真各部,建立爱新国,乃建州女真的强盛时期。经历长达250多年的坎坷历程,终于完成民族统一大业,建州女真人的这段历史,在民族发展史上具有重要史鉴作用。本节主要叙述第一、第二发展阶段的历史,第三阶段将在第四章专章记述。

一、建州女真之源流

建州女真人迁移频繁,且无自身之历史记载,仅有口头传说,故研究建州女真史,需主要依据明朝和朝鲜方面的文献及部分清朝时期形成的追述祖先的文献。

清朝官方史书都认为长白山一带是建州女真人始祖所居之地,乃清朝发祥重地。长白山有山脉名和山名之分,满洲发祥于"白山黑水"之间,无疑是指长白山脉。但在历史文献的记述中,意为山名者更多。长白山乃我国东北地区之最高山,最高峰海拔2691米。长白山的名称在历史上曾有过多次变化,先秦称为不咸山,汉朝称为单单大岭,魏朝称为盖马大山,南北朝称为徒太山,唐朝称为太白山,金朝始称长白山,自古以来即有"神山"之称。1635 年,皇太极在整合满洲时,依据虎尔哈部祖先传说,编制出"三仙女"神话,更加大了长白山的神秘色彩,长白山亦成满洲之发祥地,被清人奉为圭皋,矢志不移,清代之满洲人多称自己为"长白某某",乃将己夸为神山走出之子孙,深信不疑地认为满洲系发源于长白山。而实际建州女真之发祥地,并非长白山和图们江地区,而是在黑龙江中游及松花江中下游一带。

正统十年(1445),朝鲜撰修的《龙飞御天歌》记有黑龙江中游及松花江中下游一带的移兰豆漫(满语 ilan tumen 为"三万"之意),该地女真"则斡朵里豆漫夹温猛哥帖木儿、火儿阿豆漫古论阿哈出、托温豆漫高卜儿阏"等,此句实出自《朝鲜李朝太祖实录》卷 8 太祖四年十二月之记载,反映的是明初建州女真的分布情况,但《龙飞御天歌》于该句下注释为:

> 斡朵里、火儿阿、托温三城,其俗谓之移兰豆漫,犹言三万户也。盖以万户三人,分领其地,故名之。自庆源府西北行一月而至。斡朵里地名,在海西江之东、火儿阿江之西。火儿阿亦地名,在二江合流之东,盖因江为名也。托温亦地名,在二江合流之下,二江皆自西而北流。三城相次沿江。夹温,姓也;帖木儿,名也。古论,姓也;阿哈出,名也。高,姓也;卜儿阏,名也。①

即当地之斡朵里、火儿阿、托温三城,分由万户夹温猛哥帖木儿、古论阿哈出、高卜儿阏分据之。其中斡朵里位于火儿阿江以西、海西江(松花江)以东马大屯一带。火儿阿即胡里改,火儿阿江即牡丹江,二江汇合处之东即今牡丹江与松花江汇合处东依兰等地,而托温位于两江汇流后松花江下游一带。

所谓三万户,据《元史·地理志》所载,在黑龙江女真人的分布地区:

> 元初设军民万户府五,抚镇北边。一曰桃温(在今黑龙江省汤原县固木纳古城),距上都四千里;一曰胡里改(今黑龙江省依兰县喇嘛庙),距上都四千二百里、大都三千八百里;一曰斡朵怜(即斡朵里,依兰镇附近马大屯古城);一曰脱斡怜(桦川县东北宛里古城);一曰孛苦江(今黑龙江富锦县西南古城)。各有司存,分领混同江南北之地。②

---

① 《龙飞御天歌》第 7 卷第 53 章,《奎章阁丛书》第五,1938 年印本,第 166—167 页。
② 《元史》卷 59《地理志二》,第 5 册,第 1400 页。

后只存留三个万户,即斡朵怜、胡里改、桃温,此乃明初三万卫的来由,亦为所谓"三姓夷酋争长"之地。猛哥帖木儿率斡朵里部南迁至朝鲜半岛北部会宁一带后,因仍称所部为斡朵里,故在新迁居之地所筑之城亦称斡朵里城,此乃位于长白山东南部斡朵里城之由来。

万户是元朝的地方官员,元朝规定该官皆世袭。元朝所编之女真军、契丹军、高丽军等与蒙古军不同,属于乡兵,官员皆不出所成地方,因之凡是女真族首领得出任元朝地方官职者,不论是万户,还是千户、百户,都不能调到其他地方做官,只能于所在地世代相袭。猛哥帖木儿曾是元朝所设的五个万户之一,而且史料还记载其父挥厚也曾担任过万户。阿哈出亦是承袭先世之职而任万户的。他们的先世都曾经居住在黑龙江中下游及松花江下游地区。

二、胡里改部

胡里改之称,始于金朝所设胡里改路。据《金史·地理志》"胡里改路,国初置万户。海陵例罢万户,乃改置节度使"①,万户改节度使,乃职官变化,而胡里改路未变,《金史·世宗纪上》记载大定元年(1161)十月,"会宁、胡里改、速频等路南伐诸军会尚书省,奏请以从军来者补诸局司承应人及官吏阙员"②,可知胡里改路军民被征调,并申请为官之情形。元因金制,仍设胡里改军民万户府,至元末至顺元年(1330)五月,有"开元路胡里改万户府、宁夏路哈赤千户所军士饥,各赈粮二月"③之记载,可知此万户府一直存在。元末明初,阿哈出为胡里改万户,明初率部南迁,得设建州卫并任指挥使,其部亦被称为建州女真人,而建州内部胡里改部之称仍得以沿用。

胡里改部女真人系来自金朝以来居住在胡里改路之女真人,该部族在15世纪以前的一百多年中,始终在建州女真人中处于重要地位。明初以该部为核心设立建州卫,并由他们劝说斡朵里部归顺明朝,促进了建州女真和国家的统一。同时胡里改部也涌现出了像阿哈出、李满住、完者秃等对建州女真发展具有较大贡献的人物。但到了15世纪70年代以后,胡里改部在女真人中的势力逐渐削弱,建州左卫势力超过建州卫,在建州女真中居统治地位。

---

① 《金史》卷24《地理志上》,第2册,第553页。
② 《金史》卷6《世宗纪上》,第1册,第123页。
③ 《元史》卷34《文宗纪三》,第3册,第757页。

（一）建州卫世系

朝鲜《龙飞御天歌》中称阿哈出姓古论,而《朝鲜李朝太宗实录》记载:"凤州即开元,金于虚出所居。于虚出即帝三后之父也。"①阿哈出在李朝实录内被写作于虚出,故此可知在朝鲜官书上记载阿哈出姓"金",或为金末之赐姓。《龙飞御天歌》之古论姓氏,未见于《金史国语解》所列姓氏中。"古论"女真语乃"邦""国"之意,非为姓氏。但阿哈出以"古论"冠之,亦可见其家族出身显贵也,或自金代既为女真中之名门望族。

明朝之胡里改部首领,在16世纪后期可追溯八至九代,其中仅仅前七代之事迹可考,且第七代以下世系不清,多靠推测。可考者为:

第一代阿哈出,乃明朝所设建州卫之第一任指挥使,明朝赐姓名李诚善,朝鲜称为于虚出。永乐九年(1411)三月,阿哈出曾率子去朝鲜,这是关于他的最晚的记录,故其盖于是年以后死去,终年70岁左右。

第二代阿哈出子释家奴、猛哥不花。释家奴于永乐三年(1405)赴南京朝贡时被封为建州卫指挥使,永乐八年(1410)随永乐帝北征有功,升任都指挥佥事,获赐姓名李显忠。猛哥不花为毛怜卫指挥使。

第三代释家奴子李满住,正统十二年(1447)任建州卫都督同知,成化三年(1467)被朝鲜军杀害,终年70岁左右。

第四代李满住子古纳哈、都喜(豆里)、柳时哈(伊澄哥)、阿具、甫儿加大(甫罗歹)等及一女儿。明朝于景泰六年(1455)命古纳哈代理都督同知,与李满住同时遇害。甫儿加大联合部众为父复仇,侵扰朝鲜。都喜(豆里)曾任副千户,与李满住同时遇害。女儿嫁给建州左卫都督董山。

第五代有甫当可、雪胡赤、完者秃(达罕)、时波右及二女儿。雪胡赤为都喜之子,与其父同时被害。完者秃亦为都喜之子,成化五年(1469)降袭其伯父古纳哈职,为都指挥佥事,后升任都督,死于16世纪初年,终年近70岁。二女儿,一女为古纳哈女儿,嫁给高甫,一女为都喜女儿,嫁给上万户蒋舍澄。

第六代为完者秃之子女,有弗剌答(包罗歹)、多之哈、撒鲁都(沙之豆)、倭郎、王秋及二女儿。弗剌答曾任都督佥事,死于15世纪末年。撒鲁都于正德十五年(1520)任都督同知,自正德十五年至嘉靖八年(1529)曾多次朝贡。

---

① 《朝鲜李朝太宗实录》卷21,太宗十一年四月丙辰条。

第七代童子系弗剌答子,正德四年(1509)袭其父弗剌答职,为都督佥事。据《明世宗实录》记载,童子最后一次朝贡是在嘉靖四年(1525)三月,无疑其死于嘉靖四年以后。

童子以下世系不清,嘉靖四年以后担任建州卫都督一级官职者为:嘉靖七年(1528)二月朝贡的阿都赤,嘉靖九年(1530)三月朝贡的察哈,同年五月朝贡的兀乞纳,嘉靖十八年(1539)五月被赐祭的纳速,嘉靖二十九年(1550)六月朝贡的卜剌答,嘉靖四十二年(1563)二月、隆庆四年(1570)八月、万历四年(1576)八月、万历五年(1577)十二月、万历九年(1581)九月五次前来朝贡的纳木章,嘉靖四十二年(1563)六月、嘉靖四十三年(1564)六月二次朝贡的木力哈,万历三年(1575)三月朝贡的纳答哈,万历十六年(1588)十一月朝贡的阿台,万历三十二年(1604)六月朝贡的台失等。根据明朝规定的卫所长官世袭原则,上述身为都督的女真人中,可能有建州卫即胡里改部阿哈出的第八代、第九代或第十代的后裔,其中可能性较大的是阿都赤、纳木章、木力哈三人。

建州女真之世系,只能从明朝和朝鲜的文献中爬梳,因此,胡里改及斡朵里部的世系详略便取决于建州女真与明朝、朝鲜之间往来记载之多寡。胡里改部在第七代以前与明朝和朝鲜交往频繁,所以其世系可以考证清晰。但自明中后期之后,由于明朝与建州女真的形势发生变化,记载胡里改部世系的文献越来越简略,其世系便因之难考。

(二)阿哈出父子时期

14世纪后期,阿哈出率胡里改部南迁,由松花江下游依兰附近南迁到图们江沿岸至庆源对面的珲春之间,此即胡里改部女真人在明初的第一次南迁。此次南迁的时间,据《高丽史》洪武四年(1371)二月记载:"女真千户李豆兰帖木儿遣百户甫介,以一百户来投。"洪武二十五年(1392)亦载:"李豆兰(初名豆兰帖木儿),女真金牌千户阿罗不花之子,袭世职为千户。"李朝鲜《龙飞御天歌》中记载猛安豆兰儿,汉名李亦里不花,女真古伦氏,住地在参散。由此可见,胡里改部当于洪武四年既开始南迁,并且已有一部分人迁居至朝鲜半岛北部。至永乐二年(1404)辽东千户王可仁奉命到朝鲜,招抚朝鲜半岛东北部参散、秃鲁兀等处女真地面官民人等,其中就记有参散千户李亦里不花。当时已设置建州卫,指挥使阿哈出与明朝联系甚为密切,从朝鲜半岛北部及其附近招抚 11 处建州女真人，或有完善建州卫所属胡里改部之意。此次招抚得到朝鲜抵制，李朝即派使者去南京申诉，声言"参散千户李亦不花等十一处人员，虽系女直人民，来居本国地面，年代已久。累经胡人纳哈出等兵及倭寇侵掠，凋瘵殆尽，其遗种存者无几。且与本国人民交相婚嫁，生长子孙，以供赋役"，且依据明朝户律规定，"其在洪武七年十月以前，流移他郡，曾经附籍当差者，勿论"，此 11 处女真人前来时间，在洪武七年（1374）之前，因而请求将公崄镇迤南"所据女直遗种人民，乞令本国管辖如旧"①。朝鲜诉求之依据，即认为胡里改部李亦里不花等乃于洪武七年以前迁往朝鲜半岛北部者。此亦可佐证胡里改部南迁时间。

　　部族之迁徙，基本是为了找到自然环境更好，更适合发展的生存场所。当时，胡里改部南迁的路线，系沿忽儿海河（今牡丹江）逆流而上，经过明朝古州站（今黑龙江省宁安县境），而到达南迁目的地——原元朝南京万户府治所一带（今吉林省延吉市东）。阿哈出之所以选择这条南迁路线，是由多种因素促成。其一，14 世纪后期，明朝势力逐渐向东北发展，然当时尚未能控制东北形势。在胡里改部原居地依兰西南地方，还被元朝海西侯阿鲁灰占据，开原北金山一带为纳哈出势力范围，这就使得胡里改部不能沿松花江溯流而上，迫使其不得不沿牡丹江南迁。其二，牡丹江上游古州（今宁安县）镜泊湖一带，以及该河源头潭州（今敦化）一带为嫌进兀狄哈所据，牡丹江东绥芬河流域为南突兀狄哈居住范围，而珲春（眼春）为阔儿看兀狄哈所据。这就使得胡里改部不敢久留此地。其三，造成胡里改部迁居图们江中下游左岸，更为重要的因素是经济上的原因。14 世纪中叶，在东北地区经济上比较发达的地方，当属开原路农安、绥芬河畔旧开原万户府、图们江中下游南京万户府和奚关总管府。其中南京万户府也是元朝重要的交通枢纽，北经谋丹站、石迪站、东祥州站、土罗火站可抵开原万户府，西经谋丹站、峻吉站、阿母站、禅春站等可抵农安，南经蛮出站、蓬苦站、毛良苦站、木吉站、端州站、洪宽站等可抵合兰府。这一带临江濒海，经辽、金、元三朝女真人长期开发，经济较其他地区发达，对此阿哈出大概早有所闻，此乃其最终率部南迁至图们之要因。对胡里改部而言，此处的农耕、渔猎环境及交通、贸易条件，均优越于原住地。

---

　　① 《朝鲜李朝太宗实录》卷 7，太宗四年五月己未条。

胡里改部在设置建州卫之前,朝鲜方面对胡里改认识模糊,并将其与此前居住该地的括儿牙氏兀良哈人八儿逊(永乐三年(1405)设立毛怜卫时任该卫指挥)等视为一体,因而在一段时间内朝鲜文献将胡里改部统称为兀良哈。如洪武二十四年(恭让王三年,1391)七月,李成桂差李必等赍榜文到女真地面图们江等处招谕女真人,当年既有斡朵里、兀良哈万户、千户、头目等前来归附。十二月兀良哈、斡朵里到汉城朝贡并争长,妥善解决后,"太祖享兀良哈、斡朵里于邸,以其诚服也"①。当时朝鲜认为图们江左岸的女真人,风俗特殊,而居住在图们江右岸的女真人,乃渐习朝鲜风俗。尽管当时所谓的兀良哈部与朝鲜人相互往来很多,但仍未见记有"胡里改",且亦无有关阿哈出之记载,直至李朝太祖四年(洪武二十八年,1395)十二月记述女真各部等皆来归顺时,才有"如女真,则斡朵里豆漫夹温猛哥帖木儿、火儿阿豆漫古论阿哈出、托温豆漫高卜儿阕"②之记载,首次出现阿哈出之名。而文献内仍多以"兀良哈"称胡里改部。

至14世纪末,东北地区的女真人第一次大规模迁移已基本结束,女真人开始了重新分布和组合。此时移居图们江流域、朝鲜半岛东北部的建州女真人,以及原来生活于这一地区的女真人,"不相统属,强凌弱、众暴寡"③。当时由于地理上的原因和经济方面的需求,这里的女真人纷纷赴朝鲜朝贡、受职,归附朝鲜,与朝鲜建立了密切的政治、经济关系。明洪武皇帝注意到此问题后,于洪武二十三年(1390)召回王可仁,了解当地情况。王可仁(后改名王倍)乃朝鲜海洋(吉州)副千户王万僧之子,为李成桂潜邸时麾下,靠李成桂提拔,官至枢密。后被辽东都司移文召回。王可仁熟知这一地区女真人的情况,其被召回后,为明朝提供了详细情报,成为此后明朝招抚该地女真及设置卫所之依据。

永乐帝即位后,为加强对东北地区的统治,开始采取措施,加大招抚女真并改变统治方式进程。此前其为燕王时,曾纳胡里改部阿哈出之女为妃,故有"于虚出即帝三后之父"的说法。由于胡里改部与明朝具有姻亲关系,建州故地之女真人无疑倍受重视。永乐元年(1403)六月,永乐帝遣员敕谕诏抚女真

---

① 《朝鲜李朝太祖实录》卷1,恭让王三年十二月条。
② 《朝鲜李朝太祖实录》卷8,太祖四年十二月癸卯条。
③ 《朝鲜李朝太宗实录》卷7,太宗四年四月甲戌条。

吾都里、兀良哈、兀狄哈等。十一月,阿哈出不远数千里来到南京城朝贡,明朝因而首先在女真地区设立建州卫军民指挥使司,以阿哈出为指挥使。建州卫的设立,表明东北女真人与中央政权重新建立了传统的隶属关系,亦使胡里改部女真人进入了新的发展阶段。

自建州卫设置后,胡里改部始终与明朝保持着密切关系,成为明朝招抚女真的助手,设置卫所的典范。永乐二年(1404)四月,明朝派遣辽东千户王可仁前往朝鲜半岛北部招谕参散等11处女真;六月,辽东千户、三万卫千户等赍救谕并赏赐,均到建州卫。十一月,辽东总旗张孛罗、小旗王罗哈到朝鲜,于此宣谕,授予阿哈出建州卫参政之职。永乐三年(1405)正月,明朝千户高时罗奉旨到会宁,赏赐女真人物品;同年三月,明朝千户王教化再次经朝鲜去建州卫。可以说自建州卫设置后,明朝与建州卫联系颇多,多次派人经朝鲜到建州卫,或在朝鲜境内救谕阿哈出,体现了明朝对建州卫之重视。明朝重视建州卫,除姻亲关系,以及将其作为羁縻卫所典范外,更重要的目的是使其招抚绥芬河至图们江广大地区的女真人。明朝相信建州卫阿哈出对招抚女真和维护明朝在该地区统治的作用,因而优赏建州卫并不断扩大其势力范围。永乐六年(1408)三月,忽的河、法胡河、卓儿河、海剌河等处女真头人哈剌等到京城朝贡,明朝遂并其地入建州卫,命哈剌等为建州卫指挥千户、百户。忽的河即活儿河东流后的噶哈里河,法胡河即付儿哈火罗河南流后的卜儿哈兔河(今布尔哈通河),海剌河即海兰河。乃明朝将前来归顺的噶哈里河、布尔哈通河、海兰河三河流域的女真人,均并入建州卫管辖,扩大了建州卫的范围,增加了隶属于建州卫的部族。

阿哈出积极协助明朝招抚诸多女真人,其中最为重要的,当属荐举斡朵里部首领猛哥帖木儿。在明朝给猛哥帖木儿的救谕中,有"前者阿哈出来朝,言尔(指猛哥帖木儿)聪明,识达天道"[①],足见阿哈出对其举荐之功,亦使猛哥帖木儿很快归附,永乐帝甚悦,故永乐七年(1409)七月阿哈出再次到京朝贡时,明朝对其赐赉有加。另永乐八年(1410),阿哈出之子释家奴统率子弟,随永乐皇帝北征鞑靼,以从征建功,将其由建州卫指挥使升任都指挥佥事,赐予汉姓汉名。明朝对阿哈出父子的评价很高,称两父子皆善事朝廷,宣力效劳,

---

① 《朝鲜李朝太宗实录》卷9,太宗五年三月丙午条。

得如此评价,在刚刚归附明朝的女真人中实属难得。

建州卫的设立和阿哈出协助明朝招抚图们江一带女真人之事,引发了朝鲜的不安,所以关闭了与女真在庆源等地的集市,因而发生了永乐四年二月兀狄哈金文乃等寇庆源之苏多老之事。究其起因可发现,"初野人至庆源塞下市盐、铁、牛、马,及大明立建州卫,以于虚出为指挥,招谕野人,庆源绝不为市。野人愤怨,建州人又激之,乃入庆源界抄掠"①,认为兀狄哈人进攻庆源,乃建州卫指使于暗中推波助澜,已将建州卫视为朝鲜之威胁。永乐四年八月,朝鲜吉昌君权近等极力进谏,称:"帝于东隅置建州卫,是扼我咽喉,掣我右臂也。外立雄藩以诱我人民,内加异宠以懈我御侮,其意固难测也。"②痛指建州卫阿哈出对其产生的不利影响,朝鲜将矛头指向建州卫。此后,女真人与朝鲜不断发生冲突,大有愈演愈烈之势。建州卫中的胡里改部畏惧朝鲜对其报复打击,故在阿哈出的率领下,不得不再次向西南迁徙。

胡里改部再次南迁是从图们江迁到辉发河畔的凤州。明朝在图们江流域设立建州卫,建州卫协助明朝招抚女真人为朝鲜所忌,女真人与朝鲜矛盾不断激化,胡里改部的安全受到威胁,盖于永乐四年前后,阿哈出率部南迁。永乐二十二年(1424),阿哈出之孙李满住的部下人曾对朝鲜人言:"吾等在前,于建州卫奉州古城内居住二十余年""原居回波江方州等处"③。《辽东志》亦记:"建州虏营,昔居房州,去边月余程。"④可知该部人概于永乐四年左右迁居凤州。凤州在不同文献上写法不一,或为奉州、方州、房州,乃同音异写。另回波江即辉发江,凤州应位于今辉发江畔辉南县南山城子古城。胡里改部迁居凤州后,永乐四年八月,朝鲜就将留居朝鲜东北镜城女真14人送往建州卫,翌年四月又将6户43人送至建州卫完聚。可知,迁离图们江后,胡里改部与朝鲜关系有所改善,此后该部基本上就居住在凤州一带。

胡里改部迁居凤州后,永乐九年(1411)三月,阿哈出曾率子去朝鲜,这是史料中阿哈出最后一次活动。其子释家奴早在永乐三年(1406)赴南京朝贡时,就被任命建州卫指挥使,至永乐八年(1410)八月,因随征鞑靼建功升授都

① 《朝鲜李朝太宗实录》卷11,太宗六年二月己卯条。
② 《朝鲜李朝太宗实录》卷12,太宗六年八月庚戌条。
③ 《朝鲜李朝世宗实录》卷24,世宗六年四月辛未条;卷25,世宗六年七月乙亥条。
④ 《辽东志》卷7《艺文·韩斌辽东防守规画》,见《辽海丛书》第一册,第456页。

指挥佥事。阿哈出死后,释家奴掌建州卫事。关于释家奴掌卫后的事迹,主要有永乐九年(1411),在其举荐下,明朝任命其弟建州卫指挥佥事猛哥不花为毛怜卫指挥使;十年(1412)六月,根据他的报告,明朝决定发粟赈济塔温新附人民;永乐十一年(1413)、十四年(1416)曾两次亲自去南京进贡方物;十五年(1417),明朝得到其报告后,接纳由颜春地面儿速哥率领的归附家属,并与胡里改部居住一地。释家奴掌管胡里改部十余年,该部人口增长到400户以上。自永乐十八年(1420)以后,史书便不见其记载,亦难考其活动。永乐二十一年(1423),其子李满住率部迁移,宣德元年(1426)三月李满住由建州卫指挥使升为都指挥佥事,袭其父职。根据李满住率部迁移的记载和明朝袭替卫所官员批复时间推断,释家奴当于永乐二十一年左右去世。此后,胡里改部及建州卫女真人在李满住的统率下,进入到一个新的阶段。

(三)李满住时期

胡里改部于永乐二十一年(1423)得到允许该部迁移的敕谕后,李满住率部众迁移至婆猪江流域,自住佟佳江畔瓮村。李满住等大规模迁移的原因,系"因鞑靼军去二月十七日入侵,都司李满住率管下指挥沈时里哈、沈者罗老、盛舍歹、童所老、盛者罗大等一千余户,到婆猪江居住"①。翌年七月建州卫指挥玉古只等向朝鲜报告:伊等"原居回波江方州等处,因鞑靼、兀狄哈侵耗,前年受圣旨,搬来婆猪江等处……都司李满住领军人四百余户,到鸭绿江相距一日程瓮村等处"②。可知鞑靼军入侵、兀狄哈侵扰,凤州附近难以生存,是导致李满住率部迁移的主要原因。李满住所住之瓮村,在以后的朝鲜史料中常常称"兀剌山城瓮村",兀剌山即今桓仁县东北五女山,佟佳江绕其前。兀剌山南面峭壁,由东而北,盘旋可上,山上平坦,山上有一池,山下有旧墙环绕,可进可退。瓮村即在兀剌山南侧。李满住部平时则在瓮村农耕、射猎,战时则以兀剌山为避兵之处。

李满住率部刚刚移居到婆猪江后,先派部下指挥前往鸭绿江畔的小浦里口子,向朝鲜要求粮食及盐酱等物品。李朝得到报告后,向女真人说明该地无仓无粮,只能从朝鲜军人手中收集少量粮食发给女真人,并告知女真人,伊等

---

① 《朝鲜李朝世宗实录》卷24,世宗六年四月辛未条。
② 《朝鲜李朝世宗实录》卷25,世宗六年七月乙亥条。

所提的买卖货物、上京肃拜等请求,如无明朝敕许,不得私自进行。同时选取
"颖悟人"三四名,前往婆猪江地方,探察建州卫迁来后的情况。其后又有建
州卫指挥使玉古只、千户童观音老等到朝鲜边界,请求资给粮食等,足见迁移
后,建州女真出现了粮食短缺问题。翌年正月,李满住部进入到最严重的饥馑
时期,他亲自与部下173人来到江界,另有童修甫答等206人来到闾延,请求
资助粮食。朝鲜发给他们返程时所需的少量粮食,令其返回,另外命令相邻地
方严加防备,以防止女真人抢掠。此后,朝鲜为应对建州卫之人接连到来求粮
一事,决定对于今后前来的建州人,即使携带印信文书,也要向其申明无明朝
圣旨,难以私自交往之情由,禁止朝鲜军民接待与交易,仅发给口粮令其返回。
而因为粮食短缺,造成了建州卫混乱,属下、家奴逃亡及抢掠事件频发,给朝鲜
北部带来了威胁。

　　李满住居住兀剌山瓮村后,向朝鲜求粮乃解决一时之需,得到明朝的信
赖,才是其得以发展的关键,因而,洪熙元年(1425)十二月,李满住为朝贺明
宣德帝登基,使自己入列元旦朝会之列,而亲往北京朝贡。明朝赐给李满住钞
币等物,并将其从建州卫指挥使升任都指挥佥事。李满住在宣德四年
(1429),曾遣人奏请"入朝侍卫",未被明朝准允,理由是"今欲入侍,尤见诚
心,但部曲之众,须有统属,姑留抚下,未可轻来"[1],抑或其被信任程度不够而
被拒,但此后并未影响李满住定期入贡。

　　此外,在得到明朝的信赖后,李满住期待以明朝为中介与朝鲜开设互市,
但该请求被宣德帝否决,并发布敕谕,禁止双方之交往。《明宣宗实录》记相
关内容为:

　　　　建州卫指挥李满住等奏,欲于朝鲜市易,而朝鲜不纳。上遣敕谕之
　　日:朝鲜国王素守礼法,其事朝廷,小心敬慎。不与外交,于理为宜。尔等
　　既受朝廷爵命,亦当禁绝外交,毋纵下人,侵越邻境。若欲市易,听于辽东
　　境上,不尔禁也。[2]

　　嗣后,此敕谕遂成为规定双方关系的重要依据。建州卫从凤州移居婆猪
江,乃期待能与朝鲜进行贸易,而朝鲜则以此敕谕为由回绝,因此敕谕,有明一

---

① 《明宣宗实录》卷52,宣德四年三月丁未条。
② 《明宣宗实录》卷65,宣德五年四月己卯条。

代,建州卫与朝鲜双方未能开启公开的交往。相反,因为不能贸易,使得女真人掠夺越界事件不断发生,导致双方关系不断恶化,直至朝鲜对建州卫等多次兵戎相见。

满浦镇位于朝鲜半岛北部,是朝鲜北部的重要商贸地之一。因该镇距离建州卫女真人居住地较近,故经常受到建州卫女真人及其北部兀狄哈女真人的抢掠。因胡里改部东距朝鲜满浦镇仅200多里,比兀狄哈人近许多,因而朝鲜将掠夺满浦镇者均认为是建州卫的女真人。朝鲜曾于宣德八年(1433)三月、四月两次派人去北京报告,其主要内容是诉说李满住所部掠夺人口、牲畜、财物等情,朝鲜欲以此作为出兵胡里改部的理由,冀以得到明朝政府的默许。

朝鲜一面向北京奏报,一面准备出兵。在使者没有归来之前,于四月十九日,由平安道都节制使崔润德率兵15000名,分兵七路,向李满住的山寨及林哈剌、车余、马迁、兀剌、八里水及林哈剌父母山寨等进行突然袭击。胡里改部遭到沉重打击,计被杀255人,朝鲜俘虏男女248人、抢夺马62匹、牛110头。且朝鲜世宗"传旨平安道都节制使,生擒人内除老幼外,丁壮并令斩之"①,俘虏中究竟有多少丁壮被杀,未见记载。此次被杀者内有李满住之妻,李满住本人"身被九创"后,登山逃避。因无防备,胡里改部各山寨几乎没有交战,大部分人逃避山林之中。按朝鲜之文献记载,因此次出兵的直接诱因,是兀狄哈人抢掠闾延一带,被朝鲜误认为是李满住所为,故此战被朝鲜文献称作"闾延之役"。李满住没有料到,朝鲜认为他是侵扰闾延之罪魁,因而成为这次攻击的目标。斡朵里部猛哥贴木儿在斡木河会见朝鲜宣慰使,谈及此事时说:"婆猪江贼魁,乃林哈剌也,李满住力止之。今其声罪,不分玉石,并行天讨,满住失望。且小人族亲居婆猪江而被掳者,愿善启送还。"②可知朝鲜此次出兵,亦波及斡朵里居住婆猪江之族众。而朝鲜误会李满住抢掠闾延并出兵之事,亦很快清晰,但朝鲜并未承认出兵之误,乃因出兵非为报复闾延被掠,而意在消灭胡里改部势力,使其远离朝鲜,并以此威慑其他部落女真人等。

此事件发生后,朝鲜、胡里改部及毛怜卫女真人等,分别向明朝奏报。辽

---

① 《朝鲜李朝世宗实录》卷60,世宗十五年五月庚申条。
② 《朝鲜李朝世宗实录》卷60,世宗十五年六月辛卯条。

东总兵官巫凯认为,朝鲜擅攻建州卫胡里改部,应给斥责。明宣德皇帝认为"远夷争竞,是非未明,岂可偏听,遽有行遣",故仅敕谕各方,"敕至宜解怨释仇,改过迁善,各还所掠,并守封疆,安其素分"①。朝鲜遵旨交还所掠人口、畜财,此事暂时平息。李满住经此打击后,对朝鲜产生畏惧,一面遣人前往朝鲜通好,并欲送侍卫和朝贡;一面为防止朝鲜再次进攻,将驻地又向北退到兀弥府,朝鲜文献称之为吾弥府、兀儿弥河、吾乙面川、五未河、兀狄府等。据原为李满住部下,后投奔朝鲜的童豆里不花言兀弥府情况为:"过婆猪江,马行一日之程。吾弥府洞,源深流长,其水(指富尔江)南流,合于婆猪江。"②可知兀弥府位于兀剌山北,在婆猪江(佟佳江)支流富尔江上游,今桓仁县拐磨子乡北古城子附近。此处交通便利,沿富尔江可以到佟佳江,由佟佳江向东可抵朝鲜满浦,向南可以到兀剌山,向西北溯富尔江过旺清门可达苏子河上游,到达抚顺。并且,这里土质肥沃,地势平坦,依山傍水,自然条件优越,两岸沃野适于耕种。前引童豆里不花告知朝鲜,在此地居住的还有蒋家都督,乃李满住岳父,其属下人口多于李满住,可知李满住所属之人数,经间延之役后,已不及下属。

胡里改部北迁兀弥府后,与朝鲜的矛盾略有缓和,李满住与朝鲜一度恢复了经济交往。但是,有部分胡里改人执意对朝鲜复仇,袭击朝鲜边界间延等地,使得边界形势又骤然紧张起来。朝鲜派使臣向明朝报告,希望出兵清剿,但明朝未准许朝鲜再次出兵胡里改部。宣德十年(1435)正月十三日,忽剌温兀狄哈女真人2700余骑包围间延城。在朝鲜边将金允寿、李震等人进行的防御下,击退敌方后,于次日发生了小规模战斗。在平安道监司的驰报中,只记录了来犯者为"吾良哈",并未指出部族与卫所名称,因而朝鲜世宗首先怀疑是李满住所为,便召集领议政黄喜等人,商议是否拘押正在王京的李满住使者。当时,朝鲜方面尚不能详细区分兀良哈、胡里改、忽剌温兀狄哈女真人,基本以"野人"统称之,因而,朝鲜认为间延事件为李满住借助忽剌温女真人之报复行动,便顺理成章。宣德十年十一月,朝鲜再次具奏:"建州卫都指挥李满住等稔恶不悛,屡诱忽剌温野人,扰害本国边境。顾行天讨,以慰徯来之

---

① 《明宣宗实录》卷103,宣德八年六月癸未条。
② 《朝鲜李朝世宗实录》卷77,世宗十九年六月戊子条。

望。"①请求再次大规模出征胡里改部,获得明朝准允,据《朝鲜李朝世宗实录》所载:"敕曰:所奏建州卫都指挥使李满住等稔恶不悛,屡诱忽剌温野人前来本国边境劫杀等事具悉。盖此寇,禽兽之性,非可以德化者,须震之以威。敕至,王可严敕兵备。如其再犯,即剿灭之,庶几边民获安。"②朝鲜实际上拿到了随时出兵征伐李满住的尚方宝剑,因而开始筹划再次出兵征讨胡里改。正统元年(1436)又发生兀良哈500余骑到朝鲜边界掠夺之事,明朝亦认为这些人是受李满住指使,然李满住实不知此事。他在此事发生后的第二天,还派部下指挥金纳奴等四人代表李满住去朝鲜进献土产。朝鲜却向胡里改部发出最后通牒,实际上正在筹备出兵胡里改部之事,具体何时出兵,只是时间问题。正统二年(1437)九月七日,朝鲜集结完军队,以平安道都节制使李葳为首,率领军7800余,分三路进攻兀弥府、瓮村、兀剌山等地。朝鲜军到达兀弥府时,李满住事先已经得到消息,女真人或向西逃往苏子河流域,或躲避山中。朝鲜军此次出征,并未能到达预期目的,但未及时逃走的女真人,仍有60余人被杀害。李满住虽向朝廷奏报此事,以求明朝公正评判,指责朝鲜之侵略行为,但明朝给李满住的答复是:"朕惟朝鲜国与尔接境,尔能睦邻通好,彼岂贼害无辜。况角力争强,甚非保境安民长策。尔继今宜遵守法度,钤束部属,各守尔土,毋相侵犯,以称朕一视同仁之意。"③谕令胡里改人不能前往报复。其名为一视同仁,实存华夷之分,乃将朝鲜视为中华一体,而将女真作为不可教化之外夷。此后,部分胡里改人开始对朝鲜实施报复,当年十二月十一日,有数百名女真人出现在朝鲜碧团口子,焚烧木栅。朝鲜知碧潼郡事辛晋保为此率数十骑渡江追击,却损兵一半,虽然被知昌城郡事金自雍所救,但碧潼副万户许惟刚被女真人俘虏。世宗担心再生事端,下令禁止沿边诸将出击,并治罪辛晋保等。并且,因得到李满住等要袭击朝鲜的消息,朝鲜将前往北京的使臣,由靠近婆猪江的东八站旧路,改为剌榆寨之新路前往,并增派大量军队护送。甚至诰令平安、咸吉两道沿边各处官民,禁止一切境外狩猎活动。

正统元年(1436)闰六月,在朝鲜军进攻兀弥府之前,胡里改部就感到朝

---

① 《明英宗实录》卷11,宣德十年十一月壬辰条。
② 《朝鲜李朝世宗实录》卷71,世宗十八年二月癸丑条。
③ 《明英宗实录》卷39,正统三年二月戊寅条。

鲜的威胁,以躲避忽剌温侵扰为由,李满住向明朝请求迁往辽阳、草河方面,辽东总兵官巫凯奉旨勘察办理此事。然未及办理,胡里改部再受到朝鲜军的袭击,迁移辽阳之计划搁浅。此后不久,李满住率部迁居苏子河流域灶突山附近。其后李满住派其部下指挥赵歹因哈向明朝具奏迁移缘故,称"旧住婆猪江,屡被朝鲜国军马抢杀,不得安稳,今移住灶突山东南浑河上,仍旧与朝廷效力,不敢有违",对此命下礼部、兵部议得:"浑河水草便利,不近边城,可令居住。"①朝廷同意了李满住移居苏子河流域,灶突山即今烟筒山,流经此山北麓的浑河,今称苏子河,流经东麓的河流,被称为嘉哈河,李满住所住即今辽宁省新宾满族自治县烟囱山(hūlan hada)东南旧老城一带。此地交通便利,依山傍水,沃野良田较多,适合农耕、渔猎,且距离抚顺较近,对互市贸易亦极为有利。

李满住移居苏子河流域后,联络留居斡木河的斡朵里凡察、董山所部。斡朵里部几经曲折,于正统五年(1440)六月在凡察、董山率领下,分别迁至苏子河流域,与李满住同住。同时与胡里改部同住的还有毛怜卫部分女真人。至此,建州三卫的女真人同居一地,迎来了建州女真人的暂时的稳定发展时期,而李满住之胡里改部,则为建州女真之主力。此后虽有变化,但主要的建州女真人一直同住于此,形成了建州女真人融合的早期格局。

胡里改部在苏子河居住大约14年(1437—1451),与斡朵里部同居此地有12年(1440—1451)时间,此十余年,建州女真生活安稳,经济繁荣,整个建州女真之人口得以增加,分散之部众陆续集中到李满住周围。永乐二十一年(1423)胡里改部初迁佟佳江时,大约有1000余户。宣德八年(1433)朝鲜第一次进攻胡里改部,胡里改部被杀、被俘约500余人。胡里改部遭此沉重打击,"婆猪江野人流离四散,其余存者无几"②,胡里改部众被打散,一时难以得知其人口情况。至正统二年(1437)胡里改部居住兀弥府时,跟随李满住的人口情况为:"大率建州之众,老弱妇女共五百余,而正兵则不过二百。"③同年胡里改部西迁苏子河,人口不过千人。正统五年(1440)凡察、董山率300余户来到苏子河。俟景泰二年(1451)胡里改部离开苏子河迁回兀剌山之前,"满

<hr />

① 《明英宗实录》卷43,正统三年六月戊辰条。
② 《朝鲜李朝世宗实录》卷64,世宗十六年五月乙巳条。
③ 《朝鲜李朝世宗实录》卷77,世宗十九年六月戊子条。

住管下一千七百余户,充尚、甫下吐管下共六百余户"①,可知当时李满住管下人口已达 1700 余户,如果一户按 6 口计算,大约是初迁苏子河人数的 9 倍,按人口增长规律,这些人口不可能为十余年的自然增长人口,因而其中多数为原来被打散的人口,复聚集到首领周围。董山、甫下土(凡察子)管下人口也已达 600 余户。建州女真由分散到集中,人口聚集、增多,壮大了力量,使李满住成为建州女真的首要人物。

胡里改部居住的苏子河地,在地理上与明朝辽东人居住地更为接近,距离抚顺关不过百里,从而胡里改部与明朝交往日益频繁。在李满住的推荐下,明朝又任命许多胡里改部女真人为建州卫所官员,这些人去京朝贡,有一部分人愿居辽东,明朝给予优厚待遇,成为建州卫属的寄籍达官。正统七年(1442)正月,李满住由建州卫都指挥金事升任为都督金事,二月发给李满住的敕谕,首先肯定了李满住父祖对明朝的忠顺,告诫其"宜益顺天心,永坚臣节……宜深体朕心,善抚部属,以守御边境"②,并将李满住保奏的指挥同知答剌兀男、锁罗干等 20 人,悉升袭官职,同时为李满住查找通晓女真文字之人,可以窥知李满住当时令朝廷满意之状况。翌年,因兀良哈三卫活动猖獗,欲侵犯辽东,李满住即刻派人报告,明朝遂命令辽东地方官严加戒备。正统十二年(1447)李满住升为都督同知,并准备随明军攻打驻扎于西拉木伦河的瓦剌未果。此10 余年间,胡里改部与明朝相安无事。

土木堡之变后,许多女真人纷纷侵扰明朝边境,明朝边将认为此为李满住等所卫,系欲依蒙古而反叛明朝,使得胡里改部与明朝关系随之日趋紧张。景泰元年(1450)六月提督辽东军务左都御史王翱等奏请,以海西、建州李满住、剌哈等人,累次入境掳掠,拟调官军分为三路,先剿灭李满住、凡察、董山三寨,然后发兵问罪海西。景泰帝指示王翱等,"度量事机,如其可图,分兵攻剿。否则慎勿轻举"③。明朝随时要征伐李满住等。翌年二月,王翱等再次具奏明,历数李满住等罪行,欲出兵建州三卫。得旨:

敕辽东提督军务左都御史王翱并镇守总兵参将等官曰:得尔等奏建

① 《朝鲜李朝文宗实录》卷 9,文宗元年八月甲戌条。
② 《明英宗实录》卷 89,正统七年二月甲辰条。
③ 《明英宗实录》卷 193,景泰元年六月癸未条。

州三卫贼首李满住等奸诈百端,方送还人口,又纵贼虏掠。尔等欲选摘精锐马步官军,往近边驻扎,省谕满住等,将所虏人口,尽数送回,军前报罪。如或展转延调,就便相机征剿。今悉准奏。敕至,尔等务在筹议停当,计出万全,不可轻易忽略,有误事机。①

明朝与胡里改部的军事冲突,达到一触即发的程度。明朝调兵遣将,磨刀霍霍,李满住等不可能不知。另外脱脱不花军队袭击海西诸卫,随时亦有进攻建州三卫住地之可能,李满住等不得不逃至山林躲避,在如此险恶的形势下,李满住开始筹划东迁,率胡里改部离开烟突山附近,返回婆猪江之瓮村。在朝鲜史料及以往的研究中,多将此次李满住率胡里改部迁移,归结为脱脱不花袭击海西女真所带来的威胁,而忽略了明朝随时要出兵消灭李满住之因素,当综合考量之。

李满住迁居婆猪江一带地方后,鉴于以前与朝鲜往来的惨痛教训,谨慎地与朝鲜相处,胡里改部与朝鲜的关系有所改善。但明朝不允许朝鲜与李满住发展友好关系,而是欲与朝鲜一道,遏制李满住部之发展。景泰二年(1451)十月发给朝鲜之敕谕,即可见明朝离间二者之能事,亦可窥得明朝重视朝鲜,而打压女真之策略,最可体现明朝、朝鲜的华夷之防。该敕谕内容为:

敕谕朝鲜国王李珦曰:近得辽东边将奏,建州野人女直头目李满住,累遣人往王朝鲜界,与婆猪江边堡官司结约而回。其官司又令十月再至,为之启王。朕惟建州诸夷,皆是祖宗以来,设置卫分,升授官职,俾各管束人民,自在居住,所以眷待之者甚厚。而狼子野心,背义忘恩,乍臣乍叛,谲诈百端。况李满住等素与王国仇隙,今一旦通好往来,此必假以投顺为名,窥伺王国虚实,然后招引他寇,乘间肆侮,其为王国之患无疑。王宜戒敕边堡官司,严慎堤备,如彼遣人至边,果无衅端,则惟拒而勿纳,有则擒之解京,庶免后患。朕当为王赏有功者,王其慎之,慎之。②

朝鲜国王得此谕令,无疑需忌惮明朝,但为了边境安稳,仍暗中与胡里改部联络、贸易。另外,当时建州女真地方及朝鲜半岛北部发生严重水灾,许多女真人不得不到朝鲜边界求粮,朝鲜方面量加给予,使李满住及其属下颇为感

---

① 《明英宗实录》卷201,景泰二年二月丁亥条。
② 《明英宗实录》卷209,景泰二年十月丁亥条。

激,李满住借此亦有进一步投靠朝鲜为生之意,故多次遣其子李豆里、古纳哈、阿具、伊澄哥等出使朝鲜,朝鲜颇为重视,均予以隆重接待并厚赏。

胡里改部终于在李满住的率领下,离开居住了 14 年的苏子河畔,还居兀剌山瓮村。在迁移过程中,胡里改部再次被分散,聚集于李满住周围者比较少。再次迁移瓮村 10 年后,其周围之人仍远不及在苏子河畔之时。至成化元年(1465)十月,朝鲜探得李满住住处的情况为"平原无草木之地。子八人,曰古纳哈、豆里、阿具、甫罗歹、毛屎那、多非那、刘时哈,一人名不记。凡子孙二十余人,管下不过三百人,马四十余匹,古纳哈领之。家无畜积,不足则取食于管下"①。以此实力,不足与明朝、朝鲜抗衡,因而设法取得临近之朝鲜信任。并于迁移当年,即归还所掠之人,遣使入京贡马谢罪,且年年如期遣使,唯恐得罪明朝。景泰六年(1455),李满住奏请以其子古纳哈代其职,得到明朝准允,李满住让位之举,无疑为消除明朝对胡里改部之疑虑,以便保全该部。但建州女真与朝鲜发展关系,被明朝指责。而建州女真为了求得安稳之地,获取与朝鲜的贸易机会,仍暗中前往朝鲜朝贡。恰于景泰六年,朝鲜世祖李琈即位,其对女真人实行积极的招徕策略,认为"大抵野人,一以仰中朝,一以仰我国……彼既不废事大之礼,我当抚以字小之义"②,也欲将女真等纳入其统治之下。因对女真人实施优厚的招抚政策,吸引女真人纷纷前来,其中李满住之子至汉城者,屡见史册,如朝鲜世祖二年(景泰七年,1456)二月,以李满住之次子李豆里为首的建州三卫分别遣使至王京,世祖亲往勤政殿,接见李满住之子李豆里等 31 人,在宾厅馈赠。二月十三日,世祖亲往庆会楼下,接受李豆里等 39 人觐见,赐酒并赏给豆里、阿具、秦羊每人鞍马一匹。李豆里将李满住感到咸吉道上京之路的"道途遥远",如开通平安道旧路,即使在农忙期也要来朝之意转达于世祖,恳请重开平安道的上京路线。世祖答应商议开通道路一事,让他等到秋季再次来京。李豆里、阿具等人于二月二十三日回国。两年之后,建州卫的李豆里、王三哈、赵都乙于等 7 人来到朝鲜。世祖亲自赏赐,赐给李豆里米 15 石,隔日又亲往庆会楼下,召见李豆里等 7 人,令他们观看"射侯之仪",赐给李豆里彩缎衣、扇子、油纸席。在李豆里等滞留朝鲜期间,李满住

① 《朝鲜李朝世祖实录》卷37,世祖十一年十月丙戌条。
② 《朝鲜李朝世祖实录》卷12,世祖四年四月庚午条。

另外一子伊澄哥又到达满浦、请求上京。世祖提示要按前例将随从人数限定在五六人后,再送至京城。这也是朝鲜出于李满住子嗣众多,如各带数十名随从来朝,会使驿路疲敝的考虑。但因这时正值李满住向朝鲜表示强烈修好意愿的时期,世祖因此又做出限定人数要适度,勿阻其归附之心这样的指示。伊澄哥在世祖四年六月二十六日到达王京、进献土物。李满住一子未回,一子又至,可见胡里改部与朝鲜交往之密切,亦反映李满住欲依附朝鲜以求自保之现况。

受到李豆里、伊澄哥赴朝鲜朝贡的推动,建州女真开始频繁到朝鲜朝贡。仅天顺二年(世祖四年,1458)七月,见于记载的就有:二十五日,有凡察之子甫下土等7人来朝;二十六日有李满住之子李阿具来朝并进献土物;二十七日有董山与罗郎可遣使来朝、进献土物;二十八日李满住之子李古纳哈派随从来朝;八月七日,李古纳哈、李阿具均被李朝授予知中枢院事之职,世祖赐给他们彩缎等物,还委托伊等给李满住带去所赏赐的绸绵、麻纻布及席子,李满住二子于八月十八日辞离王京汉城。李满住还在同年八月,另外派人致书朝鲜,通报忽剌温兀狄哈百余人在朝鲜边境的动向,提醒朝鲜兀狄哈可能进犯,可见双方关系友好程度。

受到建州诸卫首领等纷纷赴朝之推动,周边各地女真人亦经平安道前往汉城朝贡,给平安道居民带来沉重压力。为缓和此压力,世祖与姜孟卿、申叔舟等大臣筹划,决定禁止以下几类人员以外的女真人经平安道赴汉城。可以走平安道者为:李满住、董山及其亲子,凡察之子甫下土、嫡孙罗郎哈,对来报属实应予赏赐者,忽剌温掌印酋长与李满住等人类似者,沈伊里大、沈伊时麻、童于澄巨等,带来大量进献礼物应以诚相待者。走平安道赴朝,要比咸镜北道近且安全。即便如此,李朝世祖还诏谕平安道都节制使具致宽等,提醒边臣在李满住、董山及其族人途经平安道来朝时,告诫途经州县确保防御,以保证使者沿途一路诸事无虞,可见朝鲜对建州女真等前来朝贡之重视。

胡里改部与朝鲜恢复并发展友好关系,引起明朝不满,并遣员到建州女真地区察访。天顺三年(1459),明朝遣武忠、佟成赍敕书到建州,指责伊等叛离明朝、归顺朝鲜,谕令建州三卫首领:

> 近者边将奏报,尔等私往朝鲜,见其国王,俱得赏赐而回。且尔父祖以来,世受朝廷重职,保守境土,未曾与朝鲜私通。何至于尔,辄为此举。

今特遣人赍敕谕尔,尔宜自省。如无此事则已,果有此事,尔其速改之。如彼招引尔去,尔当拒绝,不可听从。毋或贪图微利,以贻后悔。①

警告李满住等不许至朝鲜朝贡,更不能受官。同时,敕谕朝鲜国王李瑈,指责其招徕女真朝贡,并授予官职之事,

> 彼既受朝廷官职,王又加之,是与朝廷抗衡矣。王以为除官给赏,依本国故事。此事有无,朕不得知,纵使有之,亦为非义。王因仍不改,是不能盖前人之愆也。王欲和邻保境,理固宜然。而除官给赏,事实未当。王之明达,岂不自知……自今以后,王宜谨守法度,以绝私交。恪秉忠诚,以全令誉。庶副朕训告之意。②

检索明历朝实录,其中发给朝鲜之敕谕,在在皆是,但鲜有如此措辞激烈者,可知朝鲜对女真人给赏授官之事,引起明朝震怒。朝鲜不敢得罪明朝,世祖改变继续招徕女真人之策,并且,朝鲜为防止女真人侵扰边境,反而开始考虑实行出兵女真,彻底消灭其势力,以防后患的策略。其出兵对象,无疑是被其视为较有实力的胡里改部和当时与朝鲜对立的毛怜卫赵三波的势力。

面临朝鲜改变对女真策略的李满住,意识到朝鲜将对女真地区出兵的可能,因而设法取信朝鲜,为朝鲜通报兀狄哈人欲抢掠朝鲜的消息,并从中转圜,消解朝鲜与毛怜卫赵三波之仇。在朝鲜造船备战,集聚兵马之时,李满住劝赵三波投降朝鲜,但被朝鲜拒绝,亦得罪赵三波,导致胡里改部陷入危机之中。成化元年(1465),胡里改部得知朝鲜要出兵女真,并分8路进攻建州的消息,掌管建州事务的建州卫都督同知李古纳哈上奏明朝,"探知国王收集人马,要分八路入建州抢杀报仇"③,明朝为维护君臣关系,禁止朝鲜出兵建州。朝鲜暂停调遣军队,推迟出兵日期,但朝鲜已经箭在弦上,致使李满住等处于极度紧张之中,春秋登山而避,曾一度移居山林,并欲求明朝保护。但此十余年间,因女真人不断侵扰边内,明朝对李满住亦不满,怀疑系李满住勾结其他地方的女真人所为。

导致明朝与胡里改部关系紧张的原因,主要因为女真人不断侵扰边堡,难以如期朝贡。特别自成化帝继位后,改变了女真的朝贡政策,限制朝贡人数,

---

① 《明英宗实录》卷301,天顺三年三月甲申条。
② 《朝鲜李朝世祖实录》卷17,世祖五年七月戊戌条。
③ 《朝鲜李朝世祖实录》卷35,世祖十一年三月戊午条。

引起女真人不满,抢掠明朝边堡事件激增,尤其是成化二年至三年(1466—1467),以建州左卫(或毛怜卫)多郎哈为首的 800 余名女真人,自朝鲜半岛北部吾音会(今斡木河)出发前往辽东,进攻鸦鹘山、佛僧洞、通远堡、碱场堡、威远堡、靖远堡等处,击杀明朝大量官兵,导致"自开原以及辽阳六百余里,数万余家,率被残破。近遣都督武忠往彼招抚,已及数月,而虏之来贡者略无忌惮,在边者寇无虚日"①。因多郎哈等抢掠者到辽东路过了建州卫之地,故明朝认为此等抢掠实践皆为建州女真所为,命令辽东镇守总兵、巡抚等官,对建州女真严加防范,并筹划拘押赴京朝贡之董山等,出兵全面清剿建州女真。三年(1467)五月,明朝任命左都御史李秉提督军务、武靖伯赵辅佩靖虏将军印,充辽东总兵官,往辽东调兵征讨建州女真,同时,命令朝鲜出兵助剿。九月二十四日,李秉、赵辅分左右哨出征建州女真,分别由抚顺关和浑河口出境,直趋老城,建州女真据险迎战,其中一部分人逃往深山。明军杀建州女真人 638 人,俘虏 246 人,夺取女真人所掠汉人 1165 人。与此同时,朝鲜派遣中枢府知事康纯等统兵万余人,渡鸭绿江、佟佳江,攻破兀弥府诸寨,杀李满住及其子李古纳哈、李豆里、孔甫罗等 386 人,俘虏 30 余人,夺得牛马等牲畜 200 余头只,焚其村寨房屋 195 所。胡里改部及建州女真,遭到沉重的打击。

自永乐二十一年至成化三年(1423—1467),实际掌管建州卫事长达 40 余年之久的李满住,为了保存胡里改部,发展建州女真实力,游离于明朝、朝鲜之间。但因为胡里改部在建州女真中势力较强,影响颇大,因而李满住成为明朝、朝鲜的眼中钉,并将其他女真的叛离事件,归罪于胡里改人,因而李满住时期,为防止朝鲜攻击胡里改部,他多次迁移,作为明朝建州卫都督,甚至暗中归顺朝鲜,但最终仍惨死于朝鲜军队之手,乃明朝、朝鲜自恃中华,不允许"夷人"发展势力,以防对其产生威胁所致。尽管如此,李满住一生致力保存并发展胡里改部实力,并使建州三卫女真人同处一地,促使建州女真成为统一的整体,对东北东南部的开发及对建州女真的发展之贡献,功不可没。

成化三年之役后,明朝一方面设法恢复对建州女真的统治,一方面实施李秉、赵辅设堡筑墙的建议,加强军事设施,以防建州女真报复,明朝进一步完善辽东边墙的建设。在抚顺以南,"自抚顺而南四十里,设东州堡。东州之南三

---

① 《明宪宗实录》卷 44,成化三年七月甲子条。

十里,设马根堡。马根之南九十里,设清河堡。清河之南七十里,设碱场堡。碱场之南一百二十里,设瑷阳堡。烽堠相望,远近应援,拓地千里焉"①。成化五年(1469)于抚顺以北开拓柴河堡抵浦界60余里,增立烽堠,疏通河道,又改设镇北、清阳二堡。十六年(1480)前后设汤站堡。自此辽东边墙规模已备,每堡驻扎守军500左右,加强了对边墙沿线的守卫管理,故明代边墙不但起到防御建州女真之作用,还将剥夺了原来建州女真人渔猎之所,故明人自得谓之"拓地千里"。而朝鲜方面,为防止女真人报复,不敢全部撤兵,直至翌年,"去秋征建州军士三千余人,仍留平安道防戍"②,后又严格整饬平安道军备,积极防御,拉拢毛怜卫等返回故土,但建州诸卫仍担心朝鲜的军事打击,断绝与朝鲜联系十余年。

(四)完者秃时期

完者秃,乃李满住次子李豆里之子。因阿哈出被赐"李"姓,故其后世子孙之名,有时冠"李",故在明朝、朝鲜之记载中,或写作李完者秃。李满住及其子古纳哈、豆里、孔甫罗之死,给胡里改部和建州女真造成重大损失。李满住之孙完者秃承袭祖业,挑起统领胡里改部之重任。从成化五年(1469)被明朝任命为都指挥佥事,掌管建州卫事后,调整了与明朝和朝鲜的关系,整顿了内部,胡里改部得以逐渐恢复,从此进入了缓慢的发展阶段。

在成化三年战役中,虽然胡里改部在明朝和朝鲜的夹击下遭到了致命的打击,仍有许多女真人逃避山林,得以幸存,但因冬季缺粮少屋,使许多建州女真人处于水深火热之中。在如此悲催境遇下,为了生存,他们意识到必须臣服明朝。成化四年(1468)三月,建州三卫遣指挥阿鲁力哈等四人赴北京朝贡,请求照旧开设衙门,恢复原有机构,送还所房之人等。翌年七月,又有建州女真人向明朝请求完者秃等各袭父伯之职,朝廷授完者秃为指挥佥事,令统束本部人民,朝贡如常,再犯不贷。胡里改部女真人随之纷纷去京朝贡,请求袭其父职,明朝准袭父职,或依例降一级授职。成化六年(1470)正月,建州卫、建州右卫遣三百人赴京贺岁朝贡,乃两卫正式恢复与明朝正常朝贡、贸易关系之象征。当年两卫官员纷纷遣人入贡并求得袭替。至成化八年(1472),一年内

---

① 《辽东志》卷7《艺文·韩斌辽东防守规画》,见《辽海丛书》第一册,第456页。
② 《朝鲜李朝世祖实录》卷45,世祖十四年三月甲子条。

建州入贡人数已达 1200 余人,恢复到成化之前的规模。

在完者秃等力主与明朝恢复关系的同时,在建州女真人内,有一批人力主为李满住等报仇,李满住第四子李甫儿加大(朝鲜史料亦写作"甫罗歹""甫乙古大"等),即该群体的核心人物。甫儿加大母系忽剌温兀狄哈,其妻亦为忽剌温人,因而其与忽剌温人有亲缘关系,可以统领部分建州女真人并联络忽剌温兀狄哈人为父报仇。关于甫儿加大复仇行动较早记载,为成化四年(李朝世祖十四年,1468)以后的朝鲜王朝实录中有"李满住子娶妻居海西卫者,请本卫及毛怜卫兵,要往朝鲜报复"①"李满住子甫古大云,闻朝鲜使臣押马往中朝,欲伏兵马于西路,杀害人马""今闻满住之子甫古大,不知大义,归怨我国,潜谋报复"②等,可知李满住等系被朝鲜军队所杀,甫儿加大等的复仇对象,首先是朝鲜。而朝鲜已将其视为危险对象,受到随时监视。

甫儿加大自身的势力并不强大,据载:"李满住子甫乙加大部落,八九家,壮男十五名。"③如此微弱的实力,无疑难以对朝鲜实施复仇,因而其呼吁建州女真一起起来复仇,并从其亲族忽剌温兀狄哈借兵。朝鲜人侦得,"蒲州李满住子甫乙加大,以贵国杀其父,征聚管下人,且请兵于火剌温兀狄哈,待冰合将寇于闾延、江界等处"④,足证甫儿加大是依靠忽剌温兀狄哈的势力,进行复仇之举的。朝鲜得此情报,一边驰报辽东都司,一边于平安道、永安道筹集兵马,准备与辽东都司兵马合击甫儿加大,但史料内未见实战记载。成宗年间,朝鲜收到女真人大量攻击的记载,是数年之后。成化十年(朝鲜成宗五年,1474)十二月二十二日,"建州卫野人约三千余骑,突至本国平安道理山镇,抢掠野处人畜"⑤。翌年正月二十三日,女真人围攻昌洲镇,当天之天气情形,雾暗且雪,咫尺莫辨,无法确定来攻军队之人数。当月二十五日,女真人 4000 余骑包围碧潼镇。二十九日,女真人 3000 余名突入长城进入碧潼、松平里,烧毁人家。同日又有女真 1000 余骑袭击碧潼郡城,焚烧"空家"四五处。当时尽管朝鲜无法确认来寇者之身份,但据"永安道观察使金瓘驰启曰:李满住子甫乙

---

① 《朝鲜李朝世祖实录》卷 45,世祖十四年三月壬戌条。
② 《朝鲜李朝睿宗实录》卷 5,睿宗元年五月甲辰条。
③ 《朝鲜李朝成宗实录》卷 7,成宗元年八月癸丑条。
④ 《朝鲜李朝成宗实录》卷 8,成宗元年十一月壬辰条。
⑤ 《朝鲜李朝成宗实录》卷 52,成宗六年二月丁亥条。

加大聚兵千余,欲于二月十五日间,寇平安道诸镇,因城下野人密报也"①,可知当时甫儿加大参与其中,经过数年之发展,甫儿加大纠合之部众及所借援兵规模可观。关于甫儿加大攻击朝鲜及其兵力的情况,成宗谕令中有云:"建州之贼,于前年十二月二十二日寇理山,今正月二十三日寇昌洲,二十五日寇碧团,退屯于距碧团十五里之地,或曰三千余骑,或曰四千余骑,或曰八千余骑,以此观之,虽不至八千,又不下三四千,实非小贼。李满住种落才数百耳。必是并左右卫普花秃、董山种落,又请兵于诸种也。"②可见朝鲜知道甫儿加大之兵,系由建州三卫复仇者及毛怜卫、忽剌温兀狄哈女真人组成。甫儿加大以非掌卫官员的身份,能聚集如此多之复仇之人,亦表明当时建州女真人内部出现严重的分化趋势。

从成化十年末至次年正月,遭受一连串袭击的李朝政府,向明朝礼部移送咨文、报告"满住党类"来袭,请求明朝向建州卫等,"戒饬本贼戢兵守分,刷还所抢人畜"③,否则朝鲜将出兵征伐。明朝答应令辽东总兵官派人前往建州女真等处,省谕大小头目人等,告诫伊等立即悔改,将所掠人畜送还朝鲜,但禁止朝鲜再次征伐女真。成化十一年(1475)四月七日,辽东总兵官奉命派谙晓女真语之通事二名赴建州卫,告诫完者秃等须"释怨止戈,安居守分。将原抢人畜,退还朝鲜,永相和好",且于十二月令建州卫朝贡使马你哈等省谕掌印都指挥完者秃等,"各要保守疆土,安分牧放"④。因当时明朝并未受到女真人攻击,所以并无出兵建州卫的打算,故而只是进行告诫。但辽东总兵官既然告诫建州卫首领李完者秃,无疑认为完者秃对统率部下负有责任。受到告诫的李完者秃命令建州卫指挥马你哈、建州左卫指挥张卜、建州右卫指挥阿鲁哈等人不要袭击朝鲜,并派此三人赴明朝廷奉答敕书。尽管李完者秃冀以希望明朝得知袭击朝鲜之事与己无关,但明朝或者朝鲜方面均认为其有不能约束部下之责。

成化十二年(1476),都察院右副都御使陈钺巡抚辽东,其一改以往治辽策略,对女真人采取强硬政策,将女真朝贡、贸易政策复做严格规定,导致女真

①　《朝鲜李朝成宗实录》卷52,成宗六年二月丙戌条。
②　《朝鲜李朝成宗实录》卷52,成宗六年二月壬午条。
③　《朝鲜李朝成宗实录》卷52,成宗六年二月丁亥条。
④　《朝鲜李朝成宗实录》卷64,成宗七年二月乙未条。

人寇边、掠夺之事增多,给辽东带来混乱。对此,陈钺具奏"建州三卫夷虏,虽名为屏蔽,而叛服不常,得利则朝,失利则寇"①,请求出征建州女真,得到准允。成化十四年(1478)二月,陈钺亲率大军出边袭击建州三卫,攻破村落53个、烧毁房屋200余座、斩首200余级、得马102匹与诸多兵器而返。另据当时朝鲜方面记载:"甫乙加大等十人到卧致安云,我等领兵千余骑辽东作贼,掳得人畜回兵时,中朝军士五万余兵根寻追逐,当夜挟击,我军尽数被杀,仅十余人躲脱。"②可知此次出兵,遇到甫儿加大之兵,将其消灭殆尽。此事未见明朝记载,但此后甫儿加大之势力衰落,管下四散,家人稀少,其本人也于成化十五年(1479)闰十月被"家人"所杀。胡里改部基本纳入完者秃麾下。

此役之后,明朝仍如以往,敕谕安抚女真人等。兵部左侍郎马文升赍谕令敕书到抚顺,将完者秃及左卫都指挥脱罗(董山之子)、右卫都指挥卜花秃(凡察之子)等250余人召集前来,宣谕抚慰,敕谕内容为:

> 尔等父祖及尔自永乐以来,朝廷赐以近地,开设卫分,授以官职,递年朝贡,累受赏赐,今却忘恩背义,时来犯边。已尝遣总兵等官领兵抵巢征剿,聊示朝廷大法,俾知警畏。仍念尔父祖屡曾效顺,部落中间,有善有恶。须令各卫头目,明白开报。其中有为恶犯边者,所虏人口,尽数送还。朝廷体上天好生之心,悉宥其罪,许其仍来朝贡,照旧宴赏。若招安之后,犹稔恶不悛,再来犯边,朝廷必调大军问罪,此时追悔莫及。③

马文升遵此御旨,亦欲对建州女真实行安抚策略。得到安抚的建州三卫女真首领,自认为得到朝廷谅解,自此控制抢掠,便可以安稳生活。但同年六月,太监汪直携御旨到辽东,参劾马文升直至下锦衣卫狱,辽东仍执行陈钺之镇压女真之策,限制朝贡、贸易,再次引发女真抢掠事件频发。镇守辽东官员等具奏,请求再次大规模征讨建州女真,得到准许。

成化十五年(1479)十月,明朝军队抚宁侯朱永统率15万大军,分兵五路,出抚顺关,半月抵达女真人住地,杀死695人,俘获486人,破405寨,获牛马千余头只,盔甲军器无算。朝鲜亦奉命出兵一万进剿,但仅有部分军队进入建州女真地界,斩首50余级,掳获22名,焚烧所见房屋而返。此次明朝军队

---

① 《明宪宗实录》卷173,成化十三年十二月乙卯条。
② 《朝鲜李朝成宗实录》卷92,成宗九年五月乙亥条。
③ 《明宪宗实录》卷176,成化十四年三月辛未条。

虽有报假冒功之嫌,但所过之处,焚烧房屋,屠杀路遇之人,仍给建州女真带来一定损失。大多数女真人虽闻讯逃至山中,避免大量被屠杀,但对明朝出尔反尔,再次征伐,充满仇恨。明军撤回后,大量建州女真开始实施报复行动,相继有瑷阳、清河堡及刺榆寨、沙川等处被袭击,朝鲜朝贡使团在开州地面(今凤凰城)遭到 2000 余骑女真人袭击,有 30 余人、230 余匹马及驮运物品被掠走。朝鲜因之请求出兵征伐,被明朝制止未果。但明朝为了确保朝鲜贡道畅通,下令以军马 1000 驻守凤凰山,又在凤凰山东北至瑷阳之间修筑墩台 13 座,在通远堡东南至沿江之间筑墩台 22 座,凤凰城以西 60 里的斜烈站筑一堡命名镇东堡,在斜烈站西北 60 里的新通堡以南修筑一堡命名镇夷堡,各驻军马 500名,以为凤凰城之声援。同成化三年之役后一样,明朝在十五年之役后,在东八站沿线加强了军事存在,进一步压缩了建州女真的活动范围。

成化十七年(1481)明朝派遣通事到建州女真,追索朝鲜被掠财物。当年八月,建州卫都督完者秃回应明朝遣通事到建州,派部下甫忽答等 18 人赴北京贡马请罪。朝廷命完者秃可依期朝贡,勿生疑虑,建州卫与明朝恢复了正常的朝贡、贸易关系。翌年,朝鲜平安道官员报告,"建州卫都督李完者秃,即达罕,遣指挥使李买驴印信呈文,到满浦镇,请由平安道入朝,且请边邑互市"①,完者秃派属下指挥使李买驴到满浦镇请求入和互市,意在试探与朝鲜恢复关系的可能性。当得知朝鲜要其亲自前往后,其遣子李巨右等赴汉城,得到厚遇。李巨右回来后,又遣子多之哈等 5 人赴朝鲜献土宜,得到鞍马衣服等赏赐。同时,建州左右卫亦遣人赴朝鲜,修复了与朝鲜的关系。

此后,完者秃努力维持与明朝、朝鲜的关系,按期赴北京朝贡,年年遣子到汉城进献土宜。完者秃取得明朝信任,建州女真又迎来了一段稳定发展时期。成化二十年(1489),"建州卫都督完者秃等累上书言,建州左卫都督董重羊,忠顺效劳,实无反叛情罪,谪戍福建,乞宥之还"②,其可在成化二十年之前多次上书奏请从福建放回建州左卫都督董重羊,一可见其得到明朝信任,具有具奏之权,二可窥得,完者秃在建州三卫中仍具有领袖地位,故仍在照管建州左卫之事。至弘治六年(1493)在建州女真首领难以约束部众时,朝鲜对三卫首

---

① 《朝鲜李朝成宗实录》卷 142,成宗十三年六月癸亥条。
② 《明宪宗实录》卷 250,成化二十年三月戊子条。

领的评价为："建州酋长达罕(完者秃)稍有知识,余皆迷劣,不能禁戢麾下,以致作耗"①,可见当时完者秃在建州女真中仍有较高威望。弘治十年(1497)朝鲜派遣所谓"三卫敬差官"童清礼一行到达完者秃住处,受到热情接待,完者秃告知童清礼,定要约束部下,禁止掳掠朝鲜,"自今若有作耗者,不须起大军,只遣裨将命我辈搜捕,则当尽力捕之,以付官军"②。完者秃严厉督促部下人等,归还之前所掠朝鲜人口,控制本部之人外出掳掠。完者秃努力维系与明朝、朝鲜的关系,使七零八落的建州女真及胡里改部改邪,免受攻击,求得一时安稳,并得以缓慢发展。另外,从童清礼此行分别访问了建州三卫的报告中可知,当时掌建州左卫事都督脱罗,居住地距离完者秃居住地仅80里,右卫都督甫下土的居住地临近左卫,即在弘治十年(1497)左右,建州三卫的首领都生活在佟佳江(婆猪江)流域,建州左右卫亦并非在苏子河流域。史料中仅见李满住从烟突山迁居婆猪江的记载,但未见董山、凡察子孙亦迁居婆猪江的史料,抑或受成化年间战事影响,为躲避明朝攻击,三卫迁居一处,抱团求生。在此前的成化十九年(1483),完者秃之子李多之哈赴朝鲜进献土宜时,在朝鲜礼曹谈及建州三卫居住地时云:"中卫位于吾乙面江之间,右卫在吾乙面下面,左卫位于愁曹会,居辽东北……中卫至右卫为三日程,至左卫为二日程。"③据考证吾乙面江即今富尔江建州卫在富尔江中游,右卫则在富尔江下游至五女山一带,左卫之愁曹会为愁许山城,在今缺石岭下,均属于佟佳江流域。

尽管胡里改部在成化年间频受打击,但在成化十九年(1483),完者秃麾下"有甲胄实军二千,其余甚多"④,具有较强实力,在建州三卫中处于强势地位。完者秃时建州卫已经有冶工,其铁产于忽剌温地区(建州卫以北三、四日程)其甲胄用铁制作。完者秃有嫡子5人,即弗剌答(或作卜剌答、甫罗歹)、多之哈(多乙之介)、撒鲁都(沙乙豆)、倭郎、王秋,另有庶子2人。继承其位者,为长子弗剌答,弘治十四年(1501),"赐建州卫都督佥事弗喇答

---

① 《朝鲜李朝成宗实录》卷282,成宗二十四年九月丁未条。
② 《朝鲜李朝实录》之《燕山君日记》卷28,燕山君三年十月乙亥条。
③ 《朝鲜李朝成宗实录》卷158,成宗十四年九月戊戌条。
④ 《朝鲜李朝成宗实录》卷158,成宗十四年九月戊戌条。

祭,从其父致仕都督完者秃请也"①,可知此前完者秃已经致仕,弗剌答继为都督佥事,掌管卫事。但其早逝,完者秃为子有赐祭之请。从朝鲜的史料中可见,弘治十一年(1498),完者秃等三卫首领提出到朝鲜的请求,可知弗剌答或在此后被任命为都督佥事并掌管卫事。正德二年(1507),《朝鲜王朝实录》内尚有完者秃与朝鲜交往之记载,盖代其子主管本卫事务。直至正德四年(1509),"命建州卫舍人童子袭其父弗剌答职,为都督佥事"②,知完者秃之孙,得以袭替父职,掌管卫事。此后至嘉靖年间,童子亲自或遣人赴京朝贡之记载不断,但嘉靖年间,出现一卫多督的形象,建州的都督,除童子外,见诸《明世宗实录》者,另有阿都赤、察哈、兀乞纳、卜剌答、张成、也隆哥、撒哈答、纳速、木力哈、呐木章等10余位,是否仍以童子掌管卫事,亦难稽考,但可以肯定的是,一卫多督的出现乃卫所制度衰落之表现,至嘉靖年间,建州三卫走向消亡,逐渐合为一体。而对外交往所需印信,至努尔哈齐时期仍在使用。

完者秃掌管建州卫40余年,继承于危难之时,为求胡里改部之生存,其不得不约束部下,屈曲于明朝、朝鲜夹缝之间。但他不但保护了胡里改部的势力,对保护建州左右卫的斡朵里部亦尽职尽责,成为建州女真人之依赖。完者秃后期,胡里改部势力逐渐衰弱,斡朵里部势力逐渐增长,最后终使两部混合而一,建州女真沉寂数十年,至16世纪中叶,居住在苏子河和佟佳江的建州女真人王杲和王兀堂,又称霸一方,建州女真再次活跃起来。而王杲、王兀堂出自何卫,属于哪部,已难稽考,此乃胡里改、斡朵里融合之体现也。

三、斡朵里部

斡朵里之称,来源于元代所设斡朵怜万户。明初为招徕女真,探察女真人住地时得知,"辽阳至佛出浑之地三千四百里,自佛出浑至斡朵怜一千里,斡朵怜至托温万户府一百八十里,托温至佛思木隘口一百八十里,佛思木至胡里改一百九十里"③,前引朝鲜《龙飞御天歌》内有"斡朵里地名,在

---

① 《明孝宗实录》卷173,弘治十四年四月庚辰条。
② 《明武宗实录》卷48,正德四年三月丙午条。
③ 《明太祖实录》卷142,洪武十五年二月壬戌条。

海西江之东、火儿阿江之西",可知明初斡朵怜万户位于海西江(松花江)东、火儿阿江(牡丹江)以西,距佛出浑(珲春)1000里,至胡里改万户500余里之处,谭其骧《中国历史地图集》将其定位于今依兰县西之马大屯,学界尚有争议。

明朝初年,斡朵里部南迁至图们江流域后,居住于珲春及朝鲜半岛北部一带,后辗转迁移到苏子河流域,与胡里改部同居一地。受明朝、朝鲜军事影响,胡里改部东迁后,一部分斡朵里人亦随之迁移,建州三卫的首领仍居住较近,但更多的斡朵里人仍居住于苏子河流域。16世纪以前,斡朵里部在建州女真中的地位仅次于胡里改部,以后斡朵里部地位逐渐上升,终于在16世纪前期占据了主导地位。在斡朵里部频繁迁徙的历史中,曾出现过像猛哥帖木儿、凡察、董山、脱罗、卜花秃、罗下等著名人物。他们作为明朝卫所的掌卫官员,一生致力于管辖所属女真人,处理与明朝、朝鲜的关系,在夹缝中保存并发展斡朵里部,对建州女真的发展具有一定的促进作用。

(一)斡朵里部世系

朝鲜史料称猛哥帖木儿姓夹温,或言夹温乃夹谷氏,《金史国语解》释夹谷汉字为"仝",亦写作"佟"或"童"字。金代夹谷氏中有世宗朝名将夹谷清臣,乃胡里改路桓笃人,即辽代五国城部之一的越里笃人。辽代五国城部,金代胡里改路辖区,大体上包括黑龙江中下游及松花江下游广大地区,其中五国城及胡里改路治所,是女真人聚居之地。金朝任用胡里改路人夹谷清臣为尚书左丞,后升为平章政事,又封为芮国公,同时赐同本朝人。由于夹谷清臣是金代胡里改路的贵族,当地部众多袭用夹谷姓氏。延至明朝初年,在明朝和朝鲜的大量史料中,将猛哥帖木儿及其子孙冠以"佟"或"童",在正式文书中多称作童猛哥帖木儿等。在朝鲜,一直认为建州女真人的族系为:"兀良哈(胡里改)乃野人中平民,斡朵里乃大金支裔也。"[①]即斡朵里系大金皇族支系后裔,盖非虚传。

在斡朵里部的传说中,始祖是布库里雍顺,而真正有事迹可考的祖先乃元代万户挥厚,容绍(官名)包哥系其同父异母兄弟。挥厚之妻是金伊(官名)甫

---

① 《朝鲜李朝实录》之《燕山君日记》卷50,燕山君九年九月辛巳条。

哥之女也吾巨,生子猛哥帖木儿。后来也吾巨继嫁包哥,又生子凡察等。挥厚子孙为建州左卫人。猛哥帖木儿于永乐四年(1406)被授予建州卫都指挥使,永乐十年(1412)初,分设建州左卫,猛哥帖木儿为左卫都指挥使,后又升为右都督。宣德八年(1433)十月被杨木答兀等所杀,终年60余岁。其有四子,乃阿谷(权豆)、董山、秦羊、绰颜。阿谷在宣德八年十月与其父同时被害,留子马波。董山于正统二年(1437)十一月继任建州左卫都指挥使,天顺二年(1458)二月升任为右都督。成化三年(1467)被明朝杀害,终年六七十岁。其有二子,脱罗(土老)、知方哈。脱罗于成化五年(1469)继任建州左卫都指挥同知,正德元年(1506)去世,终年60余岁。脱罗子脱原保(大彰可)正德元年四月任都督佥事。脱原保以下具体世系不清,自嘉靖以后,《明实录》内建州左卫都督出现10余位,有方巾、章成、撒哈、松巾、干黑纳、古鲁哥、伏答失、柳尚、胜革力、王忽、安台失、来留住、松塔、蟒子、疼克等名,其中定有脱原保之后裔,以方巾、柳尚、松塔为近。

　　清代对斡朵里部世系的记载与明朝及朝鲜史料有出入。《清太祖实录》所载斡朵里部建州左卫世系如下:布库里雍顺一子范察,其孙为孟特穆。孟特穆二子,长名董山(充善)、次名褚燕。董山三子,长名妥罗、次名妥义谟、三名饧宝齐篇古。饧宝齐篇古一子福满。福满六子,长名德世库、次名刘阐、三名索长阿、四名觉昌安、五名包朗阿、六名宝实。六子别居六处,各立城池,被后世称为六祖。德世库三子,长名苏赫臣代夫、次名谭图、三名尼阳古篇古。刘阐三子,长名陆虎臣、次名马宁格、三名门图。索长阿五子,长名李泰、次名吴泰、三名绰奇阿注库、四名龙敦、五名飞永敦。觉昌安五子,长名礼敦、次名额尔衮、三名界堪、四名塔克世、五名塔察篇古。包郎阿二子,长名对泰、次名棱敦。宝实四子,长名康嘉、次名阿哈纳、三名阿笃齐、四名多尔郭齐。觉昌安第四子塔克世有五子,努尔哈齐、穆尔哈齐、舒尔哈齐、雅尔哈齐、巴牙喇。与《明实录》所载猛哥帖木儿后裔之名字,无论是汉字写法,还是女真语音译方面,皆多有不同。

　　挥厚之妻也吾巨改嫁包哥。挥厚之弟包哥有六子,吾沙哥、加时波、要知为原配所生,于虚里、于沙介、凡察为也吾巨所生。凡察与猛哥帖木儿为异父同母兄弟,凡察及其后裔为建州右卫之人。于虚里有一子所老加茂,所老加茂有子四人,即清周、阿亡介、清礼、清智。凡察于宣德七年(1432)三月任都指挥佥事,正统七年(1442)二月增设建州右卫,升任凡察为都督同知,掌右卫事,景泰二年(1451)去世,终年70余岁。其有三子,阿哈塔(阿下大)、卜花秃(甫下土)、罗下。阿哈塔有一子纳郎哈。卜花秃于成化六年(1470)八月任都指挥同知,成化二十年(1484)升为都督,正德二年(1507)去世,终年84岁,其有一子尚哈。朝鲜人称罗下为都督,为右卫副首领,其有二子,罗吾章、沙吾章。纳郎哈于景泰二年(1451)四月任都督同知,天顺三年(1459)六月任右都督,与董山朝贡时同时遇害后,由尚哈任都督。以后世系不清。《明实录》记载,尚哈以后建州右卫任都督者6人,即嘉靖二年(1523)五月升牙令哈为都督佥事,嘉靖三年(1524)五月升阿哈刺为都督佥事,嘉靖七年(1528)三月都督察哈答朝贡,嘉靖二十九年(1550)六月都督真哥朝贡,万历元年(1573)七月赏赐都督佥事八当哈,万历三年(1575)六月都督同知恭孙野里倪被准许袭父祖职。建州右卫也仍有一卫多督现象,但较建州卫、建州左卫为少,其中牙令哈、真哥或为尚哈后裔。

(二)猛哥帖木儿时期

猛哥帖木儿曾任元朝斡朵里万户府的万户。14世纪中叶,黑龙江兀者人南下,猛哥帖木儿开始南迁,该部由依兰南迁,先留居绥芬河流域旧开原,又迁居到珲春,后来才到朝鲜吾音会。据永乐三年(1405)四月猛哥帖木儿在朝鲜东北吾音会对前来招抚的明朝使臣王教化言:"我等顺事朝鲜二十余年矣。"①可以推算其迁居朝鲜东北庆源、镜城地方,当在洪武十八年(1385)以前。有关移住朝鲜时猛哥帖木儿的年龄问题,据其所言:"且予无职少时,蒙太祖招安,支给农牛、农器、粮料、衣服,许于斡木河居住。"②可推测其当时尚未成年,年龄应在15岁以下。其移住时的人口数并未见直接记载。至永乐三年,《朝鲜王朝实录》里有"猛哥帖木儿、答失等并管下一百八十余户,见居公崄镇迤南镜城地面"③,按每户7口计算,总数为1260人左右,此为居住于猛哥帖木儿周边的斡朵里人,其余地方另有多少部众,难以稽考。

---

① 《朝鲜李朝太宗实录》卷9,太宗五年四月乙酉条。
② 《朝鲜李朝太宗实录》卷9,太宗五年六月癸酉条。
③ 《朝鲜李朝太宗实录》卷9,太宗五年五月庚戌条。

斡朵里部世系图

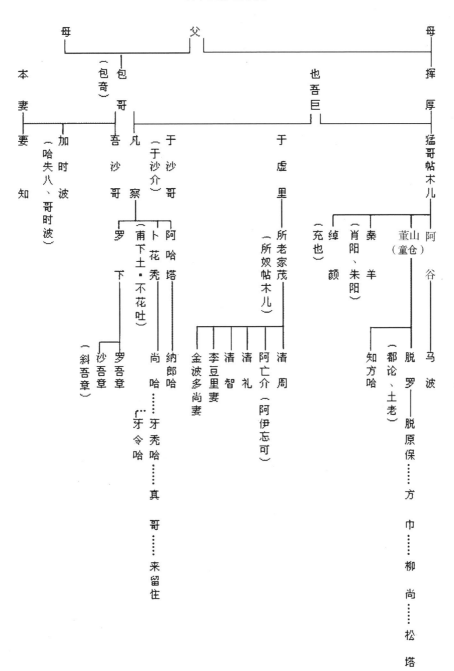

本图引自［日］河内良弘:《明代女真史研究》,第45页。其中童仓改为董山。

斡朵里部的迁移系沿牡丹江南下,然后东进绥芬河流域。永乐三年(1405)三月,明成祖敕谕中有东开原、毛怜等处地面万户猛哥帖木儿的记载,可知明朝将猛哥帖木儿作为东开原等处地面之万户。东开原即指元代开元路治所开元城一带地方,绥芬河中上游,今黑龙江省东宁县一带,此乃原斡朵里部居住之地,后因兀狄哈侵扰,迁到图们江流域。据《东国舆地胜览》记载,"训春江源出女真之地,至东林城入于豆满江,斡朵里野人所居"。训春江即珲春河,为图们江支流,珲春在图们江左岸。此后,一部分斡朵里部人渡图们江,迁居朝鲜半岛北部庆源、镜城一带。迁移原因,朝鲜人认为"猛哥帖木儿等始缘兀狄哈侵扰避来,地到本国东北面庆源、镜城地面居住当差"①。而在当时,朝鲜半岛铁岭北部一直属于女真人的居住地,洪武二十一年(1388),朝鲜"钦蒙太祖高皇帝圣旨,准请公崄镇迤北还属辽东,公崄迤南至铁岭,仍属本国"②,促使朝鲜北扩,同时亦积极招徕女真,欲将其纳入朝鲜管辖之下。洪武二十四年(1391)高丽恭让王派遣官员宣慰斡朵里等部女真人。翌年(1392)春,斡朵里、胡里改部女真人到高丽朝贡,受到隆重接待,被授予万户、千户、百户之职。同年,高丽、朝鲜王朝更替,直至洪武二十八年(李朝太祖四年,1395)闰九月,"吾都里上万户童猛哥帖木儿等五人,来献土物"③,出现猛哥帖木儿到朝鲜的最早记载,职位系"上万户"。次年(1396)正月,猛哥帖木儿仍至朝鲜朝贡,得到厚赏。或许因受斡朵里部首领前来朝贡之影响,李朝太祖加紧推进向北扩展领土计划,当年十二月,任命奉化伯郑道传为东北面都宣抚巡察使,派往朝鲜半岛东北部,令其除奉安园陵外,"缮完城堡,以安居民。量置站户,以便往来。区划州郡之境,以杜纷争。整齐军民之号,以定等级"④,即开始对该地区推行有效统治。很快于翌年(1397)二月,李朝改编北部州郡县,安边以北、青州(北青)以南地区设为永兴道,端州(端川)以北、孔州(今庆兴)以南地区为吉州道,皆由东北面都巡问察理使节制。此外又设置吉州道察理使、端州知事、镜城郡知事、庆源府使、甲州知事等职官,又决定在各州府郡县以及各站路设置官吏,确定人员数目,并整改了北部驿站。令郑道

① 《朝鲜李朝太宗实录》卷9,太宗五年五月庚戌条。
② 《朝鲜李朝太宗实录》卷9,太宗五年五月庚戌条。
③ 《朝鲜李朝太祖实录》卷8,太祖四年闰九月己巳条。
④ 《朝鲜李朝太祖实录》卷12,太祖六年十二月庚子条。

传改建庆源(孔州,今庆兴)古土城之城基,修筑石城。四月,命"输端州以北州郡军饩一千石于庆源府,又泊兵船十艘于豆满江,置新翼万户府于庆源府之界"①,乃朝鲜借斡朵里首领等朝贡之机,越过明朝规定的公崄岭之界,成功将统治区域推进到图们江边,而新修之庆源城,一时成为掌控朝鲜半岛北部的中心。

朝鲜太宗继位后,仍积极推行招徕女真之策。永乐二年(李朝太宗四年,1404)三月,猛哥帖木儿等到汉城朝贡,李朝对其一行分赏官职和财物,"以吾都里猛哥帖木儿为上护军,崔也吾乃为大护军,马者者、童于何朱、童于何可各护军"以及司直、副司直、司正等官,一行返回时,猛哥帖木儿"留其弟及养子与妻弟侍卫"②,留子弟充做侍卫,乃女真人留作质子以示归附之体现,猛哥帖木儿等为自身利益及本族安宁,实际已经成为李朝任命之职官。同年十二月二十日,永乐帝派使臣高时罗来到朝鲜半岛东北部的吾音会,前来招抚猛哥帖木儿,但猛哥帖木儿不听明朝使节宣读圣旨,而以明朝未在"吾都里卫"这一受谕人姓名上书写万户官职为由,拒绝从命。抑或其认为已在李朝受职,距离朝鲜较近,对李朝的经济依赖较强,故而却之。

李朝闻此讯后,于永乐三年(1405)正月,即遣大护军李愉前往吾音会赏赐猛哥帖木儿等,并"赐童猛哥帖木儿庆源等处管军万户印信一颗、清心元十丸、苏合元三十丸",还赏赐了"吾都里万户崔也吾乃"③酒肉米衣靴笠等物,以拉拢斡朵里部。随即,李朝太宗对大臣言及猛哥帖木儿,认为"此人东北面之藩篱,卿等其图之"④。当得知明朝使臣王教化赍敕要前往吾音会招抚猛哥帖木儿时,朝鲜方面先行遣上护军申商前往吾音会面谕猛哥帖木儿,劝说其不要听从明朝使臣王教化之命,须矢志不移,归附朝鲜。因而在四月明朝使臣王教化等初到吾音会,再次招抚猛哥帖木儿时,其按朝鲜指示,不肯迎命,言称"我等顺事朝鲜二十余年矣。朝鲜向大明交亲如兄弟,我等何必别事大明乎",以体现其"不变素志,仰事朝鲜无二心"⑤。此应为李朝对其诱引所致。

---

① 《朝鲜李朝太祖实录》卷13,太祖七年四月己亥条。
② 《朝鲜李朝太宗实录》卷7,太宗四年三月甲寅条、壬戌条。
③ 《朝鲜李朝太宗实录》卷9,太宗五年二月己丑条、丁未条。
④ 《朝鲜李朝太宗实录》卷9,太宗五年三月己酉条。
⑤ 《朝鲜李朝太宗实录》卷9,太宗五年四月乙酉条。

在朝鲜李朝积极招抚斡朵里部的同时,明朝在阿哈出的举荐下,亦认识到猛哥帖木儿的重要性,故于永乐二年(1404)遣使臣高时罗前往吾音会招抚猛哥帖木儿,被猛哥帖木儿拒绝。旋即,明朝于次年委派王教化为招抚使,前往招抚斡朵里部。明朝给猛哥帖木儿的招抚敕书内容为:

> 勅谕万户猛哥帖木儿等。前者阿哈出来朝,言尔聪明,识达天道,已遣使赍敕谕尔。使者回,复言尔能恭敬朕命,归心朝廷,朕甚嘉之。今再遣千户王教化的等,赐尔彩缎表里。尔可亲自来朝,与尔名分赏赐,令尔抚安军民,打围放牧,从便生理。其余头目人等合与名分者,可与同来。若有合与名分,在彼管事不能来者,可明白开写来奏,一体给与名分赏赐。故敕。①

该敕书明确题写"万户"官衔,措辞也极其郑重,可以蠡测,其应系吸取之前使节高时罗所赍敕书不周,导致猛哥帖木儿未被招抚之教训。王教化一行先到汉城,于永乐三年四月十五日到达吾音会,敕谕猛哥帖木儿归附明朝,最初猛哥帖木儿按李朝指示,不肯迎命,但经王教化等劝说,于五月接取敕书,收纳彩缎等礼物,决意归附明朝,并决定随王教化等前往北京朝贡。猛哥帖木儿归附明朝的主要原因,如其对朝鲜使者所言:"帝虽谕允,我若此时不入朝,则于虚出(阿哈出)必专我百姓,故不得已入朝。"②即担心若不归附明朝,斡朵里部将被已经归附明朝,并被明朝任命为建州卫指挥使的阿哈出吞并,可谓审时度势,明智之举。李朝得知此事,一面遣使赴北京申诉,一面设法遣人前往吾音会,劝说阻止猛哥帖木儿。明朝得知朝鲜阻挠之事,即宣谕李朝太宗:"昔日东北面十一处人民二千余口,已皆准请,何惜一猛哥帖木儿乎。猛哥帖木儿,皇后之亲也。遣人招来者,皇后之愿欲也。骨肉相见,人之大伦也。朕夺汝土地,则请之可也。皇亲帖木儿何关于汝乎。"③其中所谓"皇亲",乃明朝将猛哥帖木儿视为阿哈出之兄弟,因阿哈出乃皇后之父,按女真习俗,猛哥帖木儿亦为皇后之父辈。李朝不敢违背御旨,遣敬差官曹恰前往东北,面谕猛哥帖木儿随王教化前往南京朝贡。此事亦被明朝指责,在礼部予朝鲜之咨文内有"皇帝已招安猛哥帖木,不因汝国,汝知之乎。汝国言将令猛哥帖木入

---

① 《朝鲜李朝太宗实录》卷9,太宗五年三月丙午条。
② 《朝鲜李朝太宗实录》卷10,太宗五年九月乙巳条。
③ 《朝鲜李朝太宗实录》卷10,太宗五年九月己酉条。

朝,此汝国之奸轨也"①等语,朝鲜遂罢阻挠斡朵里归附明朝之事。

　　猛哥帖木儿等终于永乐三年末到达南京,参加永乐四年(1406)贺正。据朝鲜贺正使姜思德所见,"吾都里万户童猛哥帖木等入朝,帝授猛哥帖木建州卫都指挥使,赐印信、钑花金带。其妻也被赏赐幞卓、衣服、金银、绮帛"②等,正式成为明朝职官。此事未载于明朝史料,而仅见于《朝鲜李朝太宗实录》之中。值得注意的是,同条朝鲜史料内记载,明朝同时授予"于虚出参政子金释家奴为建州卫指挥使,赐钑花金带",将阿哈出之子释家奴亦任命建州卫指挥使之职。而当时阿哈出仍为指挥使,猛哥帖木儿是否被任命为"建州卫都指挥使"之职,尚待考证。以阿哈出仍为指挥使来看,明朝授猛哥帖木儿之建州卫职位,不应高于阿哈出。另外,从《明太宗实录》记载此后猛哥帖木儿前来朝贡的职位,多为"指挥使"来看,疑似《朝鲜李朝太宗实录》所载有误。无论其为建州卫都指挥还是指挥,明朝已经将斡朵里部纳入建州卫之中,此后朝鲜亦不再将其称作吾都里万户或庆源万户,而是称作建州卫指挥,认可了其明朝卫所官员的身份,但同时作为对斡朵里部归附明朝的报复,李朝关闭了庆源集市,封锁与女真人的日常贸易。

　　猛哥帖木儿归附明朝后,即奏请永乐皇帝,希望从朝鲜属地召回斡朵里族人。明朝从其所请,于永乐四年命令朝鲜将猛哥帖木儿的亲族完者及其家族护送至建州卫。翌年正月,又令东宁卫千户陈敬携带礼部咨文,要求朝鲜将东宁卫军人全者遂等4491人,及居住在朝鲜境内金线地方之建州卫女真万户佟锁鲁阿及其64名家人,送还明朝,朝鲜因此将居住在镜城地方之佟锁鲁阿等人的家属6户43人,送往吾音会。受此影响,许多非斡朵里部的女真人,也开始往朝鲜半岛东北部迁移,朝鲜严查印信文书,禁止随意往来于摩天岭南北,并禁止朝鲜商人进入摩天岭以北进行贸易,以中断与女真人经济往来之策应对女真人的迁移,使得对朝鲜经济依赖颇重的女真人不得不请求朝鲜重开集市贸易,即使是猛哥帖木儿也于永乐七年(1409)遣人到汉城献土宜,希望与朝鲜恢复经济往来。

　　猛哥帖木儿受明朝招抚后,仍旧居住在朝鲜半岛北部会宁一带地方。当

---

① 《朝鲜李朝太宗实录》卷11,太宗六年正月丁酉条。
② 《朝鲜李朝太宗实录》卷11,太宗六年三月丙申条。

时,兀狄哈、胡里改、斡朵里及毛怜卫等处女真人,与朝鲜时常发生冲突,难与朝鲜有正常的经济交往,加之朝鲜半岛北部灾荒严重,因此,猛哥帖木儿于永乐九年(1411)迁居凤州胡里改部阿哈出之住地,从斡木河地面迁回图们江流域。斡朵里部与胡里改部同住一地后,二部一卫,多有不便,因此明朝于永乐十年(1412),新设建州左卫,此后斡朵里部朝贡如常。永乐十五年(1417)建州左卫指挥猛哥帖木儿奏举其头人卜颜帖木儿、速哥等堪任官职,朝廷命伊等为指挥、千户、百户,使建州左卫职官更加完备。建州左卫之设立,使斡朵里部在行政上,不再从属于建州卫胡里改部,无疑进一步加强了斡朵里部与明朝的联系,便于明朝对斡朵里部的统辖。永乐二十年(1422)十月,猛哥帖木儿随从永乐皇帝出征蒙古,其间奏请将斡朵里部迁回斡木河流域,得到准允。永乐帝回京后颁旨:"猛哥帖木儿所居,在达达军马路边,可于朝鲜地移居。"①明朝恩准猛哥帖木儿所请,允许斡朵里部迁回斡木河地面,系因该地处于公崄镇北部,按洪武二十一年(1388)所定界约,此处尚属于明朝。猛哥帖木儿遂于永乐二十一年(1423)四月先派部属童家吾等27人到庆源府,告知朝鲜官员:

> 我指挥蒙圣旨,许令复还斡木河地面以居。指挥先令我曹率男女二百余名,牛一百余头,送还旧居耕农。仍使朝京,请谷种、口粮,且移境城、庆源官文,我等带来矣。猛哥帖木儿则随后率正军一千名,妇人小儿六千二百五十名,今四月晦时出来。②

先行派至斡木河地面之人,并非为通告李朝斡朵里部奉旨迁移之事,而是前来种地,以解决斡朵里部迁来后的口粮问题。因粮食短缺,没有谷种,不得不向朝鲜求助。从中可以得知,当时斡朵里人口约计7500人左右。

永乐二十一年六月初二,猛哥帖木儿率管下522户,回到斡木河,同时猛哥帖木儿称尚有500户未到。此次迁移,前后三批共1000余户,用了三四个月的时间陆续到达,斡朵里部终于迁回会宁地区。猛哥帖木儿迁回会宁以后,继续与明朝保持隶属关系。宣德元年(1426)正月,其赴北京朝贡,被升为都督金事。宣德七年(1432)二月,委派其弟凡察去京朝贡。宣德八年(1433)二月,猛哥帖木儿亲往京朝贡,被擢升为右都督,成为当时女真社会中为数不多

---

① 《朝鲜李朝世宗实录》卷20,世宗五年六月癸酉条。
② 《朝鲜李朝世宗实录》卷20,世宗五年四月乙亥条。

的高官。猛哥帖木儿时期,一直与明朝保持了良好的君臣关系。

永乐十六年(1418)朝鲜世宗继位,一改太宗时期对外之武力政策,力图在国内增强国力,对外睦邻友好,此政策成为猛哥帖木儿与朝鲜发展友好关系之基础。斡朵里部被遣回斡木河后面临的最大问题,即为粮食短缺问题,因而其在迁移之前,就遣童家吾等持关文前往朝鲜,要求朝鲜接济其部所需口粮。李朝议政府对该关文进行合议,形成以下意见:

其一,李朝政府对童猛哥帖木儿返回斡木河一事表示高兴。

其二,近年咸吉道农业歉收,国库中之米豆量少,只能支给豆稷种 30 石、米 20 石。

其三,如派谢恩使上京,要将人数限定在 5—6 名。

其四,不同意杨木答兀来朝鲜半岛北部居住等项,并送粮到斡木河。

对此,猛哥帖木儿旋即于当年七月派部下也叱大赴朝鲜,对支给谷种、口粮之事致谢,世宗复支给杂谷 100 石,指示以后在对方求粮时,可适当支给杂谷、鱼、盐、布匹等。世宗如此接济斡朵里人,因属于斡朵里部的建州左卫的迁移是奉永乐帝圣旨进行的,朝鲜对其进行救济,乃其对明朝"事大"原则之表现,同时亦为世宗怀柔女真人,推行交邻友好政策之一端。对于朝鲜的资助,猛哥帖木儿等自然心存感激,此后,又多次遣子权豆赴朝鲜进献土宜,权豆甚至向朝鲜提出,希望继任其父朝鲜太宗所授上将军之职,朝鲜忌惮明朝,未对权豆授职,由此可窥知斡朵里部与朝鲜恢复了友好关系。朝鲜对李满住发动闾延之役后,猛哥帖木儿以其亲身所见,为胡里改部鸣冤,与朝鲜交涉,使之送还在婆猪江被俘的女真人,对双方和解起到了重要作用。

猛哥帖木儿迁回斡木河时,有名为杨木答兀者率 500 余人随同前来,因而明朝、李朝有人认为猛哥帖木儿与杨木答兀勾结强掳开原之民,终无证据,故而未加罪于猛哥帖木儿。杨木答兀原本是开原三万卫千户,三万卫是由投降明朝的鞑靼、女真人组成,杨木答兀在三万卫内颇有势力。杨木答兀后因与驻开原达官勾结,骚扰抢掠开原城,不能安居,率管下 500 余户逃到会宁一带。因其为犯罪逃亡,迁移至朝鲜半岛北部斡木河一带未得明朝允许,因而李朝亦不同意其在会宁地区居住。永乐皇帝降谕招抚未果,后复遣员并令朝鲜派官前往招抚,均未达到目的,杨木答兀及其所属成为游荡于朝鲜半岛北部地区的危险势力。

宣德八年(1433)闰八月,明朝派裴俊率160余名官兵,前往斡木河等处招抚随杨木答兀一同逃亡的"漫散官军",猛哥帖木儿等同往协助。在途中,忽遭杨木答兀同"古州(今宁安县东京城)野人(嫌真兀狄哈)"阿答兀等所率300余人袭击。在厮杀中,凡察、权豆等8人协同作战,互有伤亡。猛哥帖木儿收拾人马,与明军迫击到河北,杨木答兀弃马爬上陡峻山崖逃走。十月十九日,杨木答兀纠合各处800名七姓女真人,各披明甲,围住猛哥帖木儿及裴俊住地,放火烧猛哥帖木儿、凡察、权豆及裴俊营寨附近房屋。困至申时,权豆大门被烧毁,杨木答兀等攻破墙垣,杀死猛哥帖木儿、权豆等成年男子,权豆之妻与董山及妇孺,悉数被俘掠走。裴俊领明军奋力杀出,逃到宁北镇(今富宁)。事后,凡察向明朝报告,猛哥帖木儿之死,系杨木答兀、木冬哥、哈当加等纠合七姓野人寇掠斡木河所为。此次变故,斡朵里部受到致命打击,使建州左卫失去核心领袖,并使斡朵里人处理后续问题上产生纠纷,导致势力更加衰落,但同时却为李朝向朝鲜半岛北部拓展势力带来了转机,如李朝世宗所言;"斡木河本是我国之境乡也,童猛哥帖木儿借居其地。今见灭于兀狄哈,其地萧然闲旷,在我不可不作镇以镇之。"①遂于斡木河设镇,欲将该地及在该地区生活的斡朵里部女真人均纳入李朝统治之下。同时实行移民实边之策,"于癸丑冬,移庆源府于苏多老,移宁北镇于阿木河,徙南道之民二千二百户以实之。又募江原、忠清、庆尚、全罗之人以补之,将以轻徭薄赋,以厚其生。练兵养卒,以固边境"②,李朝迁移大量朝鲜人到建州左卫之地,设置府郡,移民开垦,与居住于此的斡朵里等部女真人同处一地,实为排挤并融合女真人之良策,最终导致斡朵里部不得不迁移出朝鲜半岛。

(三)凡察、董山时期

凡察乃猛哥帖木儿异父同母兄弟,在猛哥帖木儿生前,若有兵事,必使凡察领左军,权豆领右军,自将中军,或分兵与凡察,凡察在斡朵里部众中有一定威望。斡木河之役时,其率部分部众助战明将裴俊,并得以幸免于难。按女真各部部长世袭习惯,斡朵里应由权豆承袭,因为权豆与猛哥帖木儿一起遇害,权豆只有养子老胡赤,有人建议让老胡赤统领部众,但因其系养子,亦无明

---

① 《朝鲜李朝世宗实录》卷63,世宗十六年正月丙午条。
② 《朝鲜李朝世宗实录》卷77,世宗十九年五月己酉条。

朝所授卫所官员之职,在斡朵里部没有威望,难以服众。当时从威望和能力方面,唯有凡察堪膺此任,故凡察被推为斡朵里部部长,并掌管建州左卫。凡察掌控斡朵里部后,立即起程前往北京朝贡。宣德九年(1434)二月,其在京朝贡之时,明朝追念其在斡木河率众援助裴俊之功,升任凡察为都督佥事,仍掌左卫事,并得授新颁印信而还,斡朵里部人心稍定。另外,凡察此次朝贡时,奏报斡木河之役始末,请求明朝向杀害童猛哥帖木儿的杨木答兀、木冬哥、哈当加等人及其纠集的七姓野人发兵问罪。但宣德帝却以"彼之相仇乃常事,朕岂应疲中国之力,为远夷役乎"①为由,予以否决,不予派兵征伐,只遣派指挥佥事施者颜帖木儿与建州左卫指挥同知札剌儿等人,携敕书往谕杨木答兀等人,宣谕赦免其罪,令其送还建州左卫人马财产,与凡察释仇通好。可见,凡察此次朝贡,另有奏报建州左卫之难,要求明朝派兵消灭杨木答兀势力,为族人报仇,铲除后患之目的。

　　在斡朵里部遭难之时,李朝立即制定收取斡木河之地的计划。为实施此计划,许多臣工建议出兵斡朵里部,诛杀凡察,将斡朵里女真人彻底纳入朝鲜统治下之建议,终因忌惮明朝,未敢实施,但却在斡木河一带筑城设镇,将宁北镇移至斡木河,派兵驻守,并在此设立会宁都护府,旋又修建会宁府城,开始对该地区进行有效统治。因斡木河在此之前并无朝鲜官衙,故多以吾音会称之。设置会宁府后,此处便被朝鲜改称会宁,而会宁之名,乃取自吾音会之"会"与宁北镇之"宁"字而来。面对朝鲜之排挤,杨木答兀之威胁,建州左卫难以在斡木河一带生存,故凡察继任后即有率部迁移之打算。

　　宣德九年(1434),凡察前往京城时,朝鲜探知其曾到婆猪江李满住家,累日留连,并闻听其欲移居李满住所在之婆猪江,已送人户前往耕作。凡察拟迁移斡朵里部至婆猪江,此与朝鲜北扩领土、收纳斡朵里女真人的计划相悖,同时认为斡朵里与胡里改部同处一地,力量增强,将会给朝鲜带来危害,故朝鲜制定并实施了阻止斡朵里部迁离朝鲜半岛北部之策略,并一时成功地阻挠了斡朵里部的迁移。

　　宣德九年冬,凡察以建州左卫都督身份派指挥李张家赴北京奏闻现状,请求恩准迁移。宣德皇帝得报后,向建州卫李满住以及凡察颁发敕书。颁给李

---

① 《明宣宗实录》卷110,宣德九年夏四月庚申条。

满住的敕书,主要告知凡察奏请全族与百户枣火等 50 家人,欲共同迁至李满住处。而颁给凡察敕书,主要记述了明朝已具悉杨木答兀为主谋,残害建州左卫之事件,塔察儿之前在宣德九年六月来朝时已奏闻此事,明朝已派阮尧民、亦失哈、张童儿等人前往善后。称此类贼徒若仍"执迷不悛,仍复为恶,必发大军剿捕"。至于你等大小官民人等及百户枣火等五十家,见要往建州卫指挥使李满住那里一处住坐,从尔等所便"①。明朝同意了凡察之奏请,准许建州左卫等女真人迁移婆猪江李满住住地。虽然得到敕许,但此次迁移并未实现,原因是部族内多数人并未表示赞成迁移,因而只有部分女真人迁到了婆猪江。"李将家只率东良北接其子指挥月下、及甫乙下接指挥权赤,斡朵里马多多温等,还向婆猪江。凡察则徙居上甫乙下之地。"②此次迁移计划基本落空。

未能迁移的斡朵里部,于宣德十年以后,受到嫌真兀狄哈、忽剌温兀狄哈的的多次洗劫,人口、财产损失严重。同时,李朝出任会宁都护府节制使的李澄玉,对女真人实行严酷的镇压政策,多次建议诛杀凡察,欲将斡朵里部按本国兵丁标准服朝鲜兵役、充当守御城邑之兵丁,乃将斡朵里女真人当作李朝国民驱使,待遇上却以野人视之,导致女真人在此难以为生,许多斡朵里头目对李朝官员言称,"我斡朵里等惮李节制使威严所惧,皆欲徙居远处"③,可知原本不愿意迁移之斡朵里部民,后悔未能迁移,亦决定尽快迁离会宁一带。

正统二年(1437)初,凡察派指挥李兀黑赴北京,陈奏了朝鲜的压迫与阻碍迁移行为,再次表示愿意迁移建州卫,正统帝为此颁布敕谕:

> 命建州左卫指挥李兀黑赍敕谕其头目都督凡察等曰:得李兀黑奏尔等居邻朝鲜,数被其国人侵扰,且言欲遵先敕移建州卫,又被朝鲜沮之。然朝鲜国自先朝恪守法度,事上交邻,未尝违理,恐未必然。诚如尔言,宜迁建州,果复尔阻,具实来闻,朕为处之。盖朝鲜国与尔等皆朝廷之臣,惟睦邻守境,而相和好,是朕一视同仁之心也。尔其体之。④

此道谕令敕书,可以反映出明朝认为建州左卫系与朝鲜相邻而居,并非居

---

① 《朝鲜李朝世宗实录》卷 67,世宗十七年二月丙寅条。
② 《朝鲜李朝世宗实录》卷 68,世宗十七年四月壬子条。
③ 《朝鲜李朝世宗实录》卷 75,世宗十八年十一月丁巳条。
④ 《明英宗实录》卷 27,正统二年二月辛酉条。另《朝鲜李朝世宗实录》卷 77,世宗十九年五月辛丑条内录此敕书更详。

住在朝鲜国内,但认为朝鲜乃遵礼守法之礼义之邦,故所奏朝鲜侵凌斡朵里抑或不实,实乃华夷之防所致。但谕旨内仍允许斡朵里部迁至建州卫,并告诫凡察,若朝鲜复行阻挠,可据实奏闻,并令其须与朝鲜睦邻守境,和平相处。

朝鲜得知斡朵里部欲大量迁移,再次实施阻挠其迁徙的计划。正统皇帝颁给凡察的敕书,于当年五月由李兀黑带到建州左卫。经过建州卫时,李满住率领 50 名部下随行,护送敕书到建州左卫所在地,在凡察处停留数日。李满住前来系为祭奠已故的猛哥帖木儿并与凡察协商迁移婆猪江一事。朝鲜会宁官员得知此事,即出兵欲抓捕李满住。李满住祭奠猛哥帖木儿并准备当晚在权豆家中留宿,但因察觉会宁都护府军队之动向,遂于傍晚离去,迅速返回婆猪江。当晚,会宁都护府军队包围、搜查了权豆家,带走权豆之妻等人进行审讯。此事无疑警告斡朵里人,不许与胡里改人来往,也表明朝鲜将建州左卫之人作为本国之人对待,对其可以任意搜查、抓捕、审讯。另外,朝鲜遣官质问凡察,所奏因何有朝鲜阻挡,不肯放来之言,并威胁凡察:"汝若不改前心,事我不诚,汝无生理矣。汝之七子二女与诸族属皆在此,汝何不爱惜乎。古之将军受命在外,不闻天子之诏,生杀与夺,皆在掌握。汝虽夷狄,岂不知此义乎。"凡察闻此惊愕失色,对天誓言:"予舍此土,顾无去处。满住虽赍圣旨来促,我无移去之意。永世归顺,死于都节制使足下矣。岁月久则当知予之诚伪矣。"[1]为保全家人及族属的生命,凡察向朝鲜表明归顺之意。因朝鲜阻断,凡察之迁移计划再次搁浅。凡察对朝鲜表忠之后,很快带 16 名属下前往汉城谒见世宗,表明心迹。同时向世宗请求,准许其赴北京朝贡之事,世宗告知其能否赴京朝贡非其所能管束之事,由此可知朝鲜在处理建州左卫赴明朝贡的问题上,尚有忌惮,不敢造次。凡察同时提及要与兀狄哈女真人和议一事,提出派兵前往距建州左卫、兀狄哈双方三日路程的平原地带进行和议,请求朝鲜赏赐和议时军士穿的甲胄,得到世宗同意。凡察一行在受到朝鲜 20 余日的款待后,踏上归途。辞行时,世宗赐给凡察衣服、鞍马等,并在勤政殿西廊赐宴,可知朝鲜对凡察违旨放弃迁移,一心归顺朝鲜之事表示满意。在凡察等逗留期间,李朝官员有建议给凡察授予高官者,但世宗权衡利弊,未予采纳。尽管凡察未被朝鲜授职,但就建州左卫首领而言,为了生存,其不得不与明朝、朝鲜两

---

① 均见《朝鲜李朝世宗实录》卷 77,世宗十九年六月乙丑条。

国均保持良好的关系。值得注意的是,处在以明朝为中心的东亚册封体系下的朝鲜,并不被建州左卫首领们认为是与其处于同一层级上的明朝的册封官员,而是将其看作是与明朝处在同一层级上的国家。究其原因,系明朝将朝鲜、女真人等均作为大明子民,并且将朝鲜视为中华文化一体之国,而敌视夷狄,不能保护女真人之基本生存权所致。

正统二年(1437),董山回到斡朵里部,其于父猛哥帖木儿遭难之际为兀狄哈所俘,一直为杨木答兀等所控,四年后,被毛怜卫指挥哈儿秃赎回,得以生还。董山与权豆之妻从兀狄哈被赎回的时间,当在五月之前。是年五月,前引朝鲜会宁都护府军队为逮捕李满住包围权豆家时,权豆之妻曾被带出受讯,庶可为证。董山回来时已近二十岁,体貌壮大,颇得族人赏识,按女真人的从属习惯,很快有猛哥帖木儿所属的部分族人归属其下。与其相对的凡察,则受到部分族人的轻蔑,同董山形成鲜明对照。如前所述,凡察自身存在不适合担任部族首领的性格缺陷。童猛哥帖木儿在世时,如起兵时都是猛哥帖木儿自统中军,令长子权豆统右路军、凡察统左路军,可知凡察自那时起已是建州左卫中颇有影响的人物,亦继承其父包奇的部分属人,具有一定实力。在猛哥帖木儿遇难时,时年十五岁的董山与权豆之妻等一起被兀狄哈俘虏,凡察却巧妙地逃离灾难。其后很快赴明朝朝贡,并得以担任建州左卫都督金事之要职。凡察在得到印信返回后,巩固了部族统制体制。虽有不少部众反感凡察,但因特殊时期,没有发生族内火并之事,当时亦唯凡察具有继任建州左卫都督、统领斡朵里部之资格。董山归来后,一时引起斡朵里各自属人之骚动,但明朝为稳定该部,仍以凡察掌卫事,同时规定此职位仅限凡察,其子孙不能袭替,死后再由董山袭职。董山仅被授予建州左卫指挥使,虽位列凡察之下,但其属人却日益增多,如朝鲜史料所记,"仓乃斡朵里正宗也……童猛哥帖木儿麾下之人,去就未可知也,时皆归心于仓"①,可知董山归来后,猛哥帖木儿所属之人基本回到董山麾下,而凡察属人,乃其父包奇之人,斡朵里部复分为两股势力。

正统二年十一月,董山奏请明朝欲移住辽东,正统皇帝准其所请,敕令朝鲜国王派人护送董山族人及其所管五百户、高早化等五十家,交与毛怜卫的郎卜儿罕。又敕令郎卜儿罕要让朝鲜护送前来的董山等人安全出境。翌年正

月,李朝世宗与重臣商议以上敕谕后,决定阻止董山迁移,故传旨咸吉道都节制使,告知切勿将明朝发给朝鲜的敕谕内容泄露给董山等人。若发现董山等准备强行迁移,则努力劝说,亦可强行挽留。同时派出使臣具奏明朝:

> 比来童仓、凡察等所居地方,切近本国所设衙门。其被虏人口,容易逃来,益生恨心,欲要搬移。见今李满住等仇嫌本国,往来作耗,两相结构,曾未解怨。倘若本人等与李满住一处聚居,同心作贼,本国边患,益滋不绝……准请所有董山、凡察等人祖居镜城地面……许令上项人等仍旧安业,以安边民。①

提出董山、凡察等人因对属下人口逃往朝鲜一事怀恨在心,故而请求迁移,但伊等如与李满住聚居一处,则会同心做贼,成为边患,故伊等不宜迁移婆猪江。此奏得到明朝认可,是以对朝鲜复发敕谕:"王所计虑亦当。其童仓、凡察等,听令仍在镜城地面居住,不必搬移。此辈皆朝廷赤子,在彼在此,一也。王惟善加抚恤,使之安生乐业,各得其所,庶副一视同仁之意。"②此道敕书,复使斡朵里部迁移计划落空。李朝达到阻止了斡朵里部迁移目的,至于谕令的其他内容,其可欺上瞒下,继续实施将女真人纳入其统治之下的策略。

李朝世宗遣员将此敕书出示于董山,认为可以阻碍董山等人迁移之理由:一是朝鲜对董山等人仍旧安业的奏闻,已被明朝认可;二是四镇之朝鲜军,展示制御之威;三是其管下部众有反对迁移者;四是舍弃现有耕地远迁,比较艰难。故而,朝鲜有条件阻止斡朵里部迁离朝鲜半岛。

董山见迁移无望,便不得不亲近朝鲜。其于正统三年(1438)七月一日赴汉城,进献土宜。在赴汉城之前,还打消了原来欲与李满住亲族联姻的计划,而请求与朝鲜人结婚,声言要永远为朝鲜效力,希望朝鲜授予官职。此乃董山见无望依赖明朝庇护,断定迁移婆猪江一事难以实现,希望通过迎娶朝鲜妇人,表现自己作为外臣的鲜明立场,通过受职强化与朝鲜君臣关系,希望在与朝鲜建立新关系中寻找自己的地位。

李朝世宗没有给董山授职,或是因忌惮明朝而不敢,但命令重臣就董山迎娶会宁良家女子一事之得失进行权衡后同意,但世宗提出娶亲后,其妻须住娘

① 《朝鲜李朝世宗实录》卷80,世宗二十年正月丙午条。
② 《朝鲜李朝世宗实录》卷81,世宗二十年五月丙申条。

家,如此董山必会往来于妻家,则会有一个传递"野人"动静者,此为掌控夷狄策略之一。否则,如将朝鲜女子带回婆家,不肯与妻家往来,则对朝鲜明显不够诚心。朝鲜认为深处低谷的董山,将无条件接受此娶妻条件。董山于八月一日辞离汉城。翌日,世宗传旨咸吉道都节制使,著其从镜城、吉州居民中,选择富裕蓄有奴婢且容姿美丽者妻之。如须准备婚礼嫁妆,亦可由官府配给,系断定董山诚心归附李朝,必娶朝鲜女子无疑。

在董山回到斡木河十天之后,世宗于八月十九日,接到了董山与李满住之女联姻的驰报。董山应是无法服从朝鲜提出的令其与朝鲜女子结婚的条件,回乡后毫不犹豫地开始推进与李满住联姻一事。世宗得报后,立即传旨咸吉道都节制使,决定派会宁节制使前往责问董山,劝其取消联姻,指出:

> 有圣旨令尔等仍居镜城地面,不必搬移,汝管下人人皆共知之。汝虽欲婚于满住,谁肯从汝乎。汝自此必为独夫矣。且汝既失信义,何面目见我乎……汝必娶满住之女,仍居其穴,则有违圣旨。率妻还来,则岂无疑汝之心乎……吾(会宁节制使)为边将,不敢违圣旨听汝出境,亦不可无殿下之命而从汝所为也。汝必欲为,此则亲朝面禀殿下之旨,然后可行。①

意在阻绝其与李满住联姻。世宗继而指示地方官员,若董山强行迁移,亦可"临机处置",即授命地方官员可武力解决。董山因此丧失了婚姻与迁移的自由,被置于会宁节制使的严厉监视之下。另外,史料中未见其与李满住结亲之记载,此事抑或被搁置,抑或在李朝威逼下被取消。

董山在次年(正统四年)正月十六日再次前往朝鲜,此次还有建州左卫头目童所老家茂、童亡乃、童吾沙介等随行。董山此行,无疑系为表忠释嫌。一行亦得到李朝厚待,董山被封为嘉善雄武侍卫司上护军,同行的童所老加茂受封威勇将军虎贲侍卫司护军。另外董山对礼曹言称:"我辈室庐在草野,深虑贼徒突入。且我辈与会宁人并耕而食,若会宁人夺我旧田,后虽与争,亦无及矣。乞速遣还。"②可见董山此行,尚有请求李朝令会宁人归还"旧田"之意愿。

---

① 《朝鲜李朝世宗实录》卷82,世宗二十年八月庚午条。
② 《朝鲜李朝世宗实录》卷84,世宗二十一年二月丙寅条。

正统四年(1439)秋七月,凡察派童答察儿等赴北京奏请迁移辽东。尽管凡察此次上奏为了不被朝鲜得知而严加保密,但明朝下发的敕谕全文,却不知何时被朝鲜节日使李思俭誊写启报至李朝政府。明朝颁给凡察的敕谕之主要内容是:"今尔等又奏要搬回凤州、放(婆)猪地面居住。缘在此在彼,俱是朝廷官属。兹特遣敕往谕尔等,遵奉朝命,仍在彼居住。朝鲜国王必能抚恤尔等,不敢失所。但尔等须守本分,以安生理。朝廷或有敕召尔等来朝,或有征伐调遣,须即听命前来效力。"①据此可见明朝认为朝鲜与女真都是"朝廷官属",居于何处均属一事的理念,并将属国朝鲜,亦视作大明江山的宗主国意识。朝鲜得到颁给凡察的敕谕,得知其申请迁移之事再次被否,便遣咸吉道都节制使金宗瑞质问凡察,并将童答察儿在北京之事一一告诉凡察,使凡察知道了朝鲜搜集情报之能力,挫败其迁移心志,并对朝鲜产生恐惧感。据载在金宗瑞的质问下,自觉羞愧的凡察,曾几次向金宗瑞下跪叩头,可谓屈辱之极。另外,朝鲜又得到正统皇帝被凡察奏请移居婆猪江的奏书激怒,指责伊等之前在开原的掳掠之罪,对其叱责并否决其奏请的传闻。世宗对此传闻颇有兴趣,即传谕金宗瑞罗列凡察以往之三条罪状,并称以所列三罪,将其诛杀也不会受到明朝非难。认为"朝廷叱怒童搭察儿之奏而不许。以此观之,凡察虽见诛戮,朝廷必无他议",也会被"诸种人"视为当然之事。故而命令地方官员,若发现凡察等强行迁移或不轨行为,"如有可为之机,则临时酌量施行"②,即对诛杀凡察做出了指示。

正统五年(1440)正月,凡察带多名部下一同赴朝鲜朝贺新年,意在淡化之前密奏。其间双方对密奏一事,皆缄口不言,予以回避。凡察表示希望朝鲜为其子授予官职,并提出嫌真、巨节、南讷等处兀狄哈人,在距朝鲜北境七日或五六日路程之地居住,连年入寇朝鲜和建州左卫,建议朝鲜军队应与建州左卫在春秋时合力讨伐,令其无法耕作收获,则会使之顺服。对凡察之建议,李朝政府虽进行商议,但未被重视。二月二十六日,凡察等人辞离汉城,返回本卫住地。

同年四月,建州左卫头目童者音波前往拜谒金宗瑞时,得到金宗瑞将出兵

---

① 《朝鲜李朝世宗实录》卷86,世宗二十一年九月辛亥条。
② 《朝鲜李朝世宗实录》卷86,世宗二十一年九月癸酉条。

建州左卫的消息,连夜逃回报告。凡察、董山闻之迅速逃匿于南罗耳一带山林中。董山、凡察等人举族逃亡后,金宗瑞随即命令会宁节制使洪师锡、锺城节制使李仁和前往南罗耳地方追捕。朝鲜军队来到阿赤郎耳大山下,董山等人丢弃资产马畜,逃入山谷,朝鲜遂分兵追击,俘虏董山部下男女27人,并截获牛马等财产。洪师锡、李仁和等人也在斜地、上岐伊遇到董山等人家小,俘虏男女20余人,夺取粮食、兵器而返。朝鲜军队未能找到凡察、董山等,闻听有30余户与凡察、董山等人一起逃出。此后,金宗瑞报告斡朵里部首领出逃,系受童者音波之挑唆。但其他官员报告,"斡朵里等皆言,吾等逃去,非听童者音波之言而然也,闻都节制使将杀我辈,我辈疑惧而逃"①,可知此次混乱系由金宗瑞引起,而实际上金宗瑞亦不过是依世宗的指示行事罢了。

董山等人被朝鲜军追击、马畜资产悉数被夺,只着一破衣逃至胡里改部的都乙温处栖身。董山等人虽然也曾考虑迁往李满住的部落,只因此次只身逃亡,财产尽失,粮食不足,已至濒死边缘,又畏惧遭兀狄哈的掳掠,故此断却迁移之念,而请求都乙温向都节制使金宗瑞陈述现状,希望同意伊等返回原住地。而都乙温在此前已被金宗瑞下令,如董山等人为迁移通过都乙温的部落时,要将其勒留并从速报告,因此都乙温在董山到达后,就将其拘执勒留,并向锺城节制使李仁和报告。其后,世宗与重臣会议后传旨金宗瑞,下令在凡察、董山等人返回后,向其发布谕旨,传达处理意见:一是你等出逃,负国违旨,理应依法治罪,朝鲜怜悯汝等还业之情,令以安业;二是汝等将子弟送入京中侍卫,时时往来,与父母族亲相见。并特别指示,如凡察拒不从命,可采取强制行动。得到允许的凡察、董山等人返回住地,朝鲜派出慰抚使前来慰问,凡察对朝鲜国王遣使慰抚表达了谢意,约定当年秋天入朝。

经此遭变故的斡朵里部众,见在朝鲜半岛北部生活,生命、财产随时受到朝鲜的威胁,纷纷要求迁移。凡察、董山等头领,鉴于明朝无需迁移之谕令,摄于李朝政府之淫威,并考虑迁移所需粮食等项,尚在犹豫之中,如凡察之子罗下所言:"吾父略无移徙之心,麾下被夺资产者请之甚切,吾父不获已,乃征聚五十余人,已到东良北。当时去留之意未定。"②可见当时对是否举族迁移经

---

① 《朝鲜李朝世宗实录》卷89,世宗二十二年四月辛丑条。
② 《朝鲜李朝世宗实录》卷89,世宗二十二年六月丁亥条。

过部族头领们会商而定。在李朝商议如何应对斡朵里部是否迁移时，正统五年六月，凡察、董山率领建州左卫部众300余户暗中向婆猪江迁移，最终到达李满住移回的苏子河流域。

接到凡察已迁移报告的李朝政府，于七月一日派吏曹参判崔致云赴北京，将此事奏达明朝。奏本称："今若凡察等逃往李满住在处，同心作贼，本国边患，遂复如前，伏望盛慈，下令辽东都司将前项人等发还元住之镜城地面，仍旧复业。"①明朝得到朝鲜奏报后，向建州左卫都督凡察和朝鲜国王分别颁布敕谕。明朝给凡察的敕书，劝告其立即率部返回原住地镜城地方，但如不愿返回镜城而愿与李满住同住，亦听其自便。此乃认可了凡察等率部迁至辽东之举，抑或朝廷也闻知建州左卫之人在朝鲜半岛已经难以生存所致。颁给朝鲜的敕谕，告之明朝已向凡察等人发布敕谕，令其返回镜城，但对同意凡察与李满住同住一事，却只字未提，明显系为应付朝鲜之奏闻。

凡察等来到苏子河流域后，即向镇守辽东总兵官等报告迁来及粮食不足一事。朝廷得报后，再次敕谕辽东总兵官曹义，着凡察等人前往三土河与冬古河流域居住，并敕谕凡察等人要向总兵官报告人员情况，以备明朝发给粮食，并告诫伊等既已复归此地，就应敬顺天道，统制部众，守朝廷法度，自在耕牧，安分生活，勿侵犯邻境等项。"三土河"乃海龙城附近与辉发河交汇的三屯河（或称三通河、三统河），"冬古河"系今怀仁县西浑江支流大雅河（或云董鄂河）。自此至清朝兴起的大约180年间，斡朵里部即在苏子河、三土河、冬古河一带生息、发展。

当斡朵里部在新移住地的生活开始安定之时，正统五年十一月，凡察想让留在朝鲜东北境的170余家女真人也迁至此地，其遣人具奏，在此次迁移中因受朝鲜兵马追击，使同族170余家之迁移受阻，而被置留原住地，请求明朝令朝鲜将这些人员遣还。正统帝随之敕谕朝鲜，称父子兄弟夫妇分离之情可悯，下令朝鲜国王见到敕谕后，派人调查实情，如170余家民众尚在，着立即将其遣去辽东团聚。朝鲜接到敕谕后，坚决反对滞留之人迁移，一面遣使至北京申诉，同时对迁移者进行抓捕、屠杀，以断其迁离之念。通过明朝谕令朝鲜送还残留者问题的交涉失败后，凡察、李满住于正统六年（1441）七月奏请明朝，诉

---

① 《朝鲜李朝世宗实录》卷90，世宗二十二年七月辛丑条。

称朝鲜如不送还这些遗留者,明年将往朝鲜自取,表现出并不放弃行使武力之气魄。正统帝谕令伊等不许兴兵朝鲜,于年末任命锦衣卫指挥佥事吴良为敕使赴朝鲜,负责调查建州左卫留存者情况。吴良与辽东百户王钦等人到汉城后,李朝一面贿赂吴良等,一面按吴良之意召集滞留的女真人前来,审问伊等是否愿意前往辽东。被审者在朝鲜之威逼下,皆云无迁移之意。李朝和钦差吴良将审问情况奏报后,正统帝再次敕谕凡察等:

> 今吴良等回奏,同尔头目款赤及朝鲜委官审得童阿哈里等八十五名,俱称世居朝鲜,父母坟茔皆在,又受本国职事,不愿回还。其余有已故者,有先徙远处者,有原非管属不识其名者,俱审实明白,皆非朝鲜拘留。尔自今宜上顺天理,下体人情,安分守法,以图长远享福。

告知凡察等审问结果,劝其作罢。同时敕谕朝鲜国王李祹,"其凡察所索之人既不愿回,听其所便。盖安土重迁,人人同情,况其亲之坟墓所在。王之抚绥加厚,不忍违去,亦是良心。已严戒凡察不许复索之矣"①,此事就此告终。那些未能迁回辽东的斡朵里人,同生活在朝鲜半岛的其他女真人一样,均被纳入李朝统治之下,最终并被融合到当地朝鲜人中。

斡朵里部迁居辽东苏子河流域后,生活得以安定。随之出现的主要问题,则为董山与凡察的卫印之争。建州左卫印信在此之前已被认为在宣德八年斡木河兵乱中遗失,凡察后来将此事奏请明朝并接受了新铸之印。但董山被赎出返回斡木河后,将原来认为已经遗失的猛哥帖木儿所传之印信带回,便出现一卫二印问题。正统三年正月,朝廷谕令董山缴还所持旧印,并使之与凡察共掌卫务。接到留存新印而缴还旧印之敕谕后,凡察复奏旧印乃其兄所传之物,希望将新旧两印都留在本卫。正统五年十一月,正统帝再次敕谕凡察、董山,称天下诸司,无一卫二印之理,命令凡察掌管旧印、董山协助凡察管理卫务,着凡察将所持新印缴还。围绕上缴新印问题,董山所属之头目等意识到,如遵照敕谕要求缴还新印,董山则必须将所持旧印交与凡察,如此一来,董山及其属人就只能服从于凡察了,因而董山属下均反对缴回新印,由凡察掌管旧印。并且自董山返回斡木河后,因猛哥帖木儿的影响及女真人的继承习惯,推举董山担任左卫首领之呼声,成为斡朵里部的舆论主题。随着对凡察不满者日益增

---

① 《明英宗实录》卷92,正统七年五月庚申条。

多,归属董山者日众,此呼声愈加高涨。而董山自己亦认为自己持有原来建州左卫旧印,又系猛哥帖木儿之子,理宜继承其父之职。在未迁至辽东之前,虽然有一卫二印之事,但为了应付朝鲜的侵蚀、兀狄哈的抢掠和共同准备迁移之事,此事仅限于奏报明朝如何解决阶段,但在辽东安定后,卫印之事便突显出来。在此情况下,凡察亦担心缴回新印,董山不给旧印,自己则成为无印之官,故其拖延不缴,怏怏难安。

得知此情后,正统帝谕令辽东总兵官曹义向建州左卫遣使,对董山、凡察传达明朝将按照人心归属授予卫印之意见。但双方属人各执一词,互不相让,最后二人于正统六年八月同赴开原,向曹义述说实情。曹义反复劝告二人朝廷法度,凡察则提出要自行入朝申诉,卫印之争陷入僵局。曹义让二人返回后,将此事上报朝廷,并列举明朝在永乐年间因卫印之争,析分弗提卫之例,提议从建州左卫中分设右卫。正统帝听从了曹义分设建州右卫之献言,于正统七年(1442)二月:

> 分建州左卫设建州右卫,升都督佥事董山为都督同知,掌左卫事。都督佥事凡察为都督同知,掌右卫事。董山收掌旧印,凡察给新印收掌。并升建州左卫指挥使塔察儿为指挥佥事,指挥同知哈当为指挥使,指挥佥事木答兀、火儿火孙为指挥同知,千户张家中卜为指挥佥事。建州右卫指挥佥事兀乞纳、古鲁哥哈、塔克苦苦为指挥同知,千户牙失、答忽里、哈辽哈为指挥佥事。①

将建州左卫析分为二,设置了建州右卫。同时任命了两卫之下属官员,将塔察儿、兀乞纳等人的官职进行了调整,按照原任指挥佥事者升任指挥同知、原任千户者升任指挥佥事之例,将下属人员的官阶各升一级,终于以此方法解决了卫印之争。各卫所属之人,依据原来各自所属,听其所愿划分。对此朝廷分别敕谕董山、凡察:"尔与凡察旧本一家,今既分设两卫,特遣敕谕尔处大小头目、人民,听所愿分属""欲与董山分属头目、人民,已敕镇守辽东总兵官遣人公同审问,各从所愿,分拨管属"②。可知左、右卫属民,是由辽东总兵遣员询问,听其各自所愿划分的,但按女真人之隶属传统,左卫基本为猛哥帖木儿

---

① 《明英宗实录》卷89,正统七年二月甲辰条。
② 《明英宗实录》卷89,正统七年二月甲辰条。

之属民,右卫为凡察继承自包奇系统的属民。自此出现建州三卫同住苏子河流域的情况,建州女真一时得以安定发展,实力增强,为应对蒙古东进、明朝征伐、朝鲜蚕食、兀狄哈侵扰等,三卫共同对外,对维系建州女真人的生存、发展具有重要作用。

建州三卫同住苏子河后,各部首领分管本卫事宜,加强与明朝的联系,凡察、董山不时前往北京朝贡,明朝亦不断增授建州左右卫女真人官职。正统十四年(1449)正月,凡察之妻朵儿真索至北京,向皇太后进献名贵珍珠二颗,皇帝命赏纻丝2表里。建州女真人恭顺朝廷,按时朝贡,维稳一隅,得到明朝信任,故连妇女亦允许进京。

在瓦剌东进,蒙古占据东北后,建州女真人的平静生活被打破。三卫头领虽然都接到不许与瓦剌接触之谕令,但仍有许多部下趁火打劫,抢掠明边,更有建州女真与海西女真受蒙古人东进影响,联合聚集15000余众进攻抚顺千户所事件,引起明朝愤怒,明朝边将王翱议调明军出征建州三卫,又逢脱脱不花南侵,威胁到苏子河流域,三卫之人担心被蒙古和明朝夹击,于景泰二年(1451)四月东迁,“李满住逃在婆猪江,童仓、凡察逃在东分水岭八渡河极南”①。此后不久,凡察过世,其子甫下土一时管理卫事,但未得到明朝册封,后由其孙纳郎哈袭职,任都督同知。其处事多随左卫,故此后十余年,董山既为建州左卫长官,也为斡朵里部重要首领。

斡朵里部与胡里改部东迁,同住婆猪江兀剌山一带,开始恢复与朝鲜的交往。比较早的交往,是建州女真人向朝鲜求粮、盐等,以解决日用所需。但当时恰逢图们江、佟佳江一带大旱,加之明朝谕令朝鲜不许与建州女真交往,当时朝鲜对女真人的资助有限。直至景泰六年(1455),李朝世祖即位,采取招徕怀柔女真之策,为建州女真与朝鲜恢复友好关系带来契机。翌年,三卫首领各自向朝鲜遣使,受到热情接待并得厚赏,双方恢复了朝贡关系和经济往来。天顺二年(1458)九月,董山率子第三次到朝鲜朝贡,得到李朝世祖亲自接待,受到格外赏赐,赐品有马匹、鞍具、缎衣、绸衣、鞋、靴、弓、矢、锣、锅等,乃李朝体现对伊等之招抚之意。董山等前往朝鲜之事,被密报于辽东总兵官,并言传董山等被朝鲜授职。辽东总兵官感到事情重大,立即派人到董山处核实,将此

---

① 《朝鲜李朝文宗实录》卷7,文宗元年四月壬申条。

事奏报朝廷。明朝立即遣刑科给事中陈嘉猷、序班王轼等人赍谕前往朝鲜王宫,告诫李朝世祖:"王宜自省,如无此事则已,果有此事,王速改之。如彼自来,亦当拒绝,谕以各安本分,各守境土,毋或自作不靖,以贻后悔。"①同时调查是否对董山等授职之事,指出董山已于去年被朝廷升授为右都督,朝鲜国王授其官职不妥,责令李朝将至朝鲜朝贡之女真人姓名、来朝时间、赏赐物件、授予官职、归国日期等明白具奏。此事导致李朝世祖对女真政策发生巨大变化,从怀柔女真变为征伐女真,建州女真向朝鲜遣使朝贡之事复被中断。

　　明朝遣派陈嘉猷、王轼出使朝鲜的同时,派武忠、佟成前往建州三卫,向李满住、董山等人发布敕书,警告勿与朝鲜私交,并严命今后不得接受朝鲜邀请。武忠等到建州三卫后,斥责古纳哈、董山等人叛明归朝,并质问伊等所得自朝鲜之物。武忠要求4名建州卫首领一同与其返回明朝。因李满住称病拒绝同往,由建州卫都督同知古纳哈、建州左卫右都督董山、建州右卫都督同知纳郎哈,还有李满住的代表阿古乙,各率子弟8人前往北京。4人在天顺三年(1459)六月到达北京,伊等与朝鲜往来一事,并未被深究,仅被兵部尚书马昂稍加斥责即完结,但伊等希望升职一事未获准允,只有建州右卫的纳郎哈未从朝鲜获得赏赐,因对明朝忠诚获得嘉奖,被升任右都督。而向明朝密告建州往来朝鲜之事的建州左卫人李幹黑,即《朝鲜王朝实录》中所说的李兀哈,也以忠诚受到明朝嘉奖,得到三表里黑彩缎与一疋绢的赏赐。

　　成化帝继位之后,修订的女真朝贡政策开始限制女真的朝贡和贸易,严格对贡品的验看,引起女真人不满,一时女真人抢掠明边事件频发,造成极大混乱。其中规模较大者为毛怜卫多郎哈之暴动,对明朝打击颇大。因多郎哈等攻击明边,需经由建州女真住地,加之董山曾将毛怜卫人抢掠的明朝人劫回,送还到明边,因而明朝边将认为董山等与毛怜卫勾结,共同作乱,故明朝再次派遣武忠前往建州及毛怜卫,敕谕董山等,令其改过自新,效忠朝廷。

　　成化三年(1467)三月初,武忠至建州左卫,宣谕后滞留五天,前往建州右卫宣谕。其后至朝鲜半岛北部毛怜卫住地,宣谕并令其归还所俘之人后返回。作为对武忠出使建州女真的回应,成化三年四月末,建州左卫都督董山与建州

---

① 《明英宗实录》卷300,天顺三年二月乙亥条;《朝鲜李朝世祖实录》卷16,世祖五年四月己未条。

卫都督古纳哈、建州右卫都督纳郎哈一起至北京朝贡,此行连同仆役多达200余人,三卫之都督均往,足见建州女真对此次朝贡之重视。成化帝于阙下召集董山等人,下发敕谕,对毛怜卫侵犯边境一事斥责了董山等人,命令他们在返回后统制部落,送还所掠走的明朝人。五月辞行时,因赏赐不公等因,董山等与伺候人员言语冲突,故再谕董山等人:

> 尔之先世,僻居荒落,后为部落所逼,远来投顺。我祖宗怜尔失所,赐与近地,使尔住牧。设立卫分,除授官职,父死子代,世世不绝。自尔祖父以来,或边方效劳,或岁时进贡。朝廷升赏宴劳,俱有定例。我之所以加恩于尔者,不为不厚,而尔之所以享有室家之乐,官爵之荣,数十年间,部落莫不听尔约束,邻封不敢辄加以兵,是谁之赐欤。尔等正宜尽心竭力,为我藩屏,以报大恩,乃敢悖逆天道,纠率外夷,寇我边境,掠我人畜。朝廷不即出兵征剿,虑恐尔等中间,善恶不一,是以特命都督武忠赍敕往谕,欲令尔等改过自新。尔等既已服罪来朝,所有往愆,悉置不问,从厚赏赐。兹尔等归,宜晓谕本卫大小头目人等,务在敬顺天道,洗心改过,亟以所掠人畜,尽数送还。遇有外人纠合为非,尔等或聚众截杀,或捉送辽东总兵官处。首告论功升赏,必不尔惜。如或执迷不悛,似前寇扰边方,朝廷必调大军征剿,悔无及矣。尔等其省之,省之。①

董山等此行,本为回应武忠赍敕来访,赴京朝贡以表诚意。伊等并不认为自己对毛怜卫侵犯明边之事负有责任,尚侥幸抱有对之前送还被掳人员得到赏赐之念而来。伊等至京城,虽对成化帝的斥责感到意外,但未考虑到明朝对伊等已经极为不满,因此言行与往常无异。从董山等强烈请求赏赐蟒衣、玉带、金顶帽和银酒器,又要求赏给自己的部下可昆等人衣服、发表毫无忌惮之言语等方面来看,伊等对明朝并无防范之心,仍将此行视作如常之朝贡。上引辞行前所奉敕书,虽多有指责、劝诫、警告之语,但仍有令伊等回去后,好生统领部众,报效朝廷之意,未见杀机。而实际上,在董山一行在北京期间,廷议就有诛杀伊等之议。认为即使伊等与毛怜卫的侵边无关联,在之前脱脱不花东进时,伊等侵犯明边,攻击抚顺千户所等罪,亦足见杀。其中鸿胪寺通事署丞王忠奏请,董山等"乃敢骂坐不敬,贪求无厌,且复扬言此还即纠合海西野人,抢掠边

---

① 《明宪宗实录》卷42,成化三年五月癸巳条。

境,语无忌惮,诚恐前路难于检制。乞遣官同臣防送至辽东都司发遣,庶不贻患"[1],朝廷依其所奏,遣员伴送董山等返回辽东,决定在辽东处置伊等。

董山一行于五月末从北京启程返回,六月到达广宁客馆时被拘禁,朝臣、边将均建议将董山等明正法典。其在与古纳哈、纳郎哈及部下被拘禁一个月以后,七月二十七日,令伊等及部下 115 名至广宁城帅府,听总兵官武靖伯赵辅宣读敕谕。此敕谕内容不见记载,应是宣判董山等人死刑或流放两广、福建地区之事。在宣读敕谕过程中,女真人发生暴动,与明军搏斗,以小刀刺伤通事等多人,赵辅遂令甲士擒扑,将董山等制服。当时在驿舍的女真人哈塔哈等 101 人闻知后,也各持刀乱刺馆中兵卒,被明军镇压,其中有 26 名女真人当场被杀。其余被囚之女真部众人等,后被流放至两广、福建地方。董山被押送北京,于成化三年十一月被处死。建州右卫都督纳郎哈在成化四年六月被判处死刑,囚禁锦衣卫牢狱,于成化六年八月之前被处死或死于狱中。建州卫都督古纳哈被监禁于广宁,后虽被赦免返回住地,但也仅活数月而终。

明朝在处理董山一行的同时,大举出兵征伐建州三卫,此乃成化三年之役。此役中,留在建州的李满住被协同出兵征伐的朝鲜军队诛杀。建州三卫首领李满住、董山、纳郎哈均死于此难,一时群龙无首,建州女真受到前所未有之重创。

(四)脱罗、卜花秃时期

建州左卫右都督董山、右卫右都督纳郎哈死后,董山之子脱罗掌管左卫事,纳郎哈叔父卜花秃掌管右卫事,凡察之子罗下为副首领。伊等为了求得部族生存,设法重新恢复与明朝、朝鲜的友好关系,因脱罗等已经无力对抗明朝和朝鲜,故对之颇为恭顺,为左右二卫赢得了安定的发展环境,使斡朵里部得到缓慢的发展。至 16 世纪初,左右二卫的势力逐渐超过建州卫。

成化四年(1468)三月,建州卫派指挥阿鲁力哈等人前往北京朝贡,请求恢复关系并放回所虏建州之人。同年秋,建州左卫人充尚率领 520 人赴北京朝贡,充尚虽非首领,但属人颇多,具有较强实力,曾多次抢掠朝鲜,入寇明边,被明朝和朝鲜视为贼寇,故其此次朝贡时,被明朝以前日作耗为由,将一行全部处死。乃明朝仍在实施镇压建州女真政策之体现。

---

[1]　《明宪宗实录》卷 42,成化三年五月癸巳条。

　　成化五年（1469），明朝任命李完者秃为建州卫都指挥佥事、脱罗为建州左卫都指挥同知，命令他们定期朝贡，公开重建两卫，两卫也于翌年正月派300人赴北京朝贡，正式恢复与明朝交往。建州右卫因纳郎哈死后无嗣，凡察次子卜花秃于成化六年（1470）八月赴北京朝贡时被任命为建州右卫都指挥同知并颁发印信，建州右卫得以重建。此后一段时间，脱罗、卜花秃谨慎地与明朝保持朝贡关系，两人多次亲自赴北京朝贡，进献马匹、貂皮，获取衣服、彩缎等赏赐，并得以升任都督。明朝多次告诫建州三卫之人不许报复朝鲜，在明朝的谕令下，三卫恢复了与朝鲜的正常交往。

　　在脱罗、卜花秃及建州卫首领李完者秃等努力恢复与明朝、朝鲜的正常交往的同时，亦有一部分建州三卫部众在李满住之子甫儿加大的带领下，袭击朝鲜，抢掠明边，誓为李满住、董山等报仇雪恨。因而完者秃、脱罗、卜花秃被明朝指责。尽管三卫首领努力辩白自己与甫儿加大等人的复仇行动无关，但明朝边将等仍将许多抢掠事件归咎于三卫首领，甚至海西女真人寇边，也被误认为是建州女真在报复成化三年之役。其中成化十三年（1477）十月，因女真人不满明朝修订的朝贡政策而发生的"侵寇辽东"事件，即被辽东边将等认为是三卫之人联合海西女真为董山等复仇的行动，故辽东总兵官欧信、辽东巡抚陈钺等于翌年二月出兵袭击建州三卫，"攻破虏寨五十三所，焚毁房屋二百余间，斩首二百级，获马一百二匹并盔甲军器甚众"[1]，被杀戮者均为与寇边事件无关的无辜之人。此后，兵部右侍郎马文升到辽东整饬边备，将脱罗、卜花秃等195人及被害家族指挥卯哈等48人召至抚顺，随后完者秃等亦到，马文升出使宣示敕谕，内容为：

> 尔等父祖及尔自永乐以来，朝廷赐以近地，开设卫分，授以官职，递年朝贡，累受赏赐。今却忘恩背义，时来犯边。已尝遣总兵等官领兵抵巢征剿，聊示朝廷大法，俾知警畏。仍念尔父祖屡曾效顺，部落中间，有善有恶。须令各卫头目，明白开报，其中有为恶犯边者所虏人口尽数送还。朝廷体上天好生之心，悉宥其罪，许其仍来朝贡，照旧宴赏。若招安之后，犹稔恶不悛，再来犯边，朝廷必调大军问罪，此时追悔莫及。[2]

---

[1]　《明宪宗实录》卷175，成化十四年二月庚申条。
[2]　《明宪宗实录》卷176，成化十四年三月辛未条。

其文并无抚慰之词,而多劝诫、警告之语,抑或朝廷认为寇边事件确为建州女真所为。马文升经过调查,虽有建州被杀之人实系无辜之报,但未能改变明朝的看法,在成化十五年十月,明朝任命太监汪直监督军务、抚宁侯朱永挂靖虏将军印任总兵官,率兵 15 万并令朝鲜出兵 1 万,再次讨伐建州女真,此即成化十五年之役。此役因女真之前得信逃亡山中,故损失不大,脱罗、卜花秃等很快又与明朝、朝鲜恢复了正常交往,在三卫实力薄弱的情况下,为防止受到外部攻击,伊等将三卫之人聚拢一处,相邻而居。此后建州三卫得到了比较安稳的发展时期,较长一段时间没有受到外部侵扰,人口增加,经济发展,社会稳定。

弘治九年(1496)九月,朝鲜遣建州三卫敬差官童清礼前往建州住地,探察建州女真情况,翌年,童清礼再次进入建州,分别受到建州卫首领完者秃、左卫首领脱罗、右卫首领卜花秃的热情款待。弘治十一年(1498),朝鲜接到三卫首领为了答谢童清礼来访,将赴朝鲜朝贡的消息,朝鲜方面做了充分的接待准备,但三卫首领最终未至。

成化三年之役后,脱罗、卜花秃等人率领建州左右二卫渡过了极为困难时期,使左右二卫得以生存下来。因为较好地处理了与明朝和朝鲜的关系,使建州左右二卫得到了一段比较长的平稳发展期,两人亦均年迈而终,非如父祖辈多罹难兵祸。其后,建州左卫由都督金事脱原保,右卫由都督尚哈掌管卫事。16 世纪 20 年代前后,左右二卫部分女真人会同建州卫女真人又迁回苏子河流域。

(五)王杲、王兀堂时期

自嘉靖初年,开始有与建州三卫首领家系关系不明确或自称系三卫都督之人,自行到北京朝贡,在朝贡时被升任都督者较多。在《明实录》中记载的建州卫都督,自嘉靖初年至隆庆末年的 50 余年里,曾出现阿都赤、察哈、兀乞纳、卜剌答、张成、也隆哥、撒哈答、纳速、木力哈、纳木章 10 位都督的名字,其中,察哈、兀乞纳、卜剌答三人出现在嘉靖九年(1530),也隆哥、撒哈答、纳速三人出现在嘉靖十七、八年(1538、1539)间。而建州左卫在此 50 余年间,曾出现方巾、章成、撒哈、松巾、幹黑纳、古鲁哥、伏答失、柳尚、胜革力、王忽、安台失、来留住 12 位都督,其中,5 人出现在隆庆年间。建州右卫在这 50 余年间,曾出现牙令哈、阿剌哈、察哈答、真哥 4 位都督,其中牙令哈与阿剌哈为未经右卫首领保奏,皆系以招抚夷人有功而得到升赏之人。出现如此"一卫多督"的现象,一方面体现明后期对女真地区卫所授职官之混乱,另外亦造成掌管女真地区卫所事务的官员职权消弱,使得明代在东北地区实施的羁縻卫所制度逐渐名存实亡,能够掌控各卫实权者,已非明朝所任命的卫所最高官员,而是如王杲等一些都指挥使级的中层官员。卫所得任都督等职官,其权利基本限于凭职务到北京朝贡纳赏。

至明后期,建州女真首领之权威亦开始衰落,其谱系与事迹渐失于史籍,而替代他们升任三卫之都督者,已经多系胡里改、斡朵里部中原本身份微贱的中下层成员,他们常年从事商业活动,特别是明中叶开始兴起的对明朝和朝鲜的貂皮贸易,使他们积蓄了巨额财富,而具有了堪与世袭首领们比肩的势力,在明末女真诸集团的内部开始出现由新兴豪强对政治秩序进行重组的局面。其主要原因如前所述,与明朝改变都督等官员的升任规定及改变敕书政策有关,从中亦可窥见商业活动在明末对女真社会产生的巨大影响。王杲、王兀堂即为明后期出现于建州女真中势力强大并影响建州女真社会发展的重要人物。两股势力均曾依赖明朝,且与明朝边将产生矛盾,袭击抢掠边关,把控阻碍贡道,导致伊等最终被明军消灭之结局。

王杲、王兀堂出身无考,亦不知源自何部,但均为建州女真人,其中王杲占据抚顺以东浑河流域,王兀堂占据佟佳江一带,统辖生活于该地的建州女真人等。史料中没有记载伊等之部属,可以表明至明后期,胡里改、斡朵里部逐渐融合,亦不再以部族之称区分,而以建州女真统称之。两者成为努尔哈齐兴起前建州女真人之主导,因而将嘉靖至万历初年,称作王杲、王兀堂时期。

王杲生于嘉靖八年(1529),万历三年(1575)秋被明朝处死。其官职为建州右卫都指挥使,但在明朝的史料中并无对其授职之记载,抑或借明朝后期诰命敕书混乱之机,所颁诰命敕书并不需要所持者与记名之人一致,其或以贿买或以其他方式获得。如前引瞿九思《万历武功录》对其所记:王杲"人聪慧,有才辩。熟解番汉语言字义,尤精通日者术。舞智剽而悍,建州诸夷悉听杲调度""余考建州置卫,盖自永乐时旧矣,然未尝曾有倔强如杲者",可知他是一位自永乐以来在建州女真中颇有影响人物,系以强硬姿态震撼辽东的豪强。据载其至抚顺关市,自恃雄长,夺藳酒饮,箕踞诟骂,明朝官员也不敢过问。其有三子,长子阿台,次子阿海,三子王太。

王杲所居之古勒寨,位于抚顺与新宾交界处,距抚顺关仅30里,且交通便利,自此沿苏子河可以直达抚顺关。古勒寨是王杲与阿台父子两代人的居城,王杲在此建立居所之时间无考。可能是在通过人参、貂皮贸易壮大实力的过程中,出于贸易所需而在抚顺附近寻找的立足点,并将此处确定为控制贡道之据点,以独擅参貂贸易之利。随着王杲势力变化,此地还成为建州女真的军事要地。王杲被李成梁击败后,建州女真人大疼克、三章等人得知王杲战败后大喜,列于山前,"跪起欢呼",称:"我寨以杲之故久劳苦,不敢近边。今杲寨尽破,灭亡所遗,岂非天赐。"据此可窥得王杲的势力,把持商道,独占与明朝的贸易,危及建州其他势力,因而招致部分建州女真人对其不满。

较早记载王杲事迹的《东夷考略》一书,由"女直""海西""建州"三篇组成,"建州"一篇中记载了王杲的事迹,即始自其于嘉靖三十六年(1557)十月侵入抚顺,杀死备御彭文洙,每年掠夺惠州、惠安、一堵墙等。此后其与蒙古土蛮联合,于嘉靖四十一年(1562)五月,副总兵黑春率兵出击王杲,明军先曾取胜,后反中埋伏,官兵多战死。此战结束后,王杲等磔黑春之尸。并且王杲乘机进攻辽阳、孤山、抚顺、汤站堡等地,前后杀死明朝指挥王国柱、陈其学、戴冕、王重爵、杨五美,把总温栾、于栾、王守廉、田耕、刘一鸣等,凡数十余名官员。为此,明朝罢其贡市,此后近十年,不见王杲记载,而此间蒙古屡犯辽东,辽东连年战乱不靖,其或于自保中积蓄实力。直至隆庆六年(1572),王杲的部下、建州女真哈哈纳等30人叛离王杲,来到明朝边关投降,寻求明朝的保护。伊等脱离王杲,投向明朝的原因或是不堪王杲之压迫。王杲因此大怒,随后直奔开原,要求送还哈哈纳等,但被开原守将拒绝。在请王台援助攻击明朝被拒绝后,王杲秘派千余骑侵入汛河以南至清河一带。由于此事被王杲部下绰乞等告发,明游击曹簠、把总鲁钝即率精兵,在路上埋伏,王杲部众从板场谷来,明兵突然袭击,致王杲等逃遁。

隆庆六年(1572)初,贾汝翼出任抚顺备御使。其违背前例,对女真实施严厉的镇压之策,将来贸易之女真头领,不许上堂,唯立于阶下,引起女真头目不满,贾汝翼当众鞭笞十数名不遵从其意图之女真人。此外,严查女真马匹,只买肥壮者而拒纳其他,使女真人对其切齿忿恨。王杲以此率领诸首领出塞,与诸首领约定要求更换贾汝翼,并让诸首领入塞杀掠,向明朝施压。为此,明朝派开原备御使王之弼、分守使李鹗等联合哈达部王台进行调停,王之弼等亲往古勒寨，王杲与明朝使者谈判，以罢免贾汝翼为条件，答应送还掳走之230余名明朝人。最终巡抚辽东都御使张学彦具奏弹劾贾汝翼，使其遭到罢免。

同年九月二十八日，明朝与王杲在抚顺关议和。当时中间人王台先率1000骑兵，从哈达部至抚顺关，王杲率3000骑兵，从古勒寨去抚顺关，据山结营。翌日，新任抚顺备御裴承祖等大开关门。明朝官员遂至王杲前，王杲表示恭顺，于是杀牛盟誓。约定："于是自迤南，以至马根单堡，悉以属杲。自今杲毋略汉畜产，而汉亦毋受杲逃亡夷。有如先背约，受天不祥。"①盟誓后并驰至关市下马，通关市如故。十二月，王杲约王台转送其所掠人口149名，与明朝恢复了正常的交往。王杲由此声威大振，但亦引起明朝对其防范，在议和之前，明朝已经决定，王杲"如执迷不顺，则闭关绝市，调集重兵，相机剿杀。毋容姑息，贻害地方"②，此决定导致明朝与王杲终将有一场恶战，王杲亦将给建州女真人带来一场浩劫。

万历二年(1574)七月，隶属于王杲麾下来力红所属的奈尔秃等4人，投归抚顺关。来力红要求备御使裴承祖送还逃亡人员，但遭拒绝，便命令麾下30余骑进入核桃山台，逮捕明朝5名"夜不收"。王杲当时正带着贡马500匹、方物30包赴明朝贡，在传舍休息。裴承祖见状，以为其不会舍弃辎重前去救援，便亲率300余骑前往来力红之山寨，企图夺回被掠之人，结果却反被包围。王杲闻变急忙赶来，与来力红等人一起向裴承祖叩头谢罪，极尽礼数，王杲此举或不想与明为敌，以保证与明朝的贸易机会。但裴承祖不信王杲等人之言，遂命左右斩杀周围女真人并展开混战，双方互有死伤。把总刘承奕闻变，出塞40里直捣来力红寨，被来力红捕获，后连同裴承祖和百户刘仲文一起，被剖腹剜心。此事后由都御史张学彦等人具奏，明朝决定中止王杲贡市，命令王台逮捕王杲及来力红。

明朝断绝王杲贡市后，威胁到该部之生存，王杲于是联合蒙古土默特、泰宁等部，赍5000余骑，企图大举进攻辽沈地区。明朝任命辽东总兵官李成梁为讨伐王杲之主将，迎击王杲联军。两军相遇，明军取胜，王杲撤军回古勒寨。万历二年十月初十，明军攻袭王杲自守的古勒寨。李成梁带领明军，以火炮、

---

① 《万历武功录》卷11《王台列传》，第997页。
② 《明神宗实录》卷5，隆庆六年九月戊子条。

火枪、火箭等火器强攻古勒寨,并利用大风进行火攻,烧毁房屋500余间,摧毁古勒寨之防御工事,寨内女真人奋勇抵抗,但最终城寨被明军占领,王杲麾下死战,王杲本人逃走。明军斩首并俘虏1104人,其中有王杲三子王太,获牛马525头(匹)、盔甲981副。

从古勒寨出逃的王杲寄身于阿哈纳寨中,后被明朝副总兵曹簠追赶,幸得阿哈纳伪装成王杲,引走明军,王杲方得以脱身而逃。其虽准备依附泰宁卫族长速把亥与土蛮,以图再起,但因无法直接前往蒙古地带而先逃亡哈达部王台处。开原兵备使贺溱闻之,向王台宣谕,责令其移交王杲。万历三年(1575)七月四日,王杲及其家室27人被王台及其子虎尔罕逮捕,送交开原边将。王杲先被移送广宁,后监押至北京,八月被磔杀于藁街,时年四十七岁。

王杲被杀后,其长子阿台仍隐匿于王台长子虎尔罕处,不断积蓄力量,欲乘机再起,以报父仇。万历十年(1582)哈达部内乱,北关叶赫部清佳砮、杨佳砮兄弟乘王台年老,与其子虎尔罕仇杀。阿台遂投到清佳努兄弟处,联合东部蒙古各部,屡次侵掠孤山、铁岭,以图大举攻明。九月二十二日,李成梁率兵出塞,大破阿台军于曹子谷,斩首俘获1039余人。次年正月,阿台又纠集残部1000余骑,分别从静远堡、榆林堡进入,直奔沈阳城南浑河。李成梁率军驰往虎皮驿增援,阿台兵撤退,率1000余骑兵,纵掠抚顺边浑河口,返回古勒寨。李成梁于翌年二月初二统率大军从抚顺出塞百余里,直捣古勒寨。阿台凭寨峻抵抗,李成梁用火攻,经二昼夜攻破古勒寨,阿台死于战火中。明朝彻底消灭王杲、阿台之势力。嘉靖三十六年(1557)至万历十年(1582)年,王杲父子称霸建州女真,不断地侵扰明边,抢掠沈阳、辽阳等地,终于在明朝的打击下,王杲父子身亡,建州女真人复受重创。明朝消灭了王杲父子的势力,使得抚顺关内外形势为之一变。

王兀堂是与王杲同时活跃于建州女真的领袖。《万历武功录》称王兀堂为"都督",《明实录》称为"夷酋王兀堂",从明代官书记载来看,王兀堂并未得授都督之职。王兀堂之势力主要在佟佳江流域,其住地在今桓仁县城附近。16世纪中期,在这里聚集着上万名建州三卫女真人,兴盛一时,但后来大多移居苏子河。王兀堂部当是留居本地未西迁的建州女真人,清朝称为栋鄂部。王兀堂部统辖自清河以南至鸭绿江的建州女真人,其西邻为王杲部,其东与朝鲜接壤,南邻辽东边墙。当时王兀堂拥兵7000余人,势力强大,堪与王杲相比。从《万历武功录》所记"今兀堂不欲争"及《东夷考略》建州条所载"与杲同时,则有王兀堂。去叆阳二百五十里,为王兀堂部。叆阳,故市地。兀堂亦奉约唯谨"等可知王兀堂的情况。桓仁地方非貂皮的主要产地,如要获取优质毛皮,也有必要联络哈达王台。"都督王兀堂,亦王台所部也",知其虽为建州女真都督,亦是王台之部下。

由于万历初年,王兀堂较为恭顺,故边内外颇为安定,明朝对王兀堂亦比较放心。王兀堂之叛乱,则与总兵李成梁修筑宽甸等六堡之事密切相关。万历元年(1573),明兵部侍郎汪道昆请求巡察辽东各地,总兵李成梁关注今天之宽甸地方,此地东邻兀堂、北傍王杲、为诸夷必争之地,乘兀堂不欲相争之机,欲占领了这处原本为女真人的狩猎之地,增设所谓的宽甸等六堡,即宽甸(今宽甸县城)、长甸(今宽甸县长甸)、永甸(今宽甸县永甸)、大甸(今宽甸县坦甸)、新甸(今宽甸县赫甸)以及张其哈剌甸(一说在本溪县兰河峪乡新城子,一说在东营坊乡红土甸子、张蛮沟一带)。明朝沿此六堡筑造边墙,将女真人逐出边外,王兀堂所部深受其害,生活范围受到挤压,民间交易被隔断。

原本辽东地方自东南的连山关至鸭绿江沿岸之地,自明初至景泰、天顺年间,人迹罕至,明朝、朝鲜使者均有护送军队来往,途中宿营荒野,心酸苦劳之多,此在明朝、朝鲜使者的著述中历历可见。但在成化年间以后,明朝注重经管此地。从成化三年(1467)上半期开始,碱场堡、鸦鹘山屯、佛僧洞这些地名频频出现于《明实录》中,可反映出明朝对这些地区的重视。成化三年出兵征伐建州三卫,李满住、董山等人死难,建州女真人多数北逃,使得明朝实际上掌控了此地。在成化四、五年(1468、1469)之间,明朝初步建起以开原为起点,延至抚顺关、东州堡、马群丹、清河堡、经碱场堡到达叆阳堡,总长350里的东部边墙。另外在成化十六年(1480)九月,发生了建州女直一支军队袭击朝鲜军护送使者归途的事件,故成化十七年六月,明朝修筑凤凰城、镇东堡、镇夷堡。至嘉靖年间,因建州女直的一部分人在嘉靖二十一、二十二年(1542、1543)时侵入凤凰城、汤站堡,明朝于嘉靖二十三年(1544),将抚顺以南鸭绿江以北十二堡中的东州、马根单二堡,划归辽阳副总兵管辖,将其余的凤凰城、泗马吉、新安、汤站、镇东、镇夷、草河、清河、碱场等十堡划给叆阳守备兼管。嘉靖二十五年(1546)七月,明朝在以上十堡之间,又增设散羊谷、一堵墙、孤山、险山、江沿台(九连城北)等五堡,从开原至鸭绿江畔的明朝边墙至此全部建成。四十一年(1562)四月,土蛮大举进攻辽东,同年五月又发生了王杲部众从东州堡侵入凤凰城之事件,为防备此类入侵,明朝于嘉靖四十三年(1564)九月,命令巡抚辽东都御史王之诰在险山(今石头城附近)设参将一员,在辽阳副总兵管辖三十七堡内,将险山、瑷阳一道十三所划归新设之参将。李成梁曾升任险山参将,后于隆庆二年(1568)三月升任副总兵、四年(1570)十月升任总兵官。万历元年兵部侍郎汪道昆巡边时,身为总兵官之李成梁奏请修筑宽甸等六堡。

　　宽甸六堡一带,一直都是女真人的采参地与围猎场,但明朝占据此地后,将女真人逐出边外,引起女真人不满。宽甸堡动工时,辽东巡抚张学彦曾亲往巡视,王兀堂等数十人跪陈"今既修堡,塞我来道,我众不得入内围猎,又不敢进抢,日食将焉用之",申诉生活之路既被剥夺,希望明朝在十岔口、宽甸堡开市,交易盐米布疋,愿送子为质,必不纵兵塞下等要求,虽然这些要求均属于女真人理所当然之主张,但张学颜因担心会阻碍工程并未同意,其在万历四年(1576)堡垒竣工后,才奏请于"永奠堡北互市,惟米布猪盐,无马匹违禁物。即以市税银充赏,便于夷者十之三,利于边者十之七"[1],旋获准开设宽甸、永甸之互市,但交易物品仅限于米、布、猪、盐等日常用品。互市之开,曾一度缓解因修筑六堡而引起的民族矛盾,王兀堂部稍安,但因生活受到巨大影响,很快该部便出现抢掠明边事件。万历六年(1578),王兀堂部又侵扰东州,翌年(1579)二月,掳掠会安堡。因御史周咏执法甚严,于是王兀堂部人交出所掠牛马。八月,王兀堂部下佟马虎、章金等300余人牧马橙子岭,并不入市,声言"此故我住牧境,不与贡者,侯秋深叶落,并骑驰塞也"[2]。且先后派部下三五十人掠新甸、永甸、长甸。王兀堂制定与明朝抗争策略,认为有"如汉兵出击我,我胡地山林稠密,尽捕复于其间。我第从道左起,截其归路,使汉兵进不得攻,退不得守,将坐而自毙也"[3]。王兀堂部侵扰明边次数不断地增加,规模不断地扩大,除因明朝开边侵犯了女真人利益外,其导火线是万历七年(1579)七月女真人去宽甸贸易,明参将徐国辅弟国臣及苍头军刘佐等,减价强鬻,并打死王兀堂部人数十名,女真人怀恨一事。此事致使宽甸等互市很快便陷于

---

①　《明神宗实录》卷48,万历四年三月庚子条。
②　《中山闻见录》卷11《东人志·建州》,《清入关前史料选辑》第三辑,第156页。
③　《万历武功录》卷11《王兀堂列传》,第1029页。

混乱之中,偷盗公行,强取豪夺,使民族矛盾进一步激化。明边分守使张崇功向制置使梁梦龙、御史周咏报告,请求处罚徐国辅。同时派陈加宠告谕王兀堂,"令约束部落,奉汉法,得贡市如初。不则,当以大兵捣若巢"[1],被王兀堂拒绝,明朝关闭关市,断绝贡道。自此,王兀堂部女真人绝迹关市,与明朝彻底对立。

当时,王兀堂之部众已达7000余人,其令部下往明朝边将处转告,若我入塞,则开朝贡路、给与大赏,否则将进攻宽甸、瑷阳城堡。李成梁认为王兀堂所言意在威胁,对朝廷不恭,故调集大军,于万历八年(1580)三月二日出兵征讨王兀堂。初五日,王兀堂率部迎击,分600骑兵为二路,一路奔瑷阳堡,一路奔黄岗儿岭。十一日,王兀堂部160余骑,从孤山台入,至栅外见柞木墙栅高厚,坚不可破,撤回。十三日,王兀堂骑兵千余人,从永甸堡、十岔口入,路上吹掌海螺,横行无所畏忌,遂倾折柞木墙栅而入。李成梁即以羽檄,急调副总兵之兵,攻击王兀堂部。王兀堂部弃旗鼓出塞,李成梁于后穷追不舍,兵行至鸭儿匮(佟佳江支流大小雅儿河附近),王兀堂部众皆匿藏于山寨中,坚壁固守。李成梁申明军令,最后攻破山寨。明军共斩勒勒把都等人754级,得女真人男女160名、汉人6名、马361匹。明军伤员190人。王兀堂惨败,实力锐减。

同年十月,"兀堂复以千骑从林刚谷入,副总兵姚大节,追奔至葛禄寨,获六十七级。尔后兀堂等并遁伏,建州部益弱"[2]。王兀堂两次受到明朝打击,势力削弱,此后王兀堂销声匿迹,事迹不传,该地建州女真亦无力与明朝对抗,所部再未出现如王兀堂一样的强势人物来统辖佟佳江流域的建州女真人。后来这一地区,便为栋鄂部、王甲(完颜)部的住地,无疑其中有王兀堂时所部之人。明朝借此复消火了可能给其造成威胁的王兀堂势力,使得建州女真复沉寂数年,直至努尔哈齐起兵,建州女真人开始踏上复兴之路。

第三节　海西女真

海西女真人,或写作忽剌温、扈拉温、火剌温、扈伦女真人等,乃女真语之

---

[1] 《万历武功录》卷11《王兀堂列传》,第1029页。
[2] 《东夷考略》之《建州》,《清入关前史料选辑》第一辑,第64页。

称。海西之称始于元代，如至元二十年（1283）五月戊寅，"立海西辽东提刑按察司，按治女直、水达达部"①，知此官之设，同治理女真人有关。此"海"与大海无关，因元朝历史上在东北尚有海东（东海）、海南（南海）等泛指名称，蒙古人称湖泊为"海子"，故其当属以某较大湖泊为中心而形成的方位性概称。而东海、南海、海西等区域泛称，在明清时期仍被沿用。

元代海西的地域，即"按治女直水达达部"，其范围应包括今松花江至牡丹江、图们江流域这一广袤地域。在《元史》中多次出现的海西一词，自元顺帝至正十一年（1274）以后虽未再出现，而在《明太祖实录》内记有"故元海西右丞阿鲁灰遣人至辽东，愿内附"②，从"海西右丞"可知，海西作为元朝官衙名称曾在北元时仍沿用。这也是明代最早出现"海西"一词之记载，海西泛指地域的用法，亦被明朝使用，如洪武二十一年（1388）"命俺得迷失等往辽东、海西等处，招抚夷民，各赐衣物"③，但从永乐年间所设海西卫所范围来看，明代之海西基本指松花江流域，从《辽东志》中《海西西陆路》中的第一站肇州为今珠赫店，《海西东水陆城站》中的第二站阿术河为今阿勒楚喀等来看，广义上的"海西"系指以今松花江、伊通河交汇点附近为中心，西至嫩江口、东到瑚尔喀江之间的地域。而朝鲜《龙飞御天歌》内，将松花江称作"海西江"，虽非规范性名称，但据此可佐证元代海西之大体位置。

明朝和朝鲜的史料将生活在海西地区的女真人，泛称海西女真。而忽剌温这一称谓可上溯至金代女真语，《金史》卷4《熙宗本纪》皇统九年（1149）十一月癸巳条记"上猎于忽剌浑土温"，泛指忽剌温河（呼兰河）一带。但忽剌温作为地名使用在明初极为混乱，初期招抚女真时，范围甚至到达黑龙江流域之地，包括奴儿干地方等地，中期以后才作为指代与海西范围基本相同的地名，并沿用下来，且将居于海西的女真人称作忽剌温女真。随着明代女真人结盟抵抗蒙古和各卫所南迁，海西女真各部的贡道和敕书逐渐被迁至开原附近的卫所掌控，海西女真中最后形成了势力较为强大的扈伦四部。但《中国历史地图集》明代卷所绘宣德八年（1433）和万历十年（1582）两幅明时期全图及《奴儿干都司》图，将松花江、黑龙江下游直至入海口的广阔区域，皆标为"海

---

① 《元史》卷12《世祖九》，第1册，第254—255页。
② 《明太祖实录》卷153，洪武十六年四月己亥条。
③ 《明太祖实录》卷190，洪武二十一年五月壬辰条。

西女真部"①,应为明代海西女真范围的定论性地图,即至明末,黑龙江下游地区卫所,明朝仍将其隶属海西女真卫所系列,这一带的女真人仍被作为海西女真人,可知海西女真并非仅为扈伦四部。

一、海西女真之源流

在明朝初期的官方文书中,将包括开原以北远至黑龙江中下游的女真人,都称为忽剌温女真,朝贡及贸易均列入海西女真人序列。金代居住于该区域的女真人,主要有蒲察部、徒单部、泥庞古部、纥石烈部及完颜部和五国部的一部分。元代该地属辽阳行省,至元二十年(1283)设海西辽东提刑按察使,至元二十五年罢。延祐二年(1315)设海西辽东鹰坊万户府,隶中政院,设秩比正三品达鲁花赤一员、万户一员。元朝还另置海西右丞、海西辽东道巡防等官管理这一地区。

明洪武十六年(1383),北元海西右丞阿鲁灰来内附时,明太祖给阿鲁灰的敕书中,指出了当时其所守的海西地域为"东有野人之隘,南有高丽之险,北接旷漠,惟西抵元营"②,足见明初所确定的范围之广。明朝将本居于松花江之元朝降将纳哈出封为海西侯,乃以海西之名赐封予女真首领之爵位。朝鲜于1395年编写的《龙飞御天歌》中,称松花江下游为海西江,难考其源出何典,或为元朝以来形成的习惯性称呼。至永乐年间,明朝统一东北过程中,建立卫所,其中将松花江流域以外,北至黑龙江中下游,南至开原地区的卫所,均冠以"海西某某卫"。即使在海西女真大量南迁开原迤北后,明朝在发放袭替敕书上,仍将这些原来属于海西的卫所冠以"海西"之名③,明朝中前期亦将海西卫所之女真,称为海西女真。万历年间重修之《大明会典》中,将女真分为三种,海西女真与黑龙江下游的女真人,在称呼上已有所分别,规定:"盖女直三种。居海西等处者,为海西女直。居建州、毛怜等处者为建州女直……其极东为野人女直,野人女直去中国远甚,朝贡不常。而海西、建州,岁一遣人朝贡。"此乃嘉靖中叶修订女真卫所朝贡制度后,逐渐从管理朝贡的角度形成的女真三分法,即在海西1000道敕书内的卫所均属于海西女真人。他们基本上

---

① 谭其骧主编:《中国历史地图集》第七册,地图出版社1982年版,第40—41、42—43、82—83页。

② 《明太祖实录》卷153,洪武十六年四月己亥条。

③ 详见太祖朝《满文老档》第79—81册之 mukūn tatan be ejehe dangse。

是由 14 世纪中期从黑龙江中下游南迁的兀者人和留居在元朝开元路治所周围及水达达路南部、西南部的女真人组成。①

16 世纪前期,南迁的海西女真中的哈达、乌拉、叶赫、辉发四个势力较强的女真部族,被称为扈伦四部。扈伦四部之女真人,多来源于明初设置的兀者卫、塔山卫、塔鲁木卫、肥河卫、呕罕河卫之女真人,故将上述卫所之设置及南迁情况略述于下:

永乐元年(1403)十二月,忽刺温等处女真头人西阳阿、锁失哈等至南京朝贡,明朝于其地设置兀者卫,以西阳阿为指挥使,锁失哈为指挥同知,吉里纳等 6 人为指挥佥事,余为镇抚等官。此乃明朝在海西地区设立的第一个卫。翌年,从兀者卫中分出三卫,即兀者左卫,以脱脱哈为首领;兀者右卫,以那海为首领;兀者后卫,以义不扎尼为首领。正统八年(1443)四月,将兀者卫都督刺塔与其弟析居,复从兀者卫内分设成讨温卫。析卫同时,又于兀者卫下设三个千户所,即永乐二年(1404)设托温千户所、永乐三年(1405)设稳勉赤千户所和揆野木千户所。五卫三所受明朝之命,管辖忽刺温地区之女真人。正统四年(李朝世宗二十一年,1439),兀者卫指挥佥事都儿也到朝鲜,回答朝鲜提问时,言及该卫情况为:

> 北平馆报礼曹曰:忽刺温于知哈兀者卫指挥佥事都儿也言,本卫管下人三百六十余户,军数一千名。迤东三日程,有色割儿大山。迤北平衍无人。迤西不知里数,有达么阿德处卫、朵忽论等卫。西南间十日程,有开原卫。东南间三十日程,乃是朝鲜国会宁府。大抵本土所产,獐鹿居多,熊虎次之,土豹貂鼠又次之。牛马则四时常放草野,惟所骑马,饲以刍豆,若乏刍豆,切獐鹿肉,与水鱼饲之。其婚礼,女生十岁前,男家约婚,后递年三次筵宴,二次赠牛马各一,待年十七八乃成婚礼。父死娶其妾,兄亡娶其妻。于知哈则父母死,编其发,其末系二铃,以为孝服。置其尸于大树,就其下宰马,而食其肉,张皮鬐尾脚挂之,兼置生时所佩弓箭。不忌肉食,但百日之内,不食禽兽。头目女真则火葬,皮冠顶上缀白粗布,前蔽面目,后垂于肩,仍穿直身衣,每遇七七日,杀牛或马,煮肉以祭,彻而

---

①　参见[日]增井宽也:《明代之野人女真与海西女真》,《大垣女子短期大学研究纪要》,第37(1996 年)、38(1997 年)号。

食之。①

据此可知兀者卫在明前期的方位、规模、生产、生活等各方面情况,至正统年间,该卫下辖360余户,额兵1000余名,此等规模,在当时的女真卫所内,已属于规模较大之名卫。其生产以渔猎、畜牧为主,婚姻、丧葬习俗与金、元时期的女真人相仿,而当时海西女真人的生产生活情况,大体与兀者卫相同。

永乐四年(1406)二月,海西女真塔剌赤等45人到今南京朝贡,明朝在呼兰河流域设立塔山卫。以塔剌赤为塔山卫指挥同知,所携同族子弟分授该卫千、百户、镇抚等职,皆赐诰、印、冠、带、袭衣及钞币有差。② 正统十一年(1446)十月,设塔山左卫,亦称塔山前卫,由塔山卫都指挥弗剌出掌管卫印。

当年二月,另有海西女真头目打叶等70人前来朝贡,明朝命置塔鲁木、苏温河、阿速江、速平江四卫。其中以打叶为塔鲁木卫指挥使,其余本族前来子弟等被封为该卫镇抚、千、百户等官,赐诰、印、冠、带、袭衣及钞币有差。③ 卫治在今肇州附近。

同年九月,秃河、右鲁门山等处海西女真头目哈合察等63人赴明朝贡,置肥河卫,命哈合察等为指挥、千户、百户,仍赐诰、印、冠、带、袭衣及钞币有差。④ 治所在今宾县西之蜚克图河流域。宣德八年(1433)哈合察去世,由其子剌令哈袭任指挥使,翌年升为都指挥佥事⑤。正统元年(1436)二月,命已故肥河卫都指挥佥事剌令哈之子别里格袭为指挥使,翌年升为都指挥佥事,六年(1441)升任都指挥同知⑥。别里格任内曾联合呕罕河卫等抗击兀良哈三卫,并逐渐南迁至伊通河流域。

永乐六年(1408)正月,海西女真头目必缠等160人来朝,置秃都河、实山、忽里吉山、列门河、莫温河、阮里河、察剌秃山、呕罕河八卫,命必缠等为指

---

① 《朝鲜李朝世宗实录》卷84,世宗二十一年正月己丑条。
② 《明太宗实录》卷51,永乐四年二月己巳条。
③ 《明太宗实录》卷51,永乐四年二月庚寅条。
④ 《明太宗实录》卷59,永乐四年九月辛巳条。
⑤ 《明宣宗实录》卷103、108,宣德八年七月乙亥条、九年二月乙丑条。
⑥ 《明英宗实录》卷14,正统元年二月丁未条;卷36,二年十一月丙午条;卷86,六年闰十一月甲戌条。

挥、千户、百户,赐诰印冠带袭衣及钞币有差。① 呕罕河卫治所在今依兰县东之倭肯河流域一带。从以"呕罕河卫故指挥使必缠子乃胯"②袭父职记载可知,必缠为呕罕河卫掌印指挥使。其子乃胯承袭后,于正统元年升为都指挥同知,六年"升呕罕河卫都指挥同知乃胯为都督佥事,以乃胯遣本卫指挥帖木儿等八人进马请升也"③,可知乃胯入贡有常,得到明朝认可,很快使本卫升入都督级之列。七年(1442)乃胯卒,其子尼哈答袭其职④。

呕罕河卫在正统年间,不但与肥河卫等联合邀战兀良哈三卫,还成为较早与朝鲜联络的海西女真卫所之一。同建州卫、建州左卫一样,出于经济目的,部分海西女真卫所首领也曾到朝鲜朝贡,邀官请赏。正统二年(李朝世宗十九年,1437)八月,呕罕河卫派于将介、肥河卫派吾宁应哈等人前往朝鲜。其中呕罕河卫乃胯给朝鲜国王的书信为:

> 大明皇帝封忽刺温一方兀狄哈乃要昆,设立呕罕卫,世袭都督,住坐本土,管辖百姓。今欲于朝鲜国殿下受命效顺,往来交通。差送指挥于将介等六人,自今受命效顺,永不寇边。我等地面所贵金银及马匹鞍子等物赐给,仍授高爵遣还,则乃要昆等益改前心。殿下所贵之物,我等亦连续进献,永永归顺。⑤

肥河卫别里格的书信,内容亦同,均为要求朝鲜赏给金银、鞍马、高爵,则可归顺朝鲜,进献土产等。此行使者得到朝鲜热情接待,李朝世宗出于稳定边境等方面考虑,基本满足了乃胯、别里格所请,赏予丰厚,为此其他海西卫所均效仿,一时纷纷前往朝鲜朝贡请赏,两三年内,就有60余个海西女真卫所到朝鲜朝贡,并延续有年,直至天顺三年(李朝世祖五年,1459),明朝谕令朝鲜国王不许与女真人"往来交通,除授官职",指出"且彼既受朝廷官职,王又加之,是与朝廷抗衡矣",要求"王速改之,如彼自来,亦当拒绝,谕以各安本分,各守境土,毋或自作不靖,以贻后悔"⑥,同时谕令建州、海西不许到朝鲜朝贡请赏,

---

① 《明太宗实录》卷75,永乐六年正月甲戌条。
② 《明宣宗实录》卷103,宣德八年七月乙亥条。
③ 《明英宗实录》卷76,正统元年六年二月丁亥条。
④ 《明英宗实录》卷99,正统七年十二月戊子条。
⑤ 《朝鲜李朝世宗实录》卷78,世宗十九年八月丁亥条。
⑥ 《明英宗实录》卷302、300,天顺三年四月庚辰条、二月乙亥条。

受官食俸,海西女真私下与朝鲜交往的局面才得到控制。

14 世纪中期,由于原来居住在黑龙江流域的兀者人南下,女真人进行了第一次迁移。依兰等地被南下之兀者卫等海西女真占据。另外,还有少数海西女真人,在取得明朝同意后,入居辽东的安乐州、自在州、广宁等地。永乐六年(1408)四月,兀者右卫指挥贾你率所辖女真人,愿迁居辽东三万卫,得到明朝准许并补助生活日品。自后愿居辽东者,均准此例,乃海西女真大量南迁之滥觞。此后,海西女真人或以卫所,或数人零散南迁。其南迁及明朝安置情况,详于本章第一节,兹不赘述。需要确定的是,海西女真之卫所只是部分南迁,大量的海西卫所仍留居于黑龙江、松花江下游地区,故直至万历年间,这些地区的卫所在袭替敕书时,仍在海西女真所执 1000 道敕书内,按兵部武选司所藏底簿袭替。

至 16 世纪前期,在大量南迁的海西女真人内,其中居住在忽剌温地区的兀者卫、塔山卫、塔鲁木卫、肥河卫、呕罕河卫的女真人,以及居住在肇州站一带的女真人,分别移到叶赫河、乌拉河、哈达河、辉发河畔,逐渐聚集起来,与原生活于当地的金代女真人后裔,以及蒙古土默特氏杂居共处,并得到迅速发展,分别形成势力较强的叶赫部、乌拉部、哈达部、辉发部,以四部多原出于扈伦(忽剌温)地区,因此将其统称为扈伦四部。因扈伦四部之文献记载较多,且因海西女真均需从开原之南关、北关入贡,导致海西女真之敕书基本被哈达、叶赫霸占,故学界将明末海西女真与扈伦四部等同,此与明朝所分海西女真范围不符。

扈伦四部之世系均可追溯至 14 世纪中叶,其首领皆先后担任过明朝之本卫官员。四部来源不同,本非同姓,以后却均改姓"纳喇",但又都各自为族,分处异地,彼此相争。

二、叶赫部

叶赫部首领之始祖系土默特氏蒙古人,原据黑龙江肇州一带。永乐四年(1406)初赴明朝贡,得设塔鲁木卫。该卫旋即南迁,进入呼兰河流域,很快迁至璋城一带,灭原住扈伦地区的纳喇部,占据其他,遂改为纳喇氏。纳喇乃金朝贵族姓氏之一,当时该姓氏之人,分布于伊通河、叶赫河流域一带,故明朝南迁至该地区的各卫首领,多改姓纳喇。塔鲁木卫此后继续南移,于宣德初年,移居叶赫河至达奇木鲁山一带,故称叶赫部。

明代叶赫部的世系明晰,其始祖星根达尔汉自 14 世纪中叶传至 16 世纪末,共计八代。第一代星根达尔汉(打叶)、第二代席尔克明噶图(捏列哥)、第三代齐尔噶尼(的儿哈尔)、第四代祝孔格、第五代台楚(台出)、第六代清佳砮和杨佳砮、第七代卜斋和纳林布禄、第八代布羊骨和金台石等。永乐四年(1406)明朝设塔鲁木卫时,其首领在《明实录》内记为打叶。学界基本认定打叶即叶赫部始祖星根达尔汉。正统七年(1442),塔鲁木卫指挥佥事弗刺出、弟捏列哥俱袭职,捏列哥即是叶赫部第二代席尔克明噶图,正统十四年(1449)升塔鲁木卫指挥使捏列哥为都指挥佥事。叶赫部第三代齐尔噶尼,在成化二十年(1484)时已继任海西塔鲁木卫都指挥,并朝贡马匹和貂皮,后以入寇边内被杀。其子祝孔格继为第四代,代父悔罪,归顺效忠。以后曾率 116 名女真头领向明朝皇帝请求:"奴婢们今来叩头进贡马匹、貂鼠皮,至今多年了,比先赏赐表里缎匹多得,近年来减少怎生。可怜见赏赐银两,奴婢们买卖便益。这等呵,奴婢们都喜欢舍身出气力,每年进贡不敢有违。奏得圣皇帝知道。"[1]要求明朝比照前例,从优赏赐女真人等,其虽为都指挥佥事,但足见其在女真头领中具有一定地位。正德十四年(1519)其已任都督佥事,嘉靖三年(1524)二月升为都督,曾率 378 人朝贡,明照例分别给赏。其以后又于嘉靖四年(1525)、九年(1530)赴京朝贡,成为当时各卫所中掌握敕书最多,影响巨大的人物,其掌管塔鲁木卫期间,该卫定居于叶赫河畔。后来祝孔格为哈达部王忠所杀,并夺其敕书及季勒寨,叶赫部服从于哈达部。第五代台楚袭职努力恢复昔日势力,在王忠死后,台楚首叛之,日以争夺被强占之敕书构兵。王台继任哈达部首领后,以台楚乃王忠之婿故,分给台楚敕 300 道,叶赫部取回了塔鲁木卫所属的一部分敕书。第六代乃台楚子清佳砮、杨佳砮,征服诸部,各居一城,即今叶赫遗址之东城、西城,雄踞一方,哈达人亦多来归附,兄弟遂皆称贝勒。万历十一年(1583)十二月,清佳砮、杨佳砮被明将李成梁所杀,清佳砮之子卜斋、杨佳砮之子纳林布禄各继父位为第七代,此时叶赫发展迅速,实力强大,占地颇广,其南近明奉天界,与哈达为邻,北接科尔沁、郭尔罗斯游牧,西近明朝威远边门,东至伊通河畔。其后卜斋子布羊骨为西城贝勒、纳林布禄子金台石为东城贝勒,乃第八代。

---

① 道尔吉、和希格:《女真译语研究》,《内蒙古大学学报》,1983 年增刊。

叶赫部之多见之于史籍,与祝孔格被杀后,其孙辈等为其复仇,重振叶赫有关。祝孔格被王忠杀害后,叶赫部势力大衰,祝孔格之诸子等都受到哈达部的庇护。其孙清佳砮、杨佳砮为守父祖遗业,努力与哈达部王台拉拢关系,构联姻娅,杨佳砮娶王台之女为妻,杨佳砮之妹温姐则为王台之继妻。清佳砮、杨佳砮及祝孔格诸子,皆为王台部属,叶赫部已暂时从属于哈达部。但清佳砮、杨佳砮对王台仅属表面恭顺,心里不忘杀祖父之仇。其暗与建州部王杲联络,侵扰明边。并与蒙古哈屯、恍忽太等勾结,扩充势力,窥测时机自立。

王台死后,其诸子争位,第五子康古六等纷纷叛逃至叶赫部,又值长子虎尔罕与乌拉江等地女真人交战,清佳砮、杨佳砮乘机夺回季勒诸寨,只有把吉、把太等五寨属虎尔罕。清佳砮、杨佳砮势力日益强大,便开始筹划进攻哈达部。万历十一年(1583)七月,清佳砮、杨佳砮派心腹乌速鲁哈携带貂皮皮袄及大量貂皮、大海獭皮、青鼠皮及缎布等礼物,前往蒙古土蛮处借兵。另外,派遣属下孛背到龙兔、伯彦等邻近女真族寨求援出兵。随后,清佳砮、杨佳砮借助蒙古人与邻近女真人之力,攻掠哈达部,大获全胜,俘获众多,震惊明朝。此次征战,不仅攻掠哈达部,也波及到开原辽沈等地。

明朝为了保全哈达部及明边的安全,分巡使任天祚受蓟辽总督、辽东巡抚之命,遣裨将宿振武、霍九皋招抚清佳砮、杨佳砮,令其悔过自新,然后方可贡赏如故。清佳砮、杨佳砮不受,言:"必欲吾两人讲和,请以敕书及把吉、把太、猛骨孛罗、三马兔,一切悉以属我。不然,我房中以强为霸,仇恨益深,唯有相攻击,至击死然后已。"[1]清佳砮、杨佳砮一时更加跋扈,不受制于明朝边将。

清佳砮、杨佳砮的行为,明朝当然不会置之不理。在叶赫攻击哈达孟格布禄时,明朝边将等就已经注意到他们的危害。辽东总督镇巡官右都御史周咏等向朝廷报告,"逞、仰二奴用贿纠结西夷,交通建夷,欲夹攻仇杀猛骨孛罗,意欲收括海、建,骑粗福余,凭陵辽沈。容臣等设先处二奴,次图别房",奉上谕"着督抚官悉心计画,便宜处置"[2],乃明朝边将得到可以随时攻击叶赫,靖边佑民之旨意。同年十二月,明朝御史洪声远获悉清佳砮、杨佳砮复秘密纠集邻近蒙古、女真人等,欲掠开原、铁岭、辽沈,以及蒙古诸部欲攻辽西等消息后,

---

[1] 《万历武功录》卷11,《逞加奴仰加奴列传》,第1017页。
[2] 《明神宗实录》卷140,万历十一年八月乙卯条。

即命总兵李成梁率兵驻扎于距开原40里的中固城,等待时机出击。同时巡抚李松下令三军精壮解甲易服,潜入开原城,部署于各险要之处。不久,清佳砮、杨佳砮率所借恍忽太等2000余骑,擐甲到达镇北关,向明官请求重赏,并威胁要进攻开原。明军诱之进入镇北关,鸣炮为号,官兵闻声驰至,奋力斩杀清佳砮、杨佳砮兄弟及杨佳砮之子哈尔哈麻、清佳砮之次子兀孙孛罗等311人。李松担心留驻在镇北关外的清佳砮、杨吉砮所部数千骑兵发觉此事,决定先发制人,出兵追杀。此时于中固城待命之李成梁听到炮声,也率精兵北进,追击关外之清佳砮、杨佳砮所部残兵,在叶赫新寨消灭清佳砮兄弟之兵,斩首、俘虏计1258人,得马1073匹,武器衣甲无数。在李成梁大军到达清佳砮兄弟寨堡时,其残留部属纷纷出寨门请降,愿意从此受孟格布禄节制,于是刑白马,歃血立誓,言"自今宁万死,不敢复入塞"[1]。明朝决定不再设叶赫部长,并赐孟格布禄敕书,约束清佳砮、杨佳砮诸子及部属。叶赫部从此又受哈达部节制,雄据开原以北的叶赫部复暂时沉寂数年。

清佳砮、杨佳砮战死于开原城下,使叶赫部发展受到挫折。因明朝撤销叶赫部长,故清佳砮之子卜斋、杨佳砮之子纳林布禄率叶赫余部,归于哈达部孟格布禄统辖。卜斋、纳林布禄虽然在表面上对哈达表示恭顺,但并未忘记杀父之仇,始终暗怀复仇之志。卜斋、纳林布禄"二酋以父伏诛,故不自忍,辄连西虏恍忽太等,勃勃欲报怨于王台子孟格布禄及其孙歹商,于是谋温姐、康古六为内应"[2],于万历十五年(1587)四月,纳林布禄以所借恍忽太5000余骑,包围歹商,进攻哈达部所辖把太寨。此时,孟格布禄基于与温姐的母子关系,以及叶赫人的诱胁,反而帮助叶赫及康古六夹攻歹商,逮捕歹商之妻哈儿屯,且自焚家舍,携其家室与温姐逃往叶赫部,居十八里寨。明将王汝征、那继善、吴嗣勋率兵2000人,在寇河鏖战,阻击卜斋等人南下。明军还拿获孟格布禄部众800余人,交给歹商。

孟格布禄逃至叶赫部后,辽东巡抚顾养谦、御史许守恩奏请革去孟格布禄官爵,哈达部乃归歹商一人管辖。然歹商为人刚愎自用,生性多疑,不能善待其属下人等,故左右多有离心。为此,歹商部下阿台卜花前往叶赫投奔康古

---

[1]　《万历武功录》卷11,《逞加奴仰加奴列传》,第1019页。

[2]　《万历武功录》卷11,《卜寨那林孛罗列传》,第1021页。

六,引导康古六进攻歹商居住之山寨,掠夺人口牲畜等物。一时,孟格布禄、康古六、卜斋等,皆与歹商敌对,歹商处于孤立之中。明朝为解脱歹商之困境,消弭哈达部之内部矛盾,稳定开原一带边外,巡抚顾养谦派使者往谕康古六、孟格布禄、阿台卜花等,允许他们和歹商讲和,不究前罪。康古六等却答复,"歹商家室已为猛骨孛罗所奸夺,今岂可与乎"①,断然拒绝了明朝官员之建议,明朝深感海西形势危机。万历十五年夏,卜斋、纳林布禄和康古六图谋率兵进攻南关,并乘机侵入开原。明朝开原兵备副使王缄命参将李宗召率精兵,直捣卜斋营寨,逮捕温姐和康古六。九月,辽镇督抚官张国彦题请朝廷应使哈达部诸势力和解,尽快结束哈达之乱,以抑制叶赫部,得到准允,辽东边将很快解决了哈达部纷争,并全力考虑处理叶赫部的问题。

万历十六年(1588)正月,辽东巡抚顾养谦具奏:"二奴既剿,其子那林孛罗、卜塞不复贡市者,五年于兹矣。乃曰两关贡市如故,二酋既不贡市,踵父之智,结西虏而攻歹商……乞敕督臣张国彦速至开原,查明那林孛罗、卜塞等酋果否叛逆,相机剿抚。"②请求尽快剿灭叶赫以安海西。兵部议覆,认为叶赫叛逆之罪昭然若揭,应予速剿,得旨"令抚镇协心行事,督臣从宜调度,毋得疑虑推诿,致务边计"③,乃朝廷再次同意了剿灭叶赫之策略。不久,卜斋等率叶赫大兵迫近哈达,歹商急赴广顺关报告,请求援助。张国彦、顾养谦等命部将李宗召、吴希汉、成杨等,召卜斋、纳林布禄及歹商到关,宣布朝廷意旨,告知以前大将军不杀尔等,乃因尔等年少,且使尔等属孟格布禄。今不至三年,尔等寝骄坐大,自相仇杀,以致汉法所不贳。今若早日悔改,将所获还予歹商,可请除尔等之罪,得贡市抚赏如故,否则将兵戈相向,咎由自取。对于明朝谕旨,布塞有遵从之意,而纳林布禄认为不可,且欲借蒙古兵分三路,一路入靖边堡,一路入西边堡,一路入镇北堡,攻击开原。叶赫部内部意见出现分歧,不能统一,分为主战、主和两派。明兵备副使王缄得知此情,即召见卜斋亲信卜三,纳林布禄亲信兀苏鲁哈等,向他们说明招抚之意,并厚加犒赏。遣回叶赫后,卜三、兀苏鲁哈等分向二首领报告了明朝招抚之意。但纳林布禄、卜斋二人均怀疑卜三等是受明朝贿赂而来,没有采纳二人的意见,仍旧要消灭孟格布禄和歹商。

---

① 《万历武功录》卷11《康古六传》,第1006页。
② 《明神宗实录》卷194,万历十六年正月戊申条。
③ 《明神宗实录》卷195,万历十六年二月乙卯条。

明朝对卜斋、纳林布禄最后的招抚之策,未能奏效,因此边将等决定筹措粮草,出征卜斋、纳林布禄,以正其罪。

将所有军需准备妥当后,以总兵官李成梁为统帅,于三月初六率大军由辽阳出发,向北进兵。十四日晨,从威远堡小关门出境,东行 30 里,到叶赫部之落罗寨。李成梁派使者劝降落罗寨,禁止军队入内,于寨内之人秋毫无犯。落罗人则随李成梁军到叶赫城劝卜斋与纳林布禄投降。时卜斋与纳林布禄东西二寨相距数里,卜斋弃己寨逃入纳林布禄寨,他们据险不降,并指挥骑兵直冲明兵,杀死 3 人。李成梁即命官兵反击,直捣其城下。卜斋与纳林布禄率兵退入寨中,紧闭寨门。该城分四层:其一,外大城外有木栅一层。其二,外大城以石。其三,石城内为木城,城内外大壕三道。其四,城中间有一山突起,周围险峻,垒建石城,石城之上又为木城,木城中有八角明楼,卜斋与纳林布禄将妻子财物置其上。其城易守难攻,明兵攻城时,城上投矢石如雨,死伤很多。经过二天激战,毁其木栅,攻下二层城(石城、木城)。在攻木城内的山城时,大石滚木俱下,明军多死于其下,城不可破。李成梁遂收兵,改用装有铅弹之大炮攻城。在大炮的轰击下,城墙毁坏,死伤很多。卜斋与纳林布禄不得已出城下马,匍匐乞求李成梁,言称"幸哀怜我,赦除前过,即欲与南关分敕入贡"①,得李成梁允诺,令伊等和好歹商,恭顺明朝,并迅速班师,叶赫人自此感戴李成梁。此次交战中,叶赫部下死者 554 人,明军获曾被掠者 8 人、马 98 匹、盔 275 顶、甲 281 副、臂手 8003 副。但明军亦阵亡 53 人、伤 535 人,损马 113 匹。

叶赫部长卜斋、纳林布禄失败后,元气大伤。四月,兵科给事中张希皋奏请:"辽左猛骨、那林之剿,顷报破其寨栅者,斩首五百余级,二酋乞和歹商,效顺中国,可谓张挞伐之威,寒毡裘之胆矣。顾二酋负险筑坚,输服恐未可信……一切善从事宜,乞敕抚镇,从长酌议具奏。"②陈奏要辽东官员从长计议,处理好善后事宜。辽东官员等在释放康古六,设法拉拢温姐,使孟格布禄和好歹商,衷心归顺后,九月蓟辽总督张国彦、辽东巡抚顾养谦会题解决哈达、叶赫纷争之长久之议,认为:

两关终以敕书不平为争,盖自永乐来,给海西诸夷自都督而下至百户,

---

① 《万历武功录》卷 11,《卜寨那林孛罗列传》,第 1025 页。
② 《明神宗实录》卷 197,万历十六年四月庚申条。

凡九百九十九道,以强弱分多寡。今两关之强弱可睹也。臣等是以酌南北平分之,而北少其一,以存右南关之意,诸酋皆服。然两关以争故,皆失田业告饥,而南关之歹商为甚。因出粟赈之,次第给牛种歹商等,各感泣而去……于是卜寨、那林、猛骨卜罗、歹商四酋,重约婚姻,争先向顺。①

可知战后明朝恩威并用,赈济叶赫、哈达,拨给种子耕牛,使其恢复生产,更主要的是将 999 道敕书,分给哈达占据的南关 500 道,叶赫占据的北关 499 道,结束了长期以来的南关、北关的敕书之争,使海西女真地区得以暂时平静。此后叶赫部得到明朝大力支持,并成为其联合海西女真抗衡建州女真崛起之策应。

叶赫部世系

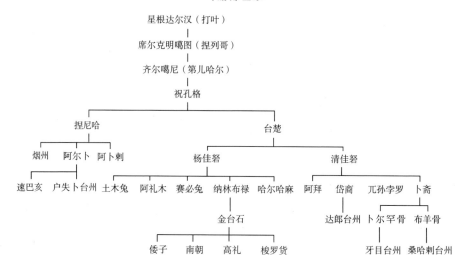

三、哈达部

哈达部始祖原居住于忽剌温江(呼兰河)下游,姓纳喇氏。永乐四年(1406)二月,该地塔剌赤等 45 人到南京朝贡,明朝在呼兰河流域设立塔山卫,以塔剌赤为塔山卫指挥同知,所携同族子弟分授该卫千、百户、镇抚等职,皆赐诰、印、冠、带、袭衣及钞币有差。② 正统十一年(1446)十月,“设女直塔山左卫,给印,命塔山卫都指挥弗剌出掌印管事。从呕罕河卫都督你哈答奏请也”③,可知塔山

---

① 《明神宗实录》卷 203,万历十六年九月戊寅条。
② 《明太宗实录》卷 51,永乐四年二月己巳条。
③ 《明英宗实录》卷 146,正统十一年十月丁巳条。

左卫之设置，与呕罕河卫都督你哈答之奏请有关，据此窥得当时塔山卫、呕罕河卫关系之密切，且掌管塔山左卫印务、管理塔山左卫事务之原塔山卫都指挥弗剌出，与呕罕河卫都督你哈答的关系，亦不一般。旋于颁给塔山左卫弗剌出敕书中写有：

> 尔弗剌出世居边境，忠事朝廷，自我先朝，沗膺官赏。比者尔累奏所管人民颇多，或有声息，驰报未便，请设卫给印，以图补报。呕罕河卫都督同知你哈答又奏保尔效力多年，善抚人民，辽东总兵等官亦审实以闻。今特准尔所请，设塔山左卫，给与印信，命尔掌印管事。尔宜深体朕恩，坚守臣节，遵守礼法，抚绥部属，或有远夷奸诈之徒，蛊诱尔部属为恶者，即便擒治。尔其钦哉。①

可见设置此卫，并非全为顾及呕罕河卫都督同知你哈达之请，此前弗剌出亦以"所管人民颇多""或有声息，驰报未便"等情由，多次奏请析设新卫，此亦为明朝设置塔山左卫之原因。而选定弗剌出掌管左卫事务，则由于其"世居边境，忠事朝廷。自我先朝，沗膺官赏""效力多年，善抚人民"，且经过辽东总兵官审核属实，才得以委任。据此亦可窥得明中叶委任、升授、袭替女真羁縻卫所官员之条件和过程。

景泰元年（1450）升弗剌出为塔山左卫都指挥。在海西女真南迁的过程中，塔山左卫逐渐迁至塔山前，故该卫后被称为塔山前卫，而卫印仍为"塔山左卫之印"。该印在吉林省洮南地方出土，正面镌篆体"塔山左卫之印"文，背面凿两行，"礼部造，正统十二年"，为塔山左卫现存的重要文物。据此推测塔山左卫所辖地区，约为今吉林省农安迤北，扶余、前郭、洮南等县市一带。

速黑忒掌管塔山前卫事务时，按期朝贡，极为恭顺，多次亲自赴京，深得朝廷赏识，该卫官员亦很快升为都督级。目前所见最早出现速黑忒朝贡之记载，是在弘治十五（1502）年十一月，即"塔山前等卫女直指挥速黑忒等各来贡"②，当时速黑忒尚属指挥级。在正德十六年（1521）其朝贡时，记载其已为都督。从"海西塔山前卫女直都督速黑忒以升职七年，恳蟒衣。予之"③之记载来看，其或于正德十二年（1517）左右升任塔山前卫之都督，且明朝对女真

---

① 《明英宗实录》卷147，正统十一年十一月乙卯条。
② 《明孝宗实录》卷193，弘治十五年十一月壬辰条。
③ 《明世宗实录》卷36，嘉靖三年二月己酉条。

都督级官员,年满七年以上者可赐蟒衣,故速黑忒恳请并得赏予。

升任都督后,速黑忒在海西女真地区地位显赫,于赴京朝贡者中列名于首。且可得明朝格外照顾,如其在嘉靖元年(1522)入贡时,特旨"改海西夷人速黑忒等赏赐折银,不为例,从其请也"①。明朝对前来朝贡者之例赏、加赏、特赏,一般均为实物,为携带方便,购买自如,女真朝贡首领多次请求将赏赐物品折银发给,但明朝不改成例,此次可以折银,足见速黑特等深得朝廷赞许,故破例折银赏之。在此次前来朝贡时,女真通事王臣条陈上请,以解决海西女真夷人,阳顺阴逆,贡使方出,寇骑及前来朝贡之人过多等情弊,条陈至内容五条,其中两条与速黑忒有关:"一、海西都督速黑忒,虽号强雄,颇畏法度,彼处头目亦皆慑伏。宜降敕切责及差廉干官一员,同往抚顺,节次犯边竹孔革等部落。如无效,将差去官并速黑忒治罪……一、速黑忒、牙令哈、阿剌哈等俱自称有招抚边夷功,宜查实升赏。"对此"上命该部议行"②,或因在其"招抚边夷"方面颇有经验,故令其去说服塔鲁木卫都督祝孔格,足见速黑忒当时在明朝和边外女真人中的影响之大。据《明实录》所载:

> 女直左都督速黑忒自称有杀猛克功,乞蟒衣、玉带、金带、大帽等物,诏赐狮子彩币一袭,金带、大帽各一。猛克者,开原城外山贼也,常邀各夷归路,夺其赏。速黑忒杀之。速黑忒居松花江,距开原四百余里,为迤北江上诸夷入贡必由之路,人马强盛,诸部畏之。往年各夷,疑阻速黑忒独至,顷又有功朝廷,因而抚之,示持赉之意。且遍谕在馆诸夷,即万里外有功必知,知无不赉云③。

此记载更可反映速黑忒在海西女真中势力强大,所谓"人马强盛,诸部畏之",或许当时唯有他,可有力翦除把持劫掠贡道之山贼。其因此得到朝廷重赏,且将此事宣谕"在馆诸夷",使塔山前卫愈加威名远扬。另外,当时塔山前卫位于松花江畔,距离开原400余里之处,乃"迤北江上诸夷入贡必由之路",在交通要道上,能够把持商路贡道,此抑或为该卫实力强大,一时翘首于海西

---

① 《明世宗实录》卷12,嘉靖元年三月甲寅条。
② 《明世宗实录》卷12,嘉靖元年三月乙卯条。
③ 《明世宗实录》卷123,嘉靖十年三月甲辰条。谨按《山中闻见录》卷10载"以修贡谨及捕叛夷孟克特,进左都督,赐金带、大帽",可知速黑忒所得左都督之职,系在嘉靖十年。

女真的原因。十三年(1534),"赐故塔山前卫左都督速黑忒"等祭①,估计其亡于嘉靖十二年(1533),翌年初同上年故去之女真卫所头领一道,被赐谕祭。

塔山前卫速黑忒都督,乃《清太祖武皇帝实录》中所记哈达部王台之祖父克习讷都督,被族人巴太达尔罕所杀。克习讷都督被杀后,其直系子孙逃离四散,其中次子王忠,逃到哈达部,后被拥为部长。孙王台则逃至"什白部瑞哈城"。王忠女真名为旺济外兰,其为哈达部长后,"始从混同江上建寨于靖安堡边外七十里,地名亦赤哈答,以便贡市。亦赤哈答在开原东南,故开原呼为南关也"②。"亦赤哈达"即 ice hada,乃"新山峰"之意,王忠于此筑新城,在新选山峰之上,故称为伊彻哈达。而原哈达城又称石城,在众山之间,地甚狭小,位于伊彻哈达西南,城周240步,仅有南门。明朝规定哈达部在广顺关入贡贸易,该关位于开原之南,故明末称哈达部为南关。与叶赫在镇北关入贡贸易,渐称之为北关类似。

王忠被拥为哈达部长后,努力发展经济,伺机向外扩张,兼并周围族寨,并竭力效忠明朝,因为明朝侦察有功,被升为都督金事。在争夺海西敕书中,杀与其实力相当之塔鲁木卫都督祝孔格,海西诸卫之999道敕书,一时皆为王忠所据,曾经实力强大的叶赫部,亦附属于其麾下,当时在扈伦四部中最为强大,史称"王忠者,为塔山前卫夷酋,兵力强盛,凡建州、海西、毛怜等一百八十二卫、二十所、五十六站,皆畏其兵威。于是悉得国初所赐东夷一千四百九十八道敕"③,足见当时哈达部之兴盛,已经成为女真各部中势力最强者。王忠之强大,与其把持贡道,独擅南关朝贡贸易相关,如明末冯瑗所记:"夷长王忠,初建寨于广顺关外,东夷诸种,无不受其约束者。无论近边各卫站,岁修赘贡,唯忠为政。即野人女直,僻在江上,有来市易,靡不依忠为居停主人。当是时,广顺关外夷络绎不绝。"④可知王忠当时不但把持海西之千道敕书所得朝贡之赏、贸易之利,还成为从黑龙江、松花江等地前来朝贡、贸易的女真人的居亭主人,即集照管其食宿、仓储、中介于一身的特殊商人,垄断着开原广顺关、镇北

① 《明世宗实录》卷161,嘉靖十三年三月乙酉条。

② 冯瑗:《万历开原图说》卷下《海西夷南关枝派图考》,《中国地方志集成·辽宁府县志辑·第12辑》,凤凰出版社2006年版,第35页。

③ 《三朝辽事实录》之《总略》,中国公共图书馆古籍文献珍本2002年汇刊本,第54页。

④ 《开原图说》卷上《靖安堡图说》,第29页。

关的贸易。嘉靖二十八年(1549)前后,哈达部内乱,王忠被杀,其子博尔浑为报杀父之仇,翌年前往瑞哈城请王台到哈达部,继为哈达部长。

王台在《满文原档》及明末清初的史料里,或被称作万汗。嘉靖二十九年(1550)被拥为哈达部长,自此其"为东陲诸夷长者,凡三十年",并"听袭祖速黑忒职"①,即得以继承了祖父速黑忒的左都督职位。王台至哈达后,继承并发展王忠所创基业,显示出卓越的领导才能,很快因其能得众心,兵势益强,使建州、海西女真各部首领尽服从王台,其统辖范围,"东尽灰扒、兀剌,南尽清河、建州,北尽仰、逞二奴,延袤千里"②,甚至海西女真及建州浑河部"尽皆服之,凡有词讼,悉听处分"③。王台为哈达部长的30年中,史称东陲晏然,女真地区虽仍有纷争,但较以往相对平静。

王台能长久称雄女真地区,与其忠顺明朝有关,其中以其拒绝与建州首领王杲等入边抢掠,最后抓捕王杲献给明朝最为典型。16世纪后期,建州女真人王杲屡犯明边,他曾多次携鞍马等物向王台求援,欲共同入边侵掠,均被王台回绝。隆庆六年(1572),抚顺备御贾汝翼在任时擅自改变安抚女真政策,引起王杲不满,欲大举侵扰明边。王杲请求王台援助,王台谢曰:"幸得为保塞吏,正颇忠贞,有如一日。以马甲佐若等,即若等借我稍愉快,我何面目复见汉太师马法乎。若且休矣"④,拒绝了王杲的要求,未参与王杲等入边掠夺。同时,工台还曾多次拒绝其他女真头目借兵侵边。

王台非但坚决不参与犯边掠夺,而且还充当明朝与王杲之间的调解人。王杲犯边时,曾掳掠250余人,及畜财甚多。明朝兵备使王之弼委派王台出使建州,传达明朝要求送回所掠人畜,并不许再侵犯边塞等厉害关系。王台说服王杲,连同自己所救,共送回所掠238余人、马8匹。明朝罢免了抚顺备御贾汝翼,改正了贾汝翼的抚边政策。且因王台的调解,明朝和王杲之间的矛盾得以缓和。隆庆六年(1572)九月二十八日,王台带王杲等到抚顺关,向新任备御裴承祖请罪,使得明朝暂时与建州女真王杲部通市如故。此外,王杲强盛

---

① 《山中闻见录》卷10,《清入关前史料选辑》第三辑,第143页。
② 《山中闻见录》卷10,《清入关前史料选辑》第三辑,第143页。
③ 《清太祖武皇帝实录》卷1,"诸部世系条"。
④ 《万历武功录》卷11。"汉太师马法",乃当时女真人对辽东官员之称呼,可解释为"汉太师大老爷"。

时,经常联络蒙古,欲东西呼应,抢掠明边。王台所部位于建州、土蛮蒙古部两者之间,王台为阻止其联合,甚至妻女于蒙古小黄台吉,笼络蒙古,勿侵略明边,勿抢掠所属叶赫部人。王台与土蛮蒙古关系密切,甚至曾一度引起辽东官员之猜疑和恐慌,惧其联合蒙古一起寇边。

万历二年(1574)明朝决定剿灭王杲势力,在攻打王杲古勒寨时,未能抓捕到王杲。翌年,明军继续袭击王杲之阿哈纳寨,王杲以为与王台乃生平知交,于是逃往王台处。七月,王台与长子虎尔罕,逮捕王杲及家室27人,交给明朝,王杲被"槛送之入都伏法",处以磔刑。旋"以王台缚送首恶,忠顺可嘉加授勋衔。二子俱升都督佥事,仍赏银币,以示优奖"①。并一同奖赏总督杨兆、巡抚张学彦、总兵李成梁等银币有差。明朝此次赐王台黄金20两,大红狮子纻丝衣一袭,封授为龙虎将军,且有两个儿子得以晋封都督佥事,其中之一当系长子虎尔罕。另从太祖朝《满文老档》之 mūkun tatan be ejehe dangse 内所录"海西塔山前卫都指挥同知王台之子孟格布禄,隆庆五年八月二十五日得"②来看,此次晋封都督佥事,当无王台幼子孟格布禄,不然按明朝规定,需更换都督佥事敕书,而将此敕书收回,孟格布禄不会执"都指挥同知"之敕书。

王杲被磔杀后,女真各部难有与王台抗衡者,哈达部进入极盛时期。但此时王台统率的哈达部,贿赂公行,是非颠倒,对外骄横强索。王台部下人出使诸部,骄恣无所忌,勒索鹰、犬、鸡、猪,为所欲为。不能满足其贪欲,使者回来,有意毁誉各部族长,王台便相信不疑,为此逐渐引起女真各部不满。俟王台年老体衰,其长子虎尔罕日益暴虐,属下人不堪忍受,民不堪命,往往叛投叶赫,所附诸部,亦起事叛离,哈达国势渐弱。首先欺王台年老,反叛哈达者乃叶赫清佳砮、杨佳砮兄弟,二人以祖父祝孔格为王忠所杀,并将叶赫部纳入其统治之下,心怨哈达部,一直积蓄力量,伺机东山再起。此时叶赫部乘机发兵哈达,旋收复被掠8寨。万历十年(1582)七月,在内忧外患中,王台终于忧愤而死。明朝念其忠顺,"赐属夷故都督王台敕及办祭彩段四表里如例"③,得此谕祭,在明后期女真各部首领中较为罕见。

王台死后,诸子争业,互相倾轧,其中以长子虎尔罕、五子康古六、幼子孟

---

① 《明神宗实录》卷41,万历三年八月辛未条。
② 《内阁藏本满文老档》太祖朝第十函,《汉文译文》第19册,第288页。
③ 《明神宗实录》卷129,万历十年十月乙未条。

格布禄为主。虎尔罕与康古六是同父异母兄弟,由于康古六为妾所生,为虎尔罕所蔑视、威逼,无奈逃亡叶赫部清佳砮、杨佳砮处。孟格布禄乃王台后妻温姐所生,尚无力与长子抗衡。故一时虎尔罕独揽大权,但当时情形为,"辽左属夷王台病故,仰、逞二奴,乘机构衅,与虎儿罕仇杀。今西虏黄台吉等阳以助虎儿罕为名,阴收白虎赤等以自益,其兼并之志昭然。仰、逞二奴,尚未悔祸罢兵,虎儿罕外迫强敌,内虞众叛"①,仅愈月余,虎尔罕于万历十年八月突然因病去世,其子歹商年幼,仅能继承其父财产,却无力统辖哈达部。

得知虎尔罕病逝,在叶赫部避难的康古六立即返回哈达部。当时因虎尔罕遗子歹商尚幼,无力继承祖业,十九岁的王台幼子孟格布禄继为哈达部首领,然因年轻,部众难服。康古六返回哈达后,收父后妻温姐为妻,哈达部遂为康古六、孟格布禄、歹商三人共管。因为昔日虎尔罕迫使康古六逃亡,独霸父业,康古六返回后,便积怒于歹商,使得哈达内部纷争日烈。外加清佳砮、杨佳砮不断攻击,哈达部出于危机之中。万历十一年(1583),清佳砮、杨佳砮被杀,明朝决定不设叶赫部长,颁敕孟格布禄,由其管束叶赫部众,叶赫部复受哈达部节制,才使哈达部得以翻转危局。

孟格布禄之母温姐,乃叶赫部清佳砮、杨佳砮之妹,故清佳砮之子卜斋、杨佳砮之子纳林布禄,乃孟格布禄之表兄。而康古六继娶温姐,又曾避难叶赫,故孟格布禄、康古六、温姐皆与叶赫关系密切,伊等与叶赫联络,共谋消灭歹商的势力。终于万历十五年(1587)四月,叶赫联合康古六,大举进攻哈达部,包围歹商。此时,孟格布禄为内应反而帮助叶赫及康古六,夹攻歹商,逮捕歹商之妻哈儿屯,且自焚家舍,携其家室与温姐逃往叶赫部,居十八里寨。在明将军队的阻击下,歹商方才得以保全。

孟格布禄逃至叶赫部后,辽东官员奏请革去孟格布禄官爵,使哈达部归歹商一人管辖。然歹商为人刚愎自用,生性多疑,不能善待其属下人等,故左右多有叛离者。如歹商部下阿台卜花前往叶赫投奔康古六,引导康古六进攻歹商居住之山寨,掠夺人口牲畜等物。一时,孟格布禄、康古六和叶赫首领卜斋、纳林布禄等,皆成歹商之敌对势力,歹商处于孤立之中。明朝为解脱歹商之困境,消弭哈达部之内部矛盾,稳定开原一带边外,巡抚顾养谦派使者往谕康古

① 《明神宗实录》卷131,万历十年十二月壬辰条。

六、孟格布禄、阿台卜花等，允许他们和歹商讲和，不究前罪。康古六等却答复，"歹商家室已为孟格布禄所奸夺，今岂可与乎"①，断然拒绝了明朝官员之建议，明朝深感海西形势危机。万历十五年夏，卜斋、纳林布禄和康古六图谋率兵进攻南关，并乘机侵入开原。明朝开原兵备副使王缄命参将李宗召率精兵，直捣卜斋营寨，逮捕温姐和康古六。

九月，辽镇督抚官张国彦具题，认为：

> 海西为开原蕃卫，而开原倚海西为安，已非一朝一夕矣。比王台既殁，遗孤仅存，大势未振。二奴孽子，欲乘隙以并吞，而康古陆等复纠谋以内应，是海西诚有累卵之忧，而歹商不免覆巢之恐。歹商不立，则无海西。无海西则二孽南连北结，而开原危。开原危则全辽之祸，不可胜道。今议剿那林孛罗、卜寨者，为二孽既平，则王台之息可保，海西之势可安。海西安则开原安，全辽亦安。不惟熟夷震叠至于挺伐之威，凡彼环观窃听之群夷，亦且不至纠合潜滋，如所谓腹背受敌，左右狼顾也。今康古陆已经擒获，当正法枭示，以绝歹商腹心之祸，本温姐既议放还，则当姑宥曲全，以释歹商骨肉之兵端。至于那林孛罗、卜寨之当剿，督抚等官欲待按臣勘议，而后举事。盖按其不赦之罪，乃兴有名之师，而因以远要，功希赏之嫌也。

万历皇帝对此深以为是，乃谕"边务夷情，朝廷惟责成督抚、总兵，相机行事。巡按御史止纪核功罪。不必避嫌畏事，致误军机。"②

朝廷同意了此剿杀叶赫，保护歹商，安定全辽之策。辽东官员按此策略，拟诛杀康古六（实因之未杀），释放温姐，笼络孟格布禄，令其归还歹商之妻及畜产，应与歹商讲和，尽快返回哈达部，恭顺朝廷。在边将努力下，孟格布禄返回了故寨，并与歹商逐渐和好。亦释放康古六，置之开原，以图稳定哈达局势。

万历十六年（1588）蓟辽总督张国彦、辽东巡抚顾养谦具题解决哈达、叶赫对峙问题，提出将海西999道敕书，南北平分，北关少其一，哈达部分得敕书500道。此500道南关敕书，又被三分，其中康古六181道、孟格布禄182道、歹商137道，每道验马一匹入贡。据此可见明朝仍承认三人统管哈达之局面。万

---

① 《万历武功录》卷11，《康古六传》，第1006页。
② 《明神宗实录》卷190，万历十五年九月癸丑条。

历十九年(1591)正月,因叶赫卜斋以女许歹商,歹商赴叶赫迎娶时,叶赫人诱杀歹商,并掠其部落牲畜,收其所有137道敕书,致使北关敕书达636道,而南关敕书为363道。时过不久,康古六死,其敕书并归孟格布禄,故哈达部363道敕书便归于孟格布禄。万历二十七年(1599),在叶赫威逼下,哈达难存,努尔哈齐借援助之机兼并哈达部,孟格布禄携子乌尔古岱等归附努尔哈齐,哈达部之363道敕书亦皆为努尔哈齐所有。

哈达部世系

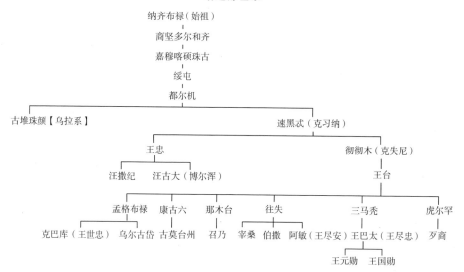

四、乌拉部

乌拉部乃明初在呼兰河流域所设塔山卫以及塔山前卫的女真人之后裔。原为忽剌温地方的纳喇氏,后分别南迁,在明后期分别形成乌拉部和哈达部。乌拉与哈达始祖相同,据《八旗满洲氏族通谱》记载:乌拉本国名,初名扈伦,其始祖纳齐布禄为纳喇氏,居住在辉发、乌拉间之启尔撒河源。后来第七代人为避蒙古兵,迁居乌拉河滨。

乌拉部世系从元末纳齐布禄至明末之满泰、布占泰,共传十代。第一代纳齐布禄,居住在辉发、乌拉间之启尔撒河源,为避蒙古侵扰,复还故处,不知所终。第二代商坚多尔和齐继为乌拉部主。第三代为嘉穆喀硕珠古,第四代为绥屯,第五代为都尔机,第六代为速黑忒(克习纳)都督、古堆朱颜,第七代为速黑忒之子彻彻木、古堆珠颜之子泰兰,至第八代泰兰之子布颜时,"尽收兀喇诸部,率众于兀喇河洪尼处筑城称王"①。第九代乃布颜之子布甘,第十代为布甘之子满泰、布占泰。

　　乌拉部与哈达部同出于明初所设塔山卫和塔山左卫。两卫情况,前已述及。嘉靖十年(1531),速黑忒掌管的塔山前卫位于松花江畔,距离开原400余里。嘉靖十二年(1533)速黑忒被族人所杀,其直系亲属为自保而逃离四散,其弟古堆珠颜之子泰兰等亦南逃,泰兰之子布颜时,终于统一了乌拉诸部,筑城自立,成为乌拉贝勒。而《八旗满洲氏族通谱》所载乌拉部传说,始祖纳齐布禄避居乌拉河滨,并改称纳喇氏,并非纳齐布禄时之事,应是古堆珠颜之子孙泰兰、布颜前后之事。

　　乌拉部大城,距吉林市约35公里,在"松花江左岸,明代扈伦四部中乌拉部之都会也"②,今称乌拉街。城周15里,四面有门。内有小城,周二里,东西各一门。乌拉部所辖,北自伯都纳以南及拉林河中游一带,南邻辉发部,西界叶赫部,东至张广才岭。或因乌拉部长乃哈达部长之同宗,故在王忠、王台统治哈达,称雄女真各部时,乌拉部仍得到较大发展,而乌拉部一直与哈达、叶赫部关系较为密切。

乌拉部世系

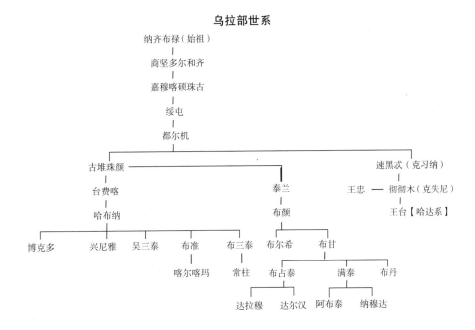

<hr />

① 《清太祖武皇帝实录》卷1,"诸部世系条"。此处之"王",对应的满文为 beile。
② 魏声龢:《鸡林旧闻录》五,《长白丛书》本,吉林文史出版社1986年版,第82页。

五、辉发部

辉发部始祖名星古里(益克得里),系黑龙江尼马察部人,移居渣鲁(明扎剌奴站),进入呼兰河流域,投奔居住在张地扈伦人纳喇氏噶扬噶图默土,遂附其姓。星古力传七代至王机砮,征服辉发部,在辉发河边扈尔奇山筑城居住,号辉发部。辉发城峭立于辉发河东岸,北距今辉南县约20公里。城周240步,西一门。该城江水曲流,饶城三面,颇具形势。

辉发部始祖星古里与明朝的关系无考,第二代后,分别任肥河卫、呕罕河卫掌卫官员。其长子哈合察(留臣)系,掌管肥河卫。次子必缠(备臣)系,掌管呕罕河卫。

永乐四年(1406)九月,"秃河、右鲁门山等处女直野人头目哈合察等六十三人来朝,置肥河卫,命哈合察等为指挥、千、百户,仍赐诰、印、冠、带、袭衣及彩币有差"[①]。肥河卫治所在今宾县西之蜚克图河流域。宣德八年(1433)哈合察去世,由其子剌令哈袭任指挥使,翌年升为都指挥佥事[②]。正统元年(1436)二月,命已故肥河卫都指挥佥事剌令哈之子别里格,袭为指挥使,翌年升为都指挥佥事,正统六年升任都指挥同知。[③] 正统九年(1444)都指挥别里格同呕罕河卫都督你哈答等率众,在格鲁坤迭连地方,大败兀良哈头人拙赤安出等。抗击兀良哈蒙古三卫东进后,蒙古鞑靼部不断东进,迫使肥河卫、呕罕河卫等逐渐南迁之伊通河流域。别里格大概死于成化十二年,故成化十三年"命肥河卫女直都督同知别里格子剌哈等一十三名,各袭祖父职"[④]。此剌哈即《清太祖武皇帝实录》中辉发部第四代拉哈都督,其于承袭父职之翌年六月,赴京贡马,赏赐有差。至十八年(1482)正月,升剌哈为右都督。弘治元年(1488)闰正月,以剌哈之子加哈察袭其父职。加哈察即《清太祖武皇帝实录》中的第五代噶哈禅。弘治十年(1497)二月曾赐加哈察大帽、金带。正德八年(1513)七月去京贡马匹、貂皮。同年加哈察阻贡,随后又听抚,与其子逞得革请求易赐敕书。

---

① 《明太宗实录》卷59,永乐四年九月辛巳条。

② 《明宣宗实录》卷103、108,宣德八年七月乙亥条、九年二月乙丑条。

③ 《明英宗实录》卷14,正统元年二月丁未条;卷36,二年十一月丙午条;卷86,六年闰十一月甲戌条。

④ 《明宪宗实录》卷162,成化十三年二月乙亥条。

永乐六年(1408)正月,女直头目必缠等160人来朝,置呕罕河等八卫,命必缠为呕罕河卫指挥①,卫治所在今依兰县东之倭肯河流域一带。从以"呕罕河卫故指挥使必缠子乃胯"②袭父职记载可知,必缠为呕罕河卫掌印指挥使。必缠、乃胯即《清太祖武皇帝实录》所记辉发部的备臣、耐宽。乃胯于宣德八年(1433)承袭卫事,于正统元年(1436)二月升为都指挥同知,并令其兼管兀者右卫。并于正统六年(1441),"升呕罕河卫都指挥同知乃胯为都督金事,以乃胯遣本卫指挥帖木儿等八人进马请升也"③,可知乃胯入贡有常,得到明朝认可,很快使本卫升入都督级之列。明朝敕谕乃胯劝告凡察勿令为恶,并告戒李满住等勿济其恶。可知乃胯在当时颇具影响,并得到朝廷信任。正统七年(1442)乃胯卒,其子你哈答袭其都督之职。④ 正统九年(1444),尼哈答与肥河卫等17卫联合,打败兀良哈蒙古人。十一年(1446)其由都督金事升为都督同知,并于景泰元年(1450)升为右都督。成化元年(1465)正月,你哈答遣部下人去京师,报告孛来等欲纠朵颜三卫抢掠,足见其勤于侦探女真地区动向等事。但成化七年(1471),辽东镇守太监叶达等奏报,你哈答等欲纠众入寇开原,一时引起明边防备。弘治六年(1493)正月,呕罕河卫都督尚古赴京朝贡,嘉靖陈述父祖长期以来,效劳边塞,乞加赏赍,朝庭赏赐金带、冠帽各一。嘉靖八年(1529)二月,呕罕河卫都督褚羊哈朝贡,十六年,文献又称褚羊哈为左都督。可知呕罕河卫在明后期,乃为在女真地区颇有影响的都督级名卫。

两卫南迁至辉发河流域后,势力更加强大,继续把持贡道,控制朝贡贸易,至王机砮时,于辉发河畔筑城称雄,该部便被称为辉发部。

以上所述之海西扈伦四部,各个时期,皆有盟主。四部初形成之宣德、正统间,肥河卫别里格、呕罕河卫你尼哈答势力较强,伊等朝贡请赏有常,看守边境勤谨,为周围卫所所折服。至弘治、正德间,塔山前卫速黑忒势力大振,招抚祝孔格等女真各部,杀"叛贼"孟克特等,为朝廷所器重。嘉靖时,哈达部王忠势力强盛,海西、建州各部皆畏其兵威,听其号令,其侄王台继任哈达部长后,实力愈强,雄霸女真各部。万历初年,王台死后,叶赫卜斋、纳林布禄势盛一

---

① 《明太宗实录》卷75,永乐六年正月甲戌条。
② 《明宣宗实录》卷103,宣德八年七月乙亥条。
③ 《明英宗实录》卷76,正统元年六年二月丁亥条。
④ 《明英宗实录》卷99,正统七年十二月戊子条。

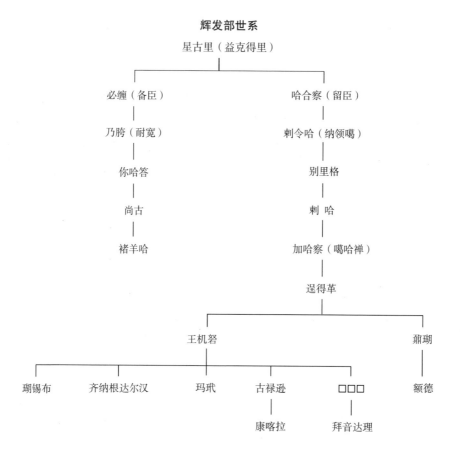

时,成为扈伦四部盟主。自永乐、宣德年间,海西女真各部进入呼兰河流域,而后继续南迁,至嘉靖后期,扈伦四部分别定居于叶赫河、乌拉河、哈达河、辉发河流域,历经一个半世纪的迁徙,海西女真不断融合,形成了扈伦四部为中心的海西女真群体。明末形成的海西女真群体,后在努尔哈齐、皇太极时期,均成为满洲的重要组成部分,为满族的形成和发展奠定了基础。

第四节 野人女真

长期以来,学界一直认为明朝将女真分为三部分,即建州女真、海西女真、东海女真,并多注释东海女真又被称为野人女真。检索明代之各类政书,并不见"东海女真"之称谓。而明代对女真之分类,在嘉靖中叶之前,其实主要分为海西、建州两大部分,其中海西女真即包括居住在忽剌温地区的女真人,亦包括黑龙江下游奴儿干都司所辖卫所，必须经由开原方可入边朝贡的女真人，因而海西女真的范围很广，且即使在黑龙江下游地区所设的卫，也多冠以"海西某某卫"，可见明朝在卫所系列内，是将其纳入海西之列的。至嘉靖二十年（1541）左右，明朝整顿女真朝贡乱象，规定海西、建州每年的朝贡、贸易人数，而对黑龙江中下游的女真人，因路途遥远，未规定其每年必须入贡，且将这些"去中国远甚，朝贡不常"的女真人，分列为"野人女真"，自此，明代将女真的划分由两类变为三类，并且明后期官私之汉文文献，在建州、海西女真之外，将位于松花江下游及黑龙江中下游的女真人，均称作野人女真，并无"东海女真"的叫法。东海女真之称，见于明末《满文老档》等文献内，这些女真人自己的文献，将黑龙江中下游呼尔哈、窝集及部分瓦尔喀等部女真人不再称为"野人"，而是按区域冠之以"东海"，此称呼被清代沿用，称该地区的女真人为东海女真。为遵照史实，本节仍沿用明朝之固定叫法，称之为"野人女真"。

在传统华夷之辨的意识中，多将夷人视为"野人"，后逐渐将夷人是否接近汉人、受儒家文化影响作为区分标准，将其分为"生""熟"，未接近汉人、接受儒家文化熏陶者为"生"，诸如"生女真""生苗"之类，而受儒家文化影响大者为"熟"，即有"熟女真""熟苗"等称谓，至于以何种程度区分生熟，并无具体标准，多由著述者臆断。但如此区分后，一般将其中"生"者归于"野人"，而熟者则已向化，不再属于"野人"。

检索各朝《明实录》，在洪武至正德年间，即《明太祖实录》至《明武宗实录》内，将海西、建州女真等皆称作"野人"，此类用法，处处皆是，多被写作"女直野人"或"野人女直"，即使像阿哈出、猛哥帖木儿、李满住、西阳哈等建州、海西女真首领，被授予高官，也都以"女直野人头目"或"野人女直某某"称之，如"女直野人头目阿哈出等来朝，设建州卫军民指挥使司"[①]、"忽剌温等处女直野人头目西阳哈、锁失哈等来朝"[②]、"建州左卫野人女直都督佥事猛哥帖木儿等来朝贡马"[③]等，乃将建州、海西女真人皆视作野人。但自《明世宗实录》以后之各朝实录，基本不再以野人称呼女真人，而多称"夷人"，并多冠以卫所官员之职。此乃与嘉靖中叶以后，"野人女真"已成为专指群体有关。

---

① 《明太宗实录》卷25，永乐元年十一月辛丑条。
② 《明太宗实录》卷26，永乐元年十二月辛巳条。
③ 《明宣宗实录》卷99，宣德八年二月丙戌条。

明朝自永乐二年(1404),在东海地区设立奴儿干卫以后,陆续在黑龙江下游出海口附近设立伏里其卫、乞勒尼卫、敷答河千户所等,于黑龙江中、下游及其与松花江合流附近,以及在乌苏里江、绥芬河流域设立喜申、兀喇、囊加儿、古鲁、满泾、塔亭、也孙伦、可木、弗思木、督罕河、塔速儿、玄城、兀列、和卜罗、五屯河、哈儿分、兀剌忽、葛林、扎岭、木吉里、忽石门、札肥河、忽儿海(后改弗提)、吉滩、考郎兀、忽鲁爱、札真、阿苏江、亦苏里江、速平江、撒儿忽、木鲁罕、朵儿必河、答罕山、牙鲁等50余个卫所。这些卫所,即奴儿干都司所辖卫所前,多冠以"海西",而女真人前亦多冠以"忽剌温",可见明朝是将这些地区的女真人作为海西女真人看待的。

直至正德年间,明朝对女真的分类,主要分为海西和建州两大部分。弘治十五年(1502)修竣、正德四年(1509)颁行的《大明会典》中,对女真之分类为:"海西、建州、毛怜等处,有卫、有地面、有千户所、有站,皆遣人朝贡"①,毛怜卫人虽属于长白瓦尔喀人,自设卫之时,无论地域和职官,均与建州有关,故将其纳入建州系列,据此可发现,直至正德年间,女真实际分为海西、建州两部分,松花江下游及黑龙江中下游地区的女真人,均属于海西女真,所以海西女真实际是包括忽剌温地区和黑龙江地区的女真人,即前来朝贡的海西女真和经由海西前来朝贡者,明朝均将其列入海西女真系列。明前期女真人朝贡,凭敕书验放,对人数未作具体规定,故有的年份,至京城朝贡人数超过3000余名,馆舍溢满,难以承受接待之责,赏赐等项亦给朝廷带来沉重负担,故于成化年间对女真各部的朝贡,规定为:"建州卫、建州左卫、建州右卫、毛怜卫,每卫每年许一百人,建州寄住毛怜达子,每年十二人。海西各卫并站、所、地面,每年每所不过五名。其都督来朝,许另带有进贡达子十五人同来……岁以十月初验放入关,十二月终止。"②如此规定以限制女真朝贡人数,但收效甚微,并未起到规范女真朝贡秩序的作用。自明中叶以后,海西女真各卫在南迁过程中,因地理因素等影响,发展极不平衡,对朝贡、贸易需求亦不一样,近边之卫所,朝贡贸易方便,故对敕书需求亦甚,而处于黑龙江下游地区的边远卫所,路途遥远,经济滞后,每年遣人朝贡,难以实现,为此就引起南部海西女真争

① (正德)《大明会典》卷99《礼部五八·朝贡四》,正德六年司礼监刊本,国家图书馆藏。
② (万历)《大明会典》卷107《礼部六五·朝贡三》,《明会典》,第579页。

夺敕书,借名入贡之乱象,影响到明朝对女真地区进行有效控制,故于嘉靖二十年(1541)左右,从朝贡角度出发,改革敕书朝贡政策,对朝贡人数等进行细化,将黑龙江中下游地区的难以每年前来朝贡,原来一直属于海西女真的女真人,析出为"野人女真",如此,女真便分为建州女真、海西女真、野人女真三部分。

完成于嘉靖三十年(1551)左右,续补竣于万历十五年(1587)的《大明会典》所载女真分类为:"盖女直三种。居海西等处者为海西女直,居建州、毛怜等处者为建州女直。各卫所外,又有地面、有站、有寨。建官赐敕,一如三卫(指兀良哈三卫)之制。其极东为野人女直。野人女直去中国远甚,朝贡不常。海西、建州岁一遣人朝贡。"[1]其中野人女真系"去中国远甚,朝贡不常"者,其中未规定具体区域和卫所范围,因而属于泛指,但可以明确的是,此前已经确准,海西女真颁给 999 道敕书、建州 500 道敕书,每年凭敕书准许一人一马入贡。而海西女真的近千道敕书,不包括野人女真的敕书,即原来的海西女真内,不在依此千道敕书前来朝贡者,均属于野人女真。这些野人女真因前来艰难,不必每年前来,而且伊等前来,仍以原来发放的诰命敕书为凭证,如不能按期于十月至十二月到来者,"如次年正月以后到边者,边臣奏请得旨,方准验放"[2],建州、海西女真为入边朝贡得赏,贸易土产,基本都会每年定期前来,此规定大概系为路途遥远,难定时日,朝贡不常的野人女真所制定,因而将女真从两类分为三类,是嘉靖年间从规范朝贡体系的角度进行划分的。

明后期所谓野人女真乃泛称,即海西女真、建州女真以外之女真人都属于野人女真,因而野人女真的范围较广,其东到大海,西至贝加尔湖,北接外兴安岭,南邻可木及尼满河的广阔地带,均为野人女真居住地。这些地区,气候寒冷,经济滞后,故人烟稀少,多以渔猎为生。关于野人女真之部族,《明实录》内没有记载。朝鲜实录虽同明朝一样,将松花江下游及黑龙江中下游地区的女真人,亦视作海西女真,但对其部族,则有"兀狄哈""忽剌温兀狄哈""诸姓兀狄哈"等记载,其中诸姓兀狄哈有都骨、沙车、尼麻车、波卯乙、亏乙未车、伊乙仇车、南讷等,即为松花江下游及乌苏里江地区的女真部族姓氏,虽难一一

---

① （万历）《大明会典》卷 107《礼部六五·朝贡三》,《明会典》,第 579 页。
② （万历）《大明会典》卷 107《礼部六五·朝贡三》,《明会典》,第 579 页。

稽考,但他们的居住区域与明末呼尔哈部相当,故学界基本认为朝鲜史料记载的兀狄哈就是呼尔哈。

明朝末年,在建州女真统一女真各部的过程中,明朝对黑龙江中下游的萨哈连部、瓦尔喀部、窝稽部进行招抚或征伐,按伊等居住区域划分朝贡卫所,将这些部族划分为野人女真。萨哈连意为"黑",乃黑龙江之简称,明朝将居住于黑龙江中游地区的女真各部族,统称为萨哈连。瓦尔喀地域较广,有长白瓦尔喀和东海瓦尔喀之别,其中长白瓦尔喀的中心为毛怜卫人,曾随建州女真南迁,尽管其依附建州,最后融入建州女真之内,但明朝一直将该卫与建州三卫并列,朝贡一如建州,嘉靖中叶颁给建州女真的 500 敕书内,含有毛怜卫之敕书,因而这部分长白瓦尔喀人,不在明朝所划分的野人女真之列。而所谓东海瓦尔喀,居住于瓦尔喀河入鸭绿江南岸、沿图们江、乌苏里江直达黑龙江下游一线,至乌扎拉地方以南;东海岸则自僧库勒河以南,锡霍特山东西两麓,及至英门河、鄂霍次克海岸等辽阔地带。窝集(weji)乃"森林"之意,女真人将生活于密林中者,称为窝集部,故此称谓为泛称,各个时期所指范围不同。较早者系魏晋时期将女真先民皆称"勿吉",当时泛指松嫩平原以北、以东的肃慎遗部。而清后期的窝集部则范围较小,指外兴安岭东部和黑龙江下游的部分地带。而明末窝集部所属有赫席赫路、额谟和索罗路、佛纳赫托克索路、呼尔哈路、绥芬路、那木都鲁路、宁古塔路、穆棱路、瑚叶路、尼玛查路、乌尔固宸路、雅兰路等,根据地域,有"某某窝集"之称,如《大清一统志》所载,毕呼根窝集,在宁古塔东北 2659 里;又北 300 里为格楞窝集,即明朝所设葛林卫一带,位于葛林河,在今俄罗斯格林河上游,系最北之窝集。总之,明末之窝集分布在南至吉林敦化,西至吉林市东部,东及东北至今俄罗斯东北沿海,北达俄罗斯格林河的广大区域内,为泛指居住在密林中之女真,其中或将部分呼尔哈、瓦尔喀人,亦列入窝集之内,但无疑均被作为野人女真。

学界一直以为,野人女真又称为东海女真。检索明代《实录》《会典》,并无将野人女真称作东海女真之记载。目前所见,将野人女真称为东海女真者,为《满文老档》,其中将虎尔哈、瓦尔喀、窝集等,多称为"dergi mederi i gurun"即"东海之部",或"dergi mederi tehe warka"等,概于本族之人,不呼之为"野人",而以区域称呼之所致。"东海"之称,后被清朝沿用,清朝称位于松花江下游及黑龙江中下游地区的女真,为东海女真,主要有虎尔哈、瓦尔喀、窝集三部,魏源在《圣武记》内,以"东海三部"指为明朝之"野人女真"①,直至清末,清朝人都认为"东海三部,明人所谓野人卫是也"②。因而将野人女真称为东海女真,实乃清朝人之称呼,而清朝人所谓的东海女真所指范围要比明代的"野人女真"狭窄,即清代的东海女真,并未全部涵盖明朝之野人女真,因而不宜将两者等同。

---

① 魏源:《圣武记》卷 1,中华书局 1984 年点校本,第 3 页。

② 魏声龢:《鸡林闻见录》四,《长白丛书》本,第 75 页。

第四章　明末女真之兴起

16世纪末,随着明朝在女真地区统治衰微,海西、建州女真各部争雄,彼此倾轧,部族统治已经取代明朝所设置的羁縻卫所。努尔哈齐趁势起兵,把握时机,统一建州、海西女真各部,创制牛录固山制度,建立爱新国(aisin gurun)。在大败明朝讨伐大军后,趁势南下,占据辽沈地区,并将爱新国的统治中心迁至辽东重镇辽阳城,后迁都沈阳。在辽沈地区推行薙发、"计丁授田"、甄别汉人等政策,最终将辽东汉人纳入八旗统治之下,使得辽东汉人逐渐融入后来形成的满族共同体之中。

第一节　努尔哈齐统一女真各部

明后期随着女真羁縻卫所制度之衰弱,部分豪强开始兼并周围部族,其中海西哈达部首领王台,曾短暂统一了松花江上游、中游的海西女真和建州女真部分地区,建州豪强王杲亦曾使役数十酋长,一时"海(西)、建(州)诸部日强,皆建国称汗"[1],导致明朝加大对女真各部的打击力度,建州王杲、王兀堂被击杀,建州女真复出现群龙无首的混乱局面。而哈达王台死后,诸子争立,叶赫乘机复仇,海西扈伦四部也陷于分裂,女真地区又出现"各部蜂起,皆称王争长。互相战杀,甚且骨肉相残。强凌弱,众暴寡"[2]的混乱局面。努尔哈齐便是在此动荡年代崛起,进而完成了女真各部的统一事业的。

一、努尔哈齐起兵

嘉靖三十八年(1559),努尔哈齐出生于赫图阿拉城。父塔克世,母为喜

---

[1]　《明史》卷222《张学颜传》,第19册,第5854页。
[2]　《清太祖武皇帝实录》卷1,"满洲源流条"。

塔喇氏,名额穆齐,为阿古都督之女。或言阿古都督乃王杲,王杲生于嘉靖八年(1529)左右,从年龄计算相符,然认为其父为王杲之子阿台者,年龄不符。另王杲虽未被明朝加封都督,但其在女真之地自称都督,在建州被认可为都督,而阿台并无称都督之事。

至于努尔哈齐之先世,中外考证论著颇多,迄今尚无定论。多数学者倾向于乃明初建州左卫都督猛哥帖木儿之后裔,在清代各种官私文献中,将孟特穆作为"肇祖原皇帝",因孟特穆与猛哥帖木儿音相近,且年代吻合,故认为是一人。天聪末年,皇太极为整合女真,借用东海呼尔哈部流传的三仙女佛库伦之传说追溯爱新觉罗氏祖先,此后布库里雍顺一直被视为始祖。续传数世,多为传说,史实无考。传至孟特穆(猛哥帖木儿),其在元末被封为斡朵里万户,归附明朝后,为其设置建州左卫,并在女真羁縻卫所中,较早得以升任都督之职。其子董山迫于族人生计,与建州右卫都督同知其叔凡察,携建州左右卫庶众从朝鲜半岛北部,迁移至苏子河流域,与建州卫李满住合居一处。董山被杀之后,其长子脱罗掌卫,被明朝任命为都指挥同知,于成化年间数次朝贡。脱罗死后,其子脱原保继任都指挥同知,掌左卫印,于弘治年间多次遣人入贡。正德初年,董山之三子锡宝齐篇古得都指挥佥事之职,乃努尔哈齐玄祖。当时女真各羁縻卫所职官较多,得职事者不一定即掌卫,故在明代史书中,并不见记载,但按明制其子孙可以承袭该职。锡宝齐篇古之子满福,乃努尔哈齐曾祖,被后世尊为"兴祖直皇帝",《清太祖武皇帝实录》称其为"都督满福",然检索建州三卫都督,并无满福之名,概为后世子孙追尊之称。其或许曾袭替建州都指挥职事,故其子孙仍得袭都指挥。

满福有六子,长子德世库、次子刘阐、三子索常阿、四子觉昌安、五子包郎阿、六子宝实。兄弟分居六处,称"六王",即努尔哈齐所称之"六祖"。其中四子觉昌安(或写作"觉常刚")乃努尔哈齐祖父,居赫图阿拉,另外五兄弟居所,距离赫图阿拉近者不过五六里,远者不过 20 里。六祖时期,该家族开始再度复兴,其中觉昌安表现突出,成为家族最有才智的卓越人物。他承袭了建州左卫都指挥,努力振兴家族事业,当时在附近有两个强悍的部族,一为硕色纳,一为加虎,他们"恃其强勇,每各处扰害",六祖深受欺凌。觉昌安带英勇善射的长子礼敦,统领全族之人,一举消灭了两姓仇敌,成为苏子河以西 200 里内的部落首领。觉昌安被清朝尊为"景祖翼皇帝"。

觉昌安育五子,长子礼敦、次子额尔衮、三子界堪、四子塔克世、五子塔察篇古。塔克世(或写作"他失")乃努尔哈齐之父,亦得任建州左卫都指挥,被清朝奉为"显祖宣皇帝"。自孟特穆至塔克世凡六世,近二百年,一直担任明朝所封之建州左卫职官。努尔哈齐认为其世系斑斑可考,并指斥乌喇贝勒布占泰不明先祖"十世以来之事"①。皇太极在给朝鲜国王的信中,有"若谓瓦尔喀与我非系一国,尔国有熟知典故者,可遣一人来,予将世系明告而遣之"②之句,庶可明确入关前既确准此世系,并为后世所宗。清朝臣工等对此一直遵奉不二,但进入民国时期,章太炎及《清史稿》编纂者等均对此世系提出了质疑。

努尔哈齐祖先世系

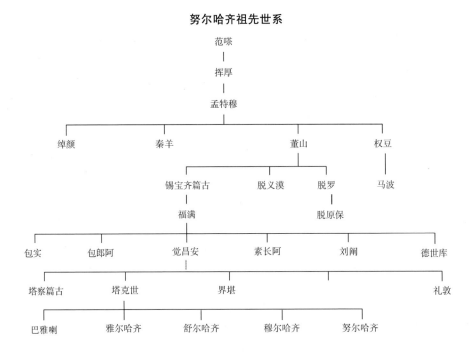

努尔哈齐在十岁时,生母去世,与弟舒尔哈齐曾寄住外祖父家,得到历练。十九岁,与佟佳氏完婚,以继母谗言,得分家业较少,故须采集并至抚顺贸易维持家用。亦曾投至边将李成梁麾下,其"每战必先登,屡立功,成梁厚待之"③。

---

① 《清太祖高皇帝实录》卷4,壬子年十月条。
② 《清太宗实录》卷15,天聪七年九月癸卯条。
③ 彭孙贻:《中山闻见录》卷1,《清入关前史料选辑》第三辑,第2页。

如此之经历,使得努尔哈齐增长了见识,磨练了意志,丰富了智慧,为其以后发挥政治、军事、经济才能奠定了基础。

二、统一建州女真

万历三年(1575)王杲被哈达部王台抓获并献给明朝,被"槛车致阙下,磔于市"①。数年后其子阿台为父报仇,攻击哈达部。明朝为扶持哈达部,以制衡叶赫部及建州及西部土默特蒙古等势力等,于万历十一年(1583)正月,由辽东总兵李成梁率领,以离古勒寨较近的苏克素浒部之图伦城主尼堪外兰为向导,出兵阿台之古勒寨,欲一举消灭阿台势力。古勒寨位于山上,山寨陡峻,三面壁立,壕堑坚固,导致李成梁久攻不破,围兵折伤甚多,遂迁怒尼堪外兰。尼堪外兰惧怕,乃亲往城下招抚。其于城下高喊:"天朝大兵既来,岂有释汝班师之理。汝等不如杀阿太归顺。太师有令,若能杀阿太者,即令为此城之主。"阿台部下有的信以为真,便杀阿台后投降。但李成梁在古勒寨投降后,却"诱城内人出,不分男女老幼尽屠之"②,且纵兵入寨杀掠,努尔哈齐祖父觉昌安、父塔克世被明军"误杀"其中。

阿台之妻,乃觉昌安长子礼敦之女。觉昌安闻听李成梁将进攻古勒寨,担心孙女罹难,便与塔克世一起一同去了古勒寨。看到明军攻城甚急,觉昌安留塔克世在城外观望,只身进寨救孙女,欲携孙女出城,阿台不允。塔克世见父久未出寨,便进寨探寻,结果均被困寨中,最终觉昌安被烧死,塔克世被尼堪外兰唆使明军杀死。因此,努尔哈齐认为尼堪外兰是杀害父祖的首要仇人,开始为父祖报仇时,首先讨伐的便是尼堪外兰。

努尔哈齐闻父祖噩耗,赴边诘问明朝边将"祖、父无罪,何故杀之",边将理屈词穷,唯言系误杀,并交还遗体。不久,明廷下诏努尔哈齐,重申"汝父祖实是误杀",并给敕书30道、马30匹,复给都督敕书。努尔哈齐审时度势,深知无法抗衡明朝,故要求明朝边臣,交出尼堪外兰,指责他是教唆杀害觉昌安、塔克世的主谋,欲杀之乃罢。明边臣指责并威胁曰:"尔祖父之死,因我兵误杀,故以敕书马匹与汝,又赐以都督敕书,事已完矣。今复如是,吾誓助尼康外郎筑城于甲板,令为尔满洲国主。"③建州女真人闻知,信以为真,都归附尼堪

---

①　《清史稿》卷222《王杲传》,中华书局1977年点校本,第30册,第9126页。
②　《清太祖武皇帝实录》卷1,"满洲国条"。
③　《清太祖武皇帝实录》卷1,"满洲国条"。

外兰。即使五祖(觉昌安兄弟)子孙,惧怕明朝,也不支持其复仇,并对神立誓,要杀害努尔哈齐,投奔尼堪外兰以自保。而尼堪外兰见此形势,气焰嚣张,遣人通告努尔哈齐须归顺他,努尔哈齐怒斥:"尔乃吾父部下之人,反令我顺尔。世岂有百岁不死之人。"[1]立杀尼堪外兰之誓。

万历十一年(1583)四月,努尔哈齐率领本支庶众,联合与尼堪外兰有积怨的寨主,以遗甲13副,率百余人起兵追杀尼堪外兰。尼堪外兰此前已自图伦城闻风逃亡甲板城,后又逃至额尔浑城,以寻求明朝保护。努尔哈齐先下图伦城,接着攻克萨尔浒、甲板城,翌年克兆佳、玛尔敦、翁克洛城。万历十三年(1585),打败界凡、萨尔浒、栋佳、巴尔达四城的联军400人,打退哲陈部兵800人。次年,攻克哲陈部的托漠河城,获悉尼堪外兰在鄂勒浑城,率兵袭击并克之。此时尼堪外兰逃往抚顺,努尔哈齐杀汉人威胁边吏,索要尼堪外兰。明朝官员无奈交出,尼堪外兰终被努尔哈齐杀死,努尔哈齐完成复仇之第一步,亦拉开其统一女真各部之序幕。

当时建州女真分为建州和长白山两大部分,建州有苏克素浒部、浑河部、完颜部、董鄂部、哲陈部,长白山有讷殷部、鸭绿江部、朱舍里部。这些部内又有许多城主,各自占地称雄,不相统属。努尔哈齐在追杀尼堪外兰的过程中,顺势开始统一建州各部。

努尔哈齐进攻尼堪外兰的图伦城之前,约萨尔浒城主诺米纳来会战,由于诺米纳背约,并走漏了消息,致使尼堪外兰闻讯逃往甲板城。后诺米纳再次给尼堪外兰通风报信,使他又一次逃脱,奔往鄂勒浑城。努尔哈齐两次兴兵以图复仇,皆未得手,所以非常痛恨诺米纳。此时诺米纳认为自己势力强于努尔哈齐,不把他放在眼里,故遣使阻止努尔哈齐攻打浑河部的杭嘉、扎库木二城,并要他夺取栋佳、巴尔达两城相送。因此,努尔哈齐更加恼恨诺米纳,最终设计诱杀了诺米纳,占领萨尔浒城。

这时浑河部之兆佳城主理岱,联合哈达兵,无端劫掠努尔哈齐所属的瑚济寨,故努尔哈齐暂时停止对尼堪外兰的追击,于万历十二年(1584)正月,率兵一举攻占兆佳城,生擒理岱。与此同时,努尔哈齐的妹夫嘉木湖城主噶哈善被族人萨木占杀害,凶手萨木占畏罪逃往玛尔墩城。六月,努尔哈齐为了给噶哈

---

[1] 《清太祖武皇帝实录》卷1,"满洲国条"。

善报仇,率军攻破玛尔墩城,杀死萨木占。董鄂部首领阿海看到努尔哈齐的势力壮大,十分不安,企图兴兵歼之,努尔哈齐得知后,便先发制人,于九月初,领兵攻打阿海居住的齐吉达城,久攻不下,只好还师。回军途中,应完颜部首领孙扎秦光衮的请求,进兵翁鄂洛城,在战斗中不幸身负两箭,带伤退回赫图阿拉。不久,他伤愈后,领兵攻占翁鄂洛城,收抚了前次射伤他的勇士鄂尔果尼、洛科二人,各赐官爵,加以厚养。

万历十三年(1585)二月,努尔哈齐进兵界凡城,大败界凡、栋佳、巴尔达、萨尔浒四城联军,在太兰岗射死界凡城主巴穆尼。四月,努尔哈齐领兵征哲陈部,又败托漠河、张佳、巴尔达、萨尔浒、界凡五城联军。九月,努尔哈齐攻占安图瓜尔佳城,城主诺谟珲被杀,接着又攻克浑河部之克贝欢城和哲陈部之托漠河城。故此,努尔哈齐的势力大增,于是万历十四年(1586)七月,率领大军征讨尼堪外兰盘据的鄂勒浑城,并从明朝索还尼堪外兰而杀之,因此使努尔哈齐声威大震。

万历十五年(1587)八月,努尔哈齐遣额亦都率军攻取哲陈部之巴尔达城。然后,他又亲领大军攻占哲陈部之洞城,兼并了哲陈部。翌年四月,苏完部长索尔果、董鄂部首领何和礼、雅尔古部长扈拉瑚等,先后率众归附,其中何和礼率人愈万,对统一建州女真各部以及此后努尔哈齐统一事业的发展起到重要作用。九月,努尔哈齐率兵攻克完颜城,灭了完颜部。这样,努尔哈齐用五年多的时间,统一了建州女真的苏克素浒部、浑河部、完颜部、董鄂部、哲陈部,于是"环满洲而居者,皆为削平,国势日盛"①。是年,努尔哈齐在赫图阿拉南部山上"启建楼台,筑城三层",迁居于此,即佛阿拉城,并于此"立国政,凡作乱、盗窃、欺诈,悉行严禁"②,始有政权雏形,且"与大明通好,遣人朝贡,执五百道敕书,领年例赏物。本地所产,有明珠、人参、黑狐、玄狐、红狐、貂鼠、猞狸狲、虎豹、海獭、水獭、青鼠、黄鼠等皮,以备国用。抚顺、清河、宽奠、瑷阳四处关口,互市交易,照例取赏。因此满洲民殷国富"③。可知努尔哈齐在统一建州女真各部之时,巧妙地处理好了与明朝的关系,使得建州能够利用 500 道敕书,正常朝贡和贸易,未成为明朝之敌视对象,故于万历十七年(1589),"始

---

① 《清太祖武皇帝实录》卷1,戊子年四月条。
② 《清太祖武皇帝实录》卷1,丁亥年六月二十四日条。
③ 《清太祖武皇帝实录》卷1,戊子年四月条。

命建州夷酋都指挥奴儿哈赤为都督佥事"①,努尔哈齐正式从都指挥升任都督级,增大了其在女真地区的影响力和号召力。此后,努尔哈齐在征伐海西扈伦四部的同时,于万历十九年(1591)正月,兼并长白山的鸭绿江部。至此,努尔哈齐统辖区域,西起抚顺,东至鸭绿江,北接开原,南连清河,基本统一了建州女真。

三、兼并海西女真

海西女真居于松花江流域和黑龙江流域,到了明中叶后,因蒙古东进,松花江上游一带的海西女真被杀害殆尽,该地卫所无存,故北部之呼剌温女真得以南迁至开原边外及辉发河流域等地区,并因居住地而形成叶赫、哈达、乌拉、辉发四大部,即所谓扈伦四部。因海西女真皆从开原入边朝贡,并分别在开原之镇北关和广顺关贸易,故明朝所颁海西女真1000道敕书,逐渐被叶赫、哈达掌控,使得扈伦四部实力强盛,故方有将扈伦四部等同于明末海西女真之误解。但明末海西女真因朝贡和贸易等,基本依附扈伦四部,已成共识。

努尔哈齐日益强盛,导致与扈伦四部产生矛盾和冲突。叶赫部首领纳林布禄恃强遣使建州,向努尔哈齐强行索地,责令归顺,结果被努尔哈齐叱之以归。不久,纳林布禄又伙同哈达、辉发两部,再次派使臣到建州,要努尔哈齐归降,如若不从,则兴兵问罪,依然遭到严厉斥责。万历二十一年(1593)六月,纳林布禄决定诉诸武力,便拉拢哈达、乌拉、辉发三部,合兵进攻建州的户布察寨,努尔哈齐率兵迎战,纳林布禄所统扈伦四部联军,大败而逃,建州兵借机抢掠哈达部之富尔佳齐寨。九月,叶赫部贝勒卜斋、纳林布禄,又纠合哈达贝勒孟格布禄、乌拉贝勒满泰之弟布占泰、辉发贝勒拜音达里、科尔沁贝勒瓮珂代及锡伯、瓜尔佳、朱舍里、纳殷各部族,组成九部联军,共3万人马,分三路进攻建州。努尔哈齐立即派兀里堪等率侦骑探得九部联军的构成、兵力和进攻方向,根据具体情况作了分析,遂在敌兵必经之要道旁,埋伏精兵,在路上设置横木障碍,在崖岭上安放滚木雷石。并对将士说:"来兵部长甚多,杂乱不一,谅此乌合之众,退缩不前""我兵虽少,并力一战,可必胜矣"。② 九部联军先攻扎喀城,未克。继攻黑济格城,成僵持局面。此时努尔哈齐领兵来到黑济格城

---

① 《明神宗实录》卷215,万历十七年九月乙卯条。
② 《清太祖武皇帝实录》卷1,癸巳年九月条。

附近的古勒山,他利用有利地形,做好埋伏,遂派骁将额亦都率兵百人至黑济格城挑战,诱九部联军来攻古勒山。卜斋等人不知有诈,趋军直奔古勒山而来,途中被建州兵预设的重重障碍所阻,兵不成列,首尾不能相顾。当两军相接,卜斋因轻敌出战而被杀,联军无首,顿时惊乱,诸贝勒见势不妙,弃众奔溃,科尔沁贝勒明安,战马被陷,弃马而逃。努尔哈齐乘机擒击,斩杀40余人,俘获乌拉首领布占泰,缴获战马之千余匹,并乘机灭了讷殷、朱舍里二部。古勒山之战,是统一女真诸部的转折点,不仅保卫了建州,而且从此建州军威大震,远近慑服。

努尔哈齐打败九部联军之后,便把统一女真各部的进攻矛头指向海西女真之扈伦四部。他深知现有的军事力量不可能一举消灭扈伦四部,对诸贝勒大臣说:"欲伐大木,岂能骤折。必以斧斤伐之,渐至微细,然后能折。相等之国,欲一举取之,岂能尽灭乎。"[1]因此,努尔哈齐采取分化瓦解、各个击破的策略,一方面与海西四部中较强的叶赫、乌拉二部联姻结盟,特别是拉拢乌拉部首领布占泰,不仅为了离析四部,而且也是为了取得貂参之利。所以努尔哈齐和其弟舒尔哈齐各娶布占泰的侄女与妹妹为妻,他们又把女儿嫁给布占泰,且同叶赫亦联姻和好。另一方面,利用四部间的矛盾,离间并逐个吞并。

(一)兼并哈达部

哈达部首领王台死后,子虎尔罕立,不久暴亡。从此哈达部分裂为三个集团,即虎尔罕子歹商继承哈达贝勒,王台五子孟格布禄袭职龙虎将军,另外一子康古六同时争夺继承权,三个集团各掌握一部分庶人和敕书,大打内战。最后孟格布禄在叶赫部的支持下,消灭了歹商势力,成了哈达贝勒。万历二十七年(1599),哈达贝勒孟格布禄被努尔哈齐俘获并陷害。此事引起明廷的震动,为了保护哈达,责令努尔哈齐退出哈达,立孟格布禄长子乌尔古岱为哈达贝勒。当时哈达发生饥荒,乌尔古岱向努尔哈齐借粮赈饥,努尔哈齐提出了条件,哈达必须归顺建州,乌尔古岱无奈,只好同意,便于万历二十九年(1601)取消国号,哈达部被兼并。

(二)征服辉发部

辉发部之拜音达里乃杀叔父自立为贝勒者,为了稳定自己的统治,投靠叶

---

[1]　《清太祖武皇帝实录》卷2,壬子年十月初一条。

赫部贝勒纳林布禄,派兵参加对建州进军,侵户布察寨,又加入九部联军,参加了对建州的古勒山之战。古勒山战败以后,他看到建州的强盛,转而投靠努尔哈齐,努尔哈齐派兵进入辉发,遭到辉发人民的反抗,许多人逃往叶赫以求保护。叶赫部贝勒纳林布禄认为拜音达里失信,遣使到辉发部,要拜音达里送子为质,拜音达里只好同意,他企图中立于建州和叶赫之间,便向建州请婚,努尔哈齐出于政治上的需要,同意把四女穆库什嫁给他。但是,拜音达里考虑到儿子在叶赫为质,虽然订亲不敢迎娶,激怒了努尔哈齐。万历三十五年(1607)秋,努尔哈齐率军讨伐辉发部,因拜音达里筑城三重自固,加强了防卫,围攻数日方克,最后杀拜音达里父子,辉发部灭亡。

(三)攻取乌拉部

乌拉部首领布占泰,在古勒山之战被俘,被恩养四年获释,并与建州结亲,返回该部,便拟与建州争夺东海各部。其看到努尔哈齐大有吞并扈伦四部之势,便竭力阻挠破坏。万历三十五年正月,乌拉部管辖的东海瓦尔喀部,以布占泰暴虐为由,向努尔哈齐请求归附。努尔哈齐命其弟舒尔哈齐、长子褚英等领兵往瓦尔喀部斐优城迎接降人眷属。布占泰闻知后,发兵万人在图们江右岸乌碣岩一带截击,结果建州兵缘山奋击,乌拉兵大败,是役"杀兵三千级,获马五千匹,甲三千副"①,取得大胜,这是继打败九部联军之后又一次关键性的战斗,从此乌拉势力大衰。翌年,努尔哈齐派兵5000人,由褚英率领进攻乌拉,布占泰畏惧,执叶赫50人送给努尔哈齐,以求和好。

万历四十年(1612),布占泰复侵入已经归附努尔哈齐的呼尔哈路,并以鸣镝射所娶努尔哈齐之女,努尔哈齐率兵进攻乌拉,克其6城,隔河与布占泰所居之城对垒,旋毁其城池,焚其房谷而回。翌年正月,努尔哈齐乘乌拉内部统治不稳,亲率大军再次征讨乌拉,布占泰以兵3万人迎击,但很快败北,损兵十之六七,努尔哈齐最终攻占乌拉城,布占泰逃往叶赫,乌拉遂亡。

(四)灭亡叶赫部

明朝政府看到哈达部衰落后,转而支持叶赫部。万历二十一年(1593),以叶赫部为首的九部联军向建州发起进攻,古勒山之战,联军大败,叶赫贝勒卜斋阵亡,不久纳林布禄亦死,叶赫元气大伤。当时叶赫部分为东西两城而

---

① 《清太祖武皇帝实录》卷2,丁未年条。

治,卜斋子布扬古(或写作"白羊骨")继承西贝勒,纳林布禄无子,以弟金台石继为东城贝勒。叶赫无奈被迫转为防御,与建州处于对峙状态。由于明朝政府对叶赫的保护,建州也停止向叶赫进攻,改为和亲的办法。

万历二十五年(1597),叶赫部在努尔哈齐的要求下,布扬古把原许给乌拉贝勒布占泰的卜斋之女,转聘给努尔哈齐。金台石将女儿许给努尔哈齐次子代善,但布扬古之妹知道将其许给努尔哈齐时,决然不嫁,导致此事成为努尔哈齐之"七大恨"之一。努尔哈齐灭乌拉时,布占泰逃至叶赫。努尔哈齐向叶赫索要布占泰,遭到拒绝,遂率大军进攻叶赫,克兀苏城,抢掠所过19寨。叶赫向明朝求救,明朝派兵支援,努尔哈齐暂弃进攻而还。

万历四十三年(1615),布扬古将许给努尔哈齐之女子,嫁给喀尔喀部的莽古尔代,进一步激化与建州的矛盾,建州复计议征伐叶赫。天命四年(1619),在取得萨尔浒之战胜利后,努尔哈齐率军复征叶赫。八月,兵临叶赫城下,遂命皇太极等大贝勒攻西城布扬古,亲率大兵攻东城金台石,最后,东城破,俘金台石,困西城,布扬古降。努尔哈齐缢杀二人,叶赫终亡。

四、征抚黑龙江流域之女真

努尔哈齐在与海西扈伦四部女真进行战争的同时,又积极以武力等手段,同时着手招抚黑龙江流域之女真人。

(一)进攻东海部

清代所谓东海部又统称窝集部,主要包括瓦尔喀部、虎尔哈部、窝集部等。万历二十六年(1598)正月,努尔哈齐命长子褚英、幼弟巴雅喇、扎尔固齐噶盖、费英东等,统兵1000人,出征瓦尔喀的安褚拉库路和内河路。星驰而往,取屯寨20余,所属人民尽归顺,从而拉开了统一东海诸部的序幕,特别是在返程时的乌碣岩之战,打败乌拉兵,不但打败了控制东海诸部的乌拉的势力,亦为建州进军东海扫清了障碍。自此努尔哈齐"威行迤东诸部",乌拉等"不敢窥望其去留,兵锋所指,莫敢谁何"[1],随之东海诸部望风归附,如万历二十七年(1599)呼尔哈部王格、张格二头目来贡貂皮、狐皮,自此,呼尔哈部所居之人每岁入贡,并有头目博齐里等6人乞婚,努尔哈齐配以6大臣之女,以抚其心。

万历三十五年(1607),瓦尔喀之斐优城主策穆特赫率众来降,努尔哈齐

---

[1]　《朝鲜李朝实录》之《光海君日记》卷23,光海君元年十二月十九日丙寅条。

派舒尔哈齐往迎,再次打败乌拉截兵。五月,努尔哈齐幼弟贝勒巴雅喇、巴图鲁额亦都、扎尔固齐费英东、侍卫扈尔汉,率兵千众,往征瓦尔喀部,攻取赫席黑、俄漠赫苏鲁、佛讷赫托克索三路,收 2000 人畜而还。万历三十七年(1609)十二月,虎尔哈人进攻建州所属之宁古塔城,窝集部呼野路人收容努尔哈齐之逃人,遂命侍卫扈尔汉等率兵 1000 人,征窝集部所属呼野路等,取之,得 2000 人畜而还。翌年十一月,窝集部雅兰路人掳去归附努尔哈齐的绥芬路头人,遂派巴图鲁额亦都等,率兵千人,往征窝集部的那木部鲁、绥芬、宁古塔、尼马察四路,招其路长康古礼、喀克笃礼、昂古、明噶图、乌路喀、僧格、尼喀里、汤松噶、叶克书等,令其家口前来。建州兵回师至雅兰路,遂击取之,俘万余人畜而还。

万历三十九年(1611)七月,努尔哈齐命其第七子阿巴泰及扎尔固齐费英东等,率兵千人,征窝集部的乌尔古宸、木伦二路,取之,获人畜千余而归。十二月,又命额驸何和礼、巴图鲁额亦都等,率兵 2000,往征窝集部的虎尔哈路,围攻扎库塔城。三日招之不下,遂攻克其城,斩首千余,俘 2000 人畜。附近各路,皆被招抚。

万历四十二年(1614)十一月,努尔哈齐派兵 500 人,征讨窝集部的雅兰、西临二路,收降民 200 户,俘千余人畜而还。

万历四十三年(1615)十一月,努尔哈齐发兵 2000,往征窝集部东之额赫库伦,至顾纳喀库伦,招之不服,遂布阵鸣螺,越壕三层,捣毁其栅,攻克其城,阵斩 800 人,获人畜万余,收抚其居民,编户口 500,乃班师。

天命二年(1617),派兵 400 人,收揽沿海及海岛未服之诸部之人,获人畜 3000 而回。翌年,虎尔哈部的头人纳喀达带百户人来贡,努尔哈齐分别予以厚赏,使得诸多前来朝贡者留居建州。

(二)攻打萨哈连部

萨哈连部分布在黑龙江中下游,努尔哈齐消灭了乌拉部,清除了通往黑龙江流域的障碍。万历四十四年(1616)七月,命达尔汉侍卫扈尔汉、硕翁科罗巴图鲁安费扬古,率兵 2000,往征黑龙江中游的萨哈连部。行至兀尔简河,刳舟 200,水陆并进,取河南河北诸寨 36 处。此时扈尔汉等驻营黑龙江南岸的佛多罗衮寨,乘冰封江面之机,率兵过江,遂攻取萨连部寨子 11 处。然后又招抚了使犬路、诺洛路和石拉忻路。

五、努尔哈齐之招抚政策

努尔哈齐将招服或获取的黑龙江流域女真人分别编入八旗,增加军事力量。而对留在原地的女真人,则须定期朝贡,确立从属关系。

努尔哈齐以遗甲 13 副起兵,历 30 余年,统一了建州女真、海西扈伦四部及黑龙江中下游的东海女真大部,所部发展到"自东海至辽边,北自蒙古嫩江,南至朝鲜鸭绿江,同一音语者俱征服。是年诸部始合为一"①,基本上结束了女真社会长期分裂、割据、动乱的局面,从而推动了明代女真社会的发展和满族共同体的形成。

努尔哈齐在统一女真各部的过程中,除杀掉部分负隅顽抗的首领及其追随者之外,对各部女真部众,采取收取编户、迁往建州的政策,将原来敌对势力的部众,变为自己的庶众,如在征伐扈伦四部时,万历二十七年(1599)"哈达国所属之城尽招抚之,其军士器械,民间财物,父母妻子,俱秋毫无犯,尽收其国而回";万历三十五年(1607)灭辉发部也是,"歼其兵,招服其民,遂班师";万历四十一年(1613)灭乌拉部时,"兀喇兵败后,有觅妻子投来者,尽还其卷数约万家,其余人畜散与众军"②。努尔哈齐从哈达、辉发、乌拉获取女真部众较多,据万历四十二年(1614)朝鲜官员启报:"老酋(即努尔哈齐)兵数,臣未得知。而本部精兵,几至万余。至计其所掠忽贼(指忽剌温,即扈伦部)卒,则不下数万人矣。"③即从三部即获取数万人。而在灭叶赫后,"夜黑城郭皆降,其王臣军民,一无骚扰,父子兄弟夫妇诸亲等,亦无离散,秋毫无犯,俱迁徙而来,给房田谷物等物。查其无马者千余,赐以马匹"④。同时,明朝方面记载为:"北关相继沦覆,老幼被掳。挑壮丁九千余名,分隶部下八将。"⑤虽然记载之立场有别,但从中均可窥得所获叶赫女真人较多。

努尔哈齐对归附者一视同仁,有属者仍隶属之,未改变女真社会固有的隶属关系。在编设旗佐时,在旗分上未有限制,有属人者编为私属牛录,无隶属者变为公中牛录。在选用职官方面亦无歧视,故这些前来归附或部灭后被编

---

① 《清太祖武皇帝实录》卷 3,天命四年八月二十二日条。
② 《清太祖武皇帝实录》卷 2,己亥年九月条;丁未年九月六日条;壬子年十二月条。
③ 《朝鲜李朝实录》之《光海君日记》卷 79,光海君六年六月二十五日丙午条。
④ 《清太祖武皇帝实录》卷 3,天命四年八月二十二日条。
⑤ 王在晋:《三朝辽事实录》卷 1,第 152 页。

户的女真,勤于王事,效命疆场,战功卓著者比比皆是,授予各类官职者,各部均有许多,如叶赫部图鲁什归顺努尔哈齐后,在八旗制度定立时隶满洲镶黄旗。天命九年(1624)为牛录额真,天命十年(1625)升甲喇额真,授游击世职,自归附以来屡立战功。阿什达尔汉为叶赫部贝勒金台石的同族兄弟,努尔哈齐灭叶赫部后,阿什达尔汉率所属人丁来归,授牛录额真,隶满洲正白旗。先后攻奉集堡、辽阳,奋进立功,授一等参将,赦免死一次。苏纳于叶赫部未亡时,弃兄弟归来,努尔哈齐妻以女,隶满洲正白旗,为牛录额真,天命四年(1619)努尔哈齐灭叶赫部时,苏纳收其戚属,编入所领牛录。天命十年(1625)授甲喇额真,录战功,赦免死四次,后升梅勒额真。固三泰归顺努尔哈齐后成为额驸,隶满洲镶蓝旗,为牛录额真,攻广宁立功,授副将世职。

乌拉部布占泰长子达尔汉归顺努尔哈齐后,初任牛录额真。吉思哈亦为乌拉部人,后与弟吉普喀达投奔努尔哈齐,授为牛录额真,隶满洲正白旗,天命四年(1619年)授游击世职,天命六年(1621)以甲喇额真率军围辽阳,树云梯先登城立功,且于皇太极时又立战功。阿布泰是满泰贝勒第三子,世居乌拉,归顺努尔哈齐后成额驸,历任固山额真,并兼任佐领。另外,古堆珠颜的后代布哈纳,额赫商古的后代博瑚察,固寿桑古鲁的后代阿拜等分别为牛录额真、侍卫、甲喇额真。

哈达部的雅虎,世居哈达部,曾率18户归努尔哈齐,为牛录额真,升扎尔固齐,以后又屡立战功。武理堪世居义屯,父伊兰柱,迁居哈达部费德里。努尔哈齐起兵,武理堪来归,万历三十一年(1603)迎击叶赫等九部联军,后为牛录额真,隶满洲正白旗。另外,孟格布禄长子乌尔古岱率部来归后,娶努尔哈齐之女为妻。王台之孙卓内归顺努尔哈齐后,从征锦州立功受奖。

辉发部贝勒王机褚之孙康喀勒,努尔哈齐时偕从兄通贵率族属来归,隶满洲镶红旗,授牛录额真。萨壁翰之父三檀自辉发部投奔努尔哈齐,隶属正蓝旗满洲,授牛录额真。三檀死,其子萨壁翰、萨珠瑚并授牛录额真。

以上招抚政策,对努尔哈齐统一女真各部影响巨大,对满族共同体的形成亦有促进作用。建州女真、海西女真、野人女真中所有归附努尔哈齐的女真民众,被迁至建州地区后,得到了很好的安置,各部女真人的社会地位一样,均被编入八旗之中,成为女真人的主体,作为爱新国的重要军事力量,他们也为清朝的发展作出了应有的贡献。

第二节　创建牛录固山制度

万历十一年（1583）努尔哈齐起兵追杀尼堪外兰，攻打图伦城时，tere fonde taidzu sure beile i cooha emu tanggkū uksin gūsin bihe①，即"此时，太祖淑勒贝勒有兵一百，甲三十"，可知随其参战的庶众仅在百人的规模，此百人无疑尚未有何种军事组织形式，但言其"以遗甲十三副起兵"之说，不够准确。在其统一建州女真过程中，特别是万历十六年（1588），费英东、何和礼、扈尔汉三大部酋长归附建州女真，使其兵员大增，骤然增加至数千人。至万历二十年（1592），努尔哈齐起兵 10 年后，据其下属向朝鲜官员吹嘘："奴儿哈赤部下原有马兵三四万，步兵四五万，皆精勇惯战。"②其中显然有建州人夸大实力之嫌，但大体可以反映出建州女真的全部兵力，不但有努尔哈齐、舒尔哈齐兄弟之兵，亦应包括费英东、何和礼、扈尔汉等所属之人。而努尔哈齐、舒尔哈齐自己所属的兵力，如至建州之朝鲜人所见，"大概目睹，则老乙可赤麾下万余名，小乙可赤麾下五千余名，长在城中"③，城中有一万五千余兵，可以反映出努尔哈齐所领导的建州女真蒸蒸日上的趋势，当时建州女真已经具备强大的军事实力。当时，建州女真的主要首领为努尔哈齐及其兄弟舒尔哈齐。努尔哈齐称王，而其弟称为"船将"。努尔哈齐手下有将领 150 余名，舒尔哈齐统率将领 40 余名，兄弟二人共统领将领 200 名左右。这些将领基本上是女真各部的大小酋长，或山寨头领。每有军事行动，努尔哈齐以传箭方式发出号令，各酋长或寨主便率领自己属下的军兵，携带武器、粮草等到指定地方集合，随同其出战。各部出兵多少因各部大小、实力强弱等由努尔哈齐酌情而定，最后按出兵人数瓜分俘获，多出兵者多得。生产方面也是如此，基本上还是各部各自为政，各部酋长分别掌治耕获。其社会基层组织仍然是女真社会的部族或山寨为单位，原来的各部酋长或山寨头领统辖所属，而不是正规的军政合一的组织。

努尔哈齐为了作战需要，按照武器装备以及作战特点建立起一支具有不

---

① 《满洲实录》卷 1，癸未年夏五月条。按《武录》《高录》及《满洲实录》均将此句译作"太祖兵不满百，甲仅三十副"，与满文语意稍有差异。

② 《朝鲜李朝宣祖实录》卷 30，宣祖二十五年九月甲戌条。

③ 《朝鲜李朝宣祖实录》卷 69，宣祖二十八年十一月戊子条。

同兵种又相互配合的军队。万历十七年(1589),随着建州女真的逐步统一,统辖区域的不断扩大,部民不断增加,以及对扈伦四部战争的需要,当然也是出于成就霸业的需要,努尔哈齐根据当时的条件,将所辖的兵种依据使用的武器分为四种,即环刀军、铁锤军、串赤军和能射军,据朝鲜官员亲见,"老乙可赤则自中称王,其弟则称船将。多造弓矢等物,分其军四运,一曰环刀军,二曰铁锤军,三曰串赤军,四曰能射军。间间练习,胁制群胡"①,这就是当时朝鲜人看到的努尔哈齐兄弟统领的军队情形。根据使用武器不同划分兵种的做法是重要的兵制进步,较之前的以部落为单位各自为战,大大提高了战斗力,但此为作战需要分为不同兵种,并非军事和社会组织。努尔哈齐改进社会组织,当是在兼并哈达之后。

需要说明的是,为完整地叙述该制度的创建及其演变,本节所叙牛录固山制度内容的时限,不得不超出努尔哈齐时期。

一、牛录制度

努尔哈齐起兵后,归附者日众,前来归附之人,基本系率领本族之人或所管山寨之人前来依附者,按女真人之人身隶属习惯,到建州后,仍按原来的隶属关系进行安置,即便从东海诸部迁徙而来者,亦仍由其族长或山寨头领带领。在须出征时,努尔哈齐传箭各首领或山寨头领,抽兵出战。其社会基层组织仍以家族或山寨为单位。但彻底兼并哈达后,归附者更多,且以原来之家族或山寨方式,不能适应统治需要,故其于万历二十九年(1601),对女真社会的狩猎时的临时性牛录组织进行改造,创制了牛录制度。

(一)牛录之创建

"牛录"为女真语 niru 之音译,入关后统一译作"佐领",但满文仍称 niru。牛录本是女真人世代相沿的临时性狩猎组织,女真人"凡遇行师出猎,不论人之多寡,依照族(穆昆)寨(嘎山)而行。满洲人出猎开围之际,各出箭一支,十人中立一总领,属九人而行,各照方向,不许错乱。此总领呼为牛禄(原注:华言大箭)厄真(原注:华言主也)"②。牛录额真本为行猎或出征时临时负责之人,下属作为服从其指挥的象征,须将自己一支大箭交予总领之人处,此总领

---

① 《朝鲜李朝宣祖实录》卷23,宣祖二十二年七月丁巳条。
② 《清太祖武皇帝实录》卷2,《高录》、《满洲实录》卷3,辛丑年条。

即成为大箭之主的牛录额真。至辛丑年（1601），"manju gurun i taidzu sure beile ini isabuha gurun be dasame，ilan tanggū haha be emu niru obifi，niru tome ejen sindaha ······tuttu ofi kadalara hafan i gebe uthai nirui ejen toktoho"①，即"满洲国之太祖淑勒贝勒将所聚集诸国人众，三百丁立一牛录，每牛录设一牛录额真······于是，管辖官之名即定为牛录额真"，引用满文记载，比汉文记载更为详细，其编设对象为"所聚集诸国"之民众，"三百丁"乃三百成年男丁，汉文本皆为"三百人"，不准确。另外，每牛录设牛录额真，牛录额真系"管辖官之名"，较"以牛录额真为官名"亦更准确，即管辖牛录之官名为牛录额真。

迄今，史学界对牛录建置和定牛录额真为官名的时间等问题有不同看法，安部健夫在《八旗满洲牛录研究》中认为，努尔哈齐起兵时即万历十一年（1583）就存在。姚念慈在《满族八旗制国家初探》中根据撒尔湖城主诺米纳、嘉木湖寨主噶哈善哈思虎及沾河寨主常书、杨书兄弟在归附努尔哈齐时，在盟誓前向努尔哈齐提出"念我等首先效顺，幸爱如手足，毋以编氓遇我"的要求等史料，认为"以牛录额真名官的时间似更应往前推为癸未年"，即1583年，与安部健夫的意见一致。中山八郎在《明末女真与八旗素描》中，彼据甲申年（1584）克瓮郭落部后，对其部人鄂尔果尼、罗科"赐牛录之爵（原注：属三百人），厚养之"这一史料，认为当时牛录已成官爵，兵制之起源，以箭为标志，古已有之，努尔哈齐沿此制，此时已设牛录建制且定其爵。陈佳华、傅克东在《八旗建立前满洲牛录与人口初探》中所持观点与此相同，认为"清军入关前，民爵和实官的名称，基本上是一致的，直到1648年（清顺治四年）民爵才变成空衔，毫无实务。据此，所赐鄂尔果尼、落科二人的牛录之爵，并非虚衔，而是属三百人的实官。由此推之，当时在努尔哈齐的军队里，已有牛录额真的设置"。孟森先生在《八旗制度考实》中认为，"万历十一年癸未，太祖以遗甲十三副起事，自后即有牛录额真之部伍。吞并渐广，纠合渐多，至万历二十九年辛丑，乃扩一牛录为三百人，而牛录额真遂为官名，盖成率领三百人之将官"。刘小萌在《满族的部落与国家》中，根据当时的人数分析，认为起兵时不具备设置牛录的条件，后因归附者日众，努尔哈齐的势力随之强大，为加强对归附者的控制，才于辛丑年对陈旧的部落组织进行改造，将女真人行围时族寨为单

① 《清太祖满文实录大全》之《武录》卷2，《高录》、《满洲实录》卷3，辛丑年条。

位自愿结合的临时性组织——牛录,改变成女真社会集军政经为一体的基层常设机构。此结论可信并为多数学者接受。清朝史籍中,出现于辛丑年以前的牛录或牛录额真等官号,似为史家以后来之官名名之所致,当时并非已有后来的牛录组织。1601 年之前,努尔哈齐属下的生产生活,归原来的族寨长主管,此后才由牛录额真掌管。

上述记载以三百丁为一牛录,让人理解为每个牛录均三百丁。但综合其他资料可知,并非所有牛录均为三百丁。其中许多牛录的丁数并未统一,或在百名左右,如苏完部索尔果(费英东之父)率 500 户来归,编设牛录时,为其家族编五个牛录,每牛录在百丁左右。有的牛录丁数超过 300 名,如那木都鲁路之康古里等,率兄弟族人及满洲千余人来归,为其编设 2 个牛录,以康古里、喀克笃礼兄弟各统其一;安褚拉库地方他塔喇氏罗屯,率 800 户归降后,编为 2 个牛录,以其子尼康阿及其亲叔祖鲁库布之曾孙安充阿各领其一。按女真人成家即分门立户之习惯,上述 4 个牛录,每牛录丁数均在 300 名以上。同时,亦有不满百名者,如正蓝旗巴喜之牛录,系由陆续逃来的 56 名叶赫人丁合编而成。另外,有人数在二三十名,难以组成一个牛录者,便编设 hontoho,即半个牛录。半牛录后因人数增多,基本升级为全牛录。入关后满文中仍有 hontoho,但已经不是"半个牛录",而是内务府之"管领"。

正因为初编牛录时人丁数不一样,为以后从各牛录抽丁出征,分赏俘获带来不便,故皇太极时期,将每牛录丁数调整为 200 丁,但对许多私属牛录,仍难以划一。至康熙年间,调整牛录丁数,增加滋生牛录,基本将京旗牛录丁数确定为 150 丁左右,但八旗驻防内所编临时性牛录,仅为 100 丁。

牛录分为私属和公中两大类,公中牛录(siden niru)之人,与牛录额真不存在人身隶属关系,故初编公中牛录时,每个牛录是按 300 丁编设的,此乃各种文献记载努尔哈齐编 300 丁为一牛录之原因。但当时之私属牛录数比公中牛录数多。关于私属牛录之分类,在清代五朝《大清会典》及其《则例》《事例》中分得很清楚。但因名目繁多,总有凌乱之感。其实,从补放牛录额真的角度来看,私属牛录为世袭牛录(jalan sirara niru),雍正年间称之为"世佐领"和"袭佐领",以后分别称为勋旧佐领(fujuri niru)、优异世管佐领(enculebuhe jalan halame bošoho niru)、世管佐领(jalan halame bošoho niru)、族袭牛录(mukūn sirara niru)、互管牛录(ishunde bošoho niru)、轮管牛录(tudenjeme bošoho niru）等。这些私属的世袭牛录之形成皆有根源，其或为太祖、太宗时以率所部来归，编为牛录者，或战阵有功，赏赐人口编为牛录者，或以某人曾宣力国家，人材服众，俾管牛录者，故在入关后被称为"有根由佐领"，此类牛录额真之承袭基本由家族继承，在康熙初年编设私属牛录之滋生牛录时，所编滋生牛录的隶属关系不变。而公中牛录称之为"无根由佐领"，其形成和管理不以家族为单位，故此类牛录额真之承袭与家族无关。私属牛录以缘罪等由，或有夺为公中牛录者，但公中牛录数仅占私属牛录的四分之一左右。

较早记载牛录数者，系《满文原档》之《黄字档》，所载八旗各旗牛录（时称备御）数目为：镶黄旗 31.5，正黄旗 35，正红旗 31，镶红旗 40.5，镶蓝旗 29，正蓝旗 21，正白旗 26，镶白旗 27，以上共计 240 个整牛录及 2 个半分牛录。其后不断增加。入关后以康熙初年增数最著，侯至乾隆后期，八旗牛录总计 1166 个，其中私属牛录 855 个，内有勋旧牛录 110 个、优异世管牛录 6 个、世管牛录 701 个、族袭牛录 38 个、两姓互管牛录 13 个、多姓轮管牛录 2 个，不明如何管理者 5 个，非世系之公中牛录 291 个。[1] 因私属牛录数量大，且在雍正年间开始出现族内之人争诉承袭牛录额真等问题，故于此时，开始对各私属牛录根源进行调查核实，分别立档，为各牛录颁发《佐领执照》（nirui temuktu bithe），并制定《钦定拣放佐领则例》，规范并确定了私属性牛录额真之承袭规章。

（二）牛录之职官

万历四十三年（1615），努尔哈齐再次对牛录组织进行调整，规定："每三百定编一牛录，牛录设额真一人，牛录额真下设代子二人、章京四人、村拨什库四人。将三百男丁以四章京之份编为四塔坦，无论做何事，去何地，四塔坦人按班轮值，其同工、同差、同行走。"[2]这是对牛录基层职官较早的记载，即牛录官员分为牛录额真、代子、章京、村拨什库。代子（daise）汉语意为署理、署事，系牛录额真之佐贰。章京（janggin），后改称小拨什库（ajige bošokū），分统四塔坦，村拨什库（gašan bošokū）则主管庄屯之事，管理在村落生产生活的旗人事务，这是对牛录基层官吏较早的具体分工。

tatan（塔坦）在《御制清文鉴》中被列入 monggo boo maikan i haci，即"毡房

---

① 杜家骥：《清代八旗官制与行政》，中国社会科学出版社 2015 年版，第 136 页。
② 《内阁藏本满文老档》太祖朝第一函，《汉文译文》第 19 册，第 12 页。

账房类"，释文为 bigan de yabure niyalmai iliha ebuhe babe tatan sembi，即"在野外行走之人歇息处称作 tatan"，《御制增订清文鉴》分类和满文释文与此相同，注释汉文为"下处"，①乃野外行走时临时休憩之处的意思。所住临时房屋有窝棚、账房、撮罗等形式，多以草木、皮张搭建，为女真人外出行围、渔猎、采参、出征、远游、朝贡、贸易等途中的临时休憩之处，后衍生为出行时临时组成的"伙"。

1601 年，努尔哈齐改进 niru 组织，每 niru 下设四 tatan，成为行军、渔猎、采集、贸易等生产、生活的基层单位。将 niru 下之 tatan，译作"下处"等肯定不对，故学界多将其如牛录一样音译作"塔坦"，若非译作汉文，其对应"伙"字较为贴切。从 niru 内之 tatan 很快不见记载来看，tatan 很快被稳固性组织所取代，可以说初设 niru 时下设的 tatan，亦有临时性的"伙"之意，但此"伙"的含义与 hoki（党、伙）含义有别，hoki 是固定性的"伙"，而 tatan 则是临时性的。

入关前的许多八旗文献中，章京也称为"千总"，村拨什库称为"守堡"，实为其汉称。而在满文称呼中，多将村拨什库（gašan bošokū）与屯拨什库（tokso i bošokū）混用，这是由于当时的生产经营形式所致。在赫图阿拉时期，女真人的农业多是以庄园（tokso）形式经营，如当时朝鲜人李民寏所见，"自奴酋及诸子下至卒胡，皆有奴婢（原注：互相买卖）、农庄（原注：将胡则多至五十余所）"②。进入辽沈地区后，其农业经营方式变化不大，尤其是天命十年（1625）努尔哈齐在辽沈地区甄别汉人，以暴力强制编庄，将辽沈汉人均纳入八旗各牛录之下。尔后，辽沈旗地基本是以庄园形式经营，故在满文中多将 gašan bošokū 改为 tokso i bošokū，有时也互用。另外在文献中对村拨什库还有其他叫法，如天命八年（1623）努尔哈齐降谕："凡有牲畜入田，知者执之。执者勿解取其衣，带其见乡之章京。"③天命十年编庄时，令各地将所编之庄的"庄头之名，庄内十二男丁之名及牛、驴毛色，皆缮写清单，交该屯章京，然后由前往之大臣造册带来"④。其中"乡之章京""屯章京"满文皆为 tokso i

---

① 《御制清文鉴》，卷 15《毡房账房类》，康熙四十七年武英殿刊本，第三函第二册，第 42 页。《御制增订清文鉴》卷 24，（乾隆三十六年武英殿刊本）第六函第三册，第 52 页。

② ［朝鲜］李民寏：《建州闻见录》，见《清入关前史料选辑》第三辑，第 472 页。

③ 《内阁藏本满文老档》太祖朝第七函，《汉文译文》第 19 册，第 206 页。

④ 《内阁藏本满文老档》太祖朝第八函，《汉文译文》第 19 册，第 238 页

bošokū，故汉文献中出现的"村拨什库""屯拨什库""守堡""乡章京""屯章京"实为一职，即原来之 gašan bošokū 也。天聪八年（1634）四月，皇太极下谕，令将国内官名、城名，再不许以汉语呼之，而皆从满语，其中"备御为牛录章京，代子为骁骑校，章京为小拨什库，旗长为护军校，屯拨什库仍旧名"①，但其职责未变。此后，牛录额真改为牛录章京（niru i janggin），代子改为骁骑校（funde bošokū），后又将小拨什库改为领催（bošokū），牛录基层官员便由牛录章京、骁骑校、领催组成。

牛录社会基层组织在入关前后也有变化，入关前，八旗兵丁"亦兵亦农"，牛录官员基本居住在各村落，所以，牛录的一切事务实际是由牛录额真负责，由代子、章京、屯拨什库等具体管理。而入关后，由于八旗兵丁的居住形式与入关前发生根本变化，所以，各牛录之牛录额真（佐领）、骁骑校、领催等都住在都城或各驻防地，管理本牛录披甲等八旗庄屯事务仅委派屯拨什库负责，但这种管理方式逐渐不符合社会的发展需要，故自康熙、雍正年间，经过多次改进，对八旗庄屯的管理逐渐打破旗分佐领界限，在各庄屯设置乡长、屯目等官，辅佐屯拨什库管理庄屯旗人（包括庄头、壮丁、旗下家奴、投充人等），并肯定了地方有司对八旗庄屯的管辖权。

入关前后几经变化，牛录的官员具体为：

牛录章京（nirui janggin）：初称牛录额真（nirui ejen），后改为牛录章京。顺治十七年（1660）降谕，汉文写作"佐领"，满文一直未变。掌管本牛录之行政、经济、军事等各类事务，秩四品，授骑都尉世职。勋旧、世管佐领，由某家族世袭，公中佐领，于该牛录成员内选定。各类佐领承袭均需拟正陪人员若干，由皇帝钦定。

骁骑校（funde bošokū）：乃牛录章京之佐贰官，主要辅佐军事事务，在出征时基本由其率领本牛录人员出征。

领催（bošokū）：初设牛录时称章京，天命八年，谕令每牛录之章京一名负责牧马，一名催造军械，一名管理庄屯。此职能基本未变，入关前，牛录章京基本居住沈阳，故牛录日常事务，多有章京（领催）负责。入关后领催虽属官员，

---

① 《清太宗实录》卷18，天聪八年四月辛酉条。《大清会典事例》记载为："备御为牛录章京，代子为分得拨什库，章京为小拨什库，旗长为专达，屯拨什库仍为屯拨什库。"（《光绪大清会典事例》卷542之《兵部·官制》）与《实录》记载微有出入。

但并不穿官服,而着兵服。具体掌管该牛录户口册籍、钱粮发放、庄屯事务等项。

族长(mukūn i da)):由于牛录多由一个或数个家族成员构成,其内部存在一定的血缘关系,故于"每佐领之下,各设族长",来具体负责管束、教育本族之人,并处理修谱、继嗣、归宗、命名、婚嫁等族内事务。牛录额真管理本牛录事务,而族长必须管束本族成员,宗族制度在八旗制度之中始终起着辅助作用,八旗制社会实际是二元制管理机制,这是八旗制度的特点之一。族长在约束族人、慑服奸宄、婚丧嫁娶、财产继嗣和编审壮丁等方面有较大权力,若族人有违法之事,族长也受牵连。如皇太极于崇德六年(1641)谕户部:"今立连坐之法,自八家以下,满洲、蒙古、汉人官员人等,各令家中闲散人,俱归屯居住,牛录章京及家长(即族长),各严加稽查。如不令此等无事之人归屯居住,本牛录章京、家长、拨什库等俱坐罪。"①入关后仍如此。顺治初年为缉拿"逃人",规定"奉文缉捕人犯,并一应负罪潜逃之人,佐领下人容留者,都统、副都统、参佐领、骁骑校、领催、族长等,查拿送部。如不行查缉,被别处拿获,审出隐匿情由,将该管官员、领催、族长,交部分别议处"②。对八旗兵丁,在红白事中所用之物,有违例僭越者,族长也有奏报之责,"失察者,佐领、骁骑校察议,族长、领催鞭三十"③。对族长的议处通例,基本与骁骑校、领催相同。另一方面,族长与其他牛录官员一体考绩,其"若能尽心教道族人,三年无过,由该旗核实,咨送兵部议叙(原注:系官于现任内纪录一次,系举、贡、生、监、护军、领催等人,于得官日纪录一次)"④,可以说它逐渐演变成牛录中必不可少的"职官"。族长一般由都统从男爵、轻车都尉、骑都尉、云骑尉等爵及举人、贡生、生员、监生、护军、领催内拣选补放,所以,族长属于兼职,且在本牛录外为官者亦不罕见。

在各牛录内,所设族长人数不一,有设一名者,也有设五六名者,此乃缘于牛录内家族多寡所致。入关后,选为族长者身份不一,有理藩院员外郎,也有本牛录的护军、领催、马甲,但其职责相同。族长之责,始终未变,即约束本族

---

① 《清太宗实录》卷55,崇德六年三月辛丑条。
② 《钦定八旗则例》卷10《廉部·禁令》,乾隆七年武英殿刻本。
③ 《钦定中枢政考》卷7《仪制》,道光五年刊本。
④ 《钦定户部则例》卷1《户口一·族长》,咸丰刊本。

子弟,管理族内事务,实质是以家族长的身份辅佐本佐领(清制佐领不担任族长)管理本牛录。故讨论八旗社会基层组织职能问题,不能忽略族长之作用。清朝灭亡,八旗制度解体后,牛录内的其他职官均随之消亡,但族长的上述职能仍长期存在于满洲社会之中。

(三)牛录之职能

牛录固山制是集军事、行政、经济于一体的社会组织,所以,牛录基层官吏,便有军事、行政、经济等各方面职责。牛录之职能,亦为八旗职能之具体体现。

1. 军事职责

努尔哈齐在属人增加,必须统筹规划军队以有利于作战的情况下,创牛录制度,无疑,当时牛录的军事职能是主要的,此从较早规定牛录额真之职责方面亦可体现,如"军用盔甲、弓箭、腰刀、枪、长矛、鞍辔等物,若有损坏,则贬谪其牛录额真。倘一应物件修治完好,军马膘壮,则晋升其牛录额真"[1],此后,这些内容一直是牛录额真的考绩之一。另八旗之制,凡遇战事,按牛录均摊出兵。《满文老档》中屡见从各牛录抽兵之记载,如"每牛录甲士二十人,共三千兵往镇江地方招抚叛民""每牛录甲士十人往镇江秣马""各旗派游击三人、巴克什三人,又每牛录各派三人,由参将蒙噶图率领前往各汉人屯堡,清点男丁数目""每旗以副将一人率每牛录甲士六人前往察视北界"[2]等。若有重大战事,从各牛录抽调甲士更多,天命七年(1622)七月十八日,努尔哈齐"率每牛录甲士百人",往征广宁,且"每牛录以五十甲士……留守辽东城"[3]。各牛录所出之兵,具体由牛录基层官吏差派。此外,各牛录官员,还有监督制造、修缮军械、保障军马之责,努尔哈齐在天命八年(1623)谕令:"每牛录由一章京率领牧马,一章京催造军械,一章京催种田亩。"[4]各牛录官员接到命令后,要迅速派出甲兵,自带跟役、马匹、军械、粮糗等前往集结地。

2. 行政职责

牛录兼有管理户籍制度之功能。凡旗人(包括外族奴隶)皆隶属于某牛

---

① 《内阁藏本满文老档》太祖朝第一函,《汉文译文》第19册,第12页。
② 《内阁藏本满文老档》太祖朝第四函,《汉文译文》第19册第81、83、99—100、100页。
③ 《内阁藏本满文老档》太祖朝第五函,《汉文译文》第19册第113页。
④ 《内阁藏本满文老档》太祖朝第六函,《汉文译文》第19册,第168页。

录,牛录官员要负责该管牛录之户口编审、管理册籍、派差征赋、慑服奸宄、婚丧嫁娶和财产继承等行政事务。

组建牛录后,所有成丁男子都编入各牛录内,平时按"三丁抽一"的原则,从各牛录抽调壮丁当差。牛录基层官员,必须认真审查本牛录人口,以便及时裁汰增补壮丁。天聪四年(1630)规定,若有隐匿壮丁或本牛录壮丁被编入他牛录者,"本主及牛录额真、拨什库等,俱坐以应得之罪。若牛录额真、拨什库知情隐匿者,每丁罚银五两,仍坐以应得之罪"①,可知在编审壮丁中,牛录基层官员负有责任。

牛录官员还有派差征赋之责。入关前女真社会的一切徭役,如筑城、运输、冶铁、熬盐、造船、守台、牧马等,都均摊于各牛录中,各牛录所负差徭极为繁重。② 牛录官员要负责派遣壮丁当差,保障诸项差徭无误。

各牛录官员还有慑服奸宄,防本牛录下人犯罪之责,天命八年七月二十三日,努尔哈齐降书于各牛录曰:"着牛录额真、两名代子以及四名千总,将该处所居之人名造册携带,早晚查点。守堡也将驻路之人名造册携带,早晚查点。倘尔等不加严查,而放任滋事,一经他人首告,即将尔备御、千总、守堡等治罪。"③各牛录官员之赏罚,也以该牛录内是否有犯罪现象为准,天命十年(1625)正月规定,各牛录内一年中无犯罪,"牛录额真赏银二十两,二名代子、四章京赏银三十两,百名甲兵赏银百两"。反之,"倘牛录额真犯一罪,则将赏其二十两皆罚之。倘牛录下人犯罪,则按罪计算,犯一罪罚银二两,二名代子、四章京各罚一两,牛录下人之百两内罚十两,犯十罪,则将所赏牛录额真、六章京、百名甲兵之银两皆罚没"④。皇太极在天聪元年(1627)也谕令:"如管屯拨什库,有不修葺堡墙,不稽查盗贼者,与贼同罪。"⑤由于实行"连坐",各级

---

① 《清太宗实录》卷7,天聪四年十月辛酉条。

② 关于各牛录所负差徭情况,天聪八年(1634)二月,皇太极在训斥汉官时一一列出,言:"满洲之偏苦汉人者,不但三丁抽一也,如每牛录下守台、淘铁及一切工匠、牧马人、旗下听事人役等,所出不下三十人,当差者十有四家。又每年耕种以给新附之人,每牛录又出妇人三口。又耀州烧盐,猎取禽兽,供应朝鲜使臣驿马,修筑边境四城,出征行猎后巡视边墙,守贝勒门及派兵防守巨流河,在在需人,皆惟牛录是问。又每牛录设哨马二匹,遇有倒毙,则均摊买补。"(《清太宗实录》卷17)可知各牛录差徭之重。

③ 《内阁藏本满文老档》太祖朝第七函,《汉文译文》第19册,第205页。

④ 《内阁藏本满文老档》太祖朝第八函,《汉文译文》第19册,第230—231页。

⑤ 《清太宗实录》卷3,天聪元年六月戊午条。

牛录官员皆能尽力治理本牛录,对爱新国之社会稳定具有重要作用。

牛录下人的婚丧嫁娶,也由牛录额真等牛录官员负责,这是继承女真人的传统。女真人以族寨为社会基层单位,每个人都与其首领具有人身隶属关系,所以他们的婚丧嫁娶要依赖其主人,并受主人的限制。组建牛录后,牛录额真多为原来的族寨首领,故牛录额真仍具有这种特权。天聪九年(1635)三月规定:"小民女子、寡妇,须问明该管牛录章京方准嫁。"①未经准许而私自嫁娶或买卖者,将受惩罚并把出嫁者追回本牛录。在牛录中有因贫困而不能娶妻者,牛录官员也要上报,设法为其解决妻室。在丧礼中,牛录官员更有监督之责,约束其按定制进行,不许僭越。违例者受惩,"该管牛录额真及代子、章京,俱坐以应得之罪"②。

3. 经济职责

牛录官员的经济职责,主要体现在分配土地、组织生产和抚恤贫困等方面。

八旗兵丁的土地,具体由各牛录官员分配、调换,在天命、天聪年间实行"计丁授田",为八旗兵丁分配旗地时,许多人就抱怨"其该管将官、千总,又将近堡肥田占种,贫民分得俱系窎远荒田"③的状况,说明牛录官员在掌管分田时,舞弊现象严重,以致皇太极再三告戒各牛录:"如给地时,尔牛录额真、章京自占近便沃壤,将远瘠之地分给贫人,许贫人陈诉。"④且如有不堪耕种之地亩,牛录官员要负责更换。

牛录官员还要组织、监督农耕生产,抚恤无力耕种之人。努尔哈齐攻克辽东不久,就谕令士兵"各归田庄,以事农耕,其无田庄可耕者,遣往耕种荒地,并遣该备御、守堡官率领前往,以督察所管之人"⑤。皇太极时期,多次对组织生产不力和因故影响生产的牛录额真、章京、拨什库等,治罪处理。同时各牛录自成一个经济实体,牛录内有贫乏者,本牛录之富者要赈济之。牛录官员若对贫乏之人不加抚恤,致使本牛录贫困人口过多,经济匮乏时,"该管牛录章

①　《清太宗实录》卷23,天聪九年三月庚申条。

②　《清太宗实录》卷17,天聪八年二月壬戌条。

③　《天聪朝臣工奏议·高士俊谨陈末议奏》,见《清入关前史料选辑》第二辑,中国人民大学出版社1989年版,第8页。

④　《清太宗实录》卷13,天聪七年正月庚子条。

⑤　《内阁藏本满文老档》太祖朝第三函,《汉文译文》第19册,第66页。

京及骁骑校、小拨什库俱解本牛录任,并离其兄弟,归他人监管"①,敦促各级牛录官员注重农业生产。牛录官员的经济职责,对女真社会经济发展和社会稳定起到了推动作用。

牛录基层组织的军事、行政、经济职责,比其他形式的社会基层组织的职能广泛,是比较适合女真社会初期发展需要的组织形式。

二、固山制度

努尔哈齐起兵后,随着归附者增多,便利用女真人以旗色区分军队所属的传统,用旗帜区分各部,以旗色作为对军队进行编组、指挥、配合的主要标志。万历二十一年(1593),努尔哈齐率建州女真迎战九部联军时,就曾命各王大臣率领本部各旗色之兵。此时的旗色分为不同颜色的旗帜,此乃继承女真人以不同旗色区分各自所属军队的传统。当时的旗帜与后来八旗各执旗纛不同,只是区分军队的旗帜而已,"旗用青、黄、赤、白、黑,各付二幅,长可二尺许"②,此为万历二十四年(1596)朝鲜人看到女真军队的旗色,或言以此五种颜色作为军队标识,乃与女真人之五行观念有关,亦有言乃继承辽金时期既以不同旗色分别军队,区分出征之各部军队方位之传统,此说确切。

(一)固山之设置

固山乃女真语 gūsa,其意有二,一为"部族""部落";二为"旗",但创建八旗制度后,"部族""部落"之意渐失,而仅剩"旗"意。女真人的固山,各以一定颜色的旗纛为标帜,人们相沿成习,渐以"旗"作为固山的代称。

清代沿袭下来的看法是,万历二十九年(1601)努尔哈齐编设牛录时,始建黄、红、黑、白四旗(固山),后将黑旗改为蓝旗。至于初设四旗时间在是年的传统说法,尚存争议。从现存清代文献看,《满文老档》最早的记事始自丁未年(1607),而"固山"一称初见于乙卯年(1615),当时已八旗建制,说明初创日期失载,故乾隆朝敕撰《皇清开国方略》卷4中,认为"初只有四旗,创造年月无考",乃在查无实据的情况下采取姑且存疑的态度,但同时出现的敕修官书《皇朝文献通考》卷179《兵制一》、《皇朝通典》卷68《兵二》、(乾隆)《大清会典则例》卷171《八旗都统》以及专记八旗的方志《八旗通志》(初集)等,均

---

① 《清太宗实录》卷54,崇德六年二月己未条。
② 《朝鲜李朝宣祖实录》卷71,宣祖二十九年正月丁酉条。

谓四旗定制于 1601 年,当有所据。

万历四十三年(1615)增四镶旗,成八旗(八固山)定制,此时间已成定论。此年"太祖削平各处,于是每三百人立一牛禄厄真,五牛禄立一扎拦厄真,五扎拦立一固山厄真。固山厄真左右,立美凌厄真。原旗有黄、白、蓝、红四色,将此四色镶之为八色,成八固山"①,可知此前既有黄白蓝红四旗。四旗领主分别为:黄旗为努尔哈齐,蓝旗为舒尔哈齐,白旗为褚英,红旗为代善。到万历四十三年建成八旗时,舒尔哈齐和诸英已先后以罪伏诛,八旗的统辖者是:两黄旗为努尔哈齐,两红旗为代善,正蓝旗为莽古尔泰,镶蓝旗为阿敏,正白旗为皇太极,镶白旗为杜度。在天命六年(1621)努尔哈齐进入辽沈地区之前,朝鲜人李民宾、郑忠信都记载了当时的八旗管旗贝勒,并且大体相同。郑忠信还指出八旗贝勒的旗帜区别:

> 其兵有八部,二十五哨为一部,四百人为一哨⋯⋯老酋自领二部,一部阿斗尝将之,黄旗无画,一部大舍将之,黄旗画黄龙。贵盈哥领二部,一部甫乙之舍将之,赤旗无画,一部汤古台将之,赤旗画青龙。洪太主领一部,洞口鱼夫将之,白旗无画。亡可退领一部,毛汉那里将之,青旗无画。酋侄阿民太主领一部,其弟者送哈将之,青旗画黑龙。酋孙斗斗阿古领一部,羊古有将之,白旗画黄龙。②

其中老酋即努尔哈齐,自辖两黄旗;贵盈哥即代善,统辖两红旗;洪太主乃皇太极,辖正白旗;亡可退即莽古尔泰,统辖正蓝旗;阿民太主即阿敏台吉,统辖镶蓝旗;斗斗阿古即杜度阿哥,统辖镶白旗。这些八旗的领有的被称为旗主贝勒(beile)。八旗旗主,至天命后期有所增加,其中掌正黄旗者为阿济格、多尔衮,镶黄旗为努尔哈齐、多铎,正白旗为皇太极,镶白旗为杜度(杜度移入镶红旗为旗主后,镶白旗旗主为阿巴泰),正红旗为代善、萨哈廉,镶红旗为岳托、硕托,正蓝旗为莽古尔泰,镶蓝旗为阿敏、济尔哈朗,故八旗旗主非仅八位。除旗主外,各旗均有管旗之人,根据该记载及《满文老档》所录,阿敦管正黄旗、达尔汉管镶黄旗、博尔晋管正红旗、汤古岱管镶红旗、何和礼管正白旗、扬古利(后改阿巴泰)管镶白旗、济尔哈朗管镶蓝旗、穆哈连管正蓝旗,这些管旗

---

① 《清太祖武皇帝实录》卷 2,乙卯年十一月条。
② 《朝鲜李朝实录》之《光海君日记》卷 169,光海君十三年九月初十日条。

大臣被称为固山额真（gūsai ejen）。而八旗样式，亦与后世有别，当时黄红白蓝四正旗，并无龙饰，而镶黄旗饰以黄龙、镶红旗饰青龙、镶蓝旗饰黑龙、镶白旗饰黄龙，而后来之正旗亦均有龙饰。

（二）固山之建制

史料所载八旗定制为：每三百人立一牛录，五牛录立一甲喇，五甲喇立一固山，采取的是五进位制。其中之五牛录，曾为一段时期之编制，且不称甲喇，直接称为"五牛录"。关于五牛录的来源，太祖朝《满文老档》记载努尔哈齐于行军出猎之时，"编五牛录为一队，行则一路，止则一处，依次下马，战则同攻一处"①，可知五牛录是为了满足军事活动的需要而在牛录基础上发展起来的。《满洲实录》卷4中提到八旗行军时"队伍整齐，中有节次"，其中之"节次"的满文"jalan"，音译为"甲喇"，原义为"节"，或指行围时联结围肩与围端的中间环节。当时将"五牛录"改称"甲喇"，即本于此，其乃衔接固山与牛录的中间组织。

至于固山，则是五牛录基础上的再造，但亦与女真人行围传统有关。女真行围之制，人分作五部，即围底（满文为 fere）、两翼"围肩"（meiren）与两翼"围尾"（uturi），每部均以牛录为基本单位。当努尔哈齐将牛录之制由十人扩大为百人，进而又将五牛录合并为一甲喇，五甲喇合并为一固山后，社会组织虽然扩展较大，但基本从行围之制发展而来。且五甲喇之满文称呼，均与行围相关。其头甲喇满文称 fere jalan，乃"围底之甲喇"；二甲喇称 jebele meiren，即"右围肩"；三甲喇 jebele dube，乃"右围端"；四甲喇称 dashūwan meiren，即"左围肩"；五甲喇称 dashūwan dube，乃"左围端"也。且右侧两甲喇称 jebele gala，即右翼，左侧两甲喇称 dashūwan gala，即左翼。其中 jebele 另意为"撒袋""箭囊"，dashūwan 另意为"弓袋"，亦为围猎、出征等活动之佐证。固山额真左右所设称梅勒章京（meiren i janggin）。从以上几个满文词汇可见，同样与围猎相关。

从四固山发展到八固山后，行围作战仍存旧制，行军围猎之时，两黄旗为围底，居北；两红旗为右围翼，居西；两白旗为左围翼，居东；两蓝旗为围端，居南。八旗之制，无论攻城、驻防、扎营，亦取此方位。因此，八旗组织从各个方

①《内阁藏本满文老档》太祖朝第一函，《汉文译文》第19册，第11页。

面都具有渔猎文化的特征。

固山制度是牛录组织之扩展，也继承了它"出则为兵，入则为民，耕战二事，未尝偏废"①的组织特点。军政一体，所谓以旗统人，以旗统兵，兵民合一，出则备战，入则务农，乃典型集军事、政治、经济为一体的社会组织。战争期间动员部族所有力量参战，平时则主要从事生产，类似这种兵民合一的制度，乃游牧民族、渔猎民族普遍的社会制度，除固山制度，金代女真的猛安谋克制度较有代表性。八旗制度乃对女真传统社会制度的整合和发展，并在入主中原后仍保持并发展了该传统。八固山的建立，最终结束了当时女真部落无统、关系涣散的落后局面。一国之众，八旗分隶。全体人民，按照固山牛录织起来，严格管理，统一指挥。政治上为国家的建立发展，经济上为实现由渔猎向农业的全面过渡奠定了组织基础。八固山不但是女真的社会组织，也是统治者实行管理的军政体系。牛录固山制度的确立，是明末女真社会政治权力由分散趋向于集中的必要前提，成为八旗制国家的根本，其作用如努尔哈齐训谕诸贝勒大臣所言：

> 推尔等之意，以为国人众多，稽察难遍。不知一国之众，以八旗而分隶之，则为数少矣。每旗下以五甲喇而分隶之，则又少矣。每甲喇下以五牛录而更分隶之，则又更少矣。今自牛录额真以至什长，递相稽察，各于所属之人，自膳夫牧卒以及仆隶，靡不详加晓谕，有恶必惩，则盗窃奸宄，何自而生哉。②

如此，八旗下的旗主、固山额真、梅勒章京、甲喇章京、牛录章京及下到什长，构成了八旗社会的职官体系，而其社会内部构成中，女真人传统的隶属关系在当时是维系该制度的重要保障。

目前，许多研究八旗制度的学者，仍按"每三百人立一牛禄厄真，五牛禄立一扎拦厄真，五扎拦立一固山厄真"及上段史料，统计八旗之牛录数和兵额，认为每固山有五甲喇二十五牛录，约7500披甲，当时合计八旗兵约六万名左右，此乃当时努尔哈齐拥有的军队人数。如此统计，乃属臆断。

关于各旗之牛录数，若按五牛录为一甲喇、五甲喇为一固山之五五进制，

---

① 《清太宗实录》卷7，天聪四年四月壬辰条。
② 《清太祖高皇帝实录》卷10，天命十一年七月乙亥条。

每旗当为 25 牛录,但实际并非如此,各旗之牛录并未统一,而且数目差距较大。爱新国政权进入辽沈地区前的各旗牛录和半牛录之分布情况,根据《满文老档》天命六年(1621)闰二月二十六日条记载,具体为:

达尔汉侍卫旗,在尼雅木椎者七个半牛录,在菲德里者七牛录,在爱西喀、西伯里者五牛录。

阿敦阿哥旗,在德立石者甲兵三百七十八口,在胡勒路者二十八牛录,在托兰、章古者十七牛录。

穆哈连旗,在扎库穆者十牛录,在德特赫者六牛录,在鄂豁者五牛录。

济尔哈朗阿哥旗,在温德痕者甲兵一百二十五人,在包窝赫者七牛录,在费阿拉者五十四牛录。

汤古岱旗,在扎克丹者甲兵二百五十人,在扎喀者九牛录,在欢塔、劳利、占比干、呼兰等处十六牛录。

博尔晋旗,在法纳哈者十牛录,在避阴者六个半牛录,在赫彻穆、杭嘉者十牛录。

栋鄂额驸在浑河、英额者五牛录,在贝欢寨者五牛录,在雅尔古、苏完者八牛录,在尚间崖者二百五十人。

阿巴泰阿哥旗,在柴河者五牛录,在木虎觉罗者五牛录,在鄂尔多哈达者五牛录。①

据此可知当时各旗的牛录数为:正黄旗 45 牛录、镶黄旗 12 牛录另 7 个半牛录、正红旗 20 牛录另 6 个半牛录、镶红旗 25 牛录、正白旗 18 牛录、镶白旗 15 牛录、镶蓝旗 61 牛录、正蓝旗 21 牛录,各旗牛录数,并非按五五进制,而是按女真故有的隶属关系划分,其中镶蓝旗为舒尔哈齐之属人,由其子阿敏、济尔哈朗继承,故该旗牛录数倍于他旗。各旗之牛录数,乃旗主及该旗其他成员家族私属牛录,加上各旗由所分编户编设的公中牛录数之总和,其中公中牛录数量不多,主要为私属牛录。私属牛录以努尔哈齐子侄所占最多,另外包含一部分较早归附努尔哈齐且战功卓著的异性贵族们所属的牛录,这部分异姓贵族的私属牛录,以各自属人编立,如费英东、额亦都各家初编的 5 个牛录、何和礼的 3 个牛录,在以后仍不断扩充,但仍属于各自家族世管承袭,为该家族所

① 《内阁藏本满文老档》太祖朝第三函,《汉文译文》第 19 册,第 60—61 页。

属,乃清朝统治者对满洲异姓贵族功勋之肯定。

三、八旗异姓贵族

努尔哈齐起兵之时,势单力孤,自己宗族、家族内部的人员为了自身利益,也大多对他有成见,惧怕他会惹来灭族之祸,甚至有族人要杀死他。其在父、祖俱死,子侄尚小之时,要组织起一支武装,就必须借助亲信的力量。在起兵之初,努尔哈齐主要依靠的亲信乃其"古出"。古出(gucu),满语意为朋友,在当时的女真社会是可以出生入死的朋友。女真各部首领手下均有一批能够同他们出生入死、患难与共的朋友。一些部族首领因有较高声望,且有一定政治、经济、军事实力,便有许多人前来投靠归依,同甘共苦,效力麾下,便形成了堪称亲信的古出群体。

在努尔哈齐不断取得军事胜利、名声鹤起后,前来归附者与日俱增,其古出群体亦随之增大。努尔哈齐的亲信成员来源十分广泛,有女真人,也有汉人和其他族属成员;有显贵世家,也有贫困者。但影响较大者是早期前来投附的显贵家族或距离较近的部落首领,这些人加入到努尔哈齐的团队之中,与其一起参加各种军事行动,并成为努尔哈齐的左膀右臂。努尔哈齐亲信集团的核心成员主要包括额亦都、费英东、何和礼、扈尔汉、安费扬古、扬古利及拜音达礼、博尔晋、噶盖、三谭、巴笃礼、雅虎、雅希缠、康喀赉、阿兰柱、黑东额、西喇巴等,在立国前便被努尔哈齐任命为协理国政、听讼治民的五大臣或扎尔固齐,在明末女真兴起的过程中贡献巨大,其家族后来亦基本成为满洲社会之异姓贵族,后世子孙多为民族栋梁。

(一)额亦都

额亦都乃努尔哈齐最早的追随者和干将之一。姓钮钴禄氏,世居长白山,祖父阿陵阿拜颜时举家迁居英峨峪。其自幼志趣超群,武艺高超,幼年父母被仇人杀害,为躲避仇人追杀投奔姑母家——嘉木瑚寨主穆通阿门下,与其表兄哈斯呼意气相投。额亦都十三岁时便亲手杀死自己的杀父仇人。努尔哈齐路过此地时与其相见,额亦都有意跟随,其姑不允,额亦都劝曰:"丈夫生世间,甘能碌碌老乎。"①姑母只得允诺。翌日,遂从努尔哈齐行,从此便跟随其左右,成为努尔哈齐创立基业的重要成员。

----

① 《八旗通志》卷142《额亦都传》,东北师范大学出版社1985年点校本,第3706页。

额亦都以忠勇见称,每战必身先士卒,登城克敌,屡立战功。其从十九岁开始跟随努尔哈齐,每役皆预,先后参加了攻伐图伦城、色克济城、巴尔达城、尼麻赖城、章佳、索尔湖村的战斗。在讨伐尼堪外兰时,额亦都冲杀在前。攻打巴尔达城时身体多处受伤,仍不下战场,直到攻下该城。后被努尔哈齐赐"巴图鲁"称号。此后,额亦都率军征战或参与大战颇多,主要为:万历二十一年(1593),为抗击九部联军对建州女真的进攻,努尔哈齐于古勒山布阵迎敌,额亦都率百余名精骑诱敌,叶赫首领卜寨出战,额亦都斩杀叶赫兵9人,努尔哈齐从后边掩杀,一举击败九部联军;同年闰十一月,额亦都与安费扬古率兵征抚讷殷部佛多赫山城,三月,斩杀其城主数稳、色克什后凯旋;万历三十五年(1607)五月,额亦都奉命与巴雅喇、扈尔汉率兵千余远征东海窝集部,攻取了赫席黑、俄漠赫、索罗佛讷赫等三路,俘获千余人而归;三年后额亦都再次率兵攻伐窝集部之那木都鲁、绥芬、宁古塔、尼马察四路,俘获人畜万余,旋即再攻雅兰路,俘获人畜万余而返;翌年十二月,额亦都与何和礼、达尔汉率兵2000余人攻打虎尔哈部的扎库塔,额亦都率兵包围扎库塔城,并限三日投降,限期一过,额亦都便率部攻城,斩杀1000人,俘获2000人而还,班师返回的路上,额亦都顺便招抚虎尔哈部的各个城寨,还带回了图勒申、额勒申两个路长和五百户部众;万历四十一年(1613)正月,努尔哈齐率军攻打背信弃义的乌拉贝勒占泰,额亦都也是从征大将之一;同年十二月,努尔哈齐攻打叶赫,额亦都又跟随努尔哈齐攻打叶赫,俘获蒙古马100匹,羊500只而归。

额亦都以赫赫战功位列五大臣之一,且被编入努尔哈齐所属之正黄旗。后因战场抗命获罪,之后十分抑郁,不久生病,于天命六年(1621)五月卒。额亦都病重期间,努尔哈齐亲自前往探视。额亦都死后,努尔哈齐多次到其墓前凭吊。崇德元年(1636),额亦都被追封为弘毅公,配享太庙,陪葬福陵。顺治十二年(1655),为其建碑以表功勋,并晋其子爵为二等公。雍正十年(1732),加果毅。乾隆二十四年(1759)五月,晋一等公。额亦都共有十六子,为表其功勋,天聪八年(1634),皇太极命其子遏必隆袭昂邦章京,授侍卫,管牛录事。

(二)费英东

费英东,苏完之姓瓜尔佳氏,苏完部部长索尔果次子。万历十六年(1588),索尔果率部众500户投奔努尔哈齐。努尔哈齐将其长子褚英之女嫁给费英东,费英东变成了努尔哈齐之孙女婿。费英东自幼苦练骑射,骁勇善战,特别是弓箭娴熟,能引十余石硬弓。费英东归附努尔哈齐时建州女真基本统一,当时努尔哈齐与乌拉争夺东海女真的斗争正日益白热化。万历二十五年(1597),乌拉之布占泰为讨好叶赫,将建州所属的瓦尔喀部安褚拉库、内河两路之首领罗屯、噶石屯、汪吉努三人绑缚给叶赫,以此唆使叶赫出兵劫掠二路。努尔哈齐闻讯大怒,第二年便派费英东与褚英率兵千余人出征安褚拉库。费英东等星夜兼程前往该路,攻取屯寨 20 余处,招降所属全部人户,俘获人畜万余而归。万历二十七年(1599)九月,叶赫首领纳林布禄进攻哈达,哈达首领孟格布禄无力抵抗,将自己的三个儿子作为人质向建州求援。费英东与噶盖奉命率兵 2000 余人襄助哈达。纳林布禄致书孟格布禄,唆使其将费英东等拿获换回他的三个儿子,并将费英东所带领的兵卒杀掉,两国可捐弃前嫌,重归于好。孟格布禄轻信了纳林布禄之言,想拿获费英东以换回做人质的三个儿子。费英东获悉后奏报努尔哈齐,九月,建州出兵兼并了哈达。

费英东以力大著称,作战勇猛。万历三十五年(1607)正月,因不堪乌拉布占泰的侵扰,东海女真瓦尔喀蜚悠城主策穆特黑前来归附,寻求保护。努尔哈齐派遣舒尔哈齐、褚英、代善等统兵 3000 前往迎归,费英东从征。到达蜚悠城,收其周围屯寨 500 余户而归。费英东、扈尔汉率军护送先行,行至乌碣岩,布占泰派其叔父波克多父子统兵设伏阻拦。费英东一方面指挥归附的 500 余户在山巅安营,派 100 余名兵士守护,自己则率 200 兵据山岭布阵,与乌拉兵激战,双方相持不下。翌日,费英东与扈尔汉、扬古利等率兵与乌拉兵展开鏖战,乌拉兵败退。后褚英等带领援兵赶到,乌拉兵大败,乌拉人以此深知费英东之英勇。万历四十一年(1613),努尔哈齐派军三万,直捣乌拉城,布占泰亦率 30000 人迎战。天时地利都对布占泰有利,此时的努尔哈齐对是否决战产生犹豫,费英东等极力劝说努尔哈齐。在费英东等人的劝导下,努尔哈齐决计一战。费英东等人奋力出击,败乌拉兵。布占泰仅以身免,逃奔叶赫,乌拉灭亡。费英东的劝导对此战胜利起到了十分重要的作用,得到了努尔哈齐的肯定。

费英东在历次战斗中“战必胜,攻必克”,在努尔哈齐之古出群体中所获战功最多。爱新国建立后,努尔哈齐攻取抚顺、东州、马根单三城,费英东从征,与明军主将张承胤对阵,临危不惧,冲进明军阵地,大破明军,努尔哈齐大为赞叹,称其为“万人敌”。在天命四年(1619)的萨尔浒大战中,费英东率军斩杀明兵主将总兵官杜松及其属下 20000 余人,战功卓著,名噪一时。

费英东还以忠诚直谏著称,其亲姐夫在归降努尔哈齐后表现出"异志"时,他大义灭亲,擒而诛之。即使努尔哈齐在决断与处事中有错误之处,他也能抗争力谏,做到了尽心竭力,以辅国政。他认为凡是错事,都要先予以申斥,然后上报弹劾,而正确的事情,均要先给予奖励,而后上报,因此不论是被其弹劾还是被褒奖的人,都极为佩服他。他对努尔哈齐的忠诚程度直到皇太极时期仍被视为古出之楷模。

在开国功臣中费英东有"开创佐命,功绩独伟"①的美誉,亦有称之为"开创佐命,第一功臣"②者,在诸位古出功臣中荣誉最高。努尔哈齐设置佐理国政的五大臣,费英东位列五大臣之首。后设立十扎尔固齐官,主要负责司法诉讼案件的审理。费英东同时被任命为扎尔固齐,凡遇国事稍有缺失,便上疏谏议。他秉公执法,为他人所盛赞。皇太极在训诫诸王贝勒时曾以费英东为例:"扎尔固齐费英东见人之不善,必先自斥责而后劾之;见人之善,必先自奖励举之。被劾者无怨言,被举者亦无骄色。朕今并未见尔等以善恶实奏,拟斯人之公直也。"③足见其对清朝之影响。编设牛录时,其家族被编为 5 个牛录。创立八旗时,费英东家族隶属于努尔哈齐所属的镶黄旗,为左翼固山额真、一等总兵官、一等大臣。

爱新国政权攻取开原后,费英东因私藏金银、绸缎等物曾受到努尔哈齐训斥。天命四年(1619)七月,其率军攻取铁岭后,费英东回都城报捷,途中将所俘获的牛驴等牲畜及其他物品擅自分给手下将士和沿途哨卡兵丁。此事被执法的大臣"弹劾",言费英东"身为大臣,妄自尊大,擅将众人之俘获财物散给他人,应革尔大臣之职,并将取乌拉城之役以来,历次以大臣之分所得之赏物,尽数籍没",审毕,诸大臣贝勒对此建议表示赞同,但努尔哈齐则以费英东是自起兵便追随他的仅有的几位老臣之一,主张予以宽恕,"常言道:无有之时得铁贵于金。初我无僚友时得之而举为大臣之僚友,如今岂可令其退还。勿革其大臣之职,可准赎罪"④。努尔哈齐保住了费英东的大臣职位,将取铁岭

---

① 《清世祖实录》卷 123,顺治十六年正月壬寅条。

② 《八旗通志》卷 141《费英东传》,第 3695 页。

③ 《清太宗实录》卷 64,崇德七年七月庚午条。

④ 《内阁藏本满文老档》太祖朝第二函,《汉文译文》第 19 册,第 37 页。

所得的财物分给同等大臣及下级执法者。努尔哈齐如此处理,在《满文老档》记事中较为罕见。

天命五年(1620)三月初八日,费英东病逝。努尔哈齐闻听噩耗,悲痛欲绝,他虽立誓"凡亲戚死亡,概不亲临",但此次却不顾诸贝勒、福晋等多人的劝阻,决意亲往凭吊,并哀叹"和我休戚与共之大臣,今始有一二吊丧,我亦不久矣"①,执意前往。他在费英东的灵前守候至深夜方才回宫。不久,努尔哈齐弟穆尔哈齐卒,努尔哈齐前往墓地奠基后,又去了费英东之墓前哭祭。其去世后,后代皇帝仍不断给予褒奖。崇德元年(1636)皇太极追封其为直义公,配享太庙。顺治十六年(1659)诏谕:"太祖朝功臣费英东参赞谟,恢扩疆土,战绩独伟,允为开创佐命第一功臣。"②下诏晋世爵三等公。康熙三十九年(1700),康熙帝亲书碑文,为费英东勒石纪功。雍正九年(1731),加封"信勇公"。乾隆四十三年(1778),晋世爵一等公。

(三)何和礼

何和礼,董鄂氏,生于明嘉靖四十一年(1562)。其先祖自瓦尔喀迁居到董鄂处,以地为氏。其祖父克彻巴颜,其父额尔谨均为董鄂部部长。何和礼自幼聪慧,待人宽和,颇有雅量。二十六岁时代其兄长屯朱鲁巴颜为部长,所部兵强马壮,雄长一方。万历十六年(1588),努尔哈齐娶达女为妃,亲率甲士30人护送以行,返回时,何和礼率所部军民归附努尔哈齐。努尔哈齐统一苏子河流域后,仍然处于兵缺将寡的状态,故对其归附极为重视,款之以宾礼,并将自己的长女赐其为妻,封为额驸,授予一等大臣。当时,何和礼已经婚配,原配妻子自幼习武,精于骑射,听说又娶努尔哈齐女为妻,大怒,率人至佛阿拉兴师问罪。努尔哈齐亲自出面劝解,晓以大义,方解其怒气,使二人重归于好,并归附努尔哈齐。

何和礼率部归附努尔哈齐以后,便立即投身到统一女真诸部之大业中。万历三十六年(1608),褚英、阿敏攻乌拉,何和礼从征,攻占宜罕;万历三十九年(1611)十二月,何和礼奉命与额亦都、扈尔汉等率兵2000进攻窝集部之虎尔哈路,围攻扎库塔城,攻破该城,斩首1000余人,俘获2000人;万历四十一

---

① 《内阁藏本满文老档》太祖朝第三函,《汉文译文》第19册,第47页。
② 《清世祖实录》卷123,顺治十六年正月壬寅条。

年(1613)正月,努尔哈齐统率大军进攻乌拉,何和礼从征。努尔哈齐在战与不战之间犹豫时,何和礼与费英东等主张力战。在诸人的敦促下,努尔哈齐才决意一战。何和礼与诸贝勒一道奋力冲杀,大败乌拉兵,灭了乌拉。何和礼以其军事才能博得努尔哈齐的信任,爱新国建国前入五大臣之列,有"股肱之臣"的美誉。

爱新建国以后,何和礼与费英东、额亦都、达尔汉、安费扬古被命为五大臣,成为爱新国初最重要的臣僚。在此后的军事行动中,何和礼不仅充分发挥了其军事才能,而且也展示了他的外交才能。萨尔浒大战后,努尔哈齐以朝鲜援军统帅姜弘立为人质,何和礼奉命劝说此人,爱新国与朝鲜结盟以共同对付明朝。天命六年(1621)努尔哈齐攻克沈阳、辽阳等70余城,何和礼均跟随左右,指挥督战,屡建战功,被授予三等总兵官世职。进入辽沈后,何和礼被任命为都堂之一,主要负责管理辽东的汉人行政事务,此时他已经六十一岁,仍统兵打仗,奉命与代善、皇太极等率兵剿平镇江之乱。

晚年的何和礼因为儿子婚姻之事,失去努尔哈齐的宠信,他本人也被革职。何和礼为努尔哈齐女婿,即所谓额驸,其后,努尔哈齐又将自己的二孙女许配给何和礼次子为妻。何和礼却又夺一有夫之妇给其子做妾,不久又夺了两个有夫之妇为其子做妾。努尔哈齐孙女不堪受辱,将此事告知诸贝勒。诸贝勒先是私下调解,但其中一妾被其子殴打致死。何和礼为平息此事,谎称该妾是自缢身亡,遂因包庇罪被革去都堂职位。天命九年(1624)元旦,诸贝勒向努尔哈齐叩头拜年,作为额驸的何和礼并未出现,正月初十,何和礼奉命驻守海州。

天命九年八月初十,何和礼病逝,享年六十四。努尔哈齐闻听噩耗,命皇后前往吊唁。本人则在宫中哭言道:"佐吾创业诸臣,何无一人在后送我也。"[1]何和礼为人宽厚,宽宏大量,对努尔哈齐忠诚并具有强烈的使命感,可谓"抒诚宣力"。其随努尔哈齐30余年,在满洲崛起的过程中发挥了重要作用。何和礼去世后,子和硕图袭其职。顺治十二年(1655),何和礼被追谥为温顺公,勒石纪功。康熙五十七年(1718),康帝拜谒盛京,特遣大臣前往何和礼墓地祭奠。雍正九年(1731),加封"勇勤"。

---

① 《清太祖武皇帝实录》卷4,天命九年八月初十日条。

（四）扈尔汉

扈尔汉是努尔哈齐给他的赐名，本姓佟佳氏，万历四年（1576）生于雅尔古寨，居住在佟佳江流域雅尔扈地方。万历十六年（1588），扈尔汉之父扈喇虎率部众归附努尔哈齐，扈尔汉时年十三岁，被努尔哈齐收为养子，充任侍卫，赐姓觉罗。扈尔汉的长处是能言善谋，且战功显赫，故赐号"达尔汉侍卫"，名列五大臣。扈尔汉作战勇敢，每战皆冲锋在前。万历三十五年（1607），东海瓦尔喀城主策穆特黑请求建州派兵保护，以应对乌拉的侵扰。努尔哈齐于是派舒尔哈齐、褚英等前往迎归，扈尔汉从征。护送人户回城时路遇布占泰叔父的埋伏，但是扈尔汉、费英东等临危不惧，奋勇冲杀，后来褚英的援兵赶到，分两路追杀乌拉兵，这就是乌碣岩大战。此战扈尔汉和费英东一样，很快名声远扬。

乌碣岩大战后，扈尔汉奉命征抚东海女真诸部，万历三十七年（1609）十二月，扈尔汉率兵千人，攻打东海窝集部所属溥野路，招抚 2000 户。为表彰扈尔汉之功，努尔哈齐特赏赐其甲胄、马匹，赐号"达尔汉"。万历三十九年（1611），扈尔汉奉命与何和礼、额亦都等率兵 2000 余进攻东海窝集部虎尔哈路，攻克扎库塔城，斩首 1000 人，俘获 2000 人，同时招抚虎尔哈路周边五百人户，将他们带回建州。万历四十一年（1613）扈尔汉跟随努尔哈齐征乌拉，与诸将登城破敌，灭亡乌拉。天命元年（1616）七月，扈尔汉奉命与安费扬古一道率兵 2000 人，造 200 艘，远征黑龙江流域的萨哈连部，行军至兀尔简河，他将大军分为两部分，1400 人乘船走水路，其余 600 人走陆路，水陆并进，攻取兀尔简河南北共 36 寨，安营于黑龙江南岸的佛多罗衮寨。十月初，渡江再夺江北 11 村寨，乘胜招抚黑龙江下游的使犬、诺洛、锡喇忻三路首领 40 人后回师。在萨尔浒大战中，扈尔汉伏击刘綎大军，复立大功。不久他又跟随努尔哈齐消灭了叶赫，实现了对扈伦四部的统一。

（五）安费扬古

安费扬古，觉尔察氏，原住瑚济寨，生于嘉靖三十八年（1559）。安费扬古与努尔哈齐同龄，其碑记"自弱冠从太祖四征不庭"，实际上其自幼既从父完布录随努尔哈齐征战。在努尔哈齐起兵乃至兼并女真诸部的过程中，安费扬古多为前锋。万历十一年（1583）八月，萨尔浒城主诺米纳背弃盟约，依附尼堪外兰，努尔哈齐设计杀之，命安费扬古率兵攻打他的城寨。当时努尔哈齐六祖宝实子康嘉、绰奇塔、觉善等因担心努尔哈齐惹怒明朝而殃及自身,于是纠合哈达兵,以兆佳城主李岱为向导,攻掠瑚济寨。当时安费扬古正在野外围猎,闻讯后立即与巴逊率领 12 人疾驰而至,奋力厮杀,打败了哈达兵,斩杀 40人,俘获大量财物而归。翌年正月,努尔哈齐以安费扬古为先锋复征兆佳城,擒获李岱。万历十五年(1587)六月,安费扬古随努尔哈齐出征哲陈部,八月克洞城。翌年,复为先锋攻打完颜、杭嘉、章佳、尼玛兰、赫彻穆等城寨。万历二十一年(1593),攻打哈达之富尔佳齐寨。同年闰十一月,安费扬古奉命与额亦都率领 1000 余精兵攻打讷殷部的佛多赫山城,三月而下。

建州女真统一后,努尔哈齐剑指海西女真和东海女真各部,万历三十九年(1611)七月,安费扬古奉命与阿巴泰、费英东等率兵千余人,攻打东海窝集部,先后攻克乌尔古宸、木伦二路,俘获 1000 余人而归。万历四十一年(1613)正月,因乌拉部首领布占泰背弃盟约,努尔哈齐亲统 30000 大军征讨乌拉,安费扬古从征。正月十八日,布占泰亦率领三万大军迎战。努尔哈齐看到乌拉兵强马壮,气势正盛,唯恐诸子受伤,便犹豫不决,安费扬古等极力主战。在众人坚持下,努尔哈齐决意一战,下令出兵,两军相距仅百余步,安费扬古执大纛,冲锋在前,其他诸将见势也奋勇冲杀,因之大败乌拉兵,布占泰仅以身免,不得已逃奔叶赫部,该部因此灭亡。安费扬古在灭乌拉一战中居首功。天命元年(1616)七月,安费扬古和扈尔汉等将领率兵征抚萨哈连部。安费扬古水陆并进,克兀尔简河南北及黑龙江南岸萨哈连部 36 村寨。同年八月,安费扬古策马蹬浮冰率众渡江,攻取江北 11 村寨,而后又招降使犬、诺洛、锡喇忻三路凯旋。在此后的攻打抚顺、沈阳、辽阳等战役中,安费扬古皆冲锋前,并多次负伤。在建州女真崛起和统一女真各部的过程中,安费扬古具有创业之功,为后世敬仰。

安费扬古每次战斗总是冲在最前,撤退时又总是断后,因此多次负重伤,"战辄居前,还辄殿后,屡受重伤,多树勋伐"[1]。努尔哈齐赐其"硕翁科罗巴图鲁"称号,汉语意为"海东青般的英雄",为五大臣之一,并被擢为一等大臣。天命七年(1622),安费扬古病逝。顺治十六年(1659)追谥"敏壮",立碑纪功。康熙五十二年(1713),授三等阿达哈哈番,以其孙明岱承袭。

---

[1] 《八旗通志》卷 146《杨古利传》,第 3770 页。

（六）扬古利

扬古利，舒穆禄氏，父为珲春库尔喀部大酋长郎柱。努尔哈齐起兵第三年，当时才十四岁的扬古利便受父命跟随努尔哈齐，努尔哈齐后以女妻之，遂以额驸称之。不久，家中惨遭不幸，其父郎柱为部人所害，其母在危难之际，背起幼子纳木泰率众突出重围。后来，杀其父者也归附了努尔哈齐，扬古利手刃杀父仇人，并且割掉其耳鼻"啖之"，得报杀父之仇。努尔哈齐看中了扬古利不同凡响的志气，对他信任有加。

万历二十一年（1593）努尔哈齐征伐讷殷部、朱舍里部时，扬古利作战勇敢，一时名震内外，在朝鲜人眼中他成了努尔哈齐最亲信的人。万历二十三年（1595），努尔哈齐攻打辉发部，正值大雨时节，河水暴涨，大军畏惧不前，扬古利率军率先渡河，攻克了多壁城。万历二十七年（1599），攻打哈达部时，扬古利不仅率先攻城，而且生擒了孟格布禄，此战后哈达被兼并。

乌碣岩大战中，扬古利再立战功。大敌当前，扬古利鼓励军士："吾侪平居相谓，与其死于疾，无宁死于敌，此非临敌时乎。"[1]言毕，手持长矛，冲入敌阵，连斩乌拉兵7人。乌拉兵开始退却，此时，褚英领大军赶至，合力冲杀，一举打败乌拉兵。同年五月，扬古利又奉命与贝勒巴雅喇、额亦都、费英东、扈尔汉等远征东海窝集部，攻打赫席黑路。其部民逃亡山上，凭借山险，誓死抵抗，扬古利冲锋在前，突入山顶，杀其丁壮，俘获女子而归。万历三十六年（1608），扬古利奉命与褚英、阿敏两大贝勒进攻乌拉，攻城时，扬古利率兵冒箭矢一举攻克。万历四十一年（1613），努尔哈齐再攻乌拉，攻打清河城时，乌拉兵强，努尔哈齐命令撤兵，扬古利不撤，终于攻破清河城。

爱新国建立后，扬古利从努尔哈齐进军辽沈，在萨尔浒大战等诸多战役中，屡立战功，深得努尔哈齐和皇太极的赏识。他的优点是敢于直谏。他随努尔哈齐父子征战40余年，历事两朝，身经百战，功勋卓著，因此深得厚遇。扬古利居功不傲，持身敬慎，虽已年迈，仍能驰骋疆场。崇德元年（1636）五月，扬古利同阿济格、阿巴泰等率军攻打明朝，清军突破长城，过保定府，直到安州，攻克12城，打了56场胜仗，俘获人口牲畜179820余。凯旋时，皇太极亲自出城10里迎接，设宴慰劳，亲自酌卮酒赐给扬古利，足见其功劳之大。

① 《清太祖武皇帝实录》卷2，丁未年正月条。

皇太极称帝,朝鲜不予承认,皇太极震怒,亲征朝鲜,扬古利随往,攻破汉城,朝鲜国王弃城逃跑。第二年,朝鲜全罗道、忠清道援兵赶至,扎营于国王所在的南汉山城。扬古利率军应战,击败朝鲜援兵后,又率军向山顶冲杀,结果被一名藏在石窟里的败兵放鸟枪射中,重伤而亡,终年六十六岁。皇太极哭祭,赐给御用冠服厚葬,被追封为武勋王,立墓道碑。扬古利死后,其次子塔瞻承袭超品公爵位,擢内大臣。顺治朝命其配享太庙。康熙三十九年(1700)再次御制碑文,以表其功绩。雍正时加封"武诚"。

诸如上述之功臣仍有许多。在努尔哈齐开国之时,他们战功卓著,为努尔哈齐的左膀右臂。努尔哈齐亦厚待这些开国功臣,对伊等赏赐、联姻、封号、授官,并将其属人编设为私属牛录,由该家族世袭承领。对伊等之赏赐,主要为加官、人户、诸申、阿哈以及良马、牛、骆驼等牲畜和皮裘、皮袄等,归纳起来不外乎人口、牲畜、财帛和官爵几大类。这些对当时的女真人来说却有着巨大的吸引力,是财富和身份的象征。被努尔哈齐赐婚者包括何和礼、费英东、扬古利、英俄尔岱、叶臣、康古礼、屯泰、哈哈纳等,因具有姻亲关系,伊等对辅佐努尔哈齐更为用心。

赐封名号对游牧和渔猎民族而言,乃极为荣耀之事。为了巩固自己的力量,努尔哈齐以赐予有功人员姓、名、号等手段,鼓励安抚自己的跟随者,这也是中国历史上开国之君的普遍做法。最早被赐姓的有:中原人士刘氏洛翰、佟佳氏扈尔汉、舒穆禄氏纳木泰、瓜尔氏吴拜、兆佳氏满阿平等,他们都被特恩赐为觉罗。因作战英勇被赐予"硕翁科罗巴图鲁"号的有巴宗、安费扬古、劳萨;赐予"巴图鲁"号的有额亦都、穆克、苏赫、颜布禄、本科理等,扈尔汉被赐予"达尔汉"号。此外,具有文采者赐予"巴克什"号,其中主要有额尔德尼、硕色、希福、喀拉、达海等。赐号虽分文武,但许多人实为文武全才。在立国前,他们就担任五大臣、十扎尔固齐等职,在努尔哈齐多数子侄年幼时,成为辅佐努尔哈齐创立基业等主要力量。但爱新国建立后,努尔哈齐子侄们逐渐成人,这些大小贝勒们承担起了开创基业之重任。

第三节　建国称汗

经过30余年的征战,努尔哈齐基本统一了女真各部,东北蒙古之科尔沁、内喀尔喀等部亦与其建立了友好关系,尤其在万历四十三年(1615),努尔哈齐整饬完善了牛录固山制度,完备了八旗制国家的制度体系,具备了称汗建国的条件,又于同年将政治中心从佛阿拉迁至赫图阿拉,乃其建立国家政权前的又一规划也,故于万历四十四年(1616)元旦,举行了隆重的称汗建国仪式,建立了爱新国政权。

一、称汗建国

满文 gurun,一般被译作国。但在明末女真人中,"国"并非国家的含义,而是有"部""邦国"之意,所以在文献中常常出现"叶赫国""乌拉国""哈达国""满洲国"等称谓,其国主或称"王",或称"汗",乃称雄一部之长也。当然 gurun 也有"国家""王朝"之意,在同时期的满文文献内,也有以 nikan i gurun 指代明朝,monggo i gurun 指代北元的记载,此 gurun 无疑是国家、王朝之意。努尔哈齐建国称汗后,aisin gurun 则为爱新国、金国,皇太极改国号为"大清"后,满文一直用 daicing gurun,被译作大清朝、大清国,即在爱新国建立后,gurun 之含义,鲜有"部族""邦国"之意,基本演变为国家、王朝的含义。

明末女真各部,纷纷"建国称汗",大者统领一部、小者专主一城,其中的"汗",满文为 han 或 beile。努尔哈齐起兵四年后,于万历十五年(1587)迁居佛阿拉城,开始"定国政,凡作乱、窃盗、欺诈,悉行禁止"①,乃为统治庶众,维护治安之策,但可以窥见其已有政权雏形。其自称"满洲国"(manju gurun),该词在一段时期内被广泛使用,即使在 aisin gurun 建立后,他们仍有对外称 aisin gurun,而自称 manju gurun 的记载,但实际统治范围、权限已经发生巨大变化了。努尔哈齐在"满洲国"内,按《朝鲜李朝宣祖实录》卷23 的记载为"自中称王",但满文文献均为贝勒(beile)。Beile 前冠以 sure,在文献内 sure beile(聪睿贝勒)一时成为其称号。至万历二十九年(1601)十二月,"恩格得力又引蒙古肸尔肸部五卫之使,进驼马来谒。尊太祖为昆都仑汗,即华言恭敬之意"②,乃努尔哈齐称汗之始,此后被称为"昆都仑汗"或"恭敬汗",满文写作 sure kundulen han。恩格德尔及喀尔喀五部之尊号,乃一般性尊称,并非蒙古语中的"合罕"(qaγan)。

---

① 《清太祖武皇帝实录》卷1,丁亥年甲申月庚寅条。
② 《清太祖武皇帝实录》卷2,丙午年十二月条。

至 1616 年,女真各部除叶赫外,均纳入努尔哈齐的统治之下,东部蒙古部分部族亦归附努尔哈齐,牛录固山制度业已完善。在这种局势下,"满洲国"中诸贝勒大臣及众人会议,认为"我国因未立汗,深受其苦,天乃生汗以安国人也。汗既天生,仁抚贫困国人,豢养贤达,即应上尊号"①,此乃政治、经济、军事实力达到一定程度,部众需要建立国家统治才可以得到保障的普遍愿望。因而在 1616 年元旦,举行了为努尔哈齐上尊号的隆重仪式,具体为:

> 八旗诸贝勒大臣率众成四面四角,立于八处,有八大臣持书自八旗出跪于前,八旗诸贝勒大臣率众跪于后。立于汗右侧之阿敦侍卫及立于汗左侧之巴克什额尔德尼,各由一侧出迎,接八大臣跪呈之书,置于汗前御案。巴克什额尔德尼立于汗之左前方,赞曰"天任抚育列国之英明汗"。赞毕,诸贝勒大臣起,继而各处之人起后,汗离座出衙门,叩天三次。叩毕回返升座,八旗诸贝勒大臣依次庆贺元旦,各向汗行三叩首礼。②

从八旗贝勒大臣率各旗官员,分旗立于八面,八位大臣代表各旗持书于本旗前跪呈,两翼代表接取表文,并由额尔德尼巴克什宣读表文尊号以及努尔哈齐叩谢天恩的仪式上看,此与往年元旦举行的焚表祭天的仪式不同,可谓游牧或渔猎民族最为隆重的上尊号仪式。而 abka geren gurun be ujikini seme sindaha genggiyen han 的译文很多,译作"天任抚育列国之英明汗"是最准确的,即上天委任抚育各国的英明汗。因许多学者将此翻译为"承天命养育列国英明汗""承奉天命养育列国英明汗"等,而认为汗号中含有"天命"年号的性质,不够准确。abkai fulinggai(天命)与 abka……sindaha(天委任)的含义是有区别的。但此汗号已具有蒙古语"合罕"的含义,故此次称汗,具有游牧或渔猎民族称汗建国的性质。《满文原档》的记载并没有"年号""国号",而在后修的《清太祖武皇帝实录》里,对此次称汗的记载中,加上了"建元天命"③,《清太祖高皇帝实录》对此次进表称汗的记载中,有附加"建元天命,以是年为天命元年"④,看似天命年号在称汗建国时既已使用,但在当时的文献中,并未见到该年号,而在《满文原档》中纪年仍用干支纪年,可以推测,天命年号应该是

---

① 《内阁藏本满文老档》太祖朝第二函,《汉文译文》第 19 册,第 15 页。
② 《内阁藏本满文老档》太祖朝第二函,《汉文译文》第 19 册,第 15 页。
③ 《清太祖武皇帝实录》卷 2,丙辰年正月甲申条。
④ 《清太祖高皇帝实录》卷 5,天命元年正月壬申朔条。

后来才确定的。《实录》里从天命二年始用"天命太祖英明汗第二年",满文为 abkai fulinggai taidzu genggiyen han i jai aniya,可以推测,天命年号应该是皇太极时期编修实录时才确定的。从满文档案来看,努尔哈齐时期纪年方式是干支纪年,故"天命"并非当时的年号。

至于 aisin gurun 国号之 aisin,在 1616 年之前既已使用,如在万历四十一年(1613),出现 sure kundulen han amba gurun be isabufi, aisin doro be jafafi banjire de 之语,汉文译作"聪睿恭敬汗仰赖天恩,集成大业,执金国之政"①,此处 aisin doro 或可译作"金政",但可知在此时已用 aisin 为政权名称,此大概与建州女真一直认为"大金乃我远祖""幹(幹)朵里乃大金之裔"②的认同有关。努尔哈齐即多次表露此观点,如天命四年(1619)三月对朝鲜称 julge meni aisin dai ding han de(昔我金大定帝时),天命六年(1621)三月对汉人称 julge meni aisin han(昔我金帝)、julge suweni nikan i joo hoidzung joo kindzung juwe han inu meni aisin han de jafabufi(昔尔汉人之赵徽宗、赵钦宗二皇帝,亦为我金汗所俘)等,均可反映出努尔哈齐对金朝作为其先祖的认同,因而仍沿用"金"③作为国号。另在朝鲜《光海君日记》甲寅年(1614)内记载:"酋本姓佟,其后或称金,以女真种故也……今者国号僭称金,中原人通谓之建州。"④或可作为 1616 年之前既已使用"金"(aisin)为"国号"的佐证。而 1616 年以后,以 aisin 为国号,已成共识。国外学者一般称之为"爱新国",乃女真语直译,本文采用此用法。但在当时汉文的史料,将其称作"金"或"后金",许多学者认为称"金"尚可,称"后金"不妥,其实在《满文原档》天命六年三月二十一日中,出现 amaga aisin gurun i han solho han de bithe unggirengge(后金国汗致书朝鲜国王)的用法,虽然较少,但仍可知道满文是有 amaga aisin gurun(后金国)一词的,但如此书写,仅见此国书,故无普遍性。另从当时该政权的印 abkai fulingga aisin gurun han i doron,即"天命爱新国汗之印"来看,aisin gurun 应该最为准确。"后金"之称是相较金朝而言,系为避免混淆,并非国号。

---

① 《内阁藏本满文老档》太祖朝第一函,满文见第 1 册,第 78 页;汉文见第 19 册,第 6 页。
② 《朝鲜李朝实录》之《燕山君日记》卷 28、50,燕山君三年(1497)十月乙亥条、九年(1503)九月辛巳条。
③ 金朝时期的"金"并非读作 aisin,而是 alchun。两者词汇来源有别。为遵历史原貌,本卷以满语原名称之,将该国号均书作"爱新国"。
④ 《朝鲜李朝实录》之《光海君日记》卷 79,甲寅年(六年)六月二十五日癸午条。

爱新国的政治中心为赫图阿拉,但随着对明朝战争之推进,实际上是努尔哈齐驻跸何处,何处便是其政治中心,如驻跸界凡后,将福晋等接至界凡,界凡便成为中心,后迁至萨尔浒,亦似如此。至天命六年(1621)进入辽沈地区,迁都于辽阳。1625年迁都沈阳后,沈阳便成为该政权的政治、经济中心。

二、五大臣、十扎尔固齐

爱新国之行政、军事机构,经历了八旗职官与国家职官逐渐融合的过程。在称汗建国前,五大臣、十扎尔固齐为处理国家政务、司法的主体,但此后,努尔哈齐及其子侄逐渐统领军政要务,早期的亲信成员开始淡出关键职位,议政会议的主要成员亦由努尔哈齐的子侄充任。但这些亲信在建构国家制度方面仍然起到重要作用,五大臣分别担任各旗固山额真,成为和硕贝勒的附属,他们虽然还能参与议事,但是已经失去统领军政的大权。

五大臣为费英东、额亦都、何和礼、扈尔汉和安费扬古,乃辅佐努尔哈齐统一女真各部之左膀右臂,在努尔哈齐子侄年幼之时,努尔哈齐主要倚重这些亲信人员出征打仗,在统一女真诸部的进程中,也主要依靠这些亲信所率领的成员。《清实录》在乙卯年条内记有"又置理国政听讼大臣五员"①,似乎五大臣的设置与改组八旗为同一年,即1615年。但从《八旗通志·安费扬古传》可知,其于"戊申年(1608)从征乌喇,败敌有功。十二月,太祖特命与费英东扎尔固齐、额亦都巴图鲁、达尔汉辖、何和礼额驸同为五大臣"。可知五大臣之设,最迟在1608年。五大臣在草创时期为努尔哈齐分管各类事务,其中额亦都、安费扬古两巴图鲁主军事,费英东扎尔固齐主刑事断狱,扈尔汉侍卫主扈从,何和礼额驸主行政。1615年所设的理国政大臣的职责,已与初设的五大臣职责有差别。初设之五大臣,"军国政务,皆赞决焉"②,可知当时努尔哈齐将政务、军务等均交由五大臣掌管,五大臣乃日常行政之主管官员。其后,努尔哈齐令长子褚英执政,实则为收归五大臣之权,但褚英专横,结怨"汗父之五大臣",即当时褚英排挤五大臣所致。五大臣不但要从事议定行政、军事、断狱等事,遇有战事,皆可作为将帅,率众出征。

扎尔固齐(jarguci,本为蒙古语jarɣuči的音译,意为断事官)职掌为听讼治

---

① 《清太祖武皇帝实录》卷2,乙卯年条;《清太祖高皇帝实录》卷4,乙卯年条。
② 昭梿:《啸亭杂录》卷5,中华书局1980年版,第1页。

民。在佛阿拉期间,文献中所能见到的官职除牛录额真、巴克什、扎尔固齐、一等大臣之外,并无其他。一等大臣仅三人,巴克什主文书,牛录额真以授各部落族寨首领等主管牛录之人。而扎尔固齐作为听讼治民的审断官,就是对一切事务无不综理,非如后仅掌司法之审断官可比。

扎尔固齐设置的时间早于五大臣,应该始于努尔哈齐"定国政,凡作乱、窃盗、欺诈,悉行严禁"[①]之时,杜绝作乱、盗窃、欺诈等事,需要设官管理,而适合此职司之官乃"扎尔固齐"。1588 年,费英东随父率众来投,"旋授扎尔固齐"[②],同时担任扎尔固齐的还有西喇布和噶盖,两人分别死于 1593 年、1599 年,亦可确定扎尔固齐设立之年限。

1615 年,设置理国政听讼五大臣的同时,同时设置了十位扎尔固齐,作为理事官辅佐五大臣。此十位扎尔固齐,在《清太祖武皇帝实录》卷 2 中被译作都堂。而《高皇帝实录》记载为:

> 又置理政听讼大臣五人、扎尔固齐十人佐理国事。上五日一视朝,焚香告天,宣读嘉言懿行及古来成败之书,以诚谕国人。凡有听断之事,先经扎尔固齐十人审问,然后言于五臣,五臣再加审问,然后言于诸贝勒。众议既定,奏明三覆审之事,犹恐尚有冤抑,令讼者跪上前,更详问之,明核是非。故臣下不敢欺隐,民情皆得上闻。[③]

据此记载分析,此时之十位扎尔固齐乃五大臣之佐贰,可以参与每五日一次的贝勒大臣会议。遇有听断之事,十扎尔固齐先行审问,再报于五大臣续

---

① 《清太祖武皇帝实录》卷 1,丁亥年六月二十四日条。

② 《清史稿》卷 225《费英东传》,第 31 册,第 9178 页。

③ 《清太祖高皇帝实录》卷 4,乙卯年十一月条。《清太祖武皇帝实录》卷 2 记载为:"又立理国政听讼大臣五员,都堂十员,太祖五日一朝,当天设案焚香,以善言晓谕国人,宣上古成败之语。凡事都堂先审理,次达五臣,五臣鞠问,再达诸王,如此循序问达,令讼者跪于太祖前,先阐听讼者之言,犹恐有冤抑者,更详问之,将是非剖析明白,以直究问,故臣下不敢欺隐,民情皆得上达矣。"此事在《满文老档》中对应的满文为:"gurun i weile beidere tondo sain niyalma be sonjofi, jakūn amban be tucibufi, terei sirame dehi beidesi be tucibufi, arki anju jeterakū, aisin menggun gaijarakū, sunja inenggi dubede emgeri beise ambasa be yamun de isabufi gisun gisurebume, weile i uru waka be tondoi beidebume an kooli be araha."(《内阁藏本满文老档》太祖朝第一函,第一册,第 38—39 页)。译文为:"遴选审理国政之公正贤能之人,派八大臣,继派四十名审事官,不食酒肴,亦不贪金银。每五日集诸贝勒大臣入衙门一次会议,公断是非,着为常例。"审事官、断官满文用的是 beidesi,而非 jarguci。大臣和审事官的人数也不相同。满文所记,或为八旗各旗所设之官,即各旗设大臣一员,审事官五员,可参与贝勒大臣会议,而非国家级的五大臣、十扎尔固齐之记载。

审,其后禀于诸贝勒,乃当时之三级会审之制。如此才能反映出努尔哈齐认为所有听断之事"不可一人独断,如一人独断,必致生乱。国人有事,当诉于公所,毋得诉于诸臣之家"的思想。据考证,1615 年所设十位扎尔固齐为阿兰柱、黑东额、雅希禅、博尔晋、康喀赉、巴笃礼、雅虎、阿巴泰、喀喇、博屯,其中以阿兰柱为首。

上述官员与八旗贝勒,构成了爱新国八旗制国家在八王共治前的中枢机构和司法机构,无论是处理政务,还是司法审断,其宗旨在于维护八旗制国家的等级秩序,主要是维护努尔哈齐的绝对权威和八旗贝勒对其属人的统治。努尔哈齐从部落联盟的首领变为父权制家族国家的父汗,决不允许其属员保持可与之抗争或平等地位,这一点在爱新国司法活动中得到了充分体现。即使身为五大臣或扎尔固齐,或者旗主贝勒,亦不能超越此底线。如天命初费英东私分俘获,达尔汉侍卫在行军中与努尔哈齐发生争执,莽古尔泰贝勒撤离战斗未按指示带回军队,皆由审断官一一定罪,即可证明此问题。凡有违背努尔哈齐指示的行为,决不稍贷。同时各旗贝勒与属人的隶属关系也受到爱新国司法的竭力维护,如额亦都在战争时未能紧随莽古尔泰,阿敏旗下的瓦尔喀费扬古、皇太极旗下的伊拉皆因怨诉本主而经众贝勒诸大臣公开审断治罪,亦可说明此点。另外,对待各级贵族,努尔哈齐可以法外施恩,此乃努尔哈齐掌控五大臣、十扎尔固齐及各旗主贝勒以及司法机构权力的表现。

另外,爱新国司法审断有旗级官员和国家官员之分,因而在档案中的扎尔固齐数目较乱,除"十扎尔固齐"外,还有"十四扎尔固齐""十八扎尔固齐""十六扎尔固齐"等记载,乃为八旗各旗分所设的"扎尔固齐"。这些各旗所设的扎尔固齐,主要负责审理本旗内的案件。但旗级扎尔固齐虽有自己的审断范围,却仍须遵守国家法例,受到国家司法官员的监督,决不允许私自审断和任意责罚,更不许通过旗内官员对案情私行了结。如乌讷格以擅自审案被罚银 30 两,秦姓游击因擅自用刑杖人而被治罪,刘姓备御因私行鞭刑处置释放犯人被罚银 15 两等记载,均系由各旗官员在处理旗内所管案件后,将结果上报到国家法司备案复审的结果。并且旗级扎尔固齐若有不当,则对该旗进行惩罚。对八旗官员的法律约束,体现出国家司法机构在稳固集权中的重要作用。爱新国司法审理在国家和八旗之间的分割和制约,明显地反映出努尔哈齐家长专制的绝对性和八旗贝勒分治的相对性。而在八旗制国家内,终将走向八旗旗主掌管一切权力的目标,此亦注定在努尔哈齐子侄长大成人后,将收回五大臣、十扎尔固齐的权力,这些异姓贵族的权力具有建国初期的过渡性的性质。天命八年(1623)起开始实施八王共治及八旗贝勒执政,便实际上终结了五大臣、十扎尔固齐的权力,这些人及其子孙或被治罪,或被任命为八旗的固山额真,成为各旗的官员。

在天命七年(1622)努尔哈齐开始改变爱新国之审断程序,正月二十六日谕令:"诸凡案件,先交守堡、备御,守堡、备御审讯后,交参将、游击,参将、游击审讯后,交都堂、总兵官,都堂、总兵官审讯后,告于八贝勒。小事则由八贝勒共同审理结案,大事则奏闻于汗。八王以下、守堡以上各官不可独断,皆集于衙门,共同审理。"①此程序改变了1615年所定十扎尔固齐、五大臣、八旗贝勒三级审断制度,但却加大了八旗贝勒的权力,而取消了五大臣、十扎尔固齐之审断权。且进入辽东后设都堂衙门,一时成为中枢,五大臣、十扎尔固齐理国政之权亦不见记载,此与五大臣因年迈或病逝失去理国政之能力有关,但终归为努尔哈齐要改变政权中枢格局,准备以八王共治密切相关。

三、八王共治

努尔哈齐所创建的爱新国,是以牛录固山制为基础的八旗制国家,其行政中枢成员无疑要以八旗的和硕贝勒为主体。在其草创时期,兄弟异心,子侄多数年幼,因而必须依靠亲信执政,故设扎尔固齐、五大臣处理国政。但随着其子侄们羽翼丰满,均可独当一面后,军政大权便逐渐转移至伊等,即便是1615年设置的五大臣、十扎尔固齐的权力亦从国政、军务方面转之断狱听讼。因而,称汗建国时期所设的五大臣、十扎尔固齐,如同进入辽沈地区设置的都堂及都堂衙门一样,都是过渡性的职官或机构,八旗贝勒共主国政才符合八旗制国家的政体,此乃"天赐基业,何以奠定,何以永承天庥"②之大业。

努尔哈齐在进入辽沈地区,政局基本稳定后,便开始推进八旗贝勒共治国政的政策,此亦简称"八王共治"。天命七年(1622)三月初三日,八旗旗主贝勒进见努尔哈齐,努尔哈齐对八旗贝勒共治国政作出训谕,训谕内容为:

夫继父为国君者,毋令力强者为君。倘以力强者为国君,恐尚其力而

---

① 《内阁藏本满文老档》太祖朝第五函,《汉文译文》第19册,第114页。
② 《内阁藏本满文老档》太祖朝第五函,《汉文译文》第19册,第128页。

获罪于天。一人有识,能及众人共谋乎。故命尔等八子为八王,八王共谋,愿无所失。择能听尔八王之言者嗣父为国君。若不纳谏,所行非善,尔八王即再选其能听尔八王之言者而立。更换时,其不欣然悦从共谋商议、艴然作色者,岂容似此恶人为所欲为耶。如此,则强行更换。尔八王治理国政,一人心有所得,直陈所见,其余七人则赞成之。如己无能,又不赞成他人之能而缄默坐视,则当易之,由其子弟为之。更易时,其不欣然悦从共谋商议、艴然作色者,岂容似此恶人为所欲为耶。如此,则强行更换。若因事他出,宜告知众人商议,未经商议,不可私往。尔八王面君时,勿一二人相聚,须众人齐聚之,共议国政,商办国事。①

此训谕内容,实际分作两部分,其一为在其离世后,如何选出爱新国继任国君的问题。努尔哈齐在此方面颇为无奈,在立国前,与长子褚英的矛盾不可调和,以致杀之(或言幽禁高墙而死)。后欲立次子代善为继,导致兄弟们拉帮结伙,故废此念。交于幼子多尔衮或多铎,尚人微言轻,难以服众,故方有其有朝一日去世后,八旗贝勒共同推举贤能纳谏且善待兄弟子侄者为君,若该君继任后,性情大变,不能做到与八旗贝勒共治国政,则可共议更换之。其二,八旗贝勒面君时,必须齐聚而往,不可一二人私下密谋,国家所有事务,必须由八旗贝勒共议商办。

得此训谕后,八旗贝勒共同商议如何贯彻此谕令,最后决定的落实措施如下:

设诸申大臣八人、汉大臣八人、蒙古大臣八人。八大臣下,设诸申审事八人、汉审事八人、蒙古审事八人。众审事审理后报于大臣,大臣拟定后奏于八王,由八王审断定罪。八王斥奸佞而举忠直。八王处设诸申巴克什八人、汉巴克什八人、蒙古巴克什八人。国君于每月初五日、二十日御殿二次。除夕谒堂子拜神主后,先由国君亲自叩拜众叔兄,再御汗位,汗与受汗叩拜之众叔兄皆并排而坐,受国人叩拜。汗父训诲,铭记于心,不存异志,他人谗言,不加隐瞒,即行讦发等语。立书为誓,系之于颈。即居乡间,不得私议谁善谁恶。设有一或二贝勒议论汗父之善恶者,勿当面质对,退而会议,经众人议断善恶是实,乃无怨尤。若凭一二人听断,则生

_____

① 《内阁藏本满文老档》太祖朝第五函,《汉文译文》第19册,第128页。

怨尤也。八旗诸贝勒凡本人获罪,而不准他人入告者乃为邪恶之人也。一人获罪告之,另一人获罪则不告,可乎。征战之时,八旗诸贝勒不论尔旗下人或他旗下人有事故,非经众人审理不得单独入告。若单独入告,则必相争也。经众人审理而后入告,则无怨尤也。贝勒等欲放鹰行围作乐,不与众人商议,勿得前往。凡见行为悖逆之人,勿得放过,即行责之。一人谴责之言如是,则众人共责之。尔若以独自受责而心怀仇怨,则尔乃沮坏众人生计之恶人也。凡诸兄弟,互有怨尤,可以明言,若匿怨不言,而诉诸众者,乃为居心邪恶、专行哄骗之人也,日后尔必为众人所斥。若逾父汗所定八份所得以外,另行贪隐一物,隐一次,即免除一次所得之份;隐两次,即免除两次所得之份;隐三次,则永免其所得之份。若不记汗父训诲之言,下纳众兄弟之谏,竟行不义,则初犯者罚之,再犯者夺其诸申。不抱怨夺其诸申,守身度日则已。若执拗不服,则不杀尔,囚而留之。若负此言,仍行邪道,则天地佛神皆加谴责,身罹灾殃,寿算未尽,即令夭殂。若谨记汗父训诲之言而不违,心存忠义,则天地佛神皆加眷佑,延年益寿也。①

综合以上记载,可知所议定的具体落实八王共治的措施有:

其一,设女真人大臣八人、汉人大臣八人、蒙古人大臣八人。八大臣之下,设女真人审事官八人,汉人审事官八人,蒙古人审事官八人。有断狱之事,由众断事官审理案件后,上报诸大臣,诸大臣审定后,上报八王,由八王定罪。此乃新定三级审理制度。其中所设审事官满文非 jarguci,而是 duilesi,区别在于其职责范围可审不可断,此乃与扎尔固齐之区别,而断狱之权在八旗贝勒。

其二,在八王之下,任命女真人巴克什八人,汉人巴克什八人,蒙古人巴克什八人,处理各旗文案,辅佐八旗贝勒。

其三,国君于每月初五日、二十日御殿二次。除夕谒堂子拜神主后,先由国君亲自叩拜众叔兄,再御汗位,汗与受汗叩拜之众叔兄皆并排而坐,受国人叩拜。此条成为八王共治中,在皇太极即位后,四大贝勒并排而坐,主理国政的依据。

其四,各旗主贝勒谨遵汗父训诲,铭记于心,不存异志,他人谗言,不加隐

---

① 《内阁藏本满文老档》太祖朝第五函,《汉文译文》第19册,第128页。

瞒,即行讦发。乃誓言兄弟同心,共理国政。

其五,立书为誓,系之于颈,时刻反省自己,遵守八王共治的谕令。起誓的内容主要有:不单独说某王之好坏;父汗问某王好坏时,不立即回答,退而众议后,再依众议回答,以防生怨;八王中有谁犯罪,说不要告发的人才是邪恶之人;征战之时,八王在报告战争中出现的问题,不论是自己旗的,还是别人旗的,都要经过众人审理,依据共同的意见报告,不许单独报告;不经共议,不准单独放鹰行猎;如果发现有人悖理行事,要不失时机地指出,不接受别人正确指责而怀有敌意的人,即是破坏众人生活、品行不端的坏人;众兄弟如有互相怨恨,就应公开表露,不表露而背后告状,就是存心陷害人;必须遵守父汗所定八分分取的原责,虽仅一物,如贪隐一次则不分给一次应得之物,贪隐两次则不分给两次所应得之份,贪隐三次,则永远剥夺其应得之份。凡不牢记汗父的教导,不听众兄弟之言,仍旧悖理行不义之事者,共议处罚夺其诸申;违背誓言者,天夺寿算;遵守誓言者,神佛眷佑,延年益寿。

在《满文原档》中有关立誓的记载较多,此乃其中之一,因立誓含义不同,除立誓的誓言有出入外,其余格式及最后的内容基本相同。

八王共治之谕令,看似是努尔哈齐制定的选任国君的原则,要创立其死后由八贝勒共治国政的体制,实际上此训谕涵盖推举新汗、共议国政、彼此监督、设官辅政、尊长受拜、八家均分等多方面内容。自此训谕后,八旗旗主既开始按此行政或逐渐推进八王共治之前奏,除军事和委任总兵官等高级官员等事务外,一些具体的行政管理工作逐渐分于各旗旗下,由八王共同商议处理。尤其是本旗事务,由各自之旗主负责,导致八旗逐渐成为行政、经济方面的独立性较强的单位,可以分庭抗礼,为以后的八旗权力之争埋下伏笔。但因努尔哈齐以汗父身份管理国家事务,所以难以分派于各旗的国家事务,仍由努尔哈齐指派官员处理,具体事务在天命七年(1622)六月确定为七类,至翌年三月,更定为五类,具体为:

查点新来人口,给以田、舍、席、器、斧、锅及妻、奴、衣等诸物,令其筑房并登记征收与赈济库粮等。此一条也。

巡查卡伦、台站、枪炮、踪迹及赴各屯查问天花、妇孺及逃人等。此一条也。

羁押擒获之人,刑戮应杀之人。筑高木栅及造舟船,架桥梁,繁殖牛只,杀猪,饲养牲畜等。此一条也。

送往迎来,收管所获之牲畜,于桥头征收交易税,清理街道污秽,管理茅厕,祭奠死者,传递信息,安排筵宴等。此一条也。

甲、盔、刀、枪、弓、矢、鞍、辔、蓑衣及箭罩、弓套、帐房、梯子、档牌、车子、拖床、绵甲,每队十人所带十五日之物及察视骑乘,养肥马匹等。此一条也。

此五类事务,非各旗独自可以完成,必须由汗委派官员,在全国内办理,因而需由汗直接任命官员办理,而办理此五类事务的部门,亦具有国家行政部门的性质,为天聪年间设置六部奠定了基础。但上述各类事务的最终决断权,已经开始掌握于八旗旗主贝勒。

八王共治之所谓八王,乃八旗之旗主贝勒,或称八固山王,但谕令八王共治时,并未记载八王之名,故八王之所指成为疑问,许多学者认为八王即应为八位王,故拘泥于"八"上。其实,八王系指具有自属牛录,掌管八旗的执政贝勒(doro jafaha beise,译作"执政贝子"更合适),其人数并非八位。从天命十一年(1626)九月,八旗诸贝勒共推皇太极继承汗位来看,参与盟誓的除皇太极与代善、阿敏、莽古尔泰三大贝勒之外,按《清太实录》卷1所载顺序,尚有阿巴泰、德格类、济尔哈朗、阿济格、多尔衮、多铎、杜度、岳托、硕托、萨哈廉、豪格,共11位小贝勒,皆为太祖朝所封之旗主贝勒。按八王共治之规定,能够参与推选新汗之贝勒,至少于天命十一年得位列八旗"执政贝勒"之内。其中代善、阿敏、莽古尔泰、皇太极为四大贝勒,执政较早,地位亦高。另外11位小贝勒,分别掌管旗分,得入八旗旗主之列。在天命七年(1622),由代善及其子岳托、硕托、萨哈廉主两红旗,莽古尔泰、德格类主正蓝旗,阿敏、济尔哈朗主镶蓝旗,皇太极主正白旗(豪格年幼无功,当在其父旗分),杜度主镶白旗,后将阿巴泰从镶黄旗移入该旗,阿济格、多尔衮、多铎三人主两黄旗。

上述八旗执政贝勒因年龄和功绩差距较大,且其中又有父子、兄弟关系,故实际上主持国政的为四大贝勒。因而所谓的八王共治,乃努尔哈齐怕其百年之后,诸贝勒为争夺权力,骨肉相残,导致八旗制国家难以为继的权宜之策。从八王共治的发展看,并未达到所谓"八王"团结一心,共议国政的效果。这是由于八王共治制度本身局限所致,其局限性具体表现在:

首先,八王共治制在名义上虽赋予八旗贝勒以平等的权力,但这在当时是根本做不到的。事实上却是皇太极与三大贝勒四人操纵国政。诸小贝勒须听命于四大贝勒,于是在八旗贝勒中形成了四个集团。在皇太极即位后,皇太极虽仅为正黄旗一旗之主,却能另外控制镶黄、两白三旗。代善一家牢守两红旗。两蓝旗则由大贝勒阿敏、莽古尔泰分别执掌。这一格局本身即与八王共治制相矛盾,同时也由此预示了以后统治集团部的斗争及其必然结局。

其次,就八王共治制的原则本身而论,亦有矛盾之处。要维持八王共治制度,就不能剥夺八家所领有的属人,这一点已在皇太极继位的誓词中被明确承认,该誓词为:"我若不敬兄长,不爱子弟,不行正道,明知非义之事而故为之。兄弟子侄微有过愆,遂削夺皇考所予户口,或贬或诛,天地鉴谴,夺其寿算。"[1]但另一方面,在规定八王有权另择新君的同时,又规定对不服从众议的贝勒可以革除其贝勒称号,取消其共同议政的资格。所谓革除贝勒,即剥夺其属人占有权,由其兄弟子侄继承,这样,八旗固然可以维持下来,但其政治权力的均等却很难不被打破。

再次,在八旗制下,以共议制来抑制君权,同时就意味着阻碍爱新国的集权和统一的发展。八王共治制在当时的历史形势下实际上是无法长期存在下去的。究竟向何种方向发展,归根到底,取决于统治集团内部的斗争。或者是八家分裂,各自为政;或者是重新归于君主集权制。按八旗的内部结构,的确存在着分裂割据的可能性,但整个外部的历史条件,却决定了这条道路走不通。客观上,皇太极及其拥护者选择了第二条道路,经过十余年的斗争,终于在崇德元年(1636)结束了八王共治制度,开始走向君主集权制。可以说,八王共治制度乃女真社会由父权制向君主制过渡中一段曲折的过渡历程。

第四节　爱新国进驻辽沈地区

天命六年(1621),爱新国势力进入辽沈地区后,推行薙发,迁移庶众,推行"计丁授田",设置都堂衙门等措施,逐步将辽东汉人纳入到八旗之下,乃旗人内部发展重大变化之契机。

一、进入辽沈地区

明朝末年,国势衰微,官员腐败,直接影响到镇守辽东的各级官员,结党营

---

[1] 《清太宗实录》卷1,天命十一年八月辛未条。

私，彼此倾轧，甚至出现李成梁家族的军阀性统治。李成梁自隆庆四年（1570）任辽东总兵官，主持辽东军事达40余年之久，多次镇压女真、蒙古，对明朝末年经略辽东起到重要作用。《明史》评之：

> 　　其始锐意封拜，师出必捷，威振绝域。已而位望益隆，子弟尽列崇阶，仆隶无不荣显。贵极而骄，奢侈无度，军赀、马价、盐课，市赏，岁乾没不赀，全辽商民之利，尽笼入已。以是灌输权门，结纳朝士，中外要人，无不饱其重赇，为之左右。每一奏捷，内自阁部，外自督抚而下，大者进官荫子，小亦增俸赍金，恩施优渥，震耀当世。而其战功率在塞外，易为缘饰。若敌人入内地，则以坚壁清野为词，拥兵观望，甚或掩败为功，杀良民冒级。阁部共为蒙蔽，督抚、监司稍忤意，辄排去之，不得举其法。①

俨然独霸一方之军阀，即使努尔哈齐亦曾于其麾下谋生。并且，李成梁在辽东还实行家族统治，其子五人先后任总兵官，四人官至参将，长子李如松之家丁即达数千人之多，足见其家族势力在辽东之强。军事腐败已至于此，辽东防务自不可言。如此统治局面，导致辽东残破已极，地方居民，几被掳掠殆尽，屯寨稀少，城堡倾圮，墩台废坏。辽东明朝军队的状况为"兵器钝，战马劣，而军饷又为将领所扣克，有经年不得分厘者。终岁嗷嗷，日见逃窜"②。

与此同时，建州女真人已经发展壮大起来，在基本完成统一女真各部之大业后，于天命元年（1616）建立爱新国政权，此后努尔哈齐把矛头指向明朝。天命三年（1618）四月十三日，发兵征明，号称十万。出征前告天曰：

> 　　我父祖未损明边一草寸土。明于边外无故起衅，杀我父祖，此其一也。

> 　　如此屠戮，我仍欲修好，曾勒碑盟誓：凡明国、诸申人等，若越帝界，见者即杀其越界之人，倘见而不杀，殃及不杀之人。然明军渝誓出边，援助叶赫驻守，其恨二也。

> 　　明人于清河以南、江岸以北，每岁窃逾边境，侵扰劫掠诸申地方。我遵前盟，杀其越界之人者实。然明置前盟于不顾，责我擅杀，执我前往广

---

① 《明史》卷238《李成梁传》第20册，第6190页。
② 程开祜：《筹辽硕画》卷1，商务印书馆1937年影印本，见《国立北平图书馆善本丛书》第一集。

宁叩谒之刚古里、方吉纳,并缚以铁索,逼我献十人解至边界杀之,其恨三也。

遣兵出边驻守,以致叶赫将我已聘之女转嫁蒙古,其恨四也。

不准数世驻守帝边之柴河、法纳哈、三岔儿此三处诸申收获其耕种之粮,并派明兵驱逐,其恨五也。

边外叶赫,受天谴责,乃信其言,遣人致书,以种种恶语辱我,其恨六也。

哈达人曾助叶赫,两次来犯,我反攻之,天遂以哈达授我。天赐我后,明帝又助哈达,胁迫我释还其地。我遣释之哈达人,又屡遭叶赫人遣兵掳掠,以至于天下诸国人互相征伐。天非者败而亡,天是者胜而存也。岂有使死于兵者复生,所获之俘遣之而归之理耶?若称天授大国之帝,宜为一切国家之共主,何独为我之主耶?初扈伦合攻于我,天谴扈伦启衅,以我为是。该明帝又缘何如此上抗于天,偏助天谴之叶赫,倒置是非,妄为剖断耶,其恨七也。

明欺我甚也,实不堪忍,因此七大恨之故而兴师征伐。①

此乃后世共知之所谓"七大恨",实乃努尔哈齐对明朝之宣战书。此次出征,努尔哈齐率兵20000,攻破东州、马根丹和抚顺三城,明抚顺游击李永芳投降,俘获人畜达30万。巡抚李维翰派总兵张承胤赴援,被努尔哈齐击败,全军覆没,爱新国一战告捷。五月,金兵攻破抚安、花豹冲、三岔等11堡。七月入鸦鹘关,攻破清河城,明参将邹储贤被杀。战后,努尔哈齐给明朝的信,公开表明战争的目的是:"释我七恨,赐我王号,岂不休战哉。至我旧赏抚顺敕书五百道,开原敕书一千道,尚仍令给我兵士,并给我及为首诸贝勒大臣绸缎共三千匹、银三千两、金三百两。"②实乃要求明朝承认其汗位及爱新国政权。

抚顺、清河失守的消息传到北京,明朝野上下,惊慌失措。为挽回辽东之败局,任命杨镐为辽东经略,全国起征"辽饷"300万两为军费,调兵数万往辽东,准备一举消灭爱新国政权。天命四年(1619)二月,经略杨镐在沈阳指挥

---

① 《内阁藏本满文老档》太祖朝第二函,《汉文译文》第19册,第19页。

② 《内阁藏本满文老档》太祖朝第二函,《汉文译文》第19册,第25页。

明军 8.8 万余人(清朝记载为 20 万人,号称 47 万),分兵四路出击,欲定期合围赫图阿拉。其中总兵官马林率兵 1.5 万,合叶赫部援军,由开原出三岔口,攻其北面;总兵官杜松率兵 3 万,由浑河出抚顺关,攻其西面;总兵官李如柏率兵 2.5 万,出鸦鹘关,趋清河,攻其南面;总兵官刘綎率兵 1 万,合朝鲜援兵 1 万,出宽甸由凉马甸,捣其东南后方。三月初一日,发现明军出关,即判断抚顺一路是明军主力,决定"凭尔几路来,我只一路去",集中优势兵力作战。当时,杜松部队 20000 人兵屯萨尔浒山,10000 人渡浑河攻界凡。午后,努尔哈齐亲率八旗兵迎击,分二旗兵援界凡,集中六旗兵力攻击萨尔浒山上之 20000 明军,一举突破营垒。旋再调二旗兵夹攻界凡,杜松战没,彻底击溃明西路大军。翌日,八旗兵到尚间崖,攻击马林北路军。经过激战,大败明军,马林逃走,叶赫部援军尚在中固城,闻迅退回,明北路军亦败。杨镐获悉战况,急令李如柏、刘綎退兵,南路军退出战场,但东南路军与姜弘立率领的朝鲜军,已行进至距赫图阿拉五六十里的地方,并不知道西、北两路明军失败的消息。初四日,代善、阿敏、莽古尔泰、皇太极等率兵,攻击阿布达里冈之明军,刘綎战死。次日,姜弘立在孤拉库崖投降,努尔哈齐又消灭了明东南路军。在这次战役中,明军惨败,阵亡官兵达 4.6 万余人。《满文原档》中有近 5000 字记载此次战役,侧面说明此战胜利乃爱新国存在之关键。努尔哈齐大获全胜,保住了爱新国政权,巩固了女真的统一。七月,八旗兵从三岔堡入,攻占铁岭,打败前来援助叶赫部的喀尔喀蒙古兵,俘虏贝勒介赛。八月,努尔哈齐率兵万人,连破金台石寨和布扬古寨,叶赫部灭亡。爱新国完全据有女真人生活区域,并开始积极进行攻占辽沈地区的准备工作。

萨尔浒之役后,明朝任命熊廷弼代替杨镐为辽东经略。他严加整饬军队,制造楯车和火器,浚壕缮城,亲自巡视抚顺等边地,努力加强防御力量。并建议调集军队 18 万,驻守瑷阳、清河、抚顺、柴河、三岔儿、镇江等战略据点,伺机进攻爱新国政权。然而,所谓 18 万军队,征自各镇,多以市人充伍,其中赢壮参半,纪律松弛,难以为战。更重要的是,朝廷中有言官攻击熊廷弼,出关一年,毫无功绩,导致熊廷弼被撤职。天命五年(1620)十月,袁应泰代熊廷弼为经略,仍无建树。天命六年(1621)三月十二日,八旗兵进攻沈阳,总兵官贺世贤、尤世功出城力战,终败而还。次日,蒙古降人为内应,沈阳城遂破,二将战死。总兵官陈策、童仲揆等赴援,亦皆战死。袁应泰乃撤奉集、威远诸军,并力据守辽阳城。明军引水注壕,沿壕列火器,兵环四面守卫。八旗兵临城,袁应泰亲督总兵官侯世禄、李秉诚、梁仲善、姜弼、朱万良出城 5 里迎战,但军败多死。当晚袁应泰宿营中,未入城。次日,八旗兵掘城西闸,以泄壕水,分兵堵塞城东水口,击败诸将,兵遂渡壕,大呼而进,鏖战良久。骑兵来者益众,诸将兵俱败,纷纷向城奔逃,杀溺死者无数。袁应泰乃入城,与巡按御史张铨等分陴固守,然诸监司高出、牛维曜、胡嘉栋及督饷郎中付国等并逾城遁,人心离沮。又明日,攻城愈急,袁应泰督诸军列楯大战,仍难敌八旗劲旅。至晚,爱新国兵自小西门入,城中大乱,袁应泰自杀,张铨被俘不屈而死,辽阳遂克。此次战役,爱新国占领了河东大小 70 余城。四月,努尔哈齐迁都辽阳,设置都堂衙门管理辽东民众,并推行"计丁授田",将八旗人户悉数迁至辽沈地区。辽沈地区随之成为爱新国之重心。

二、"计丁授田"及辽沈旗地的形成

(一)"计丁授田"

天命六年(1621),努尔哈齐攻克明之辽东重镇沈阳、辽阳后,很快占据整个辽东地区,"辽阳既下,其河东之三河、东胜……岫岩、青台峪等大小七十余城,官民俱削发降"①。努尔哈齐随即迁都辽阳,爱新国的统治重心便由原苏子河流域转至辽沈地区,绝大多数八旗官兵也放弃原来的屯驻地,连同其家属迁至辽沈地区。八旗兵丁离开原来的驻屯地,改驻辽东各地后,便出现了许多急待解决的问题,首先便是八旗兵丁离开了原有的庄园和耕地以及渔猎、采集的山川,失去了采集、渔猎经济的来源,如何安置八旗官兵,解决其生计,保持八旗的战斗力成为迫在眉睫的问题。故努尔哈齐在辽东地区稍持稳定后,于天命六年七月十四日传谕辽东之汉人各村,颁布"计丁授田"令,为八旗兵丁征地授田。谕告如下:

> 海州地方拨田十万垧,辽东地方拨田二十万垧,共征田三十万垧,分给我驻扎此地之兵马。至我百姓之田,仍在我地方耕种。尔辽东地方诸贝勒、大臣及富家之田,荒芜者甚多。该荒芜之田,亦列入我所征之三十万垧田数内。如不敷用,可去自松山堡以内至铁岭、懿路、蒲河、珲托河、沈阳、抚顺、东州、玛根丹、清河、孤山等地之田耕种。若仍不足,可至边外

---

① 《清太祖武皇帝实录》卷 3,天命六年三月十八日条。

耕种。往者,尔明国富人占地极广,雇人耕田,所获粮米食之不尽而售之。贫民无田无粮,买粮而食,一旦财尽,即沦为乞丐。富人与其囤积粮谷以致朽烂,收集财物徒行贮藏,不如赡养乞丐贫民。如此,则鸿名相传之,造福后世也。本年所种之粮,准其各自收获。今我清点地亩,平均每丁给粮田五垧,棉田一垧。尔等不得隐匿男丁,隐则不得其田也。嗣后,勿令花子乞讨,乞丐僧人,皆给以田,勤加耕作。每三丁,合种官田一垧。每二十丁以一人充兵,一人应役。①

围绕此段史料,有许多不同意见,对其争论的焦点,是关于授田对象的问题。多数学者认为计丁授田是努尔哈齐在爱新国推行"均田制",故授田的对象既包括八旗兵丁,也包括新征服的辽东汉人。② 郭成康、刘建新认为"努尔哈齐颁发'计丁授田'谕中规定的授田对象既不是八旗人丁,也不是爱新政权辖区内一切满汉人民,而仅仅是新占领区(包括辽东五卫和海州、盖州、复州、金州四卫)的汉族人民"③。李景兰也提出了类似的意见,认为"'计丁授田'的命令是下给当地的汉族人民的,受田者只是汉民,既不包括满族八旗兵丁,也更不是单单授给满族八旗兵丁的"④。周藤吉之通过对土地面积的分析,认为授田的对象是八旗兵丁,30 万垧土地是供旗人作粮田和草料田用的,并欲驱使汉民百姓在这些土地上从事耕作。⑤ 王锺翰师认为授田的对象是八旗贵族和八旗官兵。⑥ 授田的对象问题,涉及到土地经营以及爱新国的社会性质等问题,故有必要简略考证。

此谕告开头说得很清楚,在海州征田 10 万垧(许多史料将垧译为"日",一日实为一响,响同垧),辽东征田 20 万垧,"分给我驻扎此地之兵马"此句满语为"meni ubade tehe coohai niyalma morin de buki",满语"bumbi"语意为

---

① 《内阁藏本满文老档》太祖朝第四函,《汉文译文》第 19 册,第 79 页。
② 《满族简史》,中华书局 1979 年版,第 37 页。
③ 郭成康、刘建新:《努尔哈齐"计丁授田"谕考实》,中国人民大学清史研究所编:《清史研究集》第二辑,第 88 页。
④ 李景兰:《试论努尔哈赤推行的"计丁授田"与"分丁编庄"政策》,《社会科学辑刊》1984 年第 1 期。
⑤ 周藤吉之:《清代满洲土地政策研究》,河出书房 1944 年版,第 44 页。
⑥ 王锺翰:《满文老档中计丁授田商榷》,《清史续考》第 205 页。金成基《清入关前八旗土地制度试探》一文也持此意见,参见社会科学院历史所清史研究室编:《清史论丛》第一辑,第 148 页。

"给",变成"buki"则表示欲授受关系的动词,授受的对象以格助词"de"来表示,对象为"meni ubade tehe coohai niyalma morin",可知此 30 万垧田是专为八旗官兵征用的。同年十月一日,又对汉人文告,强调征田之事:"ishun aniya coohai niyalmai jetere jeku,morin ulebere orho liyoo,talire usin gaimbi,liyoodung ni sunja wei niyalma,ejen akū usin be tebume,orin tumen inenggi,hai jeo,fu jeo,g'ai jeo,gin jeo duin wei niyalma de,ineku ejen akū usin be tebume,juwan tumen inenggi usin be tucibufi bu"①。译文为:"明年征收军人食粮、饲马草料及耕种之田地。辽东五卫之民,可耕种无主田二十万垧,并从该无主田内拨出十万垧,给海州、盖州、复州、金州四卫之民耕种。"②此段文字翻译有误,最后一句中的"tucibufi bu"是由动词"tucibumbi"(意为"出")加上动词"bumbi"的使役态"bu"复合而成的,语意为"使……拿出"或"使……交出",这是全句的谓语,使役的对象是"liyoodung ni sunja wei niyalma"(辽东五卫之人)和"hai jeo,fu jeo,g'ai jeo,gin jeo duin wei niyalma"(海州、复州、盖州、金州四卫之人),宾语分别是 20 万垧和 10 万垧无主田。所以此段满文应该译为:"明年征收军人食粮、饲马草料及耕种之田地,着尔辽东五卫之人,交出所种无主田二十万垧,海州、复州、盖州、金州之人,仍旧交出无主熟田十万垧。"这道谕令实际是对七月十四日授田令的再次重申和补充,新的内容是改原来海州交田 10 万垧为海、复、金、盖四州共交出无主熟田 10 万垧,再次强调辽东汉人必须交出其所占有的无主 30 万垧熟田,以供八旗官兵之用。

每垧为六亩③,30 万垧为 180 万亩。根据明代的《辽东志》和《全辽志》所记,可知当时的定辽五卫(即辽东五卫)和海州卫的屯田地亩数,详见下表:④

---

① 《内阁藏本满文老档》太祖朝第四函,第 3 册,第 1205—1206 页。

② 《内阁藏本满文老档》太祖朝第四函,《汉文译文》第 19 册,第 89 页。

③ 乾隆《御制增订清文鉴》田地类释 emu cimari(一垧)为 ninggun imari be emu cimari sembi,即将六亩称为一垧。其与"一汉子地"有区别,一汉子地满文为"emu haha",《御制增订清文鉴》释之为"sunja imari be emu haha sembi",即将五亩称为一汉子地。

④ 参见《辽东志》卷 3《兵食·财赋》、《全辽志》卷 2《田赋》。按:《辽东志》为正统八年(1443)毕恭纂修,嘉靖十六年(1537)重修,所记屯田数字是嘉靖初年的屯田亩数。《全辽志》是《辽东志》第三次续修本,由李辅臣于嘉靖四十四年(1565)重修,《全辽志》辽东五卫的地亩数字是照抄前者,而海州卫的地亩数字在减少。

定辽五卫和明代海州卫地亩表

	辽东五卫地亩数	海州卫地亩数
《辽东志》	500863 亩	242938 亩
《全辽志》	500863 亩	238684 亩

两处之地亩仅有 75 万亩左右,不足所欲征拨之半,故周藤吉之认为在征田谕告中提到"如不敷用,可取自松山堡以内至铁岭、懿路、蒲河、范河、珲托河、沈阳、抚顺、东州、玛根丹、清河、孤山等地之田耕种。若仍不足,可至边外耕种",为的是补辽东五卫地亩之不足,以使八旗官兵都能分到田地。其实,辽东的可耕地面积并非仅 75 万余亩,《全辽志》和《辽东志》所记载的地亩数,仅是辽东屯田的地亩数。明代在全国各卫、所实行屯田,明初在辽东不设州县,仅设卫、所,如明太祖朱元璋所言:"朕以其地早寒,土旷人稀,不欲建置劳民,但立卫以兵戍之,其粮饷岁输海上。"①后因运输粮饷糜费,于洪武十五年(1382)亦在辽东实行屯田制。据《全辽志》载:"始制屯田,法率以十,三分屯田,七分戍逻。既而损戍逻益屯田,至永乐间减戍卒而增屯夫,数至十有其八。力稼者众,岁有羡余,数千里内阡陌相连,屯堡相望,由是罢海粮运。"②明初"辽东诸卫士卒十一万二千一百二十人"③,永乐年间基本保持此额数。据万历《大明会典》卷十八记载,"每军种田五十亩"或根据土地肥瘠情况和其他耕种条件的不同,"或百亩,或七十亩,或三十亩,或二十亩不等",以平均 50 亩计,永乐年间十分之八者从事耕作,据此估计当时辽东屯田的土地当在 400 万亩以上。但到明中后期,土地情况发生变化,据万历十年(1582)辽东巡抚周咏题报:"丈出屯地八千九百三顷五十余亩……科地米地二万四千一百八十八顷七十余亩。"④据此可知当时辽东的地亩仍达 330 万亩以上,民地远远超出屯地数,诸多屯田地亩转为民地,到明后期,仅剩下 80 余万亩屯地。这些地亩远不够八旗授田需要,故仍需征拨辽东百姓的土地。因此,谕告中的"如不敷用",并不是指辽东地亩不够征拨之数,而是指在分田中,30 万垧田"不敷用"。

① 《明太祖实录》卷 145,洪武十五年五月丁丑条。
② 《全辽志》卷 6《外志》,《辽海丛书》第一册,第 688 页。
③ 《明太祖实录》卷 150,洪武十五年十二月乙亥条。
④ 《明神宗实录》卷 122,万历十年三月辛酉条。

所谓 30 万垧，实为八旗官兵分配土地所需的大概亩数，日本学者安部健夫在《满洲八旗牛录研究》中认为，根据 30 万垧的土地分配额可以推定当时八旗各类男丁约 5 万人，这种推算不无道理。研究入关前八旗人丁数的学者有很多，所得结果亦不尽划一，据所需分田额数来推算当时的兵丁总数，也许更接近实际数字。如果当时的八旗兵丁数为 5 万，那么 30 万垧土地仅够兵丁分田之所需。但是在计丁授田时，八旗官兵的户下家奴也按丁给地，八旗官员等因占有大量奴隶，而分得了他们建立庄园所需的土地。所以，以此推测的丁数，应该包括八旗户下家奴丁数，即当时爱新国所有的男丁数。

根据《满文老档》记载，第一批女真人迁至辽沈的时间是天命六年（1621）十一月初一日，故"计丁授田"谕告的发布对象无疑是辽东汉人，不能是女真人。为了安定民心，所以在谕告的后面，便历数辽东地主如何不道，爱新国政权将收富人之地，平均分给辽东汉人，即欲将八旗征拨的 30 万垧以外的土地，以"每丁给种粮田五垧，种棉地一垧"的分配方案，平均分给辽东汉人，并规定了汉人所应承担的兵役和徭役。但是所说为汉人分田仅是一纸具文，旨在安民。在《满文老档》中根本没有出现为辽东汉民授田的记录①，而汉人服役的记载却屡屡出现。持为汉人授田之观点者，也是仅注意了谕告的后一部分，难免以偏盖全。由于八旗制度的性质和土地面积及时间的局限，当时不可能为辽东汉人授田，我们也不能仅凭一纸文告来分析土地的变更情况及社会性质问题，而应以其执行情况来具体分析。更应该明确，此谕告发布的对象虽然是汉人，但其宗旨是告诉辽东汉人将从"海州地方拨田十万垧，辽东地方拨田二十万垧"，而不是要为辽东汉人分田，即此"计丁授田"的谕告是对辽东汉人下达的征田令，而不是授田令。

---

① 李景兰在《试论努尔哈赤推行的"计丁授田"与"分丁编庄"政策》一文中，根据《满文老档》天命七年（1622）二月初六日所记："抚顺额驸、西乌里额驸、爱塔尔三人，各率本卫之人前往指定地方，并携辽东旧员、广宁新兼之官，前往勘田，备办房屋、粮食。诸申每旗各派游击二人，每牛录各派千总一人，一同往勘田，并一同备办田舍、粮食事宜。尔等当身任其劳，勿得倦怠，勤于办理之。"认为这便是为汉人授田的记载。其实这是迁移汉人，为诸申解决土地、房屋、粮食的谕令。同月初九，努尔哈齐再次谕令："阿巴泰阿哥、都堂、侍卫阿哥、抚顺额驸、西乌里额驸、爱塔，尔等勿因劳生倦，迁移户口诸事，尔等当亲率办理。"（《内阁藏本满文老档》太祖朝第五函，第 19 册，第 118—119、120 页）可知八旗官员当时是在迁移户口，为八旗兵丁解决土地，或在安排诸申与汉人合作等事宜，此记载并非是为汉人授田的记录，而是解决旗地的史料。其他类似的史料也基本如此。

另外还应该注意的问题是,辽东地区除八旗征拨的土地之外,还有大量的土地归汉人占有。努尔哈齐对汉人实行"各安旧业"的政策,即没有打破辽东多数汉人原有的土地占有关系,如努尔哈齐所言,"我取辽东之后,未杀尔等,亦未动房舍、耕地"①,所以并不是没给汉人实行"计丁授田",所有的汉人便无地可耕。相反,当时多数辽东汉人由新设都堂衙门管理,仍继续耕种自己原有的地亩。直到天命十年(1625)实行大规模编庄,将所有的辽东编入八旗后,才彻底地改变了辽东汉人的土地占有关系。

（二）安置旗人及旗地分布

八旗兵丁迁移到辽沈,目的是驻防各地,以镇压辽沈地区汉人的反抗和防御明朝、朝鲜、察哈尔蒙古等对峙势力的颠覆。所以进入辽沈后,很快将八旗兵丁按旗分驻爱新国的各城堡和交通要冲。《满文老档》天命七年(1622)四月十八日条记:

正黄旗收管之地:费阿拉、尚间崖、包窝赫、札克丹、洪阔、抚顺、西章嘉、德立石、奉集堡八城。②

镶黄旗收管之地:柴河、抚安、范河、懿路、三岔堡、铁岭(原档残缺)、宋家泊、丁字泊、避荫、甲虎缠十一城。

正红旗收管之地:温德痕、札库穆、清河及一堵墙、碱厂、孤山、山羊峪、威宁营、东州、玛哈丹(mahadan,日译本将其译为"马根丹")十城。

镶红旗收管之地:沈阳、蒲河、平房堡、十方寺、上榆林、靖远堡、武靖营、长宁堡、会安堡、虎皮驿、长永堡、长胜堡十二城。

镶蓝旗收管之地:旅顺口、木城驿、金州及石河驿、黄骨岛、归服堡、望海埚、红嘴八城。

正蓝旗收管之地:岫岩、青苔峪、马宽赛及水长驿、伊兰博里库、镇东、镇夷、凤凰、汤站、险山、甜水站十一城。

正白旗收管之地:复州、栾古堡、杨官堡及永宁监、五十寨、盖州、盐厂堡、天城堡、青云堡(日译本为"庆云堡")九城。

① 《内阁藏本满文老档》太祖朝第八函,《汉文译文》第19册,第238页。

② 此处曰八城,但记载九处地名,尚待考。此句最后满语为"ere jakūn hoton be bargiyambi",意为"收管这八座城"。以下各旗记载的最后也有"ere ……hoton be bargiyambi"之句,《满文老档》汉译本将此句略去。

镶白旗收管之地:海州、东京堡、耀州、穆家堡、析木城、古城堡、长安堡、青城堡、鞍山九城。①

从此段史料可以断定,正黄、镶黄、正红三旗收管之地,多是爱新国政权在进入辽沈之前的故地,即苏子河流域和浑河上游地区,其他五旗收管辽沈及海、盖、金、复等辽东地区,具体为正黄旗管辖赫图阿拉、抚顺地区;镶黄旗管辖铁岭地区;正红旗管辖清河、碱厂地区;镶红旗管辖沈阳地区;镶蓝旗管辖旅顺、金州地区;正蓝旗管辖岫岩、凤城地区;正白旗管辖复州、盖州地区;镶白旗管辖辽阳、海州地区。这段史料给人以疑问,在辽东(定辽五卫和金、复、海、盖等州)是否只对镶红、镶蓝、正蓝、正白、镶白五旗授田,而正黄、镶黄、正红三旗要在其管辖区,即在苏子河流域和浑河上游地区授田呢? 事实并非如此,爱新国政权的统治重心由萨尔浒迁到辽阳后,女真人也基本都随之迁到辽沈地区。《满文老档》天命六年(1621)十一月二十一日条记载:"自萨尔浒迁户至辽东,十一月初一日第一族始至,十二月初十日队尾终断。"②可见女真人是有组织、有秩序地迁到辽沈地区的,陆续到达用了40天,可知迁移规模之大。

在女真人迁移后,努尔哈齐又将大批汉人迁往女真人的故地。"建州尽徙诸堡屯民出塞,以其部落分屯开、铁、辽、沈,驱屯民男女二十万北行,男子不得挟赀,妇女不得缠足,道死相属。"③"塞"指明代的边墙,即驱赶耀州等地20万汉民到女真人原居住地(明代边墙之外)去生活,女真人故地的耕地也基本由被迫迁移至此的汉人耕种,所以当时不可能在苏子河流域和浑河上游地区为八旗官兵分田,女真人的故地能容纳20余万汉人,可窥知女真人基本已迁

① 《内阁藏本满文老档》太祖朝第五函,《汉文译文》第19册,第140页。

② 《内阁藏本满文老档》太祖朝第四函,《汉文译文》第19册,第94页。按:这段史料的满文为"sarhū ci liyoodung de boigon gurime omšon biyai ice inenggi ci ujui mukūn isinjiha,jorgon biyai juwan de dube lakcaha",其中"ujui mukūn",中华书局汉译本、内阁藏本和东洋文库本都将其译为"第一族",mukūn一词除有宗族之"族"义外,还有一群之"群",一帮之"帮",一伙之"伙"及一队之"队"等语义,此处无疑译作后者更为贴切,此句应译为:"十一月初一日队首始至,十二月初十日队尾终断。"

③ 彭孙贻:《山中闻见录》卷3,《清入关前史料选辑》第三辑,第35页。衣保中等著的《清代满洲土地制度研究》中引用此段史料,认为"男女二十万北行"指女真人迁往辽沈,有误,实则忽略"出塞"与"北行"的含义,另女真妇女俗不缠足,亦可知此处无疑是指汉人。另《明熹宗实录》卷十七记载:"且奴将各处屯民,尽驱出塞。昨赶耀州等处男妇二十余万口北行,因闻镇江之事,暂寄海州城外,难不许挟赀,女不许缠脚,冻馁枕籍。"亦可证明。

移殆尽。就授田而言,《满文老档》天命六年十一月十二日载"蒙噶图、孟古、萨尔古里等道员前来丈量田亩,办理房舍"①,蒙噶图当时属镶黄旗,镶黄旗之人任授田之大臣,按八旗各旗只主本旗事,不许干预他旗事物之惯例,知镶黄旗等亦在辽东授田。

另上述各旗收管之地,也并非本旗驻守。天命八年(1623)三月四日,有派"穆哈连(正蓝旗人)率镶白旗甲兵五十,驻温德痕河(按上属正红旗收管);索海牛录下阿尔巴率八旗拣选之甲兵四百名,驻十方寺(按上属镶红旗收管);郭忻、羌钱率正红旗三牛录,驻铁岭(按上属镶黄旗收管);镶白旗阿尔布哈率正蓝旗三牛录,驻奉集堡(按上属正黄旗收管)"②。天命九年(1624)正月初十日,"增派戍守之兵,栋鄂额驸往驻海州,达柱虎往驻耀州"③等记载,栋鄂额驸何和礼与达柱虎④,同属正白旗,按上记海州、耀州同属镶白旗收管之地,所以,爱新国之八旗驻防不受各旗收管地界的限制,八旗官兵的家也不在驻防处,驻防之分布与旗地分配无关。因此,在辽东的"计丁授田",并不是仅对前面提到的收管辽东的镶红、镶蓝、正蓝、正白、镶白五旗,而是面向整个八旗官兵的。

在辽东授田,专设"管田大臣"(满文称做"usin icihiyara ambasa")主管,先将地亩划于各旗,"诸申每旗各派游击二人,每牛录各派千总一人,一同往勘田",各旗再分于各牛录,令"每牛录派一章京率领前往,丈量地亩"⑤,各牛录再以每丁六垧分于八旗兵丁,兵丁在外戍守者,"可先使父兄速来,以记取尔等所分配之田舍,然后率子弟家人妥为耕作及收获"⑥。牛录额真要监管耕种,不许借口驻防延误农耕。规定"各牛录驻辽东之男丁,核计为三份,一份驻扎,二份在辽东耕田……独身壮丁,勿得差遣,令其驻扎,其田令牛录之人兼耕",并鼓励各牛录之人,"若不敷耕种,可往抚顺、清河、开原、铁岭、柴河、法

① 《内阁藏本满文老档》太祖朝第四函,《汉文译文》第19册,第92页。
② 《内阁藏本满文老档》太祖朝第六函,《汉文译文》第19册,第159—160页。
③ 《内阁藏本满文老档》太祖朝第八函,《汉文译文》第19册,第214页。
④ 《内阁藏本满文老档》太祖朝第四函,《汉文译文》第19册,第92页。记载正白旗"达柱虎,勤修政治,善于统兵,著为三等游击,免一次死罪",知达柱虎属正白旗。
⑤ 《内阁藏本满文老档》太祖朝第五函,《汉文译文》第19册,第118—119页。
⑥ 《内阁藏本满文老档》太祖朝第七函,《汉文译文》第19册,第193页。

纳哈各地,各自沿边择地,合力耕种"。① 据此亦可知最初的授田范围仅限于辽东,后因30万垧地不够分配和所分的部分土地贫瘠,难以耕种,造成部分牛录粮不足用,才又"展边开垦,移两黄旗于铁岭(今铁岭),两白旗于安平(即安平屯,在今辽阳市东南),两红旗于石城(即石城堡,在今凤城县东北),其阿敏所管两蓝旗,分住张义站(即章义站,今沈阳市西南)、靖远堡(即静远堡,今沈阳市西北),因地土瘠薄,与以大城之地"②。分配旗地的范围扩大,将各旗部分迁至铁岭、安平堡、石城堡等地区,但各旗所移也只是部分牛录,就土地面积而言,各旗旗地的重心仍在辽沈地区。

在为八旗兵丁分田过程中,同时也为八旗官员建立庄园。八旗官员在原来的驻地都有自己的庄园,"自奴酋及诸子下至卒胡,皆有奴婢(互相买卖)、农庄(将胡则多至五十余所),奴婢耕作以输其主"③,农庄是八旗官员的重要经济来源之一。入辽沈后,八旗官员们也将自己的家眷及阿哈迁到辽沈地区,在辽沈地区重建农庄,故分田过程中八旗官员多占土地,为自己设立农庄之事较为普遍,如副将蒙噶图,在自己掌管分田时"择各处腴地,别立庄屯"④,占为己有,即为一例。努尔哈齐在奖赏功臣、亲眷时,也大肆赏赐庄园。天命九年(1624)正月,"赏赐额驸、格格,各有七名男丁之诸申庄二,汉人庄二";"赏恩格德尔额驸、莽古尔岱七男丁的诸申庄子各二处,十男丁的汉人庄子各二处……赏给囊努克、满珠习里、岱青、巴特玛四男丁诸申庄子各一处,十男丁之汉人庄子各一处;赏给门图达汉三男丁之诸申庄子各一处,十男丁之汉人庄子各一处"⑤。可知当时在辽东设立了许多庄园,庄园中的耕作者人数不等,其中既有诸申,也有汉人。庄园所占用的土地面积较大,所以征集的30万垧土地并非全部分给了八旗兵丁,因此出现了在地亩不敷支配的局面,在辽东占地也远不止30万垧。但大量编设庄园是在天命十年(1625),此问题后述。

另外,在《老档》中天命八年(1623)六月十八日又出现一次为八旗划分辖地的记载:

① 《内阁藏本满文老档》太祖朝第四函,《汉文译文》第19册,第118、120页。
② 《清太宗实录》卷7,天聪四年六月乙卯条。
③ (朝鲜)李民寏:《建州闻见录》,见《清入关前史料选辑》第三辑,第472页。
④ 《清太宗实录》卷8,天聪五年三月甲午条。
⑤ 《内阁藏本满文老档》太祖朝第八函,《汉文译文》第19册,第212、218页。

镶黄旗：由叶赫之尚间崖、色和里、雅哈穆克（又可译为"雅哈河"）、哈达、乌鲁里山往前，朝向勒克为一份。

正黄旗：由波吞山肩往前，额赫鄂凌阿巴彦以北，马家河、依兰穆哈连为一份。

正红旗：由哈占、绥哈、搜登、富勒加齐岭以东，达扬阿以西，古城、托和罗为一份。

镶红旗：由阿布达里以西，额赫舒瓦以东，洞以北，马哈勒图宁古往前，至尚间崖为一份。

镶蓝旗：由多巴库路，尼喀塔小河往前，萨伦、西尔希、胡珠、苏瓦延山脊（原档残缺）哈达，依兰哈达为一份。

正蓝旗：由乌鲁里山朝向莫洛克吉、乌鲁里为一份。

正白旗：由图门之（原档残缺）北，辽孤山之水以南，波吞山肩以内，朝向塔恩哈穆哈连为一份。

镶白旗：由马哈勒图宁古以内，至呼兰、避荫以南，辽孤山之水以北，雅奇山脊、富勒哈往前，德佛以内为一份。①

上述许多地名已无法考证，但其中多是满语地名，经核对其涉及范围决非辽东地区，而多在原扈伦四部住地等边外地区。据鸳渊一考证，此次分配的大体范围是："镶黄旗，以叶赫为中心，包括其东部及哈达部分地区；正黄旗，在从辉发西北的伊兰穆哈连山到西北萨伦河及更北的狭长地带；正红旗，以吉林为中心，在镶黄旗的东北部地区；镶红旗，在距南部较远的佟佳江上游地区；镶蓝旗，在从正黄旗西部往西南，到镶黄旗东部的中间地区；正蓝旗，在镶黄旗的东南、镶蓝旗的西南最接近边墙的地区；正白旗，从辉发以西向西南方向，到英额边门的东南部，南部接于镶红旗的中间地带；镶白旗，在从辉发北部向西，北至正黄、镶蓝二旗，南接正白旗的中间地区。"②另外此次划分各旗地界多以山川为界限，可知其分配面积较大。按女真人惯例，"地土必八家分据之"，爱新国统治重心虽已迁至辽沈，但仍将统治区域内原扈伦四部的住地予以瓜分，将其分隶各旗。鸳渊一认为这是努尔哈齐为防御外敌和解决新增人口的土

① 《内阁藏本满文老档》太祖朝第七函，《汉文译文》第19册，第192页。
② 鸳渊一：《清初旗地考》，见《内陆亚细亚史论丛》第248—252页。

地问题又一次为各旗划分土地,其实并非如此,在天命六年(1621)爱新国统治中心转移到辽沈地区后,扈伦四部等边外地区基本变成了八旗的狩猎和采捕山场。在许多地方志中有努尔哈齐灭海西四部后,将此地变为猎场的记载,如光绪三十二年(1906)《海龙府乡土志》记载:"太祖努尔哈赤率兵征服辉发部,诛自为贝勒的拜音达里父子,遂灭其国,时丁未年,即明万历三十五年也。旋以其地置鲜围场,为蒐苗狝狩猎之所。"光绪三十四年(1908)《西安乡土志》亦记载:"国朝天命四年,灭叶赫后,设大围场。"另民国二十年(1931)《东丰县志》援引乾隆十九年(1754)乾隆皇帝《路过英额门诗注》,称"太祖即定都沈阳,遂留东流为围场,以为八旗子弟讲艺习射之地",各地方志虽成书较晚,但其记载不无根据。这个问题在《满文老档》中也可以得到印证,天命八年(1623)正月初四日,努尔哈齐致书科尔沁奥巴洪台吉曰:

> 据人告称,舅阿布泰之家人前往乌拉捕貉,遂获貉七十六只,皆被科尔沁之蒙古人夺去等语。有放鹰网之人前来告称,进网之鸟及其鹰网,皆被科尔沁之蒙古人掠去等语。其余众人尚未到来……乌拉、叶赫乃我管辖之地,可曾前往尔科尔沁地方乎,尔科尔沁之蒙古人为何来我地夺我所获之物耶。①

可知当时各贝勒派了许多人到乌拉、叶赫等故地去打猎,这一带已经成了狩猎区。为各旗设立狩猎区域,是保持女真人传统社会方式的重要措施,故在上述地区为各旗划分的地界,并不是为各旗划分耕地,而是为各旗划分采集和狩猎的场所。满族的形成过程,就是一个女真人向南集中的过程,进入辽沈地区后,决不允许女真人再分散和回原地居住耕种。天命十年(1625)四月,努尔哈齐在这一地区行猎,遇见部分在此地生活的女真人,"因于边外甚远之地方耕田、盖房居住,截四人手足而杀之,刺十九人之耳鼻"②,可见当时此地成为八旗的采捕山场,不许随意开垦耕种。后来皇太极也曾到这一带围猎,并为诸贝勒更改查验猎获物伤痕的办法。以上各旗所分的采捕山场,在清军入关后仍隶于各旗。

---

① 《内阁藏本满文老档》太祖朝第六函,《汉文译文》第19册,第146页。
② 《内阁藏本满文老档》太祖朝第八函,《汉文译文》第19册,第232页。

三、都堂衙门及统治汉人政策之变化

（一）都堂衙门

爱新国迁都辽东地区之后，国家内部的人员构成发生了很大变化，不再是一个单纯的由女真人组成的八旗制国家。被征服地区的广大汉人、蒙古人和朝鲜人，一时不能全部为八旗制所吸收，因而需要采取与八旗制不同的方式进行统治，故此都堂衙门应运而生，此乃进入辽沈地区后所得人口过多，不得不采取的过渡性统治策略。天命六年（1621）占领辽沈地区，获汉民数十万户，虽有部分汉民作为奴隶编入庄园之内，但仍有大量汉民或各守旧业，或欲如诸申一样计丁授田，并未编入八旗之内。这些并未编旗的汉人，实行所谓的同食同住同耕的政策，仍以编户平民身份与女真人杂居。同年十一月二十二日，努尔哈齐降谕："前曾谕令诸申、汉人同居一屯，同食其粮，同用草料喂养牲畜。诸申人不得欺压汉人，勿得抢夺汉人诸物""诸申、汉人皆为汗民"[1]，同食同住同耕的谕令应该是迁移女真人到辽沈时颁布的，此时不过重申，且谕令女真人不许欺凌汉人。直至天命八年（1623）三月，女真人与汉人的矛盾日趋激烈，努尔哈齐仍降谕汉人："天以我为是，授我以明帝之辽东地方。既至天授之地，则令辽东周围汉人庐舍均与诸申合居，粮则同食，田则分耕。我诸申地方之庐舍、田粮，亦皆给迁移之汉人。"[2]仍强调女真人、汉人杂居，采取同食同住同耕政策之必要性。大量人口的并入，仅靠原有的八旗制和国家官制已不足以进行有效的统治，为了解决进入辽东后的各种问题，特设都堂衙门，而直接管理汉人的都堂最初基本为汉官，如努尔哈齐所言："得辽东后，本欲设诸申官员管理，然恐尔等新附之民语言不通受苦，故令汉官管理之。"[3]

都堂本指中原朝廷部院长官与封疆大吏。清初史籍如《满文老档》太宗朝卷，对明朝督师袁崇焕每以都堂称之，天聪三年（1629）八旗兵占据永平，获明道员白养粹，亦称之为白都堂。此类皆沿袭明之通称，而非定职也。但天命六年至八年（1621—1623）爱新国设置的都堂，则一时成为定制。任命都堂并设置都堂衙门首先与处理辽东地区汉人事务有关。在天命六年五月镇压了镇江等地汉人反抗之后，"汉人投毒于汗城各井内，察觉后捕二十二人，送交都

---

① 《内阁藏本满文老档》太祖朝第四函，《汉文译文》第19册，第95页。
② 《内阁藏本满文老档》太祖朝第六函，《汉文译文》第19册，第163页。
③ 《内阁藏本满文老档》太祖朝第四函，《汉文译文》第19册，第97页。

堂衙门鞫之"①,可知当时都堂既设有办事衙门,表明其已成为正式机构。从当月"擢阿巴泰阿哥为一等都堂"记载来看,都堂衙门长官即努尔哈齐之子阿巴泰。

都堂衙门作为专门处理汉人事务的机构,单凭几位满洲都堂显然无法胜任,所以因语言等因素,直接接触汉人的都堂基本为汉官。当时协助都堂处理事务的汉官主要是李永芳、佟养性和刘兴祚(被赐名"爱塔")等人,他们既是都堂的属官,同时又分别是所在地区负责汉人事务的长官。九月,努尔哈齐又给"都堂总兵官以下至游击各员配以汉人书办,编为六级"②。至此,都堂设官已经更为齐备。十二月,都堂衙门首次直接下达文书,征调盖区汉人贡赋,开始正式行使衙门职权,成为处理汉人事务的机构。

都堂衙门设置之前,许多有关汉人的琐事,如汉人的安置、逃人的缉捕、粮草的征调和运输,甚至连庄稼的收割、商品的物价,无不由努尔哈齐亲自下文处理,这对于日益集权化的爱新国政权无疑是不利的。而且汉人问题的复杂,远不如八旗事务那样易于措办。天命六年,都堂阿敦获罪,众贝勒拟罢其都堂之职,而努尔哈齐则以"若论行商贸易等事,乃其所长,今尚未委以此事,委之必竭力承办。此事尔等所议极是,可留其职"③,将阿敦都堂之职予以保留,庶可窥见努尔哈齐对办理汉人事务的重视及汉人事务之繁杂。翌年攻克广宁之后,努尔哈齐授命都堂衙门处理当地事务,二月,谕"阿巴泰阿哥、都堂、侍卫阿哥、抚顺额驸、西乌里额驸、爱塔(刘兴祚),尔等勿因劳生卷,迁往户口之诸事,尔等当亲率办理。凡有差役等事,将送文与尔,见文即行派遣。凡有事遣人前往,亦住尔处,送亦送至尔处"④。可反映出努尔哈齐对这些都堂官员的信任以及对都堂衙门的依赖之深。

设置都堂衙门后,努尔哈齐基本上不直接管理汉人的具体事务,基本都由都堂们负责。从《满文老档》所载天命六年九月以后下达的文书中可以明确此事。但在一些重大原则问题上,如命令尼堪与诸申同吃、有关汉人的贡赋、兵役等规定,仍由努尔哈齐亲自降谕,或指示堂衙门依旨而行。可见,都堂衙

---

① 《内阁藏本满文老档》太祖朝第三函,《汉文译文》第19册,第74页。
② 《内阁藏本满文老档》太祖朝第四函,《汉文译文》第19册,第84页。
③ 《内阁藏本满文老档》太祖朝第四函,《汉文译文》第19册,第85页。
④ 《内阁藏本满文老档》太祖朝第五函,《汉文译文》第19册,第120页。

门直接秉承努尔哈齐意旨,而不是八旗贝勒之下的附属机构。但如此一来,爱新国便出现了八旗统治和都堂管理这种双重管理的行政格局,注定会产生混乱,社会管理必然要从双轨制走向统一的八旗制统治。

在都堂管理汉人过程中,无疑会与八旗事务交集,并与八旗官员产生矛盾。但因为管理汉人之需要,加上得到了努尔哈齐的信任,在进入辽沈后,努尔哈齐即开始着手将部分汉人逐步编入八旗之中,加之汉人反抗事件频发,一时使得都堂官员权限扩大,不得不参与上述事务,成为爱新国的主要机构。天命八年(1623)初,努尔哈齐拟定八王共治之制,而对八王之监督职责,欲交于都堂,故于二月任命议政八都堂,分别为武尔古岱、阿布泰、扬古利、多璧、卓里克图、苏巴海、阿什达尔汉、贝托辉,主要职责就是辅助八旗贝勒行政,监督八旗贝勒行事等。该衙门各种权力的扩大,直接导致八旗各级官员之不满,八旗制度下难以容纳都堂衙门对汉人的管理及对八旗事务的参与。在爱新国八旗制国家体制内,都堂衙门除受努尔哈齐的直接管理外,亦必将受到八旗贝勒的制约。当其完成管理汉人的临时过渡性职责后,便是其终结之时。该衙门设置两年后,因汉人反抗斗争愈演愈烈,辽沈地区民族矛盾日益尖锐,努尔哈齐对都堂管理汉人事务之成效不满,开始大量治都堂之罪,最后于天命八年七月二十一日谕令:"凡降书诸申,皆以汗之书颁发之;凡降书汉人者,皆以八王之书颁发之。停止都堂之书颁发。"[1]都堂之权,尽归八旗贝勒,该衙门名存实亡。在终止都堂衙门职权的同时,努尔哈齐即有将辽东汉人通过武力甄别,最终将其全部纳入八旗制度之下的策略。

(二)统治汉人政策之变化

初入辽沈时,努尔哈齐认为辽沈之汉人同女真人一样,皆为一汗之民,故使降者各安旧业。据朝鲜的史料记载:"时贼兵分屯辽地,招集辽人,辽人或挈家还入""贼得辽东后不杀一人,尽剃头发,如前农作云云"[2]。努尔哈齐也多次在汗谕中提到:"我取辽东之后,未杀尔等,亦未动房舍耕地,未侵家室什物,皆豢养之。"[3]可知当时辽东汉人,薙发投降即可免遭屠戮,且可自守其田地资产。并且设置都堂衙门专门管理汉人事务会在爱新国社会出现两种并存

---

① 《内阁藏本满文老档》太祖朝第七函,《汉文译文》第19册,第204页。

② [朝鲜]李肯翊:《燃藜室记述》,见《清入关前史料选辑》第一辑,第432页。

③ 《内阁藏本满文老档》太祖朝第八函,《汉文译文》第19册,第238页。

的统治形式,即从赫图阿拉迁来的人均隶属于旗籍,而辽东汉人仍保持民籍。这种"各安旧业"的统治方法与爱新国的奴隶制统治政策及八旗制的"有人必八家分养之,地土必八家分据之"的分配原则是相违背的,在女真人看来,他们通过战争所得到的一切,包括人口、牲畜、土地、粮草、金银等都是自己俘获的"olji"(满语,"俘获""战利品"之意),辽东的汉人都应该是自己的财产和奴隶。因社会制度和统治方式的差异,根本不能实现"各安旧业"和对汉人分田,这种使降民仍"各安旧业"思想,只是在战争中或战胜初期实施的安民措施而已。

"计丁授田"令颁发后,努尔哈齐继之实施迁移汉人并推行女真人与汉人同食共住的政策,实质上已开始逐渐改变对汉人的统治方法。

迁移汉人既有防止辽东汉人渡海南逃的初衷,也有剥夺其土地的目的。天命六年(1621)八月,"命沿海之黄姑岛、石嘴堡、望海埚、归化堡守堡及屯民,悉退居距海六十里之外"①,这是努尔哈齐的"迁海政策",以防止沿海居民从海上逃走,并隔断其与明将毛文龙的联络。另,天命六年十一月,命阿敏率5000甲兵将镇江、叆河、新城、宽甸、汤山、镇东、镇夷诸堡的汉人迁往萨尔浒、清河、三岔等地,将其原有房屋尽行焚毁。而在东部,"将长甸、永甸、大甸、新甸、古河及沿江所居各屯汉人,悉行移入其毗邻之各城堡"②,其原因正如努尔哈齐所言:"倘不如此迁移,则河东倘有兵来,地方之人复如陈良策执人而不还矣,故令迁之。"③特别强调系因渡江往来作乱不息,故令镇江、宽甸、叆河三处人迁移。可知其迁移原因,是为防止汉人叛逃,而强令汉人离开故土,将其分散到爱新国统治较稳定的地区,这是较好的预防策略。但迁移汉人的目的中,也有解决土地问题的成分。天命六年十一月十四日条记:"海州之人已迁往耀州,其住房、食粮、草豆等,着爱塔尔察看海州、耀州、盖州以北地方平均办理。其田亩由管田大臣前往办理之。"④乃因"计丁授田"要在海州拨田10万垧,故将海州的部分汉人迁至耀州,以腾出土地分给八旗。"管田大臣前往办理",表明"计丁授田"在同年十一月女真人陆续迁至辽沈后开始推

---

① 《内阁藏本满文老档》太祖朝第四函,《汉文译文》第19册,第82页。
② 《内阁藏本满文老档》太祖朝第四函,《汉文译文》第19册,第92页。
③ 《内阁藏本满文老档》太祖朝第四函,《汉文译文》第19册,第93页。
④ 《内阁藏本满文老档》太祖朝第四函,《汉文译文》第19册,第93页。

行,并且已专设大臣主管分田,驻守官员仅主管抚民、分派粮草、住房之事,而无权分配土地。

以上地区汉人之迁移是否全迁,史料不详。不过从海州有"与诸申合住"来看,可以肯定海州等地为部分迁移的。而"以孤山为界,由此往南之房屋皆焚烧",表明有的地方已全被迁移。在此段文字之后,记有"每牛录留甲士五人,居新城牧马"[1],乃因新城之人全部迁往碱场、一堵墙,连新城游击也改驻碱场,可见新城之人迁移得十分彻底,新城的土地变成了女真人的牧马场。八旗兵丁,每丁都有许多马匹,据李民寏所见:"六畜惟马最盛,将胡之家,千百成群,卒胡家亦不下十数匹。"[2]八旗兵丁披甲出征时,一般随带三到四匹马换乘,所以进驻新的地区后,必须要解决八旗官兵的牧马场问题。因此,迁徙新城、宽甸等处的汉人,也有强占其土地作八旗牧场的目的。

努尔哈齐在实行"计丁授田",大量迁徙汉民的同时,还将居于建州旧地及萨尔浒等处的女真人陆续迁入辽沈地区。当时迁女真人(诸申)到辽沈之举,是由八旗制的特点决定的。八旗制下的披甲,"出则为兵,入则为民",披甲在出征时,要自备马匹、武器、食粮等(许多人还随带阿哈做跟役,以侍候自己、照料马匹及帮助掠夺财物等),若使八旗兵达到这个标准,必须使其有相应的经济保障,所以一般披甲都有自己的耕地、牛马、阿哈等财产,土地由家人和阿哈耕作,自己在无出征及无围猎活动时,也参加农耕生产。进驻辽沈后,八旗兵丁不可能再返回故地去搬取供给,需要就地解决这一问题,这样才出现了面向八旗兵丁分配土地的"计丁授田"。得田后再陆续将家属及原来的耕作者(诸申)迁到新分到的土地上从事耕作的举措。这一措施不仅进入辽沈后如此,入关后也实行了类似的圈占旗地和迁徙满洲人户入关的情况。

因从赫图阿拉等故地迁来的女真人,当时没有粮食和住房,只能强行与汉人同食共住,做法为"将大户并于大宅,小户并于小宅,房则同居,粮则同食,田则同耕"[3],但这种同食共住的举措,很快造成了汉人与女真人之间的纠纷、摩擦和民族矛盾。与汉人同食共住的女真人,以征服者的姿态,强掠汉人的财物,给同住的汉人带来了沉重的灾难。努尔哈齐也看到了这个问题,故强调

---

① 《内阁藏本满文老档》太祖朝第四函,《汉文译文》第19册,第95页。

② [朝鲜]李民寏:《建州闻见录》,见《清入关前史料选辑》第三辑,第472页。

③ 《内阁藏本满文老档》太祖朝第五函,《汉文译文》第19册,第129页

"与诸申合住之汉人,其住房、耕田、粮食被征之苦,俟筑城工竣,如同我诸申人免征徭役数年,以资休养。勿以为我不知尔等之苦也"①,乃是证明。然汉人所受之苦远不止此,汉人与女真人在法律上不平等,汉人在法律方面得不到保障,当时汉人被女真人掠夺的现象很普遍,努尔哈齐却警告汉人:"汉人尔等亦勿得无中生有,捏造浮言,倘捏造浮言,经双方事主质对,确系伪造,则从重治罪也。"②所以汉人只能被掠夺奴役,甚至被杀害。"曾命诸申、汉人同舍合住、同食、同耕。今闻诸申人命同居之汉人赶其牛车输运粮草,并苛取诸物等语"③,均说明汉人在与女真人同食、同住、同耕中,被迫代女真人服劳役并被强取豪夺的现象是较普遍存在的。另在同食共住的女真人中,不仅限于诸申(平民),也有八旗兵丁。其任务主要是监视汉人,以防其逃亡。身为游击的汉人李维龙逃跑后,努尔哈齐训斥与之合住的布兰珠(领催)曰:"将李维龙并于尔布兰珠者,乃令尔查其叛逃,观其善恶也。"④并对布兰珠予以削职等惩处。可见监视并统治汉人(包括已经在爱新国为官的汉人),也是使其合住的原因之一。

同食共住,不仅使同住之汉人受难,而且很快央及到未与女真人同住的汉人。天命六年(1621)十二月十八日,谕令刘兴祚云:"辽东周围与诸申人杂居地方人等,草已用尽,粮亦不继,倘不取诸申人未到地方之粮草添补,以何喂养军马。"⑤翌年正月又谕:"著停止向诸申杂居之汉人征收诸申人口之粮。杂居之汉人,亦同诸申按口计粮食之。倘有不足,可向未与诸申杂居地方之人征收,并以筑城之牛车运来发放。"⑥可知进入辽沈后,八旗兵丁及家属和诸多新迁来的女真人所需的粮草,基本由当地的汉人负担,仅几个月的时间,合住的汉人被搜刮殆尽后,便渐渐波击到未与女真人合住的汉人,由他们共同负担女真人之所需。所以,女真人进入辽沈地区后,既占住了未被剥夺土地而仍居住在辽东的汉人的房屋,又索取他们的牲畜、粮食、草料等财产,大大地加重了辽沈地区汉人的负担。

① 《内阁藏本满文老档》太祖朝第四函,《汉文译文》第19册,第98页。
② 《内阁藏本满文老档》太祖朝第四函,《汉文译文》第19册,第95页。
③ 《内阁藏本满文老档》太祖朝第五函,《汉文译文》第19册,第133页。
④ 《内阁藏本满文老档》太祖朝第七函,《汉文译文》第19册,第208页。
⑤ 《内阁藏本满文老档》太祖朝第四函,《汉文译文》第19册,第101页。
⑥ 《内阁藏本满文老档》太祖朝第五函,《汉文译文》第19册,第106页。

进入辽沈后实行的对汉人编户而非如从前将其直接编入各牛录下,使汉人保持原有的户籍状况,设置都堂衙门管理,并以汉官直接统治政策,很快激起了女真奴隶主贵族的不满,从八旗官员的视角,其实一直将占领区的人民视为自己属民,认为理应为其所有。天命七年(1622)三月,总兵官穆哈连遣人往辖区内去催派筑城之人,而此人却勒索乡人,乡人告诸刘兴祚(爱塔),刘执之,穆哈连遣人斥刘兴祚曰:"此路乃汗赐之于我,我所遣之人,尔为何执之?莫非尔主此路,由尔征之。"①这件事就是因执行各安旧业,以汉官辖汉民而激起女真人不满情绪的表露,这种思想非穆哈连一人独有,大概大多数的八旗官员都有。所以以汉官管辖汉民,只是初期因语言不通而实行的过渡性统治方式,最终还必将使之直接隶属于八旗各牛录之下。其实,努尔哈齐并不信任汉官,他经常怀疑汉官阳奉阴违不执行自己的命令,故用女真人对汉官进行监视和牵制。甚至对最早投降,后来成为抚西额驸的李永芳,也是如此。天命八年(1623)五月,传闻复州之人将叛,努尔哈齐欲派兵前往,李永芳疑传言有诈而谏之,努尔哈齐大怒,斥之曰:"尔等以为明帝久长,而我则为一时耳。辽东之汉人屡欲谋反,屡传密谋之书信,我每欲查抄之,因尔心向明,竟加谏阻。叛逃而往,尔心始快,一经发觉而诛之,则尔之心必不适矣。"②足见努尔哈齐将汉人都视作异己分子,认为对汉人不加屠戮即为"恩养",用其"恩养"的汉官治汉人,只是他一时的策略而已。在入辽沈后不久,他就开始以女真人取代汉官。天命六年(1621)十一月,他便降谕:"倘汉人仍由汉官管束,则因其习性而贪财而误国,今将河东汉人之男丁数均经清点,其分给诸申官员之人,可令诸申官员管之。凡不愿在汉官之下而愿来依附于诸申者,听其自便。"③据此可知,入辽沈后不久,就开始清点汉人,将其分给八旗官员。这就预示着他将取消以汉官辖汉民的政策,而要逐步将汉人全部直接隶属于女真人管辖之下。最后通过实行大规模的编庄,完成了将汉人编于各旗牛录之下的过程。

从都堂衙门的职权变化上,也可以发现努尔哈齐逐渐把辽东汉人纳入八旗之下的过程。天命六年设置都堂衙门处理辽东汉人事务,当时的都堂衙门仅是一个处理汉人事务的机构而已,其中重要的职责是缉捕逃人和向汉人征

---

① 《内阁藏本满文老档》太祖朝第五函,《汉文译文》第19册,第134页。
② 《内阁藏本满文老档》太祖朝第七函,《汉文译文》第19册,第180页。
③ 《内阁藏本满文老档》太祖朝第四函,《汉文译文》第19册,第94页。

调并运输粮草,管理汉人的经济生活等,所以都堂衙门不久变成了掌管爱新国政权的财政机构。在八旗制国家中,财权集中在八旗贝勒手中,而汉人没有隶属于八旗之前,向汉人征调的粮草,不属于各贝勒而由国家所有,向汉人征收的粮草等数量很大,这也许是都堂衙门演变成国家财政机构的重要原因。对汉人征收的巨额财富,不属于八旗贝勒,这是八旗贝勒难以接受的,为此,都堂官与八旗贝勒时常产生各种经济冲突,许多都堂官相继被罢免,这便预示着这种局面不会长久,都堂衙门也是一个短命机构。在天命八年,努尔哈齐逐渐将辽东汉人纳入八旗之下后,都堂衙门的权限也愈来愈小,八旗贝勒取代了都堂的执掌,都堂衙门也随即完成了它的使命。

上面所谈是对降民问题,而俘虏则变成了他们的"olji"之一,其与牲畜和财物一样被大批地分给八旗官兵为奴。入辽沈后一次分汉人,每名备御就分给 500 名,游击分给 1000 名,以上各级官员会更多。被分的汉人俘虏,变成了可以买卖的奴隶,在奴隶主庄园耕作并服侍其"主子"。

辽东的汉人除被剥夺了土地和粮食、住房、财物外,还要承担繁重的劳役。一是筑城。努尔哈齐曾自豪地对蒙古人说:"倘我无城池,尔蒙古能令我等进一碗饭乎。我等愚懦,惟恃城池而存矣。"[1]所以努尔哈齐每克一地,必留兵筑城戍守。到辽阳后亦如此。他命海州维修城池时说:"我见尔海州城,殊属破旧,并未修治。著尔参将将城外木栅松动损坏之处修修葺加固,并照辽、沈二城之法,亦于城外壕内布列车炮坚守。"[2]并亲自前往鞍山视察筑城情况。此后又在各驻防地分别筑城,筑城所需劳力,基本都由当地的汉人担任,给辽东汉民带来了沉重的负担。此外还有运粮、修路、修桥等劳役,克广宁后,将其五卫储粮都运到辽东,征集了大批人力、以至各地停止筑城、抽调筑城民工运粮。此外每个汉人还要负担官银、官粮及军马饲料等课赋。

辽东被奴役的汉人,不堪忍受女真人的歧视和压榨,各地不断发生反抗事件。镇江部分汉民捉住该城游击佟养真及其子,杀其驻兵,投靠明将毛文龙,如《明史》记载:"时金、复诸卫军民及东山矿徒,多结砦自固,以待官军。"[3]更多的人则是逃亡。努尔哈齐多次与朝鲜交涉,让其归还逃人,其原因是"据闻

---

① 《内阁藏本满文老档》太祖朝第八函,《汉文译文》第 19 册,第 236 页。
② 《内阁藏本满文老档》太祖朝第三函,《汉文译文》第 19 册,第 74 页。
③ 《明史》卷 259《熊廷弼附王化贞传》,第 22 册,第 6696 页。

我所得辽东之民,多有逃居尔国者"①。还有许多人逃到皮岛明将毛文龙处,致使努尔哈齐不得不制定管束措施。天命七年(1622)三月发布谕告:"有已清点之屯人,不在本屯而随意逃往他乡等语。至其违令不在本屯之人,乃逃人也。似此悖乱之人,见即拿捕送来。"②可见情急之下,不得不将编户汉人的迁逃,与八旗之奴隶逃亡等同治罪,以严加看管。《满文老档》中有关天命六年至十年(1621—1625)逃亡事件的记载达数十次,遍及辽沈,以至努尔哈齐规定:"夜间有事来报,军务急事,则击云板;逃人逃走或城内之事,则击锣;喜事则击鼓。"③使得八旗官兵闻之,可知发生何事,以便携带不同器械迅速前往集结处。把逃人之事与军务急讯等同视之,可见当时逃亡现象之严重。逃人是两种剥削制度对立的产物,逃人问题至清初仍是统治者颇为棘手的问题。

辽东汉人还以投毒毒杀女真人等方式,来反抗女真人的统治。努尔哈齐为此特发谕令:"据闻有投毒于水或盐中,或以毒饲猪而售者。我兵丁购猪,当日勿宰,留二三日,待毒药散尽,再行宰食。其水或盐,加意小心,缘何坠其奸计耶。既有所闻,我等即须善保自身,凡葱、瓜、茄子、鸭、鹅、鸡等诸物,均加留意。"④可见投毒事件,令女真人心惊胆颤。后令凡开店肆者,均将姓名刻于石上,立此石于门前,让买主务必牢记店肆之主的姓名,一旦发现毒药,便可稽查。但仍有汉人骗女真人喝酒以毒杀女真人的事件发生。另外,汉人见女真人少,便劫杀之,并夺其财物、武器等,以至努尔哈齐下令,女真人行路务必10人左右结伴而行,并要携带武器。爱新国社会当时人心慌惶,处于一片混乱和危机之中。

综上所述,迁移汉人是以夺其土地防止汉人叛逃为目的的,令汉人迁徙和迁移女真人与汉人合住,都是推行"计丁授田"的步骤之一,在推行"计丁授田"的过程中,给辽沈汉人带来了沉重的负担和诸多的灾难,当时汉人或逃亡,或投毒井中,或劫杀女真人,民族矛盾异常尖锐,严重地影响了正常的农耕生产,使爱新国的经济陷入困境。克广宁后,又将大批汉人迁至辽东,更加深了这种困境。

---

① 《内阁藏本满文老档》太祖朝第四函,《汉文译文》第19册,第78页。
② 《内阁藏本满文老档》太祖朝第五函,《汉文译文》第19册,第135页。
③ 《内阁藏本满文老档》太祖朝第八函,《汉文译文》第19册,第233页。
④ 《内阁藏本满文老档》太祖朝第三函,《汉文译文》第19册,第76页。

四、纳辽东汉人入八旗

由于上述的种种原因,辽东地区民族矛盾异常尖锐,经济衰败,社会混乱,人心浮动。至天命十年(1625)更加严重,时因粮荒,叛逃者纷纷作乱。努尔哈齐认为"虽如此养育,仍窝藏奸细,接受札付,相继叛逃而去。本年船城之人、耀州之人,欲带户口投明,遣人勾兵前来带往。彰义站之人,为明兵来时棒击诸申而备置棍棒。鞍山、海州、金川、首山等周围之堡人,皆曾窝藏奸细,引兵前来带之而去"①,乃因在辽东的双轨制统治方式所致,故其欲改变对辽东汉人的统治方式。努尔哈齐对汉人进行大清查和大屠杀。对留下来的汉人均取消民籍,将辽东汉人全部直接纳入八旗之中,原来汉人的土地亦分别编成八旗庄屯。

努尔哈齐清查的主要目标是"无粮之人",他认为有地不耕者便无粮,无粮之人即是无心归顺,一心作乱者,故"视无粮者为仇敌也"②,所以天命九年(1624)正月,下令清查各牛录及编庄所属汉人的粮备情况,规定:"凡一口有诸申斗六、七斗者,准其居住;一口有五斗者,或所去之人有牲畜者,经核计若可以维生,则准其住之;计之不敷者,则计入无粮之人数内。"并分别将"无粮之男丁数、人口数,造册奏汗,以听候汗令"③。后连续多次发布有关汗谕,后面的汗谕中将粮食的数量降低,一般每口有五斗者即为有粮之人,一口有粮四斗、三斗者,若有牛驴,亦计入有粮人之数内,不及此者则取之户下为奴。同月二十一日谕:"凡偷杀牛马者,火烧积粮、屯舍者,皆为不耕田、无粮、不定居、流亡各处之光棍也,此等无食闲游之乞丐、光棍,一经诸申、汉人发觉,即行捕送……因得辽东以来,汉人无定,逋逃不绝,奸细肆行,务田不勤,故汗怒而谕之。"④可见已将无粮人和游民视为仇敌,故于同月二十七日,"选派人员前往各处,杀无粮之汉人"⑤,自此努尔哈齐开始了对汉人的大屠杀。第二年又将屠杀的对象扩大,"凡以彼方所遣奸细言,煽惑本地乡民者,皆属非我保举之官,或系原为明官,今已废之人、书生、大臣等。此等之人皆另行甄别正法(原

① 《内阁藏本满文老档》太祖朝第八函,《汉文译文》第19册,第238—239页。
② 《内阁藏本满文老档》太祖朝第八函,《汉文译文》第19册,第215页。
③ 《内阁藏本满文老档》太祖朝第八函,《汉文译文》第19册,第212页。
④ 《内阁藏本满文老档》太祖朝第八函,《汉文译文》第19册,第218页。
⑤ 《内阁藏本满文老档》太祖朝第八函,《汉文译文》第19册,第218页。

注:正法即杀之)"①,连在各贝勒庄屯为奴的汉人和一部分为爱新国政权效力的汉官,都被甄别,属于上面所列者,均被杀害。努尔哈齐多次命令"遣八旗大臣分路前往,进各屯堡杀之"②。此次屠杀,清除了在各屯堡中有威信和号召力的人,被杀者多系无粮之人,另有原明朝之缙绅、旧吏、书生及光棍、乞丐等,其中主要是无辜百姓。按谈迁所记,当时"所屠辽人十之八"③,明朝遗老的记述肯定有夸张的成分,但据此也可推知当时屠杀汉人数较大。未被杀者,"皆建为汗与贝勒之庄屯,一庄给男丁十三人,牛七头,田百垧"④,废除了初入辽沈时之编户,将所有的汉人都隶属于八旗各牛录之下,与八旗统治成为一体。按八旗品级赏赐所编之庄,各庄设庄头和庄丁若干名,庄头必须来沈阳(时已迁都沈阳),居住于牛录额真附近。自此,将辽东土地彻底纳入各旗管理之下,汉人被纳入旗下后,辽东土地自然都成为旗地,而所谓的对八旗官兵实行的"计丁授田"才基本完成。

综上所述,女真人进入辽沈地区后,爱新国政权的统治重心由苏子河流域转至辽沈地区,大批女真人被迫离开赖以生存的故地,随之迁到辽沈等地。努尔哈齐为解决八旗官兵的生计,很快颁布"计丁授田"令,强占汉人的土地分给八旗官兵为业,首开为八旗官兵分配旗地之例。女真人迁到辽沈地区,离开了采集和渔猎资源比较丰富的故地,必然导致渔猎畜牧经济比例下降,女真人对农业经济的依赖程度加深,农业经济变成了爱新国社会的主要经济形态。在分配旗地过程中,将女真人迁至辽沈并把部分汉人迁到明代边墙之外。努尔哈齐对留在辽东的汉人的统治政策前后也是有变化的。最初采取编户以汉官统治,不把汉人直接纳入八旗及牛录之下,使汉人"各安旧业"的措施,起到了稳定民心的作用,但"各安旧业"与八旗的分配制度相抵触,在推行"计丁授田",为八旗官兵分配土地和给八旗官员设立庄园的过程中,逐步将汉人按"有人必八家分养之,地土必八家分据之"的原则,分编到八旗各牛录属下。在此过程中受到了汉人的强烈反抗,以致爱新国的社会矛盾激化,经济衰败,社会动荡,在此情况下,努尔哈齐对辽东汉人采取了大清查、大屠杀的措施,并

---

① 《内阁藏本满文老档》太祖朝第八函,《汉文译文》第19册,第238页。
② 《内阁藏本满文老档》太祖朝第八函,《汉文译文》第19册,第239页。
③ 谈迁:《北游录·纪闻下》,中华书局1960年点校本,第348页。
④ 《内阁藏本满文老档》太祖朝第八函,《汉文译文》第19册,第239页。

把汉人编庄立屯,分赐给八旗各级官兵,最后将辽东汉人彻底纳入爱新国奴隶制庄园之内,使辽东的土地都变成了旗地,"计丁授田"才基本结束。故辽沈旗地的最终形成,似可定为天命十年(1625),即努尔哈齐屠杀辽沈汉人,编庄之后。纳入八旗之下的辽东汉人,基本都成为八旗官兵的户下家奴,被分编在八旗官兵的庄园内从事农业生产。这些家奴在清朝入关后,又被带到关内,被遣至八旗官兵所分的畿辅之八旗庄屯,为主人耕种旗地。与投充旗下者相比,这些人号称是"从龙入关"的陈奴。

努尔哈齐的甄别、屠杀汉人的做法,并没有改变爱新国的混乱局面,而且进一步导致了经济衰退,民族矛盾突出。在此局面下,努尔哈齐攻打宁远失败,加之年高染疾,很快郁郁而终。改变危局、推进爱新国各方面发展的重任,便落到了其后继者皇太极身上。

第五章　爱新国政权之巩固与发展

天命十一年(1626)八月,皇太极在八王共治的公推中,继承爱新国汗位。继位之时,即面对八旗内部争权、社会动荡、民族矛盾尖锐、经济凋零、外部势力围攻之局面。皇太极面对社会各种问题,分别采取逐步集权、改善民族关系、发展社会生产、出征朝鲜和蒙古、应对明朝反击等措施,数年之后,社会政治、经济、军事局面好转,各方面均有长足发展,皇太极便开始更定八旗及中央官制、组建八旗汉军和八旗蒙古,巩固并发展了爱新国政权,最终以建州女真之族称"满洲"取代女真之族称,进而完成改元称帝的伟业。

第一节　皇太极的治国新政

皇太极继位后,面对国内各种问题,采取了改善汉人地位、优礼汉官、联络蒙古、更定官职、逐步集权、结盟朝鲜、出征蒙古、征战辽西等措施,皆取得显著效果,为将女真改为满洲及改元称帝奠定了政治、经济基础。

一、继承汗位

皇太极乃努尔哈齐第八子,生于万历二十年(1592)十月二十五日。母名孟古姐姐(或写作孟古哲哲),叶赫那拉氏,乃叶赫部首领杨佳砮之女、纳林布禄之妹,后被追封为"孝慈武皇后"。《清实录》记皇太极:

> 甫三龄颖悟过人,七龄以后太祖委以一切家政,不烦指示,即能赞理,巨细悉当。及长,益加器重。天命元年太祖以上(皇太极)为大贝勒,与代善、阿敏、莽古尔泰共理机务,多所赞画。统军征讨辄侍太祖偕行,运筹帷幄,奋武戎行,诛携服叛,所向奏功,诸贝勒皆不能及。又善抚亿众,体恤将卒,无论疏戚,一皆开诚布公以待之,自国中暨藩服,莫不钦仰。

其才智品行为"天锡睿智,恭孝仁惠,诚信宽和,圣德咸备,言辞明敏,威仪端重,耳目所经,一听不忘,一见即识。又勇力轶伦,步射骑射,矢不虚发。宏谟远略,动中机宜,料敌制胜,用兵如神。性嗜典籍,披览弗倦"①。其中有相当明显的溢美夸大之辞,乃官修史书宣扬宿命,表明其继位之顺理成章也。

关于皇太极继位,尚有夺立等说,然综合当时形势,虽有"八王共治"遗训,但如阿济格、德格类、多尔衮、多铎、杜度、济尔哈朗、岳托、硕托、萨哈廉等众小贝勒,资历、威望难与四大贝勒比肩,继汗位者无疑得从代善、阿敏、莽古尔泰、皇太极四大贝勒内选出。相较四大贝勒之威望,众贝勒公推皇太极继位似无争议,理所当然。

大贝勒代善,努尔哈齐次子,时年四十四岁。生母佟佳氏,是努尔哈齐第一位大福晋(后被追封为元妃)。代善与胞兄褚英早年即随父、叔开基创业,军功卓著,并在其兄褚英被黜后一度被指定为汗位继承人,定为"太子"。被俘虏至赫图阿拉的朝鲜官员李民寏,曾见其颇具治国才能,故预言:"酋死之后,则贵盈哥(即代善,因其号古英巴图鲁,故朝鲜人以此号简称之)必代其父。胡中皆称其宽柔能得众心云。"②可知代善在当时是地位仅次于努尔哈齐的人物。其不仅位居四大贝勒之首,而且身为两红旗旗主。但后因其不智、自私贪利、心胸狭窄,执意欲杀亲子硕托,终被努尔哈齐罢黜,失去了汗位继承权。

二贝勒阿敏,舒尔哈齐次子,时年四十一岁。虽然也有诸多军功战绩,但非努尔哈齐之子居四大贝勒之列,更多得益于其父权力继承人的身份。况且舒尔哈齐曾因企图分裂自立获罪,阿敏也受其牵连。其德才勋绩又无明显优于其他三人之处,基本上不具备继承汗位资格。然其既是爱新国的二贝勒,又是镶蓝旗旗主,在权力和实力方面均不容忽视。

三贝勒莽古尔泰,努尔哈齐第五子,时年三十八岁。生母富察氏衮代曾为大福晋,所以他也属嫡子。早年随父兄开基创业,立下不少战功。创建八旗后被封为正蓝旗旗主。但其性格急躁暴戾,常受父汗呵斥。据相关记载,他还曾杀死因私匿财物招致父汗不满的生母,因而在国人和诸兄弟心目中形象不佳。

四贝勒皇太极,时年三十五岁,为四大贝勒中最年轻者,但他自二十起岁既随父兄征战,军功不逊于诸兄,且智勇双全,二十四岁便跻身四大贝勒之列,

---

① 《清太宗实录》卷1。

② [朝鲜]李民寏:《建州闻见录》,见《清入关前史料选辑》第三辑,第474页。

并为正白旗旗主。虽然也曾因事遭父汗训诫，但无严重过错，在朝野中口碑甚好，尤其在一些年轻的小贝勒中颇有人缘，故在各方面较三位大贝勒均占据压倒性优势。小贝勒们均认为只有皇太极可以公平对待伊等，故代善之子岳托、萨哈廉首议，"四大贝勒才德冠世，深契先帝圣心，众皆悦服，当速继大位"得到代善首肯。翌日众贝勒集聚会议，推立新君，几无异词，顺利通过。

天命十一年（1626）九月初一日，正式举行继位典礼，皇太极率诸贝勒大臣至新建之大衙门（又称大殿、大政殿）前，具法驾，设卤簿，行三跪九拜礼，焚香告天，正式登上汗位，接受诸贝勒大臣朝贺，诏告次年为天聪元年，并大赦死罪以下罪囚。

次日，隆重举行告天盟誓，此乃北方游牧、游猎民族在世选制下推举新汗必备之仪式，无论对新汗还是属民，均为具有约束力的盟誓，也是君臣之间的缔约标志，以达到"共循礼，行正道，君臣交儆"的目的。按《清太宗实录》所记，本日盟誓的主体是皇太极与诸贝勒，共进行三项程序。

第一项程序，君臣共同对天盟誓，祈求继位之汗为国家万民带来福祉。誓词为：

> 皇天后土，既佑相我皇考肇立丕基，恢弘大业。今皇考龙驭上宾，凡统理庶务，临莅兆民，厥任綦重焉。众兄弟子侄共议（皇太极）缵承皇考鸿绪，嗣登大位。惟当立志继述，夙夜惟寅，以迓天庥。皇天后土，其垂佑之。俾（皇太极）永膺纯嘏，国祚炽昌。

第二项程序，由新汗皇太极向皇天后土立誓，词曰：

> 今我诸兄弟子侄，以家国人民之重，推我为君，敬绍皇考之业，钦承皇考之心。我若不敬兄长，不爱子弟，不行正道，明知非义之事而故为之，兄弟子侄，微有过愆，遂削夺皇考所予户口，或贬或诛，天地鉴谴，夺其寿算。若敬兄长，爱子弟，行正道，天地眷佑，俾永膺纯嘏。或有无心过误，亦祈天地鉴之。

第三项程序，三大贝勒与诸贝勒盟誓，参加者为代善、阿敏、莽古尔泰、阿巴泰、德格类、济尔哈朗、阿济格、多尔衮、多铎、杜度、岳托、硕托、萨哈廉、豪格，共14人。按清太祖、太宗时期满文档案中所记载的盟誓方式推断，此次盟誓应为每人分别立誓，以显郑重并明确践行誓词的主体。《清太宗实录》中或许为节省篇幅，将诸贝勒誓词一并记录。誓词开头，皆声明伊等共同拥戴皇太极嗣登大位,并无二心。其中三大贝勒的誓词另有:"我三人若不各教养子弟,或加诬害,我三人当罹凶孽而死。若我三人善待子弟,而子弟不听其父兄之训,不殚忠于君上,不力行其善道者,天地见谴,夺其寿算。如能守誓,尽忠良,天地保佑,身及子孙,茀禄尔康。"阿巴泰等小贝勒的誓词中另有:"吾等若背父兄之训,而不尽忠于上,摇乱国是,或怀邪慝,或行谗间,天地谴责,夺其寿算。若一心为国,不怀偏邪,克尽忠,盖天地皆眷佑焉。"

每项誓词读毕,皆焚之以献于天地,使天地鉴之。并且,对天盟誓结束,皇太极"以三大贝勒推戴,初登宸极,率诸贝勒行三拜礼,各赐雕鞍马匹"①。此次告天盟誓即体现了八王共治下推戴新君的方式,亦反映出八旗制国家的特色,并奠定了天聪初年的政权格局。上述繁琐的仪式和信誓旦旦的言辞,其意义在于肯定诸贝勒的地位,保障诸贝勒的权力,皇太极不得随意加以剥夺,这才是推举皇太极继位的前提。其中三大贝勒的地位和权力更为突出,有教训子弟(即诸小贝勒)之权,而诸小贝勒也发誓遵其教训,实乃对新汗皇太极的权力作了限制,其不得侵犯三大贝勒之势力范围,因而出现四大贝勒同坐处理国是、接受朝拜之现象,且从对三大贝勒行三拜礼之事亦可窥之,此远非不以君臣相待的问题,而是三大贝勒以兄长的身份及在八旗中的地位,一时凌驾于新汗皇太极之上,掣肘皇太极处理各类问题,并导致八旗内部各旗独立性加强,皇太极无权对八旗贝勒发号施令,其"仅为一黄旗贝勒耳"。

新汗继位后,三大贝勒与之分庭抗礼,共理国政。在八王共治的条件下,要想建立一汗独尊的政治体系,必须首先赢得诸小贝勒的衷心拥戴,利用小贝勒对三大贝勒的嫌隙,削弱三大贝勒各方面的优势,对其各个击破。皇太极与三大贝勒的斗争,是配合着各项制度的改革而进行的。天聪三年(1629),以诸小贝勒替代三大贝勒轮月执政,提升小贝勒的权力,遂有天聪四年(1630)共议并幽禁阿敏。天聪五年(1631)建立六部,以小贝勒主管各部事务,制定《离主条例》,随之革除了莽古尔泰的大贝勒称号。天聪六年(1632),皇太极得以一人南面独坐后,以其子豪格取代阿巴泰主镶黄旗,实质是皇太极自己完全独主两黄旗。接着打击势力最大的两红旗贝勒代善父子,且兼并了正蓝旗。并增设八旗汉军、八旗蒙古。由于这一系列的胜利,皇太极终于结束了八王共

---

① 以上推举新汗仪式引文,均见《清太宗实录》卷1,天命十一年九月辛未条。

治的局面,开始了向君主集权制的过渡。

二、改善满汉关系

皇太极继位后,虽然仍执行努尔哈齐时期实行的对汉人薙发之令,但鉴于当时满汉民族矛盾尖锐、社会动荡、经济凋敝的局面,实行了优礼汉官,缓和民族矛盾,改善民族关系的策略,为爱新国的进一步发展起到了促进作用。

(一)继续降民薙发之制

清入关后,所到之处悉令民人薙发,激起江南士绅反抗,影响南进进程,故多尔衮下令,可暂缓薙发。但未薙发的官员朝秦暮楚,抗清力量潜藏民间,阻碍清朝统一事业,清廷不得不重颁薙发令,对征服之地悉令薙发,以武力推行,所谓留发不留头,留头不留发,杀了一批拒不薙发者,杀一儆百,终于使薙发之事在汉民中得以实施。因其具有民族压迫和武力强迫的性质,被列入清初"五大恶政"之一。

降民薙发之制,乃沿袭努尔哈齐时期旧制,并非入关时之首创。较早记载汉人薙发归降的史料,见于太祖朝《满文老档》,天命六年(1621)三月十八日攻克辽东城时,"大军入城,城内汉民自行薙发,阖街横拉绳索,上悬赤幡,备轿二乘,一设虎皮,一设软垫,前来迎汗"①。此亦为自行薙发之记载,可知当时汉人已知欲投降先薙发之规矩。从努尔哈齐旋即给朝鲜、明朝的书信中,均涉及薙发之事,其中三月二十一日致朝鲜国王之书,告之"今辽东地方之汉人,薙发归降者未行诛戮,悉加豢养,各官吏仍复原职"②,警告其勿以兵助明。书中"薙发归降者未行诛戮",可体现当时薙发与归降的关系。而在四月一日致明朝之书,强调"仰蒙皇天眷佑,以其地界我,尽招河东国人,悉令薙发。住此辽东地方之东宁卫人众,本系我属,今乃收复我国我地"③,则可以窥知对归降者之薙发是强制性的。这种强制薙发政策,伴随战争进度推进,每到一地,均先诱敌薙发投降,攻打辽东时如此实施,此后攻打辽西时亦如此。如天命七年(1622)正月出兵辽西时,到处发布:"凡地方之人,皆速薙发归降。各城之人薙发归降以后,宜前来叩见汗。老年人可不薙发,年少者皆令薙发。"④薙发

---

① 《内阁藏本满文老档》太祖朝第三函,《汉文译文》第19册,第64页。
② 《内阁藏本满文老档》太祖朝第三函,《汉文译文》第19册,第64页。
③ 《内阁藏本满文老档》太祖朝第三函,《汉文译文》第19册,第67页。
④ 《内阁藏本满文老档》太祖朝第五函,《汉文译文》第19册,第114页。

不但是归降的条件,也是成为爱新国臣民的标志。

天聪年间,仍执行薙发归降之策,如天聪三年(1629)十月二十六日攻明朝时,"副将属下左营官李丰率城内人薙发出降"①;"招降副将所驻汉儿庄城,俱令薙发"②,即可证之。在征战中,每到一地,均推行薙发令。如天聪四年(1630)二月攻打永平等四府时,曾在滦州发布:"将此薙发书,令刻字匠刊刻。无论何地,凡获未薙发之人,即令薙发。"③乃将薙发令刊刻发布,强制推行薙发,命令永平府等民众,"今尔等宜各坚意薙发,有不薙者,知则杀之也"④。对于主动薙发投降之明朝官吏,实行封官等奖励政策,同在出征永平四府时,如天聪四年正月初六日,擢永平道员白养粹为都堂,给予札付,乃因白养粹原系明朝革职之道员,"城克之日,首先薙发来降,故擢为都堂,命尔管理永平所属地方"⑤。此类废员,因主动薙发投降,便被任命为主管永平地方之官员,一可说明金国难觅主政该地之官,二可以此为模范,鼓励主动薙发来降之明朝官员。受白养粹薙发投降并被授官的影响,永平等四府官员,如迁安县知县朱云台、滦州革职守备李继全、州同张文等纷纷归降。这种薙发作为归降之条件的策略,在入关前一直实施。在吴三桂请求降清之际,也是其薙发后,才得到清廷认可。

对于拒不薙发者,便被列入抗金不降之列,采取派兵镇压和屠杀之策。如在天命六年(1621)之前,发生"炼银地方之人拒不薙发,杀我所遣执旗之人。闻此讯,即命都堂一人、副将二人率兵往杀其为首之数人。彼等闻兵将至,片刻不留,登山逃走。兵士追至,杀其少数。为此,我亦因我之属众减少而深以为憾。遂将其余众悉加豢养,皆令薙发,各归其家,各操田业,而后班师"⑥。此为对拒不薙发且反抗者出兵追杀之较早记载。天命六年五月,在辽东地方之民皆已薙发归顺时,镇江却发生拒不薙发,并杀爱新国官员的事件,努尔哈

---

① 《内阁藏本满文老档》太宗朝第三函,《汉文译文》第20册,第507页。

② 《内阁藏本满文老档》太宗朝第三函,《汉文译文》第20册,第507页。

③ 《内阁藏本满文老档》太宗朝第四函,《汉文译文》第20册,第526页。

④ 《内阁藏本满文老档》太宗朝第四函,《汉文译文》第20册,第532页;《清太宗实录》卷6,天聪四年二月丙午条。

⑤ 《内阁藏本满文老档》太宗朝第四函,《汉文译文》第20册,第517页。按:都堂官在天命末年已无记载,乃因辽东汉人均纳入八旗之内。此时应任命"都堂",乃承以都党管理新附汉人之例,令其管理当地新归附的汉人。

⑥ 《内阁藏本满文老档》太祖朝第三函,《汉文译文》第19册,第71页。

齐派乌尔古岱、李永芳率兵千人前往镇压，两人很快"招降该路，悉令剃发。拒降者杀之。俘其妻孥千人，于二十五日携归"①，可以窥知金国对降者薙发，抗者屠杀，俘者为奴之政策。屠杀拒不薙发之策，在皇太极继位后仍被严厉执行。天聪四年(1630)正月攻打永平城时，"永平城通判张尔云因不剃发，被斩示众"②，即为拒不薙发投降而被斩杀之典型。

凡已薙发归降之人，即属金国属民，国家对其予以保护，不准蒙古各部复行掠虏杀戮。天命六年(1621)三月攻取辽东，辽东民人基本薙发归顺后，便令额驸恩格德尔致书喀尔喀五部诸贝勒，告知："河东汉人皆已剃发归降，五部诸贝勒当各晓谕部众，严密固守，不得越界行乱，招致衅端。"③恩格德尔所书内容，主要是告知喀尔喀五部诸贝勒，辽东已属于爱新国，民人皆已薙发归降，不可再掳掠已薙发之民。翌年征辽西并取得一定进展后，又致书喀尔喀五部贝勒遵守盟约，告知伊等勿再掠扰辽西，"自山海关以东皆已剃发归降我国，尔等明知又欲来犯，则听尔自便"④，是警告伊等薙发者均为爱新国之民，若再掳掠，则是违背盟约，寻衅滋事，需后果自负。

这种保护薙发归降之民的措施，在皇太极时期仍被执行。天聪四年二月在取得出征永平、遵化等四府的胜利后，便致书喀喇沁部之卓里克图、岱达尔汉、西兰图、沙木巴等人，"嗣后尔等须严加约束部众，不得侵扰剃发归降之民。若杀降民，必杀其杀人者以抵命，抢掠者则应按律惩办。其一汉人，固不足惜，然杀掠降民，必致他处来降之民不复信我也"⑤，道出不许蒙古人杀掠薙发降民之缘由。此外，保护已经薙发归顺的属民理所当然，而虐待侵暴归降之人，不合天理，此在皇太极到永平、遵化后，训谕驻扎该地诸贝勒大臣之语可鉴之："明帝之国民，天若赐我，则其民即我民也。以我之民而我加以侵暴，则已服之国将非我所有，他国人民亦无复来归者矣。守城诸贝勒大臣等，宜严饬我军士。嗣后，若有杀害剃发归降之民，则鞭一百，刺耳，并罚取安葬银给与被杀

---

① 《内阁藏本满文老档》太祖朝第三函，《汉文译文》第19册，第74页。
② 《内阁藏本满文老档》太宗朝第四函，《汉文译文》第20册，第519页；《清太宗实录》卷6，天聪四年正月癸巳条。
③ 《内阁藏本满文老档》太祖朝第三函，《汉文译文》第19册，第65页。
④ 《内阁藏本满文老档》太祖朝第五函，《汉文译文》第19册，第115页。
⑤ 《内阁藏本满文老档》太宗朝第四函，《汉文译文》第20册，第528页。

之人。"①规定贝勒、大臣及所有八旗官兵,需善待薙发降民,此乃历代统治者对待降民之策,不足为奇也。

入关前之薙发降民,后逐渐被纳入八旗治理之下,尽管身份不同,但都成为旗下之人。清入关后,他们许多被迁至京畿地区,称为旗下旧人。其后裔除出旗为民者外,在八旗下生活近 300 年,融合于旗人之中,最终成为满族共同体的重要组成部分。

(二)调整民族关系

努尔哈齐为镇压辽东汉人的反抗,采取了清查、甄别、屠杀汉人的手段,将清查后留下的汉人编庄,进而把所夺得的辽沈土地,全部纳入各旗管理之下,并将绝大多数汉人,包括众多为爱新国政权效力的汉官也都编置于八旗满洲之下为奴的措施,并没有缓和爱新国社会日益紧张的局势,相反,使民族矛盾进一步激化,造成人口大量逃亡,壮丁锐减,田园荒芜,加上天灾接踵而至,致使爱新国政权的经济濒于崩溃。天聪元年(1627)春,"时国中大饥,斗米价银八两,人有相食者。国中银两虽多,无处贸易,是以银贱而诸物腾贵,良马一,银三百两,牛一,银百两,蟒缎一,银百五十两,布疋一,银九两。盗贼繁兴,偷窃牛马,或行劫杀"②。人民生活大为艰窘,社会秩序极为混乱。皇太极意识到:"今岁国中粮食失收,民将饿死,是以行盗也。被缉获者,鞭而释之。未被拿获者,免之可也。而粮食失收,咎在我等,不在于民。"③开始实施宽松法律、赈济饥民等方式缓和社会矛盾。他继位伊始,便面临社会动荡、经济恶化的局面,因而不得不对爱新国社会经济进行一番改革,在天聪之初,就提出"治国之要,莫先安民"的总方针。若要"安民",必须解决日益激化的满汉民族矛盾,因此他先实行了一系列改善满汉民族关系的措施。

皇太极认为造成满汉民族矛盾的直接原因,是两个民族同食共住,女真人以征服者的姿态,处处欺压、掠夺汉人,致使民族矛盾激化。汉人成了八旗之

---

① 《内阁藏本满文老档》太宗朝第四函,《汉文译文》第 20 册,第 528 页。

② 《清太宗实录》卷 3,天聪元年六月戊午条。《满文老档》太宗朝第六函记载:"时国中大饥,其一金斗粮价银八两。民中有食人肉者。彼时国中银两虽多,然无处贸易,是以银两贱而诸物昂贵。良马一,值银三百两。壮牛一,值银一百两。蟒缎一,值银一百五十两。毛青布一,其值银九两。盗贼蜂起,偷窃牛马,人相惨杀,致国中大乱。"所记更为详细。

③ 《内阁藏本满文老档》太宗朝第六函,《汉文译文》第 20 册,第 472 页。

下各庄屯的奴隶,却不甘忍受,皆俟机逃亡,故使得逃人倍增。于是对天命十年(1625)所编庄屯进行调整:"先是汉人每十三壮丁编为一庄,按满官品级,分给为奴。于是同处一屯,汉人每被侵扰,多致逃亡。上洞悉民隐,务俾安辑,乃按品级,每备御止给壮丁八名,牛二,以备使令,其余汉人分屯别居,编为民户,择汉官之清正者辖之。"①在编庄时以男丁13人,牛7头编为一庄,当时满官之中,一备御赏给一庄,品级高者,分得的庄园也多。皇太极将赏给满洲备御等官的庄园人数减至8名,把被抽调出的汉人编户,与女真人分屯别居。这种使女真人与汉人分屯别居的政策,避免了部分汉人与女真人的直接接触,在一定程度上打破了两民族同住、同食、同耕所造成的民族隔阂,对缓和民族矛盾和恢复农业生产有很大的促进作用。

由于皇太极对汉人统治政策的改变,使得爱新国社会极为紧张的民族矛盾一度缓和,农业生产得到恢复。但许多学者对此次改革评价过高,认为使满汉分屯别居,将汉人"编户为民",是推行新的剥削方式,并大量地解放奴隶,从而使旧的生产关系得到改变,最终导致新的生产关系即封建制的生产关系得以建立起来,其实际情况并非如此。

努尔哈齐的对外战争策略是"抗者杀,俘者为奴,归降者编户为民"。爱新国政权对汉人实行"编户为民",是天命三年(1618)攻克抚顺后,"编一千户",连同投降官员,归"原官李永芳管辖"。②此后,归降者皆编户,即将降者编为"平民",但仍隶属于八旗各贝勒。可见编户为民早已有之,并非皇太极一人之独创。皇太极实行"编户为民",是因天命十年(1625)其父努尔哈齐实行编庄政策后,辽东地区的所有社会成员皆隶于八旗之下,不仅汉人奴仆附于各家主之户籍,就是少数具有独立户籍的汉民、汉官也均被分拨给八旗贝勒管辖,连较早归服爱新国政权的刘兴祚、李永芳等都是如此。皇太极继位后,为解决因满汉民族矛盾而引起的社会动荡、经济衰败等问题,命部分汉人恢复自由民的身份,与女真人别居,并以汉官统辖之。但汉官、汉民仍隶于八旗各贝勒之下,并没有因此脱离八旗而不受八旗各王、贝勒的管辖。皇太极在崇德三年(1638)下谕国中新、旧满洲及旧蒙古,新、旧汉人曰:

① 《清太宗实录》卷1,天命十一年八月丁丑条。

② 《内阁藏本满文老档》太祖朝第二函,《汉文译文》第19册,第20、22页。

尔等有家贫不能娶妻,及披甲不能买马者;有勇敢勘充行伍,因贫不能披甲者,俱许自陈。先诉于本牛录章京,牛录章京率之告于固山额真,固山额真详问,即带本人及牛录章京,启知本王、贝勒、贝子,本王、贝勒、贝子即将无妻者配以妻子,无马者给马,以养之。①

据此可见直至崇德三年(1638),大清国所有满、蒙、汉人,都分别隶属于八旗各牛录之下,均是八旗各王、贝勒、贝子的属下人,汉人被编户为民后,也没有脱离八旗,这是由八旗制国家的特点所决定的。在诸多史料中,可以查出许多汉官的隶属,如"二名汉人启心郎系镶白旗常涛元牛录下高士俊、正蓝旗隋明新牛录下朱国柱,二名汉人笔帖式系正白旗汪国明牛录下汪起蛟、镶红旗范文程牛录下魏文成"②等记载,乃记录有独立户籍的汉官旗分和隶属关系的基本方法,当时除孔有德、耿仲明、尚可喜、沈志祥所部外,所有汉人均在八旗之内。且在八旗制度中,各旗贝勒与旗下属人之间有着严格的主仆关系,"国家"是八旗贝勒"联邦式"的"国家",只有王、贝勒才是"国家"的主人,其余臣民,皆为八旗贝勒的奴仆。当时八旗制"国家"严格地执行着"有人必八家分养之,地土必八家分据之,即一人尺土,贝勒不容于皇上,皇上亦不容于贝勒"③的分配原则。在此原则之下,皇太极无权夺取别旗属人和干预他旗内部事务。因此"编户为民"只是使满官不直接管辖汉民,因而汉民所受侵扰有所减轻,而其实际的身份和地位并无实质的改变。重新建立的庄屯仍隶属于原来的旗分,其所有权仍属于该旗贝勒。故而似乎不能因其实行"编户为民",就断言其解放奴隶并建立了封建生产关系。

皇太极实行"编户为民"是为了使满汉分屯别居,汉民被单独分屯后,仍为其主人耕种庄园土地,仍然是满洲贵族庄园中的主要劳动力。朝鲜质子记录了崇德六年(1641)在沈阳附近目睹的庄园情况:"所经之处,人居绝稀。间有诸王设庄,相距或十里,或二十里。庄有大小,大不过数十家,小不满八、九家,而多是汉人及吾东被掳者也。大率荒野辟土不多。至于十六日、十七日所

---

① 《清太宗实录》卷42,崇德三年七月丁丑条。并见《清初内国史院满文档案译编》上册,光明日报出版社1989年版,第334页。
② 《清初内国史院满文档案译编》上册,第276页;季永海、刘景宪编译:《崇德三年满文档案译编》,辽沈书社1988年版,第39—40页。
③ 《天聪朝臣工奏议·胡贡明五进狂瞽奏》,见《清入关前史料选辑》第二辑,第34页。

经,则土地多辟,庄居颇稠,而亦皆汉人、东人或蒙种云耳。"①可知当时大清国的庄园中的劳动力主要是汉人。崇德五年(1640),任朝鲜译官的郑命寿对朝鲜人说:"辽沈农民,将一年所收之谷,尽入于八高山(即固山)之家。"②就是说辽沈农民的收获,均归八旗贝勒所有,从而得知分屯别居和编户为民以后,他们为满洲贵族耕种土地的地位并没有改变,因此,皇太极实行"编户为民",只不过是对汉人的管理方式的一次变更而已。另外皇太极此次调整庄园规模,并没有将庄园整齐划一,其实效不大。

皇太极统治时期在与明朝的战争中,得到了许多"新汉人",皇太极也将部分汉人编户为民,如天聪二年(1628),征察哈尔多罗特部时,"俘获万一千二百人,以蒙古、汉人千四百人,编为民户"③。大凌河之战后,亦将部分归服汉人编户,但他们同样也被分给八旗旧官"恩养",后将部分归附者分隶于八旗之中。分到各旗的汉人,由各旗贝勒为其解决房屋、田地等,加以"恩养"。皇太极在崇德三年(1638)训谕诸王、贝勒、贝子要善待汉人时曾云:"我国家蒙天眷佑,汉人、蒙古、虎尔哈、瓦尔喀在在归附,皆分给诸王、贝勒、贝子,令加恩养。"④可见汉人或蒙古人等无论是为奴,还是被编户,他们都被分给八旗各贝勒,最初由各贝勒为其解决房屋、土地、日用品及匹配妻室等,崇德三年正月,饶余贝勒阿巴泰所属戴屯牛录下四名蒙古人讼于法司,告贝勒阿巴泰夺其牲畜,"不给住房,且不发给一个月之口粮"⑤,可知贝勒有责任保障所分得的属人的生活所需。被分到各牛录的汉人、蒙古人等便永为各贝勒的属人,而为各贝勒所支使,与八旗贝勒有难以更改的"主仆之谊"。被分隶于各贝勒属下的汉人,在各贝勒"家"的经济圈内生活,不敢违背家主的意志,正如天聪七年(1633)文馆汉官胡贡明所言:"臣于死中得生,分与贝勒养活,虽不能彀丰衣足食,然缺短少长,少不得还向贝勒讨给,况生死荣辱悉悬于贝勒之手,臣虽至痴至愚,即至于冻馁以死,决不肯轻易惹恼贝勒,而自履不测之地也。"⑥真实

---

① 《沈馆录》卷3,见《辽海丛书》第四册,第2798页。
② 《朝鲜李朝仁祖实录》卷41,仁祖十八年十二月壬戌条。
③ 《清太宗实录》卷4,天聪二年二月丁未条。
④ 《清太宗实录》卷42,崇德三年七月丁丑条。
⑤ 《崇德三年满文档案译编》第19页;并见《清初内国史院满文档案译编》上册,第265页。
⑥ 《天聪朝臣工奏议·胡贡明请用才纳谏奏》,见《清入关前史料选辑》第二辑,第63页。

地反映了当时汉官的生活情况。八旗属人的生活如何,属于各贝勒的家事,皇帝一般不予过问,到崇德八年(1643),皇太极才下谕:"朕素于诸王、贝勒、贝子、公等一切家事,俱不预闻,嗣后,于新旧人等,孰爱养有方,孰漫不抚恤,必加详察。尔诸王贝勒、贝子、公等,共宜加意爱养。"①对各贝勒属人的生活情况予以查问。但由于当时的经济是以"八家"为单位,自成体系,其经济权掌握在各旗贝勒手中,所以如何"恩养"属人是各贝勒的"家事",尽管皇太极反复强调要对属人"善加恩养",实际上各贝勒属人的生活状况并没有改变。

在八旗制中,牛录是最基层的军事、政治、经济单位,每个人都必然要隶属于某一旗中的某一牛录。即使由于某种原因可以"离主",也仍被转到其他某一牛录中,成为本旗或其他旗中的另一牛录的属人。因此,每个人都不能脱离牛录这个社会的基本组织而独立存在。汉人也不例外,无论是被俘为奴者,还是编入户籍者,都被分于某一旗中的某一牛录下,成为某旗某牛录的耕种者。皇太极重用汉官和将部分汉人重新编户后,改变了汉官的待遇,将汉官所属的牛录,仍直接隶属于汉官,这样可以使披甲的汉人避免受各贝勒的直接勒索。但并没有打破或改变他们仍隶属于八旗下各牛录的隶属关系,他们仍然是八旗各贝勒的属人,并且不能随意转让给他旗,所以被编户的汉人仍属于原来的旗分,为原主耕种土地,受牛录额真管辖。天聪七年(1633)春,皇太极在训诫牛录额真时曾云:

> 田畴庐舍,民生攸赖;劝农讲武,国之大经。尔等宜各往该管屯地,详加体察,不可以部分推诿。若有二三牛录同居一堡者,著于各田地附近之处,大筑墙垣,散建屋以居之。迁移之时,亦听自便。至于树艺之法,洼地当种粱、稗,高田随所宜种之。地瘠须加培壅,耕牛须善饲养,尔等俱一一严饬,如贫民无牛者,付有力之家代种;一切徭役,宜派有力者,勿得累及贫民。如此方称牛录额真之职⋯⋯方今疆土日辟,凡田地有不堪种者,尽可更换,许诉部臣换给。如给地时,尔牛录额真、章京自占近便沃壤,将远瘠之地分给贫民,许贫民陈述。②

据此可知,各庄屯的直接管理者是牛录额真,牛录额真具有监督耕作、分

---

① 《清太宗实录》卷65,崇德八年六月己卯条。
② 《清太宗实录》卷13,天聪七年正月庚子条。

派差徭、更换土地及解决住房等职责,牛录额真是八旗制基层的重要职官,被编户的汉人仍由八旗各牛录额真管理。

被编户和为奴者的不同之处,在于被编户者属于平民,虽隶属于各贝勒,但不是各贝勒的奴隶,贝勒无权买卖或转赠他人。在以后扩充汉军时,被编户者和八旗贝勒的奴隶有明显区别。被编户者,可列为平民(irgen)阶层,可以披甲,故有许多壮丁被扩充到汉军之中。而为奴(aha)者则无此权利,他们或被编入各贝勒的包衣牛录,为主人看家护院、耕种庄园,或随主人出征,充当厮卒(kutule,汉译"苦特勒",厮役、跟役也),俾以照料主人的生活或协助主人掠夺财物。但从众多安置汉人的数字中可以看出,编户者远远少于为奴者,因此单以编户来确认清入关前的社会问题,似乎是不够全面的。

(三)提高汉官待遇

皇太极改善民族关系的另一措施是优礼汉官。努尔哈齐时期,虽然对一些归降汉官赐予田园、住宅,有的还成为"额驸",但他歧视汉人,并不重用汉官,恐其贪财误国,故全部汉官都被分给诸大臣、贝勒管辖。汉官经常受到辱骂、殴打,他们自己的财产也经常被霸占。皇太极在训诫汉官时谈到:"初尔等俱分隶满洲大臣,所有马匹尔等不得乘,而满洲官乘之;所有牲畜尔等不得用,满洲官强与价而买之。凡官员病故,其妻子皆给贝勒家为奴。既为满官所属,虽有腴田,不获耕种,终岁勤劬,米谷仍不足食,每至鬻仆典衣以自给。"①在这种被极端歧视、压迫的境遇下,汉官苟且偷生,一有机会,便投往明朝或逃亡是极其自然之事。皇太极有鉴于此,改善了对汉官的待遇。他严禁满洲贝勒、大臣等勒索汉官,给汉官以经济保障和相应的待遇。较重要的举措是也给汉官"授田",且重用汉官,将汉官分置于各机构之中,使汉官亦能参与军国大计。这一策略,不仅使爱新国政权中的汉官"心悦诚服,以图大事",而且对身在明朝的将领,也具有一定的吸引力,使其明确即使投向爱新国政权,仍可保昔日之荣华。皇太极这些缓和民族矛盾的措施,对巩固和发展爱新国政权奠定了基础。

在努尔哈齐推行"计丁授田"时,仅给八旗官兵、奴仆分配土地,未对新归附的汉官授田。主管授田的大臣蒙噶图,在授田时"因多取田土,并以余地私

---

① 《清太宗实录》卷17,天聪八年正月癸卯条。

给汉官"①等罪,被本旗大臣阿山弹劾,坐削职之罪,可见当时是禁止为汉官授田的。天命十年(1625),努尔哈齐对汉人实行大屠杀时,对八旗内的汉官也分别进行甄别,对存有贰心者杀之,将其余的汉官均分给满官为奴,连八旗内的汉官也被分别隶属于八旗各贝勒之下,失去了独立的经济权。汉官死后,其妻室子女仍给贝勒为奴,他们均成为八旗贝勒的私有财产。

天聪初年,皇太极改变汉官的待遇,最重要的措施是试图使未分田地的汉官能同八旗官员一样,拥有旗地的使用权,同时开始对分隶于各旗的汉人壮丁授田,并规定每丁授田五垧。天聪六年(1632),汉官高士俊、杨方兴上书,指出所分田地"名为五垧,其实不过二、三垧",要求分田时要杜绝舞弊现象,"乞皇上亲谕户部,来岁分田,务要足五垧之数。不论地之厚薄,务要贫富均分"②。满洲官兵在天命六年(1621)"计丁授田"时就已分到田地,故杨方兴等所说的分田,无疑是指对在天命年间没有分到田地的汉人进行的分田。八旗内的汉官在天聪初年虽然也分得田地,但其"虽有腴田,不获耕种,终岁勤劬,米谷仍不足食,每至鬻仆佃衣以自给"③,其原因是没有改变他们与八旗贝勒的隶属关系,实际上八旗内汉官的土地,也变为八旗贝勒所有。

皇太极对新归附的汉人、蒙古、新满洲皆"令八家恩养之",大多是分给八家后,由八家配给其土地。天聪六年正月,管理兵部事务贝勒岳托建议,对新归附的汉官,配以诸贝勒、大臣之女,对普通兵丁由各牛录、庄头出女为之婚配,并"令诸贝勒各出一整屯给各官,此外,每牛录各取汉人男妇一对,牛一头,各编为二屯"④,来安置大凌河投降的明朝官兵。所以新归附的汉人在天聪、崇德年间都分得田地。皇太极在给新归附的汉人分配土地的同时,将其编立庄屯进行生产,如崇德三年(1639)十二月,"赐阵获守备蔺某、百总韩自明貂裘、帽、靴等物,其携来汉人,编入户口,共为五十一屯,各赐布匹等物"⑤。所编的庄屯也都分隶于八旗之下。

天聪年间为汉人分配土地造成了辽东土地不足,出现"地少人多"的局

① 《清太宗实录》卷8,天聪五年三月甲午条。
② 《天聪朝臣工奏议·杨方兴条陈时政奏》,见《清入关前史料选辑》第二辑,第43页。
③ 《清太宗实录》卷17,天聪八年正月癸卯条。
④ 《内阁藏本满文老档》太宗朝第八函,《汉文译文》第20册,第604页。
⑤ 《清太宗实录》卷44,崇德三年十二月戊申条。

面,当时耕地仍以辽河以东为主,其熟田在天命年间就基本被分光了,所以新归服者往往被分在辽沈以外的边远地区。如崇德七年(1643),"以锦州、松山、杏山新降官属兵丁,分给八旗之缺额者,其余男子、妇女、幼稚二千有奇,编发盖州为民"①。也出现了分给其荒地,令其垦种的现象。但无论是发往边远地方为民,还是垦荒耕种,都是为解决汉人土地的策略。由于皇太极统治时期为新旧归附的汉人都分配了土地,所以在这个时期八旗旗地的地亩数有显著增加,辽东旗地得到了较大发展。

有学者认为在汉人分得土地,特别是编立八旗蒙古、八旗汉军后,便打破了原来旗内的隶属关系,由原来的八旗变成相互抗衡的二十四固山,实际上并非如此。这是因为八旗蒙古、八旗汉军仍隶属于相同旗色的八旗满洲管辖之下,原来的隶属关系并没有改变。即使有的汉官升为昂邦章京或固山额真,也仍是本旗贝勒之人,他们的人口和财产仍隶属于本旗贝勒,他们无权干涉别旗之事,更不能破坏这种长期以来形成的传统的隶属关系。天聪九年(1635)发生的石廷柱匿女一案即是例证。昂邦章京石廷柱妻与前夫所生之女,寄养于别旗之外祖家,该旗贝勒欲令其女入府,"石廷柱即携女还家,不与,乃妄诉云:'吾妻所生之女,即吾女也,吾等职官之女,诸贝勒从未有取之,今必欲取此女,吾实有愧于在下各官。'及审明实系外母所养,廷柱别属一旗……因革昂邦章京职,罚银百两"②。由此可见,此时各旗所管的人口及财产,独立性非常强,任何人也不得破坏。因此在皇太极统治时期,并没有打破天命末年八旗均分人口、财产的分配原则,所有的人口和土地都分属八旗所有,并没有形成超于八旗之外的社会政治、经济单位。"四顺王"在归降后,受到极高礼遇,使其超然于八旗之外自将本部,但在八旗制国家内,难为诸贝勒所容,故而他们在崇德七年(1642),请求将其并入八旗,分隶八旗汉军之中。汉人等虽然也分得土地,但土地的所有权属于八旗贝勒,汉人耕种土地的收获,"尽入于八高山之家",汉人的隶属地位和经济状况无实质性变化。皇太极为汉人分配土地的目的是缓和民族矛盾,改善爱新国的经济状况,明确此问题,有助于我们理解皇太极时期的旗地政策和入关前满族的社会性质问题。

---

① 《清太宗实录》卷61,崇德七年七月己巳条。

② 《清太宗实录》卷24,天聪九年七月癸酉。并见于《清初内国史院满文档案译编》上册,第181—182页。

综上所述,皇太极继位之初,在民族矛盾极为尖锐,社会动荡、经济衰败的情况下,实行的满汉别居和将部分汉人"编户为民"的政策,是解决当时民族矛盾的一项具体措施,但他并没有打破原来的八旗隶属关系,汉人仍分隶于八旗之下,为八旗贝勒耕种土地,"辽沈农民,将一年所收之谷,尽入于八高山之家",这就充分说明其身份和地位无实质性的变化。另外在人口及土地的分配原则上,皇太极时期也并没有打破八家均分的传统方式,即所谓"有人必八家分养之,地土必八家分据之,即一人尺土,贝勒不容于皇上,皇上亦不容于贝勒"。所以,皇太极统治时期,仍沿用努尔哈齐时期形成的分配原则,在旗地政策方面,也无实质性变化。所不同者,皇太极时期为新旧汉人等分配了土地,由于人口急骤增加,利用、开垦了更多的荒地,因而旗地面积有所增加。换言之,皇太极时期的旗地,只有量的增多,而无质的变化,八旗旗地仍归"国有",即八旗贝勒所有,八旗官兵仅有使用权而已。

三、增设国家机构

为适应国家发展需要,解决八旗制度之下难以调和解决的问题,皇太极增设了大量国家机构。这些机构在八旗制国家内虽然不能取代八旗的职能,但作为过渡性的国家机构,对清朝以后入主中原、一统全国起到了重要作用。

(一)设置文馆

努尔哈齐时期为了处理文书事务,既设书房(bithei boo),以额尔德尼、库尔缠、达海等侍书房主管草拟文书、登记档册、收纳奏章、翻译书籍等,并因学识渊博被赐"巴克什"(baksi,或写作"榜什")称号。后以事务繁杂,又有武纳格、希福、额克星额、硕色、库拜、尼堪等参与书房事务,亦多被授予巴克什称号。

天聪三年(1629)四月,皇太极改原来之书房为文馆,满文仍称 bithei boo,增加了人员并明确分工,"上命儒臣,分为两直。巴克什达海同笔帖式刚林、苏开、顾尔马浑、托布戚等四人翻译汉文书籍;巴克什库尔缠同笔帖式吴巴什、查素喀、胡球、詹霸等四人记注本朝政事,以昭信史"①。即文馆之职责,在原来掌管文书等职责外,又特别分出一部分儒臣记注国事,以备修史。为了促进翻译和修史工作,文馆中还重用一些汉人学士参与其中,较有名者如宁完我、

---

① 《清太宗实录》卷4,天聪三年四月丙戌条。

王文奎、罗绣锦、杨方兴、马国柱、范文程、鲍承先等。为了发挥汉人儒士作用，皇太极谕令："诸贝勒府以下，及满汉蒙古家所有生员，俱令考试。于九月初一日，命诸臣公同考校。各家主毋得阻挠。有考中者，以别丁尝之。"①此次考试，选出合格生员 200 余名，皇太极将这些人以其他壮丁从家主中换出，并分等予以赏赐和奖励，利用这些生员从事文书工作，其中多数都在文馆内。

文馆成立初期，翻译史籍的工作以达海为首，他用三年多的时间，组织笔帖式译出多部汉学典籍。至天聪六年（1632）七月达海去世时，已经译成满文的有《刑部会典》《素书》《三略》《万宝全书》，正在翻译之中的有《通鉴》《六韬》《孟子》《三国志》及《大乘经》等。其后又翻译四书及《金史》等大量史籍。

记注本朝政事是修纂国史的基础，皇太极令库尔缠主持此项工作。库尔缠，钮祜禄氏，父曰索塔兰。索塔兰来归后，努尔哈齐以女妻之。库尔缠为索塔兰次子，深得努尔哈齐喜爱，天命元年（1616）被召置左右。库尔缠通汉语、蒙古语，曾在蒙古喀尔喀五部来议和时，参加盟会。皇太极选其为史官，认为其可秉笔直书、严格遵守史官之职业准则。天聪五年（1631）正月二十五日，皇太极因事到文馆，至库尔缠值房时，问其正在修何书，对曰："记注上所行事。"皇太极便说："此史臣之事，朕不宜观。"②天子不阅本朝记注，是古代史家所颂扬的帝王美德，以便保证史官无后顾之忧，能秉笔直书，但历代皇帝很少能真正遵守。皇太极能够自觉遵守修史的相关要求，以最大限度求得记注的真实性，被传为佳话。

天聪六年（1632）十一月，汉官杨方兴具奏："编修国史，从古及今，换了多少朝廷，身虽往而名尚在，以其有实录故也。书之当代，谓之实录。传之后世，谓之国史，此最紧要之事。"③皇太极采纳此建议，仿效汉族政权修史，翌年即开始组织文馆满、蒙、汉大臣，参与纂修《太祖太后实录》（满文为 taidzu taiheoi yabuha yargiyan kooli bithe）。修纂实录，成为文馆修史之主要工作。皇太极要求编修实录之文馆人员，"尔记载诸臣，将所载之书，宜详加订正。若有舛伪之处，即酌改之。朕嗣大位，凡皇考太祖行政用兵之道，若不一一备载，垂之

①　《清太宗实录》卷 4，天聪三年八月乙亥条。
②　《清太宗实录》卷 8，天聪五年正月己亥条。
③　《天聪朝臣工奏议·杨方兴条陈时政奏》，见《清入关前史料选辑》第二辑，第 42 页。

史册,则后世子孙,无由而知,岂朕所以尽孝乎"①,要求整理翻译努尔哈齐时期的满文档册,要谨慎鉴别,力求其真。

入文馆者,有巴克什、笔帖式、秀才、相公等名色,并无正式官职。天聪五年(1631)七月,设置六部,更定职官,规定:"文臣称巴克什者,俱停止,称为笔帖式。如本赐巴克什者,仍其名。"②并将文馆升为官衙,汉文称呼未变,而满文改为 bithei yamun,自此遂成国家机构之一。

文馆聚集了大批满、汉、蒙古文人,多有见识。天聪年间爱新国改制,多由文馆人士倡率,其中如设六部、变服制、开科举、译书史等建策,陆续为皇太极采择,对金国社会发展起到了重要作用。在设置六部时,特设启心郎一职,以监督各部贝勒之过失,任启心郎者基本为文馆馆臣。天聪十年(1636)三月,皇太极称帝前夕,正式将文馆按职能分为三院,分任职掌。其中国史院(suduri ejere yamun)的职责为:

> 该院职掌记注汗之诏令。收藏御制书文;凡汗起居、用兵、行政事宜,编纂史书;撰拟祭天祝文,升殿宣读之表文,祭祀宗庙艺祭文;编修历代祖宗史书,墓碑铭文,一切机密文移,官员升降文册及诸臣奏章,汇纂史书;撰拟追封诸贝勒册文,六部所办事宜,可入史册者,选录记载之;撰拟功臣母妻诰命、印文;凡外国、邻邦来往文书,俱编为史册。

秘书院职责为:

> 该院职掌撰拟与外国来往文书;掌录国中一应奏疏及辩冤词状、汗之敕谕、文武官员敕书;遣祭孔夫子庙,撰拟亡者祭文。

弘文院职责为:

> 该院职掌注释历代行事善恶,为汗进讲,侍讲太子,并教诸亲王,颁行制度。③

此三院被称为"内三院",分由刚林、希福、范文程为承政,旋改为大学士领之。主要负责编纂史书、撰拟诏诰、转达奏章、汗前进讲、宣达政令,并可参与国家机要。其职掌之完备,分工之明确,远非文馆可比拟。乃文武分治之重

---

① 《清太宗实录》卷16,天聪七年十月己巳条。
② 《清太宗实录》卷9,天聪五年七月庚辰条。
③ 均见《内阁藏本满文老档》太宗朝第十一函,《汉文译文》第20册,第683页。

要表现,符合清朝入关前文治需要,封建国家内政外交各方面之要求,对帝制政权的巩固及满洲社会发展发挥了重要作用。

(二)设置六部

皇太极仿照明制设立六部,可谓明末女真八旗制国家发展中的一个重要转折,它标志着金国政权开始从八旗奴隶主贵族联盟的八王共治制向君主集权制国家过渡。设立六部的原因,乃因国家事务日益繁多,需要设置超然于八旗体制的国家机构方可处理,比如各旗之间争讼,在八王共治下的三级断审会议,已经难以审断;筹划出征,统配八旗军事力量;发展经济、分配财富等,均需要设置国家级的机构,方可协调八旗有效进行。另外,设置六部的直接原因,与皇太极重用汉官,受汉官的影响有关。天聪初年,皇太极为缓和满、汉矛盾,首先优礼汉官,通过考试让部分在努尔哈齐时期沦为奴隶的汉族文人得到官职,将其中优秀人才选拔到文馆。同时文馆中的许多满洲官员,亦有很高的汉化程度,积极主张模仿汉制,因此文馆中满、汉官员关系极为融洽,共同成为皇太极发展君权之智库。其中以宁完我为首的文馆汉族官员便公开大声疾呼,要求仿效明朝制度,设立六部等机构,以弥补八旗社会"国俗淳壹,事简职专"①的体制。

天聪五年(1631)七月,皇太极与诸贝勒、大臣议定六部官员:

> 墨尔根戴青贝勒多尔衮管吏部事。图尔格为承政,满珠习礼为蒙古承政,李延庚为汉承政。其下设参政八员。以索尼为启心郎。

> 贝勒德格类管户部事。英俄尔岱、觉罗萨壁翰为承政,巴思翰为蒙古承政,吴守进为汉承政。其下设参政八员。以布丹为启心郎。

> 贝勒萨哈廉管礼部事。巴都礼、吉孙为承政,布彦代为蒙古承政,金玉和为汉承政。其下设参政八员。以祁充格启心郎。

> 贝勒岳托管兵部事。纳穆泰、叶克书为承政,苏纳为蒙古承政,金砺为汉承政。其下设参政八员。以穆成格为启心郎。

> 贝勒济尔哈朗管刑部事。车尔格、索海为承政,多尔济为蒙古承政。高鸿中、孟乔芳为汉承政。其下设参政八员。以额尔格图为启心郎。

> 贝勒阿巴泰管工部事。孟阿图、康喀赖为承政,囊努克为蒙古承政。

---

① 《清史稿》卷114《职官一》,第十二册,第3263页。

祝世荫为汉承政。其下设满洲参政八员。蒙克为蒙古承政。祝世荫为汉承政。其下设满洲参政八员、蒙古参政二员、汉参政二员。以苗硕浑为满洲启心郎、罗绣锦、马鸣珮为汉启心郎。

其余办事笔帖式,各酌量事务繁简补授。①

翌年八月,六部衙门竣工,"颁六部银印各一",规定"各部事宜,皆用印以行。其职掌条约备录之,榜于门外。凡各衙门通行文书,亦用印行"②,六部开始行使职权,成为超然于八旗职官外的国家官制系统。

六部组织结构虽云仿效明制,但又带有浓厚的满洲八旗制国家的特点。天聪五年(1631)六部初建时,各部设管部贝勒一人,其下设承政(吏部唯满员1人,余五部皆满员2人,蒙、汉各1人;满文称 aliha amban,同"尚书")、参政(工部11人,余五部各8人;满文称 ashan i amban,同"侍郎")、启心郎(唯工部3人,余五部各1人;满文称 mujilen bahabukū)。崇德三年(1638)更定六部二院官制,改为六部各贝勒一人,承政唯设满员一人,其下设左右参政,额无定员,以满、蒙、汉杂充。再下为启心郎、理事官、副理事官、主事等。

所设六部官制,主要有以下特点:

第一,以贝勒(崇德时为亲王、郡王)管理部务。天聪时,六部每五日一汇奏,平日各部官员无权面奏部务,其职权仅在各部议拟提案,由各管部贝勒代为转奏,事务多由议政会议裁定。崇德时期各部奏事是每日随时进行,自六部承政至启心郎皆有权面奏皇太极,改变了过去单由掌部贝勒启奏的形式。到崇德后期,王贝勒执掌六部已成一种象征,故在皇太极死后不久,崇德八年(1643)十二月,多尔衮、济尔哈朗辅政时,轻而易举地便取消了王贝勒兼掌六部之权力。

第二,各部大臣设满、蒙、汉复职。此乃出于处理国内满人、蒙古人、汉人事务之需要,而设置汉人承政,亦为皇太极重用汉官之表现。但六部官职满、蒙、汉并置绝不意味三者的地位平等,由于各部皆由王贝勒掌管,其下满、汉官员也并非分庭抗礼,故六部实际权力皆在满官掌握之中,汉官不过当做陪衬而已。在崇德初仅设满洲承政,取消蒙古人、汉人承政,降为参政,更可体现八旗

---

① 《清太宗实录》卷9,天聪五年七月庚辰条。
② 《清太宗实录》卷12,天聪六年八月癸酉条。

制国家满洲统治之本质。

第三,专设启心郎一职。天聪五年(1631)初设时,吏、户、礼、兵、刑五部各设一员,皆满员,唯工部设 3 名,另增设 2 名汉启心郎。崇德三年更定官制,改为六部皆设启心郎 3 人,其中满 1 人、汉 2 人。关于启心郎之职责,天聪六年(1632)八月,六部衙门竣工开始理政时,皇太极先召见六部启心郎索尼、布丹等六人谕曰:"朕以尔等为启心郎,尔等当顾名思义,克尽厥职。如各部诸贝勒凡有过失,尔等见之,即明言以启迪其心,俾使改悔。"[1]并要求启心郎要修身自正,方可使人信其谏言。并且"启心郎不得干预部事。但坐于各贝勒之后,倘有差谬,则启其心"[2],可知启心郎颇似六部所设之"御史",旨在监督、劝谏各旗贝勒。检诸史籍可知,并不见启心郎行使其职权之记载,即使贝勒等不到衙门,多在私家理事,亦不见启心郎劝谏开导。究其缘由,乃因启心郎多为文馆之文职人员,都是以白身任事,身份低微,在八王共治、贝勒擅权的时期,即使各旗固山额真等尚不敢对诸贝勒有所匡谏,更别说人微言轻的启心郎。

至崇德元年(1636)五月,定各衙门官员品级,其中六部满洲启心郎等为甲喇章京品级、六部汉启心郎等为牛录章京品级,均为三品、四品职官,可以会同贝勒奏事或单独奏事,有了参与部务之权,亦起到了监督、劝谏各部贝勒的作用,成为皇权与八旗贝勒博弈之棋子。入关后,随着王贝勒被解除管理部务的权力,启心郎之使命亦告终结。顺治十五年(1658)七月,谕令裁撤各衙门启心郎,唯宗人府仍旧保留。

仿效明制所设的六部,各有专司,其中将官员任免、升迁调补等事宜归于吏部,财政收支、编审壮丁等归于户部,典礼仪式、试子科举和对外交往等归于礼部,筹划出兵、训练检阅等归于兵部,审理讼诉等归于刑部,工程建筑等归于工部。但在天聪年间,诸贝勒擅权,各旗自主权力较大,六部对八旗的干预程度受限,将相对独立的八旗逐渐置于国家机构的管辖之下需要长时间的磨合和博弈。从天聪、崇德年间的史料来看,六部与八旗的关系不同时期有所不同,而且六部之间也互有差异,不可一概而论。总而言之,入关前的六部之权,

---

① 《清太宗实录》卷 12,天聪六年八月癸酉条。
② 《清太宗实录》卷 16,天聪七年十月己巳条。

崇德时期大于天聪时期。而六部之内,吏、兵、刑三部对八旗事务的干预程度,又强于户、礼、工三部。因为八旗制度对六部的制约,使得六部并没有完全行使有司职权。皇太极所设六部虽然对皇权发展起到了较大作用,但尚不能与其他封建王朝集权下的六部等同。而入关前之六部虽然未能充分发挥职能,但为入关后六部迅速掌管国家各种事务、发挥国家机构的作用奠定了基础。

此外,天聪八年(1634)增设的专管蒙古事务的蒙古衙门(monggo yamun),于崇德三年(1638)改为理藩院(tulergi golo be dasara jurgan),其职掌虽有增加,但一直以主管蒙古事务为主,故至清中叶该院仍简称 monggo jurgan。而在崇德元年(1636)于六部之外,仿明制所设督察院,职司谏诤皇帝、纠举王大臣、稽查六部、会审要案等,乃完善国家监察机构之举。两院与六部合称"八衙门"。

四、完善法律规章制度

爱新国法律之构成,或以女真人习惯法、或以管理八旗及属人之规章、或以颁布谕令及禁令的形式为主。其中努尔哈齐时期设置理政听讼大臣和扎尔固齐,严格诉讼程序,负责司法事务,多依据女真旧俗对叛逆、杀人、偷盗、逃亡、隐匿、蛊惑、渎职、受贿等项拟罪,告知于汗后,由汗定罪处罚。皇太极继位后,继承努尔哈齐时期的法制,仍设主管词讼断狱官员的同时,执行参汉酌金的改革思想,制定成文法。参照利用《大明会典》处理政务,并于崇德元年议定各类章程 52 条。仿效《大明律》制定法令,如将"十恶"更定为:犯上,烧毁宗庙、山陵、宫阙,叛逃、谋杀、故杀、蛊毒、魇魅,盗祭天器物、御用诸物,杀伤祖父母、父母,兄买弟,妻告夫,内乱,强盗等,与传统"十恶"有别,但却更适用于入关前的清朝社会。皇太极是以女真社会的习惯法和明朝成文法相结合,对满人、汉人、蒙古人等予以约束和管理,完善各种规章制度,进而加强集权统治。

(一)修订《离主条例》

天聪初年,在努尔哈齐的遗训实行八王共治制的情况下,皇太极不能触动八旗贝勒的权力。八旗制的基本性质之一,便是各旗成员均隶属于八旗贝勒,国君无权剥夺八旗贝勒对其属人的占有,这无疑是皇太极加强汗权的严重障碍,却一时难以更改,故其在肯定这种隶属关系的同时,又须对八旗贝勒的占有权加以限制,使八旗成员保持国家编户的身份,不至于完全沦为八旗贝勒之私属,从而恢复天命时期的汗权。

八旗编户既为国家编户,又是八旗贝勒之私属,在八旗制内这一双重特性,究竟何种倾向占据优势,要取决于汗权与八旗贝勒之间势力的消长。天聪五年(1631),皇太极在治罪大贝勒阿敏后,商议修订《离主条例》,乃皇太极拉拢小贝勒,打击大贝勒取得成效之表现。

在八旗制没有监察制度的情况下,允许并鼓励彼此讦告,是防御和威慑犯罪的重要手段。努尔哈齐时期曾规定"凡讦告诸贝勒者,准其离主,听所欲往",开始以"离主"方式,鼓动属下讦告贝勒,并在天命末年出现许多因讦告而离主之记载,讦告者不但有诸申和阿哈,还有汉人,其所告属实,即可判其离主,另投他人。但如此讦告,触动八旗内部的隶属关系,对八旗贝勒极为不利。在八王共治之下,又更改为:"诸贝勒如犯私通敌国及谋害宗室兄弟罪,身尚不存,则原告之人又何主可离。其以他事讦告诸贝勒者,俱不许离主。"①实际上否定了讦告离主之规定,旨在保护八旗贝勒绝对占有私属之权利。此更定时间,大概在众贝勒共推皇太极继位之时,皇太极继位的誓词中,有"兄弟子侄,微有过愆,遂削夺皇考所予户口,或贬或诛,天地鉴谴,夺其寿算"②之语可为佐证,抑或废止讦告离主之规定,是众贝勒推举皇太极继位之条件之一。在天聪初年八王共治制下,离主规定不但难以对八旗贝勒有所触动,反而使八旗贝勒等趁机将公中牛录离主之人占为己有。如此不但损害国家编户之管辖权,亦与皇太极之初衷南辕北辙。为了制止这一趋势,天聪三年(1629)皇太极谕令:"八贝勒等包衣牛录下食口粮之人及奴仆之首告离主者,准给诸贝勒之家。至于外牛录下人及奴仆之首告离主者,不准给诸贝勒之家。"③以区分公中牛录和私属牛录之人讦告离主之不同,防止公中牛录之人因此成为八旗贝勒之私属。

天聪四年(1630),皇太极抓住二贝勒阿敏失守永平的机会,集诸贝勒共议阿敏十六大罪状,将其幽禁,三大贝勒与皇太极权势发生改变。翌年三月,皇太极提出国内朝政紊乱,命两大贝勒、议政十贝勒与八固山额真各言国政阙失。各位贝勒及八位固山额真各抒己见,其中涉及讦告内容者有,德格类提

---

① 《清太宗实录》卷9,天聪五年七月庚辰条。
② 《清太宗实录》卷1,天命十一年九月辛未条。
③ 《清太宗实录》卷5,天聪三年八月戊辰条。

出:"嗣后诸贝勒有奸犯科被下讦告者,即将讦告之人从公审理,断隶别旗";济尔哈朗继之言更明确:"至于养奸匿慝,实由诸贝勒为之。如人讦告贝勒,不将讦告之人断出,仍隶本旗,谁复敢于举发者。嗣后凡所讦诸贝勒之事,如与外国通谋背叛、谋杀兄弟、强奸民间妇女及窃取俘获财物牲畜者,即将讦告之人,断出别旗,则奸乱自息矣";岳托之建议为:"欲屏息奸佞,则当以讦告诸贝勒之人,断隶别旗"。① 德格类等三人皆以为天聪以来法制不张,乃因对各旗贝勒无所约束,任其不遵汗命、钳制属人所致,唯有重开讦告离主之法,方可扭转这种局面。天聪年间在皇太极与八王共治制的斗争中,各小贝勒积极站在汗权一边,反映出诸贝勒要求维护汗权、削弱八旗贝勒权势的政治倾向。因此,《离主条例》正是诸小贝勒拥护汗权,而欲放弃八王共治的反映。

在得到诸贝勒认同的前提下,天聪五年(1631)七月更定了《离主条例》,内容凡六条,具体如下:

一、除八分外,有被人讦告私行采猎者,其所得之物入官,讦告者准其离主。

一、除八分外,出征所获被人讦告私行隐匿者,以应分之物分给众人,讦告者准其离主。

一、擅杀人命者,原告准其离主,被害人近支兄弟并准离主,仍罚银千两。

一、诸贝勒有奸属下妇女者,原告准其离主,本夫近支兄弟并准离主,仍罚银六百两。

一、诸贝勒有将属下从征效力战士隐匿不报,乃以并未效力之私人冒功滥荐者,许效力之人讦告,准其离主,仍罚银四百两。

一、本旗欲讦其该管之主,而贝勒以威钳制,不许申诉,有告发者,准其离主,仍罚银三百两。

此外,凡以细事讦诉者,不许离主。但视事之轻重审理,应离主者,拨与本旗别贝勒。至民人互相告讦者,仍照常例科断。②

上述内容,旨在鼓励讦告,加强法制,以此方式约束贝勒之权势,并保护了

---

① 《清太宗实录》卷8,天聪五年三月乙亥条。
② 《清太宗实录》卷9,天聪五年七月庚辰条。

讦告者的人身安全,以便对社会各种权势之人起到监督作用,从而维护八旗社会各级成员的基本权利。该条例在入关前被广泛应用,对削弱贝勒权势、监督各级官员、维护八旗统治起到较大作用。

《离主条例》并不是否定八旗贝勒的基本权力,也不是从根本上取消八旗成员对贝勒的隶属关系。只是皇太极完善八旗制的统辖管理职能的同时,对八旗制的隶属关系加以冲击,使之松驰化,从而服从于皇权的控制之下。另外,所谓离主,只是改变诸申与奴仆的隶属关系,并不等于改变诸申与奴仆的社会身份和地位。对奴仆而言,"离主"与"离异为民"是两个完全不同的概念,只有后者,才表示获得自由民(irgen)身份。一般而言,奴仆(aha)讦告离主,只意味着变更主人。至于清史界有些著作认为,皇太极制定《离主条例》旨在打击奴隶制,乃解放奴隶的方式,是爱新国由奴隶制向封建制过渡的标志等观点,则对此评价过高,与史实相悖。

(二)制定逃人法

女真人传统有本族人不相为奴之习俗,故明代女真人的奴仆,基本为价买、掠夺、俘虏的汉人或朝鲜人。这些外族奴仆不堪忍受主人役使,常常出现逃匿之事。明中叶之前,许多女真人的家奴逃至朝鲜,由朝鲜政府转还宗主国明朝,因之女真人与朝鲜守边官员经常交涉,并引起女真人的积怨。努尔哈齐时期,随着奴仆的增多,逃亡现象更为严重,甚至出现一次逃亡千余名汉人的事件,故制定"逃人罪"和"容隐逃人罪"(或称"盗人罪"),对逃人和窝藏逃人之人治以论死重罪。皇太极时期处理逃人更为严厉,甚至将抓获逃人多寡,列为守边官员考绩,重赏拿获较多的各城官员,对没能拿获逃人之官员,圈禁处罚。对接到逃人信息,不立即前往缉拿或前往但未拿获逃人之官员等,予以革职。缉拿逃人范围甚至涉及蒙古地区和朝鲜,多次与朝鲜国王、蒙古王公商议捉拿交还逃人之事。因朝鲜仍将逃人送还明朝,成为其两次出兵朝鲜的诱因之一,如皇太极所言:"我欲修好,而彼不肯,仍助明国,纳我逃人,是以征朝鲜。"[1]"复纳我逃人,送之明国。"[2]逃人问题已成战争借口,足见其对逃人问题的重视程度。

---

① 《内阁藏本满文老档》太宗朝第一函,《汉文译文》第20册,第456页。
② 《内阁藏本满文老档》太宗朝第十六函,《汉文译文》第20册,第799页。

天聪年间,金政权不断完善"逃人罪"和"窝逃罪",分别处理逃亡的奴仆和有意、无意容留逃人的满汉平民。因为奴仆可以买卖,是主人的财产,缉拿后杀之,实乃造成财产损失,因而拿获逃人后,开始交还其主处理,故对逃人处理逐渐从轻。相反,对隐匿或窝藏逃人者,加重治罪,并不断扩大窝藏容纳逃人的认定范围,以致晓谕庄屯平民,对陌生路之人,"凡独行者,须加详查,若查出系逃人,视同擒获逃人。倘不详查独行者,出屋后为他人擒获,仍论以容纳逃人罪"①。全国颇有宁可错拿,不能放松警惕之氛围。这种从轻治罪被拿获的逃人,却加重对窝藏容纳逃人者治罪的做法,被入关后制定逃人罪和窝逃罪所援用,形成清初处置窝逃重于逃人的《逃人律》。

(三)议定《崇德会典》

设置六部后,各部办事章程依据《大明会典》。崇德元年(1636)四月,"登基后议定会典",可知改元大清后,汇集既有谕令、禁令计 52 条,形成该政权之行政法典。该会典被学界称为《登基议定会典》或《崇德会典》,但未见专册,内容散见于档册和实录之中。

从辑录之条目来看,《崇德会典》之条款主要来源:一是沿用天聪朝颁布的政令,这些政令在天聪时期已经颁布施行,崇德朝继续使用,其中如"丧焚衣殉葬例""禁祭奠奢靡令""官员丧礼例""禁同族嫁娶令""禁服式僭越令""禁私嫁女及女子不满年龄出嫁令""更定官员及城邑名称敕谕""告诸王贝勒离主条例""官员失职处分条例""禁隐匿壮丁令""禁违制宰杀牛马骡驴令""八家出痘互相看望条例""禁庸医图财令""禁跳神算命令""禁私建寺院及和尚喇嘛班第违法令"等 23 条,为形成该会典之大端。二是增订天聪朝时期的政令,这些政令在天聪朝曾经使用,在崇德时期又加以修改,如"诸贝勒祭奠例""宗室爵位例"等 15 条。三是改元崇德以后议定的政令,仅见"上下问对各有分别令""官库市场带职名称俱照本国语言令""皇帝王贝勒之旗鼓更名令"3 条。四是时间出处不详之政令。从具体内容的适用时间上看,应多出自天聪年间,如"守官员坟条例""禁与外藩结亲违制多与财物牲畜令""官民人等与子分家条例""汉人需照满洲式样穿戴令""官员黜妻条例""称皇考妣谥号令""禁越诉令"等 11 条。有的条款未经修订就被辑入会典,内容杂乱,

---

① 《内阁藏本满文老档》太宗朝第八函,《汉文译文》第 20 册,第 616 页。

颇具临时性和随意性,只能看作是粗糙的行政法典,缺乏对国家机构的权责及行政管理制度、官僚制度的各项规定,但在八旗制国家内,已经属于可依据的成文典章,对入关前的新生的清朝走向礼制国家,具有十分重要的意义。

第二节　整合扩充八旗

随着爱新国势力的发展和皇太极成功集权,为化解家族内部斗争,必须整合八旗满洲,且在缓和民族矛盾和重用汉人的影响下,前来归附者日增,对辽西战事进展顺利,明朝辽西守军归降人数较多,为了安置这些汉人和蒙古人,皇太极组建了八旗汉军和八旗蒙古。组建八旗汉军和八旗蒙古后,不但使八旗组织发生相应变化,更重要的是扩充了八旗实力,加之继续招抚和征伐黑龙江中下游女真各部,将归附者补充至八旗满洲之中,使得八旗牛录数激增。入关前编设的所谓"国初牛录",八旗满洲有 319 个、八旗蒙古有 129 个、八旗汉军有 167 个,计 615 个牛录,其中满、蒙、汉等成员后来多数融入满族共同体之中。

一、整合八旗满洲

皇太极继位后,尽管在"八王共治"的体制下,权力受到三大贝勒掣肘,但其仍逐步对八旗事务进行了调整。在八旗制国家制度内,八旗制度乃其国家根本,对八旗进行调整,实质是对国家体制进行调整,同时,亦借对八旗调整之机,分化并削弱三大贝勒对八旗的垄断,为进一步集权做铺垫。

（一）黄白四旗易色

努尔哈齐建立八旗后,便自将两黄旗。称汗建国后,其"黄衣称朕"[1],以后凡行军、出猎,均打黄盖、张黄伞,黄色成为汗权之象征。皇太极继位后,抑或按女真传统,仍以汗专权使用黄色,其所将正白旗理应改为正黄旗色。但因改换八旗旗色,不能改变八旗内部的隶属关系,努尔哈齐时期的两黄旗和两白旗隶属关系有关联,其中两黄旗系努尔哈齐留给幼子之旗分,努尔哈齐、阿济格、多尔衮、多铎分别占有 15 个牛录,正黄旗旗主为阿济格、镶黄旗旗主为多铎。因而变换旗色,不能只变换正白旗和正黄旗,而是要将两白旗和两黄旗之

---

[1]　王在晋:《三朝辽事实录》卷 1,第 112 页。

旗色互换,才不至于引起黄旗和白旗系统属人之混乱。

从天聪初年史料所载部分八旗官员旗分变换可知,皇太极继位后,立即就对原来的两黄旗、两白旗旗色进行了调整。[①] 努尔哈齐时期的正白旗、镶白旗,变为正黄旗、镶黄旗。而原来的正黄旗、镶黄旗,变为镶白旗、正白旗,旗主仍为阿济格、多铎。白黄旗色互换后,原属各旗属人基本没变,即原属旗分和牛录之主子未发生变化,如努尔哈齐时期属于镶黄旗之康古礼、喀克笃礼、武讷格、阿山、季思哈等,旗分变为正白旗;正黄旗之阿什达尔汉、苏纳、车尔格、英俄尔岱、拜出喀等变为镶白旗;而原来正白旗之楞额礼、拜尹图、雅希禅、满达尔汉等变为正黄旗;镶白旗之达尔汉额驸、达朱瑚、尼喀里、吴巴海等变为镶黄旗。或云原两黄旗人对互换旗色不满,故换色后两白旗人与两黄旗人颇有矛盾,值得商榷。汗用黄色,无可置疑,故两旗色人之间的矛盾,应为八旗内部权力争夺、财产分配之产物,不能仅仅归咎于互换旗色,但此次变化旗色却对以后八旗发展具有较大影响。

在努尔哈齐时期,皇太极为正白旗旗主,其仅掌正白一旗。镶白旗旗主为杜度,确立八王共治时,阿巴泰取代杜度为该旗旗主。改换旗色后,镶白旗变为镶黄旗,阿巴泰一时仍为镶黄旗旗主。天聪六年(1632),皇太极长子豪格取代阿巴泰,成为镶黄旗旗主,使得皇太极掌控镶黄旗的权力进一步扩大,直至天聪九年(1635),重组正蓝旗,豪格成为正蓝旗旗主后,镶黄旗正式归入皇太极,皇太极方得以独擅两黄旗,其直属庶众亦随之增多。

(二)重组正蓝旗

1601年努尔哈齐创建牛录制度,分建黄、红、白、黑(旋改"蓝")四旗时,两蓝旗属于其弟舒尔哈齐。舒尔哈齐与努尔哈齐斗争惨败,导致蓝旗被打压,至1615年将四旗变为八旗时,蓝旗系统并不全部属于舒尔哈齐系,仅有其子阿敏统领镶蓝旗,虽然因继承关系使得该旗牛录数较多,但努尔哈齐将正蓝旗给了第三子莽古尔泰及其同母弟德格类。

莽古尔泰、德格类得主正蓝旗,乃因系努尔哈齐第二位正妃富察氏衮代所生,故可同代善(第一位正妃生)、皇太极(第三位正妃生)及后来主旗之阿济格、多尔衮、多铎(第四位正妃生)一样,得为全旗之主。但莽古尔泰有勇无

---

① 《清太宗实录》卷1,天命十一年九月丁丑条。

谋,虽在皇太极继位时为拥戴者之一,且得位四大贝勒之列,但很快就开始显露出与皇太极之间的权力之争。终于在天聪五年(1631)八月,在围攻大凌河城时,因属下损失严重,要求调回出哨之护军,并指责皇太极"奈何独与我为难。我止以推崇皇上,是以一切承顺,乃意犹未释,而欲杀我耶"①,并按佩刀向前,气势汹汹。其弟德格类见状,上前劝止,以拳殴之,其大怒,拔出佩刀五寸许,被众人推出帐外,此即皇太极所说"露刃犯朕"事件。此事件后,大贝勒与众台吉会议莽古尔泰之罪,"议革去兄长贝勒号,降为和硕贝勒;夺其五牛录诸申与弟德格类台吉。其随牛录所得之分,亦免之。罚驮甲胄雕鞍马十进汗,驮甲胄雕鞍马一与大贝勒,素鞍马各一与众台吉。另罚银一万两"②,将其排出大贝勒之列,并受重罚。四个月后虽然归还了其5牛录属人及庄屯,但仍不是执政贝勒。翌年十二月,莽古尔泰"偶得微疾"③,旋病笃而终。其后由德格类主正蓝旗。

　　天聪九年(1635)十月,德格类骤然病亡。在尚未决定正蓝旗主之任时,十一月间,莽古尔泰之妹莽古济之家仆、正蓝旗官员冷僧机告发莽古尔泰生前与其弟德格类、妹莽古济、妹夫琐诺木等对佛跪焚誓词,结党为乱,图谋不轨之事。此案遂成为莽古尔泰与其亲党谋反篡位的大案。案发后,诸贝勒除莽古济之婿岳托为之辩护外,其余大小贝勒,均决议严惩正蓝旗,得到皇太极裁可。处理结果为:莽古济、额弼伦(莽古尔泰第五子)、昂阿喇(正蓝旗大臣之一,以知情不举坐罪)处斩;参与者爱巴礼、屯布禄(正蓝旗四位大臣之一)及其亲支兄弟子侄,具磔于市;莽古尔泰、德格类其余诸子降为庶人,分其妻妾,属下人口入官;赐豪格8牛录属人、阿巴泰3牛录属人,其余所有壮丁、庄田、财产、家畜等,分配给七旗。并将豪格、阿巴泰所属原镶黄旗之牛录和所分正蓝旗之11牛录,重组为正蓝旗。重组的正蓝旗与两黄旗渊源较深,故该旗实际亦由皇太极掌控,而正蓝旗之属人在天聪年间则变化较大。

　　(三)更定八旗官制

　　皇太极继位伊始,便于八旗设立固山额真,并任命两班十六大臣,共同管理旗务和辅助军事及佐理国政、审断讼狱等。具体为:

---

①　《清太宗实录》卷9,天聪五年八月甲寅条。

②　《内阁藏本满文老档》太宗朝第七函,《汉文译本》第20册,第591页。

③　《清太宗实录》卷12,天聪六年十二月乙丑条。

上以经理国务,与诸贝勒定议设八大臣。正黄旗以纳穆泰,镶黄旗以额驸达尔哈,正红旗以额驸和硕图,镶红旗以侍卫博尔晋,镶蓝旗以顾三台,正蓝旗以拖博辉,镶白旗以车尔格,正白旗以喀克笃礼,为八固山额真,总理一切事务。凡议政处与诸贝勒偕坐共议之。出猎行师,各领本旗兵行,凡事皆听稽查。又设十六大臣,正黄旗以拜尹图、楞额礼;镶黄旗以伊逊、达朱户;正红旗以布尔吉、叶克书;镶红旗以吴善、绰和诺;镶蓝旗以舒赛、康喀赖;正蓝旗以屯布禄、萨璧翰;镶白旗以吴拜、萨穆什喀;正白旗以孟阿图、阿山为之。佐理国政,审断狱讼,不令出兵驻防。又设十六大臣,正黄旗以巴布泰、霸奇兰;镶黄旗以多内、杨善;正红旗以汤古代、察哈喇;镶红旗以哈哈纳、叶臣;镶蓝旗以孟坦、额孟格;正蓝旗以昂阿喇、色勒;镶白旗以图尔格、伊尔登;正白旗以康古礼、阿达海为之。出兵驻防,以时调遣,所属词讼,仍令审理。①

八位固山额真,每旗各设一名,总理并稽查本旗一切事务,可与诸贝勒共同议政,行军出猎时为本旗统领,权势较大,名为旗主之辅佐,实乃分旗主之擅权。此八位固山额真,均为当时女真人中之勋贵人物,如正黄旗固山额真纳穆泰,乃勋臣杨古利额驸之弟。纳穆泰从婴儿时即来归,长有战功,可谓金国之戚贵。与纳穆泰相似的是正红旗固山额真和硕图,乃重臣额驸何和礼之第四子。和硕图又是大贝勒代善之婿,亦属戚贵之列。此外镶蓝旗固山额真顾三台,乃叶赫贵族出身,归服努尔哈齐后,得娶公主,被封固伦额驸,一度深得皇太极信任,命为镶蓝旗固山额真后,仍要他"内理国政,外治戎兵"。正白旗固山额真喀克笃礼,乃勋戚康果礼之弟,亦应属戚贵之列。镶白旗固山额真车尔格,乃勋臣额亦都之第三子,卓有战功。镶红旗固山额真博尔晋,出身完颜贵族世家,曾任扎尔固齐,在沈阳等战役中,功绩卓著,曾为皇太极之侍卫。这些异姓勋贵得以总理八旗事务,是对旗主贝勒专权的重要改革,但在当时并未改变旗主贝勒擅权的局面。

两班"十六大臣",每旗各有4名,均有审理各类词讼之责,但第一班十六大臣,主要任务是协理本旗固山额真管理本旗日常事务,可不出征或驻防。第二班十六大臣则侧重管理本旗出兵征战及驻防戍守等军事事务。这些大臣亦

---

① 《清太宗实录》卷1,天命十一年九月丁丑条。

由勋贵子弟、功臣宿将及努尔哈齐之庶子担任。

皇太极设置八旗之八大臣（固山额真）和两班"十六大臣"，可谓金国八旗体制及政治体制的一次重大改革。它把原来由传统形成的八旗旗主专权制度，逐渐演变成官僚制度。将原来有较多自主性的八旗势力，开始纳入了正规的政治体制之内，加强了金国汗的权力。在四大贝勒共议国政并总揽军政大权的机制结构下，用八大臣、十六大臣的行政机制，代表最高统治者行使日常军政管理职权，可相对削弱除皇太极之外的其他三大贝勒的权力，使权力逐步集中到皇太极手中。八大臣、十六大臣虽以管理本旗事务为主，但其不但要听命于本旗旗主贝勒，还要服从国家级层面的安排，为皇太极在"八王共治"的形势下发展君主集权制度，创造了有利的政治条件。经过数年斗争，皇太极利用拉拢诸小贝勒，增加固山额真、"十六大臣"权力等手段，实现了君主专制。

二、组建八旗汉军

汉军满文称为 ujen cooha，乃"重兵"，并非汉人军队之意，其组建与八旗增设炮兵有关。八旗汉军的形成经历了较为艰难曲折的过程。努尔哈齐时期爱新国汉人将领地位最高者莫过于李永芳、佟养性和刘兴祚三人。天命三年（1618）攻克抚顺后，曾允许李永芳仍辖旧部，但很快就取消了这一特权。而佟养性本为世居辽东汉地的女真人，"原系抚顺城商人，因与我通好，为明帝监禁于辽东城。迨获释后，来归有功，妻女为婿，授副将职"；刘兴祚"原系开原城平民，以战前太平时，来归有功，授备御职"[1]。二人系只身来归者，并无旧部。天命七年（1622），努尔哈齐对汉官失去信任，在编立明安、恩格德尔蒙古二旗同时，却将绝大部分汉官等均编入满洲牛录，分隶于八旗满洲之下。天命时，李永芳、佟养性、刘兴祚虽各有自己的辖区，但已降为八旗贝勒的属人。从皇太极历数代善不善养属人时所云，"我见其常常虐害爱塔，夺其乘马，取其诸物，预料爱塔不能自存，必至逃亡。爱塔果逃"[2]，知刘兴祚曾隶属代善，确属正红旗满洲无疑。《八旗通志》中李永芳后定为正蓝旗汉军，则天命时应隶于满洲镶白旗，崇德之际方随其姻亲阿巴泰转入新建之满洲正蓝旗。八旗汉军成立，又由正蓝旗满洲转入正蓝旗汉军。天命末年，爱新国内的汉人起义

---

① 《内阁藏本满文老档》太宗朝第二函，《汉文译本》第20册，第496页。
② 《清初内国史院满文档案译编》上册，第198页。

被镇压后,大量壮丁被编入庄园,沦为各级满旗官员的奴仆,即所谓"辽东之民,久经分给将士,谊关主仆"①。在这种情况下,汉人不能编设牛录,根本谈不上编立汉军旗。

皇太极继位以后,为改善满汉关系,解决民族矛盾,改变了对汉人的治理策略,继位伊始,即以"满汉之人,均属一体"为号召,将部分汉民从庄园拨出,"分屯别居,编为民户,择汉官之清正者辖之"②。天聪三年、八年(1629、1634)又通过科举考试,从沦为八旗贝勒包衣之部分汉人生员中拨出四百余人,改变了汉人的社会地位。同时,皇太极在对明朝的战争中,逐渐认识到火炮的作用。目前一般认为,汉军编旗的开始,同火炮在爱新国军事上的广泛应用相关。天聪五年(1631)正月,由佟养性主持铸造的首批红衣大将军炮铸成,改变了爱新国只能从明朝军队缴获火炮的局面,为八旗兵广泛使用火炮创造了条件。佟养性随之被委以重任,皇太极命佟养性,"凡汉人军民一切事务,付尔总理,各官悉听尔节制"③。随之将汉人十丁抽一,编设旧汉兵披甲,成为八旗之随营炮队。天聪六年(1632)正月,皇太极检阅红衣大炮演练后,大加赞赏,赏赐佟养性后,还赏赐了汉兵六甲喇额真石国柱、金玉和、高鸿中、金砺、李延庚、图瞻等,可知此六人主掌汉兵旗下之六甲喇,由佟养性统领。旧汉兵之甲喇,每甲喇约有兵500左右,故旧汉兵约有3000余名。天聪七年(1633)正月,《清太宗实录》的兵种中,出现"旧汉兵一旗"的名称,且"收选新旧将官、备御及永平、大凌河炮手,已有二百余人矣",安插于旧汉兵六甲喇之内,以增加炮兵实力。且"命满洲各户有汉人十丁者,授绵甲一,共一千五百八十户。命旧汉军额真马光远统之,分补旧甲喇之缺额者"④。连同原来之旧汉兵,其兵额当在5000左右。天聪八年(1634)五月,改"旧汉兵为兀真超哈"⑤,即开始有了"汉军"之称。

当时虽有所谓汉军一旗之称,但并不意味着在八旗之外另设独立的汉军旗。天聪五年七月,皇太极召集八旗诸贝勒大臣议设统兵将帅:"每固山额真

---

① 《清太宗实录》卷3,天聪元年七月癸未条。

② 《清太宗实录》卷1,天命十一年九月丁丑条。

③ 《清太宗实录》卷8,天聪五年正月乙未条。

④ 《清太宗实录》卷14,天聪七年七月辛卯条。

⑤ 《清初内国史院满文档案译编》上册,第80页。

下两翼各设梅勒额真一员,每甲喇各设甲喇额真一员。随营红衣炮、大将军炮四十位,及应用挽车、牛骡,皆令总兵官佟养性管理。"①由是可知,所谓汉军一旗的炮队,仍是分属于八旗满洲各固山,为随营炮队而已,只是因为兵器的制造、炮手的训练、给养的特殊性,才专由佟养性总辖。佟养性于天聪七年病逝后,旧汉军由石廷柱继任总兵官。

增设旧汉军,固然有添置炮兵军种的初衷,但亦出于安置汉人归降者的性质。从天聪五年以来,辽西各卫之汉人官兵归降者日众,如何控制和赡养归降者,成为爱新国亟待解决的重大问题。天聪五年十一月攻克大凌河时,将归降之汉人军士,"分定河东、河西,以河西人归于八旗旧汉民内,以河东自辽东逃去之人,给还原主"②。即对属于河西的降民,采用皇太极继位初年制定的将汉人编户,交由汉官管辖的政策,归入八旗旧汉民之中。而属于河东者,本系从河东逃亡河西之旗下家奴,所以仍交还给原来之主人。但仅隔三个月,皇太极就感到这种处理方法不妥,须加更定。据《清太宗实录》卷 11 记载:

> 先是,大凌河之役,汉人归降及俘获者甚众,悉令民间分养。至是,更定永远安插之制。谕管户部事贝勒德格类曰:大凌河汉人,可分隶副将下各五十名,参将下各十五名,游击各十名。尽令移居沈阳,以国中妇女千口分配之。其余令国中诸贝勒、大臣各分四五人,配以妻室,善抚养之。③

乃将编入旧汉兵六甲喇之汉人,从由汉官管辖复分属于满洲贝勒大臣之下。改变"安插之例",将这些归降汉人官兵,均分置满洲贝勒大臣之下,无疑有防范汉人归降者的目的。但这些降民系编户身份,并非户下家奴,而是可以披甲的平民。以十丁抽一,令其披甲,亦体现爱新国安置抚育归降汉人之策略。

崇德时期,汉军队伍逐渐扩大,皇太极参照八旗满洲体制,又三次对汉军进行改制,逐步完善了八旗汉军体制。

崇德二年(1637)七月,在总结对朝鲜作战得失时,皇太极对汉军一旗在战役中的表现十分恼火,召集相关汉官进行训斥,并治汉军总兵官石廷柱十条罪状。其后皇太极采纳内秘书院大学士鲍承先所奏整顿汉军的建议,对汉军

---

① 《清太宗实录》卷 9,天聪五年七月庚寅条。
② 《清太宗实录》卷 10,天聪五年十一月丙戌条。
③ 《清太宗实录》卷 11,天聪六年二月癸巳条。

进行改制，"分汉军分为二旗，以昂邦章京石廷柱为左翼一旗固山额真，昂邦章京马光远为右翼一旗固山额真。照满洲例，编壮丁为牛录"①，二旗之旗色均为"玄青"。分为左右翼两旗，无疑系跟随八旗满洲左右翼作战，无非增设为左右翼旗分，增添兵额而已。此次体制革新，主要是照八旗满洲体制，将汉人壮丁单独编为牛录，表明皇太极已经发现了汉军长期以来存在的组织形式问题。这是八旗汉军史上一项实质性改革，它更接近于八旗满洲的兵制体系。改变了汉军旗不同于满洲旗分，没有将汉人如满洲一样编为正式牛录的局面。此后使汉军的基层组织一如满洲，八旗内统一规制，冀以解决汉军整体方面协调不力，不能充分发挥战斗力等问题。

但在随后征伐辽西锦州、松山的战役中，汉军二旗并未取得应有战绩，皇太极甚至认为石廷柱、马光远"心向敌国"，配合不力，并治二人之罪。并于崇德四年（1639）六月再次对汉军进行改制，"分二旗官属兵丁为四旗。每旗设牛录十八员，固山额真一员，梅勒章京二员，甲喇章京四员"②，任命马光远为黄旗固山额真，石廷柱为白旗固山额真，王世选为红旗固山额真，巴颜为蓝旗固山额真。汉军旗帜亦随之变化。各固山额真虽曰各领二旗，但旗纛却只有一个，"至是，改马光远纛以玄青镶黄，石廷柱纛以玄青镶白，王世选纛以玄青镶红，巴颜纛纯用玄青"③，即除蓝旗仍用玄青色外，其余三旗分别以玄青外镶黄、白、红边为帜。至于既称四旗，何以固山额真各辖正镶两旗的问题，解释只能是每旗之两翼分别在满洲同色之正镶两旗，属于不同旗分。汉军旗未分正镶，所以他们的旗分只能是各汉军隶属的满洲旗。而且此时八旗满洲中，除两黄旗由皇太极独掌外，其余六旗皆各有其主，因此要将汉军四旗各自归于四固山额真所在的满洲旗分之中，则令致使另外四旗阙如，如此则违背八旗制的基本原则，更不利于八旗兵力之综合配备。从此角度来看，汉军四旗依然属于过渡的形式。

崇德七年（1642），清军取得对明作战决定性的松锦大捷，俘获明朝降兵10余万。当年六月，汉军由四旗增为八旗，八旗汉军正式建立。如果以天聪五年（1631）作为汉军一旗的肇始，经过崇德二年（1637）分为二旗，崇德四年

---

① 《清太宗实录》卷37，崇德二年七月乙未条。
② 《清太宗实录》卷47，崇德四年六月丙申条。
③ 《清太宗实录》卷47，崇德四年六月丙申条。

(1639)分为四旗,到崇德七年正式成立八旗汉军,前后凡11年。之所以如此艰难,根本原因在于爱新国统治者对汉人的政策与对蒙古不同,对蒙古担心的只是其散漫难治,而对汉人则始终存在极重的猜忌心理。编设并改进汉军的过程,可以反映出满洲统治者对汉人逐渐信任并利用以及国内满汉民族矛盾逐渐减少。

崇德七年六月,将四旗汉军正式扩编为八旗时,即

　　　以祖泽润(正黄旗)、刘之源(镶黄旗)、吴守进(正红旗)、金砺(镶红旗)、佟图赖(正白旗)、石廷柱(镶白旗)、巴颜(正蓝旗)、墨尔根侍卫李国翰(镶蓝旗)八人为固山额真。祖可法、张大猷、马光辉、祖泽洪、王国光、郭朝忠、孟乔芳、郎绍贞、裴国珍、屯泰、何济吉尔、金维城、祖泽远、刘仲金、张存仁、曹光弼为梅勒章京①。

八旗汉军的旗纛也改用满洲八旗之旗纛,且相同旗色之汉军隶属于该旗色之满洲。而此时的八旗汉军,已并非如只有二旗时以炮兵为主,而是同八旗满洲、八旗蒙古一样兵种齐全,成为大清军事力量的重要组成部分。

在八旗汉军组建完成两个月后,崇德七年(1642)八月二十七日,恭顺王孔有德、怀顺王耿仲明、智顺王尚可喜、续顺公沈志祥奏请以所部兵随汉军旗下行走。皇太极同意了他们的请求,在战时,将其所部整体并入到汉军兵额相对较少的旗分出战。具体为孔有德部归入正红旗,耿仲明部归入正黄旗,尚可喜部归入镶蓝旗,沈志祥部归入正白旗,但仍然保留了他们所属官兵的一体性,未将其所部编入汉军牛录,故其当时均不属于八旗汉军之列。

三、编设八旗蒙古

努尔哈齐建国之前,已有蒙古人投靠其下,吴讷格即是其中最著名者。但八旗刚建立时,来归的蒙古人数并不多,所以直至天命六年(1621)才出现了蒙古牛录之记载。此年十一月,有"蒙古喀尔喀部内古尔布什台吉、莽果尔台吉率民六百四十五户并牲畜来归",努尔哈齐赐女收为额驸,赏赐有加,并授二人总兵官之职,且赐古尔布什"满洲一牛录三百人,并蒙古一牛录,共二牛录"②。此时蒙古牛录尚不多,未有另立八旗蒙古之可能,故古尔布什虽领有

① 《清太宗实录》卷61,崇德七年六月甲辰条。
② 《满洲实录》卷7,天命六年十一月十八日条。

蒙古牛录,但此蒙古牛录仍隶八旗满洲之内。

到天命七年(1622)初,情况发生了变化。原臣属于察哈尔林丹汗之科尔沁、兀鲁特诸部贝勒明安等17人举部来投,带来人口凡3000余户。同时,又有内喀尔喀部分台吉来投。如此大量蒙古人众涌入辽东,实为爱新国与蒙古诸部关系中前所未有的现象。为了安置前来归附之蒙古人众,并给尚未来归的蒙古各部树立榜样,天命七年三月二十九日,努尔哈齐颁书于来归之蒙古诸贝勒曰:"我思,自喀尔喀前来之诸贝勒同为一旗,自察哈尔前来之诸贝勒同为一旗。我念尔等来归,编尔等为二旗。"①据考证,二旗旗主当是明安贝勒与恩格德尔台吉,其地位与满洲八旗旗主相似。从天命九年(1624)元旦的朝贺仪式中可见,恩格德尔所率蒙古诸贝勒列于仅次于大贝勒代善之第二班,排在阿敏等人之前;即使在天聪元年(1627)十二月外藩蒙古来朝时,明安等人亦与大贝勒同列,而居于阿巴泰等诸小贝勒之前,足见恩格德尔、明安地位之尊,乃为前来归附众蒙古之表率。

此蒙古二旗之编立,改变了原来单一的八旗满洲的格局。但实际上努尔哈齐一方面将蒙古单立二旗以显示优容,另一方面又不让蒙古诸贝勒参与最高决策。从天命七年(1622)实行八王共治,到次年八都堂之设置,甚至皇太极的继位等一系列重大事件,皆不见蒙古诸贝勒在其中参与重要军政活动。因此可以推测,蒙古二旗只是爱新国的附庸,还未能真正同八旗满洲融为一体。

至天聪中期,经皇太极不断对蒙古诸部征讨,除察哈尔之外的蒙古诸部已经基本臣服于爱新国,且前来辽沈地区之蒙古人日益增多,皇太极便改变了蒙古二旗与八旗满洲并存的二元体制。天聪六年(1632)九月谕令:"因归顺蒙古诸贝勒所行悖乱,不令另编一旗,令其诸贝勒随各旗勒行走。属下人等并入吴讷格、鄂本堆旗下。"②将二旗撤销,诸蒙古贝勒归属于各自联姻的八旗满洲贝勒之下,其中喀尔喀系之恩格德尔及其子囊努克、满敦、翁诺和等人入正黄旗;古尔布什及其弟达赖、善巴,其子色楞、多尔济等人入镶黄旗;巴拜及其子阿玉石入镶白旗;拉普什喜及其子班济入正白旗。兀鲁特系之明安及其子昂

① 《内阁藏本满文老档》太祖朝第五函,《汉文译文》第 19 册,第 136 页。
② 《内阁藏本满文老档》太宗朝第十函,《汉文译本》第 20 册,第 658 页。

坤、多尔济及塞冷、常奇等人入正黄旗;奇普塔尔等人入镶黄旗;伊林齐等入正白旗;拜音岱及其弟塞密等入正红旗;布颜岱等入镶红旗;锁诺木、鄂齐尔图等人入正蓝旗;达赖等人入镶蓝旗。各自所属之人,亦随之入相应满洲旗分。此后,便将二旗之蒙古壮丁同蒙古二营之蒙古壮丁一样,全部纳入八旗满洲旗分之内。在编立八旗蒙古时,这些蒙古壮丁基本作为蒙古左右翼之"旧蒙古",被编入八旗蒙古之中。

　　这里所谓吴讷格、鄂本堆旗(unege obondoi gūsa),原是属于八旗满洲内的蒙古40个牛录,只是作战之时由二人统率,并未拨出另立系统,故虽名曰"二旗"(或称二营,即蒙古左、右营),天聪八年(1634)五月蒙古左、右营改为左、右翼,吴讷格、鄂本堆为左、右翼固山额真,但满文档案内则多写作"总兵官吴讷格"等。实际上在《清实录》和《满文老档》内又将蒙古左右翼称为"八旗蒙古",但乃八旗内之蒙古之意。吴讷格天命十年(1636)在镶黄旗,天聪时改为正白旗;鄂本堆天命十年在正白旗,天聪时改为正黄旗。在八王共治的天命、天聪之际,绝无可能将此二人率领的蒙古二旗,分别归于满洲正白、正黄旗下。此点在天聪八年五月攻明时,在皇太极之上谕中有:"凡随满洲旗蒙古贝勒所属牛录甲兵,令各该管甲喇章京率之以行。其蒙古贝勒,则各该固山额真率之以行。"①由此可见,原喀尔喀、兀鲁特蒙古二旗解散之后,"并入吴讷格、鄂本堆旗下"之各蒙古牛录,是分隶在八旗满洲之内的,所有权虽仍归蒙古诸贝勒,但征战时已不由他们率领,而受八旗满洲下的各甲喇章京统领作战。天聪九年(1635)正月,"以察哈尔国来归各官并壮丁三千二百十有一人,均隶各旗"②,具体给正黄旗110名、镶黄旗365名、正白旗180名、镶白旗457名、正红旗437名、镶红旗321名、正蓝旗436名、镶蓝旗176名,③这些壮丁被编入八旗之蒙古牛录内,充实了"旧蒙古"的力量,旧蒙古牛录达到了76个,亦使旧蒙古披甲几近万人,成为扩编八旗蒙古的基础。

　　天聪九年二月,清点并"编审内外喀喇沁蒙古壮丁,共一万六千九百五十三名,分为十一旗"④。除由外喀喇沁的9123名壮丁组成古鲁思辖布杜稜旗、

---

① 《清太宗实录》卷18,天聪八年五月丙午条。
② 《清太宗实录》卷22,天聪九年正月癸酉条。
③ 《清初内国史院满文档案译编》上册,第132—133页。
④ 《清太宗实录》卷22,天聪九年二月丁亥条。

俄木布楚虎尔旗、及耿格尔与善巴同管旗,仍属外藩蒙古三旗之外,其余八旗皆由原八旗满洲下的蒙古牛录加上此次新归附的内喀喇沁 7830 名壮丁混编,成为与八旗满洲并列的八旗蒙古。至此,八旗蒙古正式建立。

此次编成的蒙古八旗,以旧蒙古牛录为骨干,每旗设固山额真 1 人,下设梅勒章京、甲喇章京各 2 员。但每旗新编入的内喀喇沁壮丁数并不相同。具体为:

> 正黄旗固山额真为阿代,系以津扎、多尔济、布崖、阿玉希、拜都、塔拜、巴布泰、浑齐、吴巴希等之男丁及新编入喀喇沁壮丁二千二百五十六名,合旧蒙古为一旗。

> 镶黄旗固山额真为达赖,系以吴思库、拜浑岱等之男丁及新编入内喀喇沁壮丁一千零四十五名,合旧蒙古为一旗。

> 正红旗固山额真为恩格图,系以昂阿、甘济泰、喇嘛思希、库鲁格、巴特玛、海塞、苏班达里、布达里等之男丁及新编入内喀喇沁壮丁八百七十名,合旧蒙古为一旗。

> 镶红旗固山额真为布颜代,系以苏木尔、赖胡尔、噶尔图、绰思希等之男丁及新编入内喀喇沁壮丁一千零一十六名,合旧蒙古为一旗。

> 正白旗固山额真卫伊拜,系以布尔噶图、阿玉希、苏班、齐古拉海、莽古尔代、色讷克、希鲁克等之男丁及新编入内喀喇沁壮丁八百九十名,合旧蒙古为一旗。

> 镶白旗固山额真为苏纳,系以拉木布里、诺云达喇、阿兰图、希里得克、桑噶尔塞等之男丁及新编入内喀喇沁壮丁九百八十名,合旧壮丁为一旗。

> 正蓝旗固山额真为吴赖,系以希喇齐塔特、喀喇齐塔特、考齐塔特等之男丁及新编入内喀喇沁壮丁八百六十名,合旧蒙古为一旗。

> 镶蓝旗固山额真为扈什布,系以诺木齐、希喇图、纳勒图、桑奈、章苏、绰克图、诺密、努木塞阿衮等之男丁及新编入内喀喇沁壮丁九百一十三名,合旧蒙古为一旗。①

① 《清太宗实录》卷 22,天聪九年二月丁亥条;《清初内国史院满文档案译编》上册,第147—148 页。

上述之旧蒙古,指的是蒙古右翼兵及左翼兵。编蒙古八旗时,除镶白旗为"合旧壮丁"外,其余七旗均有数个旧蒙古牛录为骨干。八旗蒙古乃以旧蒙古为基础,加上新编入的喀喇沁壮丁混编而成,至于当时披甲额数,如《圣武记》所记八旗蒙古:"天聪九年,又分为八旗,兵万六千八百四十。"①所书兵额,当有所据。

八旗蒙古组建后,仍将前来归附之蒙古人编入八旗蒙古之中,其中许多因率属民较多而被授予官职,如:"查喀尔芒鼐,崇德元年,以率户口来归,授一等甲喇章京""巴特玛,崇德二年,以率户口来归,授牛录章京""古鲁达苏尔海,崇德元年,以率户口来归,授一等甲喇章京"②等记载,均为崇德年间前来归附而被授予甲喇章京或牛录章京者,其所带之人,无疑亦随之编入该旗之牛录,成为充实八旗蒙古披甲之主要兵源。此后八旗蒙古之服制、待遇一如满洲,并可科举,亦可出仕为官,但八旗蒙古并非为各自独立之系统,同八旗汉军一样,相同旗色之蒙古亦隶属该旗之满洲贝勒。八旗满洲、八旗蒙古、八旗汉军共同构成了清代之八旗,且各旗分中,并非绝对以民族身份区分,而是有各民族混杂其中,八旗满洲中有蒙古人、汉人等,八旗蒙古、汉军中同样亦有满洲人,唯成分侧重不同而已。

四、招抚边远女真编入八旗

努尔哈齐时期即以招抚和征伐之手段,收服黑龙江流域的女真人,有许多女真人被迁至赫图阿拉乃至辽东地区,编入八旗满洲旗下。皇太极继承汗位后,本着自古女真为一家之原则,从历史渊源关系上,宣谕"尔之先世,本皆我一国之人,载籍甚明",劝导黑龙江中下游之女真人等前来归附,乃因"此地人民,语音与我国同,携之而来,皆可以为我用"。③ 在劝慰招抚和武力威胁的作用下,黑龙江中下游地区的女真人归附者甚众。对归附之民,有的被带到辽东,编入旗下;有的令其复还故土,与爱新国保持隶属关系。

爱新国的招抚政策产生了积极的影响,黑龙江中上游之女真人等闻风归附。天命十一年(1626)十二月,黑龙江下游有26人携带名犬及黑狐、元狐、红狐、白猞狸狲、黑貂、水獭、青鼠等皮张,来到沈阳,作为贡品献给皇太极。翌

① 魏源:《圣武记》附录卷11,第467页。
② 《八旗通志》卷99—102《世职表十七》至《世职表二十》,第四册,第2301—2441页。
③ 《清太宗实录》卷21,天聪八年十二月壬辰条。

年即天聪元年（1627）十一月，萨哈尔察部有 60 余人至沈阳，向皇太极贡献貂、狐、猞狸等贵重皮毛。萨哈尔察（saharca）女真语为"黑色貂皮"之意，位于出产黑貂皮的黑龙江中游之苏鲁河以西地区。此后萨哈尔察人至清代仍与中原保持密切联系，有的萨哈尔察人被编入八旗，迁至辽沈乃至中原地区。

天聪五年（1631）六月，"黑龙江地方"之伊扎纳、萨克提、伽期纳、俄力喀、康柱等五名酋长前来朝贡。他们都属于黑龙江上游的呼尔哈部。七月，"黑龙江地方虎儿哈部落"之萨托恩科、姜图里、恰克谟、插球四名酋长来朝，献貂、狐、猞狸等毛皮。与此同时，又有松花江地方的呼尔哈部之萨达兰等酋长也前来朝贡。此时，见于史料的有"黑龙江地方呼尔哈部""松阿里地方呼儿哈部""兀扎喇地方呼儿哈部""东海窝集部瑚儿哈部"等，系居住区域不同的部落，各部归附时间不同，直至康熙年间，还有将黑龙江中下游虎尔哈部编入"新满洲"之记载。

皇太极实行招抚政策的数年之间，不动干戈就使居于黑龙江流域各部族前来归附者越来越多。天聪八年（1634）五月，连较为强大的索伦部首领巴尔达奇也率领 44 人到沈阳朝贡，献貂皮 1818 张。巴尔达奇之部落居住于精奇里江畔的多科屯，以该江的江名为姓，所以自称为精奇里江氏巴尔达奇。他对爱新国较为忠诚，得到皇太极庞信，妻以宗室之女，成为爱新国的额驸。由于其带头朝贡，同年十月，索伦部的孔恰泰、哈拜、京古济、吴都汉等部长相继赴沈阳朝贡。

前来朝贡并受到封赏后，即确立了政治上的隶属关系，承认皇太极为他们的最高统治者，土地和人民正式列入爱新国。这种隶属关系一旦建立，爱新国就绝不容忍其再分裂。从天聪五年黑龙江呼尔哈部前来朝贡，中间有二年多断绝了来往，至天聪八年（1634）正月，才有羌图里、嘛尔干等部分头目率六姓 67 人来朝，只贡貂皮 668 张。皇太极对此不满，将羌图里、嘛尔干召至中殿，告知云："虎儿哈慢不朝贡，将发大兵往征。尔等勿混与往来，恐致误杀……此次出师，不似从前兵少，必集大众以行也。"① 命赏给嘛尔干鞍马 1 匹、羌图里妇女 1 名，以嘉奖他们自归附以来朝贡不绝，忠顺爱新国。

天聪八年十二月隆冬严寒之季，皇太极派兵征讨黑龙江上游的虎尔哈部。

---

① 《清太宗实录》卷 17，天聪八年二月己巳条。

这是爱新国第一次用兵于黑龙江上游,也是对该地区武力统一的开始。此次以梅勒章京霸奇兰、甲喇章京萨穆什喀率章京 41 员,甲兵 2500 名出征。当时恰逢黑龙江呼尔哈部夏姓武因屯长喀拜、库尔木图屯长郭尔敦等来沈阳朝贡,皇太极赏赐后令伊等为向导。出征前,皇太极嘱咐将士,对俘获之人"须用善言抚慰,饮食甘苦,一体共之。则人无疑畏,归附必众"[1],且对已经归附之屯寨,不可稍有侵扰。霸奇兰、萨穆什喀率军经由科尔沁所属锡伯人居住之绰尔门(即绰尔城,今黑龙江泰来北)北行,直抵黑龙江沿岸。此次出师,专征黑龙江未归服之地,有向导引路,进展顺利。翌年初春报捷,共"收服编户壮丁二千四百八十有三,人口共七千三百有二,所有牲畜马八百五十六、牛五百四十三、驴八。又俘获妇女幼稚一百十六人、马二十四、牛十七",及貂皮等各种珍贵毛皮 3140 余张,皇太极旋将编户壮丁"分与新编牛录",因"此番招降虎尔哈内幼丁甚多,每牛录给不入册之幼丁约二百人",且将俘获的人口、牲畜、皮张等"皆分赐出征大臣"。[2] 并犒劳赏赐所有出征将士。同时得报,吴巴海等率兵往征东海瓦尔喀之军,"收服壮丁五百六十人,妇女五百口,幼稚九十口。俘获妇女六十六口"[3],亦按例将归服者编入八旗,俘获赏予出征大臣。

入关前类似上述之例对黑龙江流域各族用兵多次,收服各族之大量丁壮人口,其中所获人口较多者,为征东海瓦尔喀部 6 次、征黑龙江呼尔哈部 5 次、索伦部 2 次,根据《清太宗实录》记载,所获瓦尔喀人口为:

天聪元年(1627),第一次用兵朝鲜,瓦尔喀在其国内的 200 余户来归;天聪五年(1631),获男女 2000 余人;七年(1633),获男女老幼 1950 余人;天聪九年(1635),获壮丁 560 人,妇幼 590 人;天聪十年(1636)三月前,获 1300 余人;崇德元年(1636)四月后,获男妇 800 余人。

征黑龙江呼尔哈部所获人口为:

天聪八年(1634),获男妇幼小 1950 人;天聪九年(1635),获 7302 人,收编壮丁 2483 人;崇德五年(1640),获男子 336 人,归降男子 419 人;天聪七年(1642),招降男妇幼小 1400 余人;天聪八年(1643),获男妇幼小 3703 人。

征黑龙江上游索伦部所获人口为:

---

① 《清太宗实录》卷 21,天聪八年十二月壬辰条。
② 《清太宗实录》卷 23,天聪九年四月癸巳条;六月壬午条。
③ 《清太宗实录》卷 23,天聪九年四月甲辰条。

崇德五年(1640)三月,获人丁6956人,五月,有339户来降,十二月,获男妇九百余人;崇德六年(1641),该部前来归降者1470人。

入关前对黑龙江流域各族之招抚和征伐策略,使黑龙江流域多数部族纳入到爱新国的统治之下。粗略统计,皇太极时期各族前来归附和被征伐带回之人口,近4万人左右,这些人口基本都被编入八旗满洲之中,充实了八旗满洲牛录的实力,壮大了八旗满洲的力量,而这些人最终基本融入到满族共同体之中。而居住于原地的各部,入关后亦被纳入八旗体系,成为清朝准八旗式的军事力量。有部分从征者因战功等还被编入了八旗满洲,亦成为满族成员。

第三节　更定族称改元称帝

皇太极继位后,经过数年整治,平衡了八旗内部纷争,汗权得到巩固和发展,并在政治、军事、经济方面取得显著成效,在蒙古察哈尔等部均来归附,获得传国玉玺及蒙古地区之护法佛后,爱新国上下便开始准备改元称帝,建立大清。作为准备事项之一环,先将族称统一,改女真为满洲,开启了满洲共同体新的发展历程。

一、更族名"满洲"

女真在各类文献中或被写作女贞、女质、诸申、珠申、朱先、朱里真、朱理真、珠尔真及朱里扯特、主儿扯惕、拙儿擦歹等。该族系之人在金、元、明时期一直以女真自称,满语称作 jušen,即诸申。在谕令改称满洲之前,在天聪年间,皇太极一直也自称本族为诸申。虽然在《清太宗实录》中"诸申"均称"满洲",可是在《满文老档》天聪年间的满文档案中,自称诸申之处,在在皆是,当时均以"诸申、尼堪、蒙古"区分族群。将建州女真以及哈达、乌喇、叶赫、辉发等部之女真统称为诸申,在努尔哈齐时期确立并为皇太极所继承,沿用了40余年的通行称呼。

天聪九年(1635)十月十三日,皇太极出于为建立清朝的新秩序和表明他的民族与国家的独立性质,对于一些习惯的称呼,加以更定。当日发布谕旨:

han hendume musei gurun i gebu daci manju hada ula yehe hoifa kai tere be ulhirakū niyalma jušen sembi jušen serengge sibei coo mergen i hūncihin kai tere muse de ai dalji ereci julesi yaya niyalma musei gurun i da manju sere gebu be hūla jušen seme hūlaha de weile.①

《清太宗实录》里的译文为：

> 汗曰：我国原有满洲、哈达、乌喇、叶赫、辉发等名。向者无知之人，往往称为诸申。夫诸申之号，乃席北超墨尔根之裔，实与我国无涉。我国建号满洲，统绪绵远，相传奕世。以后一切人等，止称我国满洲原名，不得仍前妄称。②

显然有润色成分。从内容上看，此满文谕旨与改族称无关，似是在统一"国号"，但其中之 gurun（国）并非"国家"之意，而是指部族，因而国内外学界普遍认为此谕系改族称之谕旨。另外，在《旧满洲档》（《满文原档》）及后来抄写的《满文老档》之中，manju gurun 是与 aisin gurun 通用的，间或也有写作 jušen gurun 者，一般对内自称 manju gurun，对明朝、朝鲜等则称 aisin gurun。据神田信夫核对《旧满洲档》和《满文老档》相关记载，发现许多将 jušen gurun 修改为 manju gurun 的痕迹，表明在天命、天聪年间，jušen gurun 的称呼较为普遍。古代许多政权名称、地域名称演变为民族名称的情况较为普遍，因而建州女真之 manju 被当作族称，乃理所当然，故清朝人说，他们原名满洲，是明朝人"误为建州"的。不许再称 jušen，将 manju 定为族称后，是将包括哈达、乌拉、叶赫、辉发以及归附清朝的东海女真各部原来之女真族称，统一称作满洲。此后，满洲成为与蒙古、汉人对等之族称，更定满洲族称，对满洲民族共同体的形成及清朝入主中原均具有重要作用。

此道谕旨曾被人认为难于理解，因为"诸申"即"女真"之转译，女真语发音相同，皇太极因何却言称与爱新国无涉，而把"诸申"说成是"席北超墨尔根之裔"③。如果把此件谕旨，与当时所进行的改元称帝的前期准备及翌年四月建立清朝联系起来，便并不难理解。因为天聪十年（1636）四月改的是国号，而天聪九年发布的谕旨，改的是族名，两者具有很密切的关系。爱新国对本族人自称诸申，称蒙古族人为蒙古，称汉族人为尼堪，当时已属于习惯上的泛称。

---

① 《旧满洲档·天聪九年》，日本东洋文库 1972 年版，第 318 页。

② 《清太宗实录》卷 25，天聪九年十月庚寅条；《清初内国史院满文档案译编》上册，第 205 页所译更接近本意，但亦不准确。更准确的应译为"十三日，汗曰：我国之名，原有满洲、哈达、乌拉、叶赫、辉发也。不了解此事之人却称诸申。夫诸申者，乃锡伯之超墨尔根之戚也。嗣后，所有人均需称我国之满洲本名，称诸申者治罪"。

③ 按：满文 hūncihin，应译作"亲族"，而非后裔。

而实际上建州人本来还自称为满洲,而哈达、乌喇、叶赫、辉发等海西女真多称诸申,为了统一称呼本族族名,要求统一称为满洲,来代替原来泛称的诸申,乃以建州女真之自称取代海西女真、野人女真各部之统称,此与诸申是否是"席北超墨尔根"的后裔无关。这种改族名为"满洲"和改国号为"大清",都是根据形势发展,为改元称帝和建立新型王朝的需要而改动的。

关于满洲先世之起源,《清太祖武皇帝实录》《清太祖高皇帝实录》《满洲实录》等均以三仙女神话传说开篇。该神话虽然富有浓厚的神秘色彩,但确对追溯满洲、整合满洲共同体具有重要作用。然而,检索三仙女传说,最早并非来源于建州女真。该传说首次见诸文献,是天聪九年(1635)五月六日,被招抚的黑龙江下游东海虎尔哈部酋长穆希格所述本部有此传说,被收录在《旧满洲档》之《天聪九年》的档案内,内容为:"我祖父世居布库里山下布尔瑚里湖。在我处无记载,相传有天女三:恩固伦、正固伦、佛固伦,浴于布库里池。季女佛固伦得神鹊所送朱果衔口中,不意吞入腹中成孕,生布库里雍顺,其同族系满洲国人矣。"[1]得此传说后,皇太极及其文臣,复参酌《金史》所记完颜氏始祖函普之传说进行修订,便出现了《清太祖武皇帝》中所记载的满洲之三仙女及布库里雍顺之传说,意在突出满洲先祖布库里雍顺乃天女所生,并溯源满洲之来源。其目的则是整合满洲族群,促进女真人对满洲之认同,进而从构建民族共同体方面,为改元称帝,改爱新国为大清国作好铺垫。

关于更改诸申(女真)族称问题,亦有人认为自努尔哈齐起兵后,改变"夷人之俗,不相为奴"的女真人传统,有的女真人因成战俘,变为奴仆,多数女真人成为社会平民,诸申逐渐成为下层平民的称呼。诸申之上,有各类额真及贝勒、汗等,诸申的称呼,已不能代表后爱新国中的汗、贝勒、固山额真等达官贵族,更不能以诸申作为俗称的国名,需要寻找一个更为尊贵吉祥的名称取而代之,因此将诸申作为平民之专用名称。同月二十四日,"召集众人于大殿宣谕曰:国名为满洲,称旗贝勒专管之诸申,为某旗贝勒下诸申"[2]。谕令满洲为部族名称,诸申则成为属民之意。

另外,认为皇太极在国内经济迅速发展,政治稳定,汗权加强的局面下,又

① 《清初内国史院满文档案译编》上册,第 161 页。
② 《清初内国史院满文档案译编》上册,第 206 页。

有孔有德、尚可喜、耿仲明率军来归,且黑龙江女真各部纷纷归附,增加了爱新国的军事力量,征服朝鲜,解除其与明朝后援的后顾之忧,特别是天聪九年最后消灭林丹汗的残部,林丹汗妻、子等举国来附,基本上消除了来自蒙古的威胁,并获得传国玉玺。以后的对手主要是明朝,如告祭其父之表文所云:"蒙古诸国尽归一统,惟有明国尚为我敌。"①因而与明朝争天下,成为未来之目标。改女真族称,以防明朝人利用宋金关系鼓动百姓,仇视爱新国,堪称其目的之一。早在天聪五年(1631)八月,皇太极给祖大寿的信中,既有"大明帝非宋帝之裔,我亦非先汗之后。彼一时,此一时,天时人心各不相同"②之语,否定与金代女真人之关系。因此,以满洲取代女真之族称,亦有进而与明朝争天下之考量。

至于"满洲"之来源,已有十几种说法,其中《满洲源流考》认为系藏传佛教所称"曼珠",成为清中叶以降之主流说法。考证该说,乃迎合乾隆皇帝之圣意。其实在藏传佛教进入建州女真地区之前,《满文老档》万历四十一年(1613)的记载中,既有 manju(满洲)出现。建立爱新国后,对外称 aisin gurun,而内部多称 mini manju gurun,即"我满洲国"。且朝鲜史料中,亦有称努尔哈齐为"满住汗"者,可知满洲之称,在建州女真由来已久,建州女真一直自称"满洲",满洲之名被明朝误名"建州",故明朝称呼与自称出现差别。其在努尔哈齐时期仍为建州女真之部族名称,皇太极将此族称取代女真(诸申),乃将建州女真之族称,变为全部女真人之族称,既符合时代需要,又对该民族共同体的形成和发展起到了促进作用。

二、改国号"大清"

皇太极改元称帝,建立大清的前提,目前有许多说法,但应以其告天所称"幸赖皇穹降佑,克兴祖父基业,征服朝鲜,混一蒙古,更获玉玺,远拓边疆"③为主,正是在此种局面下,天聪汗具备了成为满洲人、蒙古人、汉人、朝鲜人的"天下共主"的条件。

克兴基业方面,经过近10年的整顿和发展,爱新国经济繁荣,政治稳定,军事强大。在八旗制度之外,建立了完整的六部八衙门等职官体系,完善了国

① 《清太宗实录》卷26,天聪九年十二月丁酉条。
② 《内阁藏本满文老档》太宗朝第七函,《汉文译文》第20册,第583页。
③ 《清太宗实录》卷28,天聪十年四月乙酉条。

家法制、礼仪、服制、职爵等制度。对明朝战争,捷报频传,明朝将领大量归降。两次入关,直抵北京城外,所向披靡,俘获甚众。山海关外,几近其有,爱新国进入最为繁盛时期,如其告祭努尔哈齐陵寝时之表文所言:"自受命以来,征讨诸国,所在克捷,遐迩大小之邦,罔不臣服。"①可谓其对克兴父祖基业之总结。

所谓征服朝鲜,则过于牵强。天聪元年(1627)的丁卯之役,是爱新国与朝鲜之间的第一次大规模军事交锋,朝鲜被八旗军打败,被迫订立《江都之盟》,形成了"兄弟之盟"。通过"兄弟之盟",朝鲜与爱新国从敌对国变成了兄弟之国。然而,朝鲜仍与明朝关系密切,且敌视女真人,双方在遣返人口、贸易、岁币等方面摩擦不断。皇太极深知朝鲜对爱新国之态度,欲借上尊号之机,向朝鲜展示实力,观望朝鲜对爱新国和明朝之取向,以便彻底解决朝鲜问题。在上尊号典礼时,"朝鲜使臣罗德宪、李廓独不拜",体现朝鲜拒绝承认皇太极改元称帝。为此,大清国于当年十二月出兵朝鲜,清军很快抵达平壤,威逼汉城,国王李倧逃往南汉山城,旋向清称臣,史称此战为"丙子之役",此役方可谓征服朝鲜。其后双方订立《三田渡盟约》,皇太极彻底斩断了朝鲜与明朝的封贡关系,朝鲜遂成为大清属国。

混一蒙古方面,以科尔沁为首的左翼蒙古,自努尔哈齐时就与爱新国建立了同盟关系,天聪时期前来归附者日益增多。而右翼蒙古在林丹汗式微后,开始主动投靠皇太极,其中天聪九年(1635)七月,蒙古察哈尔部首领林丹汗之子额尔克孔果尔额哲遣使臣阿齐图太锡至沈阳,向皇太极奏言:"我主无禄云殂,我等无所依负。皇上景福方昌,故举国来归。"②愈月余,多尔衮等贝勒带领察哈尔太子额哲等前来,并献上传国玉玺。爱新国按礼俗安置前来归附之察哈尔贵族,皇太极封额哲为亲王,妻之以女,成为额驸,且保存察哈尔部名号及旗帜,令与其母苏泰太后游牧孙岛习尔哈地方,意在使蒙古汗廷后裔成为藩属。当年十二月初七日,阿禄喀尔喀部马哈撒嘛谛塞臣汗、乌珠穆沁部塞臣济农、苏尼特部巴图鲁济农、蒿齐特部叶尔登土谢图、阿霸垓部查萨图济农等大小贝子遣卫征喇嘛、毕切齐达尔汉吴巴什、达尔汉塔布囊、托博兑冰图四头目

---

① 《清太宗实录》卷26,天聪九年十二月丁酉条。
② 《清太宗实录》卷24,天聪九年七月辛亥条。

率132人赍书来朝贡驼、马、貂皮并鞍辔、锁子甲、弓、刀等物,并上书称:

> 成吉思汗后裔马哈撒嘛谛塞臣汗等书,奉天下无敌天聪皇帝。伏惟皇帝,躬膺厚趾,起居康泰。向者察哈尔胡土克图汗(指林丹汗),居必不可败之势,与大国抗衡,今已既灭其国矣。现今安迩怀远,以图太平之道,天聪皇帝自有睿裁。但今抚有大宝,必声名扬溢,为天下法,使政令炳耀,如日方升,庶几当时利赖,万世传休。傥蒙睿鉴,以此言为然,愿往来通问不绝,共守盟约,以享太平。①

可作为另外之成吉思汗后裔归附,蒙古混一之依据。此外,此前之天聪八年(1634),有墨尔根喇嘛将元朝八思巴国师为蒙古地区所铸护法玛哈噶喇金佛,献于爱新国,亦被认为是蒙古地区将受爱新国护卫之象征。天聪八年(1634)十二月,林丹汗去世后,察哈尔陷入一片混乱,"墨尔根喇嘛见皇上威德遐敷,臣服诸国,旌旗西指。察哈尔汗不战自遁,知天运已归我国,于是载佛像来归"②,皇太极遣毕礼克图囊苏喇嘛将此黄教护法嘛哈噶喇佛像迎至沈阳城。皇太极为供奉佛像而大修庙宇,并向朝鲜索要装饰用的材料,可见对佛像之重视程度。天聪十年(1636)正月,实胜寺初建,皇太极"备命陈诸祭物,祀嘛哈噶喇佛于佛寺内"③。又将护送嘛哈噶喇佛前来之已故的沙尔巴胡土克图的骸骨,放置在所造的银塔中,安置在佛殿左侧,以礼祭祀供养。嘛哈噶喇佛供奉于沈阳,对蒙古人前来归附及清朝阐扬黄教等均具有重要影响。

获得传国玉玺,被认为是改元称帝之天兆,乃"天赐至宝,此一统万年之瑞也"。关于历史上争夺此玺之传说较多,并将执此玺者视为正统。《清太宗实录》对此玺记之为:

> 相传兹玺,藏于元朝大内。至顺帝为明洪武帝所败,遂弃都城,携玺逃至沙漠,后崩于应昌府,玺遂遗失。越二百余年,有牧羊于山岗下者,见一山羊三日不啮草,但以蹄跑地,牧者发之,此玺乃见,既而归于元后裔博硕克图汗。后博硕克图汗为察哈尔林丹汗所侵,国破,玺复归于林丹汗。林丹汗亦元裔也……其文,乃汉篆'制诰之宝'四字。璠玙为质,交龙为

---

① 《清太宗实录》卷26,天聪九年十二月癸未条。
② 《清太宗实录》卷21,天聪八年十二月丁酉条。
③ 《清太宗实录》卷27,天聪十年正月壬子条。

纽。光气焕烂,洵至宝也。①

爱新国对获此至宝,极为重视。皇太极筑坛祭天,举行极为隆重的仪式,恭迎此宝。皇太极捧玺祭天后,言于左右曰:"此玉玺乃历代帝王所用之宝,天以畀朕,信非偶然也。"②暗示其获取传国玉玺,乃天命所归,已有改元称帝之意。满洲诸贝勒大臣、蒙古科尔沁及察哈尔各部,汉人文武大臣均参加此仪式,并纷纷上表祝贺,呼声一致,即顺天应人,上皇帝尊号,登上"天下共主"的皇帝大位。

此玉玺之真伪,目前学界尚有争论,且清宫所藏之"制诰之宝",与李斯所制传国玉玺有别,被认为是唐朝以后的仿制品,但对爱新国而言,获取传国玉玺意义重大,成为皇太极改元称帝的舆论工具。当年明太祖朱元璋建立明朝时,便曾声称继承的是元朝皇权,可惜几次北征,仍未得到传国玉玺。如今北元汗廷归附爱新国,且获取传国玉玺,成为爱新国继承元朝皇权之标志。其与明朝必然要开始一场所谓"正统"之争,而皇太极手握传国玉玺,得以号令蒙古,事实上一跃而成为与明朝平起平坐的"天下共主",如耿仲明在奏疏中所言:"夫玉玺者,乃天子之大宝,国家之上瑞,有天下者所必用也。仅皇上合天心,爱百姓,故天赐宝玺,可见天心之默佑矣。惟愿早正大统,以慰臣之望。"③可以说,此语可以反映爱新国之满、蒙、汉大臣等的共识。

此后之半年多时间,爱新国上下经历了满蒙汉贝勒大臣共同劝上尊号、纷纷立誓效忠和准备改元称帝的过程。在满蒙汉贝勒大臣等纷纷请求上尊号,却皆被皇太极驳回的情况下,天聪九年(1635)十二月,满洲诸贝勒大臣合议,决定令儒臣希福、刚林、罗硕及启心郎祁允格代表全体臣工上奏,陈言"众望不可以久虚,大命不可以谦让。今察哈尔太子举国来降,又得历代相传玉玺,是天心默佑,大可见矣。所当仰承天意,早正大号,以慰舆情",仍被皇太极以"虽诸国来附,兼得玺瑞,然大业尚未底定也。大业未定,豫建大号,恐非所以奉天意"④,而固辞不允。在再三奏请仍被驳回的情况下,管礼部贝勒萨哈廉认为:"皇上不受尊号,其咎实在诸贝勒。诸贝勒不能自修其身,殚忠信以事

---

① 《清太宗实录》卷24,天聪九年八月庚辰条。

② 《清太宗实录》卷25,天聪九年九月癸丑条。

③ 《清太宗实录》卷25,天聪九年九月辛酉条。

④ 《清太宗实录》卷26,天聪九年十二月甲辰条。

上……今诸贝勒宜誓图改行,竭忠辅国,以开太平之基,皇上始受尊号可也。"①于是以代善为首的满洲诸贝勒焚书告天,对天立誓效忠皇太极。如皇太极继汗位时同样,此过程可谓是具有民族特色且必不可少的程序。旋由满洲八和硕贝勒、十七固山大臣及外藩蒙古十六部四十九贝勒,共同遣使,送达致朝鲜国王书,告知上尊号之事。此后,便进入到择吉日举行大典之准备阶段。

天聪十年(1636)四月十一日,举行改元称帝之各种仪式。黎明时分,皇太极率诸贝勒及满蒙汉官出德盛门至天坛,先举行祭告天地仪式。其祝文内容为:

> 维丙子年四月十一日,满洲国皇臣敢昭告于皇天后土之神曰:臣以眇躬,嗣位以来,常思置器之重,时深履薄之虞,夜寐夙兴,兢兢业业,十年于此。幸赖皇穹降佑,克兴祖父基业,征服朝鲜,混一蒙古,更获玉玺,远拓边疆。今内外臣民谬推臣功,合称尊号,以副天心。臣以明人尚为敌国,尊号不可遽称,固辞弗获,勉徇群情,践天子位,建国号曰大清,改元为崇德元年。窃思恩泽未布,生民未安,凉德怀惭,益深乾惕。伏惟帝心昭鉴,永佑邦家。臣不胜惶悚之至,谨以奏闻。②

读祝官颂毕祝文,皇太极率众臣对天行三跪九叩之礼,祭祀天地、焚帛及祝文。礼毕,在坛内面东而坐,诸贝勒、大臣依次列坐。皇帝饮福受胙,赐贝勒、大臣等人共享,复率众臣行一跪三叩之礼。

祭告天地礼毕,在天坛之东所筑之坛上行受尊号礼。仪式开始,备大驾卤簿,皇太极登上坛顶,于金椅就座。诸贝勒大臣左右序列,在奏乐声中行三跪九叩之礼。左班以多尔衮、巴达礼捧宝一件,多铎、豪格捧宝一件;右班以岳托、额哲捧宝一件,杜度、孔有德捧宝一件,依次进呈皇太极。皇太极接受诸宝。满蒙汉官捧满蒙汉三体表文,立于坛东,以上称尊号及建国改元事,宣告天下。其表文为:

> 我皇上应天顺人,聿修厥德,收服朝鲜,统一蒙古,更得玉玺,符瑞昭应,鸿名伟业,丕扬天下。是以内外诸贝勒大臣,同心推戴,敬上尊号曰宽

---

① 《清太宗实录》卷26,天聪九年十二月甲辰条。
② 《清太宗实录》卷28,天聪十年四月乙酉条。

温仁圣皇帝,建国号曰大清,改元为崇德元年。①

自此,爱新国变为"大清国"（daicing gurun）,皇太极从爱新国汗成为大清国之宽温仁圣皇帝。皇帝之尊号,汉文表文写作"宽温仁圣皇帝";满文表文为 gosin onco hūwaliyasun enduringge han,字面顺序为"仁宽温圣皇帝";蒙古文表文为"aruta örüsiyegci nairamdaru borda qaran",字序与汉文相同。至于满文、蒙古文仍写作 han,未用汉语拼写成 hūwangdi,乃当时之通用词汇,玉玺上亦写作 han,并在入关后仍长期沿用。

至于"大清"国号之语义,如"大元"（daiyuwan gurun）、"大明"（daiming gurun）等国号一样,来源于汉语。满文之 daicing,乃对汉语大清之拼写。按古代国号必有所典之制,"大清"一词,或典出《管子》卷13《心术篇》中的"镜大清者,视乎大明",以及《管子》卷16《内业篇》中的"鉴于大清,视于大明",乃针对"大明"之名称。近来有学者认为来源于蒙古语"daičing"（英勇之意）,音虽相近,然与历代定国号之传统不符。且如前引,天聪九年（1635）十二月皇太极告祭其父表文所言,"蒙古诸国尽归一统,惟有明国尚为我敌",因而商定国号,要针对敌国明朝。按五行之说,金木水火土,相生相克,明以火旺,清以水兴,水可灭火,乃清将灭明之寓意。当时在爱新国有大量儒臣,且努尔哈齐既通五行,并影响其子侄,因而此说应该更符合"大清"国号之本意。另外,天聪并非年号,乃天聪汗第某年之意,满文为 sure han 第某年,sure han 乃皇太极之汗号,为"聪睿汗"之意,并无"天聪"之"天"的内容,故年号"崇德",乃入关前之真正年号,亦为针对"崇祯"年号之产物,乃因皇太极将自己之"崇敬道德",比之"崇敬祯祥"更高一层之故。

改元称帝,建立大清,开辟了历史新纪元,对满族共同体的形成和发展意义重大。崇德年间,清朝国势日益强盛,南起鸭绿江边,东临海岸,北至黑龙江北岸牛莽河（今布列雅河）、精奇里江（今结雅河）等河流域,西北达石勒喀河上源,西迄内蒙古自治区西北部,西南抵山海关的广大区域,都处于清政权的统一管理之下,成为可与明朝比肩之政权,明朝随之从长期与北元的对立,走向与大清的对立。崇德八年（1643）八月初九,皇太极突然驾崩。经过艰难的争斗和平衡,最终确定以六龄之福临嗣位,由郑亲王济尔哈朗、睿亲王多尔衮

---

① 《清太宗实录》卷28,天聪十年四月乙酉条。

辅政,政权旋即落入多尔衮手中。多尔衮利用李自成入京灭明,流寇立足未稳之契机,收服降将吴三桂,一举入关,定鼎中原。满族部众随之进入北京,驻防全国,使满族跨入到发展兴盛期。

第六章 明代女真之语言及文化

明代女真人虽被编入羁縻卫所,各卫所头领被授予官职,但因其生活区域及明朝的统治政策所限,生活于明代边墙之外的女真人接受汉文化的机遇不多,因而受汉文化影响不大,保留渔猎经济文化类型的女真文化特色较多,尤其在服饰、饮食、起居、婚姻、丧葬及语言文字、宗教信仰等方面,具有鲜明的民族特点,这些文化在入关后较长一段时期被继承。后随着儒学的影响,满族文化中增添了诸多儒家文化的成分,使得关内外的民族文化产生差异。

第一节 满文的创制及运用

文字的创制与运用,是民族文化发展水平的重要标志之一。清入关前,伴随着女真政治、经济的日益发展,社会内部及各民族之间交往的不断扩大与日趋密切,迫切要求作为思想交流与语言载体重要工具的文字也要有一个较大的改进与发展。16世纪末至17世纪30年代,新老满文的创制及改进,标志着女真文字改革过程的完成。满文的创制,也为女真人用自己的文字记录本族历史,以及翻译介绍汉文典籍提供了条件,促进了满文著述事业的发展。以下便对清入关前满文的创制及运用情况进行简要叙述。

一、满文之创制

满洲的先世女真人,早在金代就已经创制了女真文。当时女真著名学者完颜希尹就根据楷体汉字、契丹文字并结合女真语发明创造了女真大字。金熙宗时期又创造了女真小字。女真大字、女真小字在有金一代得到了广泛的使用。金亡元兴后,女真人成为了被统治民族,女真地区除了使用本民族的女真文之外,还被迫使用蒙古文,而且蒙古文的使用次数比女真文多得多,所以经过元朝的过渡,到了元末,能认识女真文的女真人已经寥寥无几。到了明朝中后期,女真文基本失传,女真人在日常生活中交流仍使用女真语,但是书写文书或传递信件时则使用蒙古文来代替。当时明朝对女真人颁发的敕书、建州女真与朝鲜往来的公文,也一律用蒙古文来书写。

努尔哈齐统一建州之后,对建州内部下发政令文书、对外部的明朝或朝鲜传递公文,也全部使用蒙古文,即所谓当时"满洲未有文字,文移往来必须习蒙古书,译蒙古语通之"①。这种说女真语、写蒙古文的方式给建州的发展带来了极大的不便。当时的女真社会中,并非人人都认识蒙古文,相当多的普通女真百姓都是不掌握的。所以制定文书之时,必须先找到通晓蒙文之人,令其按照女真语之意写成蒙文,到地方传达时,还要找到通晓蒙文之人,将其译成女真语向女真百姓宣布,如果找不到这充当翻译之人,不但文书无法草拟,即便是传播到各地,对于女真百姓来说也变成了一纸空文,即便找到通晓蒙文之人进行翻译也浪费时间,又降低效率。为了改变这种状态,创制本民族的文字势在必行。

万历二十七年(1599),太祖命额尔德尼、噶盖仿效蒙古文创制满文,但额尔德尼和噶盖以蒙古文已传习久矣,不能更改为由推辞,太祖便教导他们说:"汉人念汉字,学与不学者皆知;蒙古之人念蒙古字,学与不学者亦皆知;我国之言写蒙古之字,则不习蒙古语者不能知矣,何汝等以本国言语编字为难,以习他国之言为易耶?"②并指出造字的方法:"写阿字下合一玛字,此非阿玛乎? 额字下合一默字,此非额默乎?"③之后额尔德尼和噶盖便以太祖所言制定满文的方法为基础,再结合蒙古文与女真语的特点,开始创制满文。在创制的过程中本是二人共同商议,共同负责,但是噶盖因与哈达贝勒孟格布禄来往过密,在孟格布禄谋逆一案中受到牵连被处死,所以在噶盖被处死后,满文的创制便由额尔德尼一人承担。经过不断的探索尝试,额尔德尼终于将满文创制成功。额尔德尼此时创制的满文还没有加圈点,所以被后人称为"无圈点满文"或"老满文"。满文创制完成后,太祖马上令人在爱新国政权统治范围之内开始推行。自此,女真人在继元末女真文基本消亡后,再次有了属于自己民族的文字。

老满文的出现,是女真文字的一个重要的发展,但一种新文字的创制与完善很难一蹴而就。老满文仍然存在着不少问题,如一个字母往往有两三种乃至

---

① 《满洲实录》卷3,己亥年二月条。按:满文实录中未有此句,该句当于乾隆朝修《满洲实录》时所增,且仅加汉文,未加满文。

② 《满洲实录》卷3,己亥年二月条。

③ 《满洲实录》卷3,己亥年二月条。

四五种写法,有的字母又同时表示几个不同的音,其中如"达、塔、德、特,扎、哲、雅、叶"(da、ta、de、te、ja、je、ya、ye),难以分辨,因此拼写成文后,"若不能合上下文字之意义,诚属不易辨识"。经过三十多年的实践应用,在总结老满文存在的问题,找出解决办法之后,天聪六年(1632),皇太极命达海对老满文"酌加圈点以分析之,则音义明晓,于字学更有裨益矣"。① 这一次改革的内容包括:将同一部位(字首、字中、字尾或独立形体)的同一字母的字形统一起来;同一字母表示两个以上不同音的,用"圈"或"点"加以区别;把原来的音节连续加以系统化、规范化;增加了10个特殊字母,以便能够较准确地音译汉语等语言中的某些专有名词。为与老满文相区别,经过改进后的新满文,又称为"有圈点满文"。

满文字母表

满文字母	拉丁字母转写	满文字母	拉丁字母转写	满文字母	拉丁字母转写
ᡆ	a	ᠪ	b	ᠸ	w
ᡝ	e	ᡦ	p	ᠩ	ng
ᡞ	i	ᠰ	s	ᡴ	k'
ᠣ	o	ᡧ	š	ᡤ	g'
ᡠ	u	ᡨ	t	ᡥ	h'
ᡡ	ū	ᡩ	d	ᡮ	ts'
ᠨ	n	ᠯ	l	ᡮ	ts
ᡴ	k	ᠮ	m	ᡯ	dz
ᡤ	g	ᠴ	c	ᡰ	ž
ᡥ	h	ᠵ	j	ᠰᡟ	sy
ᡴ	k	ᠶ	y	ᡱᡟ	c'y
ᡤ	g	ᡵ	r	ᠵᡟ	jy
ᡥ	h	ᡶ	f		

注:表中满文拉丁字母转写为穆麟德夫转写法。

———————

① 《清太宗实录》卷11,天聪六年三月戊戌条。

二、满文之应用

老满文创制之后,额尔德尼随即担负起利用满文记载史实的重任。额尔德尼主要是将爱新国日常发生的一些大事以年月日为序逐次记录,类似于我们今日所记载的档案。"聪睿恭敬汗所立之一切善政,俱由额尔德尼巴克什录编成书。额尔德尼巴克什勤敬聪明强记,他人所不及,彼能精心撰拟此书,亦非易也"①,此载将额尔德尼所记内容及由此所做出的贡献表露无遗。库尔缠也曾奉命编修国史,"儒臣分为两直,巴克什达海同笔帖式刚林、苏开、顾尔马浑、托布戚等四人翻译汉文典籍;巴克什库尔缠同笔帖式吴巴什、查素喀、胡球、詹霸等四人记注本朝政事,以昭信史"②。额尔德尼、库尔缠所编的国史即成为今天见到的对清入关前史研究及满语文研究具有重要意义的《满文原档》。该档簿在乾隆年间以"无圈点"和"加圈点"两种文字重抄数部,被称为"加圈点档"和"无圈点档"。1906 年,日本学者内藤湖南在沈阳发现加圈点之档簿,复制回日本,名之为《满文老档》,开始整理研究。《满文老档》是一部用满文书写的清代档案文献,记录了始于明万历三十五年(1607)至崇德元年(1636),即清太祖时期至太宗崇德元年的史实,是研究清入关前历史的重要史料。

太祖一朝的《满文老档》主要对统一女真、建立政权、对明作战等史事作了详细的记录,在记载这些重大史实的同时,还为我们展现了太祖时期政治、经济、军事、文化、法律、社会生活、宗教信仰等方面的情况。其记载的内容中包括对八旗初创之时与生产相联系的记录:"聪睿恭敬汗将收集众多之国人,尽行清点之,均匀排列,每三百丁编一牛录,牛录设额真一人,牛录额真下设代子二人,章京四人,村拔什库四人。将三百男丁以四章京之份编为塔坦,无论做何事,去何地,四塔坦人按班轮值,其同工,同差,同行走。"③还有正史中讳莫如深的关于太祖与其弟舒尔哈齐之间兄弟阋墙之事:

> 聪睿恭敬汗之弟舒尔哈齐贝勒系唯一同父同母弟,故凡国人、贤良僚友、敕书、奴仆,以及诸物,皆同享之。虽使之如此同享国人僚友以及一切物件,然弟贝勒于征战前,未见一超卓之举,于大国之政道,未进一善言以

---

① 《内阁藏本满文老档》太祖朝第一函,《汉文译文》第 19 册,第 12 页。
② 《清太宗实录》卷 5,天聪三年四月丙戌条。
③ 《内阁藏本满文老档》太祖朝第一函,《汉文译文》第 19 册,第 12 页。

慰之,全然无德。虽属无德,仍以唯一之弟而不厌恶,举凡诸物,皆同样供养之。如此供养,弟贝勒尚不知足,积年累月,怨其兄长。①

清代官方所撰之实录本是据档案记录而编,但是我们在《清太祖实录》中未见有关太祖兄弟阋墙的记录,可见是官方故意隐去的,隐瞒事件存在为尊者讳的可能,这便为后人了解事实真相及进行史学研究增加了难度。由此看来,《老档》的保存为我们了解清入关前史提供了宝贵的资料。同时,我们也能从出身著姓之学者额尔德尼、库尔缠记录史实的笔法和用词上看出,入关前清统治者对史官记国史的要求还是比较宽松的,史官个人也基本上能够尊重事实,较少出现为尊者讳的情况。但是也不能否认史官们在记注国史时存在为爱新国的崛起做舆论宣传的情况。我们在阅读太祖朝的《老档》时会发现额尔德尼在阐述完一些史事后,会做一些评论,例如,爱新政权攻明花豹冲、三岔时,降雨两天一夜,额尔德尼言:"设此雨天,自半夜延至次晨进击之时,焉能攻取此路? 谓天助者是也!"②记攻清河之役之胜时,额尔德尼又言:"出师天雨,班师泛洪,倘雨自半夜下至次早出兵时,清河如何可得? 谓天助者是也。"③额尔德尼将爱新国的一些战争胜利归因于顺天势而得天助,既是在为爱新国的崛起寻找理论根据,同时也是在为爱新政权的军事扩张做舆论宣传。

《老档》对太宗朝天聪至崇德年间史实的记载,主要为我们展现了天聪年间爱新国政治、军事、贸易、文化等方面的情况。如,《老档》对太宗加强汗权,削弱三大贝勒的情况做了记载。天聪六年(1632),"汗两旁横设二榻,大贝勒在右侧,莽古尔泰贝勒在左侧,两贝勒横向而坐"④,之后则变为"汗始南面独坐,以尊重之"⑤。《老档》中记载了满文改革的情况:"十二字头,原无圈点,上下字无别,塔达特德、扎哲雅叶等,雷同不分。书中寻常等语言,视其文义,易于通晓。至于人名、地名,必致错误。是以全国天聪六年春正月,达海巴克什奉汗命,以分晰之。将原字头,即照旧书于前。使后世智者观之,所分晰者,有补于万一则已。倘有谬误,旧字头正之。"⑥对爱新国与明、蒙古、朝鲜贸易

① 《内阁藏本满文老档》太祖朝第一函,《汉文译文》第19册,第3页。
② 《内阁藏本满文老档》太祖朝第二函,《汉文译文》第19册,第22页。
③ 《内阁藏本满文老档》太祖朝第二函,《汉文译文》第19册,第23页。
④ 《内阁藏本满文老档》太宗朝第八函,《汉文译文》第20册,第601页。
⑤ 《内阁藏本满文老档》太宗朝第八函,《汉文译文》第20册,第601页。
⑥ 《内阁藏本满文老档》太宗朝第八函,《汉文译文》第20册,第604—605页。

的记载,主要反映在其摘录的太宗为求贸易而与周边各国互通往来的信函。这些内容的记录为我们了解及研究天聪年间的历史提供了帮助。设置内国史院后,始在内国史院记录档册,乃有满文《内国史院档》。

在翻译汉文典籍方面,兼通满汉文的达海贡献最大,至天聪六年(1632)已经译完的即有《刑部会典》《素书》《三略》《万宝全书》四种,正在翻译中的还有《通鉴》《六韬》《孟子》《三国志》及《大乘经》等书。但后来因为达海去世,这些工作并未完成。达海死后不久,库尔缠也因故革职,致使爱新国的翻译工作一度停滞。天聪六年(1632)九月,王文奎建议在八旗"读书之笔帖式内,选一二伶俐通文者,更于秀才内选一二老成明察者",重新组成班子,为皇太极讲解翻译四书及《通鉴》。同年十一月,鉴于"虽有榜什在书房中"日记朝廷政事,但"日记皆系金字而无汉字",文馆儒臣杨方兴又建议"选实学博览之儒,公同榜什,将金字翻成汉字,使金汉书共传,使金汉人共知"。① 自此两种文字的翻译开始并进。当时正在用满文翻译《金史》,宁完我认为这远远不够,还要翻译《孝经》《大学》《中庸》《论语》《孟子》等体现修身治国道理的书,翻译《三略》《六韬》《孙吴》《素书》等增益智识、机权的书,还要翻译历叙古来兴废的《资治通鉴》。② 皇太极十分"好学",他接受了宁完我等人的意见,命"将书史皆译写金国字样"。由于数量太大,"十载难成",于是天聪八年(1634)三月,仇震又建议:"选汉人通经史者二三人,金人知字法者三四人,将各经史、通鉴,择其精要有俾君道者,集为一部。"即译编简明集萃本。所有这些建议与工作,充分表明当时统治者对于学习汉文化确实是求知若渴,在翻译介绍汉文典籍方面想了许多办法,下了很大力气。入关后,继承此前译书事业,将大量汉文、藏文文献翻译成满文刊印。

第二节　服　饰

服饰是民族特征最鲜明、最突出的外在标志之一。清入关前女真人的服饰虽有一定的地方与民族特点,但最初并无统一服制,只是从努尔哈齐统一帽

---

① 《天聪朝臣工奏议》之《杨方兴条陈时政疏》,《清入关前史料选辑》第二辑,第42页。

② 《天聪朝臣工奏议》之《宁完我请译书史武经通鉴奏》,《清入关前史料选辑》第二辑,第71页。

制,皇太极继之全面统一冠服之制后,女真人的服饰才逐渐走向定型与统一,更具有区别于其他民族的独特风格。以下分别从头衣、体衣、足衣及发式等方面对明末女真人服饰的情况进行简要介绍。

一、冠帽

女真人的冠帽,分礼帽和便帽。

礼帽,俗称大帽,夏戴凉帽,冬戴暖帽。大帽也叫笠,是中原固有的服饰,指一种有大沿的帽子,可以遮阳、防雨,为野老之服,用于农作、渔猎、作战等户外活动。惯于原野活动的蒙古人很是喜欢这种帽式,元代蒙古人把它带入上流社会,王公贵族以戴大帽为常,帽顶成为身份的象征。明代改革元俗,采用唐代以来的衣着,恢复汉人本来服饰制度,但是部分胡风被保留下来,大帽和曳撒作为王公贵族燕居之服在明代依然流行。明代大帽式样,可以分为暖帽和凉帽,暖帽的帽檐上翻,凉帽的帽檐平伸。《明史·舆服志三》规定:"凡职官一二品,帽顶、帽珠用玉,三品至五品帽顶用金,帽珠用玉,六品至九品帽顶用银,帽珠用玛瑙、水晶、香木。"20世纪60年代海西女真辉发城址曾出土一件大帽的帽顶,高6.3厘米、底径4.2厘米、顶径1厘米,质地为铜,表面鎏金,底如倒置的碗,周饰梅花九朵,并有对称的四个针孔,以便缝缀。最底部有一圈突起的小点,帽顶中间有两道突起的花纹装饰,顶端已残破,但尚可看到三个针孔,可能为缀帽所用。铜帽顶内为空心,重约20克,金色鲜艳,制作精美。2010年,辉发城址发掘期间,从明代地层中也出土了一件鎏银铁帽顶,其形制与前者十分相似。女真所戴大帽,寒暖异制,夏帽以草结成,冬帽以毛皮为之,上防耳掩,耳掩即用各种毛皮做的帽下部两侧的防寒耳扇。各种帽顶之上皆加红毛团饰,高级一点的帽饰以银造莲花台,台上作人形。努尔哈齐时代叫做"带金佛头暖帽",皇太极时代称"金佛顶貂冠""金佛顶凉冠"。总之,女真喜于帽顶饰以红缨,贵族之家则饰以各种精致的金属饰物。

便帽,俗称小帽,又叫做"秋帽",俗称"西瓜皮帽",沿袭明式的六合帽,是女真男子常戴的帽饰之一。帽作瓜棱形圆顶,后又作略近平顶形,下承以帽檐,为士大夫燕居时所戴。帽胎有软胎、硬胎,圆顶或略作平顶者都作硬胎,用黑缎、纱或马尾、藤竹丝编织成胎。帽檐或用锦沿,或用红、青锦线缘并饰以卧云纹。用红绒结为顶,顶后或垂红幔尺余。

天命八年(1623),爱新国政权为区别上下尊卑,对各等级人的帽制作出了统一规定："(汗)赐以职衔之诸大臣,皆赏戴金顶大凉帽,着华服。诸贝勒之侍卫皆戴菊花顶凉帽,着华服。无职巴牙喇之随侍及无职良民,夏则戴菊顶新纱帽,着蓝布或葛布之披领,春秋则着毛青布披领。若于行围及军事,则戴小雨缨笠帽。于乡屯之街,则永禁戴钉帽缨之凉帽。"①天聪六年至七年(1632—1633)对帽制又做了补充和修正:汗及八旗贝勒,冬季入朝时元狐大帽,平时戴菊花顶貂帽或貂皮圆毡帽,春秋入朝戴菊花顶貂帽,夏季戴缀缨玉草编凉帽;八旗贝勒之妻,冬戴菊花顶貂帽,夏戴菊花顶玉草凉帽;护军以下之人(不包括护军)冬戴缀缨圆毡帽,夏戴玉草凉帽或笠帽,禁戴菊花顶帽及杂色皮、棉帽,禁止平时于街上戴黄狐大帽,但冬季外出除外;蒙古妇女,冬戴菊花顶貂帽,夏戴菊花顶凉帽,禁戴缀缨皮、棉帽及缀缨矮凉帽;八大臣至庶人一律禁戴尖缨帽,庶人也是冬戴缀缨圆皮帽、夏戴凉帽。②崇德元年(1636),对各级官员的顶、带按官职品级重新做了统一规定,但整体帽式则无甚变化。

二、衣袍

女真早期服装,一般百姓冬寒皆服毛裘,富贵之家始衣麻布。据日本1451年所遣明朝使臣亲见,女真至北京朝贡之人穿的衣服都是马皮,跟鞑靼人相似,"十月十四日,女真人来朝,皆服马皮,似鞑旦人"③,可知女真人之衣服,仍以皮料为主。随着汉族地区布帛的输入及明廷的经常赐予,衣服原料也逐渐丰富起来。但是,有时候是从明朝政府得到什么衣服,或者从马市上购得什么样的衣料,就穿什么衣服。直到天命前期,女真人仍然是上下同服,所以各等人衣服杂乱无章。这是因为当时女真社会纺织业不发达,进而导致胡中衣服极贵,一般部落男女殆无以掩体。士兵多在战场上抢掠明军衣物。从《满文老档》记载看,这个时期王公大臣的衣着主要有各种皮袄、各种长短皮端罩、莽缎褂子、腰带;妇女穿着女朝褂、女朝衣,春秋穿着无扇肩朝衣等。随着政权体制的日益完善,爱新国逐渐严格了衣冠等级制度。天聪六年(1632)十二月,皇太极下令定冠服之制:

> 自我以下八旗诸贝勒,凡在屯街行走,冬夏俱服朝衣,不许服袍。出野外行走,方许服袍⋯⋯缎与蟒缎,视其所得服之,勿服黄缎及缝有五爪

---

① 《内阁藏本满文老档》太祖朝第七函,《汉文译文》第19册,第189—190页。
② 《内阁藏本满文老档》太宗朝第十函,《汉文译文》第20册,第663—664页。
③ [日]笑云瑞诉:《笑云入明记》,平凡社2010年版,第206页。

龙等服,若系汗所赐者,方许服用……夏月入朝许服无扇肩朝衣。至八家诸福晋居家服色,前业已下旨。今若出外,冬夏俱服捏折女朝褂及捏折女朝衣。

……国中满洲、汉人、蒙古,自领旗大人以下,带子章京、护军及牛录下,闲散富人等以上,冬夏在屯街俱服披领,不许服袍。至极贫之人,可服无开襟袍。其有无披领、由各固山额真视别之。倘在外时,俱许服袍。又汗、诸贝勒下闲散侍卫、带子章京、护军以上,其有缎者许服缎衣;上述人员以下者,均不得服缎衣,许用佛头青布。所以令众人用布者,非为缎疋专供上用也。计其价值,一缎之价,可得佛头青布十。一缎可制一衣,十佛头青布可成十衣,缎价昂且希少,佛头青布价廉且丰足,想此有益于众贫民,故约束之。凡妇人服缎与佛头青布,各随其夫……准许服缎者,不拘缎与蟒缎,视其所得服之。惟黄及金黄色不许用,勿用五爪龙服,若系上所赐者,则服之……应服缎者,入朝与宴时方许穿用,不得随地穿用……又宽带及皮绵无袖齐肩短褂,在屯街不许服束,外出许服束。

……国中蒙古诸贝勒之妻及蒙古妇女,冬夏俱服捏折女朝褂及捏折女朝衣。[1]

至此,女真—满族的衣冠之制大体确定了下来,毫无疑问其中吸收了许多汉族衣冠制式,但仍保留了女真—满族所特有的袍、褂、领及箭袖等特点。

袍就是我们现在所说的旗袍,是女真—满族服饰最具代表性的服装。旗袍的基本样式很简单:圆领、捻襟(大襟)、窄袖(有的带马蹄袖)、四面开气,有扣襻。旗袍是适应生活和生产环境而发展来的,它改变了一直以来中原服饰上衣下裳、宽袍大袖的服饰风格。它的最大优点就是适应女真人骑射活动的需要。袍式服装是女真人男女老少、春夏秋冬都离不开的。根据季节不同,有单、夹、棉、皮之分,春、夏季穿用的称之为衫,秋、冬季穿用的称之为袍,当时并不叫做旗袍,是其他民族将旗人所穿的袍子称为旗袍。

马褂是女真人男子常穿的服装之一,是一种时髦装束,各界人士均喜爱穿着。马褂原为一种短袖、对襟的短上衣,长与坐齐,是我国古代北方游牧民族骑马弯弓搭箭、狩猎之时穿在长袍外面的一种短褂,并因此而得名。清入关

---

[1] 《内阁藏本满文老档》太宗朝第十函,《汉文译文》第20册,第663—664页。

后，马褂逐渐由朴实无华的实用型向求美的装饰型转化。女真人服饰中还有一种与马褂类似的服饰名为坎肩，也称做"背心""马甲""马夹""紧身"，与马褂相类似，无袖，穿在衫、袍之外。坎肩的最初形式只有两片，一片前片，一片后片。其前、后两片在肩部及腋下均钉数对丝绦或纽襻，穿时系上，使两片相连。女真人穿着坎肩是一种时尚，款式丰富、做工精美的坎肩，不管男女老幼、贫穷富贵均十分喜爱。女真的坎肩一般都装有立领，长与腰齐，有对襟、大襟、琵琶襟、人字襟及一字襟几种款式。坎肩面料用绸、纱、缎等；颜色有宝蓝、大蓝、天青、酱色、元色、泥金色等。人们不仅注重坎肩的实用性，同时也非常注重坎肩的装饰效果，他们在坎肩的边缘，用织金缎和各种宽窄、颜色、花纹不同的花绦镶边加滚。尤其是女坎肩，镶边非常复杂、讲究，少则镶三道，多则镶五六道，绦边装饰繁复，其本身的衣料反退居于次要位置，使衣服出现了三分地七分绦的现象，形成了以绦为主，以地为辅，几乎遮住了地的现象，又叫"十八镶"。坎肩有棉、夹、单、皮4种，人们根据季节的变化，变换穿着。直至今日，坎肩也是当今社会人们喜爱的服饰之一。

领子古人叫领衣，是衣服上起保护颈项作用的部分。它是女真人男女衣服中必不可少的一个组成部分。女真服饰的领子首先是在雨衣上应用。女真人的衣服和领子都是单独存在的，这种领子俗称"假领"，即在颈项处附加一条领子，所以在传世的女真—满族朝袍、褂等服饰上，我们很少发现领子。这种领子的产生，同样是和环境有关。圆领的袍衫在寒冷的北方冬季会通过颈项处灌风。在雨衣中立领领子最先出现。同治、光绪时期，立领开始应用在坎肩、马褂等不同的服装上，但只限于民服，官服还不多见。直到清末，立领还未被广泛应用。民国时期是立领流行的开始，各种立领款式的变化成为当时时尚女装的标志之一。男式袍、褂的领子是连结于硬领之下的前后二长片，有些像长长的牛舌，所以杭州人称之为"牛舌头"，考究的用锦缎或绣花，穿在外褂的里面，翻出来，显得整齐、干净。女子的领子，是一条叠起来约二寸左右宽的绸带子围在脖上，好像系一条小围巾，并将一头掖在袍子的大襟里面。硬领是加于女真—满族礼服之上的一种领子，类似于今天中山装的领子，即于袍上加以硬领，其料春秋二季用湖色的缎，夏季用纱，冬季用皮毛或绒，有丧者用黑布。披领又名披肩，是辽代之遗制。辽俗有一种服饰名曰"贾哈"，以锦貂为之，形制如箕，两端作尖锐状，围于肩背间。女真的披领应是承袭辽制。披领是清代帝后、王公大臣、八旗命妇穿朝服时所穿用的一种服饰,是清代的定制。披领有冬夏两种,冬天用紫貂或用石青色加海龙缘边。夏天用石青加片金缘边。

马蹄袖也叫箭袖,是女真袍褂中很有特点的一种衣袖,是女真—满族服饰中具有民族特色的服饰之一。马蹄袖是在平袖口前边再接出一个半圆形的"袖头",形似马蹄,后来俗称为马蹄袖。马蹄袖的产生源于女真人生活和生产的环境。入关前,女真人一直以狩猎生活为主,为了适应在寒冷的冬季里打猎的需求,将马蹄袖覆盖在手上,无论是骑马还是射箭,均可保护手背不致于冻伤。入关之后,由于女真人生活环境的变化,骑射之风已逐渐衰微,袍褂上的箭袖也不再发挥防寒保暖的作用,而是作为一种礼节和身份的象征,平时将袖头挽起,须行礼时,便将箭袖掸下来,以示庄重、守礼。

三、鞋靴

女真的足衣,即鞋,也是最有民族特色的服饰之一。

男鞋,主要以靴为主。朝靴是清代君臣于朝会、祭祀、奏事时所穿的长筒鞋。靴,本是胡履,原为我国北方游牧民族所穿的便于乘骑跋涉的皮制履。天聪六年(1632)规定,普通人不准穿靴,其后则文武各官及士庶都可以穿,只有平民仍不能穿,伶人、仆从等也例不能穿靴。明清两代的靴,已被朝廷规定为文武百官入朝奏事所必服的服饰,所以被称为"朝靴"。清代靴沿袭明制,靴为尖头式和方头式。靴之材料,夏秋用缎,冬则用绒,其上镶有绿色皮边。有三年丧者则用布。在清代,根据靴底的薄厚和穿着的方便程度将朝靴分为官靴和官快靴两种。官靴底厚靿长,多为方形头,用于君臣朝会之时,取其行走安稳之意。官快靴则底薄靿短,以尖头式居多,用于平时日常生活,取其行走灵便快捷之意。清代士庶穿黑布鞋,体力劳动者穿草鞋。

女真妇女多穿着用木制的平底或高底平头旗鞋。因这种鞋为旗人所穿,故称为旗鞋,是女真—满族妇女特有的鞋式。旗鞋,从底上分为两种,一种为平底,一种为高底。平底鞋的鞋底与朝靴相似,厚约2厘米,前部高高翘起,翘的高度与鞋面齐平。此种平底鞋,多为方头,有夹、棉之分,样式除鞋底前部翘起之外,其他均和现在一些农村男子所穿的方口齐头布鞋一样。平底鞋鞋帮绣有各种各样的精美纹饰。其中最典型的要属为慈禧做的明黄色凤头鞋了。此鞋的鞋帮两侧绣有五彩缤纷的凤尾,鞋脸两侧绣光彩夺目的凤翅,鞋面正中则是绣凤强壮而美丽的身躯及高高仰起的颈和头。绣工精致,用色鲜艳协调,形象生动逼真,就像一只活灵活现的凤凰趴在鞋面上一样。高底鞋是清代最富民族特色的女鞋。其最大特点是在鞋底的中间,即脚心的部位有一个高十多厘米的底,高底均用纳好的数层细白布裱蒙。这种高底按其形状可分为马蹄、花盆、元宝三种。安上马蹄底,就叫马蹄底鞋;安上花盆底,就叫花盆底鞋;安上元宝底,就叫元宝底鞋。鞋的名称是根据鞋底的形状决定的。高底鞋的鞋口多镶边,有的镶一道,有的镶两三道不等。鞋面多绣各种花卉及动物纹图案。制作方法是用各种手法的刺绣和堆绣(用各种彩绸剪成各种图案,用线把图案钉缝在鞋面上)的工艺。这种高底鞋有夹、有棉。夹鞋多为短脸敞口,棉鞋多为长脸紧口骆驼鞍式鞋,清代满洲百姓家的妇女平时所穿着的旗鞋为平底鞋,在结婚或节日等庆典活动时才穿着高底鞋。这种高底鞋的优点一是可以增加身高,使人显得挺拔;二是可以在雪地或泥泞处行走时保持鞋面绣花不受污损。缺点是行走不太便利,所以清灭亡后,这种鞋就在百姓生活中消失了,但在现代节日庆典中,它还作为满洲传统服装的一部分来展示。

靰鞡,女真鞋靴中比较特别的是靰鞡鞋。靰鞡鞋的样子十分特别,是用厚厚的牛皮缝制的,鞋面抽成一圈均匀的褶儿,在褶儿的后面有一个向上凸起的舌头,鞋口周边再穿上细细的牛皮带子。再絮上事先砸好的乌拉草,乌拉草要用草榔头经过反复颠砸才会变得柔软,然后絮在靰鞡鞋里既温暖又舒服。即便是零下四十度的严寒天气,在外面劳作一天也不会冻脚。

四、发式

发式是古代民族形象的标志。明代女真男子的发式,沿袭了金代的发式,即辫发。辫发是我国东北少数民族常见的一种发式,但辫发的式样,因各民族不同则各有各的特点。金代女真人的发式"辫发垂肩与契丹异""留颅后发系以色丝,妇女辫发盘髻",可看出金代女真男子的发式是半髡半留。所谓半髡半留就是从额角两端引一直线,将直线以前的头发全部髡去,只留颅后头发,再将它编结为辫,垂于脑后。而明末女真髡发样式是所谓"金钱鼠尾"式,至清中叶才为"前髡后辫"式。清朝入关后,这一习俗在全国范围内以强制政策推行。从此举国上下,男子不分满汉,一律髡发垂辫,直到辛亥革命清朝覆灭,这种发式才告结束。满洲妇女的发式也与汉族妇女不同。满洲妇女的发式,与以往任何朝代都不相同,极具本民族的特点。清入关后的一段时间里,满洲妇女的发型并没有马上发生变化。而是仍保持着传统的"辫发盘髻"式,不管贫富贵贱都是如此。但随着清代礼仪制度的逐步完善,满洲妇女的"辫发盘髻"式发型被一种新型的发型所代替,即"两把头"。满洲女性幼年时同男孩一样,剃去头顶四周头发,只留颅后发,编成辫子垂于脑后,一直到成年方蓄发留辫。婚后则开始梳大盆头、翁头、架子头、两把头等发髻,其中以两把头较为典型。随着清代政权的巩固,经济的发展与繁荣,妇女们的发式也逐渐由实用型向装饰型发展。为了能使"两把头"撑得起较重的首饰,满洲妇女将其进行了改革,这种改良后的"两把头",前面可以戴花卉及珠结,侧面可垂流苏,是一种既美观又实用的发型。咸丰以后,这种发型又逐渐增高,两边的角和"燕尾"也不断扩大,很快就演变成一种新的发型——"大拉翅"。

清入关后,在全国推行"薙发易服",使得清代汉人成年男子,基本都改为满洲男子服饰。

第三节 饮 食

女真先民世代繁衍生息在白山黑水之间。这里江河纵横、森林茂密,为女真先人提供了丰富的生活资源。由于此地冬季长达半年之久,气候严寒酷冷,由此决定了他们的经济文化类型和生活方式,在此基础上也产生了与其他民族截然不同的"肉"食、"菜"食、"粮"食文化。以下便从这三方面,对女真的饮食加以叙述。

一、"肉"食

在女真人生产力极为低下的早期阶段,社会经济基本上是"靠山吃山、靠水吃水"的原始形态,渔猎和采集成为女真先民赖以生存的主要生产活动。为了获得食物,他们长期在深山老林中猎杀动物,在江河湖沼中捕捉鱼类,这从满语中发达的动物性名词可略窥一斑,如一岁鹿、两岁鹿、一岁猪、两岁猪等。女真先民在山林中猎杀的动物,常见的主要有野鸡和野猪。

野鸡属鸡类,气味酸,微寒,无毒,补中益气,可主五脏气喘。以野鸡烹饪的佳肴在《红楼梦》中多次出现,已然成为荣国府里的家常菜。《红楼梦》第二十二回,凤姐拉了李嬷嬷笑道:"好嬷嬷,别生气,你只说谁不好,我替你打他。我家烧的滚热的野鸡,快来跟我吃酒去。"《红楼梦》第四十九回:"次日早,宝玉因性急,只拿茶泡了一碗饭,就着野鸡瓜虀忙忙地吃完了。"第五十回,凤姐笑道："连忙把年例给了他们去了,如今来回老祖宗,债主已去,不用躲着了。已备下希嫩的野鸡,请用晚饭去,再迟一会子就老了。"第五十三回,乌进孝进租单上还列有:"野鸡、兔子各二百对。"由此可见,野鸡已成了荣国府餐桌上的家常菜。清代宫内廷按固定的年节时令而设筵宴,属于满汉全席的"节令宴"。例如,元日宴、端午宴、中秋宴等。"节令宴"食单内,共有十八道鸡馔:清蒸鸡、黄焖鸡、大炒鸡、熘碎鸡、香酥鸡、炒鸡丁儿、熘鸡块儿、烤山鸡、烧雏鸡儿、酱鸡、罐儿野鸡、软炸鸡、烩鸡肠肚儿、野鸡锅子、栗子鸡、罐煨山鸡丝燕窝、鸡丝豆苗、荷叶鸡。就庖厨而言,选用的鸡不外乎大多是野鸡罢了。

除了野鸡,野猪也是女真先民经常捕抓的对象,而且女真先民养猪、吃猪肉由来已久。《晋书·东夷传》便记载:"(肃慎人)多畜猪,食其肉,衣其皮。"女真先民的"肉食"也主要以猪肉为主。其做法多样,风味各异。最常见者有以下几种:

白肉血肠是女真—满族典型风味名菜,以五花白肉和猪血肠煮制而成。特点是白肉软烂,肥而不腻,血肠呈蘑菇状,光亮细腻,清香软嫩。把酱油、蒜泥、韭菜花、酱豆腐汁、辣椒油等调料一起放在碗内调匀,以白肉片蘸食。最典型的女真—满族菜色是煮白肉,煮时将肉切成大块,不加任何调料,熟后以刀割之而食,蘸盐酱而食。"煮白肉"在女真—满族祭祀中也叫"福肉"。在御膳中,以猪肉制成的肴馔占有一定的比重,其中必有盘肉。这种盘肉是按祭祀时煮肉之法做成,再用刀片之盛盘。此外,背灯肉、背灯肉片汤、烹白肉、白肉片、攒盘肉等,也是御膳中常有的品种。这些菜肴多与女真—满族祭神食肉的习俗有关。女真—满族人家祭祀之时,将猪洗净去皮,煮熟。天明时,将所请的客人召集在堂中。炕上要设方桌,方桌上整齐地摆上糖、蒜泥、韭菜末等佐料;桌中间置一大盘,盘中盛满蒸熟切好的白肉片。白肉片随吃随添,不计盘数,以客人食饱为度。在白肉片的旁边,还有白煮的猪蹄、猪肠等,但不配盐酱。最后还要上白肉末一盘,白肉汤一碗,是配饭吃的。

二、"菜"食

女真先民除渔猎外还从事野生植物的采集。女真先民所食用的菜食也主要以采集获得的野菜为主。冬季,女真—满族人除食用晾晒的干菜和窖贮鲜菜外,还创造出独特的腌渍酸菜的方法。渍好的酸菜可吃到来年春天,无论是炖猪肉粉条,还是炒粉丝、包饺子、吃火锅都离不开酸菜。

咸菜、大酱是女真—满族人日常饮食中的必需品，也是节日、祭祀、迎宾餐桌上常有的东西。在满洲人习俗中，来客人吃饭，必有四个"压桌碟"咸菜。常见的咸菜有咸白菜、咸菜梗、酱瓜和用盐腌制的各种山野菜等。

三、"粮"食

随着与汉族接触的加深及在汉族文化的影响下，女真人的社会生产力有了一定发展，原有的社会经济形态也发生了变化，从以渔猎、采集为主逐渐发展为以农业经济为主。女真先民于战国时期便开始种植稷、糜子、荞麦等农作物。至南北朝后，除渔猎外，还广种五谷，饲养家畜。明代以后，女真人大举南迁，从事以种植杂粮为主的农业经济，在这个时期，狩猎已退居次要地位，主食也从早期的以肉食为主转为以杂粮为主了。这时女真人的主食主要是小黄米、糜子、麦子、铃铛麦、荞麦、高粱、黏高粱、黍子。

女真—满族人在"粮食"方面，懂得根据不同的季节、不同的礼仪和祭祀活动，制作出各种各样的面食和饭食。其面制食品总称为"饽饽"，它是女真—满族中期最主要的主食之一，也是满洲民间传统食品，后为北方汉族所沿用，泛指馒头、糕饼之类的食品。

"饽饽"品种繁多，做法各异。大体上有以下几种：

柞树叶饽饽，春季用泡好的黏米加水磨成细面，选上好的红小豆煮烂，搓成泥馅，包成大饺子型，外裹抹好酥油的柞树叶，蒸熟即成。《满洲四礼集》曾载："四月上山采集柞树之嫩叶，制作菠萝叶饽饽。"苏子叶饽饽，春季取秫米面和成面团，置盆中炀过，取红小豆煮烂，捣泥成馅，以调好的面包上，外裹选好的苏叶，上屉蒸熟，蘸糖食用。《满洲四礼集》云："取五月苏子叶制饽饽。"以上两种饽饽，满洲人统称"黏耗子"，又称"叶子饽饽"。

萨其玛，是满洲人的传统糕点，又称糖缠或饽饽糖缠。原来是泛指用胡麻和蜜糖为主要原料制成的一种食品。其食用和制作历史，在清代一些笔记杂著里间或提到。如富察敦崇撰《燕京岁时记》载："萨其玛乃满族饽饽，以冰糖、奶油合白面为之，形如糯米，用石灰木烘炉烤熟，遂成方块，甜腻可食。"现在各地制作的萨其玛，大体上还保持着传统款式。

黏饽饽俗称"黏豆包"，以黄米或江米面经发酵，包入小豆或云豆馅，攒成馒头形，入屉蒸熟而成。这种女真—满洲风味面食至今仍是东北民间最常见的黏食品，满汉各族都喜食用。

豆面卷子,春季以浸泡的黄米磨面,蒸熟后擀为薄饼,撒上炒熟的豆面,卷后切为一二寸长的卷子。

上举各例,仅是满洲"饽饽"中的典型代表。由于满洲"饽饽"的用处较广,从而促进了"饽饽"品种的丰富及制作工艺的发展,使"饽饽"成为女真—满族食品中最具特色的风味品种。其制作多以黏米磨面为主料,再以豆馅、果仁、蜂蜜、白糖等和之,用炸、烙、蒸等方法制作而成。所以,"黏""甜"是"饽饽"的突出特点。满洲"饽饽"不但品种繁多,而且制作精细、风味独特,故有"满点(糕点)汉菜"之称。

女真—满族的"饭食"主要有小米饭、黄米饭等。黄米饭的吃法尤为特殊,即在米饭中拌上熟猪油,其做法是在炼荤油时放入花椒、盐、葱、姜等佐料,用此拌饭吃。此外,满洲人在盛夏有吃"水冒饭"(即用凉水投过的饭)的习惯。"粥食"是满洲人饮食中不可缺少的主食。主要有"玉米粥""黏高粱米粥",讲究些的有"杏仁粥""八宝粥",还有节日吃的"腊八粥"等。

第四节　居　住

居住,从具体生活空间上反映了一个民族的经济水平、社会组织、建筑技术以及生活习俗的特点,从一个侧面反映了该民族的社会发展轨迹,明代女真人从农幕、土宇到砖瓦房、宫殿建筑的发展道路,就是这方面的生动例证。

一、塔坦

建州与海西女真兼营渔猎与农业,既有野外活动生活,也需定居务农。适应这种半渔猎半定居的生活特点,他们既有相对固定的村落居室,也有渔猎时所居住的野幕。

女真人临时居处,明代女真语和满语称 tatan。朝鲜史料中称作"幕""农幕"或"土幕"。女真人渔猎、采集、远耕或进行征战时,由于行踪不定,或路途较远,在外时间较长,在野外建造的一种临时居所被称为 tatan,一般是"每一幕三四人共处,昼则游猎,夜则困睡"①。这种"幕",朝鲜史料中有时也称作"窝铺"。tatan 金代女真语称作"塔塔孩",《御制清文鉴》等释为"下处",指用

---

① 《朝鲜李朝世宗实录》卷113,世宗二十八年八月辛酉条。

树枝、草、树皮、兽皮等搭盖的临时小屋,类似汉语的"窝铺"或"窝棚"。由于是临时居住,幕一般都比较小,比较简陋。不过,少数女真人也以这种简陋住处作为常居之室。如正德七年(1512),鸭绿江昌城对岸的一处女真人村落,"设内外木栅,中作大幕,傍有五幕"①。努尔哈齐时代,一些农庄的奴隶耕作时也经常居于简陋的农幕之中。

二、村落

为了适应半农半渔猎的生活需要,女真人多将定居地点选择在近山滨水之处。爱新国政权建立后,女真仍然大体保持着这种选择居地的习惯,即"胡人皆逐水而居,胡家多于川边,少于山谷"②。

女真人的居住分布,早期基本上是以部落、氏族或家族为单位,聚集成村,或居于邻近地区之内。从明中叶起,由于部落间的分化、兼并与重新聚合,这种聚居已打破了单纯以血缘关系为纽带的组织结构,同一个部落、氏族,甚至一个家族的人,也不完全居住在一个地方,而主要是根据隶属关系,结合亲缘远近以及居住地区的自然条件,分居于大小不同的村落内。例如,万历年间,建州福满诸子虽同祖所生,但分居6处,这6个村屯以赫图阿拉为中心,近者5里,远者20里,环卫而居。各部部众以首领居地为中心,分散于相邻地区内,成村落而居。一般村落都不太大,"野人散处,或五六户,或十余户,或十五余户,屯居不常,各有酋长。酋长欲留,则其下焉往,欲去则其下亦从之"③。

三、居室建筑

嘉靖以前,女真村屯中的住宅基本上都是土墙草顶,每家住宅周围树以木栅,首领所在地域较大村屯的周围也围以坚固的木栅或筑有简单的"土城"。每家住宅木栅如同"垣篱,家家虽设木栅,坚固者每部落不过三四处"④。看来这种木栅主要是作为居住使用区域的界限,与村落周围大木栅具有防御工事的性质不同。

女真人居室建筑基本是以土筑墙,以草苫顶。约在16世纪末或17世纪

---

① 《朝鲜李朝中宗实录》卷16,中宗七年七月甲申条。
② 《朝鲜李朝宣祖实录》卷71,宣祖二十九年正月丁酉条。
③ 《朝鲜李朝世宗实录》卷94,世宗二十三年十二月己未条。
④ 《朝鲜李朝宣祖实录》卷71,宣祖二十九年正月丁酉条。

初,女真人对于土墙草顶之房又有所改进,即普遍以泥涂之,目的是光整、加固、防火。爱新国居民便"于屋上及四面并以粘泥厚涂,故虽有火灾,只烧盖草而已"。①

至晚从嘉靖年间起,女真首领的居室中已出现了砖瓦建筑物。努尔哈齐所居之内城,以砖墙分为东西两院,东院为客厅、鼓楼等建筑,既有屋顶盖草之房,也有20余间砖瓦建筑;西院20余间房中,有"盖瓦丹青"的楼3座。万历三十年(1602)兴建的赫图阿拉城,城内出土有各种瓦条、板瓦、筒瓦、勾头瓦、滴水瓦、青砖、脊砖、白灰等建筑遗物。

这一时期女真居室建筑上,可以看出这样几个特点,其一是在汉族砖瓦匠等建筑工人的帮助下,各部首领的居室大多采用了砖瓦建筑,但是普通居民之家仍然是盖草覆土。其二是砖瓦建筑居室主要出现在建州、海西女真活动的中心地区,较偏僻地区的居室还主要以石筑或土筑为主,说明女真人自己还没有掌握砖瓦的烧制与建筑技术。其三是尽管砖瓦居室是在汉族工匠帮助下建造的,但已有女真自己的风格与特点。如费阿拉城中的居室建筑,为了保暖,都是东次间开门,这就是后来被称为满洲"口袋房"的建筑格式。又如赫图阿拉城中努尔哈齐家族的居室建筑,"覆以女瓦,柱皆插地,门必向南,四壁筑东西南面,皆辟大窗户,四壁之下皆设长炕"②。四壁长炕,即指后来满洲人家普遍砌筑的万字炕,这是女真人适应东北地区冬季较长、气候酷寒,为提高室内温度,在室内建筑上的独特设计。

进入辽沈地区后,女真—满族的建筑技术又有了进一步的提高,这一点比较鲜明、集中地体现在沈阳故宫的建筑上。沈阳故宫占地6万多平方米,共有88座建筑、360多间。其中建于天命九年至天聪十年(1624—1636)间的建筑物主要有大政殿、十王亭、崇政殿、凤凰楼、清宁宫、关雎宫、麟趾宫、永福宫、衍庆宫、飞龙阁、翔凤阁等。整座建筑以汉族风格为主,同时融合了女真、蒙古建筑艺术,形成的一种崭新的统一的建筑风格。如大政殿为大架结构,多以榫卯相接,飞檐斗拱,雕梁画栋,顶铺黄色琉璃瓦、龙纹五彩琉璃脊,脊之下端有瓷人、瓷兽。殿内穹顶藻井,以福禄寿喜等图案烘托一条彩色巨龙,南面红漆大

---

① 《朝鲜李朝宣祖实录》卷125,宣祖三十三年五月庚戌条。
② (朝鲜)李民寏:《建州闻见录》,《清入关前史料选辑》第三辑,第471页。

柱饰以盘龙,充分体现了汉族楼堂殿阁的传统建筑形式。吸收女真人居室多建于高台之上的特点,大政殿建于1.2米高的须弥式台基上,殿顶为八角形,八条琉璃脊各有一个穿蒙古服装的力士,各牵一条铁索集合于殿顶的正中心,既象征着八旗制度,又颇有蒙古包的建筑风格。沈阳故宫每一组建筑,大多都由坐北朝南的正房、东西厢房及门房组成四合院建筑。居室设计仍保持口袋房的特色,如皇帝屋室所在的清宁宫,为五间硬山式建筑,均铺火地,东次间开门,东侧部分,中为暖阁,南面明间临窗有火炕,为冬季居处,北面暗间有龙床,为酷夏所居之处。口袋房的西侧四间相通,为祭祀场所,南西北三面火炕,烟囱出于屋后西北角,而低于屋脊。西次间为一马箭的直棂窗,朝外开,外糊以窗纸。火地、万字炕及东次间开门,是为了取暖和保暖;窗朝外开,是早期为防止野兽自外闯入习俗的保留。总之,故宫建筑既吸收了汉族、蒙古族的建筑艺术与风格,又具有鲜明的女真—满族建筑特色,东北民间俗语所说的满洲建筑"口袋房,万字炕,烟囱立在地面上",以及关东三大怪之一的"窗户纸糊在外",在这里都得到了充分的体现。

第五节　婚　姻

　　明代东北地区各族的婚姻习俗,多数与元明时期相近,只有女真—满族在这一历史时期婚姻习俗前后变化较大,而且较有特点。因此,以下便对女真—满族此时婚姻习俗前后变化的情况进行简要介绍。

一、女真婚俗之特点

　　爱新国政权建立之前,女真婚俗有以下几个特点:

　　第一,嫁娶不择族类。当时的女真人与周边各族之人均可以互通婚姻。如,与蒙古通婚,"海西女直素与朵颜三卫达贼结亲"[①]。与汉族通婚,不仅永乐皇帝曾娶建州首领阿哈出之女为妃,女真、汉人互为婚姻者实为司空见惯之事,较多的是女真掠娶汉人女子为妻,被掠的汉人男子也娶胡女为妻。此外,辽东地区一些妇女为逃避徭役来到女真部落为妻作妾者亦有之。朝鲜沿边居民自明初便与女真人日相亲狎,互通婚姻。朝鲜政府对于与女真人通婚并不

———————————————

　　① 《朝鲜李朝成宗实录》卷70,成宗七年八月丙申条。

加以禁止,甚至将女真人分等与边民等通婚,如"一等于门荫士大夫家,二等于杂职士大夫家,三等于平民家通婚。其行城城底及三东良等处野人,或于附近土著军户,如此分等通婚"①,以使门当户对。与邻近各族的广泛通婚,不仅密切了民族间的往来,而且对于女真经济、文化水平的提高也起到了十分积极的作用。

第二,虽与周边各族自由通婚,仍以女真同族联姻为主。这种同族联姻的情况,一是在本部落之内,一是在不同部落之间。如,建州"三卫虽各统部落,皆同族婚媾也"②。但同时,建州卫李满住的三个妻子,"一则斡朵里,一则兀良哈,一则火剌温"③。

第三,盛行收继婚制。建州女真主要是"兄死则弟娶兄妻",海西女真则"父死娶其妾,兄亡娶其妻"。④ 女真人不仅可以娶其亡父、亡兄之妻,而且在婚姻中没有汉族婚姻中外亲妻亲辈分上的限制,甚至可以互娶对方之女,互为翁婿。女真酋长或贵族之家多实行一夫多妻制,而且在上层女真社会婚姻尤其重视门第。

女真人的婚姻,首先由男往女家约婚。订婚后,男方下聘礼,"先以甲胄弓矢为币,而送于女家。次之金杯,次以牛二头、马二匹,次以衣服、奴婢,各因其家之贫富者而遗之"。贵族之家,聘礼尤重。约婚后,男方仍需"递年三次筵宴,二次赠牛马各一"。婚娶之日,男方至女方家迎亲,"女家宰牛宴饮",第二天"邀婿之亲戚而慰之"。女至婿家后,再次"设宴成礼",婚姻礼仪始告结束。

二、婚姻习俗之变化

进入辽沈地区之后,女真—满族一方面保留了婚俗中旧有的一些特点,如婚姻中仍然不分外亲妻亲辈分。多尔衮与豪格是亲叔侄,却各娶桑阿尔寨的一个女儿为妻。但同时又接受了汉族封建伦理观念的影响,以行政命令对原有婚俗做出了一些重大改革。

首先是废除收继婚制。天聪六年(1632)四月,皇太极下令:"凡娶继母、

---

① 《朝鲜李朝世祖实录》卷40,世祖二十年十一月庚辛条。
② 《朝鲜李朝成宗实录》卷255,成宗二十二年七月壬寅条。
③ 《朝鲜李朝成宗实录》卷57,成宗六年七月癸丑条。
④ 《朝鲜李朝世宗实录》卷84,世宗二十一年正月己丑条。

伯母、叔母、兄嫂、弟妇、侄妇,永行禁止。"鼓励寡妇守节抚孤,如果"有不安其室愿改嫁者,许本家兄弟于异姓中择其愿嫁者嫁之。同族嫁娶男女以奸论"①。皇太极明确解释采取这项立法的原因是:"汉人、高丽因晓道理,不娶族中妇女为妻。凡人既生为人,若娶族中妇女,与禽兽乱伦何异? 我想及此,方立此法。"②由此,杜绝了乱伦婚娶的现象。与上述改革相配合,对寡妇的财产继承权也做了新的规定,从原来的没有任何财产继承权,改为功臣之妻无子而守寡者,可以享有财产继承权,再嫁者,一般不得带走财产,但原夫家已无亲属者也可以带走。

其次是对早婚风气适当加以限制,天聪九年(1635)规定:"凡女子十二岁以上者许嫁,未及十二岁而嫁者罪之。"③十二岁显然也还太小,但是也说明此前早婚风气更盛。同时,从努尔哈齐时代起,就在法律上规定:婚姻问题,"如果女儿、儿子愿意,可以嫁娶,如果不愿意,就废除"。给予青年以一定的婚姻自主权,这也是一个很有进步意义的改革。

再次是从王公贵族到普通百姓结婚均需经过批准。天聪四年(1630)六月,规定"凡贝勒大臣等娶妻嫁女,必奏闻于汗"。天聪九年(1635)进一步规定:"嗣后凡官员及官员兄弟,诸贝勒下护卫、护军校、骁骑校等女子寡妇,须赴部报明,部中转问各该管诸贝勒,方准嫁。"至于一般"小民女子、寡妇,须问明该管牛录章京,方准嫁"④。而包衣、奴婢的婚姻则均由家主指配。

第六节　丧　葬

女真—满族丧葬因地区、部落以及死者地位与家族情况的不同而有所不同。一般说来,主要以火葬和土葬为主。

一、火葬

女真人普遍实行火葬,这种葬俗的起源当与出兵在外征战死亡有关,如雍正皇帝所说:"本朝肇迹关东,以师兵为营卫,迁徙无常,遇父母之丧,弃之不

---

① 《山中闻见录》,卷5《建州》。
② 《清太宗实录稿本》,第6页。
③ 《清太宗实录》卷23,天聪九年三月庚申条。
④ 《清太宗实录》卷23,天聪九年三月庚申条。

忍,携之不能,故用火化。"从战死或因故死于外地者烧尸收骨归乡,逐渐演变为一般情况下也实行火葬,因此天命四年(1619)朝鲜人看到建州女真一般的葬俗是:"死则翌日焚之于野而葬之。"①《满文老档》中记载皇太极谕令说:"尔诸贝勒先欲抛撒莽古尔泰、德格类二贝勒之骸骨,我曾谕曰,不可抛撒。"诸贝勒答曰:"汗之此言良是⋯⋯而以骸骨装于大瓶内,仍葬原处。"②这道出了明末女真人的葬法——火葬后土葬,或曰"熟葬"。《黑龙江外记》对此有详细记载:"人死焚尸而瘗,曰熟葬。"所谓熟葬的方法是:将棺材抬到郊野,放置于柴火之上,请专门的焚尸人燃之。尸体由于受热肌肉收缩而弹坐起来,焚尸人就用棍棒将尸体扑倒。当肉烧净了,尸体仅剩下一副骨架之时,将骨头收入"净匣"(相当于今天的骨灰盒)之中,然后埋进土里。清太祖努尔哈齐和清太宗皇太极,都是先经过火化,然后营建陵寝,将火化后的骨殖埋葬其内。辽宁新宾满族自治县的兴京永陵是爱新觉罗家的祖坟,在考古发掘中挖出的也是骨灰坛子。明代女真肇兴后至入关前,多实行火葬后土葬的葬法,证明了其火葬旧俗受到中原汉人土葬法的影响,正处于过渡阶段。

二、土葬

15 世纪末,建州女真"亲死多葬于家,亦杀牛以祭,三日后择向阳处葬之。其葬之日,常时所服之物并葬之,且杀其所乘之马,去其肉而葬其皮"③。这些记载与考古发现所见基本吻合。如与建州左卫所在地会宁地区相距仅 10 公里的朝东村女真墓群(今吉林省龙井县富裕乡),处于图们江北岸第二阶台地上,墓群分布密集,约为氏族或部落的公共墓地。从已清理的 13 座墓中看,均为土坑墓,其中 5 座无葬具,8 座使用木槽或独木棺,当即文献记载的"置尸于木槽"。葬式除一墓为侧身屈肢葬外,余均为仰身直肢葬。随葬器物有瓷器、铜饰品和日用品、铁制兵器,以及海贝、玛瑙珠、琉璃珠等饰物,粗糙的陶器、灰釉瓷壶,仅景泰蓝杯较精致。朝东女真墓群,是明代女真人实行土葬具体情况的一个实例。

三、丧葬礼仪

入关前的女真人丧葬礼仪没有一定的规制,是相对随意和原生态的,如前

---

① (朝鲜)李民寏:《建州闻见录》,《清入关前史料选辑》第三辑,第 473 页。
② 《内阁藏本满文老档》太宗朝第十一函,《汉文译文》第 20 册,第 668—669 页。
③ 《朝鲜李朝成宗实录》卷 159,成宗十四年十月戊寅条。

所述,在入关之前女真人多实行火葬后土葬且丧礼极简。在东北史书中只有少数相关记载,可以窥见入关前某些丧葬礼仪特点。如《绝域纪略》中讲到了停尸时间问题,"以敝船为椁,三日而火",《宁古塔纪略》中记载了特殊的棺材样式"棺材盖尖而无底,内垫麻谷芦柴之类,仍用被褥,以便下火"。此外,还要挂红旆,"俗有丧,树木杆于庭上,挂长幡以示远近"。总而言之,女真人入关前的丧葬礼仪的程序是没有太多规定的,这方面的记载之少之简,也是和其先世不重视丧葬礼仪有直接关系的。以下通过对入关后满族丧葬礼仪的研究对此进行补充。从整体过程来看,它主要包括初丧礼仪、治丧礼仪和出丧礼仪三个方面。

（一）初丧礼仪

初丧礼仪是指对死者尸体进行最初处置的礼仪和程式,包括初终、停床、变服、入殓等礼俗。这一阶段是死者亲属为接下来的丧礼程序所做的准备阶段。

1. 初终

初终指人刚死或将死,也称为"倒头"。家人对亡者去世往往已有心理准备,也已预备好寿棺寿衣备用,外人不可随意进出以防惊扰。家人"置新棉于口鼻间,以验气绝,曰属纩"。弥留之际,亡者尸身由奴仆先用新布沾热水沐浴,擦净全身,使卧于被褥上,以等待人亡。

2. 停床

女真—满族不允许人死在平常睡觉的床上,人将死时,必抬至事先准备好的床板上停放,谓之停床。停床是满洲旧俗。爱新觉罗·瀛生先生回忆称,据满族故老口传,当年在关外时,为年老将死的人建造临时住处以待死亡,而死者睡过的席子、稻草要立刻拿到村外烧掉。近年来民族研究者对鄂伦春族和鄂温克族进行调查的报告中指出,这两个民族也会在人将死时将其置于另一处所,而不是让人死在住处。

3. 变服

变服就是为死者更换寿衣。满洲人到老年大多预备寿衣,以家中制者为贵,而不喜穿寿衣店买的寿衣。变服有两种时间,一种是在死者弥留之际,一种是在死者刚断气时。满洲人的寿衣是很有讲究的,内外寿衣一律不用扣子,只钉带子,衣和鞋的材料皆不用缎,忌"断子"。亡人不能穿皮衣、皮鞋,以免亡人下世投胎为身上有毛、脚上有蹄的畜类,这是受佛教来世观和投胎转世观念的影响。满洲人有官职者,寿衣按自身品级穿戴丝绸的蟒袍,头戴无花翎的红珊瑚珠的顶子,脚穿粉底朝靴,无官职者用长袍马褂,戴便帽。男性用棉布料,女性用丝绸料,可以戴首饰。

4. 入殓

入殓即是将亡人遗体殓入棺木。明末清初,入殓都是在下葬三天之前的吉时进行:"礼三日而殓,俟其复生也。三日不生,则亦不生矣。"

入殓前,先在棺材里铺入"特勒被",指专给死人用的被褥。《五体清文鉴》中在"丧服类"中记为陀罗被(nomunjibehun)。"陀罗"为佛教用语,这是满洲丧葬中受到佛教影响的表现。特勒被"少则三铺三盖,多则九铺九盖,各用奇数"。入殓时,亡人家属亲自动手,尸体入棺,先入脚,后入头,然后将死者常用的或喜欢的物品放入棺内,作为陪葬物。据日本学者中川忠英考证,除入殓遗体穿着的衣服外,棺内不再放入任何物品。富家等亦有在尸体口中放入一颗珍珠者,但也比较少见。入殓礼成,全体家人举哀,然后由亡者长子用净水擦拭死者眼部,谓之"开眼光",好让亡人瞑目。入殓后,亡者家人将棺盖盖上,棺材匠用大铜钉将棺材钉好。钉棺盖时,长子将开眼光水碗摔在地上。

(二)治丧礼仪

治丧礼仪指在出殡之前由亡人亲友完成的一系列祭奠的礼俗,主要包括开吊、接三、送三、伴宿等,是满族丧葬文化中非常重要的环节,也是最具满族特色的环节之一。

1. 开吊

开吊是丧家择定日期接受亲友吊唁送礼。开吊往往能收到很多的礼物和钱财,开吊前要布置灵堂,给开吊做准备。据爱新觉罗·瀛生先生在《老北京与满族》中介绍灵堂的布置是:在棺材前放一方桌,上摆锡制香炉、蜡扦、花瓶、闪灯。方桌设桌帏子,棺材前悬幔帐,左设男跪灵处,右设女跪灵处。院内搭棚。灵堂前设月台,台上设奠池。月台对面是僧人诵经坛,俗称"天花座"。布置灵堂后,就可以准备治丧礼仪中最隆重的部分了,即"接三"和"送三"。

2. 接三

接三举行于人死第三天,故曰"接三",也称"大接三"。《道咸以来朝野杂记》载:"三日为接三,是丧礼大典,必往。"《独门新竹枝词》中道:"丧事遭来已不堪,无钱急得眼睛蓝,由来旧历知难按,曲巷都称大接三。"民间传说,人死三天，其灵魂要到阴曹地府的望乡台上去探望，与家人做最后的诀别，家人举行隆重的祭祀，请僧道为亡人诵经免罪，使亡人升天得道或托生个好去处。接三以汉族习俗为主，略含满族习俗在内。"（满人）立幡，男左女右，（汉人）设铭旌，随满汉而异"，以表示此家有丧。接三之日，门外设鼓乐俗称"门吹儿"，在吊祭者来临时奏鼓乐以通知门内丧家："男客三声鼓加大号，女客两声鼓加唢呐……回事的人在头前飞跑，高喊：某老爷到，某太太到。"来吊者至灵台上设的奠池前下跪，完成奠酒三杯之礼，丧家将注满酒的酒杯奉给来吊者，吊者将酒举过头顶，倾于奠池内，将空杯交与陪跪者，如是者三次。来吊者接三后并不走，丧家中午奉饮食招待宾客，等待送三之礼的举行。

3. 送三

送三之礼于人死后三天的黄昏时举行，是丧家亲属送亡灵离开之意，主要活动是将"烧活"，即用彩色纸糊人、畜、物模型等在附近的旷地上举火焚烧。送三出发前，孝子及晚辈要在灵前号啕痛哭，其他吊客领取长香几根，也随着送三的队伍助哭。送三队伍以鼓乐先行，边奏乐边前进。到达墓地后，丧家下跪，三叩首，鼓手、清音、道士、和尚分列两侧，吹打诵经，有专人将烧活点燃。送三仪式完成后，丧家孝子回家仍跪灵而哭，与亡人惜别。

4. 伴宿

如果是比较简单的丧礼，送三之后即可以出殡了，若是讲排场的大户人家，停棺的时间较长，就会再在出殡前一日加一次"伴宿"，意思是不忍离别而终夜相守，也称"坐夜"或"守夜"。《听雨丛谈》"专道"条云："又京师有丧之家，殡期前一夕举家不寐，谓之伴宿，俗称坐夜，即古人终夜燎之礼也。"伴宿日上午，族人至亲皆来吊祭，伴宿日下午傍晚有"送库"之举，即焚烧"楼库"，类似于送三时候的"烧活"。楼库用彩色纸张糊制，精美者真如宫殿楼阁，高者数丈，金碧辉煌。送库也是列队出门，其行列组成与接三相同。到预定的空地上点火将楼库燃着。送库完毕，丧家、族人和至亲人等返回丧家，僧人稍事休息，以待念夜经。伴宿晚上开始念夜经，通宵达旦经声不绝。全体家庭成员连同族人至亲整夜不眠，即所谓"坐夜"。伴宿夜里，由于时间漫长又不许睡觉，于是请来玩杂技和杂耍的人"耍百戏"，另外还有"耍白棚"的，就是在白事棚里耍钱，有些赌徒借祭奠为名，留在丧家帮忙，专候伴宿夜里赌钱。

（三）出丧礼仪

出丧礼仪是把死者的灵柩送到墓地安葬的过程中的礼仪，主要礼俗是出殡，在此之前还有选择安葬地和安葬时间之开秧。

1. 开秧

死人在出殡埋葬前，丧家需要请"专业人士"即阴阳先生到坟地去指导下葬，这叫做"开秧"。阴阳先生用罗盘测量后即给死者开秧，上写有死者的年寿及"招魂"的话，决定下入殓、发引、破土下葬的日期时辰。

2. 出殡

伴宿的次日就要出殡，也称为"发引"，即把灵柩从停放的地方运出。出殡日的清晨，丧家讣文上写何时出殡，将月台拆掉，灵幔撤掉，鼓乐即进灵棚吹打，丧家辞灵，宾客也陆续来到，准备出殡。金受申先生在《老北京的生活》中说，由于老北京有"空口不送殡"的说法，故丧家要在出殡日清晨为来宾备早饭，一般是"柳叶汤"（一种形如柳叶的面片汤）。出殡时不同身份的人享有不同的规格："凡王、贝勒用八十人起杠，一品大员用六十四人，次者四十八人，再次三十二人，皆有棺罩。至二十四人、十六人者，皆用绣罩片，无大罩也。"

出殡时，有专人搀扶丧家在棺材前面步行，称为"顶丧架灵"，族人子弟以亲疏而行于后。出殡有五大件：幡儿、牌儿、棍儿、盆儿、罐儿。满洲旧俗家有丧事则在门口立红幡，出殡之时则将其摘下，由长子打幡儿。"牌儿"指灵牌，是棺柩入土之前供奉的临时纸质灵牌，由次子捧着。"棍儿"是哭丧棒，三子以下，都持哭丧棒。"盆儿"又叫吉祥盆、阴阳盆，起杠时由长子摔碎，父亲死用左手，母亲死用右手。满洲人出殡时的卤簿位于出殡队伍最前端，也是非常有满洲特色的。此外，还有"撒纸钱"的，以撒得远、扔得高为佳。

第七节　宗教信仰

女真固有的萨满教，在明代虽然继续保留下来，但是已经发生了很大变化，一是从万物有灵向把"天"作为至高无上的神转化；二是在某些宗教活动上受到了法令的限制与制止；三是从整体上看，萨满教的主导地位已为佛教特别是藏传佛教所取代。以下便对清入关前在女真社会流行的萨满教及藏传佛教的情况进行简要的介绍。

一、萨满教

萨满教为女真族固有的宗教,但是到了明代,女真的萨满教已从万物有灵的原始宗教,过渡到以"天"为最高主宰的一神教。因此明代中叶建州女真人的宗教活动,主要是"祭天",祭天之前后必须斋戒,然后"杀牛以祭"。此外,"又于月望祭七星,然此非常行之事"①。祭祀之礼由萨满巫师主持。

爱新国政权建立前后,"祭天"已成为女真人出兵征战、得胜归来、歃血为盟、重大节日必须举行的祭祀活动。努尔哈齐以天之子自命,他一再申言:"天子为汗,汗子是诸贝勒大臣,诸贝勒大臣之子即为民,主之子即为奴。"②他所起的尊号也公然标明为"天命抚育诸国英明汗"。因而,凡有大事,必祭天,必请天鉴之。

祭天活动,有时是在野外。如天命四年(1619),爱新国政权与蒙古喀尔喀五部贝勒结盟时,即于平野之处,"刑白马祭天,刑乌牛祭地,设酒一碗、肉一碗、土一碗、血一碗、骨一碗,以诚信之言誓告天地"③。平时,则专设"堂子"作为祭天的常设场所。努尔哈齐于赫图阿拉所建七大庙之一即为堂子,"奴酋之所居五里许立一堂宇,缭以垣墙,为礼天之所。凡于战斗往来,奴酋及诸将胡必往礼之"④。迁都辽沈之际,也都在城外设有堂子,举行作为国家大典的大规模祭天活动,例由皇帝主祭,贝勒、大臣、将士陪祭,萨满司仪。汗个人还有自己的祭祀场所,迁都沈阳后,汗个人祭天多在清宁宫。值得注意的是,在举行萨满祭天的同时,还要礼佛。在清宁宫中既举行祭天活动,同时还供奉佛、道的神灵。这一点充分表明,萨满教的祭天既保留有女真——满族宗教固有的特点,又已经不再是单纯的原始宗教,而是吸收了佛、道教中的一些仪式与内容,呈现出明显的汉化趋势,因而礼仪愈益烦琐,并与佛、道二教共居一堂。

满洲百姓之家,均于庭院之中立索罗杆子,举行祭天、祭祖之仪。萨满跳神活动仍然比较盛行,但是受到了严格限制,同时禁止一切于社会有害的活动。如,崇德四年(1639),正黄旗苏拜"因其妻三次求神而把家产糜费净尽",

① 《朝鲜李朝成宗实录》卷159,成宗十四年十月戊寅条。
② 《内阁藏本满文老档》太祖朝第六函,《汉文译文》第19册,第149页。
③ 《内阁藏本满文老档》太祖朝第二函,《汉文译文》第19册,第42页。
④ (朝鲜)李民寏:《建州闻见录》,《清入关前史料选辑》第三辑,第472页。

夫妇均被处死。① 但从侧面亦可窥见满洲对天神之笃信。

二、佛教

金代女真人非常崇奉汉传佛教,修建了大量佛塔和寺庙。建州女真人也崇奉汉传佛教,在赫图阿拉曾建有"七大庙",其中便有汉传佛教之三世佛庙。佛、菩萨一直是女真人的祭祀对象,入关后沿袭,《满洲祭神祭天典礼》中有载。在入关前的八旗各驻地,每旗也建有本旗的佛寺。

藏传佛教传入女真社会是在天命初年。17 世纪初,藏传佛教僧人以蒙古为中介,进入了女真地区,并得到了爱新国统治者的保护与尊重,但势力发展不大。

爱新国政权建立不久,努尔哈齐"闻北边蒙古有大喇嘛,二聘交加,腆礼优待",邀其前来爱新国。于是尚在东部蒙古传教的西藏喇嘛斡禄达尔汉囊苏"率一百家撒哈儿掐,辞蒙古贝勒,翻然越数千里而至"②,努尔哈齐对斡禄达尔汉囊苏"敬礼尊师,倍常供给",并"赐之庄田,给之使命",加以"恩养"。天命六年(1621)八月,斡禄达尔汉囊苏于辽阳"示寂归西",经其徒弟请求,天聪四年(1630)为斡禄达尔汉囊苏建塔"钦藏舍利",并"设僧监守,供陈香果"。天命十年(1625),在蒙古科尔沁部传教的唐古特部喇嘛萨哈尔察等,认为"蒙古贝勒养活不好",听说努尔哈齐"虔诚",而且"养活的好",于同年十一月投奔了爱新国。努尔哈齐说:"念其归来之功,所有随喇嘛前来之萨哈尔察,其子孙世代皆免差役,获死罪则因之,获掠财罪亦免之,恤典不绝。"并给予其中 132 人以敕书。③

皇太极时代虽然对藏传佛教继续采取保护政策,但又限制其某些方面的发展。因为一些"奸民欲避差徭,多相率为僧",一些喇嘛也仰仗统治者的庇护广收教徒。天聪五年(1631),皇太极下令对包括藏传佛教在内的佛教僧人"清查人数",宣布"如系真喇嘛、班第、和尚,许居城外清净寺庙焚修","若有违法擅称喇嘛、和尚及私建庙宇者,依律治罪,其愿为喇嘛、和尚及修造寺庙,

---

① 中国人民大学清史研究所、中国第一历史档案馆译:《盛京刑部原档》,群众出版社 1985 年版,第 86 页。
② 顺治十五年辽阳《大喇嘛坟塔铭》,《辽阳碑志选》第二编。
③ 《内阁藏本满文老档》太祖朝第八函,《汉文译文》第 19 册,第 240 页。

须启明该部贝勒,方免其罪"①。也就是说,不准藏传佛教无限制的发展与膨胀,而要加以控制。崇德元年(1636),皇太极指斥某些喇嘛"口作讹言,假以供佛持戒,暗奸妇女,贪图财利,常悖逆作恶,索取人之财物牲畜",同时对于蒙古人深信喇嘛之言,靡费财物牲畜,忏悔超生予以批评,对于"蒙古人为亡者悬转轮、结布幡之事,一律禁止之"②。但是,总地说来,仍予藏传佛教以一定地位。当察哈尔墨尔根喇嘛以嘛哈噶喇佛金像来献时,皇太极亲率王公、贝子,对金佛行三跪九叩大礼,崇德元年(1636)在沈阳建实胜寺供奉嘛哈噶喇佛。清太祖、太宗之所以对藏传佛教采取优礼态度主要还是将其作为统治蒙古诸部的工具之一。

---

① 《清太宗实录》卷 10,天聪五年闰十一月庚戌条。
② 《内阁藏本满文老档》太宗朝第十一函,《汉文译文》第 20 册,第 684 页。

第七章　女真—满洲姓氏

姓氏乃相同血缘成员之间互相联系之纽带，为区分不同血缘集团之特殊符号。女真—满洲姓氏具有区别本民族成员血缘关系的特色，亦可以反映不同历史时期的民族发展特点，且在不同历史时期，出现不同的表现形式。在入关前，女真姓氏保留前代女真初始的特色较多，基本为多音节，用汉字拼写时多为两个汉字以上的姓氏。但入关后，满洲姓氏逐渐采用首字音或满文含义向单字姓氏过渡，姓氏既保留着原来多音节姓氏的内涵，也出现了满汉兼容的文化特质。迄今研究女真—满洲姓氏之各类文献，均称之为"满洲姓氏"，乃与清代官修满洲姓氏典籍相关，而从姓氏继承方面来看，称为"女真姓氏"更为准确，因 1635 年之前，这些女真姓氏业已存在。为兼顾以往研究，于此书内多称为"女真—满洲姓氏"，但其中或以行文之便，兼有遵照清代官书之称，简称为"满洲姓氏"者。

第一节　女真—满洲姓氏之源流

《钦定八旗满洲氏族通谱辑要》开篇提到满洲姓氏源流时指出：

八旗满洲姓氏多系复姓，自二字至三四五字不等，总无似汉人以单字为姓者，缘满洲先世散居于长白山一带地方，溯其得姓之始，或以所居之山川为姓，或遇事物有可纪祥者因以为姓，厥后虽迁移不常，均世世谨守，罔敢改易。从前编纂氏族通谱时，止就各该本家自其先世口相授受，或有记载因何得姓者注之，六百四十五姓中注明以山川为姓以地名为姓者仅三十八姓，其余均未注明。今校阅全书，类于地名者固居其半，亦有直以国语、蒙古语为姓者，此满洲姓氏源流之大凡也。[1]

---

[1]　《钦定八旗氏族通谱辑要》，《家谱丛刊·民族卷》，北京图书馆出版社 2003 年版，第 11 册，第 1—2 页。

由这段话的表述,为我们提供的信息有三:第一,指出《八旗满洲氏族通谱》中收录的女真—满洲姓氏有 645 个,经笔者查检确有 645 个,之后,《钦定八旗满洲氏族通谱辑要》在此基础上又将爱新觉罗一姓补入,则共录女真—满洲姓氏 646 个。后《清朝通志·附载满洲八旗姓》又增补女真—满洲姓氏 32 个①,则前后相加,清代官方认可的女真—满洲姓氏共计 678 个。第二,满洲姓氏与汉人姓氏相比,汉人姓氏多为单字,而满洲姓氏为多字。究其原因,清廷认为源于满洲姓氏多取之山川河流等地名,或是为了纪念一些祥瑞之事。第三,《八旗满洲氏族通谱》所收录的满洲姓氏中,虽然能够明确其源自山川地名的姓氏不多,但是经编纂者校阅后认为,满洲姓氏主要来源于地名和满语、蒙古语的音译词,这其中又以源自地名最多。《八旗满洲氏族通谱》中明确记载源自于山川河流等地名的满洲姓氏共 41 个,《钦定八旗满洲氏族通谱辑要》在此基础上又补充了 6 个,②《清朝通志·附载满洲八旗姓》增补的满洲姓氏中老沟、觉尔察两姓也源于地名,由此可以确定源于山川河流等地名的女真——满洲姓氏共有 49 个,它们分别是:源于地名:瓜尔佳、钮祜禄、马佳、董鄂、佟佳、那木都鲁、富察、完颜、兆佳、郭络罗、萨克达、精奇理、乌苏、尼马察、章佳、宁古塔、瑚锡哈理、性佳、齐佳、索绰络、裕瑚鲁、虎尔哈、觉禅、把尔达、尼沙、佑祜鲁、噶努、贤达禅、卦尔察、德都勒、恺颜、绰克秦、爱浑、海拉苏、褚库尔、崇果鲁、拜格、穆和林、蒙古楚、叶赫、徐吉、鄂通、塞楞吉、努尔汉、富珠理、老沟及觉尔察;源于河名:赫舍里;源于山名:洪鄂。分析这则史料可见,清廷官方认为女真—满洲姓氏的源流主要有三种,一为山川河流等地名,二为纪录祥瑞之事,三为满语、蒙古语的音译。

此外,提到女真—满洲姓氏的源流时还需要指出,明代女真人作为金代女真人的后裔,很多姓氏都是源自金代女真人的旧姓。笔者根据《钦定八旗满洲氏族通谱辑要》及《满洲源流考》中的记载将《金史国语解》中所记的女真旧

---

① 《清朝通志》卷 7《附载满洲八旗姓》对《八旗通志(初集)》人物传中所载而《通谱》满洲姓氏未录者,增补 32 姓,分别是:洪罗、鄂岳、颜济、费雅、额托、老沟、托里、松颜、仓佳、商佳、鄂诺、修和哩、博尔津、扎噜察、郭齐里、钮旺坚、觉尔察、伯苏特、萨玛喇、谔尔格、拉库勒、精格哩、乌雅拉、扎特黑、蒲齐哩、索察喇、布吉尔根、塔察觉尔察、阿颜塔塔尔、吉朗吉瓦尔喀、噶尔噶斯、大佳。

② 《钦定八旗氏族通谱辑要》中补充的源于地名的 6 个满洲姓氏分别是:精奇理、裕瑚鲁、褚库尔、鄂通、塞楞吉、努尔汉。

姓与《八旗满洲氏族通谱》中的女真——满洲姓氏进行核对后,能够明确对应的共有 58 对①,它们分别是:

姓　氏	旧姓(《金史国语解》)
瓜尔佳	古里甲
钮祜禄	女奚烈
舒穆禄	石抹
赫舍里	纥石烈
那木都鲁	纳诺鲁
纳喇	纳剌
富察	蒲察
吴雅	兀颜
颜扎	颜盏
萨克达	散答
赛密勒	塞蒲里
乌苏	兀撒惹
费莫	斐满
额苏理	安煦烈
尼沙	聂散
乌色	五塞
温特赫	温迪罕
博和理(波和哩)	蒲古里
温都	温敦
阿礼哈	阿里侃
托谟	帖暖
辉罗	会兰
乌苏占	阿厮准

① 《满洲源流考》所附的《金史》姓氏考中,存在一些记载的女真—满洲姓氏无法与《八旗满洲氏族通谱》所收录的满洲姓氏相对应,这些满洲姓氏有:旺扎卜、辉特、辉罕、徹木衮、乌克逊、卓特、傅提斯、傅尔济克、乌实拉、舒古苏、珠尔罕、光嘉喇、珠勒根、阿达、尼玛兰、温都逊、纳雅、阿里、巴尔、富色里、通吉、斡哩、都克塔、托罗特、赫舒、阿苏、卓多穆、雅苏贝、爱新、纳克、古勒浑、斡色、索欢、唐古、伯苏、锡默、爱满、摩年、伊年及苏伯林等,有待日后深入研究。

续表

姓　氏	旧姓(《金史国语解》)
阿克占	阿典
图克坦	徒丹
吴(乌)灵阿	兀林答
穆燕	抹颜
拜格	把古
萨察	撒?
都理	都烈
倭勒	斡勒
朱佳	术甲
翰颜	末辰盌
瑚雅	霍域
碧喇	必兰
纳塔	纳坦
温屯	温敦
伊喇	移刺
珠赫勒	术虎
都克塔理	独虎术鲁
色勒理	撒合烈
鄂通	奥屯
韩楚哈	阿不哈
舒尔都(图)	石敦
尼玛哈	尼忙古
博都理	孛术鲁
沙达喇	撒达牙
蒙果	蒙刮(括)
洪衮	黄掴
纳哈塔	纳合
珠鲁	吾鲁
富珠理	孛术鲁
布希	蒲鲜

续表

姓　氏	旧姓（《金史国语解》）
布萨	僕散
乌锡	阿鲜
吴库理	乌古论
哈萨喇	和速嘉
石佳	石盏

《金史》中所记载的女真姓氏有限,故清代作《金史国语解》中的女真姓氏受限,实际上明代女真人继承下来的女真姓氏,当远不止上表所列。

第二节　女真—满洲诸姓氏的部属及世居地

根据《八旗满洲氏族通谱》及《清朝通志》,笔者对 678 个满洲姓氏的世居地进行了统计,进而发现史料中记载世居地的标准不一,有的是具体居住的村、城、寨,有的则很模糊,只记载了世居地所在的部。由于各姓氏来归年份不同,有的记载的是清入关前的地名,有的记载的则是入关后的地名。通谱中对各姓氏的记载多来源于各家族的呈报,之后未对相关内容进行统一,进而出现对一些世居地的记载所用汉字不同,但读音相同或相近。对于以上指出的情况,笔者在统计时均予以保留,只除去重复的情况。

一、女真—满洲诸姓氏之世居地

《八旗满洲氏族通谱》《清朝通志》记载满洲诸姓氏之世居地计有以下地方:

阿巴噶克噜伦、阿尔喇、阿古喇河、阿和罗、阿克坦村、阿库里、阿库里河、阿库里尼满、阿拉、阿喇、阿赖、艾家堡、爱哈、爱湖、爱湖城、爱浑、爱新哈达、爱新和罗、安巴布尔哈图、安巴德普特、安巴德普特布占台、安巴觉尔察喇、安巴西穆讷、安褚拉库、安福和罗、安图、安图瓜尔佳、安图河、鞍山、敖硕、八间房、巴尔达、巴尔都城、巴发、巴济、巴喇雅村、巴林、巴特海苏苏、巴颜和罗、巴颜乌喇、把尔达鄂林村、白都鲁、白都讷、白河、拜格山、板城、板城寨子村、贝德里、贝登、贝浑山秦、碧尔坤苏苏、碧新、璧尔根札寨、博尔屯博欣村、布尔哈、布尔哈图、布尔浑、布兼秦、布兼泰、布勒德、蔡亭、仓、查哈尔、绰克秦、冲鄂济巴布、崇果济巴布、崇果鲁、褚库尔村、达尔溽、达呼里、打牲乌喇、大郎村、大凌河、大杨尔屯、岱济、当务理、道开、道堪、德得合村、德都勒、德都理、德敦村、德尔吉、德尔吉阿库里、德尔吉阿里库村、德尔吉河、德尔吉色钦、德尔吉色钦虎尔哈、德尔吉倭济、德库、德里倭赫、德林村、登色村、登伊尔哈、东、东阿、东安、东城、东古、东古村、东林屯头、东山、董鄂、董佳城、都白城村、都英额、杜贤、敦达敦、敦都、多巴库、多尔浑、多尔吉、多尔吉河、多浑、多罗树村、俄多里、俄漠和、俄漠和鄂多里、俄漠和苏鲁、俄漠和索罗、额楚、额尔赫村、额尔景、额尔敏、额尔图村、额和河、额赫库伦、额勒敏、额木赫索罗、额宜湖、额哲库、鄂多里、鄂尔浑、鄂尔坤、鄂尔顺、鄂和、鄂克敦、鄂漠、鄂漠和索罗、鄂诺、鄂通、鄂云屯、尊漠辉河、二格村、发纳哈、法尔哈村、法尔图、法库、法穆纳哈达、法沙喇、蜚悠城、费达木、费达木村、费达穆村、费德里、费德里哈达、费德木、费尔塔哈、费雅达玛、费雅郎阿、费扬宁、凤凰城、奉集堡、佛阿拉、佛阿拉马尔敦、佛多尔衮、佛多浑、佛多里、佛讷赫、佛讷赫村、伏尔哈、福拨、福尔哈、福尔建哈达、福宁额、福齐希和罗、福齐希美佛赫、福山、福新得喜莽坎、抚顺、富察、富克顺、富珠理、福尔江阿河、噶哈、噶哈里、噶哈里碧汉额里村、噶哈里和罗、噶努山、噶硕克村、盖鸡、盖吉、盖金苏苏、盖津村、盖山村、盖州、盖州城鄂罗多、格尔钦、公村、公额理、恭伊路、瓜尔拜、瓜尔佳、瓜图理、卦尔察、卦尔察和伦、卦尔佳、管、广宁、广宁正安堡、郭尔罗斯、郭络罗、郭络罗沟、郭络罗河、果尔敏街、哈达、哈达察汉、哈达等德尔吉穆瑚、哈尔敏、哈尔萨、哈克三、哈里、哈什、哈什马和罗、哈思湖、哈斯哈村、海佳、海拉苏台、海兰、海兰木、海兰瓦尔喀什、海州、汉楚哈、杭佳、杭间、何殷村、和多穆哈连、和克通吉、和罗、和罗山晋、和宁、和森木、和索、和通吉、和通吉郭思屯、和佟吉、和托阿拉、和攸、赫彻木、赫尔苏、赫济河、赫济赫、赫林台、赫门、赫舍里河、赫石、赫图阿拉、赫席黑、黑龙江、黑林台、黑龙江阿克底村、黑龙江拜察、黑龙江鄂奇村、黑龙江法喀堡子、黑龙江富尔瑚村、黑龙江库鲁穆图村、黑龙江懋塔哈村、黑龙江索多理村、黑龙江雅尔库理村、黑山、黑深堡、红山、红山口、红云堡、洪艾、洪鄂村、洪鄂哈达、洪凯、洪科、洪口村、洪扬子沟、呼兰、呼讷赫、呼讷赫和罗萨克察、呼讷赫河、呼努浑河、潭尔苏、潭野、胡兰、胡鲁村、胡鲁色、胡什塔、瑚普察、瑚泰村、瑚锡哈理等、虎尔哈、虎尔哈河布尔哈村、虎尔哈江、虎尔哈乌喇、虎揽、黄古屯、黄泥洼、珲春、辉发、辉发哈达、辉哈江、辉和、浑都和色、浑河、浑湖理努克特勒、浑秦、浑秦布喇、浑同、浑托和河、吉林、吉林扈伦、吉林乌喇、吉颜、吉阳、加哈、佳木秦、嘉拉库、嘉理库城、嘉木湖嘉木齐村、嘉通阿、觉禅、觉尔察、觉佳沟、觉罗禅、界凡、锦州、精奇理乌喇、精琦里、喀尔沁、喀拉沁、喀木屯、开原、恺颜、科尔沁、科普喀滩、科普沁、克什克城、克什克腾库察、库尔喀、库库奇特、库伦、库伦达巴汉、库穆努、库穆图、库雅拉、夸喇、拉发、拉哈、拉门穆瑚、喇发、喇发村、喇哈村、来碧村、赖布村、兰河山、郎佳、郎佳谟克托哈达、狼山、老沟、老寨子、勒福河、勒福屯、雷佳堡、李佳堡、李佳村、李佳和罗、连刀湾、莲花村、镰刀把、辽河、辽阳、陵和罗、留福村、伦尼、罗里、罗罗、罗山、洛河、马察、马佳村、马佳等、玛尔敦、莽喀库鲁、米山、明安村、明安额尔图、蘑菇沟、漠尔敦、墨尔根城、墨尔根村、墨络古、牡丹村、木城、木楞、木鲁、木伦等、穆丹、穆和林、穆赫林、穆湖哈达、穆瑚、穆瑚村、穆勒扎古喇、穆齐里、穆溪、那丹雅哈、那木察、那木都鲁、那木图、囊武、讷迪村、讷图、讷殷、讷殷布、讷殷江、内河、嫩河、嫩奈、尼尔吉、尼马察、尼玛察哈达、尼玛察苏苏村、尼满河、尼沙、尼雅满、尼雅满山等、尼雅满洲、尼雅木尼雅库城、尼雅木山、尼雅新村、聂尔巴、宁古塔、牛山、牛庄、钮赫阿林、钮祜禄、昝宜、努尔汉、努克特勒、努尼村、诺尔、诺罗、诺罗村、诺络、平原堡、普塞屯村七奇理、齐宾哈达、齐哈尔、齐佳营、齐齐哈尔启尔撒、迁明村、清城子、清河、清堪俄漠、萨楚库山、萨尔碧图、萨尔哈占、萨尔湖、萨哈尔察、萨哈连倭赫、萨哈连乌喇、萨哈连乌喇谔尔格村、萨哈禄、萨克察、萨克达、萨克苏、萨克苏和罗、萨兰、萨鲁城新村、萨木察、萨木占、萨穆达拉、萨穆占、萨齐库、萨齐库哈连、塞楞吉石赫寨、赛音、赛音讷殷、三虎石、三姓、色钦、沙尔碧图村、沙尔虎、沙济、沙晋和罗、沙晋穆尔吉、沙晋倭赫、山岔、山答铺、山端村、山秦、山秦阿林、山塔堡、商颜哈达、商颜和罗、商颜倭赫、尚阳堡、舍楞阿河、舍里、舍里村、舍伦村、沈阳、师师和罗、十方寺、十里河、石巴尔台、石嘱尔台、石哈斯霸、舒赫德、舒勒赫、舒穆、舒穆禄村、舒舒、司旺堡、松阿里海兰、松阿里河、松阿里乌喇、松花堡、松花江松江堡等、松山、苏巴尔汉、苏发、苏佳村、苏克德、苏克素护河、苏穆、苏苏里乌喇、苏苏乌喇、苏瓦颜、苏瓦颜沟苏完、苏完哈达、绥分、绥芬库雅拉、绥河、索绰络、索尔和碧汉、索林村、索伦、塔达、塔克什城、塔山拜晋、塔山堡、塔思哈河、台山、特分、特顺、特宜分、阗子、铁岭、佟佳等、土木、土木屯、屯昂阿、屯图、托克索、托米屯、拖克索村、仝閼莩漠、仝閼乌喇、洼木村、瓦丹、瓦尔哈、瓦尔吉和屯、瓦尔喀、瓦尔喀董悠城、瓦尔喀海兰、瓦尔喀什、瓦尔喀什海兰河、瓦尔喀锡、瓦尔纳哈、瓦湖木、瓦喀兰、瓦里湖、瓦面河、瓦色、完颜、万边屯、汪秦、王多罗树、王佳村、翁鄂络、翁郭罗城、翁果尔和、翁喀河、翁科、倭赫、倭赫法三、倭济、倭济爱满、倭济石、倭讷赫村、倭哲、乌巴塔城、乌丹村、乌尔锡河、乌费和罗、乌呼理、乌佳村、乌克敦、乌克图理、乌拉哈达、乌拉玛、乌喇、乌喇博尔济城、乌喇布伦村、乌喇达呼里村、乌喇等、乌喇哈达、乌喇蒙古楚山、乌喇绥哈村、乌塞理、乌苏、乌苏河、乌苏里、乌苏理、乌英额、吴尔瑚、吴苏里乌喇、五间房、五姓庄、西巴里、西巴理城、西城、西哈诺尔、西克屯、西林木伦、西林穆鲁、西占和罗、锡伯里城哈达、锡尔门、锡拉穆伦、锡喇河、席百、贤达禅香山、象山、小北门、小西门、新达谟城等、新屯、兴京、兴堪、兴堪村等、杏山、性佳村、徐吉和罗、牙克萨城、雅达浑村、雅尔湖、雅尔浑费颜、雅哈、雅哈和罗、雅兰、雅兰西楞、呀哈、羊羔屯、阳谷屯、阳石木、杨察、杨禅、杨古屯、耀州、叶赫、叶赫佛讷赫村、叶赫哈达、叶赫和多木哈廉、叶赫和多穆哈连、叶赫勒、叶赫乌苏村、叶赫乌苏河、一堵墙、伊巴丹、伊尔哈、伊尔海、伊汉阿林屯齐村、伊拉富村、伊拉里、伊兰费尔塔哈、伊兰木、伊兰倭赫、伊禄城嘉浑村、伊麻齐、伊苏、伊苏河、依克赛、依兰费尔塔哈、依兰费尔塔哈村、依兰新泰、宜尔海、宜汉阿拉、易州、音楚、殷、殷达浑、殷登、殷等、英额、英额和罗、佑祜鲁穆瑚舒村、榆树沟、裕发、裕瑚鲁等、约克托城、岳克通鄂城、扎喀、扎克丹、扎库木、扎库塔、札库里、札库塔、札林、札鲁特、札满和罗、札穆纳、斋谷、沾、沾河等、占河、张、张当、章当、章佳等、章图理、长白山、长白山海兰、长白山玛克丹、长白山色钦、长白山瓦色路络、长白山沾河、兆佳、哲林、哲鲁、哲音、郑家堡、周齐理、朱理雅拉、朱舍里、卓泰等，共计 749 个。笔者对来自这些世居地的满洲姓氏与各世居地进行对应后，将作为超过十个满洲姓氏的世居地进行了统计，这些姓氏主要有阿库里、安褚拉库、白都讷、董悠城、佛阿拉、卦尔察、哈达、黑龙江、虎尔哈、浑春、辉发、吉林乌喇、吉阳、嘉木湖、界凡、马察、那木都鲁、讷殷、讷殷江、尼马察、宁古塔、齐齐哈尔、萨哈尔察、沈阳、松花江、苏完、绥芬、索伦、瓦尔喀、倭济、乌喇、雅尔湖、叶赫、英额、扎库木、沾河、长白山等。

虽然《八旗满洲氏族通谱》中对诸女真—满洲姓氏世居地的记载存在一些问题，前文已经指出，但是这些姓氏的主要世居地，由各自的名称可见多是入关前女真各部的地名，由此，以下便按照这些世居地的部属对世居在这些地区的女真—满洲姓氏进行归纳总结,从中可以窥见女真—满洲各部的分布和各姓氏的居住特点。

二、女真—满洲各部世居地及姓氏

(一)苏克苏浒河部

佛阿拉:瓜尔佳、钮祜禄、舒穆禄、马佳、赫舍里、伊尔根觉罗、舒舒觉罗、西林觉罗、阿哈觉罗、佟佳、纳喇、完颜、兆佳、李佳、黄佳、章佳、觉禅、乌色、赖布、扬佳、伏尔哈、觉佳、佟启、白佳、格晋、穆色陈。

嘉木湖:瓜尔佳、钮祜禄、马佳、伊尔根觉罗、佟佳、纳喇、富察、完颜、兆佳、扎库塔、章佳、佑祜鲁、董佳、殷佳。

沾河:舒穆禄、马佳、完颜、兆佳、郭络罗、萨克达、洪鄂春、舒墨理、蒙鄂索。

(二)浑河部

界凡:瓜尔佳、伊尔根觉罗、富察、兆佳、李佳、索佳、哲尔德、明安、卓起、倭赫、拉颜。

扎库木:瓜尔佳、钮祜禄、赫舍里、他塔喇、伊尔根觉罗、舒舒觉罗、西林觉罗、佟佳、纳喇、完颜、戴佳、兆佳、颜扎、碧鲁、李佳、萨克达、章佳、喜塔腊、苏佳、吴鲁、觉禅、乌尔古宸、卦尔察、秋舒理、乌什拉、赖布、玛尔丹。

(三)哲陈部

英额:瓜尔佳、钮祜禄、舒穆禄、舒舒觉罗、富察、完颜、兆佳、性佳、鄂卓、钮赫勒、依拉理、佑祜鲁、茂仪。

(四)董鄂部

雅尔湖:瓜尔佳、舒穆禄、赫舍里、伊尔根觉罗、舒舒觉罗、通颜觉罗、佟佳、纳喇、兆佳、颜扎、李佳、萨克达、奇塔喇、洪鄂、卓克佳、阿图拉墨、索络恰。

(五)长白山三部

马察:瓜尔佳、赫舍里、他塔喇、伊尔根觉罗、佟佳、富察、完颜、兆佳、郭络罗、李佳、萨克达、章佳、性佳、费莫、额苏理、温都、都理、敖佳、兆垒、占尼、崔穆鲁。

长白山:瓜尔佳、钮祜禄、舒穆禄、马佳、赫舍里、他塔喇、伊尔根觉罗、舒舒觉罗、西林觉罗、阿哈觉罗、察喇觉罗、佟佳、那木都鲁、纳喇、富察、完颜、吴雅、兆佳、颜扎、李佳、萨克达、乌苏、巴雅拉、辉和、鲁布理、尼马察、章佳、嵩佳、喜塔腊、性佳、费莫、索佳、裕瑚鲁、依拉理、哲尔德、觉禅、托活洛、乌色、温都、济礼、郭尔佳、章锦、洪鄂、卦尔察、洪佳、尼竺浑、蒙鄂索、孙佳、卓晋、都鲁、舒禄、碧喇、郭罗、鄂罗、赫尔济、吴济佳喇、福塔、瓦尔佳、塔坦、马尔屯、洪果奇、葛佳喇、苏绰尔、济拉喇、丰佳、韩楚、吴尔锡、文札额托吉朗吉瓦尔喀。

讷殷：瓜尔佳、钮祜禄、伊尔根觉罗、舒舒觉罗、佟佳、富察、完颜、吴雅、郭络罗、锡克特理、萨克达、乌苏、尼马察、章佳、宁古塔、索绰络、裕瑚鲁、苏佳、乌尔古宸、温都、崇吉喇、乌苏理、赫佳、浑达奇。

讷殷江：舒穆禄、赫舍里、他塔喇、伊尔根觉罗、舒舒觉罗、富察、兆佳、黄佳、依拉理、温都、蒙鄂索、金佳、塔喇、费佳、周延、唐颜。

（六）哈达部

哈达：瓜尔佳、钮祜禄、舒穆禄、马佳、赫舍里、伊尔根觉罗、舒舒觉罗、西林觉罗、阿哈觉罗、佟佳、那木都鲁、纳喇、富察、完颜、吴雅、兀札喇、碧鲁、萨克达、章佳、宁古塔、嵩佳、宜特墨、性佳、鄂卓、鄂济、依拉理、哲尔德、托活洛、佑祜鲁、梅勒、托谟、汤务、赫苏理、董佳、阿克占、叶穆、扬佳、洪鄂、库穆图、夸尔达、哲理、果尔吉、罗佳、倭彻赫、郭罗、萨尔都、哈尔吉、杭佳、伊尔穆、玉图墨、哈巴、崔佳、尼音图、钮图、农吉勒、恭佳、扣岱、尼珠、迟佳。

（七）辉发部

辉发：瓜尔佳、钮祜禄、舒穆禄、马佳、赫舍里、伊尔根觉罗、舒舒觉罗、西林觉罗、呼伦觉罗、阿哈觉罗、佟佳、纳喇、富察、完颜、兀札喇、兆佳、李佳、萨克达、辉和、章佳、喜塔腊、费莫、索佳、索绰络、鄂卓、钮赫勒、鄂济、依拉理、温察、佑祜鲁、赫苏理、拜都、乌尔答、洪鄂春、章锦、聂格理、乌礼苏、刘佳、郭佳、乌苏理、札拉、傅佳、都佳、赫济理、嘉普、塔喇、希萨尔、胡锡、屈佳、雅佳、瑚尔泰、沙达喇、范佳、努鲁、嘉穆瑚、边佳、费雅。

（八）叶赫部

叶赫：瓜尔佳、舒穆禄、马佳、赫舍里、伊尔根觉罗、舒舒觉罗、阿颜觉罗、呼伦觉罗、阿哈觉罗、佟佳、纳喇、富察、完颜、叩德、戴佳、兀札喇、兆佳、颜札、碧鲁、李佳、萨克达、鲁布理、宜特墨、喜塔腊、齐佳、索绰络、鄂卓、鄂济、依拉理、苏佳、温徹亨、温察、吴鲁、托活洛、满札、乌色、梅勒、钮颜、蒙古尔济、鄂托索、齐勒、托谟、拜都、布赛、阿克占、叶穆、喀尔拉、乌尔答、洪鄂、萨哈尔济、武尔格、齐图普、苏多罗、蒙古楚、叶赫勒、朱佳、瓦色、哈尔察、叶赫、喀尔沁、广佳、喇赫书、穆克图、札拉、钟吉、梅楞、谟克拖、翁钮络、吉普、褚墨勒、锡尔弼、倭彻库、齐达勒、文达、墨克勒、舒尔都、奇德理、猷格理、莽吉绰、墨尔吉、罗岳、苏克察、阿塔穆、倭彻勒、叶禄图、萨喇布、希瑚图、姚佳、乌勒理、叶墨勒、石佳。

（九）乌喇诸部

蜚悠城：瓜尔佳、赫舍里、伊尔根觉罗、舒舒觉罗、富察、乌苏、喜塔腊、费莫、依拉理、额苏理、把尔达、扬佳、朱锡理、林佳、孟克宜勒、吴努齐。

浑春：瓜尔佳、钮祜禄、舒穆禄、那木都鲁、颜扎、泰楚鲁、穆尔察、葛济勒、博和理、温都、尼奇理、萨克察、孟佳、穆燕、蒙鄂索、萨察、锡墨勒、钮瑚特、石穆鲁、色勒理、吴札尔瑚、赫舍里、兆佳、库雅拉。

乌喇：瓜尔佳、舒穆禄、赫舍里、他塔喇、伊尔根觉罗、舒舒觉罗、佟佳、那木都鲁、纳喇、富察、吴雅、兀札喇、兆佳、颜扎、碧鲁、库雅拉、乌苏、辉和、鲁布理、萨哈尔察、索绰络、鄂卓、鄂济、裕瑚鲁、依拉理、温彻亨、哲尔德、温察、吴鲁、托活洛、索尔多、佑祜鲁、乌尔古宸、鄂托、洪吉理、喀尔达、苏赫苏理、尼奇理、章锦、洪鄂、赫锡赫理、舒墨理、珠格、洪佳、克音、瑚玉鲁、图们、克尔德、墨尔齐、刘佳、果尔吉、武佳、蒙古楚、崇吉喇、倭勒、瑚雅拉、敖拉、瓦色、喀尔沁、吴察喇、吉鲁、温屯、珠赫勒、珠雅拉、阿尔布、齐克腾、贾佳、翁尼理、喀尔库、莽果、索彻理、申佳、博尔卓克、阿喇、乌颜齐、瑚德勒、瑚鲁精格哩。

吉林乌喇：瓜尔佳、舒穆禄、马佳、赫舍里、佟佳、纳喇、富察、吴雅、兆佳、颜扎、锡克特理、库雅拉、萨克达、乌苏、尼马察、伊尔库勒、章佳、扎思瑚理、瑚锡哈理、索佳、哲尔齐、鄂济、裕瑚鲁、依拉理、托活洛、乌色、温都、索齐勒、都拉喇、乌尔答、图克坦、扬佳、卦尔察、克叶勒、果尔吉、武佳、朱佳、高佳、广佳喇、赫书、吉鲁、乌雅察、精吉、泰瑚特、亨奇勒、锡勒尔吉、瓦尔喀、瑚尔哈苏、哈尔拉、富苏瑚、喀尔拉哈、玉鲁、瑚佳、瑚尔佳、墨呼理、哈苏理、哈思琥、赫尔苏、乌宇、拜察、哈尔塔喇。

（十）苏完部

苏完：瓜尔佳、马佳、赫舍里、舒舒觉罗、纳喇、富察、完颜、兆佳、碧鲁、章佳、费莫、索佳、虎尔哈、托活洛、温都、托谟、阿克占、图克坦、郭佳、鄂尔绰络、毕鲁勒、程佳。

（十一）虎尔哈部

虎尔哈：瓜尔佳、舒穆禄、马佳、伊尔根觉罗、富察、兀札喇、库雅拉、辉和、伊尔库勒、章佳、宁古塔、萨马尔吉、裕瑚鲁、布尔察、依拉理、虎尔哈、托活洛、佑祜鲁、萨克察、叶库理、瑚锡理、崇吉喇、瓦色、书玛理、蒙鄂络、和岳络、瑚琥、拜嘉喇、修墨理、南福禄。

（十二）窝集部

白都讷：瓜尔佳、赫舍里、佟佳、富察、吴雅、颜扎、萨哈尔察、扎思瑚理、虎尔哈、札苏理、喀尔拉、扬佳、洪鄂、萨哈尔济、果尔吉、颜济理、贵岳理、杨额理、瑚尔哈喇、西尔图、哈萨喇、哈思呼理。

那木都鲁：伊尔根觉罗、那木都鲁、纳喇、李佳、萨克达、葛济勒、额苏理、尼沙、乌尔古宸、章锦、库穆图、穆察、梅赫理、多罗宏、博尔衮、章齐、东阿。

尼马察：赫舍里、伊尔根觉罗、西林觉罗、纳喇、完颜、萨克达、巴雅拉、辉和、尼马察、鄂济、图色理、叶穆、萨克察、扬佳、赫锡赫理、布尼、瓜尔佳、马佳、哲尔齐、鄂谟拖、萨克察、和和齐、专塔、哈尔察、纳塔、札哈玛、玉尔库、密札、格尔齐、布尔尼。

宁古塔：瓜尔佳、马佳、他塔喇、伊尔根觉罗、西林觉罗、兀札喇、黄佳、萨克达、巴雅拉、伊尔库勒、宁古塔、瑚锡哈理、费莫、葛济勒、佑祜鲁、墨尔迪勒、珠格、尼锡理、恰喇、姜佳、猷格、彻叶勒、伊博、宁佳萨玛喇。

松花江：瓜尔佳、舒穆禄、赫舍里、伊尔根觉罗、阿哈觉罗、富察、兀札喇、碧鲁、锡克特理、扎库塔、巴雅拉、萨马尔吉、鄂济、额苏理、托活洛、俞尔库勒、乌色、佑祜鲁、奇塔喇、墨尔哲勒、索齐勒、赫苏理、辉罗、贤达禅、富尔库鲁、刘佳、布达喇、乌尔瑚济、图佳、公鄂理。

绥分：瓜尔佳、舒穆禄、马佳、伊尔根觉罗、舒舒觉罗、阿哈觉罗、那木都鲁、富察、兆佳、吴扎库、库雅拉、鲁布理、尼马察、宁古塔、穆尔察、费莫、葛济勒、温都、萨克察、洪鄂春、额尔赫、韩楚哈、蒙果资、西法齐、梅佳、巴雅拉。

（十三）瓦尔喀部

阿库里：赫舍里、伊尔根觉罗、富察、萨克达、布尔察、吴鲁、科齐理、托活洛、温都、伊拉齐。

安褚拉库：瓜尔佳、他塔喇、李佳、乌苏、钮赫勒、裕瑚鲁、依拉理、珠尔苏、吴察喇、鲍佳。

瓦尔喀：瓜尔佳、钮祜禄、赫舍里、他塔喇、伊尔根觉罗、西林觉罗、阿哈觉罗、那木都鲁、富察、李佳、萨克达、扎库塔、乌苏、巴雅拉、喜塔腊、穆尔察、费莫、科齐理、乌尔古宸、扎拉理、温都、阿礼哈、奇塔喇、萨察、刘佳、瑚锡理、崇吉喇、沙拉、金佳、鄂卓络、布萨。

（十四）索伦诸部

索伦：赫舍里、萨马尔吉、喀尔达苏、多尔衮、武佳、鄂苏尔瑚、珠尔根、都佳、马察、阿鲁、楞布尔勒、阿拉边前、罗察、穆卢、朱尔克、博都理、图勒理、喀尔佳、萨穆希尔。

（十五）部属不详

卦尔察：瓜尔佳、富察、完颜、兀札喇、锡克特理、萨克达、扎库塔、巴雅拉、瑚锡哈理、依拉理、札苏理、卦尔察、鄂尔绰络、锡克德、鄂济理、瞻楚浑。

黑龙江：瓜尔佳、舒穆禄、马佳、赫舍里、伊尔根觉罗、呼伦觉罗、佟佳、富察、兀札喇、兆佳、碧鲁、李佳、锡克特理、库雅拉、萨克达、赛密勒、精奇理、巴雅拉、尼马察、萨哈尔察、穆尔察、葛济勒、鄂卓、鄂济、裕瑚鲁、苏佳、额苏理、托活洛、阿穆鲁、俞尔库勒、图色理、博和理、苏都理、托谟、都拉喇、墨尔迪勒、喀尔达苏、额尔图、锡克济拉、德敦、克音、乌礼苏、塔穆察、安达拉、勒第、格格、郭尔本、瓦理、都善、额尔赫、布雅穆齐、都理、倭勒、尼阳尼雅、敖拉、珠尔根、色穆奇理、苍玛尔纪、康杰达、都鲁、达尔充阿、卓起、禄叶勒、拜晋、郭浑、庆格理、苏拉喇、阿尔拉、敖拉托欣、攸络库、吴聂齐、墨尔迪、瑚锡喀、图尔塔拉、墨克廷、额尔格图、都尔勒、讷迪、尼格勒、准齐、札穆秦、多锦、舒克都理、孔尼喇、孔果络、札克塔、绰络、舒佳、达普图、多拉尔、多尔塔喇、嘉瞻、多秦、雅尔萨喇、瑚图理、留济理、希普苏、吴库理、黑赫穆、讷勒、敷臣、温登额、额穆特立、耿音。

吉阳：瓜尔佳、舒穆禄、西林觉罗、富察、温特赫、温都、布雅穆齐、达尔充阿、甘佳、伊勒尔济。

齐齐哈尔：纳喇、赛密勒、额苏理、托谟、乌礼苏、托尔佳、倭勒、穆雅、凯隆、托和尔秦、巴颜。

萨哈尔察：舒舒觉罗、阿哈觉罗、佟佳、兀札喇、吴扎库、萨克达、赛密勒、萨哈尔察、托活洛、图色理、拜都、额尔吉、珠格、武聂、额色、佟塞勒、洪衮。

沈阳：瓜尔佳、舒穆禄、马佳、伊尔根觉罗、纳喇、完颜、兀札喇、李佳、库雅拉、萨克达、瑚锡哈理、萨马尔吉、依拉理、图色理、章锦、蒙古楚、瑚雅拉、尼佳、颜济理、赫叶勒、田佳、良佳、郑佳、方佳。

倭济：钮祜禄、阿哈觉罗、那木都鲁、巴雅拉、宁古塔、葛济勒、温都、洪鄂春、扬佳、通阿拉、石富察。

第三节　女真—满洲姓氏之特点

根据以上研究发现,女真—满洲姓氏的特点主要有三:一为同姓异地和同地异姓;二为同姓异族和同族异姓;三为吸纳了周边部族的习俗,凸现了北方民族姓氏多元文化特色,构成了女真—满洲部族姓氏内容的多样性。

一、同姓异地和同地异姓

同姓异地者如瓜尔佳氏,"其氏族甚繁,散处于苏完、叶赫、讷殷、哈达、乌喇、安褚拉库、蜚悠城、瓦尔喀、嘉木湖、尼马察、辉发、长白山及各地方"①,即表明虽然同姓瓜尔佳氏,但却分散居住在苏完、叶赫、讷殷等不同的地方;钮祜禄氏,"其氏族甚繁,分处于长白山、英额及各地方"②,即虽然同姓钮祜禄,但却分散居住在长白山、英额等地方等等。上文对主要世居地的女真—满洲姓氏进行统计时,同在佛阿拉城便居住有瓜尔佳、钮祜禄、舒穆禄、马佳、赫舍里、伊尔根觉罗、舒舒觉罗、西林觉罗、阿哈觉罗、佟佳、纳喇、完颜、兆佳、李佳、黄佳、章佳、觉禅、乌色、赖布、扬佳、伏尔哈、觉佳、佟启、白佳、格晋、穆色陈等 26 个满洲姓氏。究于同姓异地和同地异姓的原因,主要与人员迁徙有关,究其原因主要有两种:一是,由于部落人口增长较快,为了寻求能够为该部提供所需物资的栖息地,而迫使氏族成员进行多次迁徙。例如,佟佳地方的佟佳氏佟养正,其四世祖嘎尔翰图举家迁徙时,在鄂密浑地方因所带的干粮用尽,饥饿难忍,欲将其子杀掉充饥。又行至一河沿岸边,看见水中鱼多成群,林中鸟兽汇集,进而决意定居于此。由此可见,生存条件成为氏族成员迁徙的一个重要原因。二是部族之间进行的掠夺人口、财产的战争,迫使一些氏族逃往它地。例如,叶赫地方纳喇氏的始祖星根达尔汉,原姓土默特氏,因其灭掉了扈伦国张地方的纳喇氏,因而改姓纳喇氏。

二、同姓异族和同族异姓

同姓异族者如纳喇氏,"其氏族散处于叶赫、乌喇、哈达、辉发及各地方,虽系一姓,各自为族"③。同族异姓者如伊尔根觉罗氏,分居东西二寨,西寨改

---

① 《八旗满洲氏族通谱》卷 1《瓜尔佳氏》,辽海书社 1989 年版,第 31 页。
② 《八旗满洲氏族通谱》卷 5《钮祜禄氏》,第 100 页。
③ 《八旗满洲氏族通谱》卷 22《纳喇氏》,第 280 页。

为蒙鄂啰氏,东寨改为巴雅喇氏。造成同姓异族和同族异姓的原因,主要是改易姓氏。而改姓的主要原因:一是氏族成员的迁徙,例如,纳喇氏的颜体息,本姓纳喇氏,由于其祖图鲁伦迁居伊罕阿林城,因而之后改姓伊拉里氏。二是由于继嗣或被收为养子而改姓,例如,清初五大臣之一的扈尔汉,本姓佟佳氏,随其父来归时,被清太祖努尔哈齐收为养子,因而改姓觉罗氏。敏森本姓那木都鲁氏,后因承袭其妻之外祖纠纳的世职而改姓库雅拉氏。三是由于功勋卓著等原因而被清帝赐姓而改为他姓,例如,清初著名的巴克什额尔德尼,本姓纳喇氏,因其与硕色、希福兄弟同为爱新国著名的巴克什,进而太宗皇帝命其归入硕色一族,进而赐姓赫舍里氏。

三、满洲部族姓氏之多样性

吸纳周边部族的习俗,凸现北方民族姓氏多元文化特色,构成了满洲部族姓氏内容的多样性。

以地名为姓氏。辽金以来,一些部族已有以居住地名为姓氏的旧俗。满洲部族的姓氏沿袭了北方民族的这一传统做法,以地名为姓氏者,《八旗满洲氏族通谱》中为数不少。清国史馆编纂的大臣列传,一些满洲大臣的姓氏也注出源于地名。例如,满洲正白旗人康果礼,"先世居那木都鲁,以地为氏";佟养性,先世为满洲,"居佟佳,以地为氏"。满洲家族姓氏谱书之中,也多记氏族名称由来。又如,《福陵觉尔察氏谱书》记载:"我始祖姓觉尔察氏,讳索尔火,于明世中叶,迁于长白山觉尔察地方,践土而居,因以为氏。"《永陵喜他拉氏谱书》记述:"溯自达祖昂武都理巴彦德,于明世中叶,迁于长白山喜他拉地方,践土而居,因以为氏。"

以山水名为姓氏。北方少数民族多生活在山川之间,对山河的依恋与敬畏之感极为浓厚,以山水之名作为氏族姓氏也渐成习俗。例如,满洲洪鄂氏,"本系山名,因以为姓",其氏族散处于长白山等地方。海西女真因生活在海西江,今松花江上源,因而得名。之后,称为扈伦四部,即哈达、叶赫、乌喇、辉发。其四部之名,又源于他们分别居住的四条河,并以此为姓。满洲部族以水名为姓氏者,如叶赫氏,以叶赫河为部落名称,后为姓氏。《那拉氏宗谱·序》记载:"粤稽我族先世起业,原据于满洲国长白山,居纳喇河滨,遂因以纳喇为满洲著姓。"满洲"八著姓"之一的赫舍里氏,原系河名,以之为姓。另外,精奇理氏有正白旗人巴尔达奇、鄂谟尔托,正黄旗人扎理穆,该姓氏取自江名,其氏族散处精奇理乌喇(即精奇理江)。

以部落名为姓氏。例如,瓜尔佳氏、钮祜禄氏、纳喇氏、科尔沁氏、察哈尔氏、辉和氏、土默特氏、巴颜氏、完颜氏、富察氏、乌苏氏、克哷氏、温特赫氏、尼玛察氏、温都氏、乌梁海氏、哈苏特氏、阿克占氏、阿尔拉氏、图克坦氏、珠格氏、图们氏、拜格氏、珠佳氏、珠噜氏、卓津氏、伊喇氏、喀喇氏、兆垒氏、尼玛哈氏、莽果氏、郭尔罗斯氏、翁牛特氏、乌喇特氏、扎拉氏、巴林氏、奈曼氏、蒙古氏等。

以姓为姓氏。例如,舒穆禄氏、那木都鲁氏、赛密勒氏、尼沙氏、博和哩氏、辉罗氏、乌苏占氏、萨察氏、珠尔根氏、额苏哩氏、广佳喇氏、赫书氏、纳塔氏、都克达氏、伊喇氏、舒尔都氏、塔坦氏、沙达喇氏、纳哈塔氏、富珠哩氏、锡尔馨氏、布萨氏、乌什拉氏、哈萨拉氏、鄂尔图特氏、卓特氏、博尔济克氏、锡璘氏、苏尼特氏、卓多穆氏、库布克氏、托罗特氏、徹穆衮氏等均以姓为姓氏。

以名为姓氏。例如,汉军正白旗人石国柱,官工部尚书,封三等男。先世居住苏完地方,本姓瓜尔佳氏。其父石翰,始家居辽东,因名有石字,遂以"石"字为氏。满洲镶黄旗人顾八代,官历翰林院侍读学士、侍讲学士,值上书房,内阁学士、礼部尚书,本姓伊尔根觉罗氏,自八代始,子孙以顾为姓。

君主赐姓。以有功劳与贡献等原因得皇帝赐姓,例如,正黄旗人舒穆禄氏的纳木泰,位次贝勒八人之下的额驸扬古利第三弟,太祖努尔哈齐赐姓觉罗氏,官历兵部尚书、都统,封三等男。镶白旗人瓜尔佳氏的车克,承袭其父席尔那佐领,太宗皇太极赐姓觉罗氏,作战勇敢,屡立军功,历任户部尚书、议政大臣、内秘书院大学士,加太子太师等衔。

改易姓氏。或因氏族人口繁盛,分寨别居;或外族人,改满洲姓氏;或因嗣职,改为外姓;或因迁居,而改姓,或奉君主特恩改姓等。例如,富明阿,本姓萨克达氏,任云骑尉,福临命承袭伊舅乌尔丹世职,因改为赫舍里氏。乌鲁理,本姓乌苏氏,胤禛命继其舅武英殿大学士、一等公富宁安为嗣,改富察氏。敏森,本姓那木都鲁氏,世祖命承袭其妻之外祖纠纳世职云骑尉,改姓库雅拉氏。

以动植物名为姓氏。渔猎民族普遍崇敬熊、狼、鹿、鹰、天鹅、喜鹊等动物,乃至一些民族以之为图腾像徽。在满洲氏族社会发展阶段,与生产和生活环境密切相关,经常同各类动植物打交道,各个氏族对动植物等产生敬重和膜拜。以狩猎采集为生的满洲人长期居住在白山黑水之间,对狼、野猪等动物自然产生敬畏,以动物名称为部族姓氏,也成为一种习俗。从满洲人的姓氏中可以看出一些端倪。例如,散处长白山、英额等地的钮祜禄氏,满语为 niohe,汉语意为"狼",以为其姓。之后,汉姓取其谐音为郎姓。世居宁古塔、那木都鲁、赫图阿拉、黑龙江等地的萨克达氏,满语为 sakda,汉语意是"母野猪",以之为姓。尼玛哈氏,满语 nimaha,汉语意为"鱼";乌雅氏,满语 ulgiyan,汉语意为"猪";世居黑龙江的绰罗氏,满语 toro,汉语意是"桃"等。从中可以看出满洲人姓氏形成也带有原始宗教崇拜的印记。

满洲部族姓氏蕴含着丰富的文化内涵,一方面,以居地、山水、动植物等名为姓氏,反映他们对自己世代生息繁衍环境的依恋,以及对大自然的崇拜与敬畏。另一方面,姓氏延续了辽金以来的原始部落名称,说明他们对先祖部族的尊敬与怀念,数典而未忘祖。例如,完颜氏,经辽、金、元、明、清等五朝,均沿用此姓;赫舍里氏,曾称为纥石烈、乞石烈;觉罗氏,曾叫加古、夹古、夹温;钮祜禄氏,亦曰敌烈、女溪烈、亦乞烈等,尽管历代汉字写法有差异,音调基本相近。此类姓氏的部族有几十种。"今以《通谱》所载,满洲氏族见于《金史》者什之三。"这充分地表明女真民族发展的延续性,体现出了满族共同体中各个氏族相似的文化心理趋同。这也是一个民族分化与组合,不断构建的凝聚力之一。然而,在特殊的历史环境里,对于一个新民族共同体而言,各部族政治心态的相互认同就显得格外重要。这也是一个民族最终形成不可缺少的政治文化基础。

参考文献

1. 古籍

《后汉书》，中华书局 1965 年点校本。

《三国志》，中华书局 1959 年点校本。

《晋书》，中华书局 1974 年点校本。

《魏书》，中华书局 1974 年点校本。

《北史》，中华书局 1974 年点校本。

《隋书》，中华书局 1973 年点校本。

《旧唐书》，中华书局 1975 年点校本。

《新唐书》，中华书局 1975 年点校本。

《辽史》，中华书局 1974 年点校本。

《金史》，中华书局 1975 年点校本。

《元史》，中华书局 1976 年点校本。

《明史》，中华书局 1974 年点校本。

《清史稿》，中华书局 1977 年点校本。

《明实录》，上海古籍出版社影印中央研究院历史语言研究所校勘本。

《清实录》，中华书局 1985 年影印本。

《朝鲜李朝实录》，日本学习院大学 1953—1967 年影印本。

《清入关前史料选辑》第一辑，中国人民大学出版社 1984 年版。

《清入关前史料选辑》第二辑，中国人民大学出版社 1989 年版。

《清入关前史料选辑》第三辑，中国人民大学出版社 1991 年版。

《清太宗实录稿本》，辽宁大学历史系辑《清初史料丛刊》之三，1978 年印本。

《册府元龟》，中华书局 1960 年点校本。

《三朝北盟会编》,徐梦莘撰,上海古籍出版社 2019 年影印本。

(万历)《明会典》,中华书局 1989 年版。

《三朝辽事实录》,王在晋撰,中国公共图书馆古籍文献珍本 2002 年汇刊本。

《辽东志》,毕恭撰,辽沈书社 1985 年影印《辽海丛书》本。

《全辽志》,李辅增修,辽沈书社 1985 年影印《辽海丛书》本。

《全辽备考》,林佶撰,辽沈书社 1985 年影印《辽海丛书》本。

《开原图说》,冯瑗撰,辽沈书社 1985 年影印《辽海丛书》本。

《筹辽硕画》,程开祜撰,商务印书馆 1937 年影印本,收录《国立北平图书馆善本丛书》第一集。

《建州闻见录》,(朝鲜)李民寏撰,《清入关前史料选辑》第三辑,中国人民大学出版社 1991 年版。

《燃藜室记述》(选录),(朝鲜)李肯翊撰,《清入关前史料选辑》第一辑,中国人民大学出版社 1984 年版。

瞿九思撰:《万历武功录》,中华书局 1962 年影印本。

《明经世文编》,中华书局 1962 年影印本。

《八旗满洲氏族通谱》,辽海出版社 2002 年影印本。

《钦定八旗氏族通谱辑要》,《家谱丛刊·民族卷》,北京图书馆出版社 2003 年版,第 11 册。

《满洲源流考》,阿桂等撰,辽宁民族出版社 1988 年点校本。

《八旗通志》,东北师范大学出版社 1985 年版。

《钦定八旗通志》,吉林文史出版社 2002 年版。

《内阁藏本满文老档》,辽宁民族出版社 2009 年版。

《满文原档》,台北故宫博物院 2006 年影印。

《明代辽东档案汇编》,辽宁省档案馆、辽宁省社会科学院历史研究所编,辽沈书社 1985 年版。

《满族历史档案资料选辑》,中国科学院民族研究所、辽宁少数民族社会历史调查组 1963 年编印本。

《清初内国史院满文档案译编》,中国第一历史档案馆译,光明日报出版社 1989 年版。

《天聪九年档》,关嘉禄、佟永功等译,天津古籍出版社1987年版。

《旧满洲档·天聪九年》,日本东洋文库1972年印本。

2. 著作

王锺翰:《王锺翰清史论集》,中华书局2004年版。

杨保隆:《肃慎挹娄合考》,中国社会科学出版社1989年版。

王承礼:《渤海简史》,黑龙江人民出版社1984年版。

王可宾:《女真国俗》,吉林大学出版社1988年版。

孙进己等:《女真史》,吉林文史出版社1987年版。

杨旸:《明代辽东都司》,中州古籍出版社1988年版。

杨旸、袁闾琨、傅朗云:《明代奴儿干都司及其卫所研究》,中州书画社1982年版。

韩世明:《明代女真家族形态研究》,中国社会科学出版社2006年版。

栾凡:《明代女真文化研究》,吉林文史出版社2013年版。

达力扎布:《明代漠南蒙古历史研究》,内蒙古文化出版社1997年版。

奇文瑛:《明代卫所归附人研究》,中央民族大学出版社2011年版。

李珣:《明清史》,人民出版社1956年版。

韦庆远:《明清史辨析》,中国社会科学出版社1989年版。

孙文良:《满族崛起与明清兴亡》,辽宁大学出版社1992年版。

孟森:《满洲开国史》,上海古籍出版社1992年版。

李鸿彬:《清朝开国史略》,齐鲁书社1997年版。

周远廉:《清朝开国史研究》,故宫出版社2012年版。

《满族简史》编写组:《满族简史》,中华书局1979年版。

李燕光等:《满族通史》,辽宁民族出版社1991年版。

滕绍箴:《满族发展史初编》,天津古籍出版社1990年版。

定宜庄:《清代八旗驻防制度研究》,天津古籍出版社1992年版。

刘小萌:《满族从部落到国家》,辽宁民族出版社2001年版。

姚念慈:《清初政治史探微》,辽宁民族出版社2008年版。

赵令志:《清前期八旗土地制度研究》,民族出版社2001年版。

袁闾琨等:《清代前史》,沈阳出版社2004年版。

朱诚如主编:《清朝通史·太祖朝分卷》,紫禁城出版社2003年版。

张晋藩、郭成康:《清入关前国家法律制度史》,辽宁人民出版社1988年版。

董万嵛:《清肇祖传》,辽宁人民出版社1992年版。

孙文良、李治亭:《清太宗全传》,吉林人民出版社1983年版。

周远廉:《清朝兴起史》,吉林文史出版社1986年版。

李澍田主编:《海西女真史料》,吉林文史出版社1986年版。

朱诚如、白文煜主编:《清朝前史》,辽宁师范大学出版社2016年版。

张佳生主编:《满族文化史》(修订版),辽宁民族出版社2013年版。

刘庆华编:《满族姓氏综录》,辽宁民族出版社2012年版。

杜家骥:《清代八旗官制与行政》,中国社会科学出版社2015年版。

徐凯:《满洲认同"法典"与部族双重构建》,中国社会科学出版社2015年版。

张杰:《满族要论》,中国社会科学出版社2007年版。

哈斯巴根:《清初满蒙关系演变研究》,北京大学出版社2016年版。

孙静:《"满洲"民族共同体形成历程》,辽宁民族出版社2008年版。

[日]三上次男:《金代女真研究》,金启孮译,黑龙江人民出版社1984年版。

[日]河内良弘:《明代女真史研究》,赵令志、史可非译,辽宁民族出版社2015年版。

江嶋寿雄:《明代清初之女真史研究》,中国书店1998年版。

园田一龟:《明代建州女真史研究》,东京国立书院1939年版。

三田村泰助:《清朝前史研究》,京都东洋史研究会1972年版。

稻叶岩吉:《清朝全史》,但焘译,中华书局1915年版。

安部健夫:《清代史研究》,创文社1971年版。

神田信夫:《清朝史论考》,山川出版社2005年版。

松村润:《明清史考论》,山川出版社2008年版。

楠木贤道:《清初对蒙古政策史研究》,汲古书院2009年版。

杉山清彦:《大清帝国形成与八旗制》,名古屋大学出版会2015年版。

谷井阳子:《八旗制度研究》,京都大学学术出版会2015年版。

附表1:明代女真卫所简表

	序号	设置年月	《明实录》	《辽东志》	《全辽志》	《满洲源流考》	所在地	备考
卫	1	永乐元年十一月	建州	建州	建州	无	始设于绥芬河流域。永乐廿一年西迁婆猪江,正统三年又移至辽宁苏子河上游	
	2	永乐元年十二月	兀者	兀者	兀者	窝集	哈尔滨市北呼兰河流域	
	3	永乐二年二月	奴儿干	奴儿干	奴儿干	无	黑龙江下游特林地方	
	4	永乐二年二月	兀者左	兀者左	兀者左	窝集左	哈尔滨市北呼兰河流域	
	5	永乐二年十月	兀者右	兀者右	兀者右	窝集右	哈尔滨市北呼兰河流域	
	6	永乐二年十月	兀者后	兀者后	兀者后	窝集后	哈尔滨市北呼兰河流域	
	7	永乐三年正月	虎儿文	虎儿文	虎儿文	哈勒珲	吉林省哈勒珲河流域	
	8	永乐三年正月	失里绵	失里绵	失里绵	实勒们	乌苏里江与牡丹江之间,兴凯湖北一带	
	9	永乐三年二月	撒力	散力	散力	萨里	依兰县对岸巴澜河附近	
	10	永乐三年	赤不罕	赤不罕	赤不罕	齐巴噶		
	11	永乐三年八月	屯河	屯河	屯河	屯河	依兰县西对岸汤旺河流域	

续表

	序号	设置年月	《明实录》	《辽东志》	《全辽志》	《满洲源流考》	所在地	备考
卫	12	永乐三年八月	安河	安河	安河	安河	牡丹江西的五道河子流域	
	13	永乐三年十二月	毛怜	毛怜	毛怜	摩琳	黑龙江省穆陵河流域	
	14	永乐四年正月	右城	古城	古城	右城		《满洲源流考》作永乐三年置，误
	15	永乐四年	古贲河	古贲河	古贲河	喀本河	根河北特勒布尔河支流原喀本河流域	
	16	永乐四年二月	塔山	塔山	塔山	塔山	始设呼兰河流域，后南移	
	17	永乐四年三月	兀也吾	兀也吾	兀也吾	额伊瑚	吉林省蛟河县拉法	
	18	永乐四年二月	嘉河	嘉河	嘉河	嘉河	宾县东栅板河流域	
	19	永乐四年二月	斡难河			温都	鄂嫩河流域	
	20	永乐四年二月	塔鲁木	塔鲁木	塔鲁木	达喜穆鲁	开原东小清河，即叶赫一带	
	21	永乐四年二月	苏温河	苏温河	苏温河	苏完河	呼裕尔河支流双阳流域	
	22	永乐四年二月	阿速江	阿速江	阿速江	阿苏江	乌苏里江南岸	
	23	永乐四年二月	速平江	速平江	速平江	率宾江	绥芬河流域	
	24	永乐四年三月	吉河	吉河	吉河	吉河	吉林省辉发河支流的角河流域	
	25	永乐四年闰七月	双城	双城	双城	双城	双城县附近宾县南舍利河流域	《满洲源流考》作永乐四年七月，脱一闰字，下同
	26	永乐四年闰七月	撒剌儿	撒剌儿	撒剌儿	沙兰		

	序号	设置年月	《明实录》	《辽东志》	《全辽志》	《满洲源流考》	所在地	备考
卫	27	永乐四年闰七月	亦马剌	亦马剌	亦马剌	尼玛拉	哈尔滨市东北尼麻剌山附近	
	28	永乐四年闰七月	脱伦			图伦	黑龙江省桦川县都鲁河流域	
	29	永乐四年闰七月	卜颜	卜颜	卜颜	巴延	巴彦县附近	
	30	永乐四年八月	兀兰			乌拉	呼兰附近	两《辽志》作亦儿吉里卫,误;两《辽志》作脱水河卫,误
	31	永乐四年八月	亦儿古里	亦儿吉里卫	亦儿吉里卫	伊尔库鲁	黑龙江下游哈巴罗夫北耶拉布加	
	32	永乐四年八月	脱木河	脱水河	脱水河	托漠河	结雅河支流托姆河流域	
	33		札木哈			色珠伦	呼兰附近	
	34	永乐四年八月	福山	福三卫	福山卫	斐森	黑龙江下游左岸绰洛河西原斐森屯	
	35	永乐四年九月	肥河	肥河	肥河	肥河	宾县西蜚克图河流域	
	36	永乐四年十月	密陈	密陈	密陈	穆陈		
	37		卜剌罕	卜剌罕	卜剌罕	布尔堪		
	38	永乐四年十一月	扎童	札童	札童	札敦	撒尔瑚附近	
	39	永乐四年十一月	撒儿忽	撒儿忽	撒儿忽	萨尔浒	撒尔瑚一带	
	40	永乐四年十一月	罕答河			哈达河	撒尔瑚一带	
	41	永乐四年十二月	木鲁罕山	木鲁罕山	木鲁罕山	穆勒肯山	黑龙江与松花江合流附近	

续表

	序号	设置年月	《明实录》	《辽东志》	《全辽志》	《满洲源流考》	所在地	备考
卫	42	永乐四年	亦罕河	亦罕河	亦罕河	伊罕河		
	43		纳怜河	纳怜河	纳怜河	拉林河		
	44		麦兰河	麦兰河	麦兰河	穆伦河		
	45	永乐四年	斡兰	斡兰	斡兰	沃楞		
	46	永乐四年	马英山	马英山	马英山	玛延山	吉林市南马烟岭附近	
	47	永乐四年	土鲁亭山	土鲁亭山	土鲁亭山	图勒哩山	托姆河支流的图腊纳山	
	48	永乐四年十月	木塔里			穆克图哩山	吉林省西部科右前旗北公主陵附近明代古城	
	49		朵林山	朵林山	朵林山	多林山		
	50		哈里河	哈里	哈剌	哈鲁河		
	51	永乐五年正月	喜乐温河	喜乐温河	喜乐温河	齐努温河	图们江口以北，颜楚河流域的波谢特湾附近	
	52	永乐五年正月	木阳河	木阳河	木阳河	穆霞河	绥芬河支流格尔兹纳亚河	
	53	永乐五年正月	哈兰城	哈兰城	哈兰城	海兰城	图们江支流海兰江流域	
	54	永乐五年一月	可令河	可令河	可令河	枯凌河	舒林河流域	
	55	永乐五年正月	兀的河	兀的河	兀的河	乌登河	乌达河流域	
	56	永乐五年正月	阿古河	阿古河	阿古河	鄂古河	乌苏里江支流阿古河流域	两《辽志》阿古下脱河字
	57		撒只剌河	撒只剌河	撒只剌河	色珠伦河		

续表

	序号	设置年月	《明实录》	《辽东志》	《全辽志》	《满洲源流考》	所在地	备考
卫	58	永乐五年正月	依木河	依木河	依木河	伊穆河	黑龙江下游阿姆河支流伊姆	
	59	永乐五年正月	亦文山	亦文山	亦文山	伊努山	阿姆贡河北的九文山地	
	60	永乐五年正月	木兰河	木兰河	木兰河	穆伦河	白杨木河流域	
	61	永乐五年正月	阿资河	阿资河	阿资河	阿济	黑龙江下游南岸原阿济屯	
	62	永乐五年正月	甫里河	甫里河	甫里河	佛林河	黑龙江下游注入奇集湖的拂里河	
	63	永乐五年正月	朵儿必河	朵儿必河	朵儿必河	都尔弼	黑龙江下游左侧尼密连河支流的噶尔毕河流域	
	64	永乐五年正月	纳木河	纳木河	纳木河	讷穆河		两《辽志》纳木下脱河字
	65	永乐五年正月	甫门河	甫门河	甫门河	佛尔们河	吉林省吉林市南一带	
	66	永乐五年二月	哥吉河	哥吉河	哥吉河	赓金河	黑龙江下游右岸科奇河流域	《满洲源流考》作正月,误
	67	永乐五年二月	野木河	野木河	野木河	伊穆河	黑龙江口北岸的岳米河流域	
	68	永乐五年二月	纳剌吉河	纳剌吉河	纳剌吉河	纳尔吉河	呼兰河支流纳尔吉河流域	
	69	永乐五年三月	亦里察河	亦里察河	亦里察河	伊拉齐河	吉林市一拉溪河流域	
	70		答剌河			塔拉河		
	71	永乐五年二月	阿剌山	阿剌山	阿剌山	阿尔剌山	黑龙江中游左侧与精奇里江右侧中间地区	
	72		随满河	随满河	随满河	绥满河		
	73		撒秃河	撒秃河	撒秃河	三屯河		
	74		忽兰山	忽阑山	忽兰山	呼兰山		

续表

	序号	设置年月	《明实录》	《辽东志》	《全辽志》	《满洲源流考》	所在地	备考
卫	75	永乐五年二月	古鲁浑山	古鲁浑山	古鲁浑山	乌尔浑山	珲春东南、图们江北古鲁浑山	
	76	永乐五年三月	考郎兀	考郎兀	考郎兀	哈喇乌苏	东至额图附近西抵富锦一带乌苏里江北岸	
	77	永乐五年三月	亦速里河	亦速里河	亦速里河	乌苏哩河	乌苏里江流域	
	78	永乐五年三月	野儿定河	野儿定河	野儿定河	伊尔登河		
	79	永乐五年三月	卜鲁丹河	卜鲁丹河	卜鲁丹河	巴尔达河	黑龙江左岸波罗穆旦河流域	
	80	永乐五年十二月	喜剌乌	喜剌乌	喜剌乌	齐努温		
	81		阿里河	阿里河	阿里河	阿鲁河		
	82	永乐六年正月	秃都河	秃都河	秃都河	推屯河	蛟河县推屯河流域	
	83		实山	实山	实山	实山	吉林市附近	
	84	永乐六年正月	忽里吉山	忽里吉山	忽里吉山	呼拉尔吉山		
	85		列门河	列门河	列门河	拉们河		
	86	永乐六年正月	莫温河	莫温河	莫温河	们河	兴凯湖西南们河流域	
	87	永乐六年正月	阮里河	阮里河	阮里河	雅尔河	嫩江支流雅鲁河流域一带	两《辽志》河作可,误
	88	永乐六年正月	察剌秃山	察剌秃山	察剌秃山	察尔图山	吉林省海龙县西察尔图山一带	
	89	永乐六年正月	呕罕河	呕罕河	呕罕河	雅哈河	依兰县东倭肯河流域	
	90	永乐六年二月	弗朵秃河	佛朵秃河	佛朵秃河	费克图河		
	91	永乐六年二月	斡兰河	斡兰河	斡兰河	沃楞河	额勒河流域	

续表

	序号	设置年月	《明实录》	《辽东志》	《全辽志》	《满洲源流考》	所在地	备考
卫	92		薛列河	薛列河	薛列河	色埒河		
	93		希滩河	希滩河	希滩河	喜塔尔河		
	94	永乐六年二月	克默而河	克默河	克默河	克默尔河	黑龙江下游奇集湖东南的克默尔河流域	《明实录》默作点，误
	95		阿真河	阿真河	阿真河	阿津河		
	96		兀里奚山	兀里奚山	兀里奚山	乌尔坚山		
	97	永乐六年二月	撒义河	撒义河	撒义河	三岔河	嫩江与松花江交汇处附近	《明实录》作撒，误
	98	永乐六年二月	阿者迷河	阿者迷河	阿者迷河	额哲密河	呼兰河上流一带	
	99	永乐六年二月	木忽剌河	木忽剌河	木忽剌河	穆瑚埒河	流入牡丹江之五合林河流域	
	100	永乐六年二月	钦真河	钦真河	钦真河	奇集河	黑龙江下游的马林斯克	《明实录》真作直
	101	永乐六年二月	童宽山	童宽山	童宽山	通垦山	吉林省珲春县东北约250里的通肯山区	
	102	永乐六年三月	兀鲁罕河	兀鲁罕河	兀鲁罕河	呼尔哈河		
	103		答罕山	塔罕山	塔罕山	达罕山		
	104	永乐六年正月	木兴河	木兴河	木兴河	穆霞河	黑龙江省松花江支流蚂蚁河流域	
	105	永乐六年三月	益实	亦实	亦实	伊实	呼兰河流域	
	106	永乐六年三月	者帖列山	者帖列山	者帖列山	绰拉题山	阿纽伊河附近的原绰拉题屯	
	107		乞忽	乞忽	乞忽	恰库		
	108	永乐六年三月	刺鲁	剌鲁	剌鲁	罗罗	宾江县西蜚克图河以东地区	
	109	永乐六年三月	牙鲁	牙鲁	牙鲁	雅鲁	汤旺河上流雅鲁河附近	

续表

	序号	设置年月	《明实录》	《辽东志》	《全辽志》	《满洲源流考》	所在地	备考
卫	110	永乐六年三月	友帖	友帖	友帖	猷特哩	黑龙江下游右岸马奇托瓦亚河口附近	
	111	永乐六年十一月	乞塔河	乞塔河	乞塔河	奇塔穆河	贝加尔湖东的赤塔河流域	
	112		葛林	葛林	葛林	格林河	黑龙江下流左岸	
	113		把城	把城	把城	版长		
	114		札肥河	札肥河	札肥河	界藩河	查匪噶山一带	
	115		忽石门	忽石门	忽石门	哈实玛	黑龙江下游左岸葛林河口之忽林屯	
	116		札岭	札岭	札岭	札凌山		
	117	永乐七年三月	木吉里	木里吉	木里吉	默尔根	黑龙江省嫩江县东北墨尔根河流域	
	118							见 66
	119							见 68
	120		忽儿海	忽儿海	忽儿海	呼尔哈	西起依兰县附近东至富锦县南窝金山一带	《明实录》是年五月改弗提卫,而《满洲源流考》作福题希,为另一卫
	121		木束河	木束河	木束河	穆逊河		
	122		好屯河	好屯河	好屯河	赫图河		
	123	永乐七年四月	伏里其	伏里其	伏里其	富勒坚	乌苏里江支流霍尔河口附近	
	124	永乐七年四月	乞勒尼	乞勒尼	乞勒尼	奇穆尼	黑龙江省同江县勒得利附近	
	125	永乐七年八月	爱河	爱和	爱河	爱哈	图们江上源阿也苦河流域	《明实录》永乐九年九月亦作爱和

续表

	序号	设置年月	《明实录》	《辽东志》	《全辽志》	《满洲源流考》	所在地	备考
卫	126		把和	把河	把河	博尔和		《明实录》永乐九年九月亦作把河
	127	永乐七年九月	失里木	失里木	失里木	实勒们		见8
	128	永乐七年十月	阿伦	阿伦	阿伦	阿伦	齐齐哈尔城西北的阿伦河流域	
	129	永乐七年十月	塔麻速	塔麻速	塔麻速	塔玛实克		
	130	永乐七年九月	禾屯吉	禾屯吉	禾屯吉	和通吉	松花江支流禾屯吉河流域	
	131	永乐七年	古里河	古里河	古里河	固里河	精奇里江上源支流吉柳伊河	
	132	永乐八年二月	甫儿河	甫儿河	甫儿河	富伦河	牡丹江支流五虎林河流域	
	133	永乐八年二月	使坊河	使方河	使方河	舒缮河	树房河流域	
	134	永乐八年二月	亦麻河	亦麻河	亦马河	尼满河	乌苏里江右岸支流伊满河口伊曼斯克	
	135		法因河	法因河	法因河	费雅河	牡丹江支流嘎呀河流域	
	136	永乐八年二月	古木山	古木山	古木山	噶穆河		
	137		兀应河	兀应河	兀应河	额音河		
	138	永乐八年三月	葛称哥	葛称河	葛称哥	噶齐克		
	139	永乐八年十一月	喜申			希禅	哈巴罗夫斯克附近锡占河畔	
	140	永乐八年十二月	兀列流	兀列河	兀列河	额垾河	暂定库页岛东北部奴列河流域	

续表

	序号	设置年月	《明实录》	《辽东志》	《全辽志》	《满洲源流考》	所在地	备考
卫	141		朵儿必流	朵儿玉河	朵儿玉河			《源流考》无,见63
	142		木里吉	木里吉	木里吉			
	143	永乐八年十二月	卜鲁兀	卜鲁兀	卜鲁兀	弼勒古河	疑设在黑龙江下游右岸宏格力河流域	
	144		乞塔河					见111
	145		木束河	木束河		密拉河		
	146		阿塔赤河	阿塔赤河	阿塔赤河	阿布达哩河		
	147	永乐九年二月	督罕河	督罕河	督罕河	托罕河	注入鄂霍次克海的土古尔河流域	
	148	永乐十年八月	只儿蛮	只儿蛮	只儿蛮	济尔玛泰	海拉尔市东70里的威托海流域	
	149	永乐十年八月	兀剌	兀剌	兀剌	乌拉	黑龙江与松花江交汇处北岸	
	150		顺民	顺民	顺民	顺民		
	151	永乐十年八月丙寅	囊加儿			农额勒	今库页岛西岸北部朗格里地方	
	152	永乐十年八月	古鲁	古鲁	古鲁	古鲁	黑龙江左岸库尔河流域	
	153	永乐十年八月	满泾	满泾	蒲泾	穆勒	亨滚河口莽阿臣	
	154	永乐十年八月	哈儿蛮	哈儿蛮	哈儿蛮	哈尔敏	大概在黑龙江下游波波瓦河流域	
	155	永乐十年八月	塔亭	塔亭	塔亭	塔克题音	黑龙江口南岸原塔克提音屯	
	156		也孙伦	也孙伦	也孙伦	额苏伦		
	157	永乐十年八月	可木（河）	可木（河）	可木（河）	噶穆河	黑龙江省同江县科木之地	

续表

	序号	设置年月	《明实录》	《辽东志》	《全辽志》	《满洲源流考》	所在地	备考
卫	158	永乐十年八月	弗思木	弗思木	弗思木	富色克摩	黑龙江省桦川县东北之宛里城	
	159	永乐十二年三月	卜忽秃河	卜忽秃河	卜忽秃河	布尔哈图河	延边朝鲜族自治州境内布尔哈通河流域	
	160		阿儿温河	阿儿温河	阿儿温河	哈勒珲河		
	161	永乐十二年三月	可河	可河	可河	噶哈	吉林市北噶哈山附近	
	162	永乐十二年三月	噶可河			噶哈河		
	163	永乐十二年九月	塔速儿河	塔速儿河	塔速儿河	塔舒尔河		
	164	永乐十二年九月	五屯河			乌屯河	桦川县对岸梧桐河流域	
	165	永乐十一年	玄城	玄城	玄城	宣城	富锦附近	
	166		和卜罗	和卜罗	和卜罗	科博栾		
	167		老哈河	老合河	老合河	老哈河		
	168		兀列			额垎		
	169	永乐十二年九月	兀剌忽	兀剌忽	兀剌忽	鄂勒欢	黑龙江省通河县东大富拉珲河口附近	
	170	永乐十二年九月	哈儿分	哈儿分	哈儿分	哈尔费延	黑龙江下游右岸阿纽伊河附近	
	171	永乐十二年十二月	失儿兀赤	失儿兀赤	失儿兀赤	实尔固辰	乌苏里江右岸，伊曼河北原实尔固辰屯	
	172		卜鲁兀			弼勒古河		见143
	173	永乐十三年十月	忽鲁爱	忽鲁爱	忽鲁爱	和啰噶	牡丹江附近	
	174	永乐十三年十月	渚东河	渚冬河	诸冬河	珠敦河	辉发河支流珠敦河流域	

右上角：续表

	序号	设置年月	《明实录》	《辽东志》	《全辽志》	《满洲源流考》	所在地	备考
卫	175		札真	札真	札真	札津	佛山县附近札伊河流域	
	176		兀思哈里	兀思哈里	兀思哈里	祐实哈哩		
	177	永乐十四年八月	吉滩河	吉滩河	吉滩河	吉滩河	黑龙江省萝北县境东流入黑龙江的集达河流域	
	178	永乐十四年八月	亦马忽山	亦马忽山	亦马忽山	尼玛呼山	伊通县西,东辽河上游东侧小小狐山附近	
	179	永乐十五年二月	亦东河	亦东河	亦东河	伊屯河	阿城县东伊通河流域	
	180	永乐十五年二月	亦迷河	亦迷河	亦迷河	伊尔们河	长春地区饮马河流域	《明实录》亦作米河,迷又误速
	181	永乐十五年	阿真同真	阿真同真	阿真同真	浩喇图吉	黑龙江省讷河县境内	
	182	正统十二年十一月	益实左	益实左	益实左	伊实左	益实卫地附近	
	183		阿答赤	阿答赤	阿答赤	阿都齐		
	184	正统十一年十一月	塔山左	塔山前	塔山前	塔山左	始设依兰县西,后迁移松花江左右扶余、前郭、农安等地,最后移到开原一带	
	185	正统八年四月	成讨温	成讨温	成讨温	齐努温	松花江左岸支流汤旺河流域	
	186	正统后	可木	可木	可木	噶穆		见 157
	187	永乐六年二月	失里	失里	失里	锡橉	临近滨海苏祖赫河流域	
	188		失木鲁			苏穆噜河		
	189	正统后增设	忽鲁木	忽鲁木	忽鲁木	瑚尔穆	乌苏里江西岸比拉雅河流域和尔迈山地带	

续表

	序号	设置年月	《明实录》	《辽东志》	《全辽志》	《满洲源流考》	所在地	备考
卫	190		塔马速	塔马速	塔马速	塔玛实克		
	191	正统后继置	和屯	和屯	和屯	和屯	依兰县西	
	192		亦实	亦实	亦实	伊实		见105
	193		亦力克	亦里克	亦里克	伊拉喀		
	194	永乐五年正月	纳木河	细木河	细木河	纳穆	嫩江支流讷谟尔河流域	
	195		弗纳河	弗纳河	弗纳河	佛讷赫		
	196	正统后	忽失木	忽失木	忽失木	哈实玛		
	197	正统后继置	兀也	兀也	兀也	瑚叶	刀毕河流域	
	198		也速伦	也速伦	也远伦	额苏伦		《全辽志》速作远，误。
	199		巴忽鲁	巴忽鲁	巴忽鲁	博和哩		
	200		兀牙山	兀牙山	兀牙山	乌雅山		
	201		塔木	塔木	塔木	托漠		
	202		忽里山	忽鲁山	忽鲁山	呼勒山		
	203		罕麻			哈玛尔		
	204	永乐七年三月丁卯	木里吉河			默尔根河	黑龙江省嫩江县东北墨尔根河流域	见142
	205	永乐五年二月丙戌	亦里察	赤里察河	赤里察河	伊拉齐	吉林省一拉溪河流域	两《辽志》亦作赤，误
	206		只卜得	只不得	只不得	札穆图		
	207	正统后继置	塔儿河	塔儿河	塔儿河	洮尔河	吉林省洮儿河流域	
	208		木忽鲁			穆瑚埒		
	209		木答山	木答山	木答山	穆当阿山		

续表

	序号	设置年月	《明实录》	《辽东志》	《全辽志》	《满洲源流考》	所在地	备考
卫	210		立山			勒克山		
	211		可吉河	阿吉河	阿吉河	克音河		
	212		忽失河	忽失河	忽失河	呼济河		
	213		脱伦兀	脱伦兀	脱伦兀	多隆武		
	214		阿的讷河	阿的纳河	阿的纳河	阿济纳河		
	215		兀力	兀里	兀里	额埒		
	216					阿苏		
	217	永乐四年二月庚寅	速温河	速温河	速温河	逊河	今呼裕尔河支流双阳流域	
	218		结剌吉			吉朗吉		
	219		撒剌	撒剌	撒剌	隆喇		
	220	宣德八年八月壬辰	弗朵脱河	弗朵脱河	弗朵脱河	费克图河	今黑龙江下游左岸弗答河口附近	
	221	正统后	亦屯河	亦屯河	亦屯河	伊屯河		
	222		兀计温			温托珲河		
	223	永乐八年二月戊戌	甫河			法河	今牡丹江支流五虎林河流域	
	224	正统后	剌山			拉拉山	今兴凯湖原拉拉山附近	
	225	永乐五年正月戊辰	阿者	阿者	阿者	阿济	今黑龙江下游南岸原阿济屯	
	226	永乐六年二月丙申	童山宽	童山宽	无	通垦山	今吉林省珲春县东北约 250 里的通肯山区	
	227		替里	替里	替里	第拉		
	228	永乐五年二月丙戌	亦力察			伊拉齐河	今吉林省一拉溪河流域	
	229	永乐十二年九月乙酉	哈里分	哈里分	哈里分	哈尔费延	今黑龙江下游右岸阿纽依河附近原哈儿分地方	

	序号	设置年月	《明实录》	《辽东志》	《全辽志》	《满洲源流考》	所在地	备考
卫	230		秃河	秃河	秃河	图河		
	231		好屯			赫图		
	232		乞列厄	乞列厄	乞列厄	奇穆尼		
	233		撒里河	撒里河	撒里河	萨里河		
	234		忽思木	忽思木	忽思木	哈实玛		
	235		兀里河	兀里河	兀里河	额埒河		
	236		忽鲁山	忽鲁山	忽鲁山	呼勒山		
	237	正统年间以后	勿儿秃			法勒图河	今乌拉河流域	
	238		没脱伦	没脱伦	没脱伦	穆克图哩		
	239		阿鲁必河	阿鲁必河	阿鲁必河	噶勒弼河		
	240		咬里			雅奇山		
	241	永乐五年正月戊辰	亦文	亦文	亦文	伊努	今阿姆贡河北的九文山地	
	242		写猪洛	写猪洛	写猪洛	色珠伦		
	243		答里山	答里山	答里山	托里山		
	244		古木			噶穆河		
	245		剌儿	剌儿	剌儿	拉拉		
	246		兀同河	兀同河	兀同河	乌屯河		
	247	正统后	出万山	出万山	出万山	察罕山	今阿尔巴金城东黑龙江左岸江边	
	248	正统后	者屯	者屯	者屯	瞻屯	今黑龙江下游阿克齐河之东原占屯	
	249		喜辰	喜辰	喜辰	希禅		见139
	250		海河	海河	海河	噶哈		

续表

	序号	设置年月	《明实录》	《辽东志》	《全辽志》	《满洲源流考》	所在地	备考
卫	251		兰河	兰河	兰河	拉哈		
	252		朵州山	朵州山	朵州山	敦珠克山		两《辽志》重见
	253		者亦河	者亦河	者亦河	占尼河		两《辽志》重见
	254		纳速吉河	纳速吉河	纳速吉河	纳苏济勒河		
	255		把忽儿	把忽儿	把忽儿	博和哩		
	256	正统后	镇真河	镇真河	镇真河	敦敦河	今阿纽依河口附近的原绰拉题屯	
	257		也速			伊逊河		
	258		者剌秃	者剌秃	者剌秃	察尔图山		两辽志重见
	259		也鲁河	也鲁河	也鲁河	雅鲁河		
	260	正统后	亦鲁河			伊鲁河	今兴凯湖南伊鲁河流域	
	261		失里兀	失里兀	失里兀	锡里呼		
	262		秃屯河	秃屯河	秃屯河	推屯河		
	263		者林山	者林山	者林山	札凌山		
	264	正统后	波罗河	波罗河	波罗河	博罗河	今库页岛中部的波罗河流域	
	265		朵儿平			都尔弼		
	266		散力			萨里		
	267		密剌秃山	密剌秃山		密拉图山		
	268		甫门	甫门	甫门	佛尔们		
	269		细木河	细木河	细木河	实勒们河		见 91
	270		没伦河	没伦河	没伦河	默伦河		
	271		弗秃都河	弗秃都河	弗秃都河	费克图河		

	序号	设置年月	《明实录》	《辽东志》	《全辽志》	《满洲源流考》	所在地	备考
卫	272		者列贴	者列贴	者列贴	绰拉题		《辽东志》列作到,误
	273	正统后	察札秃河	察札秃河	察札秃河	察尔察图河		
	274		出万河	出万河	出万河	舒繙河		
	275	永乐六年三月丁卯	者贴列			绰拉题	今阿纽依河口附近的原绰拉题屯	见106
	276	正统后继置	兀失	兀失		乌苏	今拉林河流域	
	277		忽里			呼勒河		
	278	永乐三年正月丁巳	失里绵			实勒们河	今乌苏里江与牡丹江之间,兴凯湖北一带	见8
	279	永乐十年八月丙寅	兀剌	兀剌		乌拉	今黑龙江与松花江交汇处的北岸	见149
	280		爱哈			嗳河		
	281	正统后继置	哈剌察	哈剌察	哈剌察	萨哈勒察	今苏噜河以西之地	
	282		卜鲁			布拉		
	283		以哈阿哈	以哈阿哈	以哈阿哈	札哈喇哈		
	284		兀山	兀山	兀山	鄂山		
	285		弗力	弗力	弗力	佛林		
	286		失郎山	失郎山	失郎山	硕隆山		
	287		亦屯	亦屯	亦屯	伊屯		
	288	正统后继置	木河	木河	木河	穆河	今黑龙江右侧漠河流域	
	289		竹敦	竹墩	竹墩	珠敦		
	290		河木			噶穆		
	291		哈郎			海兰		

续表

	序号	设置年月	《明实录》	《辽东志》	《全辽志》	《满洲源流考》	所在地	备考
卫	292		岁班	岁班	岁班	萨尔布		
	293		失山	失山	失山	实山		
	294		考郎			海兰		
	295		筑屯	竹屯	竹屯	珠敦		
	296		黑黑河	黑里河	黑里河	赫什赫河		
	297		古城			古城		
	298	正统后增设	弗河	弗河	弗河	福河	今黑龙江省嘉荫县南结列河流域	
	299		文东河	文东河	文东河	乌登河		
	300		阿古			鄂古		
	301	正统后继置	弗山	弗山	弗山	斐森	今黑龙江下游福山卫地附近	
	302		兀答里			乌塔里		
	303		纳速			拉新河		
	304		失列			锡楞河		
	305		朵儿玉	朵儿玉	朵儿玉	多尔裕		
	306		兀鲁河	兀鲁河	兀鲁河	呼鲁河		
	307	正统后增设	弗郎罕山	弗郎罕山	弗郎罕山	富尔哈河	今吉林市北原富尔哈古城	
	308		赤卜罕			齐巴噶山		
	309		老河					
	310		竹里河	竹里河	竹里河	珠伦河		
	311		吉答纳河			吉达纳河		
	312		者不登	者不登	者不登	札穆图		
	313		也速脱	也速脱	也远脱	伊苏图		
	314		阿木河	阿木河	阿木河	阿木河		
	315		颜亦			岳喜		

续表

	序号	设置年月	《明实录》	《辽东志》	《全辽志》	《满洲源流考》	所在地	备考
卫	316	嘉靖年间	山答			萨尔达		
	317	嘉靖年间增设	塔哈				今呼玛尔河支流塔哈河流域	
	318	嘉靖年间增设	弗鲁讷			库呼讷河	今吉林市南库呼纳河流域	
	319		行子			康萨		
	320		兀勒阿			斡赍城		
	321		阿失			阿实		
	322		薄罗			博罗		
	323		塔麻所			塔玛实克		
	324		布儿哈			布尔哈		
	325		亦思察			伊苏彻尔河		
	326		失剌			沙兰		
	327		卜忽秃			布尔哈图		
	328		散里			萨里		
	329		你实			伊实		
	330		忽里吉山			呼拉尔吉山		
	331		阿乞			阿奇		
	332		台郎			太兰		
	333		塞克			赛堪		
	334		拜苦			布魁		
	335	正统后增设	所力			蒐里	今松花江口稍下不远的一个岛屿上	
	336		把里			巴尔		
	337		木郎			穆伦		
	338	嘉靖年间增设	额克			额尔克	今黑龙江省黑尔根城东北	

续表

	序号	设置年月	《明实录》	《辽东志》	《全辽志》	《满洲源流考》	所在地	备考
卫	339	正统后继置	勒伏河			勒富河	今兴凯湖南勒富河流域	
	340		式木河			绥满河		
	341		树哈			舒尔哈		
	342		肥哈答			费雅哈达		
	343	嘉靖年间增设	盖干			格根	今阿纽依河口附近的原格根屯	
	344		英秃			英图		
	345		平河			平河		
	346		阿林			阿林		
	347		哈儿速			哈尔萨		
	348		巴答			布达		
	349	嘉靖年间增设	脱木			托漠	今托姆河流域	
	350		忽把			喀巴		
	351		速哈儿			松阿哩		
	352	嘉靖年间增置	马失			穆苏	今黑龙江下游辛达附近	
	353		塔赛			托新		
	354		札里			札哩		
	355		者哈			札哈		
	356	嘉靖、万历年间	恨克			兴喀	今兴凯湖畔	
	357		哈失			哈尔萨		
	358		交校					
	359		葛			噶哈		
	360		艾答			爱丹		
	361		亦蛮			尼满		
	362		哈察			哈瞻		

续表

	序号	设置年月	《明实录》	《辽东志》	《全辽志》	《满洲源流考》	所在地	备考
卫	363		革出			海楚		
	364		卜答			布达		
	365	嘉靖年间增设	蜀河			苏尔河	距今黑、松二江交汇处约200余里苏鲁河流域	
	366		秃里赤			屯齐山		
	367		赛音			赛音		
	368		忙哈			梅赫		
千户所	1	永乐二年十月	兀者屯河	兀者屯河	兀者屯河	窝集屯河	依兰县西对岸汤旺河流域	
	2	永乐四年正月	可里踢	可里踢	可里踢	喀勒达		
	3	永乐四年二月	兀的罕	兀的罕	兀的罕	呼特亨	今黑龙江中游地区瞻河流域	
	4	永乐五年正月	得的河	得的河	得的河	德力沃赫		
	5		奥石河	奥江河	奥江河	阿实河		
	6	永乐五年正月	哈鲁门山	哈鲁门山	哈鲁门山	鄂尔珲山		《全辽志》山作河
	7	永乐七年四月癸巳	敷答河	敷答河	敷答河	法坦河	今黑龙江下游左岸弗答河口附近	
	8	永乐二年十月癸未	兀者托温	兀者托温	兀者托温	窝集屯河	依兰县西对岸汤旺河流域 今松花江下游左岸支流汤旺河流域	见1
	9	永乐三年三月丁酉	兀者稳勉赤	兀者稳勉赤	兀者稳勉赤	窝集沃勒齐	今松花江流域	
	10	永乐三年八月壬申	兀者揆野木	兀者揆野入	兀者揆野入	窝集奎玛	今抚远县境	两《辽志》木作入,误
	11	永乐四年二月丁丑	哈三			哈克三	通河县附近玛琅河与木兰县东哈儿呀河及富拉浑河流域	

续表

	序号	设置年月	《明实录》	《辽东志》	《全辽志》	《满洲源流考》	所在地	备考
千户所	12		哈剌	哈鲁	哈鲁			
	13		古贲河	古贲河	古贲河	喀本河		
	14		兀者巳河	兀者巳河	兀者巳河	窝集真河		
	15		真河	真河	真河	瞻河		
	16		兀的	兀的	兀的	乌登		
	17		锁郎哈真	锁郎哈	锁郎哈	索尔和绰		
	18		兀秃河	兀秃河	兀秃河	乌屯河		
	19		兀讨温河			温托珲河		
	20		五因	五音	五音	五因		

注：此表根据王锺翰《明代女真人的分布》一文中《明代女真卫所简表》及杨旸、袁闾琨、傅朗云《明代奴儿干都司及其卫所研究》书末附表《明代奴儿干都司属下卫所简表》绘制。卫所名称，以《明实录》为准。

附表2：女真——满洲姓氏一览表

姓氏	来源	旧姓	世居地方	部属	始祖
爱新觉罗					
瓜尔佳（著姓）	地名	古里甲	苏完、叶赫、讷殷、哈达、乌喇、安褚拉库、董悠城、瓦尔喀、嘉木湖、尼马察、辉发、长白山等费德里、虎尔哈、殷、乌巴塔城、雅尔湖、吉阳、沙晋穆尔吉、沾、噶哈里、盖鸡、松花江、黑龙江、聂尔巴、佛讷赫、兴堪、乌费和罗、浑春、嘉通阿、福新得喜莽坎、辽河、马察、伊兰倭赫、卦尔察、囊武、尚阳堡、绥分、扎库塔、界凡、沈阳、白都讷、宁古塔、佛阿拉、铁岭、伏尔哈、扎库木、尼雅满洲、辉哈江、伊苏河、费雅郎阿、嘉拉库、董鄂、聂尔巴、法尔哈村、新屯、塔山拜晋、吉颜、穆溪、白河、海兰、福拨、安图、台山、多巴库、札库里、费德木、色钦、东阿、佛多里、瓜尔佳、平原堡、拉发、洼木村、五姓庄、赫图阿拉、鞍山、法沙喇、沙济、吉林扈伦、萨哈连、倭赫、石哈斯霸、英额、五间房、凤凰城、安巴布尔哈图、东、老寨子、呼讷赫河、山答铺、布兼秦、登色村、嫩河、吉林乌喇、哈斯哈村、费雅达玛、商颜和罗、鄂诺、殷达浑、伊麻齐、西林木伦、西哈诺尔、布兼泰、安巴德普特	苏完部、叶赫部、哈达部、乌喇部、瓦尔喀部、苏克素护河部、窝集部、辉发部、长白山部等	苏完地方——珠察
钮祜禄（著姓）	地名	女奚烈	长白山、英额等安图瓜尔佳、扎库木、倭济、浑春、佛阿拉、辉发、三虎石、倭赫法三、瓦色、郎佳谟克托哈达、德理倭赫、瓦尔喀、讷殷、黑林台、钮祜禄、哈达、沙晋倭赫、玛尔敦、陵和罗、巴尔达、嘉木湖	长白山部、哲陈部等	长白山地方——索和济巴颜

姓氏	来源	旧姓	世居地方	部属	始祖
舒穆禄 （著姓）		石抹	库尔喀、浑春、朱舍里等吉阳、哈尔敏、沾、雅尔湖、叶赫、爱新和罗、黑龙江、沾河、虎尔哈、乌喇、依兰费尔塔哈、石壦尔台、瑚普察、绥分、呼兰、辉发、讷殷江、精琦里、哲林、吉林乌喇、山岔、英额、佛阿拉、山秦、哈达、榆树沟、诺络、松花江、长白山、额哲库、浑秦布喇、松阿里海兰、拉门穆瑚、羊羔屯、舒穆、沈阳、殷达浑、萨尔碧图	虎尔哈部、乌喇部、长白山部等	库尔喀地方——郎柱
马佳	地名		绥分、马佳等穆丹、罗山、嘉木湖、宁古塔、嘉理库城、沈阳、叶赫、和罗、沙济、蘑菇沟、虎尔哈、阿拉、长白山、辉发、沾河、殷、尼马察、苏完、福尔江阿河、开原、哈达、黑龙江、札林、杭佳、佛阿拉、吉林乌喇、黄古屯	窝集部、乌喇部等	
董鄂	地名		董鄂	董鄂部	
赫舍里 （都英额 地方为著 姓）	河名		都英额、和多穆哈连、斋谷、哈达、叶赫、辉发等黑龙江、乌喇、沙尔虎、瓦尔喀、扎库木、塔山堡、哈尔敏、长白山、赫席黑、松花江、白河、赫舍里河、特分、雅兰、佛阿拉、马察、福尔建哈达、讷殷江、诺尔、瑚普察、胡兰、珲春、雅尔湖、吉林乌喇、漳野、尼玛察、德得合村、雅哈和罗、阿库里、拖克索村、阿克坦村、锦州、果尔敏街、额尔敏、白都讷、费尔塔哈、蕫悠城、查哈尔、巴喇雅村、象山、何殷村、石巴尔台、完颜、索伦、库库奇特、山端村、苏完哈达、恭伊路、公村、努尼村、锡拉穆伦	哈达部、叶赫部、辉发部等	都英额地方——穆瑚禄都督
他塔喇 （著姓）			扎库木、安褚拉库等讷殷江、瓦尔喀、宁古塔、长白山、马察、扎克丹、占河、乌喇、乌苏、伊兰木、海州、萨尔湖、伊兰木、十方寺、吉林乌拉	浑河部、瓦尔喀部等	

姓氏	来源	旧姓	世居地方	部属	始祖
伊尔根觉罗			穆溪、叶赫、嘉木湖、兴堪、撒尔湖、呼讷赫、雅尔湖、乌喇、瓦尔喀、松花江、阿库里、佛阿拉、哈达等扎库木、宏閗蕚漠、索尔和碧汉、伊尔哈、赖布村、界凡、赫门、多巴库、锡尔门、道开、长白山、呼努浑河、萨克达、讷殷、额尔景、讷殷江、东、哈尔敏、虎尔哈、勒福河、马察、董鄂、鄂多里、舒赫德、瓦尔吉和屯、广宁、海佳、苏巴尔汉、爱哈、穆赫林、喇哈村、雅哈、讷殷布、那木都鲁、穆齐里、熬硕、费德里哈达、索尔和碧汉、锡尔门、瓦湖木、伊尔海、大杨尔屯、铁岭、辉发、苏克素护河、阳谷屯、师师和罗、宁古塔、东安、多巴库、敦都、安福和罗、屯图、罗罗、俄漠和苏鲁、把尔达鄂林村、尼玛察、苏克德、瓦湖木、清堪俄漠、李佳堡、安图瓜尔佳、淳尔苏、福齐希美佛赫、瑚普察、绥分、吉林乌拉、辽河、瓦里湖、西巴里、哲音、小西门、沙济、瓦色、和宁、阿和罗、库伦、沈阳、圆子、蜚悠城、觉佳沟、黑龙江、萨楚库山、贝登、二格村、板城、汪秦、大杨尔屯、萨克苏和罗、哈尔敏、哈尔萨、觉罗禅、萨穆达拉、雷佳堡、商颜哈达、红山口、牛庄、额尔敏、穆湖哈达、安巴觉尔察喇、福齐希和罗、杭佳、完颜、老寨子	叶赫部、苏克素护河部、浑河部、董鄂部、乌喇部、瓦尔喀部、窝集部、哈达部等	
舒舒觉罗			叶赫、哈达等伊尔哈、来碧村、西占和罗、长白山、佛阿拉、扎库木、讷殷江、乌英额、胡鲁村、尼雅木尼雅库城、英额、伦尼、宜尔海、雅尔湖、和多穆哈连、萨克苏和罗、翁喀河、罗里、嘉木齐村、东山、东安、三姓、达尔潭、扎喀、辉发、翁鄂络、鄂尔浑、佛多浑、绥分、特顺、讷殷、乌喇、乌苏、喇发、安图、赫门、蜚悠城、舒赫德、萨哈尔察、苏完、东安、塔山堡、马佳村、完颜	叶赫部、哈达部	

姓氏	来源	旧姓	世居地方	部属	始祖
西林觉罗			汪秦、尼玛察、宁古塔、哈达、讷图村、瓦尔喀、吉阳、长白山、佛阿拉、呼讷赫和罗萨克察、扎库木、辉发、宧闶乌喇、乌喇哈达、宧闶萼漠、库伦达巴汉		
通颜觉罗			雅尔湖	董鄂部	
阿颜觉罗			叶赫乌苏村、额尔敏、瓦湖木、赫图阿拉、福齐希美佛赫、费雅郎阿、叶赫乌苏村、大郎村、东	苏克素护河部	
呼伦觉罗			黑龙江、福尔哈、俄漠和、叶赫、辉发	叶赫部、辉发部	
阿哈觉罗			萨克苏和罗、松花江、长白山、哈达、辉发、俄漠和鄂多里、瓦尔喀、叶赫、佛阿拉、浑托和河、萨哈尔察、连刀湾、叶赫勒、绥分、俄多里、香山、倭济、东安、沽	窝集部、长白山部属、哈达部、辉发部、瓦尔喀部、叶赫部、苏克素护河部	
察喇觉罗			长白山	长白山部属	
佟佳（马察地方为著姓）	地名		马察、雅尔湖、加哈、佟佳等长白山、勒福屯、哈达、萨木占、扎库木、把尔达、费德里、土木屯、佛阿拉、乌喇、俄漠和苏完、讷殷、安图河、叶赫、鄂尔顺、殷登、萨木占、东安、萨哈尔察、辉发、土木、黑龙江、哈达、嘉木湖、哈尔敏、吉林乌喇、白都讷	长白山部、董鄂部、苏克素护河部等	马察地方——巴虎特克慎
那木都鲁	地名		那木都鲁、绥分、浑春等长白山、萨兰、瓦尔喀、哈达、倭济、倭赫、乌喇、辽阳	窝集部、乌喇部等	
纳喇（著姓）			叶赫、乌喇、哈达、辉发等伊巴丹、张、费德里、尼玛察、老寨子、吉林乌喇、科尔沁、长白山、辽阳、易州、依兰费尔塔哈、嘉木湖、撒尔湖、松山、阿库里尼满、噶哈里、那木都鲁、扎库木、清河、布尔哈图城、董鄂、米山、舍里、佛阿拉、苏完、德库、沈阳、齐齐哈尔、镰刀把、黑山、额尔敏、雅尔湖、乌克敦、和索、科尔沁	叶赫部、乌喇部、哈达部、辉发部等	叶赫地方——星根达尔汉；乌喇地方——纳齐布禄；哈达地方——纳齐布禄；辉发地方——昂古里、星古力

姓氏	来源	旧姓	世居地方	部属	始祖
富察	地名		沙济、叶赫、额宜湖、扎库塔、蜚悠城、讷殷、额赫库伦、讷殷江、吉林乌喇、长白山等赛音讷殷、辉发、席百、卦尔察、岳克通鄂城、马察、绥分、嘉木湖、沙晋和罗、苏完、打牲乌喇、黑龙江、多尔浑、界凡、依兰费尔塔哈、虎尔哈、哈达、岳克通鄂城、噶哈里和罗、那丹雅哈、尼雅木山、多浑、雅哈、冲鄂济巴布、多尔吉、乌喇、阿库里、富察、抚顺、塔山堡、瓦尔喀、辽河、那木图、那丹雅哈、塔达、英额、伊拉里、哈思湖、松花江、黑山、凤凰城、巴济、扎克丹、舍里、哈什马和罗、囊武、吉阳、德里倭赫、完颜、齐宾哈达、白都讷、费达木、公村、塔克什城	苏克素护河部、叶赫部、虎尔哈部、乌喇部、窝集部、长白山部属	
完颜	地名		完颜等讷图、拉哈、翁果尔和、兆佳城、沾河、瑚普察、马察、英额城、鄂尔浑、多罗树村、苏完、嘉木湖、吉颜、长白山、兴京、鄂尔浑、卦尔察、牛山、佛阿拉、哈达、喀拉沁、牡丹村、松山、朱舍里、沈阳、黑山、漠尔敦、安图、郑家堡、扎库木、章当、讷殷、辉发、抚顺、叶赫、蔡亭、山塔堡、锦州、尼玛察	完颜部	
叩德			叶赫	叶赫部	
吴雅			哈达等德尔吉穆瑚、乌喇、哈克三、长白山、吉林乌喇、讷殷、白都讷、乌拉哈达	哈达部	
戴佳			杭佳等叶赫、扎库木、哈什马和罗、东林屯头、殷	浑河部	
兀札喇			乌喇、萨哈尔察、黑龙江等虎尔哈、依克赛、瓜尔拜、叶赫、卦尔察、瓦丹、松花江、沈阳、盖山村、哈达、辉发、浑同、洪口村、朱理雅拉、宁古塔、盖津村、鄂漠、瓦丹、巴特海苏苏、萨木占	乌喇部	

续表

姓氏	来源	旧姓	世居地方	部属	始祖
兆佳	地名		瑚普察、额尔敏等讷殷江、界凡、佛阿拉、嘉木湖、马察、东、觉禅、乌喇、东安、扎库木、雅尔湖、赫图阿拉、叶赫、长白山、杨古屯、沾河、兆佳、英额、呼讷赫、苏完、辉发、珲春、黑龙江、绥分、十里河、小北门、八间房、吉林乌喇、道堪、李佳和罗、岱济	董鄂部	
郭络罗	地名		沾河等讷殷、布勒德、郭络罗、马察	苏克素护河部	
颜扎			雅兰西楞、叶赫等法库、阿古喇河、吉颜、长白山、扎库木、登伊尔哈、雅尔湖、舍里村、和多穆哈连、浑春、乌喇、库尔喀、白都讷、吉林乌喇、萨尔碧图村	窝集部、叶赫部	
碧鲁			叶赫等松花江、乌拉哈达、乌喇、苏完、扎库木、黑龙江、依兰新泰、爱新哈达、哈达	叶赫部	
李佳			扎库木、李佳和罗等长白山、李佳村、界凡、沈阳、德尔吉色钦、叶赫、瓦尔喀、舒舒、佛阿拉、萨木察、雅尔湖、马察、洛河、那木都鲁、黑龙江、狼山、鄂尔坤、安褚拉库、赫图阿拉、璧尔根札寨、辉发	浑河部、苏克素护河部	
黄佳			贝浑山秦等讷殷江、佛阿拉、宁古塔	浑河部	
吴扎库			噶哈里等绥分、倭济石、萨哈尔察、哈里	窝集部	
锡克特理			卦尔察等松花江、依兰费尔塔哈、锡喇河、叶赫和多穆哈连、卦尔佳、黑龙江、讷殷、吉林乌喇		
库雅拉			兴堪村等洪鄂村、绥分、珲春、乌喇、乌苏里、沈阳、黑龙江、虎尔哈、漙野、吉林乌喇、福尔建哈达		

姓氏	来源	旧姓	世居地方	部属	始祖
萨克达	地名		萨克达、宁古塔等那木都鲁、阿库里河、吉林乌喇、吉颜、扎库木、阿尔喇、德里倭赫、哈达、叶赫、布尔哈、赫图阿拉、尊漠辉河、黑龙江、德林村、卦尔察、讷殷、发纳哈、萨克察、辉发、长白山、马察、和罗沾河、瑚普察、罗里、阿尔喇、额和河、尼玛察、萨哈尔察、雅尔湖、东古、布尔浑、瓦尔喀、倭讷赫村、沈阳、萨克苏	窝集部	
赛密勒			萨哈尔察等黑龙江、齐齐哈尔、明安村、盖金苏苏、索林村		
精奇理	地名		精奇理乌喇等黑龙江		
扎库塔			瓦尔喀等噶哈里碧汉额里村、萨齐库哈连、和克通吉、松花江、扎库塔、尼雅新村、嘉木湖、博尔屯博欣村、克什克城、伊拉富村、卦尔察	瓦尔喀部	
乌苏	地名		瓦尔喀、讷殷、海兰、长白山等安褚拉库、乌喇、乌佳村、苏穆、叶赫哈达、瓦尔喀海兰、西林穆鲁、乌苏、德尔吉色钦、吉林乌喇、蜚悠城、海兰瓦尔喀什	瓦尔喀部、长白山部、窝集部	
巴雅拉			松花江、虎尔哈、木伦等卦尔察、法木图、黑龙江、长白山、倭济、扎库塔、库穆努、宁古塔、依兰费尔塔哈村、乌丹村、乌塞理、库穆图、尼玛察、绥分、库尔喀、巴颜和罗、法木图、王多罗树、瓦尔喀	窝集部、虎尔哈部	
辉和			长白山等尼玛察、乌喇、虎尔哈乌喇、乌喇布伦村、辉发	长白山部	
鲁布理			叶赫等乌喇、绥分、长白山瓦色路络	叶赫部	
尼玛察	地名		尼玛察等溥野、拉发、黑龙江、吉林乌喇、讷殷、管、凤凰城、长白山、乌苏里、绥分、库雅拉		
伊尔库勒			诺罗等虎尔哈、迁明村、宁古塔、吉林乌喇		

续表

姓氏	来源	旧姓	世居地方	部属	始祖
章佳	地名		费雅郎阿、马儿墩、章佳等宜汉阿拉、舍伦村、牡丹村、巴尔都城、马察、长白山、辉发、嘉木湖、佛阿拉、哈达、虎尔哈、扎库木、俄漠和苏鲁、乌拉哈达、讷殷、赫济河、艾家堡、吉林乌喇、费扬宁、苏完、叶赫哈达、辽河、铁岭、莲花村、和森木	苏克苏浒河部	穆都巴颜
宁古塔	地名		宁古塔、绥分、讷殷、虎尔哈、和佟吉、倭济、萨鲁城新村、哈达	窝集部	
萨哈尔察			依兰费尔塔哈村、乌喇绥哈村、萨哈尔察、黑龙江、贝德里、白都讷		
嵩佳			董鄂、松江堡等瓦尔喀锡、长白山、海兰、哈达	董鄂部	
宜特墨			叶赫等叶赫佛讷赫村、尼雅满洲、哈达、伊禄城嘉浑村	叶赫部	
扎思瑚理			卦尔察和伦等吉林乌喇、喇发村、白都讷		
瑚锡哈理	地名		瑚锡哈理等依兰费尔塔哈村、卦尔察、宁古塔、沈阳、吉林乌喇		
喜塔腊			尼雅满山等长白山、瓦尔喀蜚悠城、董鄂、盖吉、扎库木、一堵墙、大凌河、叶赫、瓦喀兰、夸喇、富克顺、耀州、辉发		
泰楚鲁			浑春、音楚	乌喇部	
性佳	地名		贝浑山秦等性佳村、马察、英额、长白山、苏瓦颜、鄂尔浑、哈达	浑河部	
穆尔察			绥分等瓦尔喀、黑龙江、浑春	窝集部	
费莫			蜚悠城等布尔哈图、萨齐库、长白山、瓦尔哈、辉发、瓦尔喀、宁古塔、苏完、马察、绥分、喇发、木城、巴发、七奇理	乌喇部	
索佳			鄂尔坤等吴尔瑚、俄漠和、界凡、萨尔湖、俄漠和索罗、长白山、苏完、吉林乌喇、马尔敦、大凌河、辉发、托米屯		
萨马尔吉			虎尔哈河布尔哈村、松花江、索伦、乌苏河、沈阳	虎尔哈部	
齐佳	地名		叶赫、齐佳营	叶赫部	

姓氏	来源	旧姓	世居地方	部属	始祖
葛济勒			雅兰等绥分、和通吉、托克索、宁古塔、穆瑚、黑龙江、那木都鲁、布尔哈、倭济、浑春、库尔喀	窝集部	
哲尔齐			尼马察、吉林乌喇	窝集部	
索绰络	地名		辉发等吉林、叶赫、讷殷、乌喇、和多穆哈连、老寨子、索绰络	辉发部	
鄂卓			叶赫等辉发、黑龙江、哈达、牙克萨城、乌喇、英额、三姓	叶赫部	
钮赫勒			沙济等安褚拉库、英额、辉发、郎佳、钮赫阿林	苏克素护河部	
鄂济			叶赫等松花江、黑龙江、乌喇、哈达、辉发、吉林乌喇、尼玛察哈达、法穆纳哈达	叶赫部	
裕瑚鲁	地名		裕瑚鲁等虎尔哈、长白山、讷殷、黑龙江、塔思哈河、洪科、洪凯、安褚拉库、乌喇、吉林乌喇、英额和罗		
布尔察			阿库里、虎尔哈等	瓦尔喀部、虎尔哈部	
依拉理			乌喇、叶赫、殷等董悠城、德尔吉河、讷殷江、哈尔敏、赫石、沈阳、辉发、长白山、仓、虎尔哈乌喇、阿喇、吉林乌喇、扎库塔、英额、多尔吉河、辉发哈达、哈达、哈尔敏、叶赫哈达、卦尔察、安褚拉库、赫舍里河、苏苏乌喇	乌喇部、叶赫部	
虎尔哈	地名		虎尔哈、新达谟城等席百、苏完哈达、白都讷	虎尔哈部	
苏佳			叶赫等尼雅满、扎库木、德里倭赫、黑龙江、讷殷	叶赫部	
温徹亨			乌喇、叶赫	乌喇部、叶赫部	
哲尔德			界凡等乌喇、哈达、乌喇哈达、长白山、板城寨子村	浑河部	
温察			叶赫等辉发、乌喇	叶赫部	
额苏理			黑龙江等马察、德尔吉、王佳村、那木都鲁、董悠城、齐齐哈尔、松花江		
吴鲁			乌喇等叶赫、阿库里、扎库木	乌喇部	

续表

姓氏	来源	旧姓	世居地方	部属	始祖
觉禅	地名		乌苏里等、佛阿拉、扎库木、贝浑山秦、长白山、扎库塔、佛阿拉、山秦阿林		
科齐理			瓦尔喀等德尔吉阿里库村、阿库里	瓦尔喀部	
把尔达	地名		把尔达、蜚悠城	哲陈部、乌喇部	
尼沙	地名		尼沙、那木都鲁	窝集部	
托活洛			黑龙江等虎尔哈、乌喇、叶赫、喀木屯、苏完、萨哈尔察、阿库里河、哈达、松花江、胡鲁色、长白山、吉林乌喇、爱湖、碧尔坤苏苏、喀木屯		
阿穆鲁			依兰费尔塔哈村、黑龙江		
索尔多			乌喇博尔济城		
俞尔库勒			诺罗、松花江、黑龙江		
满扎			库察、叶赫		
乌色			叶赫、长白山、吉林乌喇、瓦尔喀锡、佛阿拉、松花江	叶赫部	
佑祜鲁	地名		英额等佑祜鲁穆瑚舒村、嘉木湖、松花江、虎尔哈、哈达、辉发、乌喇、宁古塔	哲陈部	
图色理			黑龙江懋塔哈村、萨哈尔察、沙济、黑龙江阿克底村、尼玛察、安巴西穆讷、沈阳、锦州		
温特赫			朱舍里、吉阳、朱舍里、莽喀库鲁		
梅勒			叶赫、哈达	叶赫部、哈达部	
博和理			黑龙江、爱湖、白都鲁、浑春		
钮颜			叶赫	叶赫部	
乌尔古宸			木楞、讷殷、瓦尔喀、那木都鲁、乌喇、倭哲、扎库木	窝集部	
扎拉理			瓦尔喀	瓦尔喀部	
温都			讷殷江等绥分、黄泥洼、浑春、沾、马察、瓦尔喀、吴苏里乌喇、苏苏里乌喇、倭济、吉阳、阿库里、沙济、讷殷、瑚泰村、长白山、吉林乌喇、苏完、嫩河	长白山部属	

姓氏	来源	旧姓	世居地方	部属	始祖
蒙古尔济			叶赫	叶赫部	
阿礼哈			和通吉郭思屯、瓦尔喀		
苏都理			黑龙江、苏佳村		
奇塔喇			松花江、雅尔湖、佛多尔衮、瓦尔喀董悠、约克托城、科普喀滩	窝集部	
鄂托			赫图阿拉、叶赫、乌喇	苏克素护河部	
洪吉理			乌喇	乌喇部	
墨尔哲勒			松花江	窝集部	
索齐勒			吉林乌喇、吉林、松花江、叶赫		
托谟			伊巴丹、塔山堡、哈达、黑龙江、叶赫、齐齐哈尔、努克特勒、苏完		
汤务			哈达	哈达部	
都拉喇			吉林乌喇、乌克图理、黑龙江		
墨尔迪勒			黑龙江鄂奇村、宁古塔、穆瑚村、商颜倭赫		
喀尔达苏			乌喇、黑龙江、索伦	乌喇部	
赫苏理			哈达等松花江、虎揽、辉发、乌喇	哈达部	
辉罗			松花江	窝集部	
济礼			长白山、詺宜	长白山部属	
乌尔汉			辽河		
赫宜			舒勒赫、屯昂阿、锦州		
札苏理			卦尔察、白尔讷	窝集部	
拜都			叶赫、萨哈尔察、辉发	叶赫部	
赖布			札库木、佛阿拉	浑河部、苏克素护河部	
布赛			叶赫	叶赫部	
噶努	地名		噶硕克村、噶努山		
乌苏占			瓦尔喀什海兰河	董鄂部	
尼奇理			乌喇、浑春、德尔吉倭济、苏发	乌喇部	
鄂谟拖			尼马察	窝集部	
董佳			嘉木湖、嘉哈、董佳城、浑秦、哈达	苏克素护河部	
阿克占			哈达、叶赫、苏完	哈达部	
叶穆			叶赫、赫尔苏、尼玛察、哈达	叶赫部	

姓氏	来源	旧姓	世居地方	部属	始祖
喀尔拉			辽河、叶赫、白都讷		
萨克察			绥分、尼玛察苏苏村、浑春、尼马察、德尔吉色钦虎尔哈	窝集部	
乌尔答			叶赫、吉林乌喇、辉发	叶赫部	
图克坦			吉林乌喇、苏完、布尔哈图		
郭尔佳			长白山、安巴德普特布占台、嫩河	长白山部属	
洪鄂春			伊汉阿林屯齐村、雅兰、绥分、倭济、沾河、辉发	乌喇部	
额尔图			敦达敦、黑龙江、额尔图村、明安额尔图		
章锦			费雅郎阿、沾、穆溪、长白山、那木察、沈阳、辉发、乌喇、抚顺、那木都鲁		
聂格理			叶赫、辉发	叶赫部、辉发部	
扬佳			佛阿拉、尼玛察、虎尔哈江、倭济、哈达、杨禅、松山、蕫悠城、赫济赫、哈达、白都讷、吉林乌喇	苏克素护河部	
洪鄂	山名		长白山、吉林、哈达、叶赫、叶赫哈达、洪鄂哈达、佳木秦、额尔敏、雅尔湖、乌喇、白都讷	长白山部属	
贤达禅	地名		松花江、贤达禅	窝集部	
赫锡赫理			乌喇、尼玛察、嫩奈	乌喇部	
库穆图			倭济爱满、那木都鲁、哈达		
康仪理			费尔塔哈村		
额尔吉			萨哈尔察		
舒墨理			沾河、乌喇	苏克素护河部、乌喇部	
锡克济拉			黑龙江		
德敦			黑龙江		
珠格			乌喇、宁古塔、萨哈尔察	乌喇部	
卦尔察	地名		卦尔察、长白山、吉林乌喇、扎库木		
多尔衮			爱湖城、索伦	索伦部属	
洪佳			乌喇、长白山	乌喇部、长白山部属	

姓氏	来源	旧姓	世居地方	部属	始祖
孟佳			郭尔罗斯、伊巴丹、浑春		
克音			黑龙江、色钦、乌喇、努克特勒		
明安			界凡	浑河部	
乌礼苏			齐齐哈尔、黑龙江、辉发		
萨哈尔济			叶赫、白都讷	叶赫部、窝集部	
尼竺浑			长白山	长白山部属	甘笃
武尔格齐			叶赫	叶赫部	达都
瑚玉鲁			乌喇	乌喇部	瑚钮
和和齐			尼马察	窝集部	僧苏克
塔穆察			黑龙江		巴哈纳
夸尔达			哈达	哈达部	吴云柱
德都勒	地名		德都勒		科罗喀
恺颜	地名		恺颜		奇拉尔图
珠尔苏			安褚拉库	瓦尔喀部	南岱
绰克秦	地名		绰克秦		图璧楞
安达拉			黑龙江		奇尔克德
爱浑	地名		爱浑		布郎阿
海拉苏	地名		海拉苏台		伊尔登
吴灵阿			巴林		绰克托
图们			乌喇		珠禄
勒第			黑龙江		塞尔吉尼
克尔德			乌喇	乌喇部	阿尔纳
哲栢			汉楚哈		巴哈哈
图普苏			叶赫	叶赫部	温塔锡
托尔佳			齐齐哈尔		郭秦布禄
格格			黑龙江		奇克勒
韩札			巴颜和罗		哈齐纳
穆察			那木都鲁	窝集部	宁古塔
多罗			叶赫	叶赫部	托和伦
褚库尔	地名		褚库尔村		瑚都崑
武聂			萨哈尔察		博绅

续表

姓氏	来源	旧姓	世居地方	部属	始祖
郭尔本			黑龙江		通吉蒲
图克敦			达呼里		谟敏
叶库理			虎尔哈	虎尔哈部	瑚勒讷
哲理			哈达	哈达部	恩格禄
组佳			铁岭		额栢恒
唐达			科普沁	完颜部	佟堂
卓克佳			雅尔湖	董鄂部	卓海
崇果鲁	地名		崇果鲁		武鲁克
墨尔齐			乌喇	乌喇部	色克
瓦理			黑龙江		萨喇
蔡佳			费尔塔哈村		洪海
克叶勒			吉林乌喇		克什图
富尔库鲁			松花江	窝集部	噶努
万旒哈			清河		尼喀达
穆燕			浑春	乌喇部	岱音布禄
都善			黑龙江		门岱
拜格	地名		拜格山		克拉喀
阿图拉墨			雅尔湖	董鄂	当古理
赛音萨尔图			札鲁特		巴格
穆和林	地名		穆和林		叶臣广固
蒙鄂索			瓦面河、长白山、浑春、拉发、沾河、讷殷江、瓦尔喀什		
萨察			瓦尔喀、浑春	瓦尔喀部、乌喇部	
锡墨勒			浑春、库尔喀、浑河、拉门穆瑚、三姓	乌喇部、虎尔哈部	
刘佳			李佳和罗、瓦尔喀、乌喇、喀尔沁、辉发、新屯、札穆纳、松花江	苏克素护河部	
果尔吉			郭络罗河、吉林乌喇、哈达、白都讷、乌喇		
武佳			乌喇、索伦、费达木村、五间房、吉林乌喇	乌喇部	
佟鄂络			札库塔、巴颜乌喇、当务理	窝集部	

姓氏	来源	旧姓	世居地方	部属	始祖
郭佳			苏完、盖州、瓜图理、哈什、辉发	苏完部	
梅赫理			那木都鲁	窝集部	
瑚锡理			叶赫和多木哈廉、虎尔哈、瓦尔喀		
蒙古楚	地名		乌喇蒙古楚山、叶赫、沈阳、乌喇		
崇吉喇			乌喇、虎尔哈、瓦尔喀、讷殷	乌喇部	
额尔赫			绥分、尼尔吉、黑龙江、爱浑	乌喇部	
布雅穆齐			噶哈里、吉阳、黑龙江	窝集部	
都理			马察、德都理、德敦村、黑龙江	长白山部属	
倭勒			齐齐哈尔、乌喇、黑龙江		
尼阳尼雅			费达穆村、黑龙江		
专塔			尼马察	窝集部	
布达喇			松花江	窝集部	
叶赫勒			呀哈、辽河、叶赫	叶赫部	
朱佳			崇果济巴布、叶赫、吉林乌喇		
瑚雅拉			乌喇、乌苏里、沈阳	乌喇部	
鄂苏尔瑚			木鲁、卓泰、索伦		
罗佳			西克屯、哈达	哈达部	
敖拉			乌喇、黑龙江	乌喇部	
瓦色			虎尔哈、乌喇、叶赫	虎尔哈部、乌喇部、叶赫部	
珠尔根			索伦、黑龙江	索伦部属	
哈尔察			尼马察、海兰、叶赫	窝集部	
布尼			佛讷赫、尼玛察、公额理		
高佳			盖州、吉林乌喇		
叶赫	地名		叶赫	叶赫部	
巴理			哲鲁		
孙佳			费雅郎阿、长白山、山答铺		
喀尔沁			乌喇、叶赫	乌喇部、叶赫部	
翰颜			赫林台、嫩河、达呼里		
乌苏理			德尔吉色钦、讷殷、辉发		
尼佳			乌尔锡河、沈阳、杏山		

续表

姓氏	来源	旧姓	世居地方	部属	始祖
书玛理			虎尔哈、万边屯、海兰	虎尔哈部	
卓晋			长白山	长白山部	
色穆奇理			黑龙江		
广佳喇			叶赫、吉林乌喇	叶赫部	
吴察喇			安褚拉库、乌喇	瓦尔喀部、乌喇部	
苍玛尔纪			黑龙江、碧新		
赫书			叶赫、吉林乌喇	叶赫部	
康杰达			黑龙江		
吉鲁			乌喇、吉林乌喇	乌喇部	
都鲁			长白山、黑龙江	长白山部属	
沙拉			瓦尔喀	瓦尔喀部	
鄂穆绰			佛讷赫村	窝集部	
培佳			东古村		
苏穆理			海兰木、沙尔碧图村		
鄂尔绰络			苏完、卦尔察	苏完部	
徐吉	地名		徐吉和罗		
达尔充阿			吉阳、黑龙江		
乌尔瑚济			松花江、乌苏理	窝集部	
颜济理			沈阳、白都讷	完颜部、窝集部	
卓起			黑龙江、界凡	浑河部	
鄂索络			启尔撒、吉林		
钮瑚特			浑春、库雅拉	乌喇部	
盛佳			长白山色钦		
倭彻赫			哈达	哈达部	
索察			乌喇哈达		
赫叶勒			沈阳	完颜部	
禄叶勒			黑龙江、三姓		
拜晋			黑龙江拜察		
乌雅察			吉林乌喇、鄂云屯		
穆克图			叶赫	叶赫部	

姓氏	来源	旧姓	世居地方	部属	始祖
札拉			叶赫、辉发	叶赫部、辉发部	
傅佳			辉发、福宁额	辉发部	
郭浑			黑龙江		
尼锡理			宁古塔、巴颜和罗	窝集部	
赫佳			雅兰、讷殷	窝集部、长白山部属	
强恰理			耀州		
钟吉			叶赫、抚顺	叶赫部、完颜部	
梅楞			叶赫	叶赫部	
舒禄			长白山	长白山部属	
琨都勒			红山		
额色			董鄂、萨哈尔察	董鄂部	
伏尔哈			佛阿拉	苏克素护河部	
觉佳			章图理、佛阿拉	苏克素护河部	
瑚雅			讷迪村、呼讷赫		
都佳			辉发、索伦	辉发部、索伦部属	
谟克拖			凤凰城、叶赫	叶赫部	
虞佳			鄂克敦、裕发		
碧喇			和攸、长白山	长白山部属	
伊库鲁			诺罗		
多罗宏			那木都鲁	窝集部	
钮赫			佛阿拉马尔敦、内河		
翁钮络			叶赫、大凌河	叶赫部	
吉普褚			叶赫	叶赫部	
金佳			讷殷江、瓦尔喀	长白山部属、瓦尔喀部	
石穆鲁			浑春	乌喇部	
马察			赛音、索伦	索伦部属	
赫济理			辉发	辉发部	
蒙鄂络			虎尔哈、阿赖	虎尔哈部	

姓氏	来源	旧姓	世居地方	部属	始祖
郭罗			长白山沾河、哈达	哈达部	
纳塔			尼马察	窝集部	
佟塞勒			萨哈尔察、嫩河		
精吉			吉林乌喇		喀喇
萨尔都			哈达	哈达部	托博辉
和岳络			虎尔哈	虎尔哈部	达礼浑
舍颜			费雅郎阿		那尔浑
毕鲁勒			苏完	苏完部	鄂和达
瑚克锡勒			伊兰费尔塔哈		偏图
顺布鲁			哈尔敏	苏克素护河部	科启
舒发察			绥河		雅努
殷佳			嘉木湖	苏克素护河部	噶达浑
图尔敦			墨尔根城		苏拉莆
庆格理			黑龙江		盖穆
苏拉喇			黑龙江		塔凯
阿尔拉			黑龙江		洪阿察
墨勒			叶赫	叶赫部	伊登额
巴尔拉			辽河		布颜图
敖拉托欣			黑龙江		古礼尔勒
拜英格理			墨尔根城		海泰
穆雅			齐齐哈尔		吴凯
攸络库			黑龙江		卓思科
鄂罗			长白山	长白山部属	瑚什理
嘉普塔喇			辉发	辉发部	瑚什巴
富森			开原		法沙善
瑚逊			五姓庄		札林
佟启			佛阿拉	苏克素护河部	鲁克都理
葛尔克			格尔钦		永阿泰
图佳			松花江	窝集部	昂阿拉
古尔吉			广宁正安堡		拖科泰
傅锡理			特宜分		喀齐都
墨佳			辽阳	叶赫部	墨光显

姓氏	来源	旧姓	世居地方	部属	始祖
伊拉齐			阿库里	窝集部	德希勒
额尔格济			广宁正安堡		吴库布赖
倭赫			界凡	浑河部	庞爱
吴聂齐			黑龙江		鄂敦
都克达			留福村		科盘
赫尔济			长白山	长白山部属	伊莽阿
锡尔弼			叶赫	叶赫部	额宜色
白佳			佛阿拉	苏克素护河部	阿兰
塔喇			讷殷江	长白山部属	鄂密善
宏义			洪扬子沟		鄂克托
温屯			乌喇	乌喇部	康泰
富色勒			屯昂阿		噶布拉
倭彻库			叶赫	叶赫部	丹达哈
凯隆			齐齐哈尔城		赫门德
玉克墨			尼满河	瓦尔喀部	钮鼎阿
伊喇			三姓		孔果络
克伊克勒			三姓		阿思瑚理
甘佳			吉阳		玛优
齐达勒			叶赫	叶赫部	绥赫
泰瑚特			吉林乌喇		博尔晋
墨尔迪			黑龙江		伊尔格武尔
贵岳理			白都讷		玛隆武
公仪理			费达木村		锡伦
珠赫勒			乌喇	乌喇部	努他拉
博尔衮			那木都鲁	窝集部	郭和达
阿鲁			索伦	索伦部属	扬武
敖佳			马察	长白山部属	海兰
瑚锡喀			黑龙江		费雅库纳
朱锡理			蜚悠城	乌喇部	额图瑚
珠雅拉			乌喇	乌喇部	塞白图
阿尔布			乌喇	乌喇部	防果尔铎

续表

姓氏	来源	旧姓	世居地方	部属	始祖
齐克腾			乌喇	乌喇部	西喇布
吴济佳喇			长白山	长白山部属	博尔铎
文达			叶赫	叶赫部	瑚什
楞布尔勒			索伦	索伦部属	瑚玛尔岱
都克塔理			努克特勒		索索浑
阿拉边前			索伦	索伦部属	席韬
图尔塔拉			黑龙江		雅哈尔
锡克德			卦尔察		玛克图
罗察			索伦	索伦部属	顾楞泰
伊穆			红云堡		喀喀
墨克廷			黑龙江		葛禄德
玛尔丹			札库木	浑河部	雅图
额尔格图			黑龙江		谟林察
色勒理			浑春	乌喇部	达耀
武库登吉			齐哈尔		鄂尔浑春
章齐			那木都鲁	窝集部	锡常
贾佳			乌喇	乌喇部	精额理
都雅尔			浑湖理努克特勒		果尔岱
亨奇勒			吉林乌喇		沙尔希纳
格晋			佛阿拉	苏克素护河部	璧耀和齐
希萨尔			辉发	辉发部	高瑁
鄂通	地名		鄂通		色克
公鄂理			松花江	窝集部	古穆
穆卢			索伦	索伦部属	达哈那
札哈玛			尼马察	窝集部	聂度
墨克勒			叶赫	叶赫部	纳颜布
谟尔齐理			噶哈		敦铎和
伊勒尔济			吉阳		图郎阿
都尔勒			黑龙江库鲁穆图村		哲尔德
韩楚哈			绥分		葛伯
舒尔都			叶赫	叶赫部	拜色
徐察			盖州城鄂罗多		宝色

续表

姓氏	来源	旧姓	世居地方	部属	始祖
福塔			长白山	长白山部属	曾启盛
奇德理			叶赫	叶赫部	萧音达理
瑚琥			虎尔哈乌喇		图喇
宗佳			辉和		吴资
讷迪			黑龙江		噶哈
瓦尔佳			长白山	长白山部属	纳兰泰
尼格勒			黑龙江富尔瑚村		阿尔瓜
准齐			黑龙江		瑚不理
翁尼理			乌喇	乌喇部	阿山
朱尔克			索伦	索伦部属	内图肯
通阿拉			倭济		白克图
穆尔德			大凌河		讷尔赫
吴札尔瑚			浑春	乌喇部	西图纳
特济			札库塔	窝集部	雅亲
塔坦			长白山	长白山部属	陶托理
猷格理			叶赫	叶赫部	吴巴泰
哈尔吉			哈达	哈达部	哈克散
穆齐			鄂漠和索罗		象德
恰喇			宁古塔	窝集部	济哈
姜佳			宁古塔	窝集部	姜图
博和罗			萨哈禄		保泰
唐尼			十方寺		善福
吴拉			郑家堡		穆礼玛
洪达理			嘉拉库	苏克素护河部	萨穆萧
马尔屯			长白山	长白山部属	马积瑚
兆垒			马察	长白山部属	雅喇
玉尔库			尼马察	窝集部	恰塔
陈佳			张当		陈国柱
莽吉绰			叶赫	叶赫部	尼玛善
墨尔吉			叶赫	叶赫部	玛尔赛
穆色陈			佛阿拉	苏克素护河部	阿尔萨朗
塞楞吉	地名		塞楞吉石赫寨		爱锡

续表

姓氏	来源	旧姓	世居地方	部属	始祖
尼玛哈			辽阳	叶赫部	英奇
茂仪			英额	哲陈部	翁头
安佳			普塞屯村		安普
罗岳			叶赫	叶赫部	岳隆鄂
鄂济理			卦尔察		吴鲁荪
翁果特			翁科		博布哈
康锡理			伊巴丹		二硕色
苏克察			叶赫	叶赫部	布尔哈
札穆秦			黑龙江		钮伦泰
都瓦尔佳			奉集堡		德色
诺络			舍楞阿河		阿尔吉图
田佳			沈阳	完颜部	岱进朝
林佳			蛍悠城	乌喇部	佛保
秋佳			杏山		浩罗
多锦			黑龙江索多理村		殷札喀
努尔汉	地名		努尔汉		马隆武
锡勒尔吉			吉林乌喇		塔尔屯
嘉哈玛			黑深堡		喀喇
胡锡			辉发	辉发部	正克
瓦尔吉			色钦		萨哈禅
达瑚理			乌呼理		绥朋额
屈佳			辉发	辉发部	屈子明
普佳			杏山		本柱
蒋佳			盖州		蒋山
庞佳			清城子		吴巴礼雅库
蒙果资			绥分	窝集部	拜新
舒克都理			黑龙江		阿克善
费佳			讷殷江	长白山部属	达音
阿塔穆			叶赫	叶赫部	阿弼喀
西法齐			绥分	窝集部	伊思珊
孔尼喇			黑龙江		图绥武

续表

姓氏	来源	旧姓	世居地方	部属	始祖
密札			尼马察	窝集部	敦铎
倭彻勒			叶赫	叶赫部	倭赫讷
多兴			殷		古尔蒙额
博都理			索伦	索伦部属	博伦泰
何齐拉			雅兰	窝集部	兑楼
雅佳			辉发	辉发部	什达色
桓泰			雅兰	窝集部	那苏
喀尔库			乌喇	乌喇部	阿尔哈
福锡			福山		倭赫
莽果			乌喇	乌喇部	唐柱
孔果络			黑龙江		图尔汉
叶禄			叶赫	叶赫部	尼唐阿
瓢佳			萨穆占		刚察
札克塔			黑龙江		锡尔哈
绰络			黑龙江		绰克托
索济雅喇			大凌河		巴什
瓦尔喀			吉林乌喇		旺福
鄂卓络			瓦尔喀	瓦尔喀部	伊拉齐
瑚尔哈苏			吉林乌喇		鄂谟克图
恒吉理			董鄂	董鄂部	塞尔库德
索彻理			乌喇	乌喇部	硕色
锡强			鄂尔浑		贝成额
申穆理			朱舍理		哲钟羕爱塔
杭佳			哈达	哈达部	杭山
巴雅尔齐			诺罗		喀兰泰
阿赉			翁郭罗城		赫绅
伊尔穆			哈达	哈达部	察尔泰
锡玛拉			额楚		塔克图
瑚尔泰			辉发	辉发部	马达布
喀克锡理			阳石木		辉塔
索络恰			雅尔湖	董鄂部	噶哈达

续表

姓氏	来源	旧姓	世居地方	部属	始祖
沙达喇			辉发	辉发部	榜钮
范佳			辉发	辉发部	额尔济图
努鲁			辉发	辉发部	多和伦
额哲			兰河山		赫色
苏尔佳			松花堡		和隆阿
申佳			乌喇	乌喇部	鄂尔积图
谟岳络			舒穆禄村		云布
玉图墨			哈达	哈达部	萨弼
洪果奇			长白山	长白山部属	和尔和
周成			周齐理		喀特苏
哈巴			哈达	哈达部	布尔哈岱
嘉穆瑚			辉发	辉发部	佟凯
良佳			沈阳	完颜部	善庆
舒佳			黑龙江法喀堡子		爱星阿
蒙果					温达尔瑚
努尔哈拉					锡尔塔齐
图尔佳					札尔吉纳
洪衮			萨哈尔察		阿珠瑚
拜嘉喇			虎尔哈	虎尔哈部	拜图
纳哈塔			郭络罗沟		彻克
尼庸特			法穆纳哈达		阿禄
哈尔拉			吉林乌喇		温察海
瑚塔			科尔沁		阿纳库
博尔济			东城		硕色
定纪理			西城		定保
拉颜			界凡	浑河部	奇尔布哈
浑达奇			讷殷	长白山部属	法穆达
托和尔秦			齐齐哈尔		萧喀尼
色尔杰			伊兰费尔塔哈村		克什讷
伊穆图					都喇锡
葛佳喇			长白山	长白山部属	穆成额
富苏瑚			吉林乌喇		永爱

续表

姓氏	来源	旧姓	世居地方	部属	始祖
博尔卓克			乌喇	乌喇部	达达布
佛多锡墨理			朱舍理		喜尔登额
喀喇			西巴理城		阿海
周延			讷殷江	长白山部属	周德武
唐颜			讷殷江	长白山部属	拉巴
陶佳			伊苏		多尔吉
郑佳			沈阳	完颜部	郑尔
瑚鼎			和罗山晋		塔济
格尔齐			尼马察	窝集部	瓦尔达
珠鲁			赫舍理河		达尔瑚
喀尔拉哈			吉林乌喇		恩格图
玉鲁			吉林乌喇		图尔特
占尼			马察	长白山部属	萨穆札
崔穆鲁			马察	长白山部属	九格
梅佳			绥分	窝集部	商吉穆
巴颜			齐齐哈尔		格文
瞻楚浑			卦尔察		萨赉
札雅札喇			雅兰	窝集部	松吉纳
石富察			倭济		库库讷
达普图			黑龙江		噶尔哈尼
多拉尔			黑龙江		嘉札喇库
多尔塔喇			黑龙江		噶纳武尔
孟克宜勒			董悠城	乌喇部	金达理
克勒			尼雅满洲		尼喀理
嘉瞻			黑龙江		楚穆特穆
图萨喇			叶赫	叶赫部	贝通
东阿			那木都鲁	窝集部	外兰
额宜苏			墨尔根村		萨尔布
多秦			黑龙江		锡务尼
阿喇			乌喇	乌喇部	鄂成额
图勒理			索伦	索伦部属	兴色尔

续表

姓氏	来源	旧姓	世居地方	部属	始祖
苏绰尔			长白山	长白山部属	鄂罗山
乌颜齐			乌喇达呼里村		萨郎阿
杨额理			白都讷	窝集部	多理
瑚佳			吉林乌喇		都克锡
雅尔萨喇			黑龙江雅尔库理村		瑚哲墨
鲍佳			安褚拉库	瓦尔喀部	托谟尔泰
喀尔佳			索伦	索伦部属	朱塔穆
方佳			沈阳	完颜部	方瑄
富珠理	地名		富珠理		鲁成额
瑚图理			黑龙江		恺穆库
济拉喇			长白山	长白山部属	留栢
布希			叶赫	叶赫部	富森布
留济理			黑龙江		福永
锡尔馨			和托阿拉		三台
希普苏			黑龙江		苏尔通
全佳			盖州		全仕登
莽佳			盖州		满泰
丰佳			长白山玛克丹		丰国正
瑚图			叶赫	叶赫部	瑚图
崔佳			哈达	哈达部	崔武色
伊苏			苏瓦颜沟		石图
尼音图			哈达	哈达部	色普格理
钮图			哈达	哈达部	防色
韩楚			长白山	长白山部属	卓尔泰
农吉勒			哈达	哈达部	讷齐布
阿尔巴齐			札满和罗		伊汉
成尼			辽阳	叶赫部	刷礼
穆达齐			瓦尔纳哈		古尔哈那
杨那			杨察		杨海
塞赫理			诺罗村		福拉塔
俞库勒			洪艾		尼秋
那克塔			郭络罗		佟国鼐

续表

姓氏	来源	旧姓	世居地方	部属	始祖
吴鲁理			沾		武诚
穆佳			鄂漠和索罗		瑚什巴
布萨			瓦尔喀	瓦尔喀部	布尔海
猷格			宁古塔	窝集部	旒琥
爱义			爱湖		鄂尔多
彻叶勒			宁古塔	窝集部	成住
乌锡			赫彻木		拜布理
额诸			舒舒		萨穆哈
瑚尔佳			吉林乌喇		瑚什图
瑚尔哈喇			白都讷	窝集部	拖泰
吴库理			黑龙江		庚吉讷
黑赫穆			黑龙江		索和理
讷勒			黑龙江		明阿图
敷臣			黑龙江		图克禅
秋舒理			扎库木	浑河部	海色
姚佳			叶赫	叶赫部	胡理
吴尔锡			长白山	长白山部属	吴锡兰
吴努齐			蜚悠城	乌喇部	讷苏
温登额			黑龙江		巴喇宁
乌努			都白城村		喀尔达
乌什拉			扎库木	浑河部	乌什兰
颜珠			雅达浑村		穆楚
弼尔雅			爱浑		塔尔浑
朱尔奇			萨尔哈占		塔思哈
边佳			辉发	辉发部	德禄
恭佳			哈达	哈达部	洪善
西尔图			白都讷	窝集部	瑚什屯
墨呼理			吉林乌喇		阿兰泰
哈苏理			吉林乌喇		谟克图
哈萨喇			白都讷	窝集部	彩钟
墨尔赫			哈达察汉		莽喀喇
哈思呼理			白都讷	窝集部	梅赫

续表

姓氏	来源	旧姓	世居地方	部属	始祖
伊博			宁古塔	窝集部	噶钮
瑚德勒			乌喇	乌喇部	瑚什巴
乌勒理			叶赫	叶赫部	劳帖
程佳			苏完	苏完部	索伦
宁佳			宁古塔	窝集部	瑚图
布尔尼			尼马察	窝集部	那穆札
瑚鲁			乌喇	乌喇部	雅纳
文札			长白山	长白山部属	倭楞额
索多理					古
萨穆希尔			索伦	索伦部属	札林
通果苏			老寨子		扬古理
卓显			雅尔浑费颜		对秦
那木图			浑都和色		多尔济
哈思琥			吉林乌喇		达登
富思库			墨络古		博索泰
赫尔苏			吉林乌喇		赫尔禧
乌宇			吉林乌喇		哈玛喇
关佳					伊森泰
扣岱			哈达	哈达部	图章阿
修墨理			虎尔哈	虎尔哈部	岳尔科舜
额穆特立			黑龙江		葛尔都赫
松吉			汪秦		松安
叶墨勒			叶赫	叶赫部	喀喇
拜察			吉林乌喇		拜哈理
岳察			胡什塔		永泰
尼珠			哈达	哈达部	阿尔泰
耿音			黑龙江		礼布
迟佳			哈达	哈达部	迟成
石佳			叶赫乌苏河		巴尔图
都勒			额尔赫村		穆奇常
南福禄			虎尔哈	虎尔哈部	伊尔善
郎佳			辽阳	完颜部	干齐哈

续表

姓氏	来源	旧姓	世居地方	部属	始祖
仁佳			司旺堡		仁达
休佳			乌拉玛		伊载
赫哲					珠叶资
唐佳					倭赫
文德			塔克什城		拖克泰
哈尔塔喇			吉林乌喇		玛齐克
洪罗					
鄂岳					
鄂岳					
费雅					
额托					
老沟	老沟				
托里					
松颜					
仓佳					
商佳					
鄂诺					
修和哩					
博尔津					
扎噜察					
郭齐里					
钮旺坚					
觉尔察	觉尔察				
伯苏特					
萨玛喇					
谔尔格					
拉库勒					
精格哩					
乌雅拉					
扎特黑					
萧齐哩					
索察喇					

续表

姓氏	来源	旧姓	世居地方	部属	始祖
布吉尔根					
塔察觉尔察					
阿颜塔塔尔					
吉朗吉瓦尔喀					
噶尔噶斯					
大佳					

注:本表依据《八旗满洲氏族通谱》绘制。

责任编辑：刘松弢

图书在版编目（CIP）数据

明代女真史 ／ 赵令志，李小雪著. -- 北京 ： 人民出版社，
2024. 10. -- ISBN 978 - 7 - 01 - 026889 - 7

Ⅰ．K289

中国国家版本馆 CIP 数据核字第 2024LP8622 号

明代女真史
MINGDAI NÜZHENSHI

赵令志　李小雪　著

人民出版社 出版发行
（100706　北京市东城区隆福寺街 99 号）

中煤（北京）印务有限公司印刷　新华书店经销

2024 年 10 月第 1 版　2024 年 10 月北京第 1 次印刷
开本：710 毫米×1000 毫米 1/16　印张：31
字数：491 千字

ISBN 978 - 7 - 01 - 026889 - 7　定价：95.00 元

邮购地址 100706　北京市东城区隆福寺街 99 号
人民东方图书销售中心　电话（010）65250042　65289539